지역농협 최종합격을 위한
추가 학습자료 4종

KB085010

본 교재 인강 2만원 할인쿠폰

A57E6DE9A508D000

해커스잡 사이트(ejob.Hackers.com) 접속 후 로그인 ▶
사이트 메인 우측 상단 [나의 정보] 클릭 ▶
[나의 쿠폰 - 쿠폰/수강권 등록]에 위 쿠폰번호 입력 ▶
본 교재 강의 결제 시 쿠폰 적용

* 본 쿠폰은 한 ID당 1회에 한해 등록 및 사용 가능합니다.

NCS 수리능력 추가 연습 문제[PDF]

T40TM92175P3AG4E

해커스잡 사이트(ejob.Hackers.com) 접속 후 로그인 ▶
사이트 메인 중앙 [교재정보 - 교재 무료자료] 클릭 ▶
교재 확인 후 이용하길 원하는 무료자료의 다운로드 버튼 클릭 ▶
위 쿠폰번호 입력 후 다운로드

농협 취업 대비 특강 수강권

37466DEBC3E7K000

해커스잡 사이트(ejob.Hackers.com) ▶ 사이트 메인 우측 상단 [나의 정보] 클릭 ▶
[나의 쿠폰 - 쿠폰/수강권 등록]에 위 쿠폰번호 입력 ▶ [마이클래스]에서 강의 수강

* 본 쿠폰은 한 ID당 1회에 한해 등록 및 사용 가능하며, 등록 후 30일간 수강 가능합니다.

무료 바로 채점 및 성적 분석 서비스

해커스잡 사이트(ejob.Hackers.com) 접속 후 로그인 ▶
사이트 메인 상단 [교재정보 - 교재 채점 서비스] 클릭 ▶ 교재 확인 후 채점하기 버튼 클릭

바로 이용 ▲

* 이 외 쿠폰 관련 문의는 해커스 고객센터(02-537-5000)로 연락 바랍니다.

지역농협 최종 합격!
선배들의 비결 알고 싶어?

자소서&필기&면접 후기까지!
해커스잡 ejob.Hackers.com에서 무료 공개!

해커스
지역농협 6급
NCS 인적성 및 직무능력평가
통합 기본서

해커스

지역농협 6급 필기시험, 어떻게 준비해야 하나요?

많은 수험생들이 입사하고 싶어하는 지역농협,
그만큼 많은 수험생이 입사 시 필수 관문인 지역농협 6급 필기시험을 어떻게 준비해야 할지 몰라 걱정합니다.

그러한 수험생들의 걱정과 막막함을 알기에 해커스는 수많은 고민을 거듭한 끝에 「해커스 지역농협 6급 NCS 인적성 및 직무능력평가 통합 기본서」 개정판을 출간하게 되었습니다.

「해커스 지역농협 6급 NCS 인적성 및 직무능력평가 통합 기본서」 개정판은

01 **최신 출제경향을 반영한 교재로 지역농협 6급 필기시험에 보다 철저하게 대비**할 수 있습니다.

02 **지역별 필기시험 유형에 맞게 구성된** 6회분의 실전모의고사로 자신이 응시할 지역의 최근 시험 유형에 맞춰 실전에 대비할 수 있습니다.

03 **취약 유형 분석표를 통해** 영역별 취약 유형을 파악하고, 해커스잡 사이트(ejob.Hackers.com)에서 무료로 제공하는 NCS 수리능력 추가 연습 문제로 수리능력을 집중적으로 학습할 수 있습니다.

**「해커스 지역농협 6급 NCS 인적성 및 직무능력평가 통합 기본서」라면,
지역농협 6급 필기시험을 확실히 준비할 수 있습니다.**

해커스와 함께 지역농협 6급 필기시험 관문을 넘어 최종 합격하실 '예비 농협인' 여러분께 이 책을 드립니다.

해커스 NCS 취업교육연구소

목차

PART 1 NCS 직무능력평가

제1장 의사소통능력

제2장 수리능력

제3장 문제해결능력

제4장 자원관리능력

제5장 조직이해능력

PART 2 NCS 실전모의고사

[책 속의 책]
약점 보완 해설집

PART 3 NCS 인적성검사

PART 4 면접

여섯 가지 필승 비법

1 지역농협 6급 시험 출제경향을 파악하고 전략적으로 학습한다!

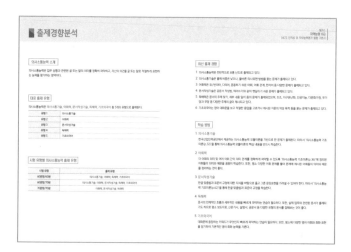

출제경향분석

지역농협 6급 시험 각 영역의 대표 출제 유형, 지역별 출제 유형, 최신 출제 경향, 학습 방법 등으로 구성되어 있어 영역별 최근 출제경향을 쉽게 파악할 수 있다.

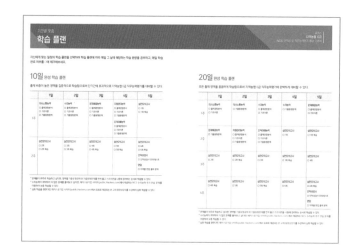

기간별 맞춤 학습 플랜

본 교재에서 제공하는 '10일 완성 학습 플랜', '20일 완성 학습 플랜'에 따라 학습하면 혼자서도 기출유형 공략부터 실전까지 지역농협 6급 시험을 완벽하게 대비할 수 있다.

2 영역별 핵심 이론 및 개념은 기초이론으로 정리한다!

기초이론

영역별로 꼭 알아두어야 하는 이론 및 개념만 압축하여 수록하였다. 이를 통해 지역농협 6급 시험 대비를 위한 필수 이론 및 개념을 체계적으로 학습할 수 있다. 또한, 취약한 영역의 이론을 복습하거나 시험 직전에 최종 정리용으로도 활용할 수 있다.

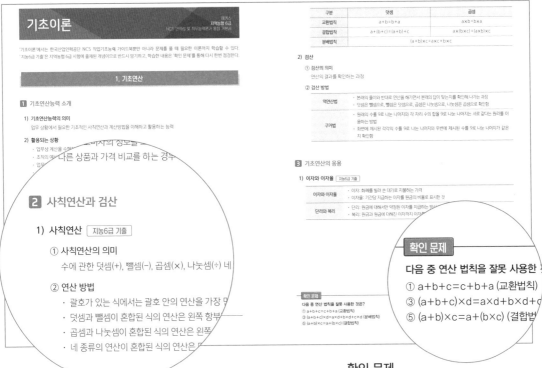

지농6급 기출 표시

지역농협 6급 시험에 출제된 이론 및 개념을 별도로 표시하여 보다 효율적으로 학습할 수 있다.

확인 문제

기초이론의 각 페이지 하단에 수록된 확인 문제를 통해 학습한 내용을 바로 점검해볼 수 있다.

3 최신 출제 유형을 파악하고 집중적으로 학습한다!

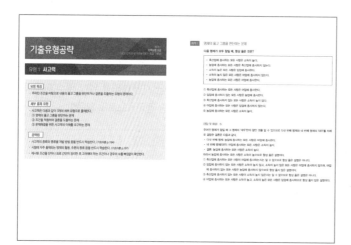

기출유형공략

지역농협 6급 시험 출제 유형의 특징과 세부 출제 유형, 공략법, 예제 등으로 구성되어 있어 지역농협 6급 시험 출제 유형을 쉽게 익힐 수 있다.

▼

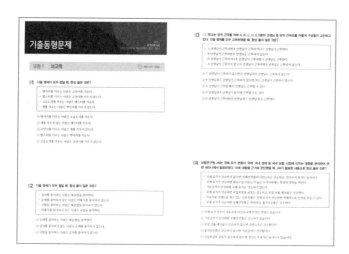

기출동형문제

유형별 문제를 풀어보며 공략법을 문제에 적용하는 연습을 하고, 제한 시간에 맞춰 풀어봄으로써 시간 관리 연습을 할 수 있다.

4 실전모의고사로 실전 감각을 극대화한다!

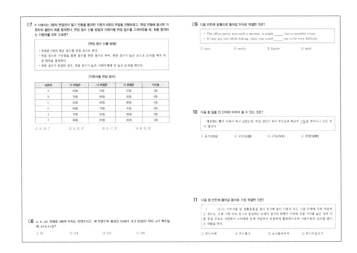

NCS 실전모의고사(6회분)

세 가지 유형 중 자신이 응시할 지역의 시험 유형에 해당하는 NCS 직무능력평가 실전모의고사를 풀어봄으로써 실전 감각을 키울 수 있고, 해커스잡 사이트(ejob. Hackers.com)에서 제공하는 '바로 채점 및 성적 분석 서비스'를 통해 응시 인원 대비 본인의 성적 위치를 확인할 수 있다. 또한, 회독용 OMR 답안지에 직접 답을 체크하고, 반복해 풀어보면서 실전 감각을 극대화할 수 있다.

NCS 인적성검사

지역별 출제 유형을 반영한 인적성검사 모의테스트를 풀어봄으로써 직무능력평가뿐만 아니라 인적성검사까지 대비할 수 있다.

지역농협 6급 합격을 위한 여섯 가지 필승 비법

5 상세한 해설로 완벽하게 정리하고, 취약점은 반복 훈련으로 극복한다!

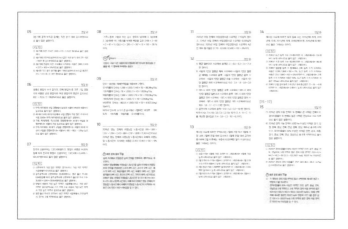

약점 보완 해설집

문제집과 해설집을 분리하여 편리하게 학습할 수 있으며, 모든 문제에 대해 자세하고 이해하기 쉬운 해설을 수록하여 더욱 체계적으로 학습할 수 있도록 하였다. 또한, '더 알아보기'로 관련 이론 및 개념까지 폭넓게 학습할 수 있고, 수리능력 해설의 '빠른 문제 풀이 Tip'을 통해 복잡한 수치 계산 문제를 빠르게 푸는 방법까지 익힐 수 있다.

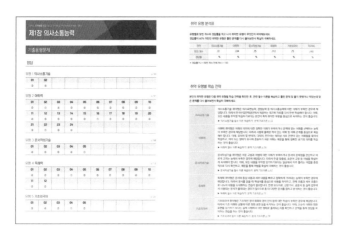

취약 유형 분석표 · 취약 유형별 학습 전략

영역별로 취약한 유형을 파악하고, 취약 유형에 대한 학습 전략을 확인할 수 있다.

6 온라인 자료와 동영상강의를 활용한다!

NCS 수리능력 추가 연습 문제

해커스잡 사이트(ejob.Hackers.com)에서 제공하는 'NCS 수리능력 추가 연습 문제'로 많은 학습자들이 어려워하는 수리능력을 집중적으로 학습할 수 있다.

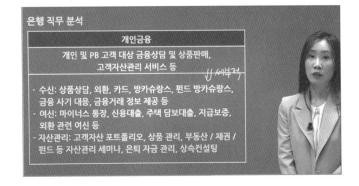

NCS 지역농협 6급 인강

해커스잡 사이트(ejob.Hackers.com)에서 유료로 제공되는 본 교재 동영상강의를 통해 교재 학습 효과를 극대화할 수 있다. 또한, 강의 수강 중 궁금한 점은 게시판을 통해 선생님께 1:1로 질문할 수 있다.

농협 취업 대비 특강

해커스잡 사이트(ejob.Hackers.com)에서는 취업 전문기업의 자소서 첨삭위원 및 취업 면접 전문가가 진행하는 '농협 취업 대비 특강'을 무료로 제공한다.

기간별 맞춤
학습 플랜

자신에게 맞는 일정의 학습 플랜을 선택하여 학습 플랜에 따라 매일 그 날에 해당하는 학습 분량을 공부하고, 매일 학습 완료 여부를 □에 체크해보세요.

10일 완성 학습 플랜

출제 비중이 높은 영역을 집중적으로 학습함으로써 단기간에 효과적으로 지역농협 6급 직무능력평가를 대비할 수 있다.

	1일	2일	3일	4일	5일
1주	의사소통능력 □ 출제경향분석 □ 기초이론 □ 기출동형문제	수리능력 □ 출제경향분석 □ 기초이론 □ 기출동형문제	문제해결능력 □ 출제경향분석 □ 기초이론 □ 기출동형문제	자원관리능력 □ 출제경향분석 □ 기초이론 □ 기출동형문제 조직이해능력 □ 출제경향분석 □ 기초이론 □ 기출동형문제	실전모의고사 □ 1회 □ 1회 복습
2주	실전모의고사 □ 2회 □ 2회 복습	실전모의고사 □ 3회 □ 3회 복습	실전모의고사 □ 4회 □ 4회 복습	실전모의고사 □ 5회 □ 5회 복습	실전모의고사 □ 6회 □ 6회 복습 인적성검사 □ 인적성검사 모의테스트 면접 □ 지역별 면접 출제 문제

* 문제풀이 위주로 학습하고 싶다면, 영역별 기출유형공략과 기출동형문제를 먼저 풀고 기초이론을 나중에 정리하는 순서로 학습할 수 있다.

* 수리능력이 취약하여 더 많은 문제를 풀어보고 싶다면, 해커스잡 사이트(ejob.Hackers.com)에서 제공하는 NCS 수리능력 추가 연습 문제를 이용하여 보충 학습할 수 있다.

* 심화 학습을 원한다면, 해커스잡 사이트(ejob.Hackers.com)에서 유료로 제공되는 본 교재 동영상강의를 수강하여 심화 학습할 수 있다.

20일 완성 학습 플랜

모든 출제 영역을 꼼꼼하게 학습함으로써 지역농협 6급 직무능력평가에 완벽하게 대비할 수 있다.

	1일	2일	3일	4일	5일
1주	의사소통능력 □ 출제경향분석 □ 기초이론	의사소통능력 □ 기출동형문제	수리능력 □ 출제경향분석 □ 기초이론	수리능력 □ 기출동형문제	문제해결능력 □ 출제경향분석 □ 기초이론
2주	문제해결능력 □ 기출동형문제	자원관리능력 □ 출제경향분석 □ 기초이론 □ 기출동형문제	조직이해능력 □ 출제경향분석 □ 기초이론 □ 기출동형문제	실전모의고사 □ 1회	실전모의고사 □ 1회 복습
3주	실전모의고사 □ 2회	실전모의고사 □ 2회 복습	실전모의고사 □ 3회	실전모의고사 □ 3회 복습	실전모의고사 □ 4회
4주	실전모의고사 □ 4회 복습	실전모의고사 □ 5회	실전모의고사 □ 5회 복습	실전모의고사 □ 6회	실전모의고사 □ 6회 복습 인적성검사 □ 인적성검사 모의테스트 면접 □ 지역별 면접 출제 문제

* 문제풀이 위주로 학습하고 싶다면, 영역별 기출유형공략과 기출동형문제를 먼저 풀고 기초이론을 나중에 정리하는 순서로 학습할 수 있다.
* 수리능력이 취약하여 더 많은 문제를 풀어보고 싶다면, 해커스잡 사이트(ejob.Hackers.com)에서 제공하는 NCS 수리능력 추가 연습 문제를 이용하여 보충 학습할 수 있다.
* 심화 학습을 원한다면, 해커스잡 사이트(ejob.Hackers.com)에서 유료로 제공되는 본 교재 동영상강의를 수강하여 심화 학습할 수 있다.

농협 소개

1 미션

농협법 제1조

농업인의 경제적·사회적·문화적 지위를 향상시키고, 농업의 경쟁력 강화를 통하여 농업인의 삶의 질을 높이며, 국민경제의 균형 있는 발전에 이바지함

2 비전

농업이 대우받고 농촌이 희망이며 농업인이 존경받는 '함께하는 100년 농협'

· 농업인과 국민, 농촌과 도시, 농축협과 중앙회, 그리고 임직원 모두 협력하여 농토피아를 구현하겠다는 의지
· 60년을 넘어 새로운 100년을 향한 위대한 농협으로 도약하겠다는 의지

3 구호

농업인과 함께! 국민과 함께!

4 인재상

시너지 창출가	항상 열린 마음으로 계통 간, 구성원 간에 상호존경과 협력을 다하여 조직 전체의 성과가 극대화될 수 있도록 시너지 제고를 위해 노력하는 인재
행복의 파트너	프로다운 서비스 정신을 바탕으로 농업인과 고객을 가족처럼 여기고 최상의 행복 가치를 위해 최선을 다하는 인재
최고의 전문가	꾸준한 자기계발을 통해 자아를 성장시키고, 유통·금융 등 맡은 분야에서 최고의 전문가가 되기 위해 지속적으로 노력하는 인재
정직과 도덕성을 갖춘 인재	매사에 혁신적인 자세로 모든 업무를 투명하고 정직하게 처리하여 농업인과 고객, 임직원 등 모든 이해관계자로부터 믿음과 신뢰를 받는 인재
진취적 도전가	미래지향적 도전의식과 창의성을 바탕으로 새로운 사업과 성장동력을 찾기 위해 끊임없이 변화와 혁신을 추구하는 역동적이고 열정적인 인재

5 5대 핵심가치

농업인과 소비자가 '함께 웃는 유통 대변화'	소비자에게 합리적인 가격으로 더 안전한 먹거리를, 농업인에게 더 많은 소득을 제공하는 유통개혁 실현
미래 성장동력을 '창출하는 디지털 혁신'	4차 산업혁명 시대에 부응하는 디지털 혁신으로 농업·농촌·농협의 미래 성장동력 창출
경쟁력 있는 농업, '잘사는 농업인'	농업인 영농지원 강화 등을 통한 농업경쟁력 제고로 농업인 소득 증대 및 삶의 질 향상
지역과 함께 만드는 '살고 싶은 농촌'	지역 사회의 구심체로서 지역사회와 협력하여 살고 싶은 농촌 구현 및 지역경제 활성화에 기여
정체성이 살아 있는 '든든한 농협'	농협의 정체성 확립과 농업인 실익 지원 역량 확충을 통해 농업인과 국민에게 신뢰받는 농협 구현

6 농협이 하는 일

교육지원 부문	농업인의 권익을 대변하고 농업 발전과 농가 소득 증대를 통해 농업인 삶의 질 향상에 도움을 주고 있다. 또한 '또 하나의 마을 만들기 운동' 등을 통해 농업·농촌에 활력을 불어넣고 농업인과 도시민이 동반자 관계로 함께 성장·발전하는 데 기여하고 있다.
경제 부문	농업인이 영농활동에 안정적으로 전념할 수 있도록 생산·유통·가공·소비에 이르기까지 다양한 경제사업을 지원하고 있다. 경제사업 부문은 크게 농업경제 부문과 축산경제 부문으로 나누어지며, 농축산물 판로확대, 농축산물 유통구조 개선을 통한 농가소득 증대와 영농비용 절감을 위한 사업에 주력하고 있다.
금융 부문	농협의 금융사업은 농협 본연의 활동에 필요한 자금과 수익을 확보하고, 차별화된 농업금융서비스 제공을 목적으로 하고 있다. 금융사업은 시중 은행의 업무 외에도 NH카드, NH보험, 외국환 등의 다양한 금융 서비스를 제공하여 가정경제에서 농업경제, 국가경제까지 책임을 다해 지켜나가고 있다.

7 계열사

중앙회 (3개사)	농협정보시스템 ｜ 농협자산관리회사 ｜ 농협 네트웍스
농협 경제지주 **(13개사)**	유통부문 농협하나로유통 ｜ 농협유통 제조부문 농우바이오 ｜ 남해화학 ｜ 농협케미컬 ｜ 농협에코아그로 식품부문 농협물류 ｜ 농협홍삼 ｜ 농협양곡 ｜ 농협식품 ｜ NH농협무역 축산부문 농협사료 ｜ 농협목우촌
농협 금융지주 **(9개사)**	은행 NH농협은행 보험 NH농협생명 ｜ NH농협손해보험 증권 NH투자증권 기타 NH-Amundi 자산운용 ｜ NH농협캐피탈 ｜ NH저축은행 ｜ NH농협리츠운용 ｜ NH벤처투자

※ 출처: NH농협 사이트

지역농협 채용 소개

1 모집 시기

지역농협 6급 신입사원 채용은 2023년 기준 상반기와 하반기에 각 1회씩 시행되었다. 모집 시기는 변동 가능성이 있다.

2 지원 자격 및 우대 사항

기본 자격	우대 사항
· 연령, 학력, 학점, 어학점수 제한 없음 · 채용공고일 전일 기준 본인 또는 부모 중 1인의 주민등록상 주소지가 응시가능 주소지 내에 있는 자 · 남자는 병역필 또는 면제자에 한함	· 「NH 영 서포터즈」 중 연도 말 활동 우수 수상자 * 단, 범농협(농축협, 중앙회 및 계열사) 입사지원으로 기 우대적용을 받은 자는 제외(1회에 한함) · 일반관리직: 유통관리사 1급, 물류관리사, 농산물 품질관리사 자격증 소지자

※ 2023년 하반기 채용 기준

3 채용전형 절차

| 서류전형 | ▶ | 필기시험 | ▶ | 면접전형 및 신체검사 | ▶ | 최종합격 |

서류전형

· 채용공고문에 따라 접수 기간에 지원서 및 자기소개서를 작성하여 접수하는 단계이다.

· 지원서 입력 시 응시 지역의 채용 단위 중 하나를 선택해야 한다. (채용 단위별 중복 지원 불가)

· 채용 홈페이지를 통한 온라인 접수만 가능하며, 허위 작성 또는 허위 증빙자료 제출 시 합격이 취소되므로 오기재하지 않도록 주의해야 한다.

· 지원서 접수 후 온라인 인적성검사(Lv1)를 시행하며, 서류전형 및 온라인 인적성검사 합격자에 한해 필기시험에 응시하게 된다.

필기시험

· 채용의 적정성 여부 판단 및 직무에 필요한 능력을 측정하기 위한 단계이다.

· 필기시험은 직무능력평가와 인적성검사(Lv2)로 구성되어 있다.

면접전형

· 적합한 인재 선발을 위한 최종 단계로, 농협이 추구하는 인재상 부합 여부 및 잠재적 역량과 열정 등을 평가하는 단계이다.

· 면접은 하루에 진행되며, 1차 면접(인성 면접), 2차 면접(주장 면접)으로 나누어 실시한다.

※ 출처: 농협 채용 사이트

지역농협 6급 필기시험 합격 가이드

1 필기시험 소개

지역농협 6급 필기시험은 직무능력평가와 인적성검사로 구성되어 있다.

구성	영역	평가요소
직무능력평가	의사소통능력	문서이해능력, 문서작성능력, 경청능력, 의사표현능력, 기초외국어
	수리능력	기초연산능력, 기초통계능력, 도표분석능력, 도표작성능력
	문제해결능력	사고력, 문제처리능력
	자원관리능력	시간관리능력, 예산관리능력, 물적자원관리능력, 인적자원관리능력
	조직이해능력	경영이해능력, 체제이해능력, 업무이해능력, 국제감각
인적성검사	인성	가치관

※ 2023년 시험 기준

2 필기시험 특징

① 지역별로 상이한 시험 유형

지역농협 6급 시험 유형은 60문항/60분, 60문항/70분, 70문항/70분 시험 세 가지로 나뉜다. 지역별로 출제되는 시험 유형이 다르며, 지역별 시험 유형은 고정되어 있지 않고 변동될 가능성이 있다.

② 농협 및 농업 관련 문제 출제

농협의 조직현황, 진행 사업 등 농협 관련 지식을 평가하는 문제가 다수 출제되며, 농협 및 농업과 관련된 자료나 글이 문제에 제시되기도 한다.

지역별 2023년 필기시험 출제 영역 일람표

① 60문항/60분

· 2023년 상반기: 서울, 인천, 강원, 전북, 제주, 2023년 하반기: 서울, 강원, 전북, 인천

구성	영역	문항 수	제한 시간
직무능력평가	의사소통능력	60문항	60분
	수리능력		
	문제해결능력		
	자원관리능력		
	조직이해능력		
인적성검사	인성	151문항 또는 210문항	20~30분

② 60문항/70분

· 2023년 상반기: 경기, 대전, 대구, 경북, 울산, 충북, 충남세종, 전남, 광주, 2023년 하반기: 경기, 경북, 충북, 충남세종, 전남, 광주, 제주

구성	영역	문항 수	제한 시간
직무능력평가	의사소통능력	60문항	70분
	수리능력		
	문제해결능력		
	자원관리능력		
	조직이해능력		
인적성검사	인성	151문항 또는 210문항	20~30분

③ 70문항/70분

· 2023년 상반기: 경남, 2023년 하반기: 경남, 부산

구성	영역	문항 수	제한 시간
직무능력평가	의사소통능력	70문항	70분
	수리능력		
	문제해결능력		
	자원관리능력		
	조직이해능력		
인적성검사	인성	151문항 또는 210문항	20~30분

※ 인적성검사 문항 수 및 제한 시간은 지역에 따라 달라질 수 있음

4 필기시험 출제 유형

영역	문제 유형	유형 설명
의사소통능력	의사소통기술	한국산업인력공단의 가이드북 자료를 기반으로 한 의사소통 이론이 출제되는 유형의 문제
	어휘력	어휘의 의미를 고려해 문맥에 맞는 어휘를 판단하고, 여러 어휘 간의 의미 관계를 유추하는 유형의 문제
	문서작성기술	어법에 대한 지식을 바탕으로 올바르게 문서를 작성 및 수정하는 유형의 문제
	독해력	문서의 중심 내용과 세부 내용을 이해하고, 문서에 대한 이해를 통해 업무를 수행하는 유형의 문제
	기초외국어	기본적인 영어 회화 또는 영어 문서의 작성 목적을 이해하는지를 묻는 유형의 문제
수리능력	기초연산	주어진 조건을 이용하여 식을 세우고 답을 도출하는 유형의 문제
	수/문자추리	주어진 숫자, 문자, 기호 등에 적용된 규칙을 파악하여 빈칸에 들어갈 알맞은 숫자 또는 문자를 유추하는 유형의 문제
	도표분석	주어진 도표를 분석하거나 항목의 값을 이용하여 계산하는 유형의 문제
문제해결능력	사고력	주어진 조건을 바탕으로 내용의 옳고 그름을 판단하거나 결론을 도출하는 유형의 문제
	문제처리	주어진 상황과 정보를 바탕으로 문제의 해결 방안을 도출하는 유형의 문제
자원관리능력	자원계산	주어진 자료를 분석하여 업무 수행에 소요될 자원의 양을 계산하는 유형의 문제
	자원분석	자원에 관한 자료를 종합적으로 검토하여 최선의 방안 및 자원관리 방법을 결정하는 유형의 문제
조직이해능력	조직체제	조직체제에 대한 이해를 바탕으로 부서별 담당 업무를 파악하는 유형의 문제
	경영이해	조직의 운영과 관련된 기본적인 경영 지식이 출제되는 유형의 문제
	비즈니스매너	직장생활에서 필요한 기본 예절 및 국제 상식이 출제되는 유형의 문제

5 필기시험 합격 전략

① 응시할 지역의 시험 유형을 파악한다.

지역농협 6급 시험 유형은 60문항/60분 시험과 60문항/70분 시험, 70문항/70분 시험 세 가지로 나뉜다. 지역별로 출제되는 시험 유형이 다르며, 지역별 시험 유형은 고정되어 있지 않고 변동될 가능성이 있다. 따라서 자신이 응시할 지역의 최근 시험 유형을 파악하고 해당 시험 유형에 맞춰 연습을 하되, 시험 유형이 변동될 수 있음을 염두에 두고 다른 시험 유형에도 대비하는 것이 좋다.

② 한국산업인력공단 NCS 직업기초능력 가이드북을 확인한다.

NCS는 업무 수행에 필요한 능력을 체계화한 것으로 한국산업인력공단에서는 이 능력들에 대한 기본적인 이해를 도울 수 있는 직업기초능력 가이드북(모듈이론)을 제공하고 있다. 이를 확인하여 핵심이론을 숙지하는 것이 NCS 학습의 첫걸음이다.

※ NCS 직업기초능력 가이드북 다운로드 : 국가직무능력표준 사이트(www.ncs.go.kr) 접속 ▶ [NCS 및 학습모듈검색] 클릭 ▶ [직업기초능력] 클릭 ▶ 영역별 학습자용/교수자용 파일 클릭

③ 응시할 지역의 시험 유형에 따라 시간 안배 연습을 한다.

모든 유형의 시험에 영역별 제한 시간이 없으나, 유형별로 출제 문항 수와 제한 시간이 다르므로 자신 있는 영역과 취약한 영역을 고려하여 시간을 적절히 배분하고 문제를 푸는 연습을 하는 것이 중요하다.

지역농협 6급 채용 Q&A

지역농협 6급 채용을 준비하는 사람들이 많이
물어보는 질문과 그에 대한 답변을 확인해보세요.

Q: 지역농협 6급 채용은 상/하반기에 모두 있나요?

A: 지역농협 6급 신입사원 공개 채용은 2023년을 기준으로 상/하반기에 각 1회씩 진행되었습니다. 다만, 모집 시기는 변동 가능성이 있으며, 추후 채용 방식이 달라질 수 있으므로 자신이 지원할 지역의 채용 여부를 사전에 확인하는 것이 좋습니다.

Q: 어떤 유형의 시험으로 진행되는지 미리 알 수 있나요?

A: 시험 유형은 시험 당일 전까지 미리 알 수 없습니다. 지역농협 6급 직무능력평가는 60문항/60분, 60문항/70분, 70문항/70분 세 가지 유형으로 진행되며, 지역마다 상이한 유형으로 출제됩니다. 지역별 시험 유형도 변동될 가능성이 높으므로 모든 유형의 시험에 대비하는 것이 좋습니다.

Q: 지역별 채용 인원을 알 수 있나요?

A: 지역별 채용 인원은 비공개이지만, 일부 지역에서는 채용 인원을 공개하는 경우가 있습니다.

Q: 블라인드 채용이 무엇인가요?

A: 블라인드 채용이란 학력, 출신지, 성별 등 선입견이 생길 수 있거나 차별적인 요소를 배제하고 채용하는 방식으로, 스펙보다는 직무역량을 중심으로 평가하기 위한 채용 제도입니다. 지역농협 6급 채용의 경우 서류전형과 면접접형이 블라인드 채용으로 실시되고 있습니다.

Q: 서류전형과 면접전형도 NCS 기반으로 진행되나요?

A: 지역농협 6급은 통상 필기시험만 NCS 기반으로 진행됩니다. 하지만 추후에 서류전형과 면접전형도 NCS 기반으로 진행될 가능성이 있으므로 평소에 직무에 맞는 스펙을 쌓고, 직무와 관련한 역량면접을 준비해두는 것이 좋습니다.

Q: 필기시험의 합격 기준은 무엇인가요?

A: 인적성검사 부적격자를 제외하고 직무능력평가 배점의 60% 이상 득점자 중에서 고득점자순으로 합격자를 선발하며, 동점자는 전원 합격 처리합니다.

Q: 조합원 가산점제가 있나요?

A: 조합원 자녀일 경우 서류전형에서 가산점을 부여하는 '조합원 가산점제'는 2013년 채용부터 폐지되었습니다.

PART 1

NCS 직무능력평가

해커스 **지역농협 6급** NCS 인적성 및 직무능력평가 통합 기본서

PART 1 | NCS 직무능력평가

제1장 의사소통능력

출제경향분석

기초이론

기출유형공략

기출동형문제

■ 출제경향분석

의사소통능력 소개

의사소통능력은 업무 상황과 관련된 글 또는 말의 의미를 정확히 파악하고, 자신의 의견을 글 또는 말로 적절하게 표현하는 능력을 평가하는 영역이다.

대표 출제 유형

의사소통능력은 의사소통기술, 어휘력, 문서작성기술, 독해력, 기초외국어 총 5개의 유형으로 출제된다.

유형 1	의사소통기술
유형 2	어휘력
유형 3	문서작성기술
유형 4	독해력
유형 5	기초외국어

시험 유형별 의사소통능력 출제 유형

시험 유형	출제 유형
60문항/60분	의사소통기술, 어휘력, 독해력, 기초외국어
60문항/70분	의사소통기술, 어휘력, 문서작성기술, 독해력, 기초외국어
70문항/70분	어휘력, 문서작성기술, 독해력

해커스
지역농협 6급
NCS 인적성 및 직무능력평가 통합 기본서

PART 1 NCS 직무능력평가

제1장
의사소통능력

제2장
수리능력

제3장
문제해결능력

제4장
자원관리능력

제5장
조직이해능력

해커스 지역농협 6급 NCS 인적성 및 직무능력평가 통합 기본서

최신 출제 경향

1 의사소통능력은 전반적으로 보통 난도로 출제되고 있다.

2 의사소통기술은 출제 비중은 낮으나, 올바른 의사표현 방법을 묻는 문제가 출제되고 있다.

3 어휘력은 유/반의어, 다의어, 혼동하기 쉬운 어휘, 어휘 관계, 한자어 등 다양한 문제가 출제되고 있다.

4 문서작성기술은 공문서 작성법, 띄어쓰기와 같이 헷갈리기 쉬운 문제가 출제되고 있다.

5 독해력은 문서의 주제 찾기, 세부 내용 일치 등의 문제가 출제되었으며, 조조, 지구온난화, 인공지능, 다문화가정, 무가당과 무당 등 다양한 주제의 글이 제시되고 있다.

6 기초외국어는 영어 대화문을 보고 적절한 응답을 고르거나 제시된 지문의 작성 목적 등을 묻는 문제가 출제되고 있다.

학습 방법

1 의사소통기술

한국산업인력공단에서 제공하는 의사소통능력 모듈이론을 기반으로 한 문제가 출제된다. 따라서 '의사소통능력 기초이론(p.32)'을 통해 의사소통능력 모듈이론의 핵심 내용을 반드시 학습한다.

2 어휘력

각 어휘의 의미 및 여러 어휘 간의 의미 관계를 정확하게 파악할 수 있도록 '의사소통능력 기초이론(p.36)'에 정리된 어휘들의 의미와 예문을 꼼꼼히 학습한다. 또한, 평소 다양한 어휘 문제를 풀며 문제에 제시된 어휘들의 의미와 예문을 정리하는 것이 좋다.

3 문서작성기술

한글 맞춤법과 표준어 규정에 대한 지식을 바탕으로 옳고 그른 문장표현을 가려낼 수 있어야 한다. 따라서 '의사소통능력 기초이론(p.62)'을 통해 한글 맞춤법과 표준어 규정을 학습한다.

4 독해력

문서의 전체적인 흐름과 세부적인 내용을 빠르게 파악하는 연습이 필요하다. 또한, 실제 업무와 관련된 문서가 출제되기도 하므로 평소 보도자료, 신문기사, 설명서, 공문서 등 다양한 유형의 문서를 접해보는 것이 좋다.

5 기초외국어

대화문에 등장하는 키워드가 무엇인지 빠르게 파악하는 연습이 필요하다. 또한, 평소에 다양한 영어 어휘와 회화 표현을 암기하여 기본적인 영어 회화 능력을 기른다.

기초이론

'기초이론'에서는 한국산업인력공단 NCS 직업기초능력 가이드북뿐만 아니라 문제를 풀 때 필요한 이론까지 학습할 수 있다. '지농6급 기출'은 지역농협 6급 시험에 출제된 개념이므로 반드시 암기하고, 학습한 내용은 '확인 문제'를 통해 다시 한번 점검한다.

1. 의사소통기술

1 의사소통의 의미와 종류

1) 의사소통의 의미

어떤 개인 또는 집단이 또 다른 개인 또는 집단과 정보, 감정, 사상, 의견 등을 주고받는 과정

2) 의사소통의 종류

구분	문서적인 의사소통	언어적인 의사소통
요구 능력	문서이해능력, 문서작성능력	경청능력, 의사표현력
장점	· 권위감이 있음 · 정확성을 기하기 쉬움 · 전달성과 보존성이 좋음	· 유동성이 있음
단점	· 혼란, 오해의 여지가 있음	· 정확성을 기하기 어려움

2 의사소통의 방해요인과 이를 극복하기 위한 노력

1) 의사소통의 방해요인

- '일방적으로 말하고', '일방적으로 듣는' 무책임한 마음: 의사소통 과정에서의 상호작용 부족
- '그래서 하고 싶은 말이 정확히 뭐야?' 분명하지 않은 메시지: 복잡한 메시지, 경쟁적인 메시지
- '말하지 않아도 아는 문화'에 안주하는 마음: 의사소통에 대한 잘못된 선입견

확인 문제

다음 중 문서적인 의사소통의 특징이 아닌 것은?

① 전달성과 보존성이 좋음   ② 혼란과 곡해의 여지가 있음   ③ 유동성이 있음
④ 권위감이 있음   ⑤ 정확성을 기하기 쉬움

정답: ③

2) 의사소통능력 개발을 위한 노력 방법

- 사후검토와 피드백 주고받기: 직접 물어보거나 반응을 살펴 메시지의 내용이 실제로 어떻게 해석되는지 파악함
- 언어의 단순화: 메시지를 받아들이는 사람을 고려하여 보다 명확하고 쉽게 이해할 수 있는 어휘를 선택함
- 적극적인 경청: 상대방의 입장에서 생각하려고 노력하며 감정을 이입해 능동적으로 집중하여 경청함
- 감정의 억제: 감정적으로 메시지를 곡해하지 않도록 침착하게 의사소통하며 상황에 따라서는 평정을 찾을 때까지 의사소통을 연기하고, 그것이 어렵다면 분위기를 개선하기 위해 노력함

3 문서이해능력에 대한 이해

1) 문서이해능력의 의미

- 다양한 종류의 문서에서 전달하고자 하는 핵심 내용을 요약 및 정리하여 이해하는 능력
- 문서에서 전달하는 정보의 출처를 파악하고 내용의 옳고 그름까지 판단하는 능력

2) 문서의 종류 및 특징

- 공문서: 정부 행정기관에서 대내적 또는 대외적 공무를 집행하기 위해 작성하는 문서
- 기안서: 회사 업무에 대한 협조를 구하거나 의견을 전달하기 위해 작성하는 문서
- 기획서: 기획의 내용을 전달하고, 상대방이 해당 기획을 시행하도록 설득하기 위해 작성하는 문서
- 보고서: 특정한 일의 현황 및 진행 상황, 연구 및 검토 결과 등을 보고하기 위해 작성하는 문서
- 보도자료: 정부 기관, 기업체 등이 자신들의 정보를 기사로 내기 위해 언론을 상대로 작성하는 문서
- 비즈니스 레터: 사업상의 이유로 고객, 단체 등에 쓰는 편지
- 비즈니스 메모: 업무상 중요한 일, 확인해야 할 일이 있을 때 그 내용을 메모 형식으로 작성하는 문서
- 설명서: 상품의 특성이나 작동 방법, 작동 과정 등을 소비자에게 설명하기 위해 작성하는 문서
- 자기소개서: 가정 환경, 성장 과정, 입사 동기 등을 구체적으로 기술하여 자신을 소개하는 문서

3) 문서이해 절차

1단계	문서의 목적을 이해함
2단계	문서의 작성 배경과 주제를 파악함
3단계	문서의 정보를 밝혀내고, 문서에 제시된 현안을 파악함
4단계	상대방의 요구 및 의도를 파악하고, 자신에게 요구되는 행동에 대한 내용을 분석함
5단계	문서에서 이해한 목적을 달성하기 위해 해야 할 행동을 생각하고 결정함
6단계	상대방의 의도를 도표, 그림 등으로 메모하여 요약 및 정리함

확인 문제

다음 중 회사 내에서 업무에 대한 협조를 구할 때 작성하는 문서는?

① 기획서   ② 보고서   ③ 설명서   ④ 기안서   ⑤ 공문서

정답: ④

제1장 의사소통능력

제2장 수리능력

제3장 문제해결능력

제4장 자원관리능력

제5장 조직이해능력

해커스 지역농협 6급 NCS 인적성 및 직무능력평가 통합 기본서

4 올바른 경청에 대한 이해

1) 경청의 의미와 중요성
다른 사람의 말을 주의 깊게 들으며 공감하는 능력으로, 대화 과정에서 신뢰를 쌓을 수 있음

2) 경청의 방해요인
- 걸러내기: 상대방의 말을 듣기는 하지만, 상대방의 메시지를 온전하게 받아들이지 않고 듣고 싶지 않은 메시지는 회피함
- 다른 생각하기: 상대방에게 관심을 기울이지 못하고 상대방이 말할 때 자꾸 다른 생각을 함
- 대답할 말 준비하기: 상대방의 말을 듣고 자신이 다음에 할 말을 생각하는 데 집중해 상대방의 말을 잘 듣지 않음
- 비위 맞추기: 상대방을 위로하기 위해 혹은 상대방의 비위를 맞추기 위해 너무 빨리 동의함
- 슬쩍 넘어가기: 대화가 너무 사적이거나 위협적이면 주제를 바꾸거나 농담으로 넘기려 함
- 자존심 세우기: 자신이 부족한 점에 대한 상대방의 말을 받아들이지 않기 위해 거짓말을 하고, 고함을 지르고, 주제를 바꾸고, 변명을 함
- 조언하기: 지나치게 다른 사람의 문제를 본인이 해결해 주고자 함
- 짐작하기: 상대방의 말을 믿고 받아들이기보다는 자신의 생각에 맞는 단서들을 찾아 자신의 생각을 확인함
- 언쟁하기: 단지 반대하고 논쟁하기 위해서만 상대방의 말에 귀를 기울이고, 상대방이 무슨 말을 하든 자신의 입장을 확고히 하여 방어함
- 판단하기: 상대방에 대해 부정적인 판단을 내리거나 상대방을 비판하기 위해 상대방의 말을 듣지 않음

3) 올바른 경청 방법
- 혼자서 대화를 독점하지 않음
- 상대방의 말을 가로채지 않음
- 이야기를 가로막지 않음
- 의견이 다르더라도 일단 수용함
- 말하는 순서를 지킴
- 논쟁에서는 먼저 상대방의 주장을 들어줌
- 시선을 맞춤
- 귀로만 듣지 말고 오감을 동원해 적극적으로 경청함

4) 경청 자세가 주는 메시지
- 상대방을 정면으로 마주한 자세: 상대방과 함께 의논할 준비가 되어 있음
- 손, 다리를 꼬지 않는 개방적인 자세: 상대방에게 마음을 열어놓고 있음
- 상대방을 향해 상체를 기울여 다가앉은 자세: 상대방의 말을 열심히 듣고 있음
- 우호적으로 상대를 바라보는 자세: 상대방에게 관심을 가지고 있음
- 편안한 자세: 전문가다운 자신만만함과 편안한 마음을 가지고 있음

확인 문제

다음 중 경청의 방해요인이 아닌 것은?
① 자존심 세우기　　② 다른 생각하기　　③ 요약하기　　④ 짐작하기　　⑤ 언쟁하기

정답: ③

5) 경청훈련의 방법

- 주의 기울이기: 보고, 듣고, 따라 하는 등 말하는 상대방의 모든 것에 주의를 기울임으로써 자신의 관심을 상대방에게 충분히 보여줄 수 있음
- 상대방의 경험을 인정하고 더 많은 정보 요청하기: 다른 사람의 메시지를 인정하여 상대방이 인도하는 방향으로 따라가고 있다는 것을 언어적·비언어적 표현으로 나타냄
- 정확성을 위해 요약하기: 상대방의 메시지를 이해하고 정보를 예측하도록 대화 중 주기적으로 대화 내용을 요약함
- 개방적인 질문하기: '누가', '무엇을', '어디에서', '언제', '어떻게'로 시작되는 질문을 하여 상대방의 생각을 파악하고 상대방으로부터 더 많은 정보를 얻어 서로에 대한 이해도를 높일 수 있음
- '왜?'라는 질문 피하기: '왜?'는 보통 진술을 가장한 부정적·추궁적·강압적인 표현이므로 사용하지 않는 게 좋음

5 원활한 의사표현을 위한 노력

1) 의사표현의 의미와 중요성

말하는 이가 입말을 이용한 음성언어 또는 표정, 손짓, 발짓, 몸짓 등을 이용한 신체언어로 듣는 이에게 자신의 생각과 감정을 표현하는 행위로, 이를 통해 말하는 이의 이미지가 결정됨

2) 상황에 따른 적절한 의사표현 방법

잘못을 지적할 때	• 질책 시 칭찬을 먼저 한 다음에 질책의 말을 하고, 그 뒤에 격려의 말을 붙이는 샌드위치 화법을 사용하면 듣는 사람이 부드럽게 받아들일 수 있음 • 충고 시 사례를 들거나 비유적인 표현을 사용함
요구해야 할 때	• 상대방이 요구를 들어줄 수 있는 상황인지 확인하는 태도를 보여줌 • 응하기 쉽도록 구체적으로 부탁하며, 거절을 당해도 싫은 내색을 하지 않음 • 강압적 표현보다는 청유형 표현을 사용하는 것이 효과적임
거절해야 할 때	• 거절하는 것에 대해 사과한 후, 요구에 응할 수 없는 이유를 설명함 • 불가능한 요구는 모호한 태도를 보이기보다는 단호하게 거절함
설득해야 할 때	• 일방적으로 강요해서는 안 됨 • 문 안에 한 발 들여놓기 기법: 100의 도움이 필요하다면 처음에 상대방에게 50~60을 부탁하고 점차 도움의 내용을 늘려서 상대방의 허락을 유도함 • 얼굴 부딪히기 기법: 50의 도움이 필요하다면 처음에 상대방에게 100을 부탁하고 거절하면 100보다 작은 도움을 요청하여 상대방의 허락을 유도함
칭찬할 때	• 상대에게 칭찬해 주고 싶은 중요한 내용만 해야 함 • 대화 서두에 분위기 전환 용도로 간단하게 할 수 있음

확인 문제

다음 중 경청훈련의 방법이 아닌 것은?

① 정확성을 위해 요약하기　　　　　　　　② 개방적인 질문하기
③ 주의 기울이기　　　　　　　　　　　　④ '왜?'라는 질문하기
⑤ 상대방의 경험을 인정하고 더 많은 정보 요청하기

정답: ④

PART 1 NCS 직무능력평가

제1장 의사소통능력

제2장 수리능력

제3장 문제해결능력

제4장 자원관리능력

제5장 조직이해능력

해커스 지역농협 6급 NCS 인적성 및 직무능력평가 통합 기본서

1 유/반의어

1) 유의어

강등(降等) ≒ 좌천(左遷)	등급이나 계급 따위가 낮아짐
개시(開市) ≒ 마수걸이	시장을 처음 열어 물건의 매매를 시작함
개척(開拓) ≒ 개간(開墾)	거친 땅을 일구어 논이나 밭과 같이 쓸모 있는 땅으로 만듦
격려(激勵) ≒ 고무(鼓舞)	용기나 의욕이 솟아나도록 북돋워 줌
결점(缺點) ≒ 하자(瑕疵)	잘못되거나 부족하여 완전하지 못한 점
결핍(缺乏) ≒ 부족(不足)	있어야 할 것이 없어지거나 모자람
고향(故鄕) ≒ 향촌(鄕村)	자기가 태어나서 자란 곳
구조(救助) ≒ 구명(救命)	재난 따위를 당하여 어려운 처지에 빠진 사람을 구하여 줌
귀감(龜鑑) ≒ 교훈(敎訓)	거울로 삼아 본받을 만한 모범
기대(期待) ≒ 촉망(囑望)	어떤 일이 원하는 대로 이루어지기를 바라면서 기다림
기색(氣色) ≒ 동정(動靜)	일이나 현상이 벌어지고 있는 낌새
납득(納得) ≒ 수긍(首肯)	다른 사람의 말이나 행동, 형편 따위를 잘 알아서 긍정하고 이해함
단안(斷案) ≒ 결정(決定)	어떤 사항에 대한 생각을 딱 잘라 결정함 또는 그렇게 결정된 생각
둔화(鈍化) ≒ 약화(弱化)	세력이나 힘이 약해짐
말미 ≒ 방가(放暇)	일정한 직업이나 일 따위에 매인 사람이 다른 일로 말미암아 얻는 겨를 지농6급 기출
명백(明白) ≒ 명료(明瞭)	의심할 바 없이 아주 뚜렷함
몰두(沒頭) ≒ 탐닉(耽溺)	어떤 일에 온 정신을 다 기울여 열중함
무식(無識) ≒ 과문(寡聞)	배우지 않은 데다 보고 듣지 못하여 아는 것이 없음
무릇 ≒ 대저	대체로 헤아려 생각하건대 지농6급 기출
묵과(默過) ≒ 묵인(默認)	잘못을 알고도 모르는 체하고 그대로 넘김
미행(尾行) ≒ 추적(追跡)	다른 사람의 행동을 감시하거나 증거를 잡기 위하여 그 사람 몰래 뒤를 밟음
발명(發明) ≒ 창안(創案)	아직까지 없던 기술이나 물건을 새로 생각하여 만들어 냄
복원(復元) ≒ 복구(復舊)	원래대로 회복함 지농6급 기출
본질(本質) ≒ 실태(實態)	본디부터 가지고 있는 사물 자체의 성질이나 모습
볼모 ≒ 인질(人質)	약속 이행의 담보로 잡아 두는 사람

확인 문제

다음 중 '귀감(龜鑑)'의 유의어는?

① 개량(改良)　　② 교훈(敎訓)　　③ 개업(開業)　　④ 수긍(首肯)　　⑤ 단안(斷案)

정답: ②

유의어

불멸(不滅) ≒ 불후(不朽)	없어지거나 사라지지 아니함
비운(悲運) ≒ 불운(不運)	순조롭지 못하거나 슬픈 운수나 운명
생산(生産) ≒ 제조(製造)	인간이 생활하는 데 필요한 각종 물건을 만들어 냄
서거(逝去) ≒ 작고(作故)	사람의 죽음을 높여 이르는 말
선정(選定) ≒ 선발(選拔)	여럿 가운데서 어떤 것을 뽑아 정함
세련(洗練) ≒ 숙련(熟練)	서투르거나 어색한 데가 없이 능숙하고 미끈하게 갈고닦음
소모(消耗) ≒ 소비(消費)	돈이나 물자, 시간, 노력 따위를 들이거나 써서 없앰
소지(所持) ≒ 소유(所有)	물건을 가지고 있는 일 또는 그런 물건
수정(修正) ≒ 개정(改正)	바로잡아 고침
실현(實現) ≒ 성취(成就)	꿈, 기대 따위를 실제로 이룸
암시(暗示) ≒ 시사(示唆)	넌지시 알림 또는 그 내용
여객(女客) ≒ 안손님	여자 손님을 이르는 말 〔지농6급 기출〕
역사(歷史) ≒ 연혁(沿革)	인류 사회의 변천과 흥망의 과정 또는 그 기록
열중(熱中) ≒ 골몰(汨沒)	한 가지 일에 정신을 쏟음
요구(要求) ≒ 청구(請求)	받아야 할 것을 필요에 의하여 달라고 청함 또는 그 청
운명(運命) ≒ 숙명(宿命)	인간을 포함한 모든 것을 지배하는 초인간적인 힘 또는 그것에 의하여 이미 정하여져 있는 목숨이나 처지
운용(運用) ≒ 운영(運營)	무엇을 움직이게 하거나 부리어 씀
위탁(委託) ≒ 위임(委任)	남에게 사물이나 사람의 책임을 맡김
유명(有名) ≒ 저명(著名)	이름이 널리 알려져 있음
육성(育成) ≒ 교육(教育)	지식과 기술 따위를 가르치며 인격을 길러 줌
의도(意圖) ≒ 취지(趣旨)	무엇을 하고자 하는 생각이나 계획 또는 무엇을 하려고 꾀함
의존(依存) ≒ 의지(依支)	다른 것에 마음을 기대어 도움을 받음 또는 그렇게 하는 대상
이완(弛緩) ≒ 해이(解弛)	바짝 조였던 정신이 풀려 늦추어짐
이전(移轉) ≒ 양도(讓渡)	권리 따위를 남에게 넘겨주거나 또는 넘겨받음
일호(一毫) ≒ 추호(秋毫)	한 가닥의 털이라는 뜻으로, 극히 작은 정도를 이르는 말 〔지농6급 기출〕
전념(專念) ≒ 전심(專心)	오직 한 가지 일에만 마음을 씀
전승(傳承) ≒ 계승(繼承)	조상의 전통이나 문화유산, 업적 따위를 물려받아 이어 나감
절제(節制) ≒ 제어(制御)	정도에 넘지 아니하도록 알맞게 조절하여 제한함
정세(情勢) ≒ 상황(狀況)	일이 되어 가는 형편

확인 문제

다음 중 '실현(實現)'의 유의어는?

① 소지(所持)   ② 제어(制御)   ③ 성취(成就)   ④ 골몰(汨沒)   ⑤ 시사(示唆)

정답: ③

PART 1 NCS 직무능력평가

제1장 의사소통능력

제2장 수리능력

제3장 문제해결능력

제4장 자원관리능력

제5장 조직이해능력

해커스 지역농협 6급 NCS 인적성 및 직무능력평가 통합 기본서

유의어

정온(靜穩) ≒ 평온(平穩)	고요하고 평온함 지농6급 기출
제안(提案) ≒ 발의(發議)	의견을 내놓음
제압(制壓) ≒ 압도(壓倒)	위력이나 위엄으로 세력이나 기세 따위를 억눌러서 통제함
제공(提供) ≒ 공급(供給)	무엇을 내주거나 갖다 바침
증명(證明) ≒ 입증(立證)	어떤 사항이나 판단 따위에 대하여 그것이 진실인지 아닌지 증거를 들어서 밝힘
지시(指示) ≒ 명령(命令)	일러서 시킴 또는 그 내용
진력(盡力) ≒ 극력(極力)	있는 힘을 다함 또는 낼 수 있는 모든 힘
착안(着眼) ≒ 착상(着想)	어떤 문제를 해결하기 위한 실마리를 잡음
채용(採用) ≒ 기용(起用)	사람을 골라서 씀
책망(責望) ≒ 힐난(詰難)	잘못을 꾸짖거나 나무라며 못마땅하게 여김
청탁(請託) ≒ 부탁(付託)	어떤 일을 해 달라고 청하거나 맡김
체제(體制) ≒ 양식(樣式)	오랜 시간이 지나면서 자연히 정하여진 방식
췌언(贅言) ≒ 군말	쓸데없는 군더더기 말 지농6급 기출
친선(親善) ≒ 친밀(親密)	지내는 사이가 매우 친하고 가까움
판단(判斷) ≒ 변별(辨別)	사물을 인식하여 논리나 기준 등에 따라 판정을 내림
풍조(風潮) ≒ 시류(時流)	시대에 따라 변하는 세태
풍파(風波) ≒ 파란(波瀾)	순탄하지 아니하고 어수선하게 계속되는 여러 가지 어려움이나 시련
한계(限界) ≒ 범위(範圍)	사물이나 능력, 책임 따위가 실제 작용할 수 있는 범위
해결(解決) ≒ 타개(打開)	제기된 문제를 해명하거나 얽힌 일을 잘 처리함
해탈(解脫) ≒ 열반(涅槃)	불교에서 모든 번뇌의 얽매임에서 벗어나 진리를 깨닫고 불생불멸의 법을 체득한 경지
허공(虛空) ≒ 천공(天空)	텅 빈 공중
현실(現實) ≒ 실제(實際)	현재 실제로 존재하는 사실이나 상태
활용(活用) ≒ 변통(變通)	충분히 잘 이용함
회복(回復) ≒ 만회(挽回)	원래의 상태로 돌이키거나 원래의 상태를 되찾음
회전(回轉) ≒ 선회(旋回)	한 점이나 축 또는 어떤 물체를 중심으로 하여 그 둘레를 빙빙 돎
회합(會合) ≒ 모임	토론이나 상담을 위하여 여럿이 모이는 일 또는 그런 모임 지농6급 기출
희수(喜壽) ≒ 고희(古稀)	나이 일흔일곱 살을 달리 이르는 말 지농6급 기출
휴양(休養) ≒ 요양(療養)	편안히 쉬면서 몸과 마음을 보양함

확인 문제

다음 중 '지시(指示)'의 유의어는?

① 명령(命令)　　② 핵심(核心)　　③ 추측(推測)　　④ 질책(叱責)　　⑤ 판단(判斷)

정답: ①

2) 반의어

PART 1 NCS 직무능력평가

제1장 의사소통능력

제2장 수리능력

제3장 문제해결능력

제4장 자원관리능력

제5장 조직이해능력

해커스 지역농협 6급 NCS 인적성 및 직무능력평가 통합 기본서

가결(可決) ↔ 부결(否決)	가결: 회의에서, 제출된 의안을 합당하다고 결정함
가명(假名) ↔ 실명(實名)	가명: 실제의 자기 이름이 아닌 이름
가입(加入) ↔ 탈퇴(脫退)	가입: 조직이나 단체 따위에 들어감
가해(加害) ↔ 피해(被害)	가해: 다른 사람의 생명이나 신체, 재산, 명예 따위에 해를 끼침
개산(概算) ↔ 정산(精算)	개산: 대강 하는 계산
걸작(傑作) ↔ 졸작(拙作)	걸작: 매우 훌륭한 작품
격감(激減) ↔ 급증(急增)	격감: 수량이 갑자기 줆
경상(經常) ↔ 임시(臨時)	경상: 일정한 상태로 계속하여 변동이 없음
경직(硬直) ↔ 유연(柔軟)	경직: 몸 따위가 굳어서 뻣뻣하게 됨
경험(經驗) ↔ 상상(想像)	경험: 자신이 실제로 해 보거나 겪어 봄 또는 거기서 얻은 지식이나 기능
고상(高尙) ↔ 저속(低俗)	고상: 품위나 몸가짐이 속되지 아니하고 훌륭함
고의(故意) ↔ 과실(過失)	고의: 일부러 하는 생각이나 태도
과작(寡作) ↔ 다작(多作)	과작: 작품 따위를 적게 지음
교수(敎授) ↔ 학습(學習)	교수: 학문이나 기예를 가르침
근면(勤勉) ↔ 태만(怠慢)	근면: 부지런히 일하며 힘씀
기립(起立) ↔ 착석(着席)	기립: 일어나서 섬
기정(旣定) ↔ 미정(未定)	기정: 이미 결정되어 있음
낭독(朗讀) ↔ 묵독(默讀)	낭독: 글을 소리 내어 읽음
낭보(朗報) ↔ 비보(悲報)	낭보: 기쁜 기별이나 소식
눌변(訥辯) ↔ 달변(達辯)	눌변: 더듬거리는 서툰 말솜씨
능숙(能熟) ↔ 미숙(未熟)	능숙: 능하고 익숙함
단란(團欒) ↔ 불화(不和)	단란: 여럿이 함께 즐겁고 화목함
답습(踏襲) ↔ 창조(創造)	답습: 예로부터 해 오던 방식이나 수법을 좇아 그대로 행함
대항(對抗) ↔ 굴복(屈服)	대항: 굽히거나 지지 않으려고 맞서서 버티거나 항거함
독점(獨占) ↔ 공유(共有)	독점: 혼자서 모두 차지함
동태(動態) ↔ 정태(靜態)	동태: 움직이거나 변하는 모습
만성(慢性) ↔ 급성(急性)	만성: 병이 급하거나 심하지도 아니하면서 쉽게 낫지도 아니하는 성질
망각(忘却) ↔ 기억(記憶)	망각: 어떤 사실을 잊어버림
매몰(埋沒) ↔ 발굴(發掘)	매몰: 보이지 아니하게 파묻히거나 파묻음

확인 문제

다음 중 '경상(經常)'의 반의어는?

① 급증(急增)　　② 임시(臨時)　　③ 기정(旣定)　　④ 유연(柔軟)　　⑤ 고상(高尙)

정답: ②

반의어

명목(名目) ↔ 실질(實質)	명목: 겉으로 내세우는 이름
방화(放火) ↔ 소화(消火)	방화: 일부러 불을 지름
배출(排出) ↔ 흡수(吸收)	배출: 안에서 밖으로 밀어 내보냄
백주(白晝) ↔ 심야(深夜)	백주: 환히 밝은 낮
보편(普遍) ↔ 특수(特殊)	보편: 모든 것에 두루 미치거나 통함 또는 그런 것
부농(富農) ↔ 빈농(貧農)	부농: 농토와 농사의 규모가 크고 수입이 많은 농가나 농민
상달(上達) ↔ 하달(下達)	상달: 윗사람에게 말이나 글로 여쭈어 알려 드림
상이(相異) ↔ 유사(類似)	상이: 서로 다름
선두(先頭) ↔ 후미(後尾)	선두: 대열이나 행렬, 활동 따위에서 맨 앞
송신(送信) ↔ 수신(受信)	송신: 주로 전기적 수단을 이용하여 전신이나 전화, 라디오, 텔레비전 방송 따위의 신호를 보냄 또는 그런 일
쇄국(鎖國) ↔ 개국(開國)	쇄국: 다른 나라와의 통상과 교역을 금지함
수익(收益) ↔ 손실(損失)	수익: 이익을 거두어들임 또는 그 이익
순종(順從) ↔ 거역(拒逆)	순종: 순순히 따름
승천(昇天) ↔ 강림(降臨)	승천: 하늘에 오름
시작(始作) ↔ 완료(完了)	시작: 어떤 일이나 행동의 처음 단계를 이루거나 그렇게 하게 함 　지농6급 기출
심오(深奧) ↔ 경박(輕薄)	심오: 사상이나 이론 따위가 깊이가 있고 오묘함
야만(野蠻) ↔ 문명(文明)	야만: 미개하여 문화 수준이 낮은 상태
연결(連結) ↔ 단절(斷絶)	연결: 사물과 사물을 서로 잇거나 현상과 현상이 관계를 맺게 함
염세(厭世) ↔ 낙천(樂天)	염세: 세상을 괴롭고 귀찮은 것으로 여겨 비관함
영예(榮譽) ↔ 굴욕(屈辱)	영예: 영광스러운 명예
오만(傲慢) ↔ 겸손(謙遜)	오만: 태도나 행동이 건방지거나 거만함 또는 그 태도나 행동
오자(誤字) ↔ 정자(正字)	오자: 잘못 쓴 글자
온건(穩健) ↔ 강경(强硬)	온건: 생각이나 행동 따위가 사리에 맞고 건실함
우월(優越) ↔ 열등(劣等)	우월: 다른 것보다 나음
융기(隆起) ↔ 침강(沈降)	융기: 땅이 기준면에 대하여 상대적으로 높아짐 또는 그런 지반
융성(隆盛) ↔ 쇠퇴(衰頹)	융성: 기운차게 일어나거나 대단히 번성함
원양(遠洋) ↔ 연안(沿岸)	원양: 뭍에서 멀리 떨어진 큰 바다
이례(異例) ↔ 통례(通例)	이례: 상례에서 벗어난 특이한 예

확인 문제

다음 중 '강경(强硬)'의 반의어는?

① 단절(斷絶)　　② 쇠퇴(衰頹)　　③ 겸손(謙遜)　　④ 온건(穩健)　　⑤ 순종(順從)

정답: ④

반의어

이면(裏面) ↔ 표면(表面)	이면: 겉으로 나타나거나 눈에 보이지 않는 부분
이용(利用) ↔ 악용(惡用)	이용: 대상을 필요에 따라 이롭게 씀
인정(認定) ↔ 부인(否認)	인정: 확실히 그렇다고 여김
임대(賃貸) ↔ 임차(賃借)	임대: 돈을 받고 자기의 물건을 남에게 빌려줌
자유(自由) ↔ 속박(束縛)	자유: 외부적인 구속이나 무엇에 얽매이지 아니하고 자기 마음대로 할 수 있는 상태
자의(自意) ↔ 타의(他意)	자의: 자기의 생각이나 의견
절약(節約) ↔ 낭비(浪費)	절약: 함부로 쓰지 아니하고 꼭 필요한 데에만 써서 아낌
정설(定說) ↔ 속설(俗說)	정설: 일정한 결론에 도달하여 이미 확정하거나 인정한 설
조혼(早婚) ↔ 만혼(晚婚)	조혼: 어린 나이에 일찍 결혼함 또는 그렇게 한 혼인
존엄(尊嚴) ↔ 미천(微賤)	존엄: 인물이나 지위 따위가 감히 범할 수 없을 정도로 높고 엄숙함
주의(注意) ↔ 방심(放心)	주의: 마음에 새겨 두고 조심함
중시(重視) ↔ 경시(輕視)	중시: 가볍게 여길 수 없을 만큼 매우 크고 중요하게 여김
증여(贈與) ↔ 수령(受領)	증여: 물품 따위를 선물로 줌
진보(進步) ↔ 보수(保守)	진보: 역사 발전의 합법칙성에 따라 사회의 변화나 발전을 추구함
진화(進化) ↔ 퇴화(退化)	진화: 일이나 사물 따위가 점점 발달하여 감
찰나(刹那) ↔ 영원(永遠)	찰나: 어떤 일이나 사물 현상이 일어나는 바로 그때
천연(天然) ↔ 인위(人爲)	천연: 사람의 힘을 가하지 아니한 상태
총론(總論) ↔ 각론(各論)	총론: 어떤 부문의 일반적 이론을 총괄하여 서술한 해설이나 저작
출발(出發) ↔ 도착(到着)	출발: 목적지를 향하여 나아감 　지농6급 기출
침착(沈着) ↔ 경망(輕妄)	침착: 행동이 들뜨지 아니하고 차분함
통제(統制) ↔ 방임(放任)	통제: 일정한 방침이나 목적에 따라 행위를 제한하거나 제약함
통합(統合) ↔ 분리(分離)	통합: 둘 이상의 조직이나 기구 따위를 하나로 합침
팽창(膨脹) ↔ 수축(收縮)	팽창: 부풀어서 부피가 커짐
폐쇄(閉鎖) ↔ 개방(開放)	폐쇄: 문 따위를 닫아걸거나 막아 버림
폐지(廢止) ↔ 존속(存續)	폐지: 실시하여 오던 제도나 법규, 일 따위를 그만두거나 없앰
폭로(暴露) ↔ 은폐(隱蔽)	폭로: 알려지지 않았거나 감춰져 있던 사실을 드러냄
폭염(暴炎) ↔ 혹한(酷寒)	폭염: 매우 심한 더위
하강(下降) ↔ 부상(浮上)	하강: 높은 곳에서 아래로 향하여 내려옴

확인 문제

다음 중 '은폐(隱蔽)'의 반의어는?

① 방임(放任)　　② 폭로(暴露)　　③ 종결(終結)　　④ 폐쇄(閉鎖)　　⑤ 시작(始作)

정답: ②

PART 1 NCS 직무능력평가

제1장 의사소통능력

제2장 수리능력

제3장 문제해결능력

제4장 자원관리능력

제5장 조직이해능력

해커스 지역농협 6급 NCS 인적성 및 직무능력평가 통합 기본서

반의어

한해(旱害) ↔ 수재(水災)	한해: 가뭄으로 인하여 입은 재해
할인(割引) ↔ 할증(割增)	할인: 일정한 값에서 얼마를 뺌
해후(邂逅) ↔ 이별(離別)	해후: 오랫동안 헤어졌다가 뜻밖에 다시 만남
허가(許可) ↔ 금지(禁止)	허가: 행동이나 일을 하도록 허용함
현명(賢明) ↔ 우둔(愚鈍)	현명: 어질고 슬기로워 사리에 밝음
협조(協助) ↔ 훼방(毀謗)	협조: 힘을 보태어 도움
호평(好評) ↔ 혹평(酷評)	호평: 좋게 평함 또는 그런 평판이나 평가
혼란(混亂) ↔ 안녕(安寧)	혼란: 뒤죽박죽이 되어 어지럽고 질서가 없음
환대(歡待) ↔ 괄시(恝視)	환대: 반갑게 맞아 정성껏 후하게 대접함
회고(回顧) ↔ 전망(展望)	회고: 지나간 일을 돌이켜 생각함
획득(獲得) ↔ 상실(喪失)	획득: 얻어 내거나 얻어 가짐

2 다의어

가다	· 일정한 목적을 가진 모임에 참석하기 위하여 이동하다 예 오늘 저녁에는 동창회에 갈 예정이다. · 관심이나 눈길 따위가 쏠리다 예 사소한 일에도 신경이 간다. · 그러한 상태가 생기거나 일어나다 예 그에게 피해가 가지 않도록 해야 한다. · 어떤 일을 하는 데 수고가 많이 들다 예 보기보다 제법 손이 많이 가는 일이었다.
가리다	· 여럿 가운데서 하나를 구별하여 고르다 예 월드컵은 세계 최고의 축구 실력을 갖춘 국가를 가리기 위한 대회이다. · 낯선 사람을 대하기 싫어하다 예 우리 아이는 낯을 많이 가립니다. · 잘잘못이나 좋은 것과 나쁜 것 따위를 따져서 분간하다 예 시비를 가리기 위해 경찰을 불렀다. · 음식을 골라서 먹다 예 음식을 가리지 말고 골고루 먹어야 한다.

확인 문제

다음 중 '잘잘못이나 좋은 것과 나쁜 것 따위를 따져서 분간하다'의 의미로 사용된 것은?

① 음식을 가리지 말고 골고루 먹어야 한다.　　② 우리 아이는 낯을 많이 가린다.
③ 시비를 가리기 위해 경찰을 불렀다.　　④ 안개에 가려서 앞이 안 보인다.
⑤ 수단과 방법을 가리지 않고 어떻게든 이기겠다.

정답: ③

다의어

고치다	· 고장이 나거나 못 쓰게 된 물건을 손질하여 제대로 되게 하다 `지능6급 기출` 예 현종이는 고장 난 컴퓨터를 능숙하게 <u>고쳤다</u>. · 병 따위를 낫게 하다 예 병을 <u>고치려</u>면 무엇보다도 스트레스를 받지 않는 것이 중요하다. · 잘못되거나 틀린 것을 바로잡다 예 시험이 종료되기 직전에 <u>고친</u> 답이 정답이어서 기분이 좋다. · 모양이나 내용 따위를 바꾸다 예 영서는 강풍에 흐트러진 머리를 <u>고치기</u> 위해 거울을 꺼냈다.
기르다	· 육체나 정신을 단련하여 더 강하게 만들다 `지능6급 기출` 예 인내심을 <u>기르는</u> 것이 쉬운 일이 아니다. · 동식물을 보살펴 자라게 하다 예 새를 <u>기르는</u> 데 필요한 것을 구매하였다. · 습관 따위를 몸에 익게 하다 예 아침에 일찍 일어나는 습관을 <u>기르고</u> 있다.
나가다	· 생산되거나 만들어져 사회에 퍼지다 `지능6급 기출` 예 새 작품이 해외로 <u>나간</u> 후의 시장 조사는 필수적이다. · 일정한 직장이나 일터에 다니다 예 새로운 직장에 <u>나가게</u> 되었다. · 일정한 지역이나 공간에서 벗어나거나 집이나 직장 따위를 떠나다 예 집에서 <u>나간</u> 후 아직 돌아오지 않았다. · 어떤 행동이나 태도를 취하다 예 토론을 할 때 적극적인 태도로 <u>나가는</u> 것이 중요하다. · 값이나 무게 따위가 어느 정도에 이르다 예 이 그림은 값이 8천만 원이나 <u>나간다</u>.
나서다	· 어떠한 일을 적극적으로 또는 직업적으로 시작하다 `지능6급 기출` 예 남수는 만반의 준비를 마치고 장삿길에 <u>나섰다</u>. · 어떠한 일을 가로맡거나 간섭하다 예 그 일에 함부로 <u>나섰다가</u> 크코다칠 수 있으니 조심해야 한다. · 어디를 가기 위하여 있던 곳을 나오거나 떠나다 `지능6급 기출` 예 오랜만에 친구들과 낚시를 하기 위해 아침 일찍 집을 <u>나섰다</u>.

확인 문제

다음 중 '생산되거나 만들어져 사회에 퍼지다'의 의미로 사용된 것은?

① 이번에 <u>나가는</u> 회사는 복지 제도가 잘 되어 있다.
② 소극적인 태도로 <u>나가면</u> 추진력을 얻기 힘들다.
③ 상품이 해외로 <u>나간</u> 후의 판매 추이를 살펴보아야 한다.
④ 코끼리는 무게가 약 2톤에서 6톤 정도 <u>나간다</u>.
⑤ 8시에 도서관에서 <u>나갈</u> 예정이다.

정답: ③

PART 1 NCS 직무능력평가

제1장 의사소통능력

제2장 수리능력

제3장 문제해결능력

제4장 자원관리능력

제5장 조직이해능력

해커스 지역농협 6급 NCS 인적성 및 직무능력평가 통합 기본서

다의어

날리다	· 어떤 물체가 바람에 나부끼어 움직이게 하다 　예 친구는 머리카락을 날리며 내게로 뛰어왔다. · 명성을 떨치다 　예 그는 한때 수학 천재로 명성을 날리던 사람이었다. · 가지고 있던 재산이나 자료 따위를 잘못하여 모두 잃거나 없애다 　예 모든 재산을 날린 그는 고향으로 내려갔다. · 정성을 들이지 아니하고 일을 대강대강 아무렇게나 하다 　예 그는 일을 날려 하는 편이라 중요한 업무를 맡길 수 없었다.
내리다	· 타고 있던 물체에서 밖으로 나와 어떤 지점에 이르다 　예 우리는 기차역에 내렸다. · 위에 있는 것을 낮은 곳 또는 아래로 끌어당기거나 늘어뜨리다 　예 걷어 올린 옷소매를 내리는 게 나을 것 같다. · 판단, 결정을 하거나 결말을 짓다 　예 우리는 결론을 내리기 위해 회의실에 모였다. · 값이나 수치, 온도, 성적 따위가 이전보다 떨어지거나 낮아지다 　예 업체들은 하나둘 상품 가격을 내리기 시작했다.
높이다	· 값이나 비율 따위를 보통보다 위에 있게 하다 　예 올해 우리 회사의 목표는 수익성을 높이는 것이다. · 지위나 신분 따위를 보통보다 위에 있게 하다 　예 일 년 만에 회사는 그의 직급을 대리로 높여 주었다. · 기세 따위를 힘차고 대단한 상태에 있게 하다 　예 회사는 임직원의 사기를 높이기 위해 다양한 행사를 기획했다. · 이름이나 명성 따위를 널리 알려진 상태에 있게 하다 　예 선수들은 국가의 명성을 높이기 위해 노력하고 있다.
놓다	· 계속해 오던 일을 그만두고 하지 아니하다 　예 당분간 일을 놓고 건강 회복에 집중할 예정이다. · 걱정이나 근심, 긴장 따위를 잊거나 풀어 없애다 　예 고민이 해결되어 오랜만에 마음 놓고 웃었다. · 잡거나 쥐고 있던 물체를 일정한 곳에 두다 　예 가져온 선물은 선반 위에 놓으면 된다. · 무늬나 수를 새기다 　예 할머니께서 손수건에 손수 수를 놓아 선물해주셨다.

확인 문제

다음 중 '위에 있는 것을 낮은 곳 또는 아래로 끌어당기거나 늘어뜨리다'의 의미로 사용된 것은?

① 걷어 올린 옷소매를 내렸다.
② 우리는 기차역에 내렸다.
③ 회의에서 결론을 내렸다.
④ 차에서 짐을 내렸다.
⑤ 업체가 상품 가격을 내렸다.

정답: ①

다의어

당기다	· 좋아하는 마음이 일어나 저절로 끌리다 예 그는 나의 호기심이 당길 만한 제안을 했다. · 물건 따위를 힘을 주어 자기 쪽이나 일정한 방향으로 가까이 오게 하다 예 자세 교정을 위해 의자를 바짝 당겨 앉았다. · 정한 시간이나 기일을 앞으로 옮기거나 줄이다 예 올겨울에 올리기로 한 결혼식을 가을로 당겼다.
돌다	· 물체가 일정한 축을 중심으로 원을 그리면서 움직이다 예 물레방아가 빙글빙글 돌고 있다. · 기능이나 체제가 제대로 작용하다 예 이 공장은 무리 없이 잘 돌고 있다. · 돈이나 물자 따위가 유통되다 예 불경기로 인해 시장에 돈이 돌지 않아 걱정이 많습니다. · 눈이나 머리 따위가 정신을 차릴 수 없도록 아찔하여지다 예 달리는 차 안에서 책을 오래 읽었더니 눈이 핑핑 돌고 어지러웠다.
듣다	· 사람이나 동물이 소리를 감각 기관을 통해 알아차리다 예 밖에서 나는 비명을 들었다. · 다른 사람의 말이나 소리에 스스로 귀 기울이다 예 대통령은 국민의 소리를 잘 들어야 한다. · 다른 사람의 말을 받아들여 그렇게 하다 예 부모님과 선생님의 말씀을 잘 들어야 착한 어린이야. · 주로 약 따위가 효험을 나타내다 예 그 두통약은 나에게 잘 듣는다.
들다	· 밖에서 속이나 안으로 향해 가거나 오거나 하다 예 숲속에 드니 머리가 맑아지고 마음이 편안해졌다. · 빛, 볕, 물 따위가 안으로 들어오다 예 이 방은 볕이 잘 들어 겨울에도 따뜻하다. · 방이나 집 따위에 있거나 거처를 정해 머무르게 되다 예 집주인 아저씨는 지하에 들어 사는 우리를 항상 타박했다. · 어떤 일에 돈, 시간, 노력, 물자 따위가 쓰이다 예 사업을 하다 보니 여기저기 돈이 많이 든다.

확인 문제

다음 중 '기능이나 체제가 제대로 작용하다'의 의미로 사용된 것은?
① 나는 술 한 잔만 마셔도 머리가 핑 돈다.
② 어머니의 얼굴에 화색이 돌기 시작했다.
③ 투자가 위축되어 자금이 돌지 않고 있다.
④ 난방이 잘 돌아서 밤새 따뜻하게 잤다.
⑤ 지구는 태양을 중심으로 도는 행성이다.

정답: ④

PART 1 NCS 직무능력평가

제1장 의사소통능력

제2장 수리능력

제3장 문제해결능력

제4장 자원관리능력

제5장 조직이해능력

해커스 지역농협 6급 NCS 인적성 및 직무능력평가 통합 기본서

다의어

막히다	• 길, 통로 따위가 통하지 못하게 되다 　예 길이 <u>막혀</u> 약속 장소에 늦게 도착했다. • 병 따위의 입구가 통하지 못하게 되다 　예 병이 마개로 <u>막혀</u> 있어 내용물이 쏟아지지 않았다. • 어이가 없거나 할 말이 궁색하여 말이 나오지 않다 　예 예상치 못한 질문을 받는 바람에 말문이 <u>막혀</u> 버렸다.
맞추다	• 서로 떨어져 있는 부분을 제자리에 맞게 대어 붙이다 　예 깨진 조각에 접착제를 발라 잘 <u>맞추어</u> 붙였다. • 서로 어긋남이 없이 조화를 이루다 　예 워크숍의 가장 중요한 목표는 팀원들이 서로 마음을 <u>맞추는</u> 것이다. • 어떤 기준이나 정도에 어긋나지 아니하게 하다 　예 선생님은 채점 기준에 <u>맞추어</u> 주관식 답안지를 채점하기 시작했다. • 어떤 기준에 틀리거나 어긋남이 없이 조정하다 　예 라디오를 듣기 위해 주파수를 <u>맞추었다</u>.
먹다	• 음식 따위를 입을 통하여 배 속에 들여보내다 　예 밥을 너무 많이 <u>먹었는지</u> 배가 살살 아프기 시작했다. • 연기나 가스 따위를 들이마시다 　예 연탄가스를 <u>먹고</u> 정신을 잃은 일가족이 병원에 실려 왔다. • 어떤 마음이나 감정을 품다　[지농6급 기출] 　예 나는 마음을 독하게 <u>먹고</u> 공부에만 몰두했다. • 일정한 나이에 이르거나 나이를 더하다 　예 걔는 나이를 <u>먹어도</u> 좀처럼 철이 들지 않아서 걱정이야.
맵다	• 고추나 겨자와 같이 맛이 알알하다 　예 점심을 <u>맵게</u> 먹어서 그런지 속이 쓰리다. • 성미가 사납고 독하다 　예 그의 <u>매운</u> 눈길을 받고 하던 행동을 멈추었다. • 날씨가 몹시 춥다 　예 날씨가 <u>매워서</u> 감기에 걸릴 것 같다. • 연기 따위가 눈이나 코를 아리게 하다 　예 담배 연기가 자욱하여 눈이 <u>맵다</u>. • 결기가 있고 야무지다 　예 서현이는 일을 <u>맵게</u> 처리한다는 평가를 받는다.

확인 문제

다음 중 '어떤 마음이나 감정을 품다'의 의미로 사용된 것은?

① 하루만 지나면 나이를 한 살 더 <u>먹는다</u>.
② 누군가 그에게 앙심을 <u>먹고</u> 모함한 것이 틀림없다.
③ 부엌에 자욱한 연기를 <u>먹고</u> 정신을 잃었다.
④ 흰쌀밥에 노릇하게 구워진 햄을 얹어 <u>먹고</u> 싶다.
⑤ 그는 실수로 탄내를 <u>먹고는</u> 몇 번 콜록거렸다.

정답: ②

다의어

밀다	· 일정한 방향으로 움직이도록 반대쪽에서 힘을 가하다 　예 움직이지 못하는 자동차를 뒤에서 힘껏 밀었다. · 바닥이나 거죽의 지저분한 것을 문질러서 깎거나 닦아 내다 　예 대패로 통나무를 밀다. · 허물어 옮기거나 깎아 없애다 　예 아파트 단지를 짓기 위해 산을 밀었다. · 뒤에서 보살피고 도와주다 　예 아무래도 누군가 영수를 임원으로 밀고 있는 것 같다. · 바닥이 반반해지도록 연장을 누르면서 문지르다 　예 구겨진 면바지를 다리미로 밀었다. · 눌러서 얇게 펴다 　예 칼국수를 만들기 위해 밀가루 반죽을 밀었다.
바르다	· 풀칠한 종이나 헝겊 따위를 다른 물건의 표면에 고루 붙이다 　예 벽지를 사다가 벽에 발랐다. · 차지게 이긴 흙 따위를 다른 물체의 표면에 고르게 덧붙이다 　예 벽에 시멘트를 발랐으니 등이 닿지 않도록 조심하세요. · 물이나 풀, 약, 화장품 따위를 물체의 표면에 문질러 묻히다 　예 상처에 약을 발랐다.
보다	· 눈으로 대상의 존재나 형태적 특징을 알다 　예 길을 건널 때에는 신호등을 잘 보고 건너야 한다. · 눈으로 대상을 즐기거나 감상하다 　예 어제 친구와 함께 영화를 봤다. · 일정한 목적 아래 만나다 　예 맞선을 보러 나가는 길이다. · 맡아서 보살피거나 지키다 　예 아이를 보느라 외출할 겨를이 없었다. · 음식상이나 잠자리 따위를 채비하다 　예 어머니는 술상을 보느라 바쁘다.
싸다	· 물건을 안에 넣고 보이지 않게 씌워 가리거나 둘러 말다 　예 직원들이 상품을 포장지에 싸고 있었다. · 어떤 물건을 다른 곳으로 옮기기 좋게 상자나 가방 따위에 넣거나 종이나 천, 끈 따위를 이용해서 꾸리다 　예 서둘러 도시락을 싸서 집을 나섰다.

확인 문제

다음 중 '눈으로 대상을 즐기거나 감상하다'의 의미로 사용된 것은?
① 이번 주말에는 어머니와 연극을 보기로 했다.
② 공원에서 수상한 사람을 보고 경찰에 신고하였다.
③ 지난주 내내 어린 동생을 보느라 공부를 못 했다.
④ 부모님의 성화에 못 이겨 맞선을 보러 나왔다.
⑤ 갑자기 찾아온 손님의 저녁상을 보고 있다.

정답: ①

PART 1 NCS 직무능력평가

제1장 의사소통능력

제2장 수리능력

제3장 문제해결능력

제4장 자원관리능력

제5장 조직이해능력

해커스 지역농협 6급 NCS 인적성 및 직무능력평가 통합 기본서

다의어

엿보다	• 잘 보이지 아니하는 대상을 좁은 틈 따위로 바라보다 [지농6급 기출] 　예 문틈으로 하늘을 엿보다. • 어떤 사실을 바탕으로 실상을 미루어 알다 [지농6급 기출] 　예 그림을 통해 당시의 생활을 엿볼 수 있다. • 무엇을 이루고자 온 마음을 쏟아서 눈여겨보다 [지농6급 기출] 　예 박 대리는 승진 기회를 항상 엿보는 사람이다. • 남이 보이지 아니하는 곳에 숨거나 남이 알아차리지 못하게 하여 대상을 살펴보다 　예 창문으로 방 안을 엿보다.
열다	• 닫히거나 잠긴 것을 트거나 벗기다 　예 창문을 열어 환기를 시키자. • 사업이나 경영 따위의 운영을 시작하다 　예 그녀는 회사를 그만두고 꽃집을 열었다. • 자기의 마음을 다른 사람에게 터놓거나 다른 사람의 마음을 받아들이다 　예 좀 더 마음을 열고 남을 이해하기 위해 노력해보렴. • 다른 사람에게 어떤 일에 대하여 터놓거나 이야기를 시작하다 　예 묵묵부답이던 용의자가 마침내 입을 열었다.
울다	• 짐승, 벌레, 바람 따위가 소리를 내다 　예 새벽에 늑대 우는 소리가 들렸다. • 종이나 천둥, 벨 따위가 소리를 내다 　예 자명종이 요란스럽게 울렸다. • 물체가 바람 따위에 흔들리거나 움직여 소리가 나다 　예 거센 바람에 문풍지가 울기 시작했다. • 기쁨, 슬픔 따위의 감정을 억누르지 못하거나 아픔을 참지 못하여 눈물을 흘리다 　예 아무 말도 못 하고 주저앉아 울기만 했다.
재다	• 잘난 척하며 으스대거나 뽐내다 　예 그렇게 재고 다니다가는 언젠가 큰코다친다. • 자, 저울 따위의 계기를 이용하여 길이, 너비, 높이, 깊이, 무게, 온도, 속도 따위의 정도를 알아보다 　예 감자의 무게를 저울로 쟀다. • 여러모로 따져 보고 헤아리다 　예 결혼할 사람은 여러모로 재어 보고 선택해야 한다. • 동작이 재빠르다 　예 시간이 부족하다는 말에 손을 더욱 재게 놀리기 시작했다.

확인 문제

다음 중 '닫히거나 잠긴 것을 트거나 벗기다'의 의미로 사용된 것은?

① 책상에 앉은 그는 서랍을 열어서 일기장을 꺼냈다.
② 작년에 문을 연 이래로 이번 달 매출이 가장 높다.
③ 내내 침묵하던 그녀는 이모의 설득에 입을 열었다.
④ 민우는 동생과 고향에 카페를 열겠다는 목표를 세웠다.
⑤ 마음을 열고 다른 사람들과 즐겁게 대화를 나누었다.

정답: ①

다의어

지내다	• 사람이 어떤 장소에서 생활을 하면서 시간이 지나가는 상태가 되게 하다 　예 그녀는 일을 그만두고 집에서 편하게 지내고 있다. • 서로 사귀어 오다 　예 우리는 가족처럼 지내는 사이입니다. • 과거에 어떤 직책을 맡아 일하다 　예 그 사람은 왕년에 도지사를 지낸 사람이다. • 혼인이나 제사 따위의 관혼상제 같은 어떤 의식을 치르다 　예 차례를 지내러 고향에 내려갑니다.
취하다	• 자기 것으로 만들어 가지다 　예 따뜻한 우유를 마시는 것은 숙면을 취하는 데 도움이 된다. • 어떤 일에 대한 방책으로 어떤 행동을 하거나 일정한 태도를 가지다 　예 명분보다는 실리를 챙기는 대외 정책을 취할 필요가 있다. • 어떤 특정한 자세를 취하다 　예 사진을 찍기 위해 포즈를 취했다.
타다	• 탈것이나 짐승의 등 따위에 몸을 얹다 　예 지하철이 끊겨 할 수 없이 택시를 탔다. • 몫으로 주는 돈이나 물건 따위를 받다 　예 사내 체육대회에서 추첨 번호에 당첨되어 경품을 탔다. • 바람이나 물결, 전파 따위에 실려 퍼지다 　예 방송을 탄 후 가게에 손님이 몰려들었다.
파다	• 구멍이나 구덩이를 만들다 　예 땅에 구덩이를 팠다. • 그림이나 글씨를 새기다 　예 요즘에는 도장을 파는 곳을 찾기 어렵다. • 어떤 것을 알아내거나 밝히기 위하여 몹시 노력하다 　예 그는 한번 어떤 일을 파기 시작하면 끝장을 본다. • 문서나 서류 따위에서 어떤 부분을 삭제하다 　예 호적을 파다.
헐다	• 몸에 부스럼이나 상처 따위가 나서 짓무르다 　예 요즘 너무 무리했는지 입안이 헐었다. • 물건이 오래되거나 많이 써서 낡아지다 　예 우산이 너무 헐어서 쓸 수가 없다.

확인 문제

다음 중 '어떤 것을 알아내거나 밝히기 위하여 몹시 노력하다'의 의미로 사용된 것은?

① 나무를 심기 위해 적당한 장소에서 땅을 파기 시작했다.
② 더 이상 사고를 친다면 호적에서 팔 것이라는 경고를 들었다.
③ 김 씨는 이 부근에서 도장을 제일 잘 파는 인물로 알려져 있다.
④ 할머니 댁 마당에는 아버지가 직접 판 우물이 있다고 한다.
⑤ 그 경찰은 사건의 진상을 파기 위해 백방으로 뛰고 있다.

정답: ⑤

PART 1 NCS 직무능력평가

제1장 의사소통능력

제2장 수리능력

제3장 문제해결능력

제4장 자원관리능력

제5장 조직이해능력

해커스 지역농협 6급 NCS 인적성 및 직무능력평가 통합 기본서

3 혼동하기 쉬운 어휘

가늠/가름	• 가늠: 사물을 어림잡아 헤아림 　예 내 남자친구는 워낙 말이 없어서 그 속마음을 <u>가늠</u>하기가 어렵다. • 가름: 쪼개거나 나누어 따로따로 되게 함 / 승부나 등수 따위를 정함 　예 오늘 경기는 전반전에 획득한 점수가 승부를 <u>가름</u>하였다.
개발/계발	• 개발: 기술, 경제, 책, 제품, 국토, 인력 등 물질적인 것을 발전시킴 / 지식이나 재능 따위를 발달하게 함 　예 국토 <u>개발</u>에 노력을 기울여야 한다. • 계발: 슬기나 재능, 사상 따위를 일깨워 줌 　예 학생의 창의력과 소질을 <u>계발</u>하는 데 효과적이다.
검정/검증	• 검정: 일정한 규정에 따라 자격이나 조건을 검사하여 결정함 　예 교과서를 더욱 엄격한 기준으로 <u>검정</u>할 필요가 있다. • 검증: 검사하여 증명함 　예 <u>검증</u>되지 않은 민간요법을 함부로 따르는 것은 위험하다.
게재/기재	• 게재: 글이나 그림 따위를 신문이나 잡지 따위에 실음 　예 그의 논문이 세계적인 학술지에 <u>게재</u>되었다. • 기재: 문서 따위에 기록하여 올림 　예 이력서에 <u>기재</u>된 내용이 사실과 다를 경우 불합격 처리됩니다.
결재/결제	• 결재: 결정할 권한이 있는 상관이 부하가 제출한 안건을 검토하여 허가하거나 승인함 　[지농6급 기출] 　예 이번 주 금요일은 공휴일이므로 반드시 오늘까지 <u>결재</u>를 받아야 한다. • 결제: 증권 또는 대금을 주고받아 매매 당사자 사이의 거래 관계를 끝맺는 일 　[지농6급 기출] 　예 만 원 이하의 소액도 카드 <u>결제</u>가 가능하다.
고안/착안	• 고안: 연구하여 새로운 안을 생각해 냄 　예 정약용은 도르래의 원리를 응용하여 거중기를 <u>고안</u>해냈다. • 착안: 어떤 문제를 해결하기 위한 실마리를 잡음 　예 이 기계는 작용 반작용의 법칙에 <u>착안</u>하여 제작된 것이다.
곤욕/곤혹	• 곤욕: 심한 모욕 또는 참기 힘든 일 　예 작은 말실수 때문에 오랫동안 <u>곤욕</u>을 치렀다. • 곤혹: 곤란한 일을 당하여 어찌할 바를 모름 　예 친구의 갑작스러운 울음에 <u>곤혹</u>을 느꼈다.

확인 문제

다음 중 밑줄 친 단어의 쓰임이 바르지 않은 것은?
① 논문이 학술지에 <u>게재</u>되었다.　　　② 교과서의 <u>검정</u> 기준은 매우 엄격하다.
③ 9회 말 홈런이 승부를 <u>가름</u>하였다.　　④ 오늘까지 사장님의 <u>결제</u>를 받아야 한다.
⑤ 국토 <u>개발</u>에 노력을 기울이고 있다.

정답: ④

혼동하기 쉬운 어휘

PART 1 NCS 직무능력평가

제1장
의사소통능력

제2장
수리능력

제3장
문제해결능력

제4장
자원관리능력

제5장
조직이해능력

해커스 지역농협 6급 NCS 인적성 및 직무능력평가 통합 기본서

구분/구별	· 구분: 일정한 기준에 따라 전체를 몇 개로 갈라 나눔 [지농6급 기출]
	예) 책장의 책들을 소설책과 시집으로 구분하여 정리해 두었다.
	· 구별: 성질이나 종류에 따라 차이가 남 또는 성질이나 종류에 따라 갈라놓음 [지농6급 기출]
	예) 누가 언니고 누가 동생인지 구별할 수 없을 정도로 키가 비슷하다.
근간/근원	· 근간: 사물의 바탕이나 중심이 되는 중요한 것
	예) 전통시장은 서민 경제의 근간이다.
	· 근원: 사물이 비롯되는 근본이나 원인
	예) 스트레스는 모든 병의 근원이라 할 수 있다.
금일/익일	· 금일: 지금 지나가고 있는 이날
	예) 급한 사안이므로 금일 안으로 서류를 작성하여 제출해 주세요.
	· 익일: 어느 날 뒤에 오는 날
	예) 내가 접수한 택배 물품은 익일에 배송될 예정이다.
너비/넓이	· 너비: 평면이나 넓은 물체의 가로로 건너지른 거리
	예) 양발을 어깨 너비로 벌리고 양 무릎을 살짝 굽혀주세요.
	· 넓이: 일정한 평면에 걸쳐 있는 공간이나 범위의 크기
	예) 다음 평면도형의 넓이를 구하시오.
단합/담합	· 단합: 많은 사람이 마음과 힘을 한데 뭉침(≒ 단결)
	예) 주민들의 단합을 도모하기 위해 마을 운동회를 개최했다.
	· 담합: 서로 의논하여 합의함
	예) 일제히 영화 값이 오른 것에 대해 일각에서는 극장업계의 담합을 의심하고 있다.
대비/대처	· 대비: 앞으로 일어날지도 모르는 어떠한 일에 대응하기 위하여 미리 준비함
	예) 동네 사람들은 폭우에 대비하여 모래주머니로 제방을 쌓아놓았다.
	· 대처: 어떤 정세나 사건에 대하여 알맞은 조치를 취함
	예) 기업은 고객의 불만에 대해 빠르게 대처해야 한다.
도래/초래	· 도래: 어떤 시기나 기회가 닥쳐옴
	예) 정보화 시대가 도래한 지 오래다.
	· 초래: 일의 결과로서 어떤 현상을 생겨나게 함
	예) 한순간의 실수가 엄청난 사건을 초래할 수도 있다.
도출/표출	· 도출: 판단이나 결론 따위를 이끌어 냄
	예) 세 번의 회의를 가졌음에도 불구하고 결국 합의점이 도출되지 않았다.
	· 표출: 겉으로 나타냄
	예) 입시 제도가 갑작스럽게 변경되자 많은 학부모들이 분노를 표출했다.

확인 문제

다음 중 밑줄 친 단어의 쓰임이 바르지 않은 것은?

① 전통시장은 서민 경제의 근간이다.
② 누가 언니고 누가 동생인지 구별할 수 없다.
③ 양발을 어깨 넓이로 벌려주세요.
④ 동네 재개발을 위해 주민들이 단합하고 있다.
⑤ 혹시 모를 폭우에 대비하여 둑을 쌓다.

정답: ③

혼동하기 쉬운 어휘

동의/동조	• 동의: 다른 사람의 행위를 승인하거나 시인함 　예 국민의 안전을 최우선으로 여기는 그 법안에 대해 야당과 여당 모두 동의하였다. • 동조: 남의 주장에 자기의 의견을 일치시키거나 보조를 맞춤 　예 나는 그녀의 의견이 옳지 못하다고 생각하였으나 일단 동조하는 척하였다.
독선/독단	• 독선: 자기 혼자만이 옳다고 믿고 행동하는 일 　예 독선에 빠져 다른 이들의 의견을 묵살하는 것은 화합을 저해하는 요소이다. • 독단: 남과 상의하지도 않고 혼자서 판단하거나 결정함 　예 그렇게 독단적으로 일을 결정할 거면서 왜 나에게 의견을 물었니?
막역/막연	• 막역: 허물이 없이 아주 친함 　예 그와 나는 10년 전부터 막역하게 지내왔다. • 막연: 갈피를 잡을 수 없게 아득함 / 뚜렷하지 못하고 어렴풋함 　예 많은 사람들이 막연하게 부동산 임대업을 노후 준비의 하나로 여기고 있다.
매매/매입	• 매매: 물건을 팔고 삼 　예 올해 초 집값 상승으로 아파트 매매가 활발히 이루어지지 않았다. • 매입: 물품 따위를 사들임 　예 과거 태국 정부는 시장가격보다 비싼 값에 농민들의 쌀을 매입하였다.
명분/명색	• 명분: 일을 꾀할 때 내세우는 구실이나 이유 따위 　예 러시아는 자국민 보호를 명분으로 내세우며 남오세티야 전쟁에 개입하였다. • 명색: 실속 없이 그럴듯하게 불리는 허울만 좋은 이름 　예 복지부장은 명색일 뿐 실상 나는 학급 청소를 도맡아 하는 역할이었다.
모사/묘사	• 모사: 사물을 형체 그대로 그림 / 원본을 베끼어 씀 　예 고흐는 밀레의 그림을 모사하는 것을 즐겼으며, 밀레의 삶까지 닮고자 했다. • 묘사: 어떤 대상이나 사물, 현상 따위를 언어로 서술하거나 그림을 그려서 표현함 　예 어젯밤에 목격한 상황을 자세하게 묘사해 주세요.
반증/방증	• 반증: 어떤 사실이나 주장이 옳지 아니함을 그에 반대되는 근거를 들어 증명함 　예 그 사람의 주장을 반증할 수 있는 자료들을 찾아야만 한다. • 방증: 사실을 직접 증명할 수 있는 증거가 되지는 않지만, 주변의 상황을 밝힘으로써 간접적으로 증명에 도움을 줌 　예 최근 인문학 도서가 많이 출간되고 있는 것은 해당 분야에 대한 대중의 관심이 높다는 방증이다.

확인 문제

다음 중 밑줄 친 단어의 쓰임이 바르지 않은 것은?
① 독단적으로 행동하지 말고 친구들과 의논해보렴.
② 자국민 보호를 명분으로 전쟁을 일으켰다.
③ 그의 주장을 반증할 수 있는 자료가 있다.
④ 그와 나는 오래전부터 막연하게 지내왔다.
⑤ 어젯밤에 본 장면을 생생하게 묘사해 주세요.

정답: ④

혼동하기 쉬운 어휘

발달/발전	• 발달: 신체, 정서, 지능 따위가 성장하거나 성숙함 / 학문, 기술, 문명, 사회 따위의 현상이 보다 높은 수준에 이름 예 과도한 조기교육은 아이들의 뇌 발달에 악영향을 미칠 수 있다. • 발전: 더 낫고 좋은 상태나 더 높은 단계로 나아감 / 일이 어떤 방향으로 전개됨 예 백화점이 들어선 이후로 우리 동네가 빠르게 발전하고 있다.
변절/변질	• 변절: 절개나 지조를 지키지 않고 바꿈 예 충신으로 소문난 그가 변절했다는 소식은 모든 이를 놀라게 하였다. • 변질: 성질이 달라지거나 물질의 질이 변함 예 요구르트, 우유 등과 같은 유제품은 여름철에 쉽게 변질된다.
보상/배상	• 보상: 남에게 진 빚 또는 받은 물건을 갚음 예 올해 직원들의 노고를 보상하기 위하여 작은 행사를 마련하였습니다. • 배상: 남의 권리를 침해한 사람이 그 손해를 물어 줌 예 애완견이 행인을 물면 애완견 주인이 피해자의 치료비를 배상해야 한다.
보전/보존	• 보전: 온전하게 보호하여 유지함 예 미래 세대를 위해서라도 반드시 생태계를 보전해야 한다. • 보존: 잘 보호하고 간수하여 남김 예 이 문화재는 보존이 잘 되어 있는 편이다.
보충/보급	• 보충: 부족한 것을 보태어 채움 [지농6급 기출] 예 철분의 보충을 위해서는 계란이나 토마토를 섭취하는 것이 좋다. • 보급: 물자나 자금 따위를 계속해서 대어 줌 [지농6급 기출] 예 국악 보급에 힘쓰고 있다.
부문/부분	• 부문: 일정한 기준에 따라 분류하거나 나누어 놓은 낱낱의 범위나 부분 예 이 영화는 아카데미 시상식에서 작품상, 미술상 등 두 개 부문을 석권하였다. • 부분: 전체를 이루는 작은 범위 또는 전체를 몇 개로 나눈 것의 하나 예 이 영화는 마지막 부분의 반전이 예술이다.
상연/상영	• 상연: 연극 따위를 무대에서 하여 관객에게 보임 예 오늘 우리 극장은 연극 〈로미오와 줄리엣〉을 상연할 예정입니다. • 상영: 극장 따위에서 영화를 영사하여 공개함 예 이 영화는 지난달에 개봉하여 현재 극장에서 상영 중이다.
수상/시상	• 수상: 상을 받음 예 그 배우는 여우주연상을 수상했다. • 시상: 상장이나 상품, 상금 따위를 줌 예 노벨 위원회는 노벨상 후보 선정과 시상의 권한을 가지고 있다.

확인 문제

다음 중 밑줄 친 단어의 쓰임이 바르지 않은 것은?

① 신기술이 전 세계에 보급되었다.
② 행사는 크게 두 부분으로 나누어 진행될 예정이다.
③ 그의 갑작스러운 변절이 놀랍기만 하다.
④ 근로자의 노고를 배상할 방법을 찾고 있다.
⑤ 수면 부족은 뇌 발달에 악영향을 미친다.

정답: ④

혼동하기 쉬운 어휘

실용성/실효성	· 실용성: 실제적인 쓸모가 있는 성질이나 특성 　예 나는 실용성을 고려해 수납공간이 넉넉한 가구를 구입했다. · 실효성: 실제로 효과를 나타내는 성질 　예 이 제도는 실효성이 없다는 비판을 받았다.
실재/실제	· 실재: 실제로 존재함 　예 이 소설은 실재하는 인물과 사건을 바탕으로 만들어졌다. · 실제: 사실의 경우나 형편 　예 상상만 했던 분을 실제로 뵙게 되어 가슴이 벅찼다.
여유/여지	· 여유: 물질적·공간적·시간적으로 넉넉하여 남음이 있는 상태 / 느긋하고 차분하게 생각하거나 행동하는 마음의 상태 / 대범하고 너그럽게 일을 처리하는 마음의 상태 　예 급할수록 여유를 가지는 것이 중요하다. · 여지: 어떤 일을 하거나 어떤 일이 일어날 가능성이나 희망 　예 그때는 너무 급박했기 때문에 나에게는 선택의 여지가 없었다.
온전/완전	· 온전: 본바탕 그대로 고스란함 / 잘못된 것이 없이 바르거나 옳음 　예 이 지역에는 삼국시대의 유물과 유적이 온전히 남아 있다. · 완전: 필요한 것이 모두 갖추어져 모자람이나 흠이 없음 　예 우리나라는 오늘 오후 태풍의 영향권에서 완전히 벗어났다.
운용/운영	· 운용: 무엇을 움직이게 하거나 부리어 씀 　예 소비 심리가 살아날 수 있도록 경제 정책을 과감하게 운용해야 한다. · 운영: 조직이나 기구, 사업체 따위를 운용하고 경영함 　예 우리 아버지께서는 작은 사업체를 운영하고 계신다.
원료/연료	· 원료: 어떤 물건을 만드는 데 들어가는 재료 　예 천연 원료를 사용한 화장품은 특히 임산부에게 인기가 높다. · 연료: 연소하여 열, 빛, 동력의 에너지를 얻을 수 있는 물질 　예 수소를 연료로 사용하는 자동차는 매연 배출량이 적다.
유래/유례	· 유래: 사물이나 일이 생겨남 또는 그 사물이나 일이 생겨난 바 　예 이 행사는 유래가 깊다. · 유례: 같거나 비슷한 예 　예 이런 사건은 국내뿐만 아니라 외국에서도 유례를 찾기 힘들다.

확인 문제

다음 중 밑줄 친 단어의 쓰임이 바르지 않은 것은?

① 이 행사는 유래가 아주 깊다.
② 실효성이 없는 정책은 비판을 피할 수 없다.
③ 태풍의 영향권에서 완전히 벗어났다.
④ 우리의 계획은 성공할 여지가 있다.
⑤ 이 영화는 실제하는 인물과 관련이 없다.

정답: ⑤

혼동하기 쉬운 어휘

응용/인용	• 응용: 어떤 이론이나 이미 얻은 지식을 구체적인 개개의 사례나 다른 분야의 일에 적용하여 이용함 　예 과학 기술을 농업에 응용하는 젊은 농부들이 늘어나고 있다. • 인용: 남의 말이나 글을 자신의 말이나 글 속에 끌어 씀 　예 그는 학자의 말을 인용하여 자신의 소설 첫머리에 실었다.
일절/일체	• 일절: 아주, 전혀, 절대로의 뜻으로, 흔히 행위를 그치게 하거나 어떤 일을 하지 않을 때에 쓰는 말 　예 당분간 교무실 출입을 일절 금지하도록 하겠습니다. • 일체: '전부' 또는 '완전히'의 뜻을 나타내는 말 　예 소송과 관련한 일체의 비용은 패소한 쪽이 물어야 한다.
임대/임차	• 임대: 돈을 받고 자기의 물건을 남에게 빌려줌 　예 건물주는 건물 일부를 병원에 임대해 주었다. • 임차: 돈을 내고 남의 물건을 빌려 씀 　예 병원은 큰 비용을 지불하고 건물 일부를 임차하였다.
의식/인식	• 의식: 어떤 것을 두드러지게 느끼거나 특별히 염두에 둠 / 생각이 미치어 어떤 일이나 현상 따위를 깨닫거나 느낌 　예 나를 쳐다보는 그의 눈빛을 의식하고 있었으나 애써 태연한 척했다. • 인식: 사물을 분별하고 판단하여 앎 　예 일반적으로 가격이 저렴하면 품질이 좋지 않다는 인식이 있다.
자각/지각	• 자각: 현실을 판단하여 자기의 입장이나 능력 따위를 스스로 깨달음 　예 자신의 잘못을 자각한 학생이 반성문을 작성하여 선생님께 건넸다. • 지각: 감각 기관을 통하여 대상을 인식함 　예 그는 뛰어난 공간 지각 능력을 갖추고 있다.
작렬/작열	• 작렬: 포탄 따위가 터져서 쫙 퍼짐 / 박수 소리나 운동 경기에서의 공격 따위가 포탄이 터지듯 극렬하게 터져 나오는 것을 비유적으로 이르는 말 　예 적군이 던진 수류탄이 작렬하여 아군 수십 명이 사살되었다. • 작열: 불 따위가 이글이글 뜨겁게 타오름 　예 이번 여름휴가는 태양이 작열하는 해변에서 보낼 것이다.
재고/제고	• 재고: 어떤 일이나 문제 따위에 대하여 다시 생각함　[지농6급 기출] 　예 섣불리 결정하지 말고 재고해 봅시다. • 제고: 쳐들어 높임　[지농6급 기출] 　예 국가 경쟁력을 제고하기 위해서는 국민과 정부가 함께 노력해야 한다.

[확인 문제]

다음 중 밑줄 친 단어의 쓰임이 바르지 않은 것은?

① 남의 눈을 의식하지 말고 하고 싶은 것을 해라.
② 칼럼에 유명 학자의 말을 인용하다.
③ 건물주는 자신의 건물 일부를 임차해 주었다.
④ 태양이 작열하는 여름이 돌아왔다.
⑤ 국민은 국가 경쟁력의 제고를 위해 노력해야 한다.

정답: ③

PART 1 NCS 직무능력평가

제1장 의사소통능력

제2장 수리능력

제3장 문제해결능력

제4장 자원관리능력

제5장 조직이해능력

해커스 지역농협 6급 NCS 인적성 및 직무능력평가 통합 기본서

혼동하기 쉬운 어휘

재연/재현	· 재연: 한 번 하였던 행위나 일을 다시 되풀이함 　예 태연히 범행을 재연하는 범인의 모습에 사람들은 경악했다. · 재현: 다시 나타남 또는 다시 나타냄 　예 한국 축구선수들이 2002년 월드컵의 영광을 재현했다.
정체/지체	· 정체: 사물이 발전하거나 나아가지 못하고 한자리에 머물러 그침 　예 낮은 풍속으로 대기가 정체될 경우 미세먼지 농도가 더욱 짙어질 수 있다. · 지체: 때를 늦추거나 질질 끎 　예 지체할 시간이 없으니 어서 준비해라.
조정/조종	· 조정: 어떤 기준이나 실정에 맞게 정돈함 　예 선거구를 조정하기로 결정했다. · 조종: 비행기나 선박, 자동차 따위의 기계를 다루어 부림 　예 그는 10년 넘게 비행기를 조종했다.
증가/증감	· 증가: 양이나 수치가 늚 　예 불볕더위가 기승을 부리면서 에어컨 판매량이 빠르게 증가하고 있다. · 증감: 많아지거나 적어짐 　예 변동비는 생산량의 증감에 따라 늘거나 줄어드는 비용이다..
지양/지향	· 지양: 더 높은 단계로 오르기 위하여 어떠한 것을 하지 아니함　`지능6급 기출` 　예 학생들의 건강을 해칠 수 있는 지나친 야간 자율 학습은 지양해야 한다. · 지향: 어떤 목표로 뜻이 쏠리어 향함　`지능6급 기출` 　예 정부는 그 무엇보다도 국민의 안전 보장을 우선으로 지향해야 한다.
찬성/찬조	· 찬성: 어떤 행동이나 견해, 제안 따위가 옳거나 좋다고 판단하여 수긍함 　예 우리 가족은 8월 중순에 휴가를 보내는 것에 대해 모두 찬성하였다. · 찬조: 어떤 일의 뜻에 찬동하여 도와줌 　예 교장선생님의 찬조에 힘입어 우리는 학예회를 무사히 마칠 수 있었다.
창간/창건	· 창간: 신문, 잡지 따위의 정기 간행물의 첫 번째 호를 펴냄 　예 통신 기술이 발달함에 따라 다양한 온라인 잡지들이 창간되고 있다. · 창건: 건물이나 조직체 따위를 처음으로 세우거나 만듦 　예 태조 이성계가 창건한 경복궁은 조선을 대표하는 궁궐이다.

`확인 문제`

다음 중 밑줄 친 단어의 쓰임이 바르지 않은 것은?

① 정부는 국민의 안전 보장을 지양해야 한다.
② 지체할 시간이 없으니 어서 준비해라.
③ 범인은 그날의 범행을 태연히 재연하였다.
④ 이 사찰은 조선 시대에 창건되었다.
⑤ 과반수의 찬성으로 영수가 반장이 되었다.

정답: ①

혼동하기 쉬운 어휘

참고/참조	• 참고: 살펴서 생각함 / 살펴서 도움이 될 만한 재료로 삼음 예 교수님께서 쓰신 칼럼을 참고하여 이 논문을 작성하였습니다. • 참조: 참고로 비교하고 대조하여 봄 예 더 자세한 내용은 상기 기사를 참조하시기 바랍니다.
체계/체제	• 체계: 일정한 원리에 따라서 낱낱의 부분이 짜임새 있게 조직되어 통일된 전체 예 원격진료의 도입은 우리나라 의료 전달 체계에 큰 변화를 가져올 것이다. • 체제: 생기거나 이루어진 틀 / 사회를 하나의 유기체로 볼 때에, 그 조직이나 양식 또는 그 상태를 이르는 말 예 1990년에 독일이 통일되면서 국제 관계의 냉전 체제가 종식되기 시작했다.
출연/출현	• 출연: 연기, 공연, 연설 따위를 하기 위하여 무대나 연단에 나감 예 그 배우는 유명한 영화에 출연하여 인지도를 높일 수 있었다. • 출현: 나타나거나 또는 나타나서 보임 예 갑작스러운 해파리의 출현으로 해수욕장의 피서객들이 모두 대피하였다.
폄하/폄훼	• 폄하: 가치를 깎아내림 예 작가의 사생활을 문제 삼아 그 작가의 작품을 폄하하는 것은 옳지 않다. • 폄훼: 남을 깎아내려 헐뜯음 예 그녀가 주변 인물을 폄훼하기 시작하자 모든 사람의 눈살이 찌푸려졌다.
표기/표지	• 표기: 적어서 나타냄 예 식품에 원산지를 표기하는 것은 소비자에게 신뢰감을 준다. • 표지: 표시나 특징으로 어떤 사물을 다른 것과 구별하게 함 예 이 지하철역은 너무 복잡하므로 화장실 표지를 더욱 눈에 띄게 만들어야 한다.
혼돈/혼동	• 혼돈: 마구 뒤섞여 있어 갈피를 잡을 수 없음 예 아베노믹스의 부작용으로 국채 금리와 물가가 상승할 경우 일본 경제는 혼돈에 빠질 수 있다. • 혼동: 구별하지 못하고 뒤섞어서 생각함 예 색각 이상이 있는 사람들 중에는 적색과 녹색을 혼동하는 사람이 많다.
확정/획정	• 확정: 일을 확실하게 정함 예 워크숍 장소는 아직 확정되지 않았습니다. • 획정: 경계 따위를 명확히 구별하여 정함 예 선거구 획정을 놓고 말이 많았다.

확인 문제

다음 중 밑줄 친 단어의 쓰임이 바르지 않은 것은?

① 자유와 방종을 혼동해서는 안 된다.
② 원산지를 표기하지 않은 가공식품이 많다.
③ 해변에 상어가 출현해 모든 피서객이 대피하였다.
④ 송년회 개최 일시가 드디어 확정되었다.
⑤ 그 영화는 인기가 없다는 이유로 폄훼되고 있다.

정답: ⑤

PART 1 NCS 직무능력평가

제1장 의사소통능력

제2장 수리능력

제3장 문제해결능력

제4장 자원관리능력

제5장 조직이해능력

해커스 지역농협 6급 NCS 인적성 및 직무능력평가 통합 기본서

4 어휘 관계

유의관계	의미가 서로 비슷한 단어의 관계 [지능6급 기출] 예 다부지다 : 야무지다, 이자 : 금리, 재배 : 배양
반대관계	의미가 서로 반대되는 단어의 관계 [지능6급 기출] 예 출발 : 도착, 원인 : 결과, 시작 : 완료, 세입 : 세출
포함관계	한 단어가 다른 단어에 포함되는 단어의 관계 예 과학 : 물리, 생물 : 동물, 가구 : 장롱
동위관계	두 단어가 동일한 상위개념에 포함되는 단어의 관계 예 세탁기 : 냉장고, 호랑이 : 사자
재료 – 완제품관계	한 단어는 재료, 다른 단어는 그 재료로 만들어진 완제품에 해당하는 단어의 관계 예 고무 : 지우개, 보리 : 맥주
직업 – 업무관계	한 단어는 직업, 다른 단어는 직업의 업무에 해당하는 단어의 관계 예 의사 : 진찰, 기자 : 취재, 미화원 : 청소
전체 – 부분관계	한 단어는 전체, 다른 단어는 전체의 한 부분에 해당하는 단어의 관계 예 산 : 봉우리, 입 : 입술

서술관계	• 목적어 – 서술어관계: 목적어와 서술어로 결합하여 사용되는 단어의 관계
	  예 직위 : 박탈, 자리 : 이동, 문명 : 수용
	
	• 주어 – 서술어관계: 주어와 서술어로 결합하여 사용되는 단어의 관계
	  예 화산 : 폭발, 주가 : 상승하다
	
	• 부사어 – 서술어관계: 부사어와 서술어로 결합하여 사용되는 단어의 관계
	  예 역할 : 충실, 분수 : 넘치다

결과관계	• 원인 – 결과관계: 한 단어는 원인, 다른 단어는 그로 인한 결과에 해당하는 단어의 관계
	  예 바람 : 파도, 폭우 : 홍수, 사망 : 흉문
	
	• 과정 – 결과관계: 한 단어는 과정, 다른 단어는 그에 대한 결과에 해당하는 단어의 관계
	  예 공사 : 준공, 주조 : 조폐

도구 – 용도관계	한 단어는 도구, 다른 단어는 도구의 용도에 해당하는 단어의 관계 예 냄비 : 취사, 비누 : 세면
단위 – 대상관계	한 단어는 묶어 세는 단위, 다른 단어는 묶어 세는 대상에 해당하는 단어의 관계 예 손 : 고등어, 우리 : 기와, 강다리 : 장작

확인 문제

다음 단어 간의 관계는?

재배 : 배양

① 유의관계　　　　　② 포함관계　　　　　③ 동위관계
④ 주어 – 서술어관계　⑤ 원인 – 결과관계

정답: ①

刻骨難忘(각골난망)	남에게 입은 은혜가 뼈에 새길 만큼 커서 잊히지 아니함
肝膽相照(간담상조)	서로 속마음을 털어놓고 친하게 사귐
牽強附會(견강부회)	이치에 맞지 않는 말을 억지로 끌어 붙여 자기에게 유리하게 함
見蚊拔劍(견문발검)	모기를 보고 칼을 뺀다는 뜻으로, 사소한 일에 크게 성내어 덤빔을 이르는 말
姑息之計(고식지계)	우선 당장 편한 것만을 택하는 꾀나 방법
苦肉之策(고육지책)	자기 몸을 상해 가면서까지 꾸며 내는 계책이라는 뜻으로, 어려운 상태를 벗어나기 위해 어쩔 수 없이 꾸며 내는 계책을 이르는 말 ≒ 苦肉之計(고육지계)
孤掌難鳴(고장난명)	외손뼉만으로는 소리가 울리지 아니한다는 뜻으로, 혼자의 힘만으로 어떤 일을 이루기 어려움을 이르는 말
苦盡甘來(고진감래)	쓴 것이 다하면 단 것이 온다는 뜻으로, 고생 끝에 즐거움이 옴을 이르는 말
曲學阿世(곡학아세)	바른길에서 벗어난 학문으로 세상 사람에게 아첨함
過猶不及(과유불급)	정도를 지나침은 미치지 못함과 같다는 뜻으로, 중용이 중요함을 이르는 말
刮目相對(괄목상대)	눈을 비비고 상대편을 본다는 뜻으로, 남의 학식이나 재주가 놀랄 만큼 부쩍 늚을 이르는 말
矯角殺牛(교각살우)	소의 뿔을 바로잡으려다가 소를 죽인다는 뜻으로, 잘못된 점을 고치려다가 그 방법이나 정도가 지나쳐 오히려 일을 그르침을 이르는 말
近墨者黑(근묵자흑)	먹을 가까이하는 사람은 검어진다는 뜻으로, 나쁜 사람과 가까이 지내면 나쁜 버릇에 물들기 쉬움을 비유적으로 이르는 말
錦上添花(금상첨화)	비단 위에 꽃을 더한다는 뜻으로, 좋은 일 위에 또 좋은 일이 더하여짐을 비유적으로 이르는 말
錦衣還鄕(금의환향)	비단옷을 입고 고향에 돌아온다는 뜻으로, 출세를 하여 고향에 돌아가거나 돌아옴을 비유적으로 이르는 말
起死回生(기사회생)	거의 죽을 뻔하다가 도로 살아남
落花流水(낙화유수)	떨어지는 꽃과 흐르는 물이라는 뜻으로, 가는 봄의 경치를 이르는 말
囊中之錐(낭중지추)	주머니 속의 송곳이라는 뜻으로, 재능이 뛰어난 사람은 숨어 있어도 저절로 사람들에게 알려짐을 이르는 말
大器晩成(대기만성)	큰 그릇을 만드는 데는 시간이 오래 걸린다는 뜻으로, 크게 될 사람은 늦게 이루어짐을 이르는 말
螳螂拒轍(당랑거철)	제 역량을 생각하지 않고, 강한 상대나 되지 않을 일에 덤벼드는 무모한 행동거지를 비유적으로 이르는 말

PART 1 NCS 직무능력평가

제1장 의사소통능력

제2장 수리능력

제3장 문제해결능력

제4장 자원관리능력

제5장 조직이해능력

해커스 지역농협 6급 NCS 인적성 및 직무능력평가 통합 기본서

확인 문제

다음 의미에 해당하는 한자성어를 고르면?

> 바른길에서 벗어난 학문으로 세상 사람에게 아첨함

① 곡학아세(曲學阿世) 　② 괄목상대(刮目相對) 　③ 고식지계(姑息之計)
④ 당랑거철(螳螂拒轍) 　⑤ 견강부회(牽強附會)

정답: ①

한자성어

同床異夢(동상이몽)	같은 자리에 자면서 다른 꿈을 꾼다는 뜻으로, 겉으로는 같이 행동하면서도 속으로는 각각 딴생각을 하고 있음을 이르는 말
同舟相救(동주상구)	같은 배를 탄 사람끼리 서로 돕는다는 뜻으로, 같은 운명이나 처지에 놓이면 아는 사람이나 모르는 사람이나 서로 돕게 됨을 이르는 말
燈火可親(등화가친)	등불을 가까이할 만하다는 뜻으로, 서늘한 가을밤은 등불을 가까이 하여 글 읽기에 좋음을 이르는 말
馬耳東風(마이동풍)	동풍이 말의 귀를 스쳐 간다는 뜻으로, 남의 말을 귀담아듣지 아니하고 지나쳐 흘려버림을 이르는 말
萬事亨通(만사형통)	모든 것이 뜻대로 잘됨
面從腹背(면종복배)	겉으로는 복종하는 체하면서 내심으로는 배반함
目不識丁(목불식정)	아주 까막눈임을 이르는 말 　지능6급 기출
刎頸之交(문경지교)	서로를 위해서라면 목이 잘린다 해도 후회하지 않을 정도의 사이라는 뜻으로, 생사를 같이할 수 있는 아주 가까운 사이, 또는 그런 친구를 이르는 말
百折不屈(백절불굴)	어떠한 난관에도 결코 굽히지 않음
四面楚歌(사면초가)	아무에게도 도움을 받지 못하는, 외롭고 곤란한 지경에 빠진 형편을 이르는 말
事必歸正(사필귀정)	모든 일은 반드시 바른길로 돌아감
三人成虎(삼인성호)	세 사람이 짜면 거리에 범이 나왔다는 거짓말도 꾸밀 수 있다는 뜻으로, 근거 없는 말이라도 여러 사람이 말하면 곧이듣게 됨을 이르는 말
首丘初心(수구초심)	여우가 죽을 때에 머리를 자기가 살던 굴 쪽으로 둔다는 뜻으로, 고향을 그리워하는 마음을 이르는 말
袖手傍觀(수수방관)	팔짱을 끼고 보고만 있다는 뜻으로, 간섭하거나 거들지 아니하고 그대로 버려둠을 이르는 말 　지능6급 기출
守株待兔(수주대토)	한 가지 일에만 얽매여 발전을 모르는 어리석은 사람을 비유적으로 이르는 말 　지능6급 기출
脣亡齒寒(순망치한)	입술이 없으면 이가 시리다는 뜻으로, 서로 이해관계가 밀접한 사이에 어느 한쪽이 망하면 다른 한쪽도 그 영향을 받아 온전하기 어려움을 이르는 말 　지능6급 기출
識字憂患(식자우환)	학식이 있는 것이 오히려 근심을 사게 됨
羊頭狗肉(양두구육)	양의 머리를 걸어 놓고 개고기를 판다는 뜻으로, 겉보기만 그럴듯하게 보이고 속은 변변하지 아니함을 이르는 말
養虎遺患(양호유환)	범을 길러서 화근을 남긴다는 뜻으로, 화근이 될 것을 길러서 후환을 당하게 됨을 이르는 말
言中有骨(언중유골)	말 속에 뼈가 있다는 뜻으로, 예사로운 말 속에 단단한 속뜻이 들어 있음을 이르는 말
烏飛梨落(오비이락)	까마귀 날자 배 떨어진다는 뜻으로, 아무 관계도 없이 한 일이 공교롭게도 때가 같아 억울하게 의심을 받거나 난처한 위치에 서게 됨을 이르는 말
龍頭蛇尾(용두사미)	용의 머리와 뱀의 꼬리라는 뜻으로, 처음은 왕성하나 끝이 부진한 현상을 이르는 말

확인 문제

다음 의미에 해당하는 한자성어를 고르면?

처음은 왕성하나 끝이 부진한 현상

① 양호유환(養虎遺患)　　　② 용두사미(龍頭蛇尾)　　　③ 면종복배(面從腹背)
④ 우공이산(愚公移山)　　　⑤ 사면초가(四面楚歌)

정답: ②

한자성어

愚公移山(우공이산)	우공이 산을 옮긴다는 뜻으로, 어떤 일이든 끊임없이 노력하면 반드시 이루어짐을 이르는 말
遠禍召福(원화소복)	화를 물리치고 복을 불러들임
陸地行船(육지행선)	안 되는 일을 억지로 하려고 함을 비유적으로 이르는 말 지농6급 기출
人面獸心(인면수심)	사람의 얼굴을 하고 있으나 마음은 짐승과 같다는 뜻으로, 마음이나 행동이 몹시 흉악함을 이르는 말
日就月將(일취월장)	나날이 다달이 자라거나 발전함 지농6급 기출
立身揚名(입신양명)	출세하여 이름을 세상에 떨침 ≒ 立身出世(입신출세)
自强不息(자강불식)	스스로 힘써 몸과 마음을 가다듬어 쉬지 아니함 지농6급 기출
張三李四(장삼이사)	장 씨의 셋째 아들과 이 씨의 넷째 아들이라는 뜻으로, 이름이나 신분이 특별하지 아니한 평범한 사람들을 이르는 말
輾轉反側(전전반측)	누워서 몸을 이리저리 뒤척이며 잠을 이루지 못함
轉禍爲福(전화위복)	재앙과 근심, 걱정이 바뀌어 오히려 복이 됨
切磋琢磨(절차탁마)	옥이나 돌 따위를 갈고 닦아서 빛을 낸다는 뜻으로, 부지런히 학문과 덕행을 닦음을 이르는 말
晝耕夜讀(주경야독)	낮에는 농사짓고, 밤에는 글을 읽는다는 뜻으로, 어려운 여건 속에서도 꿋꿋이 공부함을 이르는 말
指鹿爲馬(지록위마)	윗사람을 농락하여 권세를 마음대로 함을 이르는 말
鐵中錚錚(철중쟁쟁)	같은 무리 가운데서도 가장 뛰어남 또는 그런 사람을 이르는 말 지농6급 기출
靑出於藍(청출어람)	쪽에서 뽑아낸 푸른 물감이 쪽보다 더 푸르다는 뜻으로, 제자나 후배가 스승이나 선배보다 나음을 이르는 말
他山之石(타산지석)	다른 산의 나쁜 돌이라도 자신의 산의 옥돌을 가는 데에 쓸 수 있다는 뜻으로, 본이 되지 않은 남의 말이나 행동도 자신의 지식과 인격을 수양하는 데에 도움이 될 수 있음을 이르는 말
卓上空論(탁상공론)	현실성이 없는 허황한 이론이나 논의 지농6급 기출
兎死狗烹(토사구팽)	토끼가 죽으면 토끼를 잡던 사냥개도 필요 없게 되어 주인에게 삶아 먹히게 된다는 뜻으로, 필요할 때는 쓰고 필요 없을 때는 야박하게 버리는 경우를 이르는 말
風樹之嘆(풍수지탄)	효도를 다하지 못한 채 어버이를 여읜 자식의 슬픔을 이르는 말
風月主人(풍월주인)	맑은 바람과 밝은 달 따위의 아름다운 자연을 즐기는 사람
鶴首苦待(학수고대)	학의 목처럼 목을 길게 빼고 간절히 기다림
螢雪之功(형설지공)	반딧불 · 눈과 함께 하는 노력이라는 뜻으로, 고생을 하면서 부지런하고 꾸준하게 공부하는 자세를 이르는 말
狐假虎威(호가호위)	남의 권세를 빌려 위세를 부림
興盡悲來(흥진비래)	즐거운 일이 다하면 슬픈 일이 닥쳐온다는 뜻으로, 세상일은 순환되는 것임을 이르는 말

확인 문제

다음 의미에 해당하는 한자성어를 고르면?

부지런히 학문과 덕행을 닦음

① 타산지석(他山之石) ② 학수고대(鶴首苦待) ③ 장삼이사(張三李四)
④ 절차탁마(切磋琢磨) ⑤ 흥진비래(興盡悲來)

정답: ④

1 문서작성에 대한 이해

1) 문서작성의 중요성
문서작성이란 개인의 의사소통을 위한 업무일 수도 있으나, 이를 넘어 조직의 사활이 걸린 중요한 업무이기도 함

2) 문서작성 시 고려사항
- 문서를 작성하는 이유와 문서를 통해 전달하려는 것을 명확하게 정하고 작성해야 함
- 문서작성 시에는 개인의 사고력과 표현력을 총동원해야 함
- 문서에는 문서의 대상, 목적, 시기가 포함되어야 함
- 기획서나 제안서와 같은 문서에는 기대효과가 포함되어야 함

2 문서작성의 원칙

1) 문장 구성 시 주의사항
- 간단한 표제를 추가함
- 문서의 주요 내용을 먼저 작성함
- 문장을 짧고 간결하게 작성하며 불필요한 한자 사용을 배제함
- 긍정문으로 작성함

2) 문서작성 시 주의사항
- 문서는 작성 시기를 정확하게 기입해야 함
- 문서작성 완료 후 반드시 내용을 다시 한번 검토해야 함
- 문서에 반드시 필요한 자료 외에는 첨부하지 않도록 해야 함
- 문서에는 금액, 수량, 일자 등을 정확하게 기재해야 함

확인 문제

다음 중 문서작성의 원칙이 아닌 것은?
① 문서작성 완료 후 내용을 다시 한번 검토한다.
② 문서에 다양한 자료를 첨부한다.
③ 문서의 주요 내용을 먼저 작성한다.
④ 문서작성 시기를 정확하게 기입한다.
⑤ 문장은 긍정문으로 작성한다.

정답: ②

3 문서의 종류에 따른 작성 방법

구분	작성 방법
공문서 지농6급 기출	· 회사 외부로 전달되는 문서이므로 누가, 언제, 어디서, 무엇을, 어떻게(혹은 왜)가 드러나도록 작성함 · 날짜는 연도와 월일을 반드시 함께 기입함 · 날짜 다음에 괄호를 사용할 경우 마침표를 찍지 않음 · 한 장에 담아내는 것이 원칙 · 마지막엔 반드시 '끝' 자로 마무리함 · 내용이 복잡할 경우 '- 다음 -' 또는 '- 아래 -'와 같은 항목을 만들어 구분함 · 대외문서이고, 장기간 보관되는 문서이므로 정확하게 기술함
설명서 지농6급 기출	· 명령문보다 평서형으로 작성함 · 상품이나 제품에 대해 설명하는 글이므로 정확하게 기술함 · 정확한 내용 전달을 위해 간결하게 작성함 · 소비자들이 이해하기 어려운 전문용어는 가급적 사용하지 않음 · 복잡한 내용은 도표를 통해 시각화함 · 동일한 문장의 반복을 피하고 다양한 표현을 이용함
기획서	· 기획서의 목적을 달성할 수 있는 핵심 사항이 정확하게 기입되었는지 확인함 · 상대가 채택하게끔 설득력을 갖춰야 하므로, 상대가 요구하는 것이 무엇인지 고려하여 작성함 · 내용이 한눈에 파악되도록 체계적으로 목차를 구성함 · 핵심 내용의 표현에 신경을 써야 함 · 효과적인 내용 전달을 위해 내용에 적합한 표나 그래프를 활용하여 시각화함 · 충분히 검토를 한 후 제출함 · 인용한 자료의 출처가 정확한지 확인함
보고서 지농6급 기출	· 업무 진행 과정에서 쓰는 보고서인 경우 진행 과정에 대한 핵심 내용을 구체적으로 제시함 · 내용의 중복을 피하고, 핵심 사항만을 산뜻하고 간결하게 작성함 · 복잡한 내용일 때에는 도표나 그림을 활용함 · 보고서는 개인의 능력을 평가하는 기본 요소이므로 제출하기 전에 반드시 최종 점검함 · 참고자료는 정확하게 제시함 · 내용에 대한 예상 질문을 사전에 추출해 보고, 그에 대한 답을 미리 준비함

확인 문제

다음 중 공문서를 작성하는 방법으로 적절하지 않은 것은?

① 한 장에 담아내는 것이 원칙이다.
② 날짜는 연도와 월일을 반드시 함께 기입한다.
③ 문서 마지막은 반드시 '끝' 자로 마무리한다.
④ 복잡한 내용일 때에는 도표나 그림을 활용한다.
⑤ 날짜 다음에 괄호를 사용할 경우 마침표를 찍지 않는다.

정답: ④

PART 1 NCS 직무능력평가

제1장 의사소통능력

제2장 수리능력

제3장 문제해결능력

제4장 자원관리능력

제5장 조직이해능력

해커스 지역농협 6급 NCS 인적성 및 직무능력평가 통합 기본서

4 상황에 따른 작성 방법

구분	작성 방법
요청이나 확인을 부탁하는 경우	· 업무 내용과 관련된 요청사항이나 확인절차를 요구해야 하는 경우 공문서를 활용함
정보제공을 위한 경우	· 적시에 유용한 정보를 제공하기 위해 기업 정보를 제공하는 홍보물이나 보도 자료 등의 문서, 제품 관련 정보를 제공하는 설명서나 안내서 등이 해당됨 · 시각적인 자료를 활용하는 것이 효과적임 · 모든 상황에서 문서를 통한 정보제공은 무엇보다 신속하고 정확하게 이루어져야 함
명령이나 지시가 필요한 경우	· 관련 부서나 외부기관, 단체 등에 명령이나 지시를 내려야 하는 경우 업무 지시서를 활용함 · 상황에 적합하고 명확한 내용을 작성하고, 즉각적인 업무 추진이 실행될 수 있도록 작성함
제안이나 기획을 할 경우	· 제안서나 기획서의 목적은 업무를 어떻게 혁신적으로 개선할지, 어떤 방향으로 추진할지에 대한 의견을 제시하는 것임 · 관련 내용을 깊이 있게 담을 수 있는 작성자의 종합적인 판단과 예견적인 지식이 필요함
약속이나 추천을 위한 경우	· 약속을 위한 문서는 고객이나 소비자에게 제품의 이용에 관한 정보를 제공하고자 할 때 작성함 · 추천서는 개인이 다른 회사에 지원하거나 이직을 하고자 할 때 상사가 작성함

5 문서표현의 시각화

1) 문서를 시각화하여 구성하는 방법

차트 시각화	· 데이터 정보를 이해하기 쉽도록 시각적으로 표현함 · 도표나 차트로 통계 수치 등을 명확하고 효과적으로 전달함
다이어그램 시각화	· 도형, 선, 화살표 등 여러 상징을 사용하여 개념이나 주제와 같이 중요한 정보를 시각적으로 표현함
이미지 시각화	· 전달하려는 내용을 관련된 그림, 사진 등으로 표현함

2) 문서표현 시각화의 효과
- 문서 전반적인 내용을 쉽게 파악할 수 있음
- 문서 내용의 논리적 관계를 쉽게 이해할 수 있음
- 문서 내용에 대한 기억력을 높일 수 있음

확인 문제

다음 중 다이어그램 시각화에 대한 설명으로 적절한 것은?
① 통계 수치 등을 도표를 이용해 효과적으로 전달한다.
② 전달하려는 내용과 관련된 그림, 사진 등으로 표현하다.
③ 주로 데이터 정보를 이해하기 쉽게 시각적으로 표현한다.
④ 문서 내용에 대한 집중을 떨어뜨려 기억력을 낮추기도 한다.
⑤ 도형, 선, 화살표 등으로 중요한 정보를 시각적으로 표현한다.

정답: ⑤

PART 1 NCS 직무능력평가

제1장
의사소통능력

제2장
수리능력

제3장
문제해결능력

제4장
자원관리능력

제5장
조직이해능력

해커스 지역농협 6급 NCS 인적성 및 직무능력평가 통합 기본서

6 문서작성 시 올바른 문장표현을 위한 어법

1) 한글 맞춤법

① 된소리

한글 맞춤법 제5항	· 한 단어 안에서 뚜렷한 까닭 없이 나는 된소리는 다음 음절의 첫소리를 된소리로 적는다. 예 거꾸로, 담뿍, 딱따구리, 몽땅, 엉뚱하다, 이따금 · 다만, 'ㄱ, ㅂ' 받침 뒤에서 나는 된소리는 같은 음절이나 비슷한 음절이 겹쳐 나는 경우가 아니면 된소리로 적지 아니한다. 예 갑자기, 깍두기, 몹시, 법석, 싹둑

② 구개음화

한글 맞춤법 제6항	· 'ㄷ, ㅌ' 받침 뒤에 종속적 관계를 가진 '-이(-)'나 '-히-'가 올 적에는, 그 'ㄷ, ㅌ'이 'ㅈ, ㅊ'으로 소리 나더라도 'ㄷ, ㅌ'으로 적는다. 예 굳이, 걷히다, 맏이, 묻히다, 샅샅이, 해돋이

③ 모음

한글 맞춤법 제8항	· '계, 례, 몌, 폐, 혜'의 'ㅖ'는 'ㅔ'로 소리 나는 경우가 있더라도 'ㅖ'로 적는다. 예 계시다, 계집, 폐품, 혜택 · 다만, '偈(쉴 게), 揭(높이들 게), 憩(쉴 게)'는 본음인 'ㅔ'로 적는다. 예 게시판(揭示板), 휴게실(休憩室)

④ 두음법칙

한글 맞춤법 제10항	· 한자음 '녀, 뇨, 뉴, 니'가 단어 첫머리에 올 적에는, 두음 법칙에 따라 '여, 요, 유, 이'로 적는다. 예 여자, 연도, 연세, 요소 · 다만, 의존 명사 '냥(兩), 냥쭝(兩 -), 년(年)' 등은 두음 법칙을 적용하지 않는다. 예 금 한 냥, 은 열 냥쭝, 삼십 년 · 단어의 첫머리 이외의 경우에는 본음대로 적는다. 예 남녀, 당뇨, 은닉 · 접두사처럼 쓰이는 한자가 붙어서 된 말이나 합성어에서, 뒷말의 첫소리가 'ㄴ' 소리로 나더라도 두음 법칙에 따라 적는다. 예 신여성, 공염불, 남존여비

확인 문제

다음 중 맞춤법에 맞는 것은?

① 구지　　　② 몹씨　　　③ 휴계실　　　④ 깍두기　　　⑤ 꺼꾸로

정답: ④

한글 맞춤법 제11항	• 한자음 '랴, 려, 례, 료, 류, 리'가 단어의 첫머리에 올 적에는, 두음 법칙에 따라 '야, 여, 예, 요, 유, 이'로 적는다. 예 양심, 예의, 유행, 이발 • 다만, 의존 명사 '량(輛), 리(理, 里, 厘)' 등은 두음 법칙과 관계없이 본음대로 적는다. 예 다섯 량의 열차, 백 리, 그럴 리가 없다 • 단어의 첫머리 이외의 경우에는 본음대로 적는다. 예 개량, 도리, 선량, 쌍룡, 하류, 혼례 • 다만, 모음이나 'ㄴ' 받침 뒤에 이어지는 '렬, 률'은 '열, 율'로 적는다. 예 나열, 백분율, 분열, 비율, 실패율
한글 맞춤법 제12항	• 한자음 '라, 래, 로, 뢰, 루, 르'가 단어의 첫머리에 올 적에는, 두음 법칙에 따라 '나, 내, 노, 뇌, 누, 느'로 적는다. 예 낙원, 내일, 노인, 뇌성, 누각 • 단어의 첫머리 이외의 경우에는 본음대로 적는다. 예 가정란, 광한루, 극락, 비고란, 쾌락 • 다만, 고유어나 외래어 뒤에 결합하는 경우에는 두음 법칙을 적용하여 적는다. 예 어린이난, 어머니난, 가십난

⑤ 접미사가 붙어서 된 말

한글 맞춤법 제19항	• 어간에 '-이'나 '-음/-ㅁ'이 붙어서 명사로 된 것과 '-이'나 '-히'가 붙어서 부사로 된 것은 그 어간의 원형을 밝히어 적는다. 예 깊이, 높이, 미닫이, 쇠붙이, 벼훑이, 묶음, 앞, 얼음, 웃음 / 덧없이, 실없이, 짓궂이, 익히, 작히 • 다만, 어간에 '-이'나 '-음'이 붙어서 명사로 바뀐 것이라도 그 어간의 뜻과 멀어진 것은 원형 을 밝히어 적지 아니한다. 예 고름, 너비, 목도리, 빈털터리, 코끼리 • 비교적 널리 결합하는 '-이, -음'과는 달리, 불규칙적으로 결합하는, 모음으로 시작된 접미사가 붙어서 다른 품사로 바뀐 것은, 그 원형을 밝히지 않고 소리 나는 대로 적는다. 예 꾸중, 늘그막, 코뚜레, 바투, 불긋불긋, 주섬주섬
한글 맞춤법 제20항	• 명사 뒤에 '-이'가 붙어서 된 말은 그 명사의 원형을 밝히어 적는다. [지농6급 기출] 예 틈틈이, 곳곳이, 낱낱이, 샅샅이, 바둑이, 외톨이, 절름발이 • '-이' 이외의 모음으로 시작된 접미사가 붙어서 된 말은 그 명사의 원형을 밝히어 적지 아니 한다. 예 끄트머리, 모가치, 이파리, 터럭 • 예외적으로 발음이 굳어진 것은 관용에 따라 적는다. 예 모가치, 값어치, 벼슬아치, 반빗아치

확인 문제

다음 중 맞춤법에 맞지 않는 것은?
① 미닫이   ② 짓궂이   ③ 늘그막   ④ 어린이란   ⑤ 빈털터리

정답: ④

한글 맞춤법 제21항	· 명사나 혹은 용언의 어간 뒤에 자음으로 시작된 접미사가 붙어서 된 말은 그 명사나 어간의 원형을 밝히어 적는다. 예 값지다, 넋두리, 부엌데기, 넓죽하다, 높다랗다, 늙다리, 읊조리다 · 다만, 겹받침의 끝소리가 드러나지 아니하는 것 또는 어원이 분명하지 아니하거나 본뜻에서 멀어진 것은 소리대로 적는다. 예 할짝거리다, 널따랗다, 널찍하다, 말쑥하다, 얄팍하다 / 납작하다, 넙치

⑥ 합성어 및 접두사가 붙은 말

한글 맞춤법 제29항	· 끝소리가 'ㄹ'인 말과 딴 말이 어울릴 적에 'ㄹ' 소리가 'ㄷ' 소리로 나는 것은 'ㄷ'으로 적는다. 예 반짇고리, 사흗날, 섣부르다, 이튿날, 잗다랗다
한글 맞춤법 제30항	· 사이시옷은 순우리말로 된 합성어로서 앞말이 모음으로 끝난 경우, 뒷말의 첫소리가 된소리로 나는 것, 뒷말의 첫소리 'ㄴ, ㅁ' 앞에서 'ㄴ' 소리가 덧나는 것, 뒷말의 첫소리 모음 앞에서 'ㄴㄴ' 소리가 덧나는 것일 때 받치어 적는다. 예 선짓국, 아랫집, 햇볕 / 뒷머리, 냇물 / 허드렛일, 나뭇잎, 댓잎, 베갯잇 · 사이시옷은 순우리말과 한자어로 된 합성어로서 앞말이 모음으로 끝난 경우, 뒷말의 첫소리가 된소리로 나는 것, 뒷말의 첫소리 'ㄴ, ㅁ' 앞에서 'ㄴ' 소리가 덧나는 것, 뒷말의 첫소리 모음 앞에서 'ㄴㄴ' 소리가 덧나는 것일 때 받치어 적는다. 예 귓병, 자릿세, 전셋집, 햇수 / 제삿날, 툇마루, 양칫물 / 예삿일, 훗일 · 두 글자(한자어 형태소)로 된 한자어 중, 앞 글자의 모음 뒤에서 뒤 글자의 첫소리가 된소리로 나는 6개 단어에만 사이시옷을 받치어 적는다. 예 곳간(庫間), 셋방(貰房), 숫자(數字), 찻간(車間), 툇간(退間), 횟수(回數)
한글 맞춤법 제31항	· 두 말이 어울릴 적에 'ㅂ' 소리나 'ㅎ' 소리가 덧나는 것은 소리대로 적는다. 예 댑싸리, 부릅뜨다, 햅쌀 / 살코기, 수캐, 암탉

⑦ 준말

한글 맞춤법 제40항	· 어간의 끝음절 '하'의 'ㅏ'가 줄고 'ㅎ'이 다음 음절의 첫소리와 어울려 거센소리로 될 적에는 거센소리로 적는다. 예 간편케(간편하게), 다정타(다정하다), 흔타(흔하다) · 'ㅎ'이 어간의 끝소리로 굳어진 것은 받침으로 적는다. 예 않다 – 않고 – 않지 – 않든지, 아무렇다 – 아무렇고 – 아무렇지 – 아무렇든지 · 어간의 끝음절 '하'가 아주 줄 적에는 준 대로 적는다. 예 거북지(거북하지), 생각건대(생각하건대), 깨끗지 않다(깨끗하지 않다), 섭섭지 않다(섭섭하지 않다)

확인 문제

다음 중 맞춤법에 맞지 않는 것은?

① 사흗날　　　　② 아랫집　　　　③ 예사일　　　　④ 살코기　　　　⑤ 생각건대

정답: ③

⑧ 띄어쓰기

한글 맞춤법 제41항	· 조사는 그 앞말에 붙여 쓴다. 예 꽃밖에, 나가기는커녕, 나가면서까지도, 어디까지나, 집에서만이라도, 집에서처럼
한글 맞춤법 제42항	· 의존 명사는 띄어 쓴다. 예 떠난 지가 오래다, 뜻한 바를 알다, 먹을 만큼 먹어라, 아는 이를 만나다, 할 수 있다
한글 맞춤법 제43항	· 단위를 나타내는 명사는 띄어 쓴다. 예 세 그루, 밥 한 술, 집 한 채, 차 다섯 대, 토끼 두 마리 · 다만, 순서를 나타내는 경우나 숫자와 어울리어 쓰는 경우에는 붙여 쓸 수 있다. 예 2미터, 500원, 3층, 사학년
한글 맞춤법 제44항	· 수를 적을 적에는 '만(萬)' 단위로 띄어 쓴다. 지능6급 기출 예 십이억 삼천사백오십육만 칠천팔백구십팔, 12억 3456만 7898, 스물다섯, 백삼십구
한글 맞춤법 제45항	· 두 말을 이어주거나 열거할 적에 쓰이는 말들은 띄어 쓴다. 예 국장 겸 과장, 열 내지 스물, 청군 대 백군, 사장 및 이사진
한글 맞춤법 제46항	· 단음절로 된 단어가 연이어 나타날 적에는 붙여 쓸 수 있다. 예 그때 그곳, 내것 네것, 좀더 큰 이 새집
한글 맞춤법 제47항	· 보조 용언은 띄어 씀을 원칙으로 하되, 경우에 따라 붙여 씀도 허용한다. 지능6급 기출 예 불이 꺼져 간다 – 불이 꺼져간다, 열어 놓다 – 열어놓다, 뛰어 본다 – 뛰어본다, 모르는 체한다 – 모르는체한다 · 다만, 앞말에 조사가 붙거나 앞말이 합성 용언인 경우, 그리고 중간에 조사가 들어갈 적에는 그 뒤에 오는 보조 용언은 띄어 쓴다. 예 물어만 보고, 밀어내 버렸다, 잘난 체를 한다, 집어넣어 둔다, 잡아매 둔다, 책을 읽어도 보고

2) 표준어 규정

① 발음 변화에 따른 표준어 규정

표준어 규정 제3항	· 다음 단어들은 거센소리를 가진 형태를 표준어로 삼는다. 예 끄나풀, 나팔꽃, 녘, 부엌, 살쾡이, 칸, 털어먹다
표준어 규정 제5항	· 어원에서 멀어진 형태로 굳어져서 널리 쓰이는 것은, 그것을 표준어로 삼는다. 예 강낭콩, 고삿, 사글세, 울력성당 · 다만, 어원적으로 원형에 더 가까운 형태가 아직 쓰이고 있는 경우에는, 그것을 표준어로 삼는다. 예 갈비, 갓모, 굴젓, 말곁, 물수란, 밀뜨리다, 적이, 휴지
표준어 규정 제6항	· 다음 단어들은 의미를 구별함이 없이, 한 가지 형태만을 표준어로 삼는다. 예 돌, 둘째, 셋째, 넷째, 빌리다 · 다만, '둘째'는 십 단위 이상의 서수사에 쓰일 때에 '두째'로 한다. 예 열두째, 스물두째

확인 문제

다음 중 띄어쓰기가 잘못된 것은?

① 집에서처럼   ② 2미터   ③ 책을 읽어도 보고   ④ 스물 다섯   ⑤ 먹을 만큼

정답: ④

PART 1 NCS 직무능력평가

제1장 의사소통능력

제2장 수리능력

제3장 문제해결능력

제4장 자원관리능력

제5장 조직이해능력

해커스 지역농협 6급 NCS 인적성 및 직무능력평가 통합 기본서

표준어 규정 제7항	• 수컷을 이르는 접두사는 '수-'로 통일한다. 예 수펑, 수나사, 수놈, 수사돈, 수소, 수은행나무 • 다만, 1. 다음 단어에서는 접두사 다음에서 나는 거센소리를 인정한다. 접두사 '암-'이 결합되는 경우에도 이에 준한다. 예 수캉아지, 수캐, 수컷, 수키와, 수탉, 수탕나귀, 수톨쩌귀, 수태지, 수평아리 • 다만, 2. 발음상 사이시옷과 비슷한 소리가 있다고 판단되는 다음 단어의 접두사는 '숫-'으로 한다. 예 숫양, 숫염소, 숫쥐
표준어 규정 제8항	• 양성 모음이 음성 모음으로 바뀌어 굳어진 다음 단어는 음성 모음 형태를 표준어로 삼는다. 예 깡충깡충, -둥이(바람-, 흰-, 막-), 발가숭이, 보퉁이, 봉죽, 뻗정다리, 아서, 아서라, 오뚝이, 주추 • 다만, 어원 의식이 강하게 작용하는 다음 단어에서는 양성 모음 형태를 그대로 표준어로 삼는다. 예 부조(扶助), 사돈(査頓), 삼촌(三寸)
표준어 규정 제9항	• 'ㅣ' 역행 동화 현상에 의한 발음은 원칙적으로 표준 발음으로 인정하지 아니하되, 다만 다음 단어들은 그러한 동화가 적용된 형태를 표준어로 삼는다. 예 -내기(서울-, 시골-, 풋-), 냄비, 동댕이치다 • 현실 언어에 맞게 다음 단어는 'ㅣ' 역행 동화가 일어나지 아니한 형태를 표준어로 삼는다. 예 아지랑이 • 기술자에게는 '-장이', 그 외에는 '-쟁이'가 붙는 형태를 표준어로 삼는다. 예 미장이, 유기장이 / 멋쟁이, 소금쟁이, 담쟁이덩굴, 골목쟁이, 발목쟁이
표준어 규정 제10항	• 다음 단어는 모음이 단순화한 형태를 표준어로 삼는다. 예 -구먼, 괴팍하다, 미루나무, 미륵, 여느, 온달, 으레, 케케묵다, 허우대, 허우적허우적
표준어 규정 제12항	• '웃-' 및 '윗-'은 명사 '위'에 맞추어 '윗-'으로 통일한다. 예 윗넓이, 윗눈썹, 윗니, 윗당줄, 윗덧줄, 윗도리, 윗동아리, 윗막이, 윗머리, 윗목, 윗몸, 윗바람 • 다만, 1. 된소리나 거센소리 앞에서는 '위-'로 한다. 예 위짝, 위쪽, 위채, 위층 • 다만, 2. '아래, 위'의 대립이 없는 단어는 '웃-'으로 발음되는 형태를 표준어로 삼는다. 예 웃국, 웃기, 웃돈, 웃비, 웃어른, 웃옷
표준어 규정 제14항	• 준말이 널리 쓰이고 본말이 잘 쓰이지 않는 경우에는, 준말만을 표준어로 삼는다. 예 귀찮다, 김, 똬리, 무, 미다, 뱀, 뱀장어, 빔, 샘, 생쥐, 솔개, 온갖, 장사치
표준어 규정 제15항	• 준말이 쓰이고 있더라도, 본말이 널리 쓰이고 있으면 본말을 표준어로 삼는다. 예 경황없다, 궁상떨다, 귀이개, 낌새, 낙인찍다, 내왕꾼, 돗자리, 뒤웅박, 뒷물대야, 마구잡이, 맵자하다 • 다음과 같이 명사에 조사가 붙은 경우에도 이 원칙을 적용한다. 예 아래로

확인 문제

다음 중 표준어가 아닌 것은?

① 무우 ② 귀이개 ③ 케케묵다 ④ 웃어른 ⑤ 위층

정답: ①

표준어 규정 제16항	· 준말과 본말이 다 같이 널리 쓰이면서 준말의 효용이 뚜렷이 인정되는 것은, 두 가지를 다 표준 어로 삼는다. 예 거짓부리 – 거짓불, 노을 – 놀, 막대기 – 막대, 망태기 – 망태, 머무르다 – 머물다, 서두르다 – 서둘다
표준어 규정 제17항	· 비슷한 발음의 몇 형태가 쓰일 경우, 그 의미에 아무런 차이가 없고, 그중 하나가 더 널리 쓰이 면, 그 한 형태만을 표준어로 삼는다. 예 구어박다, 귀고리, 귀지, 꼭두각시, 내숭스럽다, 더부룩하다, 봉숭아, 옹골차다, 코맹맹이
표준어 규정 제19항	· 어감의 차이를 나타내는 단어 또는 발음이 비슷한 단어들이 다 같이 널리 쓰이는 경우에는, 그 모두를 표준어로 삼는다. 예 거슴츠레하다 – 게슴츠레하다, 고까 – 꼬까, 고린내 – 코린내, 교기(驕氣) – 갸기, 구린내 – 쿠린내, 꺼림하다 – 께름하다, 나부랭이 – 너부렁이

② 어휘 선택의 변화에 따른 표준어 규정

표준어 규정 제20항	· 사어(死語)가 되어 쓰이지 않게 된 단어는 고어로 처리하고, 현재 널리 사용되는 단어를 표준 어로 삼는다. 예 난봉, 낭떠러지, 설거지하다, 애달프다, 오동나무, 자두
표준어 규정 제21항	· 고유어 계열의 단어가 널리 쓰이고 그에 대응되는 한자어 계열의 단어가 용도를 잃게 된 것은, 고유어 계열의 단어만을 표준어로 삼는다. 예 가루약, 구들장, 길품삯, 까막눈, 꼭지미역, 나뭇갓, 늙다리, 두껍닫이, 떡암죽, 마른갈이, 마른빨래
표준어 규정 제22항	· 고유어 계열의 단어가 생명력을 잃고 그에 대응되는 한자어 계열의 단어가 널리 쓰이면, 한자어 계열의 단어를 표준어로 삼는다. 예 겸상, 고봉밥, 단벌, 마방집, 민망스럽다, 면구스럽다, 방고래, 부항단지, 산누에, 총각무
표준어 규정 제23항	· 방언이던 단어가 표준어보다 더 널리 쓰이게 된 것은, 그것을 표준어로 삼는다. 이 경우, 원래의 표준어는 그대로 표준어로 남겨 두는 것을 원칙으로 한다. 예 멍게 – 우렁쉥이, 물방개 – 선두리, 애순 – 어린순
표준어 규정 제25항	· 의미가 똑같은 형태가 몇 가지 있을 경우, 그중 어느 하나가 압도적으로 널리 쓰이면, 그 단어 만을 표준어로 삼는다. 예 –게끔, 고구마, 광주리, 까치발, 농지거리, 담배꽁초, 부지깽이, 붉으락푸르락, 샛별, 쌍동밤, 칡범
표준어 규정 제26항	· 한 가지 의미를 나타내는 형태 몇 가지가 널리 쓰이며 표준어 규정에 맞으면, 그 모두를 표준어 로 삼는다. 예 가는허리 – 잔허리, 가락엿 – 가래엿, 개수통 – 설거지통, 넝쿨 – 덩굴, 땅콩 – 호콩, 말동무 – 말 벗, 목화씨 – 면화씨

확인 문제

다음 중 표준어가 아닌 것은?

① 가락엿   ② 알타리무   ③ 고봉밥

④ 애달프다   ⑤ 덩굴

정답: ②

PART 1 NCS 직무능력평가

제1장
의사소통능력

제2장
수리능력

제3장
문제해결능력

제4장
자원관리능력

제5장
조직이해능력

해커스 지역농협 6급 NCS 인적성 및 직무능력평가 통합 기본서

4. 독해력

1 기본 독해 방법

문단의 핵심 내용 찾기	· 글에 반복적으로 등장하는 어휘에 주목하며 문단의 중심 화제를 찾는다. · 중심 화제를 토대로 문단의 중심 문장을 찾는다. 　– 중심 문장은 대부분 문단의 처음 또는 마지막에 위치하며, 전체 내용을 포괄할 수 있는 일반적이고 추상적인 진술로 표현된다. 　– 따라서, 그러므로, 요컨대 등과 같이 결론을 제시하거나 요약하는 접속어 뒤에 중심 문장이 제시되는 경우가 많다. 　– 예컨대, 왜냐하면, 다시 말해 등과 같이 부연 설명을 덧붙이는 접속어가 나오면 그 앞에 중심 문장이 제시되는 경우가 많다.
글 전체의 주제 찾기	· 내용에 따라 문단을 묶으며 문단 간의 관계를 분석하고, 그중 주요 문단과 보조 문단을 파악한다. · 주요 문단의 중심 문장을 바탕으로 글 전체의 주제를 파악한다. 　– 설명문은 중심 화제에 관한 사항을 객관적이고 논리적으로 서술한 글이므로 첫 문단에 주제가 드러나는 경우가 많다. 　– 논설문은 중심 화제에 관한 필자의 생각이나 주장을 서술한 글이므로 마지막 문단에 주제가 드러나는 경우가 많다.
세부 정보 파악하기	· 각 선택지의 핵심어를 찾아 표시하고, 글에서 그 핵심어를 설명하는 문장을 찾는다. 　– 선택지의 핵심어를 고를 때는 고유명사, 숫자와 같이 글에서 쉽게 찾을 수 있는 말을 우선적으로 고려한다. 　– 선택지의 핵심어를 고를 때는 글이나 선택지에 자주 반복되는 말은 제외하는 것이 좋다. 왜냐하면 여러 선택지에 공통적으로 나오는 말은 그 선택지만 대표하는 것으로 보기 어렵기 때문이다. 　– 선택지의 핵심어가 글에 그대로 등장하지 않는다면, 글에 나온 말이 유의어로 바뀐 것은 아닌지, 글에 나온 말의 상위개념을 사용해 일반적인 진술로 바뀐 것은 아닌지 확인해본다. · 반드시, 절대, 전혀, 뿐, 만 등과 같이 단정적인 표현이 포함된 선택지는 글의 내용과 일치하지 않을 확률이 높다. · 글에 나온 정보를 바탕으로 사실적 태도로 내용 일치 여부를 판단해야 하며, 자기 생각과 주관적 판단이 개입되거나 지나치게 확대 해석하지 않도록 해야 한다.

확인 문제

다음 빈칸에 들어갈 연결어로 적절한 것은?

> 국제 원유 가격이 상승하였다. (　　　) 국내 기름 가격도 조만간 오를 것이다.

① 하지만　　　　　　② 다만　　　　　　③ 따라서
④ 예컨대　　　　　　⑤ 그렇지만

정답: ③

2 문단 배열

논리적 구조 파악하기	• 선택지를 바탕으로 첫 번째 또는 마지막 순서에 올 수 있는 문단을 확인한다. 　– 첫 번째 문단에서는 중심 화제를 포함하는 큰 범주의 내용을 설명하는 경우가 많고, 마지막 문단에서는 글 전체의 내용을 요약 및 마무리하는 경우가 많다. 　– 첫 번째 문단에서는 대부분 흥미를 유발하거나 관심을 유도하는 문장, 문제나 논제를 제시하는 문장, 앞으로의 전개 방법이나 서술 방법을 소개하는 문장 등이 나타난다. • 중심 화제를 토대로 핵심 문장을 찾고, 핵심 문장을 부연 설명하는 문장을 찾는다. 　– 중심 화제와 관련된 용어의 정의에 해당하는 문장은 첫 문단에 위치할 확률이 높다. 　– 글의 핵심 문장은 대부분 첫 문단 또는 마지막 문단에 위치하며, 핵심 문장을 설명하는 문장은 핵심 문장이 포함된 문단의 뒤 또는 앞에 위치한다. 　　예 핵심 문장 – 부연 설명 문장: 중심 문장의 진술 – 뒷받침 문장의 진술, 요약 진술 – 부연 진술, 추상적 진술 – 구체적 진술, 포괄적 진술 – 구체적 진술, 단정적 진술 – 비유적 진술 • 상황에 따라 사용되는 접속어를 고려하며 문단 간 순서를 파악한다. 　– 순접: 앞의 내용을 심화하면서 다른 내용을 추가할 때 사용하는 접속어 　　예 그러니, 그러하니, 그래서, 그러면, 그렇다고 하면, 이리하여, 그리하여, 이러하니, 이와 같이 하여, 그리고는, 그리고서, 그리고 등 　– 역접: 앞의 내용과 뒤의 내용이 상반될 때 사용하는 접속어 　　예 그러나, 그렇지만, 다만, 그렇더라도, 그렇다고 해서, 하지만, 그렇건마는, 그래도, 그럴지라도, 그러되, 반면에 등 　– 전환: 앞의 내용과 다른 새로운 내용을 전개할 때 사용하는 접속어 　　예 그런데, 그는 그렇고, 그러면, 다음으로, 각설, 한편, 헌데 등 　– 인과: 앞의 내용과 뒤의 내용이 원인과 결과 관계를 이룰 때 사용하는 접속어 　　예 그러므로, 따라서, 그렇다면, 드디어, 마침내, 그러니까, 그런즉, 그런 만큼, 그래서, 한즉, 하니까, 그런 고로, 그런 까닭에, 그렇기 때문에, 왜냐하면 등 　– 첨가/보충: 앞의 내용과 관련 있는 내용을 추가할 때 사용하는 접속어 　　예 오히려, 그리고, 더구나, 그리고는, 그리고서, 또한, 또, 더욱, 그 위에, 및, 게다가, 그뿐 아니라, 다시, 아울러 등 　– 환언/요약: 앞의 내용을 다른 말로 바꾸어 정리할 때 사용하는 접속어 　　예 바꾸어 말하면, 곧, 즉, 결국, 그것은, 전자는, 후자는, 요컨대, 다시 말하면, 말하자면 등 　– 비유/예시: 앞의 내용에 대한 예시를 들 때 사용하는 접속어 　　예 이를테면, 예컨대, 비교하건대 등 • 지시어가 가리키는 대상이 무엇인지 찾는다. 　– 이(것), 그(것), 저(것), 이러한, 그러한, 이런 점에서 등과 같은 지시어는 반드시 지시하는 대상이 앞에 있어야 한다. • 중복 사용되는 핵심어를 찾는다. 　– 같은 어휘를 반복하여 사용하는 문단끼리는 서로 앞뒤로 바로 연결될 확률이 높으므로 배열의 선후 관계가 확실한 문단으로 묶는다.

확인 문제

다음 중 앞의 내용과 다른 새로운 내용을 전개할 때 사용하는 접속어가 아닌 것은?

① 그런데　　　　　　　② 각설　　　　　　　　③ 한편
④ 더구나　　　　　　　⑤ 헌데

정답: ④

시간의 흐름
파악하기
	· 제시된 문단별 내용을 통해 글의 전개 과정을 추측한다.
	  – 문단별 내용을 시간의 흐름에 따라 자연스럽게 연결할 수 있는 글의 전개 과정을 파악한다.
	  – 과거형 어휘를 사용하는 문단과 현재형 어휘를 사용하는 문단, 전망 및 바람 등 미래지향적인
	    내용을 설명하는 문단이 복합적으로 제시돼 있다면, 과거 – 현재 – 미래 순으로 글이 전개될 확
	    률이 높다.
	  – 문제를 다루고 있는 문단과 해결 방안을 다루고 있는 문단이 복합적으로 제시돼 있다면, 문제를
	    다루고 있는 문단 – 해결 방안을 다루고 있는 문단 순으로 배열한다.
	  – 중심 화제의 원인에 해당하는 문단과 결과에 해당하는 문단이 복합적으로 제시돼 있다면, 원인
	    을 다루는 문단 – 결과를 다루는 문단 순으로 배열한다.
	  – 설명문에 해당한다면, 중심 화제의 정의나 뜻풀이 등이 앞문단에, 중심 화제에 대한 구체적인 설
	    명이 뒷문단에 위치한다.

제1장 의사소통능력

제2장 수리능력

제3장 문제해결능력

제4장 자원관리능력

제5장 조직이해능력

해커스 지역농협 6급 NCS 인적성 및 직무능력평가 통합 기본서

확인 문제

다음 중 앞의 내용과 뒤의 내용이 원인과 결과 관계를 이룰 때 사용하는 접속어는?

① 그래서   ② 하지만   ③ 이를테면

④ 그리고   ⑤ 게다가

정답: ①

5. 기초외국어

1 사람 관련 어휘

temper	성미, 성질	attitude	태도, 마음가짐
foolish	어리석은, 바보 같은	wise	현명함, 지혜로운
clever	영리한, 독창적인	serious	진지한, 심각한
pretend	속이다, ~인 척하다	cheerful	쾌활한, 명랑한
modest	겸손한, 보통의	personality	성격, 개성
active	적극적인, 활동적인	brave	용감한
friendly	다정한, 친절한	rude	버릇없는, 무례한
wonder	궁금해하다, 놀라움	character	인격, 성격, 특징
creative	창의적인, 창조적인	appearance	외모, 겉모습
male	남성의, 수컷의	female	여성의, 암컷의
beard	턱수염	curious	호기심이 많은, 궁금한
charming	매력적인, 멋진	spread	펼치다, 퍼지다
pale	(얼굴이) 창백한, (색깔이) 옅은	approach	다가가다, 접근하다
beauty	아름다움, 미	movement	동작, 움직임
seem	~처럼 보이다	overweight	과체중의, 비만의
weak	약한, 힘이 없는	worried	걱정하는, 걱정스러운
frustrate	좌절시키다, 방해하다	relationship	관계
satisfied	만족한, 납득한	divorce	이혼; 이혼하다
humor	유머, 익살	contact	연락, 접촉; 연락하다
explain	설명하다	mature	어른스러운, 성숙한
influence	영향을 주다; 영향, 영향력	anniversary	기념일
proportion	비율, 크기, 균형	belong	속하다, 소유물이다
passive	소극적인, 수동적인	influence	영향을 주다; 영향, 영향력
lay	놓다, 두다, 눕히다	valuable	소중한, 값비싼

확인 문제

다음 단어의 의미로 적절한 것은?

proportion

① 연락 ② 운명 ③ 관계
④ 약한 ⑤ 비율

정답: ⑤

2 일상생활 관련 어휘

household	가구, 가정		labor	노동, 일
furniture	가구		firm	회사
ceiling	천장		attach	첨부하다, 붙이다
faucet	수도꼭지		department	부서, 학과
basement	지하실, 지하층		career	직업, 경력, 이력
sweep	(먼지를) 쓸다, 털다		detail	세부 사항; 열거하다
broom	빗자루		employ	고용하다
mop	대걸레; 대걸레로 닦다		purpose	목적, 의도
shelf	선반, 책꽂이		perform	수행하다, 실행하다, 공연하다
edge	가장자리, 모서리		agency	대행사, 대리점, 기관, 단체
tool	연장, 도구		appoint	임명하다, 지명하다, 약속하다
wipe	닦다, 훔치다		succeed	성공하다, 잘 되다
trim	다듬다, 손질하다		operate	영업하다, 작동하다
comb	빗; 빗질하다		associate	동료; 연상하다, 결부시키다
outlet	콘센트, 배출구		profession	직업, 전문직
pack	(짐을) 싸다		expert	전문가
gather	모으다, 모이다		document	문서, 서류; 기록하다
dump	내버리다; 쓰레기장		obtain	얻다, 획득하다
condition	상태, 조건		illustrate	보여주다, 설명하다
set up	설치하다, 준비하다		achieve	달성하다, 이루다
electric	전기의		confirm	확인하다, 확정하다, 승인하다
chore	잔심부름, 허드렛일		distribute	유통시키다, 분배하다
appliance	가전제품, (가정용) 기구		superior	상급의, 우수한
interior	내부의, 내부		retire	은퇴하다, 은퇴시키다
resident	주민, 거주자		assign	배치하다, 할당하다, 임명하다
leak	새다		delivery	배송, 배달
polish	(윤이 나도록) 닦다		connect	연결하다, 연결되다

확인 문제

다음 단어의 의미로 적절한 것은?

confirm

① 닦다   ② 쓸다   ③ 확인하다

④ 연상하다   ⑤ 연결하다

정답: ③

PART 1 NCS 직무능력평가

제1장 의사소통능력

제2장 수리능력

제3장 문제해결능력

제4장 자원관리능력

제5장 조직이해능력

해커스 지역농협 6급 NCS 인적성 및 직무능력평가 통합 기본서

3 사물과 상태 관련 어휘

brief	짧은, 잠시 동안의, 간단한	nearly	거의
broad	(폭이) 넓은, 광범위한	further	추가의, 더 이상의; 더 멀리
narrow	(폭이) 좁은, 제한된, 한정된	opposite	반대의, 맞은편의, 정반대의
describe	묘사하다, 기술하다	fantastic	환상적인, 굉장한
tiny	아주 작은	quick	빠른, 신속한, 순식간의
common	흔한, 공동의, 공통의	sudden	갑작스러운, 뜻밖의
locate	위치를 찾아내다, 두다	exact	정확한, 정밀한, 꼼꼼한
empty	빈, 공허한, 무의미한	following	그다음의; 다음의 것
mild	(정도가) 가벼운, 약한, 온화한	recently	최근에, 근래에
pure	순수한, 맑은, 깨끗한	moreover	게다가, 더욱이
rapid	빠른, 신속한	increase	증가시키다; 증가, 증대
object	물건, 목적, 목표; 반대하다	decrease	감소하다; 감소
sharp	날카로운, 뾰족한	situation	상황, 처지, 입장, 위치, 장소
smooth	매끈한, 부드러운, 잔잔한	badly	심하게, 몹시, 나쁘게
rough	거친, 고르지 않은, 대강의	mostly	주로, 일반적으로
neat	정돈된, 단정한	useless	쓸모없는, 소용없는
exactly	정확하게, 틀림없이	valid	유효한, 타당한, 정당한
precious	귀중한, 값비싼	realistic	현실적인, 실제적인
necessary	필수적인, 필요한	moderate	적당한, 알맞은
distinct	분명한, 뚜렷한, 전혀 다른	obvious	분명한, 명백한
surround	둘러싸다, 에워싸다	potential	잠재적인, 가능성이 있는
faint	(빛·소리·냄새 등이) 희미한	complex	복잡한, 복합적인
particular	특별한, 특정한	frequently	자주, 빈번히
monotonous	단조로운, 지루한	alternative	대체 가능한, 대안적인; 대안
enormous	거대한, 막대한	back and forth	이리저리, 왔다 갔다
flexible	유연한, 잘 구부러지는	up close	바로 가까이에서
artificial	인공의, 인조의, 거짓의, 꾸민	worse	더 나쁜; 더 심하게

확인 문제

다음 단어의 의미로 적절한 것은?

particular

① 특별한　　　　　② 인공의　　　　　③ 심하게
④ 적당한　　　　　⑤ 신속한

정답: ①

4 과학과 기술 관련 어휘

data	자료, 정보	computer	컴퓨터
machine	기계	e-mail	이메일, 전자우편
invent	발명하다, 장착하다	internet	인터넷
brain	뇌, 두뇌	website	웹사이트
cell	세포, 방, 칸	search	찾아보다, 조사하다; 검색, 찾기
easily	쉽게, 용이하게	type	타자를 치다; 종류, 유형
result	결과, 결실	fix	고치다, 수리하다; 고정시키다
error	오류, 잘못	switch	스위치; 바꾸다, 전환하다
fail	실패하다, (시험에) 떨어지다	screen	화면, 스크린
research	연구, 조사; 연구하다, 조사하다	tip	비법, 조언, 봉사료; 끝 부분
focus	집중하다; 초점, 중점	link	연결하다; 관련, 관계
develop	개발하다, 발전시키다	file	파일, 자료
inspect	점검하다, 조사하다	click	누르다, 클릭하다; 클릭하는 소리
impossible	불가능한, 있을 수 없는	code	암호, 부호
means	수단, 방법	online	온라인의; 온라인으로
virtual	가상의, 사실상의	edit	편집하다, 수정하다
visible	(눈에) 보이는, 분명한, 명백한	laptop	노트북[휴대용] 컴퓨터
mobile	이동하기 쉬운, 이동하는	device	기기, 장치
prove	증명하다, (~임이) 드러나다	system	시스템, 체계
experiment	실험, 시험; 실험하다, 시도하다	technology	(과학) 기술
adapt	적응하다, 맞추다, 조정하다	browse	둘러보다, 훑어보다
replace	교체하다, 바꾸다, 대신하다	capture	캡처하다, 포착하다, 붙잡다
widespread	널리 퍼진, 광범위한	communicate	소통하다, 통신하다
beyond	(범위를) 넘어서, 저편에, (시간이) 지나	vaccine	백신, 바이러스 예방 프로그램
delete	삭제하다, 지우다	operator	(기계를) 조작하는 사람, 기사
formula	공식, 방식	combination	조합, 결합
multiply	증가하다, 증가시키다, 곱하다	access	접속, 접근; 접속하다, 접근하다

확인 문제

다음 단어의 의미로 적절한 것은?

access

① 접근　　　　　② 조합　　　　　③ 공식
④ 기계　　　　　⑤ 정보

정답: ①

5 장소 관련 어휘

airport	공항		mall	쇼핑몰
amusement park	놀이공원		market	마켓
bakery	빵집		movie theater	극장
bank	은행		museum	박물관
beach	해변가		office	사무실
broadcasting station	방송국		parking lot	주차장
buffet	뷔페		post office	우체국
car dealership	자동차 영업소		prison	교도소
church	교회		real estate agency	복덕방
clothing store	옷 가게		restaurant	음식점
court	법원		sanatorium	요양원
dentist's office	치과 진료실		school	학교
factory	공장		seaport	항구 도시
farm	농장		senior citizen center	경로당
grocery store	식료품 가게		subway station	지하철역
gym	체육관		temple	절
hair salon	미장원		train station	기차역
hospital	병원		travel agency	여행사
laundry room	세탁소		wedding hall	예식장
library	도서관		zoo	동물원

확인 문제

다음 단어의 의미로 적절한 것은?

laundry room

① 요양원　　　　② 도서관　　　　③ 동물원

④ 세탁소　　　　⑤ 음식점

정답: ④

PART 1 NCS 직무능력평가

제1장
의사소통능력

제2장
수리능력

제3장
문제해결능력

제4장
자원관리능력

제5장
조직이해능력

6 직업 관련 어휘

actor	배우		journalist	기자
archeologist	고고학자		judge	판사
architect	건축가		lawyer	변호사
athlete	운동선수		manager	관리인
baker	제빵사		mayor	시장
biologist	생물학자		mechanic	기계공
carpenter	목수		minister	장관
cashier	출납원		movie director	영화감독
consultant	컨설턴트		official	공무원
cook	요리사		pilot	조종사
dentist	치과의사		police officer	경찰관
designer	디자이너		president	대통령
diplomat	외교관		professor	교수
electrician	전기공		prosecutor	검사
employee	종업원		reporter	리포터
employer	고용주		statesman	정치가
fire fighter	소방관		surgeon	외과의사
flight attendant	승무원		taxi driver	택시 기사
hairdresser	미용사		tutor	과외 교사
interpreter	통역사		waitress	여종업원

확인 문제

다음 단어의 의미로 적절한 것은?

athlete

① 전기공   ② 외교관   ③ 정치가
④ 영화감독   ⑤ 운동선수

정답: ⑤

7 상황에 따른 표현 – 쇼핑하기

I'm just browsing.	그냥 둘러보는 중이에요.
Do you have this in a size six?	이거 6치수로 있나요?
Do you have this in a different color?	이거 다른 색상 있나요?
It looks good on you.	당신에게 그것은 잘 어울리네요.
I'll check our inventory.	우리 재고를 확인해 보겠습니다.
How much does it cost?	이거 얼마예요?
It costs an arm and a leg!	엄청 비싸네요!
It's a bargain.	정말 싸게 사시는 거예요.
Charge it to my credit card.	신용카드로 계산할게요.
I was ripped off.	바가지를 썼어요.
I got it for nothing.	헐값에 샀어요.
Can I get a refund?	환불할 수 있나요?

8 상황에 따른 표현 – 여행하기

I'll take an all-inclusive package.	모든 비용이 포함된 패키지로 할게요.
We give discounts for large groups.	단체는 할인해 드립니다.
Do you have a room available for two?	두 명이 묵을 방이 있나요?
Is breakfast included?	조식이 포함되어 있나요?
Can I book a ticket to Sydney?	시드니행 티켓을 예약할 수 있나요?
Would you like a one-way or round-trip ticket?	편도를 원하십니까, 왕복을 원하십니까?
I need to change my reservation.	예약을 변경하고 싶습니다.
My flight arrived on time.	내 비행기는 제시간에 도착했어요.
I've got nothing to declare.	저는 신고할 것이 없습니다.

확인 문제

다음 영어 문장을 해석한 내용으로 적절한 것은?

Can I get a refund?

① 예약할 수 있을까요?
② 조식이 포함되어 있나요?
③ 다른 색상 있나요?
④ 환불할 수 있나요?
⑤ 얼마인가요?

정답: ④

PART 1 NCS 직무능력평가

제1장
의사소통능력

제2장
수리능력

제3장
문제해결능력

제4장
자원관리능력

제5장
조직이해능력

해커스 지역농협 6급 NCS 인적성 및 직무능력평가 통합 기본서

9 상황에 따른 표현 – 길찾기

What's the fastest way there?	그곳까지 가는 가장 빠른 길이 무엇인가요?
Where is it located?	그것은 어디에 있습니까?
Will I have to take a detour?	우회해서 가야 합니까?
I think we made a wrong turn.	우리가 길을 잘못 들어선 것 같아요.
I don't know where it is.	그것이 어디에 있는지 모르겠어요.
We've been driving in circles.	우린 빙빙 돌고 있어요.
Follow the directions.	표지판을 따라가세요.
Make a left at the intersection.	교차로에서 좌회전하세요.
You'll have to make a U-turn.	유턴하셔야 할 거예요.
You can't miss it.	찾기 쉬워요.

10 상황에 따른 표현 – 전화하기

Can I talk to Jason?	Jason과 통화할 수 있나요?
Is he available?	그가 전화 받을 수 있나요?
Who's calling, please?	전화하신 분은 누구세요?
She is on another line.	그녀는 통화 중이에요.
Would you hang on for a second?	잠깐 기다리실래요?
Can I take a message?	메모를 남겨 드릴까요?
I'll let him know you called.	당신이 전화했었다고 그에게 말할게요.
Call me on my cell phone.	제 휴대전화로 전화해 주세요.
You can reach me at extension 202.	내선 202번으로 저와 연락하실 수 있어요.
The lines are crossed.	전화가 혼선되었어요.

확인 문제

다음 영어 문장을 해석한 내용으로 적절한 것은?

> Call me on my cell phone.

① 그것이 어디에 있는지 모르겠어요.
② 제 휴대전화로 전화해 주세요.
③ 교차로에서 좌회전하세요.
④ 전화가 혼선되었어요.
⑤ 표지판을 따라가세요.

정답: ②

유형 1 **의사소통기술**

유형 특징

· 한국산업인력공단의 가이드북 자료를 기반으로 한 의사소통 이론이 출제되는 유형의 문제이다.

세부 출제 유형

· 의사소통기술은 다음과 같이 1개의 세부 유형으로 출제된다.
  ① 올바른 의사소통 방법에 대한 지식을 묻는 문제

공략법

· 올바른 경청 방법, 상황에 따른 적절한 의사표현 방법 등 의사소통능력에 대한 기본적인 내용을 학습한다. (기초이론 p.34)

PART 1 NCS 직무능력평가

제1장
의사소통능력

제2장
수리능력

제3장
문제해결능력

제4장
자원관리능력

제5장
조직이해능력

해커스 지역농협 6급 NCS 인적성 및 직무능력평가 통합 기본서

예제 1 올바른 의사소통 방법에 대한 지식을 묻는 문제

홍보팀의 신입사원인 귀하는 효과적인 의사표현 방법에 대한 교육을 받은 후 팀장님과 면담하는 시간을 가졌다. 다음 대화의 빈칸에 들어갈 내용으로 가장 적절하지 않은 것은?

> **팀장:** 지희씨, 이번 교육을 통해 어떤 점을 배우셨나요?
> **귀하:** 네, 팀장님. 저는 메시지를 전할 때 전달 수단이 중요하다는 것을 알게 되었어요. 전달받는 입장에서는 같은 내용이더라도 얼굴을 보며 이야기하는 것과 전화나 이메일로 통보받는 것에는 큰 차이가 있다는 점을 배우게 되었어요.
> **팀장:** 중요한 내용을 알게 되셨네요. 메시지를 전달한 후 상대에게 피드백을 받는 것에 대해서는 어떻게 생각하세요?
> **귀하:** 매우 중요한 과정이라고 생각해요. 제가 전달한 내용을 상대가 어떻게 해석하였는지 파악하는 과정을 거쳐야 오해 없이 대화가 진행될 수 있을 것 같아요.
> **팀장:** 교육 내용을 잘 이해하고 계시네요. 끝으로, (   ) 점을 명심하신다면 의사표현을 하시는 데 큰 어려움이 없으실 거예요. 오늘 배우신 내용이 회사생활에 큰 도움이 되셨으면 좋겠네요.

① 상대에게 전달하는 메시지에 내용이 충분하게 담겨있는지 확인하는 절차가 중요하다는
② 의사표현은 자신의 메시지를 상대에게 전달하는 중요한 능력이라는
③ 말하는 사람은 자신이 전달하고자 하는 생각과 감정이 무엇인지 분명하게 인식해야 한다는
④ 명료하게 의사표현을 하기 위해 메시지를 한 번만 전달해야 한다는
⑤ 표정이나 몸짓을 통해 메시지의 내용을 더욱 효과적으로 전달할 수 있다는

|정답 및 해설| ④

효과적인 의사표현 방법에 따르면 한 번의 의사표현으로는 자신의 의도가 듣는 이에게 충분하게 전달되는 경우가 많지 않기 때문에 확실한 의사표현을 위해서는 반복적 전달이 필요하므로 명료하게 의사표현을 하기 위해 메시지를 한 번만 전달해야 한다는 것은 빈칸에 들어갈 내용으로 가장 적절하지 않다.

유형 특징

· 어휘의 의미를 고려해 문맥에 맞는 어휘를 판단하고, 여러 어휘 간의 의미 관계를 유추하는 유형의 문제이다.

세부 출제 유형

· 어휘력은 다음과 같이 6개의 세부 유형으로 출제된다.
   ① 단어의 유의어와 반의어를 고르는 문제
   ② 단어가 가진 의미를 파악하는 문제
   ③ 대체하여 쓸 수 있는 단어를 고르는 문제
   ④ 빈칸에 들어갈 단어를 고르는 문제
   ⑤ 단어 간의 의미 관계를 파악하는 문제
   ⑥ 한자어의 적절한 사용을 고르는 문제

공략법

· 시험에 출제된 적이 있는 것을 중심으로 예문과 함께 다양한 어휘를 학습한다. (기초이론 p.36)

· 단어의 유의어와 반의어를 고르는 문제는 제시된 단어와 발음이 비슷한 단어는 함정일 가능성이 높다는 것을 염두에 두고 빠르게 정답을 찾는다.

· 단어가 가진 의미를 파악하는 문제는 각 문장의 밑줄 친 단어와 호응하는 주어, 목적어, 서술어 등을 비교하여 어휘의 의미를 구분한다.

· 대체하여 쓸 수 있는 단어를 고르는 문제는 선택지의 단어를 직접 대입해보며 가장 자연스럽게 연결되는 단어를 찾는 방식으로 오답을 소거하여 풀이시간을 단축한다.

· 빈칸에 들어갈 단어를 고르는 문제는 빈칸의 앞뒤에 있는 단어 또는 문장과 자연스럽게 연결되는 단어가 무엇인지 확인하며 빠르게 정답을 찾는다.

· 단어 간의 의미 관계를 파악하는 문제는 선택지에 제시된 단어의 의미와 속성을 고려해 단어 간의 관계를 유추하며 빠르게 정답을 찾는다.

· 한자어의 적절한 사용을 고르는 문제는 익숙하거나 정확하게 알고 있는 선택지부터 확인하여 풀이시간을 단축한다.

예제 1 단어의 유의어와 반의어를 고르는 문제

다음 밑줄 친 단어와 의미가 유사한 것은?

> 글쓰기를 잘하기 위해서는 췌언을 줄이는 연습을 해야 한다.

① 교언　　　　　② 방언　　　　　③ 실언　　　　　④ 군소리　　　　　⑤ 제소리

|정답 및 해설| ④

밑줄 친 단어는 쓸데없는 군더더기 말이라는 의미로 쓰였으므로 하지 아니하여도 좋을 쓸데없는 말이라는 의미의 ④가 적절하다.
① 교언(巧言): 교묘하게 꾸며 댐 또는 그 말
② 방언(方言): 한 언어에서, 사용 지역 또는 사회 계층에 따라 분화된 말의 체계
③ 실언(失言): 실수로 잘못 말함 또는 그렇게 한 말
⑤ 제소리: 글자의 바른 음

예제 2 단어가 가진 의미를 파악하는 문제

다음 밑줄 친 단어와 같은 의미로 사용된 것은?

> 가벼운 유산소 운동은 체력을 기르는 데 큰 도움이 된다.

① 병을 기를수록 치료 기간이 늘어날 것이다.
② 인내심을 기르기 위해서 매일 명상을 하고 있다.
③ 아침에 일찍 일어날 수 있도록 일찍 자는 습관을 길러야 한다.
④ 수정이는 머리를 기른 지 3년이 넘었다.
⑤ 고양이를 기를 때 소리를 지르는 행위는 삼가야 한다.

|정답 및 해설| ②

밑줄 친 단어는 체력을 키우는 데 가벼운 유산소 운동이 효과적이라는 의미로 쓰였으므로 육체나 정신을 단련하여 더 강하게 만든다는 의미의 ②가 적절하다.
① 병을 제때에 치료하지 않고 증세가 나빠지도록 내버려 두다
③ 습관 따위를 몸에 익게 하다
④ 머리카락이나 수염 따위를 깎지 않고 길게 자라도록 하다
⑤ 동식물을 보살펴 자라게 하다

대체하여 쓸 수 있는 단어를 고르는 문제

다음 밑줄 친 부분과 바꿔 쓸 수 있는 것은?

> 주방장의 <u>다부진</u> 요리 솜씨로 인해 식당에는 항상 사람이 많았다.

① 남다른   ② 범상한   ③ 야무진   ④ 재빠른   ⑤ 예사로운

|정답 및 해설| ③

밑줄 친 부분은 주방장의 요리 솜씨가 허술하거나 부족한 점이 없다는 의미로 쓰였으므로 사람의 성질이나 행동, 생김새 따위가 빈틈이 없이 꽤 단단하고 굳세다는 의미의 ③이 적절하다.
① 남다르다: 보통의 사람과 유난히 다르다
② 범상하다: 중요하게 여길 만하지 아니하고 예사롭다
④ 재빠르다: 동작 따위가 재고 빠르다
⑤ 예사롭다: 흔히 있을 만하다

빈칸에 들어갈 단어를 고르는 문제

다음 빈칸에 들어갈 단어로 적절한 것은?

> 바이러스의 확산이 가속화되면서 신약 ( )을/를 촉구하고 있다.

① 보급   ② 보상   ③ 보수   ④ 보장   ⑤ 보호

|정답 및 해설| ①

빈칸이 있는 문장에서 신약 공급을 촉구하고 있다고 하였으므로 널리 펴서 많은 사람들에게 골고루 미치게 하여 누리게 한다는 의미의 ①이 적절하다.
② 보상(報償): 남에게 진 빚 또는 받은 물건을 갚음
③ 보수(保守): 보전하여 지킴
④ 보장(保障): 어떤 일이 어려움 없이 이루어지도록 조건을 마련하여 보증하거나 보호함
⑤ 보호(保護): 위험이나 곤란 따위가 미치지 아니하도록 잘 보살펴 돌봄

PART 1 NCS 직무능력평가

제1장
의사소통능력

제2장
수리능력

제3장
문제해결능력

제4장
자원관리능력

제5장
조직이해능력

해커스 지역농협 6급 NCS 인적성 및 직무능력평가 통합 기본서

예제 5 단어 간의 의미 관계를 파악하는 문제

다음 두 단어 쌍이 같은 관계가 되도록 빈칸에 들어갈 단어를 고르면?

칭찬 : 표창 = 설득 : (   )

① 납득   ② 설계   ③ 제안   ④ 회유   ⑤ 협의

|정답 및 해설 ④

제시된 단어 칭찬과 표창은 모두 좋은 점이나 착하고 훌륭한 일을 높이 평가함을 뜻하므로 유의관계이다.
따라서 상대편이 이쪽 편의 이야기를 따르도록 여러 가지로 깨우쳐 말한다는 의미의 '설득'과 유의관계의 단어인 '회유'가 적절하다.
① 납득(納得): 다른 사람의 말이나 행동, 형편 따위를 잘 알아서 긍정하고 이해함
② 설계(設計): 계획을 세움 또는 그 계획
③ 제안(提案): 안이나 의견으로 내놓음 또는 그 안이나 의견
⑤ 협의(協議): 둘 이상의 사람이 서로 협력하여 의논함

예제 6 한자어의 적절한 사용을 고르는 문제

다음 의미에 해당하는 한자성어를 고르면?

육지에서 배를 저으려 한다는 뜻으로, 안 되는 일을 억지로 하려고 함을 비유적으로 이르는 말

① 남선북마(南船北馬)   ② 수주대토(守株待兔)   ③ 수륙만리(水陸萬里)
④ 육지행선(陸地行船)   ⑤ 행선축원(行禪祝願)

|정답 및 해설 ④

제시된 의미에 해당하는 한자성어는 '육지행선(陸地行船)'이다.
① 남선북마(南船北馬): 중국의 남쪽은 강이 많아서 배를 이용하고 북쪽은 산과 사막이 많아서 말을 이용한다는 뜻으로, 늘 쉬지 않고 여기저기 여행을 하거나 돌아다님을 이르는 말
② 수주대토(守株待兔): 한 가지 일에만 얽매여 발전을 모르는 어리석은 사람을 비유적으로 이르는 말
③ 수륙만리(水陸萬里): 바다와 육지에 걸쳐 만 리나 떨어진 먼 거리
⑤ 행선축원(行禪祝願): 아침저녁의 예불 때, 부처에게 나라와 백성이 평안하기를 기원하고 구도와 중생 교화를 위하여 끝없이 정진할 것을 다짐하는 일

유형 특징

· 어법에 대한 지식을 바탕으로 올바르게 문서를 작성 및 수정하는 유형의 문제이다.

세부 출제 유형

· 문서작성기술은 다음과 같이 3개의 세부 유형으로 출제된다.
  ① 어법에 알맞은 표현을 고르는 문제
  ② 문서의 종류에 따른 작성 방법을 고르는 문제
  ③ 논리적 흐름과 어법을 고려해 문서를 바르게 수정하는 문제

공략법

· 문서작성 시 주의해야 할 사항을 확인하고, 문서의 종류에 따른 작성 방법을 반드시 학습한다. (기초이론 p.62)
· 한글 맞춤법, 표준어 규정 등의 어법을 모두 암기하기보다는, 틀리기 쉬운 맞춤법이나 띄어쓰기, 헷갈리는 표준어와 비표준어 등 시험에 자주 출제되는 어법을 확실히 학습한다. (기초이론 p.65)

예제 1　어법에 알맞은 표현을 고르는 문제

다음 중 맞춤법에 맞는 것은?

① 산뜻히 옷을 차려입고 세배를 하였다.
② 우리는 학생회비 지출 내역을 낱낱히 공개할 것을 요구하였다.
③ 세탁기가 있으니 번거로이 손빨래를 할 필요성을 못 느낀다.
④ 그는 자신에게 오는 좋은 기회를 번번히 놓쳤다.
⑤ 청소를 소홀이 한 탓에 집 안이 지저분하다.

ㅣ정답 및 해설ㅣ ③

③은 맞춤법에 맞는 문장이다.
① 산뜻히 (X) → 산뜻이 (O)
  · 한글 맞춤법 제51항에 따라 부사의 끝음절이 분명히 '이'로만 나는 것은 '-이'로 적는다. 따라서 '산뜻이'라고 써야 한다.
② 낱낱히 (X) → 낱낱이 (O)
  · 한글 맞춤법 제20항에 따라 명사 뒤에 '-이'가 붙어서 된 말은 그 명사의 원형을 밝히어 적는다. 따라서 '낱낱이'라고 써야 한다.
④ 번번히 (X) → 번번이 (O)
  · 한글 맞춤법 제51항에 따라 부사의 끝음절이 분명히 '이'로만 나는 것은 '-이'로 적는다. 따라서 '번번이'라고 써야 한다.
⑤ 소홀이 (X) → 소홀히 (O)
  · 한글 맞춤법 제51항에 따라 부사의 끝음절이 '이'나 '히'로 나는 것은 '-히'로 적는다. 따라서 '소홀히'라고 써야 한다.

PART 1 NCS 직무능력평가

제1장
의사소통능력

제2장
수리능력

제3장
문제해결능력

제4장
자원관리능력

제5장
조직이해능력

해커스 지역농협 6급 NCS 인적성 및 직무능력평가 통합 기본서

예제 2 문서의 종류에 따른 작성 방법을 고르는 문제

N 기업의 교육 담당자인 귀하는 신입사원을 대상으로 공문서 작성 방법에 관한 교육을 진행하였다. 이후 공문서 작성 방법에 대해 신입사원끼리 논의하였을 때, 다음 중 교육 내용을 가장 잘못 이해한 사원은?

A 사원: 공문서는 한 장 분량으로 작성하는 것이 원칙이니, 내용이 과하게 길어지지 않도록 주의해야겠어요.
B 사원: '끝' 자를 기입하여 문서의 마지막이 어디인지 정확하게 표시해야 해요.
C 사원: 날짜 다음에 괄호를 사용하는 경우에만 마침표를 찍고, 그 외의 경우에는 마침표를 찍지 않는다는 점을 명심해야겠어요.
D 사원: 전달해야 하는 내용이 많을 경우 '-다음-' 또는 '-아래-'와 같은 항목으로 구분하여 작성하면 가독성을 높일 수 있어요.
E 사원: 공문서는 회사 외부로 전달되는 문서이기 때문에 육하원칙을 지켜서 작성되었는지 검토하는 과정을 거쳐야겠네요.

---

① A 사원   ② B 사원   ③ C 사원   ④ D 사원   ⑤ E 사원

|정답 및 해설| ③

공문서 작성 방법에 따르면 날짜 다음에 괄호를 사용하는 경우 마침표를 찍지 않으므로 교육 내용을 가장 잘못 이해한 사람은 'C 사원'이다.
①, ②, ④, ⑤ 모두 공문서 작성 방법에 대한 설명으로 옳은 내용이다.

농촌진흥청에서 근무하는 귀하는 언론사에 배포할 보도자료의 원고를 작성한 후 검토하던 중 몇 군데 수정할 부분을 발견하였다. 다음 보도자료의 ㉠~㉤을 바르게 고쳐 쓴다고 할 때 가장 적절하지 않은 것은?

농촌진흥청은 경남지역의 농업 경쟁력 향상 및 농가 소득 증대를 위해 경남 농업 발전을 이끌어갈 양파, 곤충, 파프리카, 단감, 국화, 사과, 도라지, 망고 8개 특화 작목을 ㉠5년 간 집중 육성할 것이라고 밝혔다. 특히 8개의 특화 작목 중 양파와 곤충은 국가 집중 육성 작목으로 선정되었다.

양파는 전국 재배면적의 19.3%를 차지하는 경남지역 대표 작목이다. ㉡그러나 값비싼 수입 황색 양파를 주로 재배하여 종묘비 부담이 가중되고 있다. 특히 농촌 고령화 현상 등으로 인해 노동력 및 생산비 절감을 위한 기계화 재배 기술도 필요한 실정이다. 이에 따라 ㉢국내종을 대체할 수 있는 고품질 황색 양파 품종의 소비 확대를 위한 적색 양파, 백색 양파 등 신품종을 육성 및 보급하여 종자 ㉣자급율을 30%에서 50%까지 높이고, 양파 껍질을 활용한 기능성 가공품을 개발하는 등 양파 가공품 소비 비중도 2배 늘릴 계획이다.

경남 곤충 농가의 60%는 모두 흰점박이꽃무지 생산 농가로, 농가의 흰점박이꽃무지 동시 출하로 인한 판매 어려움 및 가격 하락, 판로 개척을 위한 새로운 곤충 작목 부족 등의 문제를 겪고 있다. 이에 따라 식용곤충 특유의 이취 제거 기술을 개발하고, 식용곤충을 이용한 가공제품을 개발하는 등 소비 확대를 위한 각종 방안을 추진하고 있다. 이를 통해 경남 유용 곤충 시장 규모를 ㉤88억원까지 확대하고, 우유 곤충 생산성도 15kg/3.3㎡까지 증대시킬 계획이다.

---

① 띄어쓰기가 올바르지 않으므로 ㉠을 '5년간'으로 붙여 쓴다.
② 앞뒤 문장의 자연스러운 연결을 위해 ㉡에는 '그래서'가 들어가야 한다.
③ 문맥상 ㉢은 적절하지 않은 단어이므로 '수입종'으로 바꿔 써야 한다.
④ 표기법에 따르면 모음이나 'ㄴ' 받침 뒤에서만 '율'로 적어야 하므로 ㉣은 '자급률'로 고쳐야 한다.
⑤ 단위를 나타내는 명사는 띄어 써야 하므로 ㉤은 '88억 원'으로 수정해야 한다.

ⓒ의 앞에서는 양파가 전국 재배면적의 19.3%를 차지하는 경남지역 대표 작목이라는 내용을 말하고 있고, ⓒ의 뒤에서는 값비싼 수입 황색 양파를 주로 재배해 종묘비 부담이 가중된다는 내용을 말하고 있으므로 서로 상반되는 사실을 나타내는 두 문장을 이어줄 때 쓰는 접속 부사인 '그러나'가 들어가야 한다.

따라서 앞의 내용이 뒤의 내용의 원인이나 근거, 조건 따위가 될 때 쓰는 접속 부사인 '그래서'가 들어가는 것은 가장 적절하지 않다.

① '동안'을 의미하는 접미사 '간(間)'은 앞에 오는 명사와 붙여 쓰므로 ㉠을 '5년간'으로 붙여 써야 한다.

③ ⓒ의 앞 문장에서 값비싼 수입 황색 양파를 주로 재배해 종묘비 부담이 가중되고 있다고 하였으므로 외국으로부터 사들인 물품의 종류라는 의미의 '수입종(輸入種)'으로 바꿔 써야 한다.

④ 한글 맞춤법 제11항에 따라 '률'은 모음이나 'ㄴ' 받침 뒤에서는 '율'로 적고 그 외의 받침 뒤에서는 '률'로 적으므로 '자급율'을 '자급률'로 고쳐야 한다.

⑤ 한글 맞춤법 제43항에 따라 단위를 나타내는 명사는 띄어 쓰므로 ㉤을 '88억 원'으로 수정해야 한다.

PART 1 NCS 직무능력평가

제1장
의사소통능력

제2장
수리능력

제3장
문제해결능력

제4장
자원관리능력

제5장
조직이해능력

해커스 지역농협 6급 NCS 인적성 및 직무능력평가 통합 기본서

유형 4 **독해력**

문서의 중심 내용을 파악하는 문제

다음 글의 제목으로 가장 적절한 것은?

> 능력주의 인사관리란 사원의 직무수행 능력이 인사나 노무관리의 기준이 되는 제도이다. 채용, 승진, 보수, 배치 등에 있어서 능력에 의한 평가를 기반으로 차등 대우하기 때문에 사원 상호 간 경쟁을 유발한다. 이에 따라 사원들은 자신의 능력을 최대한으로 발휘하게 되어 업무 능률이 상승하게 된다는 장점이 있다. 이러한 능력주의와 관련한 고사성어는 조조의 유재시거(唯才是擧)가 가장 대표적이다. 유재시거란 오직 재주가 추천의 기준이라는 뜻으로, 능력을 가장 우선시하는 인사 원칙을 말한다. 삼국시대 위나라의 조조는 적벽대전 패배 이후 전쟁의 승패는 사람에게 달려있다는 생각으로 철저하게 능력 위주의 인사정책을 펼쳤다. 그는 210년 구현령을 반포한 이후 이를 계속해서 보완하며 총 세 차례의 구현령을 내렸다. 단점 때문에 재능 있는 자를 놓치지 말고, 도덕성을 중시하지 말라고 공표하며 대대적으로 인재를 모은 것이다. 낮은 직급에 있으나 뛰어난 재주와 특이한 재질을 가져 장수가 될 사람, 품행이 좋지 않더라도 왕업에 공헌할 사람 등 출신과 배경은 고려하지 않고 능력이 있으면 누구든지 요직에 등용할 수 있었으며, 부정적인 평판이나 도덕적으로 흠이 있더라도 재능을 우선시하여 기용하였다. 이렇게 모여든 인재들로 힘을 키운 위나라는 마침내 천하를 제패할 수 있었다. 조조의 구현령은 뛰어난 인용술로 평가되는 한편, 인품이나 자질을 따지지 않는다는 점에서 윤리성이 부족하다는 비판이 제기되기도 하였다.

① 엘리트 중심 사회의 위나라
② 개인의 역량을 기준으로 판단하는 능력주의의 장점
③ 조조의 실력 중심 인재 등용 원칙
④ 능력주의 인재 기용 방식의 한계
⑤ 시대적 상황에 따라 달라지는 인재 발탁 기준

|정답 및 해설| ③

이 글은 능력주의 인사 원칙을 시행한 조조의 구현령에서 제시된 유재시거에 대해 설명하는 내용이므로 이 글의 제목으로 가장 적절한 것은 ③이다.

① 위나라의 조조가 능력 중심의 인재 채용 방식을 이용했다는 내용에 대해서는 다루고 있지만, 위나라 전체가 엘리트 기반의 채용 방식을 이용했는지에 대해서는 다루고 있지 않으므로 적절하지 않은 내용이다.

② 능력주의 제도로 인해 능력을 최대한으로 발휘하게 되어 업무 능률이 상승하게 된다는 장점이 있다고 하였지만, 글 전체를 포괄할 수 없으므로 적절하지 않은 내용이다.

④ 조조의 구현령은 인품이나 자질을 따지지 않는다는 점에서 윤리성이 부족하다는 비판을 받았다고 하였지만, 글 전체를 포괄할 수 없으므로 적절하지 않은 내용이다.

⑤ 시대적 상황에 따라 달라지는 인재 발탁 기준에 대해서는 다루고 있지 않으므로 적절하지 않은 내용이다.

다음 글의 내용과 일치하지 않는 것은?

사전적으로 기후는 여러 해에 걸쳐 나타난 기온, 비, 눈, 바람 따위의 평균 상태이다. 오늘의 기온, 강수량, 바람과 같이 수시로 변화하는 순간적인 대기 현상이 날씨라면, 기후는 장기간의 대기 현상을 종합한 것이다. 기후는 오랜 시간에 걸쳐서 인간의 삶에 영향을 미쳐 왔으며, 인간은 그동안 축적된 경험을 통해 기후 환경에 적응하면서 그들만의 문화를 만들어 갔다. 기후는 인간의 삶을 영위하는 데 꼭 필요한 의(衣), 식(食), 주(住) 세 가지 요소에 큰 영향을 미친다. 우리나라의 경우 냉대에서 온대에 걸쳐 위치하기 때문에 추위와 더위의 차이가 큰 편이다. 이러한 기후 환경에 대비할 수 있도록 겨울에는 추위를 막기 위해 모피나 참솜을 이용하거나 목도리, 토시 등으로 옷차림을 보충하였다. 또한, 여름에는 통풍이 잘되는 베와 모시를 옷감으로 이용하였고 더위를 견디기 위해 저고리의 고름을 없애거나 정장이 아닌 바지에 대님을 매지 않는 등 복장을 간략히 하였다. 음식 문화도 기후의 영향을 크게 받는다. 우리나라를 포함한 아시아 지역에서 발달한 쌀을 주식으로 하는 문화는 고온다습한 여름철 기후의 영향을 받은 것이다. 반대로 건조한 지역에서는 벼 대신 밀을 재배하기 때문에 빵을 주식으로 한 음식 문화가 발달할 수 있었다. 긴 겨울의 저장 식품인 김치에서도 기후의 영향을 찾아볼 수 있는데, 겨울철 기온이 높은 남부 지방은 음식이 쉽게 익기 때문에 익는 속도를 더디게 하기 위하여 간을 짜게 하고 맵게 만들어 먹는다. 지역의 기후에 맞게 가옥의 구조도 달라진다. 가옥의 평면 구조를 보면, 북부 지방은 겨울철 추위에 대비할 수 있도록 폐쇄적인 형태로 지어져 있고, 남부 지방의 경우 여름철 무더위에 대비할 수 있도록 개방적인 형태로 지어져 있다. 특수한 기후 현상이 나타나는 지역은 기후에 대응할 수 있도록 발달한다. 강풍이 부는 산간, 해안 지방과 도서 지방에는 바람을 막는 방풍림이 조성되어 있고, 홍수가 빈번한 강가 지역에는 물을 피할 수 있도록 파수대를 둔 곳이 많다.

① 김치를 담글 때 기후에 따라 소금의 간과 맵기가 달라질 수 있다.

② 밀가루를 주식으로 하는 국가는 건조한 지역일 가능성이 크다.

③ 기후에 따라 집의 구조뿐만 아니라 시설물도 함께 변화한다.

④ 의생활 중 기후는 의복의 원단 소재를 결정하는 것에만 영향을 미친다.

⑤ 기후는 오랜 기간에 걸친 기상 현상을 종합하였다는 점에서 날씨와 차이가 있다.

|정답 및 해설| ④

기후 환경에 대비할 수 있도록 겨울에는 추위를 막기 위해 모피나 참솜을 이용한 것을 넘어 목도리, 토시 등으로 옷차림을 보충하였고, 여름에는 통풍이 잘되는 베와 모시를 옷감으로 이용한 것을 넘어 저고리의 고름을 생략하는 등 복장을 간소화하는 방식으로 더위를 이겨냈다고 하였으므로 의생활 중 기후는 의복의 원단 소재를 결정하는 것에만 영향을 미친 것은 아님을 알 수 있다.

① 겨울철 기온이 높은 남부 지방은 음식이 쉽게 익기 때문에 김치의 익는 속도를 더디게 하기 위하여 간을 짜게 하고 맵게 만들어 먹는다고 하였으므로 적절한 내용이다.

② 건조한 지역에서는 밀을 재배하기 때문에 빵을 주식으로 한 음식 문화가 발달했다고 하였으므로 적절한 내용이다.

③ 지역의 기후에 맞게 가옥의 구조가 폐쇄적이거나 개방적인 형태로 지어지고, 특수한 기후 현상이 나타나는 지역에는 방풍림이 조성되는 등 기후에 대응할 수 있도록 발달한다고 하였으므로 적절한 내용이다.

⑤ 오늘의 기온, 강수량, 바람과 같이 수시로 변화하는 순간적인 대기 현상이 날씨라면, 기후는 장기간의 대기 현상을 종합한 것이라고 하였으므로 적절한 내용이다.

예제 3 문단을 올바르게 배열하는 문제

다음 문단을 논리적 순서대로 알맞게 배열한 것은?

> (가) 독립의 움직임도 잠시 러시아가 무력을 동원하여 크림반도 전역을 장악하였고, 타타르인을 제외하고 합병을 위한 주민투표를 실시한 결과 압도적 찬성을 얻으며 크림반도 전역은 다시 러시아 영토가 되었다. 러시아의 크림반도 합병에 대해 우크라이나 정부가 거세게 반발하면서 국제적 문제로 대두되었고, UN을 비롯한 국제사회에서는 러시아의 크림반도 합병을 국제법 위반이라 하여 인정하지 않고 있다.
>
> (나) 본래 크림반도는 제1차, 제2차 러시아－투르크 전쟁을 거쳐 러시아에 귀속된 영토였으나 1954년 소련이 우크라이나에 친선의 의미로 크림반도를 양도하면서 우크라이나로 편입되었다. 이후 1991년 소련 해체로 우크라이나는 소련으로부터 독립하였고, 크림반도는 우크라이나에 속하기로 결정하면서 자치공화국의 지위를 얻었다.
>
> (다) 크림반도는 우크라이나 최남단 흑해를 향하여 돌출해 있는 반도로, 비옥한 농토와 일 년 내내 해면이 얼지 않는 부동항을 가지고 있어 러시아 등 주변국들이 중시해 온 곳이다. 인구는 약 200만 명이며 러시아계가 약 58%, 우크라이나계가 약 24%, 크림 타타르계가 약 12%, 그 밖에 유대인, 독일인 등의 소수민족이 5% 정도로 구성되어 있다.
>
> (라) 그러나 2013년에 시작된 우크라이나 반정부 시위가 대통령의 퇴진과 야권 주도의 임시정부 설립으로 이어졌고, 이를 계기로 친러시아 세력과 친서방 세력 간 투쟁이 벌어지면서 크림반도 내부에서도 우크라이나로부터 독립하자는 움직임이 일었다.

① (나) － (가) － (라) － (다)

② (나) － (다) － (가) － (라)

③ (다) － (나) － (가) － (라)

④ (다) － (나) － (라) － (가)

⑤ (다) － (라) － (나) － (가)

|정답 및 해설| ④

이 글은 크림반도 소속 변경에 대한 역사적 흐름을 설명하는 내용의 글이다.

따라서 '(다) 크림반도의 지리적·인구통계학적 특징 → (나) 러시아에 귀속된 영토에서 우크라이나 소속으로 변경된 크림반도 → (라) 독립의 움직임이 일어난 크림반도 → (가) 무력 진압으로 인해 러시아와 합병된 크림반도' 순으로 연결되어야 한다.

문서를 통해 업무 행동을 결정하는 문제

N 은행에 재직 중인 귀하는 주택청약 종합저축통장을 개설하는 업무를 새롭게 맡게 되었다. 주택청약 종합저축통장을 개설하기 위해 관련 내용을 문의하는 고객에게 정확한 정보를 전달하고자 할 때, 귀하가 이해한 자료의 내용으로 가장 적절하지 않은 것은?

[N 은행 주택청약 종합저축통장 안내]

1. 주택청약 종합저축통장이란?
- 매월 약정 납입일에 저축금을 납입하여 순위 요건 충족 시 국민주택과 민영주택 청약권이 부여되는 입주자 저축통장

2. 가입 대상
- 국내에 거주하는 국민인 개인(재외동포 포함) 또는 외국인 거주자
  - ※ 전체 금융기관에 청약상품(주택청약 종합저축, 청년 우대형 주택청약 종합저축, 청약저축, 청약예금, 청약부금)은 1인당 1계좌만 개설 가능

3. 가입 기간
- 별도의 만기 없이 가입일로부터 입주자로 선정된 날까지

4. 납입 방법
- 매월 약정 납입일(신규 가입일 해당일)에 2만 원 이상 50만 원 이하의 금액을 10원 단위로 납입
  - ※ 입금하려는 금액과 납입누계액의 합이 1,500만 원 이하인 경우 50만 원을 초과하여 입금 가능

5. 가입 서류

대상	제출 서류
국민인 개인	주민등록증, 운전면허, 여권 중 택1
재외동포	외국국적동포 국내거소신고증
외국인 거주자	외국인 등록증, 영주증 중 택1
대리 가입자(가족)	가족관계 확인 서류, 대리인 실명 확인 증표 ※ 미성년자 가입 시 법정 대리인 확인 서류 추가 제출 필요

6. 이자 지급 방식
- 해지 시 원금과 이자를 일괄 지급하며, 가입 기간별 약정 금리 적용

7. 유의 사항
1) 청약 순위는 최초 입주자 모집 공고일까지 발생되어야 청약 가능
2) 당첨된 계좌는 계약 체결 여부와 상관없이 청약 목적으로 재사용 불가
   - ※ 분양전환이 되지 않는 공공임대주택에 당첨된 경우 제외

① 해지 시 지급되는 이자는 가입 기간에 따라 금액이 상이할 수 있다.

② 주택청약 종합저축통장 개설 대상에는 국내에 거주하는 재외동포가 포함된다.

③ 미성년자 자녀의 청약을 어머니가 대신 가입하는 경우 대리인 실명 확인 증표 이외에 2개의 서류를 추가로 검토한다.

④ 총 주택청약 납입금액이 1,000만 원인 경우 매달 만 원 이상 납부가 가능하다는 점을 전달한다.

⑤ 분양전환이 되지 않는 공공임대주택에 당첨된 계좌는 다른 청약 목적으로 재사용이 가능하다.

|정답 및 해설| ④

'4. 납입 방법'에 따르면 매월 약정 납입일에 2만 원 이상 50만 원 이하의 금액을 10원 단위로 납입할 수 있으므로 총 주택청약 납입금액이 1,000만 원인 경우 매달 만 원 이상 납부가 가능하다는 것은 가장 적절하지 않은 내용이다.

① '6. 이자 지급 방식'에 따르면 해지 시 원금과 이자를 일괄 지급하며 가입 기간별 약정 금리를 적용하므로 적절한 내용이다.

② '2. 가입 대상'에 따르면 재외동포를 포함한 국내에 거주하는 국민인 개인은 가입 대상에 포함되므로 적절한 내용이다.

③ '5. 가입 서류'에 따르면 가족이 대리 가입하는 경우 가족관계 확인 서류 및 대리인 실명 확인 증표를 제출해야 하며, 미성년자 가입 시에는 법정 대리인 확인 서류도 추가로 제출해야 하므로 적절한 내용이다.

⑤ '7. 유의 사항 – 2)'에 따르면 당첨된 계좌는 계약 체결 여부와 상관없이 청약 목적으로 재사용이 불가하지만, 분양전환이 되지 않는 공공임대주택에 당첨된 경우는 제외하므로 적절한 내용이다.

PART 1 NCS 직무능력평가

제1장
의사소통능력

제2장
수리능력

제3장
문제해결능력

제4장
자원관리능력

제5장
조직이해능력

해커스 지역농협 6급 NCS 인적성 및 직무능력평가 통합 기본서

유형 특징

· 주어진 대화문이나 문장을 보고 빈칸에 들어갈 적절한 말을 찾거나 주어진 글을 읽고 작성된 목적을 파악하는 유형의 문제이다.

세부 출제 유형

· 기초외국어는 다음과 같이 2개의 세부 유형으로 출제된다.
  ① 영어 대화문 또는 문장을 이해하는 문제
  ② 영어 지문을 읽고 글의 작성 목적 또는 주제를 파악하는 문제

공략법

· 대화 또는 지문 속에 등장하는 키워드를 빠르게 파악하여 풀이시간을 단축한다.

예제 1　영어 대화문 또는 문장을 이해하는 문제

다음 대화의 빈칸에 들어갈 말로 알맞은 것은?

> A : Why did you arrive late to the meeting?
> B : _____

① The news said it would snow today.

② Traffic was terrible.

③ Work was busy this week.

④ There was too much to see in one day.

⑤ As soon as possible.

ㅣ정답 및 해설ㅣ ②

A가 '회의에 왜 늦게 도착했나요'라고 물었으므로 '길이 꽉 막혔어요'라는 대답이 적절하다.

① 뉴스에서 오늘 눈이 온다고 했어요.

③ 이번 주에는 일이 바빴어요.

④ 하루에 보기에는 너무 많은 것들이 있었어요.

⑤ 가능한 한 일찍이요.

예제 2 영어 지문을 읽고 글의 작성 목적 또는 주제를 파악하는 문제

지문의 목적으로 가장 적절한 것은?

To Mr. Blake Jones :

This notice is in regards to your electric bill for the previous month. According to our records, your payment was due 15 days ago on March 30th. Please find attached the summary of your new bill. The total cost now covers 30 days of service, as well as charges and penalty fines for each day past your payment due date. We must receive the full amount by the end of business tomorrow. If we do not, be advised that your electricity will be shut off. If you have any questions, contact customer service.

① 45일간의 서비스에 대한 납부를 청구하기 위해

② 전기가 차단될 것임을 알리기 위해

③ 통지서를 받았는지 확인하기 위해

④ 요금을 납부하지 않은 것에 대한 벌금을 설명하기 위해

⑤ 전기 요금을 언제까지 납부해야 하는지 문의하기 위해

|정답 및 해설| ①

지문 전반에서 지난 30일간의 전기세와 납부 기일 이후 15일간의 전기세를 납부할 것을 요청하고 있으므로 지문의 주제로 '45일간의 서비스에 대한 납부를 청구하기 위해'가 적절하다.

기출동형문제

유형 1 | 의사소통기술   ⏱ 제한시간: 1분

01 다음 중 경청의 방해요인에 대해 적절하지 않은 설명을 한 사원은?

> **갑**: 대화의 주제가 다소 위협적이거나 사적인 경우 주제를 바꾸거나 농담으로 넘기는 사람이 있는데, 이러한 태도를 지닌 사람은 상대의 고민을 진정으로 들을 수 없어.
>
> **을**: 상대가 전달하는 메시지를 온전하게 받아들이지 않고 듣고 싶은 내용만 듣는 것은 상대의 메시지를 회피하는 행동이야.
>
> **병**: 상대의 말을 듣고 바로 대답을 하지 않으면 상대는 대화에 집중하지 않는다고 느낄 수 있으니 대화를 하면서 계속 대답할 말을 준비하는 것이 좋아.
>
> **정**: 상대의 말에 빠르게 동의를 하면 상대가 감정을 충분히 표현할 시간이 부족할 수 있으므로 적당한 시간 차이를 둘 필요가 있어.
>
> **무**: 자신이 다른 사람의 문제를 해결할 수 있다고 생각하고 계속해서 조언하는 경우가 있는데, 상대가 원하는 것이 공감과 위로였다면 조언은 오히려 독이 될 수 있지.

① 갑   ② 을   ③ 병   ④ 정   ⑤ 무

02 의사소통의 종류에 따른 특징을 정리한 표가 다음과 같을 때, 수정이 필요한 부분은?

구분	문서적인 의사소통	언어적인 의사소통
요구 능력	문서이해능력, 문서작성능력	① 경청능력, 의사표현력
장점	② 권위감이 있음 정확성을 기하기 쉬움	③ 유동성이 있음 ④ 전달성과 보존성이 좋음
단점	⑤ 혼란과 오해의 여지가 있음	정확성을 기하기 어려움

약점 보완 해설집 p.4

01 다음 단어와 의미가 유사한 것은?

> 온당하다

① 온전하다　　　② 합당하다　　　③ 완연하다　　　④ 원만하다　　　⑤ 대등하다

02 다음 밑줄 친 단어와 의미가 유사한 것은?

> 옛날의 나였다면 다른 사람의 <u>충동</u>에 쉽게 넘어갔을 것이다.

① 선동　　　② 반동　　　③ 소동　　　④ 변동　　　⑤ 협동

03 다음 밑줄 친 단어와 의미가 반대되는 것은?

> 이번 회담에서는 각국의 외교 <u>수뇌</u>들이 모여 한반도 핵 문제를 논의하기로 하였다.

① 정상　　　② 고문　　　③ 당수　　　④ 말단　　　⑤ 장관

04 다음 밑줄 친 단어와 의미가 반대되는 것은?

> 지난주 회의에서 논의된 안건은 만장일치로 최종 <u>가결</u>되었다.

① 표결　　　② 의결　　　③ 부결　　　④ 선결　　　⑤ 체결

PART 1 NCS 직무능력평가

제1장
의사소통능력

제2장
수리능력

제3장
문제해결능력

제4장
자원관리능력

제5장
조직이해능력

해커스 지역농협 6급 NCS 인적성 및 직무능력평가 통합 기본서

05 다음 밑줄 친 단어의 사전적 의미로 가장 적절한 것은?

> 몇 년 동안 아픈 어머니를 돌본 그녀의 효성이 참으로 <u>갸륵하다</u>.

① 어떤 대상에 대하여 정성을 다하는 태도가 있다

② 어떤 일에 대한 마음가짐이나 자세 따위가 유달리 특별하다

③ 잘못된 것이 없이 바르거나 옳다

④ 착하고 장하다

⑤ 대하는 태도가 매우 정겹고 고분고분하다

06 다음 밑줄 친 단어와 같은 의미로 사용된 것은?

> 다음 기말고사에서는 평균 점수를 10점 올리기로 마음을 <u>먹었다</u>.

① 우리 팀은 아직 상대팀에게 한 골도 <u>먹지</u> 않았다.

② 처음 해보는 일에 도전하면 겁을 <u>먹게</u> 되는 것도 당연하다.

③ 지난달에 열린 수학 경시대회에서는 처음 출전한 학생이 1등을 <u>먹었다</u>.

④ 내 동생은 다섯 살을 <u>먹은</u> 딸을 키우고 있다.

⑤ 믿었던 친구에게 사기를 당한 그는 앙심을 <u>먹었다</u>.

07 다음 밑줄 친 단어와 같은 의미로 사용된 것은?

> 커피가 너무 써서 설탕을 <u>넣을</u> 수 밖에 없었다.

① 주말이지만 업무를 하려고 컴퓨터 본체에 전원을 <u>넣었다</u>.

② 혹시 모를 상황을 대비하여 은행에 돈을 <u>넣어</u> 두는 편이 좋다.

③ 그가 술병에 독을 <u>넣는</u> 것을 보았다는 증언이 쏟아졌다.

④ 아궁이에 불을 <u>넣으니</u> 방에 금세 훈기가 돌았다.

⑤ 영화에 자막을 <u>넣는</u> 작업은 생각보다 어려운 작업이었다.

08 다음 밑줄 친 단어와 같은 의미로 사용된 것은?

> 시간이 촉박하여 풀지 못한 문제는 공백으로 <u>두고</u> 넘어갔다.

① 그는 메이저리그 데뷔 이후 첫 우승을 눈앞에 <u>두고</u> 있다.

② 진경이는 20여 개국에 지사를 <u>둔</u> 글로벌 기업에 재직 중이다.

③ 임원진들은 업무의 효율성을 제고하고자 비서를 <u>두는</u> 경우가 많다.

④ 그 선비는 학문이 깊고 출중함에도 벼슬에 뜻을 <u>두지</u> 않았다.

⑤ 이 약은 반드시 12시간 이상 간격을 <u>두고</u> 섭취해야 한다.

09 다음 밑줄 친 부분과 바꿔 쓸 수 있는 것은?

> 동별당은 <u>안손님</u>들이 묵거나 다과를 들며 담소를 나누던 곳이다.

① 속객　　② 여객　　③ 가객　　④ 이용객　　⑤ 문안객

10 다음 밑줄 친 부분과 바꿔 쓸 수 있는 것은?

> 제1차 세계대전 이후 식민지 국가에서 일어난 대규모 독립운동의 <u>발원</u>은/는 3.1운동이다.

① 기조　　② 염원　　③ 기원　　④ 동향　　⑤ 계통

PART 1 NCS 직무능력평가

제1장
의사소통능력

제2장
수리능력

제3장
문제해결능력

제4장
자원관리능력

제5장
조직이해능력

해커스 지역농협 6급 NCS 인적성 및 직무능력평가 통합 기본서

11 다음 밑줄 친 부분과 바꿔 쓸 수 없는 것은?

- 말다툼이 워낙 심각하게 이어져서 내가 ㉠끼어들 여지가 없었다.
- 거래처로부터 ㉡할 수 있는 대로 빨리 업무를 끝내달라는 요청을 받았다.
- 우리나라의 경우 18세기 후반부터 19세기 초반까지 물가가 큰 폭으로 상승하였는데, 특히 미곡과 면포가 당시의 물가상승을 ㉢주도한 것으로 분석된다.
- 최근 일과 삶의 균형이 중요해지면서 기업에서는 다양한 복지제도를 마련하고 있는데, 이는 개인의 행복이 업무 성과와 ㉣무관하지 않기 때문이다.
- 그 강연은 토론활동이 많으므로 반드시 필기도구를 ㉤가지고 참여해야 한다.

① ㉠: 개입할   ② ㉡: 가급적   ③ ㉢: 이끈
④ ㉣: 관계없기   ⑤ ㉤: 지참해야

12 다음 밑줄 친 부분과 바꿔 쓸 수 없는 것은?

그는 무슨 억하심정이 있는지 중요한 순간마다 찾아와 일을 방해했다.

① 재를 뿌렸다   ② 훼방을 놓았다   ③ 퇴짜를 놓았다
④ 헤살을 놓았다   ⑤ 찬물을 끼얹었다

13 다음 빈칸에 들어갈 단어로 적절한 것은?

입대 하루 전날 이루 말할 수 없는 온갖 (   )이 떠올라 마음이 복잡하여 밤잠을 설쳤다.

① 집념   ② 묵념   ③ 신념   ④ 통념   ⑤ 상념

14 다음 빈칸에 들어갈 단어로 적절한 것은?

> 상식적으로 그의 그런 무례한 행동을 (   )할 수 없었다.

① 수락   ② 사절   ③ 거절   ④ 사양   ⑤ 용납

PART 1 NCS 직무능력평가

제2장
수리능력

제3장
문제해결능력

제4장
자원관리능력

제5장
조직이해능력

제1장
의사소통능력

해커스 지역농협 6급 NCS 인적성 및 직무능력평가 통합 기본서

15 다음 빈칸에 들어갈 단어가 순서대로 바르게 연결된 것은?

> 해녀(海女)는 바닷속에서 해삼, 전복, 미역 등의 해산물을 (㉠)하는 것을 직업으로 삼는 여자를 일컫는 말이다. 일반적으로 농업과 함께 물질을 (㉡)으로 하는 경우가 많은데, 농사일을 하다가도 물때가 되면 물옷을 입고 바다로 나가 빗창, 호맹이 등의 도구를 가지고 작업을 시작한다. 이들은 산소 공급 장치 없이 바다로 들어가 목표로 하는 수심에 (㉢)하면 물질을 하기 시작하는데, 수심 5m에서 대략 30초 정도 작업하는 것이 일반적이지만 바다 깊숙한 곳에 있는 해산물을 캐기 위해 수심 20m에서 2분 이상 잠수를 하는 경우도 있다. 현재 우리나라 해녀들은 제주도를 비롯해 경상도, 강원도, 전라도, 부산, 울산 등 다양한 한반도 해안가에서 활동하고 있으며, 2016년에는 제주 해녀 문화가 유네스코 인류무형문화유산으로 (㉣)되기도 하였다.

① 채굴 - 겸업 - 도래 - 등재   ② 채굴 - 전업 - 도달 - 등단

③ 채취 - 겸업 - 도달 - 등재   ④ 채취 - 전업 - 도래 - 등단

⑤ 채취 - 겸업 - 도달 - 등단

16 다음 빈칸에 공통적으로 들어갈 단어로 적절한 것은?

> • 광고회사는 소비자에게 정확한 정보를 전달하기 위해서 과장 광고를 (   )해야 한다.
> • 이분법적인 태도를 (   )하고 서로 다른 입장을 존중하는 것이 중요하다.

① 지양   ② 방지   ③ 처분   ④ 중지   ⑤ 제재

17 다음 두 단어 쌍이 같은 관계가 되도록 빈칸에 들어갈 단어를 고르면?

평화 : 화목 = 털끝 : (   )

① 한풀   ② 털실   ③ 일호   ④ 어림   ⑤ 천지

18 다음 두 단어 쌍이 같은 관계가 되도록 빈칸에 들어갈 단어를 고르면?

입학 : 졸업 = 수입 : (   )

① 매입   ② 매출   ③ 수출   ④ 방출   ⑤ 생산

19 다음 내용에서 공통으로 연상할 수 있는 단어로 가장 적절한 것은?

절기, 겨울, 팥죽, 책력

① 입추   ② 동지   ③ 경칩   ④ 소한   ⑤ 대서

20 다음 내용에서 공통으로 연상할 수 있는 단어로 가장 적절한 것은?

화려하다, 터지다, 하늘로 쏘다, 불빛이 나다

① 쥐불놀이   ② 관등놀이   ③ 횃불싸움   ④ 불꽃놀이   ⑤ 달집태우기

21 다음 의미에 해당하는 한자성어를 고르면?

> 등불을 가까이할 만하다는 뜻으로, 서늘한 가을밤은 등불을 가까이하여 글 읽기에 좋음을 이르는 말

① 등하불명(燈下不明) ② 수불석권(手不釋卷) ③ 등화가친(燈火可親)
④ 독서삼여(讀書三餘) ⑤ 월광독서(月光讀書)

22 다음 의미에 해당하는 한자성어를 고르면?

> 눈을 비비고 상대편을 본다는 뜻으로, 남의 학식이나 재주가 놀랄 만큼 부쩍 늚을 이르는 말

① 괄목상대(刮目相對) ② 청출어람(靑出於藍) ③ 목불식정(目不識丁)
④ 다재다능(多才多能) ⑤ 박학다식(博學多識)

23 다음 의미에 해당하는 한자성어를 고르면?

> 현실성이 없는 허황한 이론이나 논의

① 여무가론(餘無可論) ② 일장춘몽(一場春夢) ③ 탁상공론(卓上空論)
④ 당이별론(當以別論) ⑤ 황당무계(荒唐無稽)

24 다음 밑줄 친 단어의 한자를 바르게 표기한 것은?

> 오늘 아침 신문 기사에 고객의 옷차림에 따라 차등 대우한 백화점 점원의 사례가 실렸다.

① 蹉跌 ② 差等 ③ 借讀 ④ 借用 ⑤ 差異

약점 보완 해설집 p.4

PART 1 NCS 직무능력평가

해커스 지역농협 6급 NCS 인적성 및 직무능력평가 통합 기본서

01 다음 중 맞춤법에 맞지 않는 것은?

① 앞에서 열두째에 서 있는 사람이 민석이의 형이다.

② 그는 식당 매출이 증가하기를 간절하게 바랐다.

③ 산 정상에 올라가 눈을 지그시 감으며 맑은 공기를 마셨다.

④ 정민이와 나는 뗄레야 뗄 수 없는 막역한 사이이다.

⑤ 공연 연습이 끝난 후 거적때기를 깔고 앉아 저녁을 먹었다.

02 다음 중 문서작성의 원칙으로 가장 적절하지 않은 것은?

① 문장은 가능한 한 짧고 간결하게 작성한다.

② 불가피하게 문서에 첨부자료가 필요할 때는 반드시 필요한 자료만 첨부한다.

③ 가급적 한 사안은 한 장의 용지에 담길 수 있도록 작성해야 한다.

④ 문장을 쓸 때는 상대방의 입장에서 상대방이 이해하기 쉽게 쓴다.

⑤ 주요한 내용은 문서의 흐름상 가장 마지막에 오도록 한다.

03 출판사에서 근무하는 귀하는 2달 동안 역사적 인물의 일생에 대한 간단한 소개글을 작성하여 홈페이지에 업로드하는 업무를 맡게 되었다. 귀하가 작성한 소개글의 초안이 다음과 같을 때, 수정이 필요한 부분으로 가장 적절하지 않은 것은?

[베트남 독립의 아버지 - 호찌민]

호찌민은 베트남 민주공화국 초대 대통령을 지낸 인물이자 베트남의 혁명가이며 정치가로 잘 알려져 있다. 하지만 호찌민은 사실 그의 본명이 아니다. 그의 본명은 응웬 닷 탕으로, 호찌민은 그가 민족운동을 하며 사용한 ⓐ160여개의 필명과 가명 중 하나이다. 어릴 때부터 삼국지, 서유기 등의 역사책을 즐겨 읽었던 그는 조국의 역사에도 관심이 많았다. 그는 다양한 역사서를 탐독하며 자신만의 소명의식을 키워나갔고, 이는 그가 성장하여 살아가는 데 큰 영향을 미치게 된다. 그는 선택 앞에서 신중하기는 했지만, (ⓑ   ). 청년기에 납세 거부 시위에 참여했다는 이유로 퇴학을 당했을 때도 그는 낙담하지 않고 세계로 눈을 돌렸다. 1911년 프랑스 증기선에 주방 보조로 취직한 그는 프랑스, 미국, 영국 등을 떠돌며 식견을 넓혔다. 이 과정에서 그의 민족주의적 가치관은 점차 확고해졌고, 그는 1919년 제1차 세계대전이 끝난 뒤 파리에서 베트남 독립을 위한 식민지 해방운동을 전개해 나갔다. 한편 세계를 돌아다니는 동안 호찌민은 자신이 선진국이라고 생각했던 영국, 프랑스에도 피폐한 삶을 살아가는 노동자가 있음을 깨닫게 된다. ⓒ그리고 이러한 깨달음은 사회주의에 몸담게 되는 계기가 된다. 1924년에는 제5차 코민테른 대회에서 프랑스 공산당 대표로 참석해 아시아의 식민지 문제와 농민의 역할에 대한 연설을 직접 하기도 하였다. 이후 약 20년간 사회주의 혁명가로 활동한 호찌민은 제2차 세계 대전이 끝난 뒤 고국으로 돌아와 그토록 염원하던 베트남의 독립을 선언하고 정부 수석으로 취임했다. 안타깝게도 이러한 행복은 오래가지 않았다. 그는 외세로부터 베트남을 지키기 위해 애썼으나 제네바회담으로 인해 베트남은 남과 북으로 갈라졌고 베트남 전쟁이라는 비극이 이어졌다. 그는 전쟁의 종결과 분단된 국가의 통일을 위해 노력했지만 ⓓ마침내 조국의 통일을 보지 못하고 세상을 떠났다. 하지만 그의 노력은 헛되지 않았다. 그가 사망한 후 3년 뒤 베트남 전쟁은 ⓔ종전되었고, 많은 베트남 국민들은 평생을 베트남을 위해 헌신했던 그를 기억하고 있기 때문이다.

---

① '개'와 같은 의존명사는 띄어 쓰는 것이 원칙이므로 ⓐ을 '160여 개의'로 수정한다.

② 앞뒤 내용을 고려해 ⓑ에 '확신이 서면 과감하게 행동했다'를 넣는다.

③ 주어가 없으므로 ⓒ을 '그리고 이러한 깨달음은 그가 사회주의에 몸담게 되는 계기가 된다'로 수정한다.

④ 문장 성분의 호응이 적절하지 않으므로 ⓓ을 '끝내'로 고쳐 쓴다.

⑤ ⓔ을 문맥에 맞는 의미의 단어인 '개전'으로 바꾼다.

PART 1 NCS 직무능력평가

제1장 의사소통능력

제2장 수리능력

제3장 문제해결능력

제4장 자원관리능력

제5장 조직이해능력

해커스 지역농협 6급 NCS 인적성 및 직무능력평가 통합 기본서

04 농협몰에서 근무하는 귀하는 식품 배송에 대한 안내문을 작성하였다. 귀하가 작성한 안내문이 다음과 같을 때, 수정이 필요한 부분으로 가장 적절하지 않은 것은?

[농협몰 식품 배송 안내문]

1. **택배 배송 안내**

   1) 농협몰은 항상 고객님께 신선하고 건강한 유기농 제품만을 ㉠전수해 드릴 것을 약속합니다.

   2) 신선한 상태로 배송하기 위해 업체 및 산지에서 택배로 발송하여 평균 ㉡2~4일내로 배송됩니다.

       – 오후 12시까지 결제 완료 시: 당일 출고

       – 오후 12시 이후 결제 완료 시: 결제일 기준 2일 후 출고

         ※ 주말 결제 시 주문일 기준 4일 후 출고

   3) 주문 후 성함, 연락처, 주소지 등이 ㉢포함되어진 개인 정보에 대한 변경이 필요하신 경우 고객센터로 문의하시기 바랍니다.

   4) 배송 주소지가 회사인 경우 주말 배송이 불가하며, 주소지 입력 시 주소지 뒷부분에 회사명을 반드시 기입하여 주시기 바랍니다.

   5) 제주 및 도서·산간 지역의 경우 익일 배송이 불가능하거나 추가 운임이 ㉣부과될 수 있습니다.

2. **취소 및 환불 안내**

   1) 단순 변심으로 교환 또는 환불하시는 경우 택배 왕복비 및 선박 운송료는 고객님 부담입니다.

   2) 냉동 및 냉장 식품 특성상 시간의 경과에 따라 상품이 변질될 가능성이 높아 단순 변심에 의한 교환 및 환불은 불가합니다.

   3) 출고 전 주문 취소는 오전 11시 전까지 가능하며, ㉤이전 취소 접수 건의 택배 왕복비 및 선박 운송료는 고객님 부담입니다.

---

① ㉠　　　　② ㉡　　　　③ ㉢　　　　④ ㉣　　　　⑤ ㉤

05 농업회사 홍보팀에서 근무하는 귀하는 사보 발행을 담당하고 있으며, 이번 달에는 최근 이슈가 되고 있는 '대기업의 농업진출'에 대한 내용을 실으려고 한다. 귀하와 함께 원고를 작성하는 동료 팀원 A가 다음과 같이 초안을 작성했다고 하였을 때, 귀하가 제안할 수정방안으로 가장 적절하지 않은 것은?

최근 저렴한 수입농산물의 증가와 농촌의 노동력 감소 등으로 인해 농업의 산업화가 필요해진 가운데, 기업들이 농업에 눈을 돌리기 시작하였다. 이미 선진국에서는 일부 대기업이 농업에 뛰어들고 있다. (㉠) 자동차로 유명한 일본의 도요타 그룹은 한 은행과 협력하여 쌀농사를 지원하고 수출까지 하고 있으며, 네덜란드에서는 네슬레, 유니레버 등의 글로벌 기업들과 농업 대학이 함께 푸드밸리를 조성해 새로운 첨단 농업 기술을 개발하고 있다. 이렇게 농업이 기업화되면 생산성이 높아지고 수출 활로도 넓어지는 효과가 발생한다. ㉡ 하지만 우리나라 농업계의 경우 반대가 거세다. 대기업이 농업에 진출할 경우 농민들의 일자리와 수입이 많이 감소할 것이라고 여기기 때문이다. 한국농촌경제연구원 등에 따르면 우리나라 농가의 순수 농업 소득은 여전히 ㉢ 천만 원 대에 머무는 것으로 나타났으며, 일각에서는 농가의 연평균 소득이 앞으로 더 줄어들 것이라는 분석을 내놓기도 하였다. 이는 ㉣ 그 만큼 농업계가 열악하다는 것을 보여준다. 이러한 상황에서 대기업의 일방적인 농업 진출에 대한 반발은 당연하다. 그러므로 기업들은 무작정 농업에 진출하기에 앞서 농민들의 상황을 이해하고 그들과 상생할 방안을 모색해야 한다. 가령 농촌에 현대화된 농법을 보급한다거나 부가가치가 높은 재배 품종을 지원하는 등 다양한 방안을 마련해 농가의 소득을 보장한다면, 대기업에 대한 농민들의 막연한 거부감을 줄일 수 있을 것이다. 또한, 농민들도 대기업의 농업진출을 무조건 반대하기보다는 한국의 농업 경쟁력이 강화되어야 한다는 점을 ㉤ 염두하고 냉철한 판단을 해야 한다.

① 앞의 문장과 뒤의 문장이 자연스럽게 연결되도록 ㉠에 '따라서'를 넣으면 좋겠습니다.

② ㉡은 반대하는 대상이 생략되어 있으므로 '대기업의 농업진출에 대한'을 추가해야 합니다.

③ '-대'는 접미사로 앞말에 붙여 써야 하므로 ㉢을 '천만 원대'로 수정해야 합니다.

④ ㉣은 '그만한 정도로'를 의미하는 한 단어이므로 '그만큼'으로 붙여 쓰는 것이 적절합니다.

⑤ '염두'는 '마음속'이라는 뜻의 명사이므로 ㉤은 '염두에 두고'로 고쳐 써야 합니다.

약점 보완 해설집 p.8

PART 1 NCS 직무능력평가

제1장 의사소통능력

제2장 수리능력

제3장 문제해결능력

제4장 자원관리능력

제5장 조직이해능력

01 다음 글의 내용과 일치하지 않는 것은?

> 미국 뉴욕시 허드슨강 어귀의 리버티섬에는 미국의 대표적인 관광지로 꼽히는 자유의 여신상이 세워져 있다. 오른손에는 자유의 빛을 상징하는 햇불을, 왼손에는 미국 독립 선언서를 들고 있는 자유의 여신상은 자유와 민주주의, 인권, 기회 등과 같은 상징적 의미가 있다. 자유의 여신상은 1888년에 미국의 독립 100주년을 기념하여 프랑스에서 선물한 것으로, 두 나라 사이의 역사적인 동맹을 확인하려는 프랑스의 의도가 표현되었다는 상징적 가치도 지니고 있다. 자유의 여신상을 제작한 것은 화가이자 조각가인 프레데리크 오귀스트 바르톨디로 알려져 있으나, 여신상을 세우는 데 기여한 사람은 한 명 더 있다. 자유의 여신상은 겉으로 보기에는 조각상 같지만 내부에는 계단과 엘리베이터가 설치된 건축물의 요소를 가지고 있는데, 이 내부 철골 구조물을 설계한 것이 바로 구스타브 에펠이다. 이름에서 알 수 있듯이 그는 프랑스의 랜드마크 에펠탑을 설계한 사람이다. 에펠탑은 프랑스 혁명 100주년에 맞춰 개최된 1889년 파리 만국박람회에서 개관하였는데, 당시 프랑스는 1851년 런던 만국박람회에서 호평을 받은 영국의 수정궁을 능가하는 건축물을 만들기 위해 노력하였으며 그 결과로 탄생한 것이 바로 에펠탑이었다. 에펠탑은 높이 약 300미터, 무게 약 7,300톤으로, 1930년에 뉴욕 크라이슬러 빌딩이 그 기록을 깨기 전까지 세계에서 가장 높은 건축물이었다. 현재는 파리의 상징물로 인정받고 있는 에펠탑은 공사가 한창 진행되고 있을 무렵 우아한 파리의 경관을 해친다는 이유로 수많은 사람의 비난을 받았다. 특히 에펠탑에 대한 강력한 반감을 드러낸 프랑스의 작가 기 드 모파상은 파리 시내 어디에서나 보이는 에펠탑을 보지 않기 위해 에펠탑 안에 있는 레스토랑에서 식사했다는 일화가 있을 정도이다. 그러나 에펠탑이 준공되어 대중에 공개되자 모파상을 비롯한 소수를 제외하고 그전까지 에펠탑 건립을 반대하던 파리의 시민들과 예술가들은 획기적이고 웅장한 에펠탑의 모습에 감탄하며 세기의 탑이라는 찬사를 보냈다.

① 자유의 여신상 내부를 설계한 건축가가 에펠탑 제작에도 참여하였다.

② 에펠탑은 영국의 수정궁을 압도하는 건축물을 만드는 것을 목표로 제작되었다.

③ 1920년대까지만 해도 세계에서 가장 높은 건축물은 에펠탑이었다.

④ 에펠탑에는 미국과의 동맹 관계를 공고히 하기 위한 프랑스의 정치적 의도가 숨어있다.

⑤ 1889년 개관 이후에도 에펠탑에 대한 모파상의 태도는 바뀌지 않았다.

[02 - 03] 다음 글을 읽고 각 물음에 답하시오.

한국은행의 경제연구에 실린 보고서에 따르면 우리나라 근로자 중 대학 전공과 무관한 분야에 취업하는 '전공 불일치' 비율은 약 50.1%로, OECD 29개 국가 중에서 두 번째로 높다. OECD 평균인 39.6%를 상회하는 수준이다. 우리나라의 경우 전공 불일치가 근로자의 임금에 미치는 영향이 약 −4.1%로 집계되었는데, 이는 전공 불일치 비율이 1%p 상승할 때 임금은 4.1% 감소한다는 것을 의미한다. 이러한 경향은 불황기에 두드러진다. 전공과 일치하지 않는 취업은 대졸 취업자의 임금을 낮추는 결과로 이어지며, 한번 적게 받은 임금은 단시간에 해결되지 않아 지속적인 임금 손실이 발생하게 된다. 즉, 불황기에 근로자가 자신의 전공과 무관하거나 관련이 낮은 업종으로 취업을 하게 되면 전공과 관련된 경력을 쌓기가 쉽지 않고, 경제 상황이 호전되더라도 자신의 전공을 활용할 수 있는 일자리로 이직하는 것이 어려워 비슷한 정도의 일자리에만 계속 머무르기 때문에 임금 손실이 회복되지 않는 것이다. OECD는 한국이 더 높은 단계로 발전하기 위해서는 사회적 자원의 낭비를 부르는 전공 불일치 비율을 낮춰야 한다고 충고한다. 이를 위해서는 직종 간 이동이 보다 자유로울 수 있도록 노동시장을 유연화시켜야 하고, 기업 차원에서도 인적 자본을 확충할 수 있도록 근로자에 대한 직무 교육 등을 통해 전공 불일치 문제를 완화하려는 노력이 필요하다.

02 윗글에 나타난 필자의 의견으로 가장 적절한 것은?

① 수험생은 대학 진학 시 학교 이름보다는 전공을 더 중요하게 여겨야 한다.

② 직업 선택에 있어서 전공 불일치 정도를 해소하는 정책이 요구된다.

③ 취업 준비생은 직무 역량을 개발시켜 자신의 분야에 대한 전문성을 기르는 것이 중요하다.

④ 직업을 선택하는 과정에서 가장 중요한 것은 보상이 아닌 일에 대한 가치이다.

⑤ 재정 정책을 통해 경기 변동의 강도를 완화시켜야 전공 불일치 비율이 떨어질 것이다.

03 윗글을 통해 추론한 내용으로 적절하지 않은 것은?

① 전공과 동일한 분야로 취업한 사람은 다른 분야로 취업한 사람보다 평균 임금이 높을 가능성이 크다.

② OECD 국가 중 한국보다 전공 불일치 비율이 높은 국가는 1개국이다.

③ 한 직장에서 오래 근무할 수 있는 근무 환경을 조성하면 전공 불일치 비율이 낮아질 것이다.

④ 첫 임금을 낮게 받은 전공 불일치 근로자의 임금은 단시간에 정상 수준으로 회복되지 않을 것이다.

⑤ 경기 침체기에 자신의 전공과 관련 없는 직종으로 취업한 사람은 직종을 변경하여 재취업하기 어렵다.

04 아침 출근길에 항상 시사 주간지를 읽는 귀하는 오늘 아침 경제 이슈와 관련한 칼럼을 읽게 되었다. 칼럼 내용의 일부가 다음과 같을 때, 이 칼럼의 중심 내용으로 가장 적절한 것은?

> 차량 공유업체인 우버(Uber)는 정규직으로 기사를 고용하지 않고 일반 차량 소유자를 파트너로 계약하는 독립 계약자 형태의 고용 방식을 적극적으로 활용하고 있다. 이처럼 정규직이 아닌 필요에 따라 계약직 혹은 임시직으로 사람을 고용하는 노동 형태를 '긱 이코노미(Gig economy)'라고 한다. '긱'이라는 말은 과거 미국의 재즈 클럽에서 단기적으로 섭외한 연주자들을 부르는 용어에서 유래했다. 초기에는 프리랜서나 자영업자를 뜻하는 단어로 사용되었지만, 정보통신기술이 발전하고 온디맨드 비즈니스가 등장하면서 '디지털 장터에서 거래되는 기간제 근로'를 지칭하는 포괄적인 용어로 의미가 확장되어 사용되고 있다. 긱 이코노미는 인건비 부담을 줄일 수 있기 때문에 공유경제 서비스를 제공하는 스타트업에서 많이 이용되었는데, 최근에는 공유경제의 대상이 차량, 숙박 등에서 변호사, 컨설턴트 등 분야별 전문인력으로 확대되면서 긱 이코노미의 영역도 확장되고 있다. 전문가들은 긱 이코노미가 제시하는 자유롭고 유연한 고용 형태가 장기적으로 사회 전반적인 실업률을 낮추고, 많은 이들에게 기회와 혁신을 제공할 것으로 전망하고 있다. 그러나 모두가 긱 이코노미를 긍정적으로 평가하는 것은 아니다. 일부에서는 고용 안정성 보장 등을 이유로 긱 이코노미를 규제하려는 움직임도 있다. 일례로 최근 유럽사법재판소에서는 허가받지 않은 운전사를 고용해 운송 서비스를 제공하는 우버가 택시로 규제받지 않는 것은 불공정한 행위라는 결론을 내렸다. 이에 따라 우버를 규제없이 자유롭게 경제 활동을 할 수 있는 정보기술 기업이 아닌 당국으로부터 면허를 받고 근로자에게도 복지 혜택을 줘야 하는 운송 서비스 기업으로 분류하였다. 이에 따라 단기로 계약을 맺은 일반인을 기사로 활용하던 우버의 영업 방식에도 큰 변화가 생길 것으로 보인다.

① 다양한 분야로 영역을 넓혀가고 있는 긱 이코노미를 바라보는 시각은 긍정적인 견해와 부정적인 견해 모두 있다.

② 긱 이코노미는 인건비를 절약하고, 새로운 형태의 일자리를 창출하기 때문에 경제를 활성화할 수 있다.

③ 긱 이코노미는 비정규직이나 임시직을 지양하고 정규직을 확대하려는 현대 노동시장의 흐름을 보여주는 사례이다.

④ 유럽사법재판소의 판결은 우버 외에도 긱 이코노미를 바탕으로 성장한 스타트업에 부정적인 영향을 미칠 것이다.

⑤ 긱 이코노미의 확산으로 사회보장제도의 혜택을 받지 못하는 근로자가 증가하고, 사회 전체적인 고용 불안도 확대될 것이다.

PART 1 NCS 직무능력평가

제1장 의사소통능력

제2장 수리능력

제3장 문제해결능력

제4장 자원관리능력

제5장 조직이해능력

해커스 지역농협 6급 NCS 인적성 및 직무능력평가 통합 기본서

[05 - 06] 다음 글을 읽고 각 물음에 답하시오.

(가) 중농주의자였던 케네는 <경제표>에서 농업만이 생산적이며, 유일하게 부가가치를 창출하는 계급이 농민이라고 여기는 치명적 오류를 범했다. 반면 제조업은 투입한 만큼의 가치만 산출하는 활동이며, 상업은 이미 생산한 가치를 분배할 뿐이라고 생각했다. 결국, 산업사회가 도래하면서 케네의 학설은 설 자리를 잃었다.

(나) 많은 이들이 경제학의 아버지로 애덤 스미스를 떠올리지만, 정작 스미스의 스승 격인 프랑수아 케네에 대해서는 잘 알지 못한다. 18세기 중반에 프랑스 궁정 주치의로 일했던 케네는 다방면에 호기심이 많고 머리가 비상한 인물이었다.

(다) 이처럼 앞으로 세상이 어떻게 나아갈 것인지 그 방향을 설정하고 예측하는 것은 매우 중요하다. 케네의 사례는 넘쳐나는 정보 속에서 진짜를 구별하는 눈과 현재에 대한 정확한 분석을 바탕으로 미래의 전망을 읽어내는 통찰력의 중요성을 시사한다.

(라) 순환 계통의 의학을 전공했던 케네는 신체의 혈액순환 시스템이 국가의 경제 흐름과 비슷하다는 점에 착안하여 1758년에 <경제표>라는 거시경제 시스템을 발표했다. 이 <경제표>는 이후 애덤 스미스, 마르크스 등 저명한 인사들에게도 영향을 미쳐 경제학 발전의 토대가 되었다. 그런데 오늘날 케네의 업적이 널리 알려지지 않은 이유는 무엇일까?

05 위 문단을 논리적 순서대로 알맞게 배열한 것은?

① (가) - (다) - (라) - (나)　　　　② (나) - (가) - (다) - (라)

③ (나) - (라) - (가) - (다)　　　　④ (라) - (가) - (나) - (다)

⑤ (라) - (나) - (다) - (가)

06 윗글의 내용과 일치하지 않는 것은?

① 케네는 인체의 혈액순환에서 거시경제 시스템에 대한 실마리를 얻었다.

② 본래 케네는 의료 활동을 한 인물이다.

③ 경제학 발전의 기초가 된 시스템 중 하나로 케네의 경제표를 꼽을 수 있다.

④ 케네의 사상은 시대적 한계를 보유하고 있다.

⑤ 케네는 생산한 가치를 분배하는 역할은 농업만이 할 수 있는 활동이라고 주장하였다.

07 다음 글에 나타난 필자의 의견으로 가장 적절한 것은?

전국모의고사 석차가 상위 0.1% 안에 드는 학생들에게는 특별한 무언가가 있을까? 많은 사람들이 학생 본인의 IQ, 부모의 경제력이나 학력 등이 큰 영향을 끼칠 것으로 생각한다. 하지만 실제로 조사를 해보면 전국모의고사 석차가 상위 0.1% 안에 드는 학생이나 그렇지 않은 학생이나 그러한 부분에서 별반 차이가 없다. 그 비밀을 푸는 열쇠는 바로 '메타인지 능력'에 있다. 메타인지 능력을 연구하는 인지심리학자들이 자주 인용하는 말이 있다. '세상에는 두 가지 종류의 지식이 있다. 첫 번째는 내가 알고 있다는 느낌은 있으나 남에게 설명할 수 없는 지식이고, 두 번째는 내가 알고 있다는 느낌이 있을 뿐만 아니라 남들에게 설명도 할 수 있는 지식이다. 두 번째 지식만이 진짜 지식이며 내가 쓸 수 있는 지식이다.' 여기서 첫 번째 지식은 실제로 우리가 알고 있는 것이 아니라 잦은 경험을 통해 친숙해져 우리가 잘 알고 있다고 오해할 가능성이 높은 지식이다. 메타인지 능력은 두 번째 지식, 즉 진짜 지식을 획득하는 데에 중요한 역할을 한다. 메타인지 능력을 구체적으로 설명하자면, 내가 무엇을 알고 모르는지에 대해 아는 것에서부터 출발하여 자신이 모르는 부분을 보완하기 위한 계획과 그 계획의 실행 과정을 평가하는 전반적인 능력을 말한다. 이를 확인하기 위하여 전국모의고사 석차가 상위 0.1% 안에 드는 800명의 학생과 그렇지 않은 700명의 학생을 대상으로 서로 연관성이 없는 단어 25개를 보여주고 얼마나 기억할 수 있는지 실험을 진행하였다. 그 결과 두 집단에서 기억한 단어 수는 비슷하다는 것이 밝혀졌다. 그러나 '자신이 몇 개의 단어를 기억할 수 있을까?' 하는 물음에 답한 단어 수와 실제로 기억한 단어 수에서 큰 차이가 있었다. 전국모의고사 석차가 상위 0.1% 안에 드는 학생들은 본인이 예상한 단어 수와 실제로 기억한 단어 수가 거의 비슷했던 반면, 다른 학생들은 이 둘 간의 차이가 컸던 것이다. 이는 두 집단의 기억력 자체에는 큰 차이가 없었으나, 자신의 기억력을 평가하는 부분에서 전국모의고사 석차가 상위 0.1% 안에 드는 학생들이 더 정확했음을 의미한다.

① 성적에 가장 큰 영향을 주는 것은 본인의 IQ가 아니라 부모의 경제력과 학력이다.

② 공부를 잘하려면 내가 무엇을 알고 무엇을 모르는지를 정확히 알아야 한다.

③ 기억력을 향상시키기 위해서는 기억해야 할 대상을 자주 접해야 한다.

④ 모르는 것을 정확히 알 때까지 끝까지 탐구하는 자세가 필요하다.

⑤ 성적을 올리기 위해서는 기억력을 향상시키는 노력이 필요하다.

08 다음 문단을 논리적 순서대로 알맞게 배열한 것은?

> (가) 한편 동양의 화장 문화를 확인하기 위해서는 중국의 사례를 살펴볼 필요가 있다. 기원전 3000년경부터 중국에서는 화장이 널리 퍼졌는데, 특이한 것은 손톱에도 화장을 했다는 점이다. 중국의 귀족들은 금색과 은색, 붉은색과 검은색으로 손톱을 칠했으며, 남성들도 전쟁터에 나가기 전 결의를 다지기 위해 손톱을 물들였다. 이뿐만 아니라 농경사회의 중국인들은 쌀가루나 꿀, 매화 등의 자연재료를 이용해 피부를 단장했다는 특징이 있다.
>
> (나) 치료와 주술의 의미가 강했던 화장은 이집트 여왕 클레오파트라 7세가 등장한 이후 본격적으로 미의 도구로서 기능하게 된다. 클레오파트라는 눈꺼풀과 얼굴 바깥쪽에 음영을 주는 화려하고 짙은 화장을 통해 자신의 외모를 보완했다. 또한, 피부를 관리하는 데에도 노력을 기울였으며, 장미를 이용한 향수를 즐겨 뿌렸다. 얼굴뿐만 아니라 신체를 꾸미는 데에도 관심이 높았던 것이다.
>
> (다) 로마를 거쳐 날로 발전하던 서양의 화장 문화는 중세 시대에 잠시 주춤하게 된다. 교회가 막강한 힘을 가진 시대가 도래함에 따라 장식 문화가 쇠퇴했고, 몸을 치장하고 화장하는 것이 하나의 죄악으로 받아들여졌기 때문이다. 하지만 르네상스 시대에 접어들면서 서양의 화장 문화는 다시금 부흥할 수 있었다.
>
> (라) 화장과 관련한 가장 오래된 기록은 고대 이집트에서 찾아볼 수 있다. 고대 이집트 사람들은 남녀 모두 짙은 눈 화장을 한 것으로 알려져 있다. 그들은 눈 화장을 통해 적당히 눈을 자극하고 눈물을 흘렸는데, 이는 뜨겁고 건조한 모래바람으로부터 눈을 보호하는 하나의 방법이었다. 또한, 눈 화장을 하면 신으로부터 보호받을 수 있다는 상징적인 믿음이 존재하기도 했다.
>
> (마) 고대 그리스에서는 하얀 얼굴이 장시간 노동할 필요가 없는 상류 계급을 상징한다고 여겨, 피부를 하얗게 보이게 하는 화장이 유행했다. 그리스인들은 얼굴을 하얗게 만들기 위해 미백효과가 있다고 알려진 백연광이라는 납 성분을 얼굴에 발랐는데, 이 때문에 납 중독으로 죽음을 맞이하는 경우도 적지 않았다.

① (나) - (가) - (라) - (마) - (다)
② (나) - (마) - (라) - (다) - (가)
③ (라) - (나) - (마) - (다) - (가)
④ (라) - (마) - (다) - (나) - (가)
⑤ (마) - (라) - (나) - (가) - (다)

서기 800년경부터 바이킹은 노르웨이를 장악하기 시작하였다. 이들은 유럽 전역에서 약탈과 영토 확장을 자행하였으며, 헤브리디스 제도, 북부 스코틀랜드, 아일랜드 등을 정복하고 아이슬란드, 그린란드 등에 식민지를 세웠다. 이 시기에 남쪽에서 해안을 따라 북쪽으로 항해하는 길을 '북쪽으로 가는 길'이라고 부르던 데에서 '노르웨이'라는 이름이 생겨났다. 오늘날 노르웨이는 유럽 스칸디나비아반도의 서쪽을 차지하고 있는 국가로, 본토 외에도 북극해의 스발바르 제도 및 얀마위엔 섬, 남대서양의 부베 섬 등을 영유하고 있다. 노르웨이의 가장 큰 특징을 꼽는다면 바로 백야(白夜)일 것이다. 이는 한여름에 태양이 지평선 아래로 내려가지 않는 현상으로, 북위 약 66.5도 이상의 북반구 지역과 남위 약 66.5도 이상의 남반구 지역에서 일어난다. 노르웨이의 경우 약 북위 57~71도에 걸쳐 있어 4월 말에서 7월 말까지 해가 지지 않는 색다른 경험을 할 수 있다. 백야 현상보다 상대적으로 잘 알려져 있지는 않지만, 극야(極夜) 역시 노르웨이의 특이한 현상이다. 이는 고위도 지역이나 극점 지역에서 발생하는 것으로, 겨울철에 오랫동안 해가 뜨지 않고 밤만 계속되는 현상이다. 이처럼 다양한 자연현상이 나타나는 노르웨이는 위도상의 특징 때문에 매우 추울 것 같지만, 사실 멕시코 만류의 영향으로 기온이 낮지 않은 편이다. 그래서 비슷한 위도에 있는 알래스카, 그린란드, 북시베리아에 비해서 기후가 따뜻한 것으로 알려져 있다. 한편 노르웨이는 국토 면적이 작은데도 불구하고 해안선이 길고 복잡한데, 이는 북해와 맞닿은 남서 해안에 발달한 '피오르' 때문이다. 여기서 피오르는 빙하의 침식으로 만들어진 특이한 지형을 가리킨다. 산골짜기 사이를 채웠던 거대한 빙하가 중력에 의해 이동하면서 지표의 바닥과 측면을 깎고, 기온 상승으로 빙하가 모두 녹으면서 빙하가 깎여 나간 U자형의 골짜기가 나타난다. 이후 해수면이 상승함에 따라 바닷물이 들어와 이 골짜기를 채우면서 좁고 긴 만의 피오르가 만들어지는 것이다. 피오르는 높이 약 1,000~15,000m의 깎아지른 듯한 절벽으로 수심도 깊은 편인데, 노르웨이의 피오르 중 세계적으로 가장 잘 알려진 송네피오르는 그 길이가 약 200km에 달하며, 가장 깊은 곳의 수심은 1,300m, 양쪽 암벽의 높이는 1,000m가 넘을 정도로 거대한 규모를 자랑한다. 피오르는 항구가 들어서기에 좋은 조건이기 때문에 예로부터 노르웨이는 이를 중심으로 항해와 무역이 번성하였다. 20세기에 이르러 피오르는 제조업 발전의 원동력으로 작용한다. 피오르가 수력 발전에 최적의 입지 여건을 가지고 있다는 점에 착안한 노르웨이가 외국에서 기술을 도입해 대규모 수력 발전소를 설립한 것이다. 이 덕분에 저렴한 에너지를 바탕으로 노르웨이의 조선업 및 제지업이 발전할 수 있었으며, 제2차 세계대전 이후에는 선박업까지 성공 궤도에 올라 노르웨이는 선진국 대열에 합류할 수 있었다.

09 윗글의 내용과 일치하는 것은?

① 그린란드의 평균 기온은 노르웨이에 비해 높은 편이다.

② 극야는 위도가 낮은 지역에서 일어나는 현상이다.

③ 노르웨이는 스칸디나비아반도의 동쪽에 위치한 국가이다.

④ 5월의 노르웨이는 밤에도 해가 지지 않는다.

⑤ 피오르 지형의 특징은 만의 폭에 비해 길이가 짧은 것이다.

10 윗글을 통해 추론한 내용으로 일치하지 않는 것은?

① 얀마위엔 섬과 부베 섬의 위치는 서로 다르나 모두 노르웨이령의 섬이다.

② 노르웨이는 자체 기술력만으로 피오르를 활용한 수력 발전소를 세우는 데 성공하였다.

③ 노르웨이에서 여름철에는 백야를, 겨울철에는 극야를 경험할 수 있다.

④ 바이킹이 노르웨이에 정착한 시대에 노르웨이라는 용어는 이미 사용되고 있었다.

⑤ 노르웨이는 저렴한 가격으로 에너지를 수급하는 것이 가능해지면서 산업이 발전되기 시작하였다.

PART 1 NCS 직무능력평가

제1장
의사소통능력

제2장
수리능력

제3장
문제해결능력

제4장
자원관리능력

제5장
조직이해능력

해커스 지역농협 6급 NCS 인적성 및 직무능력평가 통합 기본서

11 A 문화재단에 소속된 귀하는 문화카드 관련 고객 문의에 답변하는 업무를 맡았다. 귀하가 다음 문화카드 자동 재충전 안내문을 토대로 고객 문의에 답변한 내용으로 가장 적절하지 않은 것은?

[문화카드 자동 재충전 안내]

1. 문화카드란?
   - 삶의 질 향상과 문화 격차 완화를 위하여 기초 생활 수급자 및 차상위 계층을 대상으로 문화예술, 국내여행, 체육활동 등을 지원하는 카드

2. 자동 재충전 안내
   1) 자동 재충전 기간: 20X2. 1. 28.(금)~20X2. 2. 9.(수)
   2) 자동 재충전 금액: 1인당 10만 원

3. 자동 재충전 대상자
   1) 자동 재충전 대상자: 20X1년도 문화카드 발급자 중 수급 자격 유지자
   2) 자동 재충전 제외 대상자
      - 20X2. 1. 17.(월)~20X2. 1. 21.(금) 기준 수급 자격이 없는 자
      - 카드 유효 기간이 20X2. 1. 28.(금) 이전인 카드 보유자
      - 분실신고 등의 사고 등록 카드, 본인 요청 등의 사용 정지 카드 보유자
      - 우편 수령 후 수령 등록을 하지 않은 카드 보유자
      - 20X1년도 기준 문화카드 지원금을 한 번도 사용하지 않은 자
      - 20X1년도에 카드를 발급받은 후 20X2년도 자동 재충전 자격 검증일(20X2. 1. 21.) 이전에 이름, 주민등록번호 등의 개인정보를 변경한 자
        ※ N 은행과 문화카드 담당자를 통해 개인정보 변경 신청을 한 경우는 제외함

4. 자동 재충전 여부 확인 방법
   1) 주민센터: 주민센터에 전화 혹은 방문하여 주민등록번호 조회 후 확인할 수 있음
   2) 온라인 홈페이지: 온라인 홈페이지에 접속하여 본인 인증 후 확인할 수 있음
   3) 모바일 앱: 문화카드 모바일 앱을 다운로드하여 가입 및 인증 후 확인할 수 있음
   4) 고객센터(ARS): 문화카드 고객센터(1544-△△△△)를 통해 주민등록번호 조회 후 확인할 수 있음

5. 참고 사항
   1) 자동 재충전 완료 시 문자 메시지로 알림을 받을 수 있으므로 문화카드 모바일 앱에서 전화번호가 정확하게 등록되어 있는지 확인이 필요함
   2) 문화카드의 분실, 이용, 합산 등 세부 사항은 문화카드 온라인 홈페이지 FAQ에서 확인할 수 있으며, 그 밖의 문의 사항은 문화카드 온라인 홈페이지에서 문의할 수 있음

---

① Q: 제가 보유하고 있는 문화카드의 유효 기간은 20X2년 2월 9일입니다. 카드 재발급이 필요한가요?

    A: 문화카드 유효 기간이 20X2년 1월 28일 이전인 카드 보유자에 한하여 자동 재충전을 해드리지 않고 있습니다. 따라서 고객님은 카드 재발급을 받지 않으셔도 괜찮습니다.

② Q: 문화카드에 지원금이 재충전되었는지 확인하고 싶습니다. 오프라인으로 확인할 수 있는 방법이 있나요?

    A: 고객센터에 직접 방문하시면 담당자가 주민등록번호 조회를 통해 문화카드 재충전 여부를 전달드릴 것입니다.

③ Q: 저희 가족 4명 모두 문화카드 자동 재충전 조건에 부합한다면 총 얼마의 금액을 지원받을 수 있나요?

    A: 자동 재충전 대상자라면 1인당 10만 원씩 재충전 되므로 4명 가족 기준 총 40만 원을 받으실 수 있습니다.

④ Q: 제가 소지하고 있는 문화카드에 지원금이 자동 재충전된 경우에는 항상 재충전 완료 알림을 받을 수 있나요?

    A: 문화카드 정보에 본인의 전화번호가 정확하게 등록되어 있다면 언제나 자동 재충전 완료 알림을 문자 메시지로 받으실 수 있습니다.

⑤ Q: 20X1년에 받은 문화카드 지원금을 아직 사용하지 않았습니다. 이번에 지원금을 받게 되면 합산하여 사용할 수 있나요?

    A: 20X1년에 받은 문화카드 지원금을 아직 사용하지 않았을 경우에는 자동 재충전 제외 대상자에 해당하므로 20X2년 지원금을 받으실 수 없습니다.

12 A 저축은행의 고객행복센터에 소속된 귀하는 다음과 같은 안내문을 전달받았다. 귀하가 현재 2022년 12월 30일에 근무 중일 때, 다음 중 고객 문의에 대해 답변한 내용으로 가장 적절하지 않은 것은?

[지점 통합으로 인한 XX지점 영업종료 안내]

1. 요청 사항

– 아래 상세내용을 확인하시고 고객 응대에 임해주시기 바랍니다.

2. 상세 내용

영업종료 지점	경기 XX지점
영업종료 일자	2022년 12월 31일(금) 18:00
계좌 이관 관련	1) 고객님이 원하시는 당사 타 지점으로 계좌 이관 가능함 ※ 경기 XX지점에 방문하여 신청서를 작성해야 함 2) 영업종료 시점까지 계좌 이관과 관련하여 의사표시가 없을 경우 고객님 계좌는 아래 지점으로 일괄 이전됨 • 통합지점: 경기 ○○지점 　경기도 △△시 ○○구 123길 　031) 123-5678 • 통합일자: 2023년 1월 3일(월)
계좌 해지 관련	2022년 12월 31일(금) 18:00 전 지점 방문하여 계좌 해지 시, 약정 이율 지급 적용 ※ 만기일이 남은 계좌를 해약하는 경우에도 약정 이율로 적용 처리됨
기타	영업종료로 인한 인사이동 등 상세한 안내를 원할 경우 직접 XX지점으로 문의하도록 정중하게 안내함

① Q: XX지점에서 들어둔 적금 만기일이 다음 달인데, 지금 해지하면 약정 이율을 못 받는 건가요?

    A: 네, 고객님. 만기일이 남은 계좌를 해약하실 경우에도 적금에 가입하셨을 때의 약정 이율이 적용됩니다.

② Q: 혹시 XX지점의 박 계장님은 어느 지점으로 이동되는지 알 수 있을까요? 그동안 상품 설명이나 자산 관리에 대해 친절히 설명해주셔서 계속 그분을 통해서 은행업무를 보고 싶어서요.

    A: 네, 고객님. XX지점의 박수진 계장을 말씀하시는 것인가요? 박수진 계장의 경우 1월 3일자로 경기 ○○지점으로 발령받을 것으로 보입니다.

③ Q: XX지점이 ○○지점과 통합된다고 하는데, ○○지점 말고 다른 지점으로 계좌를 이관하는 방법은 없나요?

    A: 네, 고객님. 당연히 가능합니다. 다만, 타 지점으로의 계좌 이관을 원하실 경우 내일 중으로 XX지점에 방문하시어 계좌 이관 신청서를 작성해 주셔야 합니다.

④ Q: 내일 XX지점을 이용할 수 있는 건가요?

    A: 네, 고객님. XX지점은 12월 31일, 금요일 오후 6시까지 영업을 하므로 지점 방문하시어 원하시는 은행업무를 보실 수 있습니다.

⑤ Q: 오늘에야 XX지점 영업종료 소식을 알게 되었는데요. 따로 XX지점을 방문할 시간이 없을 것 같은데, 이 경우에 제 계좌는 어떻게 처리되나요?

    A: 네, 고객님. 영업종료 시점까지 계좌 이관과 관련하여 특별히 의사표시를 하지 않으신 고객님의 계좌는 ○○지점으로 일괄 이전됩니다.

약점 보완 해설집 p.8

PART 1 NCS 직무능력평가

제1장
의사소통능력

제2장
수리능력

제3장
문제해결능력

제4장
자원관리능력

제5장
조직이해능력

해커스 지역농협 6급 NCS 인적성 및 직무능력평가 통합 기본서

01 다음 대화에서 A의 대답으로 알맞은 것은?

> A : I would like to purchase these clothes, please.
> B : No problem. Will you be paying with cash or check?
> A : _____
> B : Unfortunately, we only accept cash or check.
> A : In that case, I'll have to come back later.

① I would like to buy them as a gift.

② It would be better to buy another size.

③ Actually, I would like to pay with my credit card.

④ I would like to pay my brother a visit later.

⑤ I'd prefer to leave as soon as possible.

02 다음 중 빈칸에 공통으로 들어갈 단어는?

> • We hope the new employees will _____ on to our way of doing things.
> • After missing two weeks of class, Jon had to _____ up on a lot of work.

① go　　　　　② jump　　　　　③ hurry　　　　　④ catch　　　　　⑤ stop

03 다음 대화에서 B의 대답으로 알맞은 것은?

> A : Thank you for helping me move today.
> B : _____

① I needed a lot of help today

② It was no bother at all

③ Sorry for the inconvenience

④ I appreciate the offer

⑤ I need the extra hours.

04 다음 글의 제목으로 가장 적절한 것을 고르시오.

> Writing a first draft is an important part of writing an essay. A first draft allows you to get started without needing every sentence to be perfect. Drafts can also be helpful because they are an opportunity to put your thoughts down on paper so that you can go back later and organize them, or decide that some of your ideas should be omitted because they don't fit. There's no wrong way to write a first draft, and it's always a great idea to do one.

① 초안 쓰기의 장점
② 초안 쓰기의 단점
③ 완성된 에세이를 쓰는 방법
④ 생각을 종이에 쓰는 방법
⑤ 생각을 종이에 옮기는 것이 어려운 이유

05 필자의 의견으로 가장 적절한 것은?

> Though today they are considered the favorite snack of millions worldwide, potato chips were nothing more than an insult at first. In 1853, a famous food critic was eating at a restaurant run by American chef George Crum. The critic complained that the potatoes Crum had served were sliced too thickly, lacked texture, and were bland. As one who took great pride in his cooking, Crum naturally took offense. So, he cut the potatoes paper-thin, fried them to a crisp, and added a generous amount of salt. To the chef's surprise, the critic couldn't get enough. He applauded Crum for his culinary brilliance, and instantly, the recipe became a hit.

① 미국의 간식은 독특한 역사가 있다.
② 포테이토 칩은 우연히 만들어 진 것이다
③ 포테이토 칩은 공동 기획으로 만들어 졌다.
④ 포테이토 칩 다량 섭취는 인체에 유해하다.
⑤ George Crum은 단 하나의 음식으로 유명해졌다.

약점 보완 해설집 p.10

PART 1 I NCS 직무능력평가

제2장 수리능력

출제경향분석

수리능력 소개

수리능력은 업무 상황에 필요한 기본적인 사칙연산 능력, 다양한 형태의 수치 자료를 이해하고 분석하는 능력을 평가하는 영역이다.

대표 출제 유형

수리능력은 기초연산, 수/문자추리, 도표분석 총 3개의 유형으로 출제된다.

유형 1	기초연산
유형 2	수/문자추리
유형 3	도표분석

시험 유형별 수리능력 출제 유형

시험 유형	출제 유형
60문항/60분	기초연산, 도표분석
60문항/70분	기초연산, 수/문자추리, 도표분석
70문항/70분	기초연산, 수/문자추리, 도표분석

PART 1 NCS 직무능력평가

제1장
의사소통능력

제2장
수리능력

제3장
문제해결능력

제4장
자원관리능력

제5장
조직이해능력

해커스 지역농협 6급 NCS 인적성 및 직무능력평가 통합 기본서

최신 출제 경향

1 수리능력은 전반적으로 어려운 난도로 출제되고 있다.

2 기초연산은 작업량, 소금물의 농도, 정가·할인가 등 방정식을 활용하는 문제와 부등식, 확률과 같이 기본 공식에 대입하여 풀이하는 문제가 꾸준히 출제되고 있다. 저축 예금의 복리 이자율 등 금융 관련 이론을 적용하여 계산하는 문제가 출제되기도 한다.

3 수/문자추리는 제시되는 숫자, 문자, 기호 등에 적용된 규칙을 찾아 빈칸에 들어갈 알맞은 숫자 또는 문자를 고르는 문제가 출제되었다. 문자는 주로 알파벳으로 제시되며, 한글 자음이 출제되기도 한다.

4 도표분석은 자료의 수치를 이용하여 특정 값을 구하는 문제와 그래프, 표 등의 자료를 해석하는 문제가 출제되고 있으며, 최근에는 제시된 조건에 맞지 않는 그래프를 고르는 문제도 출제되었다.

학습 방법

1 기초연산

방정식, 확률, 통계 등 기초적인 수학 이론 및 공식과 이자, 이자율, 원리금 등 금융 관련 이론 및 공식에 대한 학습이 필요하다. 따라서 '수리능력 기초이론(p.131)'에 정리된 기초연산의 응용, 통계의 의미와 활용 이론을 학습하여 문제에 적용하는 연습을 한다.

2 수/문자추리

등차수열, 등비수열 등 기본적인 수열 규칙과 알파벳, 한글 자음 등 문자 순서에 대한 학습이 필요하다. 따라서 '수리능력 기초이론(p.138)'에 정리된 기본수열 및 응용수열과 문자 순서를 학습하여 규칙을 빠르게 찾는 연습을 한다.

3 도표분석

'수리능력 기초이론(p.141)'에 정리된 도표분석 방법을 학습하여 다양한 분야의 자료를 빠르고 정확하게 분석하는 연습을 한다. 또한, 자료를 활용한 수치 계산 문제를 빠르게 풀 수 있도록 증감률, 비중 등 도표분석 시 활용되는 계산식을 반드시 암기한다.

'기초이론'에서는 한국산업인력공단 NCS 직업기초능력 가이드북뿐만 아니라 문제를 풀 때 필요한 이론까지 학습할 수 있다. '지농6급 기출'은 지역농협 6급 시험에 출제된 개념이므로 반드시 암기하고, 학습한 내용은 '확인 문제'를 통해 다시 한번 점검한다.

1. 기초연산

1 기초연산능력 소개

1) 기초연산능력의 의미

업무 상황에서 필요한 기초적인 사칙연산과 계산방법을 이해하고 활용하는 능력

2) 활용되는 상황

- · 업무상 계산을 수행하고 결과를 정리하는 경우
- · 조직의 예산안을 작성하는 경우
- · 업무비용을 측정하는 경우
- · 업무수행 경비를 제시해야 하는 경우
- · 고객과 소비자의 정보를 조사하고 결과를 종합하는 경우
- · 다른 상품과 가격 비교를 하는 경우

2 사칙연산과 검산

1) 사칙연산 [지농6급 기출]

① 사칙연산의 의미

수에 관한 덧셈(+), 뺄셈(−), 곱셈(×), 나눗셈(÷) 네 종류의 계산법이며, 사칙계산이라고도 함

② 연산 방법

- · 괄호가 있는 식에서는 괄호 안의 연산을 가장 먼저 계산함
- · 덧셈과 뺄셈이 혼합된 식의 연산은 왼쪽 항부터 차례로 계산함
- · 곱셈과 나눗셈이 혼합된 식의 연산은 왼쪽 항부터 차례로 계산함
- · 네 종류의 연산이 혼합된 식의 연산은 덧셈과 뺄셈보다 곱셈과 나눗셈을 먼저 계산함

확인 문제

다음 중 연산 방법이 최초로 잘못 적용된 곳은?

$8 + (4−1) ÷ 5 × 7 = 8 + 3 ÷ 5 × 7 = 11 ÷ 5 × 7 = 2.2 × 7 = 15.4$
  　　　 ↑　　　　　 ↑　　　　 ↑　　　　 ↑
  　　　 ①　　　　　 ②　　　　 ③　　　　 ④

정답: ②

③ 연산 법칙

구분	덧셈	곱셈
교환법칙	a+b=b+a	a×b=b×a
결합법칙	a+(b+c)=(a+b)+c	a×(b×c)=(a×b)×c
분배법칙	(a+b)×c=a×c+b×c	

2) 검산

① 검산의 의미

연산의 결과를 확인하는 과정

② 검산 방법

역연산법	· 본래의 풀이와 반대로 연산을 해가면서 본래의 답이 맞는지를 확인해 나가는 과정 · 덧셈은 뺄셈으로, 뺄셈은 덧셈으로, 곱셈은 나눗셈으로, 나눗셈은 곱셈으로 확인함
구거법	· 원래의 수를 9로 나눈 나머지와 각 자리 수의 합을 9로 나눈 나머지는 서로 같다는 원리를 이용하는 방법 · 좌변에 제시된 각각의 수를 9로 나눈 나머지와 우변에 제시된 수를 9로 나눈 나머지가 같은지 확인함

3 기초연산의 응용

1) 이자와 이자율 [지농6급 기출]

이자와 이자율	· 이자: 화폐를 빌려 쓴 대가로 지불하는 가격 · 이자율: 기간당 지급하는 이자를 원금의 비율로 표시한 것
단리와 복리	· 단리: 원금에 대해서만 약정된 이자를 지급하는 방식 · 복리: 원금과 원금에 더해진 이자까지 이자를 지급하는 방식

PART 1 NCS 직무능력평가

제1장 의사소통능력

제2장 수리능력

제3장 문제해결능력

제4장 자원관리능력

제5장 조직이해능력

해커스 지역농협 6급 NCS 인적성 및 직무능력평가 통합 기본서

확인 문제

다음 중 연산 법칙을 잘못 사용한 것은?

① a+b+c=c+b+a (교환법칙)　　　　② (a+b+c)+d=a+(b+c+d) (결합법칙)
③ (a+b+c)×d=a×d+b×d+c×d (분배법칙)　　④ a×b×c×d=b×a×d×c (교환법칙)
⑤ (a+b)×c=a+(b×c) (결합법칙)

정답: ⑤

2) 원리금 [지능6급 기출]

기수불과 기말불	· 기수불: 각 기간의 첫날에 적립하는 것 · 기말불: 각 기간의 마지막 날에 적립하는 것
정기예금	S: 원리금 합계, A: 원금, r: 이자율, n: 기간일 때 · 단리: $S = A(1 + rn)$ · 복리: $S = A(1 + r)^n$
정기적금	S: 원리금 합계, A: 원금, r: 이자율, n: 기간일 때 · 단리(기수불): $S = An + A \times r \times \dfrac{n(n+1)}{2}$ · 단리(기말불): $S = An + A \times r \times \dfrac{n(n-1)}{2}$ S: 원리금 합계, A: 원금, r: 이자율, n: 기간일 때 · 복리(기수불): $S = \dfrac{A(1+r)\{(1+r)^n - 1\}}{(1+r) - 1}$ · 복리(기말불): $S = \dfrac{A\{(1+r)^n - 1\}}{(1+r) - 1}$

3) 약수와 배수 [지능6급 기출]

약수와 배수의 정의	· 자연수 A가 B로 나누어 떨어질 때, B는 A의 약수, A는 B의 배수 $\underset{\text{배수}}{A} = \underset{\text{약수}}{B} \times \underset{\text{약수}}{Q}$ 예 $15 = 3 \times 5 \rightarrow$ 15의 약수: 3, 5 　　　　　　　　3과 5의 배수: 15
소인수분해	· 자연수 N을 소인수들의 곱으로 나타내는 것 $N = a^x \times b^y \times c^z$ (단, a, b, c는 서로 다른 소인수) 예 $12 = 2 \times 2 \times 3 = 2^2 \times 3$
최대공약수와 최소공배수	· 최대공약수: 각 자연수를 소인수분해한 후 공통 인수만을 곱한 것 · 최소공배수: 각 자연수를 소인수분해한 후 적어도 어느 한 자연수에 포함되는 인수를 모두 곱한 것 예 12의 소인수분해: $2^2 \times 3$, 15의 소인수분해: 3×5 　　12와 15의 최대공약수: 3 　　12와 15의 최소공배수: $2^2 \times 3 \times 5 = 60$ 또는 $\dfrac{12 \times 15}{3} = 60$

[확인 문제]

매달 1%의 복리 이자를 주는 12개월 만기 예금 상품에 가입하여 첫 달에 50만 원을 예치하였을 때, 만기 후 받게 되는 원리금은? (단, $(1.01)^{12} ≒ 1.13$이다.)

① 553,000원　　　② 560,000원　　　③ 565,000원　　　④ 570,000원　　　⑤ 582,000원

정답: ③

4) 다항식의 연산

곱셈공식	· 다항식의 곱을 전개할 때 쓰이는 공식 · $(a \pm b)^2 = a^2 \pm 2ab + b^2$ · $(a+b)(a-b) = a^2 - b^2$ · $(x+a)(x+b) = x^2 + (a+b)x + ab$ · $(ax+b)(cx+d) = acx^2 + (ad+bc)x + bd$ 　예 $(2x+4)(5x-1) = 10x^2 + (-2+20)x - 4 = 10x^2 + 18x - 4$
인수분해	· 다항식을 2개 이상의 인수의 곱으로 나타내는 것 · $a^2 \pm 2ab + b^2 = (a \pm b)^2$ · $a^2 - b^2 = (a+b)(a-b)$ · $x^2 + (a+b)x + ab = (x+a)(x+b)$ · $acx^2 + (ad+bc)x + bd = (ax+b)(cx+d)$ 　예 $x^2 - 5x - 6 = (x+1)(x-6)$

5) 방정식

방정식	· 정의: 미지수를 포함하는 등식으로, 미지수의 값에 따라 참 또는 거짓이 되는 식 · 근: 방정식이 참이 되게 하는 미지수의 값으로, '해'라고도 함
이차방정식의 근의 공식	· 이차방정식 $ax^2 + bx + c = 0 (a \neq 0)$의 근 $x = \dfrac{-b \pm \sqrt{b^2 - 4ac}}{2a}$
이차방정식의 근과 계수와의 관계	계수가 a, b이고, 상수가 c인 이차방정식 $ax^2 + bx + c = 0 (a \neq 0)$의 두 근을 α, β라고 하면 · $\alpha + \beta = -\dfrac{b}{a}$ · $\alpha\beta = \dfrac{c}{a}$ 　예 $2x^2 - 3x - 5 = 0$의 두 근의 합: $-\dfrac{-3}{2} = \dfrac{3}{2}$

확인 문제

$4x^2 + 4x - 3 = 0$의 두 근이 a, b일 때, a−b의 값은? (단, a>b)

① $\dfrac{1}{2}$　　　② 1　　　③ $\dfrac{3}{2}$　　　④ 2　　　⑤ $\dfrac{5}{2}$

정답: ④

PART 1 NCS 직무능력평가

제1장 의사소통능력

제2장 수리능력

제3장 문제해결능력

제4장 자원관리능력

제5장 조직이해능력

해커스 지역농협 6급 NCS 인적성 및 직무능력평가 통합 기본서

6) 방정식의 활용 지농6급 기출

작업량	· 시간당 작업량 $= \dfrac{\text{작업량}}{\text{시간}}$ · 작업량 = 시간당 작업량 × 시간 · 시간 $= \dfrac{\text{작업량}}{\text{시간당 작업량}}$
거리 · 속력 · 시간	· 거리 = 속력 × 시간 · 속력 $= \dfrac{\text{거리}}{\text{시간}}$ · 시간 $= \dfrac{\text{거리}}{\text{속력}}$
소금물의 농도	· 소금물의 농도(%) $= \dfrac{\text{소금의 양}}{\text{소금물의 양}} \times 100$ · 소금의 양 = 소금물의 양 $\times \dfrac{\text{소금물의 농도}}{100}$ · 소금물의 양 = 물의 양 + 소금의 양
정가 · 이익 · 할인율 · 할인가	· 정가 = 원가 $\times \left(1 + \dfrac{\text{이익률}}{100}\right)$ · 이익 = 정가 − 원가 (정가 > 원가) · 정가 이익률(%) $= \left(\dfrac{\text{이익}}{\text{정가}}\right) \times 100$ · 원가 이익률(%) $= \left(\dfrac{\text{이익}}{\text{원가}}\right) \times 100$ · 할인율(%) $= \left(\dfrac{\text{정가} - \text{할인가}}{\text{정가}}\right) \times 100$ · 할인가 = 정가 $\times \left(1 - \dfrac{\text{할인율}}{100}\right)$

7) 부등식 지농6급 기출

부등식의 정의	부등호를 사용하여 두 수 또는 두 식의 대소관계를 나타낸 식
부등식의 성질	· a < b일 때, a + c < b + c, a − c < b − c · a < b, c > 0일 때, ac < bc, $\dfrac{a}{c} < \dfrac{b}{c}$ · a < b, c < 0일 때, ac > bc, $\dfrac{a}{c} > \dfrac{b}{c}$
부등식의 사칙연산	a < x < b, c < y < d일 때, · 덧셈: a + c < x + y < b + d · 뺄셈: a − d < x − y < b − c · 곱셈: 경계값들의 계산 결과, ac, bc, ad, bd 중 가장 큰 값과 가장 작은 값 · 나눗셈: 경계값들의 계산 결과, $\dfrac{a}{c}, \dfrac{b}{c}, \dfrac{a}{d}, \dfrac{b}{d}$ 중 가장 큰 값과 가장 작은 값

확인 문제

정가가 52,000원인 쌀 20kg을 20% 할인해서 판매할 때, 할인가는?

① 45,000원   ② 41,600원   ③ 39,000원   ④ 36,400원   ⑤ 35,000원

정답: ②

8) 여러 가지 경우의 수 [지농6급 기출]

두 사건의 경우의 수	어떤 사건 A가 일어나는 경우의 수를 m, 어떤 사건 B가 일어나는 경우의 수를 n이라고 하면 · 두 사건 A, B가 동시에 일어나지 않을 때, 사건 A 또는 B가 일어나는 경우의 수: $m+n$ · 두 사건 A, B가 서로 영향을 주지 않을 때, 두 사건 A, B가 동시에 일어나는 경우의 수: $m \times n$
동전, 주사위를 던질 때의 경우의 수	· n개의 동전을 던질 때의 경우의 수: 2^n · n개의 주사위를 던질 때의 경우의 수: 6^n
한 줄로 세울 때의 경우의 수	· n명을 한 줄로 세울 때의 경우의 수: $n \times (n-1) \times (n-2) \times \cdots \times 2 \times 1 = n!$ · n명 중 k명만 한 줄로 세울 때의 경우의 수: $n \times (n-1) \times (n-2) \times \cdots \times (n-k+1)$
대표를 선출할 때의 경우의 수	· n명 중 자격이 다른 2명의 대표를 선출할 때의 경우의 수: $n \times (n-1)$ · n명 중 자격이 같은 2명의 대표를 선출할 때의 경우의 수: $\dfrac{n \times (n-1)}{2}$

9) 순열과 조합 [지농6급 기출]

순열	· 서로 다른 n개에서 중복을 허락하지 않고 r개를 택하여 한 줄로 배열하는 경우의 수: $_nP_r = n \times (n-1) \times (n-2) \times \cdots \times (n-r+1) = \dfrac{n!}{(n-r)!}$ (단, $0 < r \leq n$)
중복순열	· 서로 다른 n개에서 중복을 허용하여 r개를 택하는 순열의 수: $_n\Pi_r = n^r$
같은 것이 있는 순열	· n개 중 같은 것이 각각 p개, q개, r개일 때, n개를 모두 사용하여 한 줄로 배열하는 경우의 수: $\dfrac{n!}{p!q!r!}$ (단, $p+q+r=n$)
원순열	· 서로 다른 n개를 원형으로 배열하는 경우의 수: $\dfrac{_nP_n}{n} = \dfrac{n!}{n} = (n-1)!$ · 서로 다른 n개에서 r개를 택하여 원형으로 배열하는 경우의 수: $\dfrac{_nP_r}{r}$
조합	· 서로 다른 n개에서 순서를 고려하지 않고 r개를 택하는 경우의 수: $_nC_r = \dfrac{n \times (n-1) \times (n-2) \times \cdots \times (n-r+1)}{r!} = \dfrac{n!}{r!(n-r)!}$ (단, $0 < r \leq n$)

확인 문제

7명의 학생 중 대표 2명을 뽑을 때의 경우의 수는?

① 49가지   ② 42가지   ③ 21가지   ④ 14가지   ⑤ 7가지

정답: ③

PART 1 NCS 직무능력평가

제1장 의사소통능력

제2장 수리능력

제3장 문제해결능력

제4장 자원관리능력

제5장 조직이해능력

해커스 지역농협 6급 NCS 인적성 및 직무능력평가 통합 기본서

10) 확률 [지능6급 기출]

확률의 정의	· 사건 A가 일어날 확률: $\dfrac{\text{사건 A가 일어날 경우의 수}}{\text{모든 경우의 수}}$
여사건의 확률	· 어떤 사건 A가 일어날 확률이 p일 때, 사건 A가 일어나지 않을 확률: 1 − p · '적어도…'의 확률: 1 − (반대 사건의 확률)
확률의 덧셈정리와 곱셈정리	어떤 사건 A가 일어날 확률을 p, 어떤 사건 B가 일어날 확률을 q라고 하면 · 두 사건 A, B가 동시에 일어나지 않을 때, 사건 A 또는 B가 일어날 확률: p + q · 두 사건 A, B가 서로 영향을 주지 않을 때, 두 사건 A, B가 동시에 일어날 확률: p × q

4 기초통계능력 소개

1) 기초통계능력의 의미
업무 상황에서 평균, 합계, 빈도와 같은 기초적인 통계기법을 활용하여 자료를 정리하고 요약하는 능력

2) 활용되는 상황
- 연간 상품 판매실적을 제시하는 경우
- 업무비용을 다른 조직과 비교해야 하는 경우
- 업무 결과를 제시해야 하는 경우
- 상품 판매를 위한 지역조사를 하는 경우

5 통계의 의미와 활용

1) 통계의 의미
- 집단적 현상이나 수집된 자료에 대한 양적 표현을 반영하는 숫자 또는 수량적인 기술
- 사회 집단이나 자연 현상을 정리하거나 분석하는 수단

2) 통계의 종류와 기능
① 통계의 종류
- 정태 통계: 일정한 시점에 대상이 되는 집단의 상태를 파악하는 통계
- 동태 통계: 일정한 기간에 대상이 되는 집단의 누적 상태를 파악하는 통계

② 통계의 기능
- 많은 수량적 자료를 처리 가능하고 쉽게 이해할 수 있는 형태로 축소시키는 도구
- 표본을 통해 연구대상 집단의 특성을 유추하는 도구
- 관찰 가능한 자료를 통해 논리적으로 어떠한 결론을 추출 및 검증하는 도구
- 의사결정의 보조수단이 되는 도구

확인 문제

3명이 가위바위보를 할 때, 모두 같은 것을 낼 확률은?

① $\dfrac{1}{27}$　　　② $\dfrac{1}{9}$　　　③ $\dfrac{4}{27}$　　　④ $\dfrac{2}{9}$　　　⑤ $\dfrac{1}{3}$

정답: ②

3) 대푯값과 퍼진 정도

① 대푯값 [지능6급 기출]

평균	• 변량의 총합을 변량의 개수로 나눈 값으로 대상집단의 성격을 함축하여 나타내지만 극단적이거나 이질적인 값에 영향을 크게 받아 자료 전체를 대표하지 못할 가능성이 있음 예) 92, 85, 67, 81, 76, 67에 대한 평균은 $\frac{92+85+67+81+76+67}{6}=78$ • 평균의 종류 　- 산술평균: 변량의 총합을 변량의 개수로 나눈 값 　- 가중평균: 변량에 중요도나 영향도에 해당하는 각각의 가중치를 곱하여 모두 더한 값을 가중치의 합계로 나눈 값
최댓값	• 변량 중에서 크기가 가장 큰 값 예) 92, 85, 67, 81, 76, 67에 대한 최댓값은 크기가 가장 큰 92
최솟값	• 변량 중에서 크기가 가장 작은 값 예) 92, 85, 67, 81, 76, 67에 대한 최솟값은 크기가 가장 작은 67
중앙값	• 변량을 최솟값부터 최댓값까지 크기 순으로 배열했을 때 정중앙에 위치하는 값으로 너무 작거나 너무 큰 값에 영향을 받지 않고 자료 전체를 대표할 수 있음 예) 92, 85, 67, 81, 76, 67에 대한 중앙값은 크기 순으로 3번째와 4번째에 위치하는 81과 76의 평균인 $\frac{81+76}{2}=78.5$
최빈값	• 변량 중에서 가장 많이 나오는 값으로 한 개 이상 존재할 수 있음 예) 92, 85, 67, 81, 76, 67에 대한 최빈값은 두 번 관찰되는 67

② 퍼진 정도 [지능6급 기출]

분산	• 각 변량과 평균의 차이의 제곱합을 변량의 개수로 나눈 값으로 자료의 퍼져 있는 정도를 구체적인 수치로 알려주는 도구 예) 변량 91, 85, 67, 81, 76의 평균값이 80일 때, 분산은 $\frac{(91-80)^2+(85-80)^2+(67-80)^2+(81-80)^2+(76-80)^2}{5}=66.4$
표준편차	• 분산값의 제곱근 값으로 각 변량이 평균값으로부터 얼마나 떨어져 있는지 나타내는 도구 • 표준편차가 크면 변량이 평균값으로부터 넓게 퍼져 있고, 작으면 평균값에 집중됨을 의미함
범위	• 최댓값에서 최솟값을 뺀 값으로 분포의 흩어진 정도를 나타내는 가장 간단한 도구 • 계산이 용이한 반면, 극단적인 값에 크게 영향을 받을 수 있음

4) 통계자료 해석 시 유의사항

• 대푯값 중 평균과 중앙값은 서로 다른 개념이므로 어떤 값을 사용했는지 명확히 제시해야 함
• 대푯값 중 평균과 중앙값은 모두 중요한 개념이므로 같은 중요도를 가지고 활용해야 함
• 평균과 표준편차만으로 원자료의 전체적인 특징을 파악하기 어렵기 때문에 최댓값, 최솟값, 중앙값, 하위 25% 값, 상위 25% 값 다섯 숫자를 활용해야 함

확인 문제

변량 80, 65, 90, 80, 68, 85, 73, 68, 98, 88, 80의 최빈값은?

정답: 80

PART 1 NCS 직무능력평가

제1장 의사소통능력

제2장 수리능력

제3장 문제해결능력

제4장 자원관리능력

제5장 조직이해능력

해커스 지역농협 6급 NCS 인적성 및 직무능력평가 통합 기본서

1 기본수열 [지능6급 기출]

등차수열	· 앞항에 차례로 일정한 수를 더하면 다음 항이 얻어지는 수열											

예

1	→	3	→	5	→	7	→	9	→	11	→	13
	+2		+2		+2		+2		+2		+2	

등비수열	· 앞항에 차례로 일정한 수를 곱하면 다음 항이 얻어지는 수열

예

1	→	2	→	4	→	8	→	16	→	32	→	64
	×2		×2		×2		×2		×2		×2	

2 응용수열 [지능6급 기출]

등차 계차수열	· 앞항과 다음 항의 차가 순서대로 등차를 이루는 수열

예

1	→	3	→	7	→	13	→	21	→	31	→	43
	+2	→	+4	→	+6	→	+8	→	+10	→	+12	
		+2		+2		+2		+2		+2		

등비 계차수열	· 앞항과 다음 항의 차가 순서대로 등비를 이루는 수열

예

1	→	3	→	7	→	15	→	31	→	63	→	127
	+2	→	+4	→	+8	→	+16	→	+32	→	+64	
		×2		×2		×2		×2		×2		

반복수열	· 앞항과 다음 항 사이에 여러 개의 연산기호가 반복적으로 적용되는 수열

예

1	→	3	→	6	→	4	→	6	→	12	→	10
	+2		×2		-2		+2		×2		-2	

· 앞항과 다음 항 사이에 여러 개의 연산이 반복적으로 적용되는 수열

예

1	→	3	→	9	→	11	→	33	→	35	→	105
	+2		×3		+2		×3		+2		×3	

확인 문제

다음에 제시된 수열의 종류는?

1 3 9 27 81 243

정답: 등비수열

PART 1 NCS 직무능력평가

제1장
의사소통능력

제2장
수리능력

제3장
문제해결능력

제4장
자원관리능력

제5장
조직이해능력

해커스 지역농협 6급 NCS 인적성 및 직무능력평가 통합 기본서

| 피보나치수열 | · 앞의 두 항을 더하면 다음 항이 얻어지는 수열 |

예

0	→	1	→	1	→	2	→	3	→	5	→	8
				=0+1		=1+1		=1+2		=2+3		=3+5

기타수열

· 홀수항에 적용되는 연산과 짝수항에 적용되는 연산이 각각 일정한 규칙으로 변화하는 수열

예

1		2		4		7		28		33		198
	+1		×2		+3		×4		+5		×6	

· 앞항과 다음 항 사이에 적용되는 연산이 분기점을 중심으로 변화하는 수열

예

1	→	1	→	2	→	6	→	24	→	72	→	144
	×1		×2		×3		×4		×3		×2	

· 앞항에 두 개 이상의 연산을 적용시키면 다음 항이 얻어지는 수열

예

1	→	3	→	8	→	19	→	42	→	89	→	184
	×2+1		×2+2		×2+3		×2+4		×2+5		×2+6	

3 문자 순서 [지농6급 기출]

알파벳

…	X	Y	Z	A	B	C	D	E	F	G	H
…	-2	-1	0	1	2	3	4	5	6	7	8
I	J	K	L	M	N	O	P	Q	R	S	T
9	10	11	12	13	14	15	16	17	18	19	20
U	V	W	X	Y	Z	A	B	C	…		
21	22	23	24	25	26	27	28	29	…		

한글 자음

…	ㅌ	ㅍ	ㅎ	ㄱ	ㄴ	ㄷ	ㄹ	ㅁ	ㅂ	ㅅ
…	-2	-1	0	1	2	3	4	5	6	7
ㅇ	ㅈ	ㅊ	ㅋ	ㅌ	ㅍ	ㅎ	ㄱ	ㄴ	ㄷ	…
8	9	10	11	12	13	14	15	16	17	…

한글 모음

…	ㅠ	ㅡ	ㅣ	ㅏ	ㅑ	ㅓ	ㅕ	ㅗ
…	-2	-1	0	1	2	3	4	5
ㅛ	ㅜ	ㅠ	ㅡ	ㅣ	ㅏ	ㅑ	ㅓ	…
6	7	8	9	10	11	12	13	…

확인 문제

빈칸에 들어갈 알맞은 문자는?

ㄱ   ㄷ   ㅁ   ㅅ   (   )   ㅋ

정답: ㅈ

1 도표의 의미와 종류

1) 도표의 의미

도표는 타인이 자신의 주장을 한눈에 알아볼 수 있도록 선, 그림, 원 등을 이용하여 데이터를 시각적으로 표현한 것을 의미함

2) 도표의 종류

선(꺾은선)그래프	· 정의: 주로 시간의 경과에 따라 수량에 의한 변화의 상황을 꺾은선의 기울기로 나타내는 그래프
	· 용도
	  − 시간적 추이 즉, 시계열 변화를 표시하는 용도로 쓰임
	  − 경과, 비교, 분포(도수, 곡선그래프)를 비롯하여 상관관계 등을 나타내는 용도로 쓰임

막대그래프	· 정의: 수량을 의미하는 막대의 길이를 비교하여 각 수량 간의 대소관계를 나타내는 그래프 · 용도: 내역, 경과, 비교, 도수 등을 표시하는 용도로 쓰임
원그래프	· 정의: 하나의 원을 전체 수량에 대한 부분의 비율에 따라 비례하는 면적의 부채꼴로 나타내는 그래프 · 용도: 내역, 내용의 구성비 등을 나타내는 용도로 쓰임
점그래프	· 정의: 가로축과 세로축의 요소가 각기 다른 데이터들의 분포를 점으로 나타내는 그래프 · 용도: 지역분포를 비롯하여 도시, 지방, 기업, 상품 등의 평가나 위치, 성격을 표시하는 용도로 쓰임
방사형그래프 (레이더차트, 거미줄그래프)	· 정의: 원그래프의 한 종류로, 비교하는 수량을 직경, 또는 반경으로 나누어 원의 중심에서의 거리에 따라 각 수량의 관계를 나타내는 그래프 · 용도: 다양한 요소를 한 번에 비교하거나 경과를 나타내는 용도로 쓰임

확인 문제

시간의 경과에 따라 수량에 의한 변화의 상황을 꺾은선의 기울기로 나타내는 그래프는?

① 선그래프　　　　　　② 막대그래프　　　　　　③ 원그래프
④ 점그래프　　　　　　⑤ 방사형그래프

정답: ①

2 도표분석능력 소개

1) 도표분석능력의 의미

직장생활에서의 도표분석능력은 도표의 의미를 파악하고, 필요한 정보를 해석하여 자료의 특성을 규명하는 것을 의미함

2) 활용되는 상황

- 도표로 제시된 자료를 해석하는 경우
- 도표로 제시된 업무비용을 측정하는 경우
- 조직의 생산가동률 변화표를 분석하는 경우
- 계절에 따른 고객의 요구도가 그래프로 제시된 경우
- 경쟁업체와의 시장점유율이 그림으로 제시된 경우

3 도표분석 방법

1) 도표분석 시 활용되는 계산식 [지농6급 기출]

변화량	• 기준연도 A 대비 비교연도 B의 변화량 = 비교연도 B - 기준연도 A [예] 2020년 매출액이 500억 원, 2022년 매출액이 700억 원일 때 2020년 대비 2022년 매출액의 변화량 : 700 - 500 = 200억 원
증감률	• 기준연도 A 대비 비교연도 B의 증감률(%) = {(비교연도 B - 기준연도 A) / 기준연도 A} × 100 [예] 2020년 매출액이 500억 원, 2022년 매출액이 700억 원일 때 2020년 대비 2022년 매출액의 증감률 : {(700 - 500) / 500} × 100 = 40%
비중	• 전체에서 A가 차지하는 비중(%) = (A / 전체) × 100 [예] 2022년 S 사가 제조한 A 제품은 100만 개, 전체 제품은 400만 개일 때 2022년 S 사가 제조한 전체 제품 중 A 제품이 차지하는 비중: (100 / 400) × 100 = 25%

2) 도표분석 시 유의사항

- 자신의 업무와 관련된 지식을 상식화해야 함
- 도표에 제시된 자료의 의미에 대한 정확한 숙지가 필요함
- 도표로부터 알 수 있는 것과 알 수 없는 것을 완벽히 구별해야 함
- 총량의 증가와 비율의 증가를 구분해야 함
- 백분위수와 사분위수의 의미를 정확히 이해해야 함

확인 문제

20X0년 오렌지 생산량이 50만 톤이고, 20X1년 오렌지 생산량이 47.5만 톤일 때, 20X0년 대비 20X1년 오렌지 생산량의 증감률은?

① -20% ② -15% ③ -5% ④ 5% ⑤ 15%

정답: ③

4 도표작성능력 소개

1) 도표작성능력의 의미
업무 상황에서 데이터를 이용하여 도표를 효과적으로 제시하는 능력

2) 활용되는 상황
- 도표를 사용하여 업무결과를 제시하는 경우
- 업무의 목적에 맞게 계산결과를 묘사하는 경우
- 업무 중 계산을 수행하고 결과를 정리하는 경우
- 업무에 소요되는 비용을 시각화해야 하는 경우
- 고객과 소비자의 정보를 조사하고 결과를 설명하는 경우

5 도표작성 방법

1) 도표작성의 목적
- 보고 및 설명을 위함
- 상황분석을 위함
- 관리목적을 위함

2) 도표작성의 절차

1단계	어떠한 도표로 작성할 것인지 결정함
2단계	가로축과 세로축에 나타낼 것을 결정함
3단계	가로축과 세로축의 눈금의 크기를 결정함
4단계	자료를 가로축과 세로축이 만나는 위치에 표시함
5단계	표시된 점에 따라 도표를 작성함
6단계	도표의 제목 및 단위를 표시함

확인 문제

다음 중 도표작성의 절차상 1단계에 진행해야 하는 것은?
① 자료를 가로축과 세로축이 만나는 위치에 표시
② 가로축과 세로축에 나타낼 것 결정
③ 도표의 제목 및 단위 표시
④ 어떠한 도표로 작성할 것인지 결정
⑤ 표시된 점에 따라 도표 작성

정답: ④

3) 도표작성 시 유의사항

선(꺾은선)그래프	· 일반적으로 세로축에 수량(금액, 매출액 등), 가로축에 명칭구분(연, 월, 장소 등)을 제시함 · 축의 모양은 L자형으로 나타냄 · 세로축의 눈금을 가로축의 눈금보다 크게 나타내어 높이에 따른 수치 파악을 용이하게 함 · 선이 두 종류 이상인 경우에는 선마다 명칭을 기입해야 함 · 중요한 선은 다른 선보다 굵게 하거나 색을 다르게 나타내어 강조함
막대그래프	· 세로 막대그래프와 가로 막대그래프 중 세로 막대그래프를 일반적으로 사용함 · 축의 모양은 L자형이 일반적이지만 가로 막대그래프는 사방을 틀로 싸는 것이 좋음 · 가로축은 명칭구분(연, 월, 장소, 종류 등)을, 세로축은 수량(금액, 매출액 등)을 제시함 · 부득이하게 막대 수가 많을 경우에는 눈금선을 기입하는 것이 좋음 · 각 항목에 따른 막대의 폭은 모두 같게 나타내야 함
원그래프	· 일반적으로 정각 12시의 선을 시작선으로 하여, 이를 기점으로 오른쪽으로 그려야 함 · 분할선은 구성비율이 큰 순서로 그리며, '기타' 항목은 가장 마지막에 그리는 것이 좋음 · 각 항목의 명칭은 일반적으로 같은 방향으로 기록하며, 각도가 적어서 명칭을 기록하기 힘든 경우에는 지시선을 써서 기록함

4) 도표작성의 실제

① 엑셀프로그램을 활용한 도표작성의 장점

엑셀을 이용하여 작성한 도표는 호환성이 대단히 높고, 비교적 간편하게 작성할 수 있음

② 엑셀프로그램을 활용한 도표작성의 단계

1단계	자료의 입력
2단계	삽입 – 그래프의 종류 선택
3단계	데이터의 범위와 계열 수정
4단계	범례 수정
5단계	제목 및 그래프 색 수정

확인 문제

다음 중 막대그래프에 대한 설명으로 옳지 않은 것은?

① 각 항목에 따른 막대의 폭은 모두 같게 나타내야 한다.
② 막대 수가 많을 경우에는 눈금선을 기입하는 것이 좋다.
③ 가로축은 수량을, 세로축은 명칭구분을 제시한다.
④ 일반적으로 가로 막대그래프보다 세로 막대그래프를 사용한다.
⑤ 가로 막대그래프는 사방을 틀로 싸는 것이 좋다.

정답: ③

PART 1 NCS 직무능력평가

제1장 의사소통능력

제2장 수리능력

제3장 문제해결능력

제4장 자원관리능력

제5장 조직이해능력

해커스 지역농협 6급 NCS 인적성 및 직무능력평가 통합 기본서

기출유형공략

유형 1 **기초연산**

유형 특징

· 주어진 조건을 이용하여 식을 세우고 답을 도출하는 유형의 문제이다.

세부 출제 유형

· 기초연산은 다음과 같이 3개의 세부 유형으로 출제된다.
① 금융 관련 이론을 적용하여 계산하는 문제
② 기본 공식을 적용하여 계산하는 문제
③ 통계 관련 이론을 적용하여 계산하는 문제

공략법

· 사칙연산과 방정식, 경우의 수, 확률, 평균, 분산 등 기본적인 수학 이론을 학습한다. (기초이론 p.130)

· 금융 상품과 관련 있는 문제를 풀어보며 이자, 이자율, 만기지급액, 중도상환액 등의 계산 방법을 익힌다.

금융 관련 이론을 적용하여 계산하는 문제

종화는 3월 1일에 은행에서 월 이자율 1%인 월 복리 비과세 적금 상품에 가입하였다. 3월 1일부터 시작하여 매월 1일에 100만 원씩 3개월 동안 적립했다고 하였을 때, 6월 1일에 만기 해지하며 받을 수 있는 총금액은? (단, 6월 1일에는 100만 원을 적립하지 않으며, $(1.01)^3=1.0303$이다.)

① 3,030,000원   ② 3,060,300원   ③ 3,090,900원   ④ 3,120,500원   ⑤ 3,360,000원

|정답 및 해설| ②

매월 1일에 적립하는 원금을 A, 이자율을 r, 기간을 n이라고 하면 기수불의 원리금 합계는 $\frac{A(1+r)\{(1+r)^n-1\}}{(1+r)-1}$임을 적용하여 구한다.

종화는 월 이자율 1%인 월 복리 비과세 적금 상품에 가입하여 매월 1일에 100만 원씩 3개월 동안 적립하므로 매월 1일에 적립하는 원금 A는 1,000,000원이고, 월 이자율 r은 1%=0.01이며, 기간 n은 3이다.

따라서 종화가 6월 1일에 만기 해지하며 받을 수 있는 총금액은 $\frac{1,000,000(1+0.01)\{(1+0.01)^3-1\}}{0.01}$=3,060,300원이다.

기본 공식을 적용하여 계산하는 문제

동현이는 둘레가 총 16m인 직사각형 모양의 테이블을 제작하기 위해 도면을 그렸으나, 실제로는 가로 길이를 2m 줄이고, 세로 길이도 1m 줄여서 테이블을 제작하였다. 실제로 제작된 직사각형 모양 테이블의 넓이가 4m² 일 때, 처음 도면에 그린 테이블의 넓이는? (단, 처음 도면에 그린 테이블의 가로 길이는 세로 길이보다 길다.)

① 7m²　　　　② 10m²　　　　③ 12m²　　　　④ 15m²　　　　⑤ 16m²

|정답 및 해설| ③

직사각형의 둘레 길이=(가로 길이×2)+(세로 길이×2), 직사각형의 넓이=가로 길이×세로 길이임을 적용하여 구한다.

동현이가 처음 도면에 그린 테이블의 가로 길이를 x라고 하면, 세로 길이는 $(16-2x)/2=8-x$이다.

실제로 제작한 테이블은 처음 도면에 그린 테이블 대비 가로 길이를 2m, 세로 길이를 1m 줄여서 넓이가 4m²가 되었으므로

$(x-2)(8-x-1)=4 \rightarrow -x^2+9x-14-4=0 \rightarrow -x^2+9x-18=0 \rightarrow -(x-3)(x-6)=0 \rightarrow x=3$ 또는 6이다.

$x=3$인 경우 처음 도면에 그린 테이블의 가로 길이는 3m, 세로 길이는 5m이고, $x=6$인 경우 처음 도면에 그린 테이블의 가로 길이는 6m, 세로 길이는 2m이다. 이때 처음 도면에 그린 테이블의 가로 길이는 세로 길이보다 길므로 처음 도면에 그린 테이블의 가로 길이는 6m, 세로 길이는 2m이다.

따라서 처음 도면에 그린 테이블의 넓이는 6×2=12m²이다.

예제 3 통계 관련 이론을 적용하여 계산하는 문제

A~E 5명만 응시한 지역농협 승진시험에서 시험 점수가 높은 순서대로 상위 2명이 승진하였다. 다음 조건을 모두 고려하였을 때, 승진시험 점수의 커트라인은?

- A의 승진시험 점수는 B의 승진시험 점수보다 4점이 높지만, C의 승진시험 점수보다 3점이 낮다.
- C는 D보다 승진시험 점수가 10점 높다.
- E는 40점으로 가장 낮은 승진시험 점수를 받았고, 5명의 평균 승진시험 점수보다 8점 낮다.

① 49점   ② 50점   ③ 51점   ④ 52점   ⑤ 53점

|정답 및 해설| ④

변량의 총합＝평균×변량의 개수임을 적용하여 구한다.

E는 40점으로 가장 낮은 승진시험 점수를 받았고, 5명의 평균 승진시험 점수보다 8점 낮으므로 5명의 평균 승진시험 점수는 48점임에 따라 5명의 승진시험 점수의 총합은 48×5＝240점이다.

C의 승진시험 점수를 x라고 하면 A의 승진시험 점수는 C의 승진시험 점수보다 3점이 낮으므로 A의 승진시험 점수는 $x-3$이고, B의 승진시험 점수는 A의 승진시험 점수보다 4점이 낮으므로 B의 승진시험 점수는 $(x-3)-4=x-7$이며, D의 승진시험 점수는 C의 승진시험 점수보다 10점 낮으므로 D의 승진시험 점수는 $x-10$이다.

이때 5명의 승진시험 점수의 총합이 240점이므로

$(x-3)+(x-7)+x+(x-10)+40=240 \rightarrow 4x-20+40=240 \rightarrow 4x=220 \rightarrow x=55$

승진시험 점수는 A가 55-3=52점, B가 55-7=48점, C가 55점, D가 55-10=45점, E가 40점이고, 5명 중 시험 점수가 높은 순서대로 상위 2명이 승진하였으므로 승진시험 점수가 55점인 C와 52점인 A가 승진하였다. 이에 따라 둘 중 승진시험 점수가 더 낮은 A의 승진시험 점수가 승진시험 점수의 커트라인이다.

따라서 승진시험 점수의 커트라인은 52점이다.

제1장 의사소통능력

제2장 수리능력

제3장 문제해결능력

제4장 자원관리능력

제5장 조직이해능력

해커스 지역농협 6급 NCS 인적성 및 직무능력평가 통합 기본서

유형 특징

· 주어진 숫자, 문자, 기호 등에 적용된 규칙을 파악하여 빈칸에 들어갈 알맞은 숫자 또는 문자를 유추하는 유형의 문제이다.

세부 출제 유형

· 수/문자추리는 다음과 같이 3개의 세부 유형으로 출제된다.
  ① 수의 관계를 유추하는 문제
  ② 문자의 관계를 유추하는 문제
  ③ 기호에 적용된 숫자와 문자의 관계를 유추하는 문제

공략법

· 시험에 출제된 적이 있는 기본수열과 응용수열을 학습한다. (기초이론 p.138)

· 알파벳, 한글 자음, 한글 모음 순서를 충분히 학습하여 숫자로 빠르게 변경하는 연습을 한다. (기초이론 p.139)

· 나열된 수에서 규칙을 찾을 수 없을 때에는 홀수항과 짝수항을 나누어 비교하거나, 제시된 수를 2개 또는 3개씩 나누어 비교하며 규칙을 파악해 본다.

· 숫자 또는 문자로 구성된 문자열에서 각 자리 숫자의 위치가 변경되는 등의 규칙이 적용되므로 최대한 많은 문제를 풀어보면서 다양한 규칙을 빠르게 파악하는 연습을 한다.

예제 1 수의 관계를 유추하는 문제

다음 숫자가 규칙에 따라 나열되어 있을 때, 빈칸에 들어갈 알맞은 것을 고르면?

2 4 8 16 ( )

① 20 　　　　② 24 　　　　③ 28 　　　　④ 30 　　　　⑤ 32

I정답 및 해설I ⑤

제시된 각 숫자 간의 값이 ×2로 반복되므로 빈칸에 들어갈 알맞은 숫자는 '32'이다.

PART 1 NCS 직무능력평가

제1장
의사소통능력

제2장
수리능력

제3장
문제해결능력

제4장
자원관리능력

제5장
조직이해능력

해커스 지역농협 6급 NCS 인적성 및 직무능력평가 통합 기본서

예제 2 문자의 관계를 유추하는 문제

다음 문자가 규칙에 따라 나열되어 있을 때, 빈칸에 들어갈 알맞은 것을 고르면?

F G H I (   ) K L M N

① A ② G ③ J ④ O ⑤ S

|정답 및 해설| ③

제시된 각 문자를 알파벳 순서에 따라 숫자로 변경한다.

F G H I (J) K L M N
6 7 8 9 10 11 12 13 14

각 숫자 간의 값이 +1로 반복되므로 빈칸에 들어갈 알맞은 문자는 숫자 10에 해당하는 'J'이다.

예제 3 기호에 적용된 숫자와 문자의 관계를 유추하는 문제

다음 각 기호가 문자, 숫자의 배열을 바꾸는 규칙을 나타낸다고 할 때, 빈칸에 들어갈 알맞은 것을 고르면?

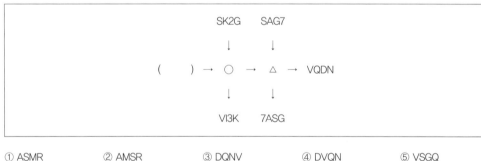

① ASMR ② AMSR ③ DQNV ④ DVQN ⑤ VSGQ

|정답 및 해설| ①

○: 문자와 숫자 순서에 따라 첫 번째 문자(숫자)를 다음 세 번째 순서에 오는 문자(숫자)로, 두 번째 문자(숫자)를 이전 두 번째 순서에 오는 문자(숫자)로, 세 번째 문자(숫자)를 바로 다음 순서에 오는 문자(숫자)로, 네 번째 문자(숫자)를 다음 네 번째 순서에 오는 문자(숫자)로 변경한다.

ex. abcd → dzdh (a+3, b−2, c+1, d+4)

△: 첫 번째 문자(숫자)를 세 번째 자리로, 세 번째 문자(숫자)를 네 번째 자리로, 네 번째 문자(숫자)를 첫 번째 자리로 이동시킨다.

ex. abcd → dbac

따라서 빈칸에 들어갈 알맞은 것은 ASMR → ○ → DQNV → △ → VQDN이다.

유형 3 도표분석

유형 특징

· 주어진 도표를 분석하거나 항목의 값을 이용하여 계산하는 유형의 문제이다.

세부 출제 유형

· 도표분석은 다음과 같이 3개의 세부 유형으로 출제된다.
 ① 도표의 의미를 해석하는 문제
 ② 도표의 수치를 이용하여 계산하는 문제
 ③ 도표를 다른 형태로 변환하는 문제

공략법

· 도표를 정확히 분석할 수 있도록 도표의 종류 및 용도를 학습하고, 도표분석 시 유의사항을 숙지한다. (기초이론 p.140)
· 변화량, 증감률, 비중 등 도표분석 시 활용되는 계산식을 반드시 암기한다. (기초이론 p.141)
· 선택지를 먼저 확인하고 제시된 도표에서 필요한 정보만 선별적으로 확인하여 풀이시간을 단축한다.

예제 1 도표의 의미를 해석하는 문제

다음은 지역별 서류 및 봄 감자 생산량에 대한 자료이다. 다음 중 자료에 대한 설명으로 옳은 것은?

[지역별 서류 및 봄 감자 생산량]

구분	2019년				2020년			
	서류		봄 감자		서류		봄 감자	
	생산 면적 (ha)	생산량 (천 톤)	생산 면적 (ha)	생산량 (천 톤)	생산 면적 (ha)	생산량 (천 톤)	생산 면적 (ha)	생산량 (천 톤)
경기	5,838	107	2,005	51	5,277	88	1,641	41
강원	6,476	206	2,103	60	5,804	174	1,828	46
충북	3,069	54	1,346	33	2,945	49	1,270	30
충남	5,964	107	2,596	64	5,323	91	2,001	48
전북	6,153	116	1,227	35	5,764	103	1,105	25
전남	8,777	226	2,273	61	8,428	156	2,331	53
경북	5,155	105	3,318	79	4,770	90	3,069	65
경남	3,786	76	1,993	51	3,970	70	1,943	39
합계	45,218	997	16,861	434	42,281	821	15,188	347

※ 서류: 감자나 고구마 등 덩이줄기나 덩이뿌리를 이용하는 작물

※ 출처: KOSIS(통계청, 농작물생산조사)

① 제시된 지역 중 2020년 서류 생산량이 전년 대비 증가한 지역은 1곳이다.

② 2020년 경기의 서류 생산량에서 같은 해 봄 감자 생산량이 차지하는 비중은 50% 이상이다.

③ 제시된 지역 중 봄 감자 생산 면적이 가장 큰 지역은 2019년과 2020년에 서로 동일하다.

④ 2019년 서류 생산 면적이 5,000ha 이상인 각 지역은 같은 해 봄 감자 생산 면적이 2,000ha 이상이다.

⑤ 제시된 지역 중 2020년 서류 생산량이 다른 지역에 비해 가장 적은 지역의 서류 생산 면적 1ha당 서류 생산량은 20톤 이상이다.

|정답 및 해설| ③

제시된 지역 중 봄 감자 생산 면적이 가장 큰 지역은 2019년과 2020년에 모두 경북으로 서로 동일하므로 옳은 설명이다.

① 제시된 지역 중 2020년 서류 생산량이 전년 대비 증가한 지역은 없으므로 옳지 않은 설명이다.

② 2020년 경기의 서류 생산량에서 같은 해 봄 감자 생산량이 차지하는 비중은 $(41/88) \times 100 ≒ 46.6\%$이므로 옳지 않은 설명이다.

④ 2019년 전북의 서류 생산 면적은 6,153ha이지만, 같은 해 봄 감자 생산 면적은 1,227ha이므로 옳지 않은 설명이다.

⑤ 제시된 지역 중 2020년 서류 생산량이 가장 적은 충북의 서류 생산 면적 1ha당 서류 생산량은 $(49 \times 1,000)/2,945 ≒ 16.6$톤이므로 옳지 않은 설명이다.

[예제 2] 도표의 수치를 이용하여 계산하는 문제

다음은 A 국의 성별 및 연령별 인구 현황에 대한 자료이다. 제시된 기간 중 남자와 여자 인구수 차이가 가장 큰 해의 노령화 지수는 약 얼마인가? (단, 소수점 둘째 자리에서 반올림하여 계산한다.)

[성별 및 연령별 인구 현황]

(단위: 천 명)

구분		2017년	2018년	2019년	2020년	2021년
성별	남자	25,737	25,858	25,949	25,926	25,858
	여자	25,625	25,727	25,816	25,911	25,887
연령별	14세 이하	6,724	6,595	6,448	6,306	6,144
	15세 이상 64세 이하	37,572	37,624	37,628	37,379	37,030
	65세 이상	7,066	7,366	7,689	8,152	8,571
전체		51,362	51,585	51,765	51,837	51,745

※ 노령화 지수=(65세 이상 인구 / 14세 이하 인구) × 100

① 111.7   ② 119.2   ③ 129.3   ④ 139.5   ⑤ 151.9

|정답 및 해설| ②

노령화 지수=(65세 이상 인구 / 14세 이하 인구) × 100임을 적용하여 구한다.

제시된 기간 중 남자와 여자 인구수 차이는 2017년에 25,737−25,625=112천 명, 2018년에 25,858−25,727=131천 명, 2019년에 25,949−25,816=133천 명, 2020년에 25,926−25,911=15천 명, 2021년에 25,887−25,858=29천 명으로 2019년에 가장 크다.

따라서 남자와 여자 인구수 차이가 가장 큰 2019년의 노령화 지수는 $(7,689/6,448) \times 100 ≒ 119.2$이다.

PART 1 NCS 직무능력평가

제1장 의사소통능력

제2장 수리능력

제3장 문제해결능력

제4장 자원관리능력

제5장 조직이해능력

해커스 지역농협 6급 NCS 인적성 및 직무능력평가 통합 기본서

다음은 특 · 광역시별 202X년 상반기 토지거래 수에 대한 자료이다. 제시된 지역 중 202X년 1월 토지거래 수가 가장 많은 지역의 202X년 1월부터 6월까지 토지거래 수에 대한 그래프로 옳은 것은?

[202X년 상반기 토지거래 수의 전월 대비 변화량]

(단위: 필지)

구분	1월	2월	3월	4월	5월	6월
서울	−3,864	−5,072	1,243	4,500	−2,432	−2,541
부산	−12,531	578	1,812	3,029	−2,712	−830
대구	−7,254	−1,321	395	1,064	950	−947
인천	−2,633	−432	7,724	173	−1,955	−1,450
광주	−5,769	536	549	150	677	−1,745
대전	−989	−1,509	799	707	−814	393
울산	−4,011	−519	420	317	600	652
세종	−621	−872	968	445	−1,303	78

[202X년 1월 토지거래 수]

(단위: 필지)

구분	서울	부산	대구	인천	광주	대전	울산	세종
토지거래 수	30,086	11,401	9,651	15,312	4,699	5,540	3,982	3,121

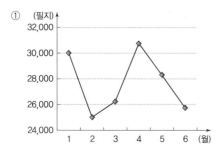

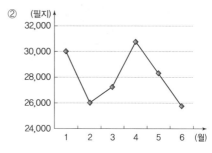

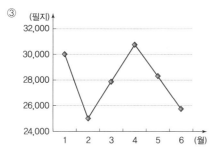

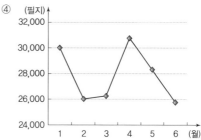

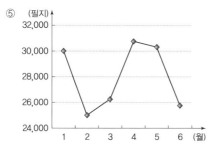

PART 1 NCS 직무능력평가

제1장
의사소통능력

제2장
수리능력

제3장
문제해결능력

제4장
자원관리능력

제5장
조직이해능력

해커스 지역농협 6급 NCS 인적성 및 직무능력평가 통합 기본서

|정답 및 해설| ①

토지거래 수의 전월 대비 변화량＝이달 토지거래 수－전월 토지거래 수이므로 이달 토지거래 수＝전월 토지거래 수＋토지거래 수의 전월 대비 변화량임을 적용하여 구한다.

제시된 지역 중 202X년 1월 토지거래 수가 가장 많은 서울의 1월 토지거래 수는 30,086필지이므로 서울의 토지거래 수는 2월에 30,086＋(−5,072)＝25,014필지, 3월에 25,014＋1,243＝26,257필지, 4월에 26,257＋4,500＝30,757필지, 5월에 30,757＋(−2,432)＝28,325필지, 6월에 28,325＋(−2,541)＝25,784필지이다.

따라서 제시된 지역 중 202X년 1월 토지거래 수가 가장 많은 서울의 토지거래 수로 옳은 그래프는 ①이다.

유형 1 | **기초연산**

제한시간: 11분 15초

01 갑은 월이율 2%의 금리로 150만 원을 이달 초에 원리금균등상환 방식으로 대출받았다. 이달부터 매월 말에 일정한 금액씩 7개월에 걸쳐 상환한다고 할 때, 매달 상환해야 하는 금액은? (단, $(1.02)^6=1.13$, $(1.02)^7=1.15$이다.)

① 22만 원　　　② 23만 원　　　③ 24만 원　　　④ 25만 원　　　⑤ 26만 원

02 지역농협 ○○지점에 근무하는 신입사원 A는 4대 보험에 가입하였다. 비과세 10만 원을 포함한 A의 월급이 300만 원일 때, 장기요양보험료를 포함하여 매달 A가 납부하는 건강보험료는 약 얼마인가? (단, 10원 단위는 절사하여 계산한다.)

[20XX년 건강 보험료율]

구분	보험료율	비고
건강보험료	6.12%	보수월액 기준
장기요양보험료	6.55%	건강보험료 기준

※ 1) 보수월액: 비과세를 제외한 급여 금액
　 2) 건강보험료와 장기요양보험료 모두 근로자와 사업주 각 50%씩 부담

① 88,740원　　　② 94,550원　　　③ 97,820원　　　④ 177,480원　　　⑤ 189,100원

03 △△기업에서는 작년에 A 제품의 정가를 260만 원으로 책정하여 판매하였더니 제품 1개당 얻은 정가 이익률이 30%였다. 올해 A 제품의 원가가 28만 원 상승하였으나 A 제품에 대한 정가 이익률은 작년과 동일하게 30%로 유지하고자 할 때, A 제품의 작년 정가와 올해 정가의 금액 차는?

① 28만 원　　　② 32만 원　　　③ 36만 원　　　④ 40만 원　　　⑤ 44만 원

04 지역농협에 재직 중인 A, B, C 세 사람의 현재 근속연수를 모두 합치면 45년이다. A의 현재 근속연수는 C의 현재 근속연수의 5배이고, B의 5년 뒤 근속연수는 C의 5년 뒤 근속연수의 2배일 때, C의 현재 근속연수는?

① 2년   ② 4년   ③ 5년   ④ 7년   ⑤ 8년

05 치과기공사인 민아 혼자서 틀니 1개를 제작하는 데 소요되는 기간은 10일이고, 유미 혼자서 틀니 1개를 제작하는 데 소요되는 기간은 15일이다. 유미는 혼자서 먼저 틀니를 제작하기 시작하였고, 유미가 혼자서 작업을 한 지 5일 후 민아와 유미는 함께 유미가 제작하고 있던 틀니를 이어서 제작하기 시작하여 틀니 1개 제작을 끝마쳤다고 할 때, 민아와 유미가 함께 틀니를 제작한 기간은?

① 4일   ② 5일   ③ 6일   ④ 7일   ⑤ 8일

06 다음 제시된 식을 모두 고려하였을 때, 미지수 x의 값은?

- $-3x + y = -10$
- $3(x-3) + 2(y-2) = -18$

① $\dfrac{2}{3}$ ② $\dfrac{5}{3}$ ③ 3   ④ $\dfrac{13}{3}$ ⑤ 5

07 다음 제시된 조건을 모두 고려하였을 때, 미지수 x의 값은?

- x는 a의 제곱근이며, 정수이다.
- a는 400 이상 600 미만인 수이다.
- a는 일의 자리 숫자와 백의 자리 숫자가 같다.

① 20   ② 21   ③ 22   ④ 23   ⑤ 24

PART 1 NCS 직무능력평가

제1장 의사소통능력

제2장 수리능력

제3장 문제해결능력

제4장 자원관리능력

제5장 조직이해능력

해커스 지역농협 6급 NCS 인적성 및 직무능력평가 통합 기본서

08 놀이공원에 간 A, B, C 세 사람은 서로 다른 놀이기구 5개 중에서 4개를 선택하여 탑승권을 구매하였다. 4장의 놀이기구 탑승권을 세 사람이 2장, 1장, 1장씩 나누어 가지기로 하였을 때, 세 사람이 놀이기구 탑승권을 나누어 가질 수 있는 방법은 총 몇 가지인가?

① 40가지   ② 60가지   ③ 80가지   ④ 180가지   ⑤ 480가지

09 미연이와 기수는 계단의 중간지점에서 가위바위보를 이긴 사람은 계단을 한 칸씩 올라가고 진 사람은 계단을 한 칸씩 내려가는 게임을 시작하였다. 가위바위보를 10회 한 결과 기수가 미연이보다 4칸 위의 계단에 있었다면, 기수가 이긴 횟수는? (단, 비기는 경우는 없다.)

① 3회   ② 4회   ③ 5회   ④ 6회   ⑤ 7회

10 한 박스당 동일한 판매가의 딸기를 A 마트에서는 1+1 행사를 진행하여 판매하고, B 마트에서는 30% 할인행사를 진행하여 판매하고 있으며, 딸기 네 박스를 살 경우 A 마트에서 사는 것이 B 마트에서 사는 것보다 7,120원 더 저렴하다. 재현이가 딸기 다섯 박스를 살 때, A 마트에서 사면 B 마트에서 사는 것보다 얼마를 더 절약할 수 있는가?

① 3,560원   ② 4,450원   ③ 6,230원   ④ 8,900원   ⑤ 10,680원

11 세 명의 농민은 오전 7시에 일을 동시에 시작하여 각각 20분, 35분, 45분마다 5분 동안 휴식을 갖는다. 세 명은 오후 7시까지 일을 한다고 할 때, 세 명의 농민이 함께 마지막 휴식을 가진 후 다시 일을 시작하는 시각은?

① 17시   ② 17시 20분   ③ 17시 40분   ④ 18시 20분   ⑤ 18시 40분

12 총무부에 근무하는 김 사원은 직원 50명의 간식으로 빵과 우유를 50개씩 주문하였다. 빵의 정가는 개당 1,500원이고 우유의 정가는 개당 1,000원이며, 각각 30개를 초과하는 단체 주문 시 초과분에 대해 빵은 20%, 우유는 15%의 할인을 받을 때, 간식을 구매하는 데 지불한 총 비용은?

① 107,500원　　　② 110,000원　　　③ 116,000원　　　④ 117,500원　　　⑤ 125,000원

13 김 주임과 이 대리, 박 사원은 9개의 사내 동호회 중 각자 1개의 서로 다른 사내 동호회에 가입하려고 한다. 김 주임과 이 대리, 박 사원이 사내 동호회에 가입할 수 있는 경우의 수는?

① 27가지　　　② 84가지　　　③ 256가지　　　④ 504가지　　　⑤ 729가지

14 ○○회사는 전산시스템 개편을 위해 A, B, C 세 업체 중 평가 결과가 높은 업체를 선정하여 계약을 진행하려고 한다. 평가 결과는 평가 항목별 평균 점수로 도출할 때, 평가 항목별 중요도를 고려하지 않은 경우와 고려하는 경우의 계약 업체를 순서대로 나열한 것은?

평가 항목	중요도	A 업체	B 업체	C 업체
전략수립	30	80점	60점	70점
보안관리	50	70점	80점	90점
구축현황	20	90점	70점	65점

① A 업체, B 업체　　　② A 업체, C 업체　　　③ B 업체, A 업체

④ B 업체, C 업체　　　⑤ C 업체, A 업체

15 다음은 1년 동안 우리나라의 월별 최고 기온을 나타낸 자료이다. 월별 최고 기온의 최빈값을 a, 평균값을 b, 중앙값을 c라고 할 때, a+b+c의 값은?

구분	1월	2월	3월	4월	5월	6월	7월	8월	9월	10월	11월	12월
최고 기온	2℃	5℃	13℃	20℃	27℃	30℃	31℃	34℃	28℃	20℃	12℃	6℃

① 57　　　② 58　　　③ 59　　　④ 60　　　⑤ 61

약점 보완 해설집 p.14

01 다음 숫자가 규칙에 따라 나열되어 있을 때, 빈칸에 들어갈 알맞은 것을 고르면?

7	11	20	36	(	)	97	146

① 54   ② 58   ③ 61   ④ 66   ⑤ 69

02 다음 숫자가 규칙에 따라 나열되어 있을 때, 빈칸에 들어갈 알맞은 것을 고르면?

8	22	( )	50	64

① 30   ② 36   ③ 38   ④ 40   ⑤ 44

03 다음 숫자가 규칙에 따라 나열되어 있을 때, 빈칸에 들어갈 알맞은 것을 고르면?

1	( )	5	9	14	23	37

① 1   ② 2   ③ 3   ④ 4   ⑤ 6

04 다음 숫자가 규칙에 따라 나열되어 있을 때, 빈칸에 들어갈 알맞은 것을 고르면?

1792	896	448	( )	112	56

① 196   ② 224   ③ 280   ④ 304   ⑤ 320

05 다음 숫자가 규칙에 따라 나열되어 있을 때, 빈칸에 들어갈 알맞은 것을 고르면?

$$\frac{3}{19} \quad \frac{7}{17} \quad \frac{11}{15} \quad \frac{15}{13} \quad (\quad) \quad \frac{23}{9} \quad \frac{27}{7}$$

① $\frac{17}{13}$　　　　② $\frac{3}{2}$　　　　③ $\frac{19}{11}$　　　　④ 2　　　　⑤ $\frac{7}{3}$

06 다음 문자가 규칙에 따라 나열되어 있을 때, 빈칸에 들어갈 알맞은 것을 고르면?

$$D \quad L \quad F \quad M \quad H \quad N \quad J \quad O \quad (\quad)$$

① I　　　　② K　　　　③ L　　　　④ M　　　　⑤ P

07 다음 문자가 규칙에 따라 나열되어 있을 때, 빈칸에 들어갈 알맞은 것을 고르면?

$$C \quad I \quad D \quad E \quad O \quad J \quad (\quad)$$

① G　　　　② H　　　　③ K　　　　④ M　　　　⑤ O

08 다음 문자가 규칙에 따라 나열되어 있을 때, 빈칸에 들어갈 알맞은 것을 고르면?

$$ㄷ \quad ㅂ \quad ㅌ \quad ㅊ \quad ㅂ \quad (\quad)$$

① ㅂ　　　　② ㅇ　　　　③ ㅊ　　　　④ ㅌ　　　　⑤ ㅎ

PART 1 NCS 직무능력평가

제1장 의사소통능력

제2장 수리능력

제3장 문제해결능력

제4장 자원관리능력

제5장 조직이해능력

해커스 지역농협 6급 NCS 인적성 및 직무능력평가 통합 기본서

09 다음 각 기호가 문자, 숫자의 배열을 바꾸는 규칙을 나타낸다고 할 때, 빈칸에 들어갈 알맞은 것을 고르면?

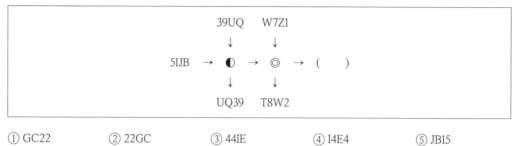

① GC22 ② 22GC ③ 44IE ④ I4E4 ⑤ JB15

10 다음 각 기호가 문자, 숫자의 배열을 바꾸는 규칙을 나타낸다고 할 때, 빈칸에 들어갈 알맞은 것을 고르면?

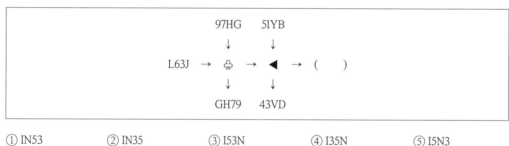

① IN53 ② IN35 ③ I53N ④ I35N ⑤ I5N3

약점 보완 해설집 p.16

01 다음은 지역별 농가소득에 대한 자료이다. 자료에 대한 설명으로 옳은 것은?

[지역별 농가소득]

(단위: 천 원)

구분	2014년	2015년	2016년	2017년	2018년	2019년
경기도	38,822	41,025	40,978	42,563	48,508	50,576
강원도	36,212	39,673	38,687	37,275	37,544	38,727
충청북도	35,570	36,585	37,534	38,288	40,129	39,220
충청남도	31,933	34,717	34,963	36,040	43,510	44,019
전라북도	33,616	36,129	36,875	35,235	45,090	41,214
전라남도	31,129	34,410	35,013	39,660	39,476	39,320
경상북도	36,987	38,222	37,052	35,962	40,921	37,547
경상남도	30,147	34,597	34,241	36,752	37,521	36,923
제주특별자치도	42,700	43,811	45,842	52,922	48,630	48,963

※ 출처: KOSIS(통계청, 농가경제조사)

① 2015년 이후 충청북도의 농가소득은 전년 대비 매년 증가하였다.

② 제시된 지역 중 농가소득이 다섯 번째로 많은 지역은 2016년과 2018년에 서로 다르다.

③ 2019년 충청남도 농가소득의 전년 대비 증가율은 같은 해 제주특별자치도 농가소득의 전년 대비 증가율보다 작다.

④ 2018년 전라북도와 전라남도 농가소득의 합은 같은 해 경상북도와 경상남도 농가소득의 합보다 6,000천 원 이상 많다.

⑤ 제시된 기간 중 강원도의 농가소득이 다른 해에 비해 가장 많은 해에 경기도의 농가소득은 전년 대비 2,003천 원 증가하였다.

PART 1 NCS 직무능력평가

제1장 의사소통능력

제2장 수리능력

제3장 문제해결능력

제4장 자원관리능력

제5장 조직이해능력

해커스 지역농협 6급 NCS 인적성 및 직무능력평가 통합 기본서

02 다음은 국내 바이오산업에 대한 자료이다. 자료에 대한 설명으로 옳은 것은?

[지역별 바이오사업장 수]

(단위: 개)

구분	2016년	2017년	2018년	2019년	2020년
서울	202	208	216	229	229
부산	15	16	15	14	15
인천	23	23	23	21	22
대구	22	22	17	17	15
광주	10	11	11	10	7
대전	78	76	75	82	82
울산	9	7	9	6	8
세종	5	6	5	3	3
경기	314	320	319	319	340
강원	54	53	50	51	44
충북	76	77	79	81	91
충남	51	48	49	46	44
전북	23	23	30	32	35
전남	25	23	36	35	36
경북	32	30	27	24	22
경남	27	28	23	24	25
제주	14	13	9	9	9
전국	980	984	993	1,003	1,027

[연도별 전국의 바이오산업 연구인력 및 연구개발비]

※ 출처: KOSIS(산업통상자원부, 국내바이오산업실태조사)

① 2017년부터 2020년까지 전국의 전년 대비 연구개발비 증가량의 연평균은 130십억 원 미만이다.

② 전국의 바이오사업장 1개당 연구인력의 수는 2020년이 2016년보다 작다.

③ 전국의 바이오사업장 수가 처음으로 1,000개 이상인 해의 전국의 전년 대비 연구인력 증가량은 801명이다.

④ 2018년부터 2020년까지 바이오사업장 수가 가장 많은 상위 3개 지역은 매년 동일하다.

⑤ 2020년 바이오사업장 수가 10개 이상 50개 미만인 지역의 수는 총 10개이다.

PART 1 NCS 직무능력평가

제2장
의사소통능력

제2장
수리능력

제3장
문제해결능력

제4장
자원관리능력

제5장
조직이해능력

해커스 지역농협 6급 NCS 인적성 및 직무능력평가 통합 기본서

03 다음은 국가기술자격 종목별 시험 현황에 대한 자료이다. 자료에 대한 설명으로 옳지 않은 것을 모두 고르면?

[국가기술자격 종목별 시험 현황]

(단위: 명)

구분		필기 응시	필기 합격	실기 응시	실기 합격
2018년	기술사	19,327	2,056	3,173	1,919
	기능장	21,651	9,903	16,390	4,862
	기사	345,833	135,170	210,000	89,380
	산업기사	210,814	78,209	101,949	49,993
	기능사	916,224	423,269	752,202	380,198
2019년	기술사	21,335	2,387	3,768	2,227
	기능장	21,482	11,331	19,410	4,365
	기사	392,925	173,686	256,468	114,955
	산업기사	233,938	90,710	115,773	56,105
	기능사	982,264	459,255	795,801	399,156

※ 1) 필기 합격률(%) = (필기 합격 인원 / 필기 응시 인원) × 100
   2) 실기 합격률(%) = (실기 합격 인원 / 실기 응시 인원) × 100
※ 출처: KOSIS(한국산업인력공단, 국가기술자격통계)

ⓐ 2019년 기능사 필기 합격 인원과 기능사 실기 합격 인원의 차이는 61,099명이다.
ⓑ 2018년 기사 실기 응시 인원은 같은 해 기술사 실기 응시 인원의 약 62배이다.
ⓒ 2019년 필기 합격 인원은 모든 종목에서 전년 대비 증가하였다.
ⓓ 2018년 기능장 필기 합격률은 40% 이상이다.

① ⓐ, ⓑ   ② ⓑ, ⓒ   ③ ⓑ, ⓓ   ④ ⓒ, ⓓ   ⑤ ⓐ, ⓑ, ⓓ

04 다음은 전국의 누에사육 규모별 농가 수에 대한 자료이다. 자료에 대한 설명으로 옳지 않은 것은?

[누에사육 규모별 농가 수]

(단위: 호)

구분	2015년	2016년	2017년	2018년	2019년
6상자 미만	280	310	226	184	177
6~11상자 미만	163	140	150	98	86
11~16상자 미만	131	119	120	100	103
16~21상자 미만	93	84	79	73	88
21~31상자 미만	71	58	55	54	48
31~51상자 미만	63	57	55	55	43
51~100상자 미만	48	35	40	35	28
100상자 이상	21	13	10	12	13

※ 출처: KOSIS(농림축산식품부, 기능성양잠산업현황)

① 2016년 이후 누에사육 규모별 농가 수의 전년 대비 증감 추이는 6~11상자 미만 규모와 51~100상자 미만 규모가 서로 동일하다.

② 2018년 21~31상자 미만 규모의 농가 수는 3년 전 대비 20% 이상 감소하였다.

③ 제시된 기간 중 16~21상자 미만 규모의 농가 수가 다른 해에 비해 가장 많은 해에 16~21상자 미만 규모의 농가 수는 같은 해 6상자 미만 규모의 농가 수보다 187호 더 적다.

④ 2017년부터 2019년까지 31~51상자 미만 규모의 평균 농가 수는 51호이다.

⑤ 2019년 누에사육 규모별 농가 수의 총합은 576호이다.

05 다음은 분기별 이전 소득에 대한 자료이다. 자료에 대한 설명으로 옳지 않은 것은?

[분기별 이전 소득]

(단위: 천 원)

구분			1분기	2분기	3분기	4분기
이전 소득	공적 보조금	합계	1,443	1,524	1,479	2,295
		임업투자 보조금	27	21	21	158
		기타 보조금	74	141	27	728
		연금	840	845	866	881
		기타사회보장 수혜	502	517	565	528
	사적 보조금	합계	270	172	227	113
		출타 가족으로부터의 보조금	11	7	6	8
		친인척으로부터의 보조금	259	165	221	105

※ 이전 소득 = 공적 보조금 + 사적 보조금
※ 출처: KOSIS(산림청, 임가경제조사)

① 1분기에 이전 소득은 1,713천 원이다.

② 4분기에 친인척으로부터의 보조금은 직전 분기 대비 116천 원 감소하였다.

③ 3분기에 연금이 이전 소득에서 차지하는 비중은 약 51%이다.

④ 2분기 이후 공적 보조금 합계는 직전 분기 대비 매 분기 증가하였다.

⑤ 제시된 기간 동안 분기별 출타 가족으로부터의 보조금 평균은 8천 원이다.

06 다음은 연령 및 성별에 따른 즉석조리식품의 구입 경험에 대한 자료이다. 자료에 대한 설명으로 옳은 것은?

[최근 1년간 즉석조리식품 구입 경험]

(단위: %)

구분		밥류	면류	국류	찌개/탕류	죽/스프류	만두/피자류	양념류
연령	20대	95.2	98.2	75.3	72.9	64.0	97.7	74.5
	30대	91.2	97.0	76.5	77.5	73.9	96.1	79.9
	40대	85.4	95.6	73.1	66.9	67.6	95.9	71.4
	50대	73.4	93.2	61.9	59.6	62.8	94.2	63.3
	60대 이상	55.3	87.6	48.9	47.5	56.3	88.5	47.1
성별	남성	75.3	92.6	63.1	61.0	63.6	94.5	64.3
	여성	81.0	95.9	70.5	67.2	66.9	92.4	67.8

※ 구입 경험이 있는 종류에 대해 복수 응답하였음
※ 출처: KOSIS(농림축산식품부, 가공식품소비자태도조사)

① 모든 종류의 즉석조리식품 구입 경험에서 남성의 비율이 여성의 비율보다 낮다.

② 전 연령층에서 구입 경험이 가장 많은 즉석조리식품은 면류이다.

③ 모든 종류의 즉석조리식품에서 20대가 구입을 경험하였다는 비율이 가장 높다.

④ 모든 종류의 즉석조리식품에서 30대가 구입을 경험하였다는 비율이 60대 이상이 구입을 경험하였다는 비율보다 9%p 이상 높다.

⑤ 성별로 응답자 수가 같다면, 전체 구입 응답자 중 국류 구입 경험자의 비율은 66.8%이다.

07 다음은 시도별 신혼부부 현황에 대한 자료이다. 다음 중 자료에 대한 설명으로 옳지 않은 것은?

[시도별 신혼부부 현황]

구분	신혼부부(쌍)	평균 출산 자녀(명)	맞벌이 비중(%)	주택 소유 비중(%)
전국	1,322,406	0.75	44.95	44.97
서울특별시	246,867	0.62	52.48	39.26
부산광역시	77,755	0.76	43.25	47.72
대구광역시	56,985	0.79	41.71	48.63
인천광역시	80,023	0.73	42.44	46.09
광주광역시	35,659	0.84	46.36	53.73
대전광역시	37,736	0.77	45.49	41.86
울산광역시	32,861	0.81	38.05	55.54
세종특별자치시	12,432	0.79	51.09	45.13
경기도	366,397	0.73	45.52	42.15
강원도	35,685	0.76	43.48	42.97
충청북도	40,021	0.81	44.13	46.37
충청남도	56,829	0.80	40.83	48.84
전라북도	38,328	0.86	42.24	49.37
전라남도	40,173	0.89	38.87	49.02
경상북도	61,237	0.83	39.28	50.56
경상남도	85,031	0.82	39.54	51.39
제주특별자치도	18,387	0.81	45.11	43.24

※ 출처: KOSIS(통계청, 신혼부부통계)

① 신혼부부가 가장 많은 지역은 경기도이고, 가장 적은 지역은 세종특별자치시이다.

② 광주광역시의 신혼부부가 출산한 자녀 수는 약 29,954명이다.

③ 맞벌이 비중이 가장 높은 지역과 가장 낮은 지역은 각각 주택 소유 비중이 가장 낮은 지역과 가장 높은 지역과 같다.

④ 평균 출산 자녀가 전국보다 낮은 지역은 3개 지역이다.

⑤ 전국의 맞벌이 신혼부부는 585,000쌍 이하이다.

PART 1 NCS 직무능력평가

제1장 의사소통능력

제2장 수리능력

제3장 문제해결능력

제4장 자원관리능력

제5장 조직이해능력

해커스 지역농협 6급 NCS 인적성 및 직무능력평가 통합 기본서

08 R 연구원은 우리나라 밭농사가 노동력 부족 등의 이유로 어려움에 직면한 상황에 대한 대처 방안 보고서를 작성하려고 한다. 353가구를 대상으로 밭농사 노동력이 부족한 이유를 조사하였으며, 1순위, 2순위, 3순위에 각각 가중치를 부여하여 분석한 결과 '가족노동력 고령화 또는 감소'가 가장 큰 이유로 꼽혔다. 이 항목의 순위별 응답 결과에 가중치를 부여하여 백분율로 계산한 값은 약 얼마인가? (단, 조사한 1순위에 3, 2순위에 2, 3순위에 1의 가중치를 부여한다.)

[밭농사 노동력 부족 이유]

(단위: 가구)

구분	1순위	2순위	3순위
가족노동력 고령화 또는 감소	198	69	42
경영규모 확대	22	44	37
농번기 일손 부족	106	143	36
밭작물 기계화 한계	23	68	141
기타	4	2	11
합계	353	326	267

※ 2순위, 3순위 무응답자가 존재함

① 32.7% ② 34.5% ③ 36.8% ④ 39.1% ⑤ 41.8%

09 다음은 어느 행정구역 내 특용작물 생산 현황에 대한 자료이다. 단수의 크기가 큰 순서대로 나열한 것은?

[특용작물 생산 현황]

구분	농가수(호)	재배면적(ha)	수확면적(ha)	생산량(M/T)
유지작물	20,448	1,440	1,374	1,268
기호작물	6	1	1	16
약용작물	663	719	691	1,999
기타특작	3	2	2	65
버섯류	383	102	96	48,575

※ 1) 단수(kg/10a): 재배면적당 생산량

  2) 1ha = 100a, 1M/T = 1,000kg

※ 출처: KOSIS(농림축산식품부, 특용작물생산실적)

① 기호작물 – 기타특작 – 버섯류 – 유지작물 – 약용작물

② 버섯류 – 기타특작 – 기호작물 – 약용작물 – 유지작물

③ 약용작물 – 버섯류 – 기타특작 – 기호작물 – 유지작물

④ 버섯류 – 기호작물 – 유지작물 – 약용작물 – 기타특작

⑤ 유지작물 – 약용작물 – 기호작물 – 기타특작 – 버섯류

10 다음은 영농형태별 자영농업 노동시간에 대한 자료이다. 2019년 영농 전체의 자영농업 노동시간에서 같은 해 화훼의 자영농업 노동시간이 차지하는 비중은 약 얼마인가? (단, 소수점 첫째 자리에서 반올림하여 계산한다.)

[영농형태별 자영농업 노동시간]

(단위: 시간)

구분	논벼	과수	채소	특용작물	화훼	일반 밭작물	축산	기타
2018년	900	1,767	1,696	1,063	3,014	924	2,223	1,678
2019년	819	1,697	1,557	1,064	2,413	884	2,191	1,826

※ 출처: KOSIS(통계청, 농가경제조사)

① 14% ② 17% ③ 19% ④ 21% ⑤ 24%

11 다음은 어업별 어업경영자금 소요액에 대한 자료이다. 다음 중 2020년 어업 전체의 어업경영자금 소요액의 4년 전 대비 증가율은 약 얼마인가? (단, 소수점 첫째 자리에서 반올림하여 계산한다.)

[어업별 어업경영자금 소요액]

(단위: 십억 원)

구분	2016년	2017년	2018년	2019년	2020년
어선어업	1,343	1,316	1,273	1,331	1,361
정치망어업	91	86	87	88	89
양식어업	3,555	3,674	3,805	3,961	4,008
마을어업	226	231	232	231	234
구획어업	79	75	78	79	79
신고어업	157	158	165	168	168
수산종자생산업	202	211	222	227	230
내수면어업	824	836	867	896	907
천일염제조업	32	33	33	33	34
합계	6,509	6,620	6,762	7,014	7,110

※ 출처: KOSIS(수산업협동조합중앙회, 어업경영자금소요액조사)

① 4% ② 7% ③ 9% ④ 12% ⑤ 14%

12 다음은 2018년 지역별 1인당 월평균 사교육비에 대한 자료이다. 빈칸 A, B, C, D에 들어갈 값을 찾아 A−B+C−D를 계산한 결괏값은?

[2018년 지역별 1인당 월평균 사교육비]

(단위: 만 원)

구분		전국	대도시	서울	광역시	대도시 외	중소도시	읍면지역
일반교과	국어	2.1	2.5	3.2	2.0	1.8	2.0	1.3
	영어	8.5	9.7	12.0	8.1	7.7	8.5	5.1
	수학	8.3	9.7	11.9	8.2	(C)	8.1	5.0
	기타	2.5	2.9	3.6	2.5	2.1	2.3	1.5
	총액	(A)	24.8	30.7	20.8	18.9	20.9	12.9
예체능	음악	2.4	2.7	3.4	2.2	2.3	2.5	1.6
	미술	1.3	1.5	1.8	1.3	1.2	1.3	0.7
	체육	3.1	3.3	(B)	2.9	2.9	3.2	2.2
	취미	0.7	0.8	0.9	0.7	0.7	0.8	0.5
	총액	7.5	8.3	10.0	7.1	7.1	7.8	5.0
진로·진학		0.2	0.2	0.3	0.2	0.2	0.2	0.2
총액		29.1	33.3	41.0	28.1	26.2	28.9	(D)

※ 1) 총액 = 일반교과 총액 + 예체능 총액 + 진로·진학

2) 전국은 대도시와 대도시 외 전체를 의미함

3) 대도시는 서울과 광역시를, 대도시 외는 중소도시와 읍면지역을 의미함

※ 출처: KOSIS(통계청, 초중고사교육비조사)

① 5.4　　　② 6.7　　　③ 8.9　　　④ 14.5　　　⑤ 50.7

13 다음은 2018년 상반기 월별 경상수지와 무역수지에 대한 자료이다. 이를 바탕으로 만든 그래프로 옳은 것은?

[월별 경상수지 및 무역수지]

(단위: 백만 달러)

구분		1월	2월	3월	4월	5월	6월
경상 수지	합계	2,681	3,965	5,181	1,768	8,681	7,378
	상품수지	8,109	5,928	9,876	10,358	11,386	10,036
	서비스수지	−4,494	−2,664	−2,252	−1,983	−2,094	−2,449
	본원소득수지	679	1,282	−1,575	−5,858	229	461
	이전소득수지	−1,613	−581	−868	−749	−840	−670
무역수지		3,453	2,832	6,412	6,162	6,292	6,092

※ 출처: KOSIS(한국은행, 관세청)

① 월별 상품수지

② 항목별 경상수지

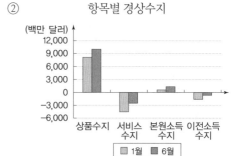

③ 월별 경상수지

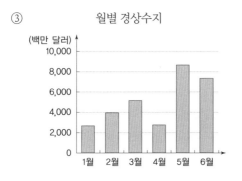

④ 월별 이전소득수지

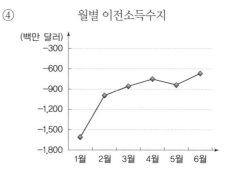

⑤ 월별 무역수지

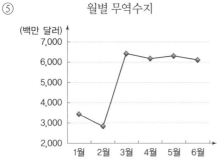

14 다음은 서울특별시 종합건설업 업종별 등록 수에 대한 자료이다. 이를 바탕으로 만든 그래프로 옳은 것은?

[서울특별시 종합건설업 업종별 등록 수]

(단위: 개)

구분	2015년	2016년	2017년	2018년	2019년
합계	1,624	1,677	1,773	1,964	2,072
건축	1,013	1,102	1,206	1,391	1,503
토건	274	259	245	251	244
토목	76	70	79	81	82
산업 설비	78	72	75	75	79
조경	183	174	168	166	164

※ 출처: KOSIS(대한전문건설협회, 전문건설업통계조사)

① 2015년 업종별 등록 수

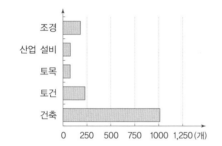

② 연도별 조경 등록 수

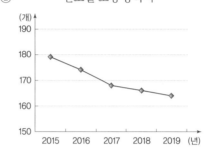

③ 2018년 업종별 등록 수 비중

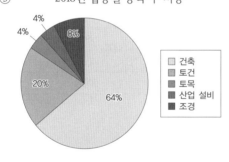

④ 2016년 업종별 등록 수의 전년 대비 증감량

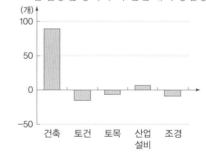

⑤ 연도별 토목 등록 수

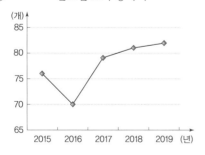

PART 1 NCS 직무능력평가

제1장 의사소통능력

제2장 수리능력

제3장 문제해결능력

제4장 자원관리능력

제5장 조직이해능력

해커스 지역농협 6급 NCS 인적성 및 직무능력평가 통합 기본서

[15-17] 다음은 시도별 식량작물의 경지 이용 현황에 대한 자료이다. 각 물음에 답하시오.

[식량작물의 경지 이용 현황]

구분	2019년			2020년		
	경작 가능 면적(천 ha)	경작 이용 면적(천 ha)	경지이용률(%)	경작 가능 면적(천 ha)	경작 이용 면적(천 ha)	경지이용률(%)
서울	0.3	0.1	33.3	0.3	0.1	33.3
부산	5.3	2.6	49.1	5.2	2.6	50.0
대구	7.3	3.3	45.2	7.1	3.5	49.3
인천	18.6	11.6	62.4	17.6	11.9	67.6
광주	8.9	6.1	68.5	8.8	6.1	69.3
대전	3.6	1.3	36.1	3.6	1.2	33.3
울산	9.7	4.4	45.4	9.6	4.4	45.8
세종	7.4	4.3	58.1	7.3	4.3	58.9
경기	157.5	90.5	57.5	155.1	88.1	56.8
강원	97.7	47.4	48.5	96.9	46.6	48.1
충북	98.7	47.4	48.0	97.7	46.6	47.7
충남	204.3	146.4	71.7	203.1	144.2	71.0
전북	191.7	147.0	76.7	189.4	142.2	75.1
전남	277.9	201.2	72.4	275.4	197.0	71.5
경북	250.2	116.4	46.5	248.5	115.1	46.3
경남	138.1	80.5	58.3	136.7	78.9	57.7
제주	55.5	13.6	24.5	55.2	13.2	23.9
전국	1,532.7	924.1	60.3	1,517.5	906.0	59.7

※ 경지이용률(%) = (경작 이용 면적 / 경작 가능 면적) × 100
※ 출처: KOSIS(통계청, 농업면적조사)

15 위 자료에 대한 설명으로 옳지 않은 것을 모두 고르면?

> ㉠ 2019년에 경작 이용 면적이 두 번째로 큰 지역과 경지이용률이 두 번째로 높은 지역은 동일하다.
> ㉡ 2020년에 경지이용률이 60% 이상인 지역들의 평균 경작 이용 면적은 100천 ha 이상이다.
> ㉢ 2019년에 경작 가능 면적이 50천 ha 이상인 지역의 수와 경지이용률이 50% 이상인 지역의 수는 동일하다.
> ㉣ 2020년 경북의 경지 이용률은 전년 대비 0.2%p 감소하였다.

① ㉠, ㉡   ② ㉠, ㉢   ③ ㉡, ㉢   ④ ㉡, ㉣   ⑤ ㉢, ㉣

16 2020년 경작 가능 면적이 10천 ha 미만인 지역들의 전체 경작 가능 면적과 전체 경작 이용 면적에 따른 경지이용률은 약 얼마인가? (단, 소수점 첫째 자리에서 반올림하여 계산한다.)

① 48%   ② 50%   ③ 51%   ④ 53%   ⑤ 55%

17 다음 중 위 자료를 바탕으로 만든 그래프로 옳지 않은 것은?

① 2019년 수도권 경지이용률

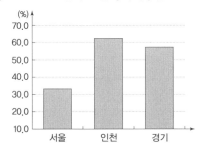

② 2020년 호남지방 경작 가능 면적의 전년 대비 감소량

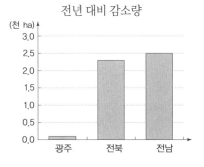

③ 2019년 광역시별 경작 이용 면적

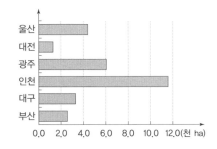

④ 2020년 영남지방 경지이용률

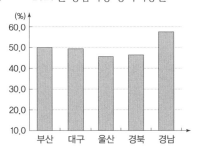

⑤ 2020년 남부지방 도별 경작 가능 면적

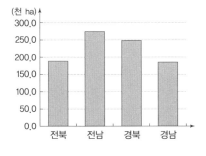

PART 1 NCS 직무능력평가

제1장 의사소통능력

제2장 수리능력

제3장 문제해결능력

제4장 자원관리능력

제5장 조직이해능력

해커스 지역농협 6급 NCS 인적성 및 직무능력평가 통합 기본서

[18 - 20] 다음은 연령대 및 성별 정부기관 일자리 수에 대한 자료이다. 각 물음에 답하시오.

[연령대별 정부기관 일자리 수]

(단위: 만 개)

	2016년	2017년	2018년	2019년	2020년
30세 미만	26.8	27.2	27.8	29.9	32.6
공무원	20.0	20.3	21.4	22.9	24.4
비공무원	6.8	6.9	6.4	7.0	8.2
30대	50.6	50.5	49.0	50.2	51.1
공무원	38.4	38.3	38.5	39.5	40.0
비공무원	12.2	12.2	10.5	10.7	11.1
40대	55.7	56.0	55.0	55.9	58.2
공무원	39.7	39.9	40.2	40.7	41.6
비공무원	16.0	16.1	14.8	15.2	16.6
50대	41.1	42.8	44.2	47.3	50.5
공무원	28.5	29.3	30.2	31.4	32.0
비공무원	12.6	13.5	14.0	15.9	18.5
60세 이상	12.0	12.6	13.4	16.3	20.3
공무원	1.4	1.5	1.5	1.4	1.5
비공무원	10.6	11.1	11.9	14.9	18.8
전체	186.2	189.1	189.4	199.6	212.7
공무원	128.0	129.3	131.8	135.9	139.5
비공무원	58.2	59.8	57.6	63.7	73.2

[성별 정부기관 일자리 수]

※ 출처: KOSIS(통계청, 일자리행정통계)

PART 1 NCS 직무능력평가

제1장 의사소통능력

제2장 수리능력

제3장 문제해결능력

제4장 자원관리능력

제5장 조직이해능력

해커스 지역농협 6급 NCS 인적성 및 직무능력평가 통합 기본서

18 위 자료에 대한 설명으로 옳은 것을 모두 고르면?

> ㉠ 2020년 전체 정부기관 일자리 수의 4년 전 대비 증가율은 15% 미만이다.
>
> ㉡ 2018년 남성 정부기관 일자리 수의 전년 대비 증가량은 0.2만 개이다.
>
> ㉢ 2020년 정부기관 일자리 수는 연령대가 높을수록 공무원과 비공무원의 일자리 수도 많아진다.
>
> ㉣ 제시된 기간 동안 여성 정부기관 일자리 수가 처음으로 95만 개 이상인 해와 전체 비공무원 일자리 수가 가장 많았던 해는 동일하다.

① ㉠, ㉡   ② ㉠, ㉣   ③ ㉡, ㉢   ④ ㉠, ㉡, ㉢   ⑤ ㉠, ㉡, ㉣

19 2016년부터 2020년까지 여성 정부기관 일자리 수의 연도별 평균은?

① 92.86만 개   ② 93.17만 개   ③ 93.68만 개

④ 94.21만 개   ⑤ 94.73만 개

20 위 자료를 바탕으로 만든 그래프로 옳지 않은 것은?

① 30세 미만 전체 정부기관 일자리 수

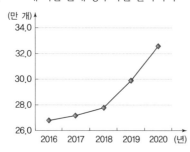

② 2016년 전체 정부기관 일자리 수 비중

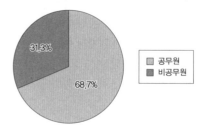

③ 2018년 연령대별 공무원 일자리 수

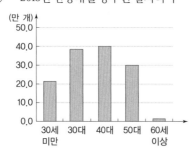

④ 연도별 성별 정부기관 일자리 수의 차

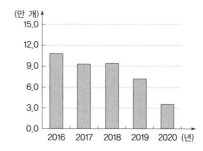

⑤ 연도별 50대 비공무원 일자리 수

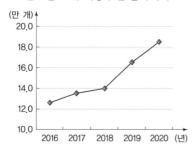

약점 보완 해설집 p.17

PART 1 | NCS 직무능력평가

제3장 문제해결능력

■ 출제경향분석

문제해결능력 소개

문제해결능력은 업무 상황에서 올바른 결론을 도출하는 능력, 업무 수행 중 발생하는 여러 가지 문제를 올바르게 인식하고 창의적, 논리적, 비판적 사고를 통해 문제를 적절히 해결하는 능력을 평가하는 영역이다.

대표 출제 유형

문제해결능력은 사고력, 문제처리 총 2개의 유형으로 출제된다.

유형 1	사고력
유형 2	문제처리

시험 유형별 문제해결능력 출제 유형

시험 유형	출제 유형
60문항/60분	사고력, 문제처리
60문항/70분	사고력, 문제처리
70문항/70분	사고력, 문제처리

PART 1 NCS 직무능력평가

제1장
의사소통능력

제2장
수리능력

제3장
문제해결능력

제4장
자원관리능력

제5장
조직이해능력

해커스 **지역농협 6급** NCS 인적성 및 직무능력평가 통합 기본서

최신 출제 경향

1 문제해결능력은 전반적으로 보통의 난도로 출제되고 있다.

2 사고력은 기초이론을 학습해야 정답을 찾을 수 있는 사고력의 종류를 찾는 문제 또는 논리적 오류의 종류별 특징을 묻는 문제, 명제의 '역, 이, 대우'를 이용하여 옳고 그름을 판단하는 문제, 거짓말을 하는 사람을 찾는 문제, 조건을 적용하여 위치를 배치하거나 순서를 결정하는 등의 문제가 출제되었다.

3 문제처리는 SWOT 관련 문제, 최선의 방안을 도출하는 문제가 출제되었다.

학습 방법

1 사고력

'문제해결능력 기초이론(p.184)'을 통해 문제해결능력 모듈이론의 핵심 내용을 반드시 학습하고 명제, 추론 등 기본적인 논리 이론을 문제에 적용하는 연습을 한다.

2 문제처리

한국산업인력공단에서 제공하는 문제해결능력 모듈이론을 기반으로 한 문제와, 문제에 제시된 상황을 이해하고 필요한 정보만을 빠르게 선별하여 최선의 방안을 도출하는 문제가 출제된다. 따라서 '문제해결능력 기초이론(p.190)'을 통해 문제의 의미와 유형, 문제해결의 절차 등을 꼼꼼히 학습하고, 다양한 문제를 풀어보며 상황에 따라 적절한 해결 방법을 도출하는 연습을 한다.

'기초이론'에서는 한국산업인력공단 NCS 직업기초능력 가이드북뿐만 아니라 문제를 풀 때 필요한 이론까지 학습할 수 있다.
'지농6급 기출'은 지역농협 6급 시험에 출제된 개념이므로 반드시 암기하고, 학습한 내용은 '확인 문제'를 통해 다시 한번 점검한다.

1. 사고력

1 사고력의 의미와 중요성

1) 사고력의 의미

창의적, 논리적, 비판적으로 생각하는 능력으로, 일상생활뿐만 아니라 공동체 생활의 문제해결을 위해 요구되는 기본 요소

2) 사고력의 중요성

사고력은 다양한 형태의 문제에 대처하고 자신들의 의견 및 행동을 피력하는 데 중요한 역할을 함

2 사고력의 종류

1) 창의적 사고

의미	• 당면한 문제를 해결하기 위해 개인이 가지고 있는 경험과 지식을 가치 있는 새로운 아이디어로 결합함으로써 참신한 아이디어를 산출하는 능력
특징	• 정보와 정보의 조합으로 사회나 개인에게 새로운 가치를 창출해 줌 • 교육훈련을 통해 개발될 수 있음
창의적 사고를 위한 태도	• 문제에 대해서 다양한 사실을 찾거나 다채로운 아이디어를 창출하는 발산적 사고가 요구됨
개발 방법	• 자유연상법 – 어떤 생각에서 다른 생각을 계속해서 떠올리는 작용을 통해 어떤 주제에서 생각나는 것을 계속해서 열거해 나가는 발산적 사고 방법

확인 문제

다음 중 '어떤 생각에서 다른 생각을 계속해서 떠올리는 작용을 통해 어떤 주제에서 생각나는 것을 계속해서 열거해 나가는 발산적 사고 방법'은 무엇인가?

① NM법   ② Synectics법   ③ Logic Tree   ④ 자유연상법   ⑤ 체크리스트

정답: ④

PART 1 NCS 직무능력평가

제1장
의사소통능력

제2장
수리능력

제3장
문제해결능력

제4장
자원관리능력

제5장
조직이해능력

해커스 지역농협 6급 NCS 인적성 및 직무능력평가 통합 기본서

– 대표 기법: 브레인스토밍 　[지농6급 기출]

의미	두뇌에 폭풍을 일으킨다는 뜻으로, 발산적 사고를 일으키는 대표적 기법
진행 방법	1단계: 구체적이고 명확한 주제 선정 2단계: 구성원들이 마주 볼 수 있는 좌석 배치 및 기록할 용지 준비 3단계: 구성원들의 다양한 의견을 도출할 수 있는 리더 선출 4단계: 다양한 분야에 있는 5~8명 정도의 사람으로 구성원 구성 5단계: 구성원들의 자유로운 발언, 발언 내용 기록 후 구조화 6단계: 독자적이고 실현 가능한 아이디어 채택(아이디어 비판 금지)

개발 방법

· 강제연상법
  – 각종 힌트를 강제적으로 연결 지어서 발상하는 방법
  – 대표 기법: 체크리스트, 스캠퍼기법
· 비교발상법
  – 주제와 본질적으로 닮은 것을 힌트로 하여 새로운 아이디어를 얻는 방법
  – 대표 기법

NM법	대상과 비슷한 것을 힌트로 새로운 아이디어 등을 도출하는 방법
Synectics법	서로 관련 없어 보이는 것들을 조합하여 새로운 것을 도출하는 집단 아이디어 발상 방법

2) 논리적 사고

의미	· 사고의 전개에 있어서 전후의 관계가 일치하고 있는가를 살피고, 아이디어를 평가하는 사고능력 · 자신이 만든 계획이나 주장을 주위 사람에게 이해시켜 실현시키기 위해 필요한 능력
논리적 사고를 위한 태도	· 생각하는 습관　　　　　· 상대 논리의 구조화 · 구체적인 생각　　　　　· 타인에 대한 이해 · 설득
개발 방법	· 피라미드 구조화 방법: 하위의 사실이나 현상부터 사고함으로써 상위의 주장을 만들어가는 방법 · So what 방법: 눈앞에 있는 정보로부터 의미를 찾아내어 가치 있는 정보를 이끌어 내는 방법

3) 비판적 사고

의미	· 어떤 주제나 주장 등에 대해서 적극적으로 분석하고 종합하여 평가하는 능동적인 사고능력 · 어떤 논증, 추론, 증거, 가치를 표현한 사례를 타당한 것으로 수용할 것인가 아니면 불합리한 것으로 거절할 것인가에 대한 결정을 내릴 때 요구되는 사고능력
비판적 사고를 위한 태도	· 지적 호기심, 객관성, 개방성, 융통성, 지적 회의성, 지적 정직성, 체계성, 지속성, 결단성, 다른 관점에 대한 존중 · 비판적인 사고를 개발하기 위해서는 어떤 현상에 대해서 문제의식을 가지고, 고정관념을 버려야 함

[확인 문제]

다음 중 비판적 사고를 위한 태도로 적절하지 않은 것은?

① 폐쇄성　　　　　　② 객관성　　　　　　③ 지적 호기심
④ 체계성　　　　　　⑤ 다른 관점에 대한 존중

정답: ①

3 논리적 오류의 대표 유형 [지능6급 기출]

권위나 인신공격에 의존한 논증	다른 사람의 권위를 빌려 자신의 논리적 취약점을 가리거나 상대방의 주장이 아니라 상대방의 인격을 공격하는 오류
허수아비 공격의 오류	자신의 주장이 빈약할 때 상대가 의도하지 않은 것을 강조하거나 허점을 비판하여 자신의 주장을 내세우는 오류로, 상대방의 입장과 유사하지만 사실은 똑같지 않은 주장을 상대방의 입장으로 대체하여 반박하거나 공격하는 오류
무지의 오류	증명할 수 없거나 증명이 어려운 주장이 증명되지 않았다는 이유로 그 반대의 주장이 참이라고 생각하는 오류
결합·분할의 오류	집합의 부분이 가지는 속성을 전체 집합도 가지고 있다고 여기거나 반대로 전체 집합이 가지는 속성을 그 집합의 부분들도 가지고 있다고 여길 때 발생하는 오류
성급한 일반화 오류	대표성이 결여된 한정적인 정보만으로 성급하게 일반 원칙을 도출할 때 발생하는 오류
복합 질문의 오류	사실상 두 가지 이상의 내용이 합쳐진 하나의 질문을 함으로써 답변자가 어떻게 대답하든 숨겨진 질문에 수긍하게 만드는 질문을 할 때 발생하는 오류
과대 해석의 오류	의도하지 않은 행위의 결과에 대해 의도가 있었다고 확대 해석할 때 발생하는 오류
애매성의 오류	애매한 언어를 사용하여 발생하는 오류
연역법의 오류	'A는 B이다, B는 C이다, 따라서 A는 C이다.'와 같은 삼단논법에서 발생하는 오류
인과의 오류	인과의 원인이 아닌 것을 원인이라고 주장하는 오류
잘못된 유비추리의 오류	유사하지 않은 두 관계를 동등한 관계로 비유해 추리하는 오류
논점 일탈의 오류	서로 연관이 없는 사안이나 망상을 인용하면서 핵심으로부터 주의를 돌리는 오류

확인 문제

다음 중 '증명할 수 없거나 증명이 어려운 주장이 증명되지 않았다는 이유로 그 반대의 주장이 참이라고 생각하는 오류'는 무엇인가?

① 허수아비 공격의 오류　　　② 무지의 오류　　　③ 과대 해석의 오류
④ 연역법의 오류　　　⑤ 복합 질문의 오류

정답: ②

4 명제의 활용

1) 명제의 의미

가정과 결론으로 구성되어 참과 거짓을 명확히 판별할 수 있는 문장이며, 어떤 명제를 'p이면 q이다.'의 꼴로 나타낼 때 p를 가정, q를 결론이라 함

2) 명제의 '역', '이', '대우' 지농6급 기출

명제	p이면 q이다. 예 축구를 할 수 있는 모든 사람은 야구도 할 수 있다.
명제의 '역'	q이면 p이다. 예 야구를 할 수 있는 모든 사람은 축구도 할 수 있다.
명제의 '이'	p가 아니면 q가 아니다. 예 축구를 할 수 없는 모든 사람은 야구도 할 수 없다.
명제의 '대우'	q가 아니면 p가 아니다. 예 야구를 할 수 없는 모든 사람은 축구도 할 수 없다.

3) 명제 사이의 관계 지농6급 기출

명제와 '대우' 사이의 관계	주어진 명제가 참일 때 그 명제의 '대우'만이 참인 것을 알 수 있고, 주어진 명제가 거짓일 때 그 명제의 '대우'만이 거짓인 것을 알 수 있음
명제와 '역', '이' 사이의 관계	주어진 명제의 참과 거짓을 판별할 수 있더라도 그 명제의 '역'과 '이'의 참과 거짓은 판별할 수 없음

PART 1 NCS 직무능력평가

제1장 의사소통능력

제2장 수리능력

제3장 문제해결능력

제4장 자원관리능력

제5장 조직이해능력

해커스 지역농협 6급 NCS 인적성 및 직무능력평가 통합 기본서

확인 문제

다음 중 '운동을 좋아하는 사람은 활동적이다.'의 '대우'는?

① 활동적인 사람은 운동을 좋아한다.
② 운동을 좋아하지 않는 사람은 활동적이지 않다.
③ 활동적이지 않은 사람은 운동을 좋아한다.
④ 운동을 좋아하는 사람은 활동적이지 않다.
⑤ 활동적이지 않은 사람은 운동을 좋아하지 않는다.

정답: ⑤

4) 명제의 부정 [지능6급 기출]

명제에 반대되는 개념이 아니라 명제를 제외한 나머지 모두를 포함하는 개념이며, 어떤 명제 'p이면 q이다.'의 부정은
'p이면 q가 아니다.'가 됨

5) 연결어, 수식어의 부정 [지능6급 기출]

'그리고'와 '또는'의 부정	'그리고(and)'라는 의미를 갖는 연결어의 부정은 '또는(or)'이라는 의미를 갖는 연결어임 ㉠ 독일어를 할 수 있는 사람은 / 이탈리아어와 스페인어를 할 수 있다. (명제) 　독일어를 할 수 있는 사람은 / 이탈리아어를 할 수 없거나 스페인어를 할 수 없다. (명제의 '부정')
	'또는'이라는 의미를 갖는 연결어의 부정은 '그리고'라는 의미를 갖는 연결어임 ㉠ 독일어를 할 수 있는 사람은 / 이탈리아어를 할 수 있거나 스페인어를 할 수 있다. (명제) 　독일어를 할 수 있는 사람은 / 이탈리아어와 스페인어를 할 수 없다. (명제의 '부정')
'모든'과 '어떤'의 부정	'모든'이라는 의미를 갖는 수식어의 부정은 '어떤'이라는 의미를 갖는 수식어임 ㉠ 독일어를 할 수 있는 사람은 모두 / 스페인어를 할 수 있다. (명제) 　독일어를 할 수 있는 사람 중 일부는 / 스페인어를 할 수 없다. (명제의 '부정')
	'어떤'이라는 의미를 갖는 수식어의 부정은 '모든'이라는 의미를 갖는 수식어임 ㉠ 독일어를 할 수 있는 사람 중 일부는 / 스페인어를 할 수 있다. (명제) 　독일어를 할 수 있는 사람은 모두 / 스페인어를 할 수 없다. (명제의 '부정')

6) 명제의 분리 [지능6급 기출]

연결어를 포함한 명제는 경우에 따라 분리가 가능함

① 분리된 명제가 참인 경우

(S or P) → Q (참)	S → Q (참), P → Q (참)
S → (P and Q) (참)	S → P (참), S → Q (참)

② 분리된 명제의 참과 거짓을 판별할 수 없는 경우

S → (P or Q) (참)	S → P (알 수 없음), S → Q (알 수 없음)
(S and P) → Q (참)	S → Q (알 수 없음), P → Q (알 수 없음)

확인 문제

다음 중 '물을 마시거나 음료수를 마시면 갈증이 해소된다.'라는 명제가 참일 때, 항상 옳은 것은?
① 음료수를 마시지 않으면 갈증이 해소되지 않는다.
② 물도 마시고 음료수도 마시면 갈증이 해소되지 않는다.
③ 물을 마시지 않으면 갈증이 해소되지 않는다.
④ 음료수를 마시면 갈증이 해소된다.
⑤ 갈증이 해소됐다면 물을 마시거나 음료수를 마신 것이다.

정답: ④

PART 1 NCS 직무능력평가

제1장
의사소통능력

제2장
수리능력

제3장
문제해결능력

제4장
자원관리능력

제5장
조직이해능력

해커스 지역농협 6급 NCS 인적성 및 직무능력평가통합 기본서

5 추론의 종류

1) 연역추론 [지농6급 기출]

- 일반적인 원리를 전제로 개별적인 경우를 추론하는 방법
- 전제가 참이면 결론도 반드시 참인 특징이 있음
- 삼단논법이 연역추론의 대표적인 형태임
  예 직장인은 모두 양복을 입고 다닌다.
     민국이는 양복을 입지 않았다.
     그러므로 민국이는 직장인이 아니다.

2) 귀납추론 [지농6급 기출]

- 특수하거나 개별적인 여러 사실에서 일반적인 결론을 도출해 내는 추론 방법
- 전제와 결론 사이에는 논리적 필연성이 존재하지 않음
  예 지혜는 어제도 늦고 오늘도 늦었으니, 내일도 늦을 것이다.

확인 문제

다음 중 연역추론과 귀납추론에 대한 설명으로 적절하지 않은 것은?

① 연역추론은 전제가 참이면 결론도 반드시 참이다.
② 귀납추론은 특수하거나 개별적인 사실에서 일반적인 결론을 도출하는 방법이다.
③ 연역추론의 대표적인 형태로 삼단논법을 들 수 있다.
④ 연역추론은 일반적인 원리를 전제로 개별적인 경우를 추론하는 방법이다.
⑤ 귀납추론의 전제와 결론 사이에는 논리적 필연성이 존재한다.

정답: ⑤

2. 문제처리

1 문제의 의미와 유형

1) 문제의 의미
조직에서의 목표와 현실의 차이를 말하며, 업무를 수행함에 있어서 해결하기를 원하지만 실제로 해결해야 하는 방법을 모르거나 해답은 있지만 해답을 얻는 데 필요한 일련의 행동을 알지 못하는 상태

2) 문제의 유형

기준	기능	해결방법	시간	업무수행 과정
유형	· 제조 문제 · 판매 문제 · 자금 문제 · 인사 문제 · 경리 문제 · 기술상 문제	· 창의적 문제 · 논리적 문제	· 과거 문제 · 현재 문제 · 미래 문제	· 발생형 문제 · 탐색형 문제 · 설정형 문제

① 해결방법에 따른 문제의 유형 [지능6급 기출]

구분	창의적 문제	논리적 문제
문제제시 방법	현재 문제가 없더라도 보다 나은 방법을 찾기 위한 문제 탐구로, 문제 자체가 명확하지 않음	현재의 문제점이나 미래의 문제로 예견될 것에 대한 문제 탐구로, 문제 자체가 명확함
해결방법	창의력에 의한 많은 아이디어 작성을 통해 해결함	분석, 논리, 귀납과 같은 논리적 방법을 통해 해결함
해답의 수	해답의 수가 많으며, 많은 해답 중 최선을 선택함	해답의 수가 적으며, 해답은 한정되어 있음
주요 특징	주관적, 직관적, 감각적, 정성적, 개별적, 특수성	객관적, 논리적, 이성적, 정량적, 일반적, 공통성

확인 문제

다음 중 창의적 문제에 대한 설명으로 옳은 것은?
① 분석, 논리, 귀납과 같은 방법을 통해 해결한다.
② 해답의 수가 많으며, 많은 해답 중 최선을 선택한다.
③ 문제 자체가 명확하다.
④ 현재의 문제점이나 미래의 문제로 예견될 것에 대한 문제 탐구이다.
⑤ 일반적이고 정량적이라는 특징이 있다.

정답: ②

② 업무수행 과정에 따른 문제의 유형

구분	발생형 문제(보이는 문제)	탐색형 문제(찾는 문제)	설정형 문제(미래 문제)
의미	현재 직면하여 걱정하고 해결하기 위해 고민하는 이미 일어난 문제	현재 상황을 개선하거나 효율을 높이기 위해 더 잘해야 할 문제	앞으로 어떻게 미래 상황에 대응할지와 관련된 장래 경영전략의 문제
대체 용어	· 일탈 문제 · 미달 문제 · 원인지향적인 문제	· 잠재 문제 · 예측 문제 · 발견 문제	· 목표지향적 문제 · 창조형 문제

2 문제해결능력의 의미와 중요성

1) 문제해결능력의 의미
업무수행 중 발생한 문제의 원인 및 특성을 파악하여 적절한 해결안을 적용하고 그 결과를 평가하여 피드백하는 능력

2) 문제해결능력의 중요성
· 조직 측면: 조직의 관련 분야에서 세계 일류 수준을 지향하며, 경쟁사 대비 탁월하게 우위를 확보할 수 있음
· 고객 측면: 고객이 불편하게 느끼는 부분을 찾아 개선하고 고객감동을 통해 만족을 높일 수 있음
· 자기 자신 측면: 불필요한 업무를 제거하거나 단순화하여 업무를 효율적으로 처리하게 됨으로써 자신을 경쟁력 있는 사람으로 만들 수 있음

3 문제해결의 방해요인과 이를 극복하기 위한 태도

1) 문제해결의 방해요인
· 문제를 철저하게 분석하지 않는 경우
· 고정관념에 얽매이는 경우
· 쉽게 떠오르는 단순한 정보에 의지하는 경우
· 너무 많은 자료를 수집하려고 노력하는 경우

2) 문제해결을 위한 기본요소
· 체계적인 교육훈련
· 문제해결방법에 대한 지식
· 문제 관련 지식에 대한 가용성
· 문제해결자의 도전의식과 끈기
· 문제에 대한 체계적인 접근

확인 문제

다음 중 문제해결을 위한 기본요소가 아닌 것은?
① 문제해결자의 도전의식과 끈기
② 유동적인 교육훈련
③ 문제해결방법에 대한 지식
④ 문제에 대한 체계적인 접근
⑤ 문제 관련 지식에 대한 가용성

정답: ②

PART 1 NCS 직무능력평가

제1장 의사소통능력

제2장 수리능력

제3장 문제해결능력

제4장 자원관리능력

제5장 조직이해능력

해커스 지역농협 6급 NCS 인적성 및 직무능력평가 통합 기본서

3) 문제해결을 위한 기본적 사고

구분	내용
전략적 사고	현재 당면하고 있는 문제와 그 해결방법에만 집착하지 말고, 그 문제와 해결방안이 상위 시스템 또는 다른 문제와 어떻게 연결되어 있는지를 생각해야 함
분석적 사고	전체를 각각의 요소로 나누어 그 요소의 의미를 도출한 다음 우선순위를 부여하고 구체적인 문제해결방법을 실행해야 함 • 성과 지향의 문제: 기대하는 결과를 명시하고 효과적으로 달성하는 방법을 사전에 구상함 • 가설 지향의 문제: 현상 및 원인분석 전에 일의 과정이나 결론을 가정한 후 사실일 경우 다음 단계의 일을 수행함 • 사실 지향의 문제: 객관적 사실로부터 사고와 행동을 시작함
발상의 전환	기존에 가지고 있는 인식의 틀을 전환하여 새로운 관점에서 사고해야 함
내·외부자원의 효과적인 활용	문제해결 시 기술, 재료, 방법, 사람 등 필요한 자원 확보 계획을 수립하고 내·외부자원을 효과적으로 활용하도록 해야 함

4) 문제해결을 위한 방법

구분	내용
소프트 어프로치	문제해결을 위해서 직접적인 표현이 바람직하지 않다고 여기며, 무언가를 시사하거나 암시를 통하여 의사를 전달하고 기분을 서로 통하게 함으로써 문제를 해결하는 방법
하드 어프로치	상이한 문화적 토양을 가지고 있는 구성원을 가정하며, 서로의 생각을 직설적으로 주장하고 논쟁이나 협상을 통해 서로의 의견을 조정해 가는 방법
퍼실리테이션	깊이 있는 커뮤니케이션을 통해 서로의 문제점을 이해하고 공감함으로써 창조적으로 문제를 해결하는 방법

4 문제해결의 실행

1) 문제해결의 절차 지농6급 기출

1단계	문제 인식	해결해야 할 전체 문제를 파악하여 우선순위를 정하고, 선정한 문제에 대한 목표를 명확히 하는 단계
2단계	문제 도출	선정한 문제를 분석하여 해결해야 할 것이 무엇인지를 명확히 확인하고, 현상에 따라 문제를 분해하여 인과관계 및 구조를 파악하는 단계
3단계	원인 분석	파악된 핵심문제에 대한 분석을 통해 근본적인 문제의 원인을 도출하는 단계
4단계	해결안 개발	문제로부터 도출된 근본원인을 효과적으로 해결할 수 있는 최적의 해결방안을 수립하는 단계
5단계	실행 및 평가	해결안 개발을 통해 만들어진 실행계획을 실제 상황에 적용하는 활동으로 당초 장애가 되는 문제의 원인들을 해결안을 사용하여 제거하는 단계

확인 문제

다음 중 무언가를 시사하거나 암시를 통하여 의사를 전달하고 기분을 서로 통하게 함으로써 문제를 해결하는 방법은?

① 소프트 어프로치　　② 하드 어프로치　　③ 퍼실리테이션
④ NM법　　⑤ SWOT 분석

정답: ①

2) 문제 인식의 세부 절차

세부 절차	내용

환경 분석	· Business System상 거시적 환경 분석
	· 문제가 발생했을 때 가장 먼저 고려해야 함
	· 주요 기법
	  – 3C 분석: 자사(Company), 경쟁사(Competitor), 고객(Customer)에 대한 체계적인 분석을 통해 환경 분석을 수행할 수 있음
	  – SWOT 분석 **지농6급 기출**
	    ⓐ 기업내부의 강점(Strengths), 약점(Weaknesses)과 외부 환경의 기회(Opportunities), 위협(Threats) 요인을 분석 평가하고 이들을 서로 연관 지어 전략 및 문제해결 방안을 개발하는 방법
	    ⓑ 전략 수립 방법
	
	<table><tr><td colspan="2" rowspan="2"></td><td colspan="2">내부 환경요인</td></tr><tr><td>강점</td><td>약점</td></tr><tr><td rowspan="2">외부
	환경
	요인</td><td>기회</td><td>SO
	외부 환경의 기회 활용을 위해
	내부 강점을 사용</td><td>WO
	내부 약점을 극복하여
	외부 환경의 기회 활용</td></tr><tr><td>위협</td><td>ST
	외부 환경의 위협 회피를 위해
	내부 강점을 사용</td><td>WT
	외부 환경의 위협을 회피하고
	내부 약점 최소화</td></tr></table>
	· 고객요구 조사 방법
	  – 심층면접법: 조사자가 응답자와 1 : 1로 마주한 상태에서 응답자의 잠재된 동기, 신념 등을 발견하고 조사 주제에 대한 정보를 수집하는 방법으로, 심층적인 정보를 확보할 수 있으나 많은 시간과 비용이 소요되고 인터뷰 결과를 실제와 다르게 해석할 수 있는 여지가 있음
	  – 표적집단면접: 6~8인으로 구성된 그룹에서 특정 주제에 대해 논의하는 과정으로, 조사 목적 수립, 대상자 분석, 그룹 수 결정, 대상자 리쿠르트, 가이드라인 작성의 과정을 거쳐 진행됨

▼	
주요 과제 도출	· 환경 분석을 통해 현상을 파악한 후에는 분석 결과를 검토하여 주요 과제를 도출해야 함 · 다양한 과제 후보안을 도출해내는 일이 선행되어야 함 · 주요 과제 도출 시 과제안을 작성할 때는 과제안 간의 수준이 동일한지, 표현은 구체적인지, 주어진 기간 내에 해결 가능한 안들인지 등을 확인해야 함
▼	
과제 선정	· 과제안 중 효과 및 실행 가능성 측면을 평가하여 우선순위를 부여한 후 가장 우선순위가 높은 안을 선정함 · 우선순위 평가 시에는 과제의 목적, 목표, 자원현황 등을 종합적으로 고려하여 평가해야 함

확인 문제

다음 중 SWOT 분석에서 내부 약점을 극복하여 외부 환경의 기회를 활용하는 전략 수립 방법은?

① SO 방법　　　② ST 방법　　　③ WO 방법　　　④ WT 방법　　　⑤ SW 방법

정답: ③

PART 1 NCS 직무능력평가

제1장 의사소통능력

제2장 수리능력

제3장 문제해결능력

제4장 자원관리능력

제5장 조직이해능력

해커스 **지역농협 6급** NCS 인적성 및 직무능력평가 통합 기본서

3) 문제 도출의 세부 절차

세부 절차	내용
문제 구조 파악	· 전체 문제를 다룰 수 있는 이슈들로 작게 세분화하는 과정 · 문제의 내용 및 미치고 있는 영향 등을 파악하여 문제 구조를 도출해내야 함 · Logic Tree [지농6급 기출] 　– 문제의 원인을 깊이 파고든다든지 해결책을 구체화할 때 제한된 시간 속에 넓이와 깊이를 추구하 　　는 데 도움이 되는 기술로, 주요 과제를 나무 모양으로 분해, 정리하는 기술 　[참고] Logic Tree를 작성할 때 유의사항 　　　　ⓐ 전체 과제를 명확히 해야 함 　　　　ⓑ 분해해 가는 가지의 수준을 맞춰야 함 　　　　ⓒ 원인이 중복되거나 누락되지 않고 각각의 합이 전체를 포함해야 함

▼

핵심문제 선정	· 문제에 큰 영향력을 미칠 수 있는 이슈를 핵심이슈로 설정함

4) 원인 분석의 세부 절차

세부 절차	내용
이슈 분석	· 핵심이슈 설정: 현재 수행하고 있는 업무에 가장 크게 영향을 미치는 문제로 설정함 · 가설 설정: 이슈에 대해 자신의 직관, 경험, 지식, 정보 등에 의존하여 일시적인 결론을 예측해 보 　는 가설을 설정함 　[참고] 가설 설정의 조건 　　　　ⓐ 관련 자료, 인터뷰 등을 통해 검증이 가능해야 함 　　　　ⓑ 간단명료하게 표현되어야 함 　　　　ⓒ 논리적이며 객관적이어야 함 · 분석 결과 이미지 결정: 가설 검증계획에 따라 분석 결과를 미리 이미지화 함

▼

데이터 분석	· 데이터 수집계획 수립: 데이터 수집 범위 결정 · 데이터 정리 · 가공: 정보를 항목별로 정리 · 데이터 해석: '무엇을', '어떻게', '왜' 측면에서 의미 해석

▼

원인 파악	· 이슈와 데이터 분석을 통해서 얻은 결과를 바탕으로 최종 원인을 확인하는 단계 · 인과관계 종류 　– 단순한 인과관계: 원인과 결과를 분명하게 구분할 수 있는 경우 　– 닭과 계란의 인과관계: 원인과 결과를 구분하기 어려운 경우 　– 복잡한 인과관계: 단순한 인과관계, 닭과 계란의 인과관계 두 가지 유형이 서로 얽혀 있는 경우

확인 문제

다음 중 문제의 구조를 파악하기 위해 Logic Tree를 작성할 때 유의해야 할 사항이 아닌 것은?
① 원인 각각의 합이 전체를 포함해야 한다.
② 분해해 가는 가지의 수준을 맞춰야 한다.
③ 중복되는 원인이 제시되어야 한다.
④ 전체 과제를 명확히 해야 한다.
⑤ 원인이 누락되지 않아야 한다.

정답: ③

5) 해결안 개발의 세부 절차

세부 절차	내용
해결안 도출	· 열거된 근본 원인을 어떠한 시각과 방법으로 제거할 것인지를 명확히 해야 함 · 독창적이고 혁신적인 방안을 도출함 · 전체적인 관점에서 보아 해결의 방향과 방법이 같은 것을 그룹핑(Grouping)함 · 최종 해결안 정리

▼

세부 절차	내용
해결안 평가 및 최적안 선정	· 문제(What), 원인(Why), 방법(How)을 고려해서 해결안을 평가하고 가장 효과적인 해결안을 선정함 · 중요도와 실현 가능성(개발 기간, 개발 능력, 적용 가능성) 등을 고려해서 종합적인 평가를 하고 채택 여부를 결정하는 과정

6) 실행 및 평가의 세부 절차

세부 절차	내용
실행계획 수립	· 무엇을(What), 어떤 목적으로(Why), 언제(When), 어디서(Where), 누가(Who), 어떤 방법으로 (How)의 물음에 대한 답을 가지고 계획하는 단계 · 실행계획 수립 시 고려해야 할 사항 　– 자원(시간, 예산, 물적, 인적)을 고려해야 함 　– 세부 실행내용의 난이도를 고려하여 해결안별 실행계획을 구체적으로 수립해야 함 　– 실행의 목적과 과정별 진행 내용을 일목요연하게 정리해야 함

▼

세부 절차	내용
실행 및 사후관리 (Follow-up)	· 가능한 사항부터 실행하며, 그 과정에서 나온 문제점을 해결해 가면서 해결안의 완성도를 높이고 일정한 수준에 도달하면 전면적으로 전개해 나가는 단계 · 실행 단계에서의 문제점 해결방안 　– Pilot Test를 통해 문제점을 발견 　– 해결안을 보완한 후 대상 범위를 넓혀서 전면적으로 실시 　– 실행상의 문제점을 해결하기 위한 모니터링(Monitoring) 체제를 구축해야 함 　[참고] 모니터링 체제를 구축할 때 유의사항 　　ⓐ 바람직한 상태가 달성되었는지 　　ⓑ 문제가 재발하지 않을 것을 확신할 수 있는지 　　ⓒ 사전에 목표한 기간 및 비용은 계획대로 지켜졌는지 　　ⓓ 혹시 또 다른 문제를 발생시키지는 않았는지 　　ⓔ 해결책이 주는 영향은 무엇인지

확인 문제

다음 중 해결안 실행 및 사후관리(Follow-up) 단계에서 실행상의 문제점을 해결하기 위해 모니터링 체제를 구축할 때 유의해야 할 사항이 아닌 것은?

① 또 다른 문제를 발생시키지는 않았는지 확인한다.
② 해결책이 주는 영향이 무엇인지 확인한다.
③ 문제가 재발하지 않을 것을 확신할 수 있는지 확인한다.
④ 사전에 목표한 기간과 비용이 계획대로 지켜졌는지 확인한다.
⑤ 현재 수행하고 있는 업무에 가장 크게 영향을 미치는 문제만 확인한다.

정답: ⑤

PART 1 NCS 직무능력평가

제1장
의사소통능력

제2장
수리능력

제3장
문제해결능력

제4장
자원관리능력

제5장
조직이해능력

해커스 지역농협 6급 NCS 인적성 및 직무능력평가 통합 기본서

기출유형공략

해커스
지역농협 6급
NCS 인적성 및 직무능력평가 통합 기본서

유형 1 **사고력**

유형 특징

· 주어진 조건을 바탕으로 내용의 옳고 그름을 판단하거나 결론을 도출하는 유형의 문제이다.

세부 출제 유형

· 사고력은 다음과 같이 3개의 세부 유형으로 출제된다.
   ① 명제의 옳고 그름을 판단하는 문제
   ② 조건을 적용하여 결론을 도출하는 문제
   ③ 문제해결을 위한 사고력의 이해를 요구하는 문제

공략법

· 사고력의 종류와 종류별 개발 방법 등을 반드시 학습한다. (기초이론 p.184)

· 시험에 자주 출제되는 명제의 활용, 추론의 종류 등을 반드시 학습한다. (기초이론 p.187)

· 제시된 조건을 단어나 표로 간단히 정리한 후 고려해야 하는 조건이나 경우의 수를 빠짐없이 확인한다.

PART 1 NCS 직무능력평가

제1장
의사소통능력

제2장
수리능력

제3장
문제해결능력

제4장
자원관리능력

제5장
조직이해능력

해커스 지역농협 6급 NCS 인적성 및 직무능력평가 통합 기본서

예제1 명제의 옳고 그름을 판단하는 문제

다음 명제가 모두 참일 때, 항상 옳은 것은?

- 축산업에 종사하는 모든 사람은 소득이 높다.
- 농업에 종사하는 모든 사람은 축산업에 종사하지 않는다.
- 소득이 높은 모든 사람은 임업에 종사한다.
- 소득이 높지 않은 모든 사람은 어업에 종사하지 않는다.
- 농업에 종사하는 모든 사람은 어업에 종사한다.

① 축산업에 종사하는 모든 사람은 어업에 종사한다.

② 임업에 종사하지 않는 모든 사람은 농업에 종사한다.

③ 축산업에 종사하지 않는 모든 사람은 소득이 높지 않다.

④ 어업에 종사하는 모든 사람은 임업에 종사하지 않는다.

⑤ 농업에 종사하는 모든 사람은 소득이 높다.

|정답 및 해설| ⑤

주어진 명제가 참일 때 그 명제의 '대우'만이 참인 것을 알 수 있으므로 다섯 번째 명제와 네 번째 명제의 '대우'를 차례로 결합한 결론은 다음과 같다.

- 다섯 번째 명제: 농업에 종사하는 모든 사람은 어업에 종사한다.
- 네 번째 명제(대우): 어업에 종사하는 모든 사람은 소득이 높다.
- 결론: 농업에 종사하는 모든 사람은 소득이 높다.

따라서 농업에 종사하는 모든 사람은 소득이 높으므로 항상 옳은 설명이다.

① 축산업에 종사하는 모든 사람이 어업에 종사하는지는 알 수 없으므로 항상 옳은 설명은 아니다.

② 임업에 종사하지 않는 모든 사람은 소득이 높지 않고, 소득이 높지 않은 모든 사람은 어업에 종사하지 않으며, 어업에 종사하지 않는 모든 사람은 농업에 종사하지 않으므로 항상 옳지 않은 설명이다.

③ 축산업에 종사하지 않는 모든 사람이 소득이 높지 않은지는 알 수 없으므로 항상 옳은 설명은 아니다.

④ 어업에 종사하는 모든 사람은 소득이 높고, 소득이 높은 모든 사람은 임업에 종사하므로 항상 옳지 않은 설명이다.

A~E 5명은 각각 감자, 고구마, 토마토, 옥수수 중 1개의 작물을 재배한다. 다음 조건을 모두 고려하였을 때, 항상 옳은 것은?

> - 감자, 고구마, 옥수수는 각각 1명이 재배하고, 토마토는 2명이 재배한다.
> - D와 같은 작물을 재배하는 사람은 B이다.
> - C는 감자를 재배하지 않는다.
> - E가 재배하는 작물은 고구마이다.

① A는 옥수수를 재배한다.

② B는 감자를 재배한다.

③ C는 고구마를 재배하지 않는다.

④ D는 토마토를 재배하지 않는다.

⑤ 5명이 각각 재배하는 작물로 가능한 경우의 수는 총 2가지이다.

|정답 및 해설| ③

제시된 조건에 따르면 감자, 고구마, 옥수수는 각각 1명이 재배하고, 토마토는 2명이 재배하며, D와 같은 작물을 재배하는 사람은 B이므로 B와 D는 토마토를 재배한다. 이때 E가 재배하는 작물은 고구마이고, C는 감자를 재배하지 않으므로 A가 감자를 재배하고, C가 옥수수를 재배한다.

따라서 C는 고구마를 재배하지 않으므로 항상 옳은 설명이다.

① A는 감자를 재배하므로 항상 옳지 않은 설명이다.

② B는 토마토를 재배하므로 항상 옳지 않은 설명이다.

④ D는 토마토를 재배하므로 항상 옳지 않은 설명이다.

⑤ 5명이 각각 재배하는 작물로 가능한 경우의 수는 총 1가지이므로 항상 옳지 않은 설명이다.

예제 3 문제해결을 위한 사고력의 이해를 요구하는 문제

다음 설명에 해당하는 논리적 오류의 유형으로 적절한 것은?

> '늦잠을 잔 것을 보니 학교 가기가 싫은가 보다.'와 같이 일부의 사례만을 토대로 결론을 도출할 때 발생하는 오류이다. 이러한 오류가 일어나면 편견이 만들어지고, 편견이 확고하게 고정되는 경우 그 편견을 타파할 수 있는 행위도 넘어가는 경향을 보일 수 있다.

① 무지의 오류　　　　　② 논점 일탈의 오류　　　　　③ 결합의 오류

④ 애매성의 오류　　　　　⑤ 성급한 일반화의 오류

l정답 및 해설l　⑤

제시된 내용은 '성급한 일반화의 오류'에 대한 설명이다.

① 무지의 오류: 어떠한 주장이 아직 증명되지 않았음을 근거로 그 반대의 주장이 참이라고 생각하는 논리적 오류

② 논점 일탈의 오류: 관련이 없거나 망상적인 쟁점을 인용하여 논증의 핵심에서 멀어지는 논리적 오류

③ 결합의 오류: 논리적 주장을 확대하여 집합의 부분이 가지는 속성을 전체 집합도 가지고 있다고 여길 때 발생하는 논리적 오류

④ 애매성의 오류: 애매한 언어를 사용하여 발생하는 논리적 오류

제1장 의사소통능력

제2장 수리능력

제3장 문제해결능력

제4장 자원관리능력

제5장 조직이해능력

해커스 지역농협 6급 NCS 인적성 및 직무능력평가 통합 기본서

유형 2 **문제처리**

유형 특징

· 주어진 상황과 정보를 바탕으로 문제의 해결 방안을 도출하는 유형의 문제이다.

세부 출제 유형

· 문제처리는 다음과 같이 2개의 세부 유형으로 출제된다.
　① 문제해결을 위한 최선의 방안을 도출하는 문제
　② 문제해결 절차를 파악하는 문제

공략법

· 문제의 유형에 따라 적절한 해결 방법을 적용할 수 있도록 문제해결을 위한 방법, 문제해결의 절차 등 문제처리와 관련된 이론을 반드시 학습한다. (기초이론 p.190)
· 한 문제에 여러 자료가 복합적으로 제시되는 경우에는 선택지를 먼저 확인하고 문제를 푸는 데 필요한 정보만 선별적으로 확인하여 풀이시간을 단축한다.

예제 1　문제해결을 위한 최선의 방안을 도출하는 문제

다음 팜 스테이 안내문을 근거로 판단한 내용으로 옳지 않은 것은?

[팜 스테이 안내문]

1. 팜 스테이란?
　– 농협이 주관하는 농촌 체험 브랜드로, 농가에서 숙식하며 농사나 문화 체험, 영농 체험 등에 참여할 수 있는 농촌 체험 여행

2. 이용 방법

구분	1단계 마을 고르기	2단계 마을 예약하기	3단계 마을 찾아가기	4단계 계산하기	5단계 마을 체험하기
이용 방법	홈페이지 & 농촌 체험 여행 책자 확인	홈페이지 & 전화 예약	마을 찾아가기	농촌 사랑 상품 권, 무통장 입금, 신용카드 결제	다양한 체험 프로그램 이용

3. 팜 스테이 마을 수

경기	강원	충북	충남	전북	전남	경북	경남
48개	48개	31개	30개	20개	27개	26개	36개
제주	부산	대구	인천	광주	대전	울산	합계
4개	1개	2개	7개	1개	2개	3개	286개

---

4. 팜스테이 체험 프로그램

구분	프로그램 내용
생태문화 관광	계곡, 강, 섬, 자연 박물관, 생태체험, 명승지, 지역 축제, 갯벌 체험 등
야외놀이 문화 체험	등산, 래프팅, 물고기 잡기, 곤충채집 등
전통놀이 체험	활쏘기, 농악, 탈춤, 제기차기, 널뛰기 등
영농 체험	과일 수확, 감자 캐기 등

① 팜 스테이 참여 시 농촌 사랑 상품권 또는 현금으로만 결제가 가능하다.

② 팜 스테이는 농협이 주관하는 농촌 체험 브랜드로 농가에서 숙식하는 체험 여행이다.

③ 팜 스테이 마을은 홈페이지나 농촌 체험 여행 책자에서 확인할 수 있다.

④ 전통놀이 체험 프로그램에서 탈춤과 제기차기 놀이에 모두 참여할 수 있다.

⑤ 팜 스테이 마을 수가 40개 이상인 지역은 2곳이다.

|정답 및 해설| ①

'2. 이용 방법'에 따르면 팜 스테이 참여 시 농촌 사랑 상품권, 무통장 입금, 신용카드로 계산할 수 있으므로 옳지 않은 내용이다.

② '1. 팜 스테이란?'에 따르면 팜 스테이는 농협이 주관하는 농촌 체험 브랜드로, 농가에서 숙식하며 농사나 문화 체험, 영농 체험 등에 참여할 수 있는 농촌 체험 여행이므로 옳은 내용이다.

③ '2. 이용 방법'에 따르면 팜 스테이 마을은 홈페이지 또는 농촌 체험 여행 책자에서 확인할 수 있으므로 옳은 내용이다.

④ '4. 팜 스테이 체험 프로그램'에 따르면 탈춤, 제기차기 등의 체험은 전통놀이 체험에 포함되므로 옳은 내용이다.

⑤ '3. 팜 스테이 마을 수'에 따르면 팜 스테이 마을 수가 40개 이상인 지역은 경기, 강원 2곳이므로 옳은 내용이다.

예제 2 문제해결 절차를 파악하는 문제

다음 글에서 설명하는 고객요구 조사 방법의 장점으로 옳지 않은 것은?

> 조사자와 응답자가 일대일로 마주한 상태에서 응답자의 태도 및 신념 또는 잠재된 동기 등을 발견하고 응답자에 대한 정보를 수집하는 방법이다. 조사자는 진행 과정과 조사 문제에 대한 철저한 계획을 세운 후 시작해야 하며, 진행 시 편안한 분위기를 만들어 응답자의 응답에 영향을 주어서는 안 된다. 첫 번째 질문을 던지고 이에 대한 응답자의 응답에 따라 면접을 진행하며, 구체적인 질문 내용과 순서는 응답자의 응답에 따라 유동적으로 진행한다.

① 심층적 정보 획득   ② 독특한 정보 수집   ③ 매뉴얼 제작 가능

④ 낮은 사실 왜곡 가능성   ⑤ 높은 소요비용

|정답 및 해설| ④

제시된 고객 요구 조사 방법은 '심층면접법'으로 인터뷰 결과를 사실과 다르게 해석할 여지가 있으므로 낮은 사실 왜곡 가능성이 장점이라는 것은 옳지 않은 내용이다.

PART 1 NCS 직무능력평가

제1장 의사소통능력

제2장 수리능력

제3장 문제해결능력

제4장 자원관리능력

제5장 조직이해능력

해커스 지역농협 6급 NCS 인적성 및 직무능력평가 통합 기본서

기출동형문제

유형 1 | **사고력**

🕐 제한시간: 25분

01 다음 명제가 모두 참일 때, 항상 옳은 것은?

- 병아리를 키우는 사람은 고양이를 키운다.
- 햄스터를 키우는 사람은 고양이를 키우지 않는다.
- 고슴도치를 키우는 사람은 햄스터를 키운다.
- 개를 키우는 사람은 병아리를 키우지 않는다.

① 병아리를 키우는 사람은 고슴도치를 키운다.

② 개를 키우지 않는 사람은 햄스터를 키운다.

③ 고양이를 키우는 사람은 개를 키우지 않는다.

④ 햄스터를 키우는 사람은 병아리를 키운다.

⑤ 고슴도치를 키우는 사람은 고양이를 키우지 않는다.

02 다음 명제가 모두 참일 때, 항상 옳지 않은 것은?

- 김치를 좋아하는 사람은 볶음밥을 좋아한다.
- 순대를 좋아하지 않는 사람은 떡볶이를 좋아하지 않는다.
- 국밥을 좋아하는 사람은 볶음밥을 좋아하지 않는다.
- 떡볶이를 좋아하지 않는 사람은 국밥을 좋아한다.

① 순대를 좋아하는 사람은 볶음밥을 좋아한다.

② 김치를 좋아하지 않는 사람은 순대를 좋아하지 않는다.

③ 국밥을 좋아하는 사람은 김치를 좋아하지 않는다.

④ 볶음밥을 좋아하는 사람은 떡볶이를 좋아한다.

⑤ 떡볶이를 좋아하지 않는 사람은 볶음밥을 좋아한다.

03 ○○학교는 당직 근무를 위해 A, B, C, D, E 5명의 선생님 중 당직 근무조를 어떻게 구성할지 고민하고 있다. 다음 명제를 모두 고려하였을 때, 항상 옳지 않은 것은?

> - A 선생님이 근무하면 B 선생님이 근무하거나 C 선생님이 근무한다.
> - B 선생님이 근무하면 D 선생님은 근무하지 않는다.
> - D 선생님이 근무하거나 E 선생님이 근무하면 A 선생님도 근무한다.
> - A 선생님이 근무하지 않고 D 선생님이 근무하면 E 선생님은 근무하지 않는다.

① C 선생님이 근무하지 않으면 D 선생님과 E 선생님도 근무하지 않는다.

② B 선생님과 C 선생님이 근무하지 않으면 모든 선생님이 근무하지 않는다.

③ A 선생님이 근무할 때 D 선생님도 근무할 수 있다.

④ D 선생님과 E 선생님이 동시에 근무할 수도 있다.

⑤ D 선생님이 근무하면 B 선생님과 C 선생님 모두 근무한다.

04 보험연구원 J씨는 국제 유가 변동이 국제·국내 경제 및 국내 보험 시장에 미치는 영향을 분석하여 관련 세미나에서 발표하였다. 아래 내용을 근거로 판단했을 때, J씨가 발표한 내용으로 항상 옳은 것은?

> - 국제 유가가 상승하지 않으면 경제성장률과 국민소득은 상승하고, 경상수지 흑자는 늘어난다.
> - 국제 유가가 상승하면 원유수입 의존도가 높은 우리나라에는 부정적 영향을 끼친다.
> - 기준금리가 인상되면 국제 유가는 상승하지 않는다.
> - 국제 유가가 상승하면 수입보험료 규모는 감소하고, 보험 상품 해지율은 상승한다.
> - 저유가로 경제난을 겪고 있는 산유국들은 국제 유가가 상승하면 경제적으로 안정을 찾을 수 있다.
> - 국제 유가가 상승하면 경제성장률은 하락하고, 물가상승률은 상승한다.

① 국제 유가 상승이 산유국과 비산유국에 끼치는 영향은 같습니다.

② 기준금리가 인상되면 경제성장률은 상승하지 않습니다.

③ 보험 상품 해지율이 상승하지 않으면 국민소득은 상승합니다.

④ 물가상승률이 상승하지 않으면 기준금리는 인상됩니다.

⑤ 수입보험료 규모가 감소하지 않으면 경상수지 흑자는 늘어나지 않습니다.

PART 1 NCS 직무능력평가

제1장
의사소통능력

제2장
수리능력

제3장
문제해결능력

제4장
자원관리능력

제5장
조직이해능력

해커스 지역농협 6급 NCS 인적성 및 직무능력평가 통합 기본서

05 다음 명제가 모두 참일 때, 항상 옳은 것은?

> - 조깅을 좋아하는 사람은 등산을 좋아한다.
> - 배드민턴을 좋아하는 사람은 테니스를 좋아한다.
> - 크로스핏을 좋아하는 사람은 등산을 좋아하지 않는다.
> - 테니스를 좋아하는 사람은 크로스핏을 좋아하지 않는다.

① 등산을 좋아하지 않는 사람은 배드민턴을 좋아한다.

② 조깅을 좋아하는 사람은 테니스를 좋아한다.

③ 크로스핏을 좋아하는 사람은 조깅을 좋아하지 않는다.

④ 테니스를 좋아하지 않는 사람은 등산을 좋아하지 않는다.

⑤ 배드민턴을 좋아하는 사람은 크로스핏을 좋아한다.

06 다음 명제가 모두 참일 때, 항상 옳은 것은?

> - 소고기를 즐겨 먹는 사람은 오리고기를 즐겨 먹지 않는다.
> - 돼지고기를 즐겨 먹지 않는 사람은 양고기를 즐겨 먹는다.
> - 닭고기를 즐겨 먹는 사람은 양고기를 즐겨 먹지 않는다.
> - 소고기를 즐겨 먹지 않는 사람은 닭고기를 즐겨 먹는다.

① 소고기를 즐겨 먹지 않는 사람은 양고기를 즐겨 먹는다.

② 돼지고기를 즐겨 먹지 않는 사람은 소고기를 즐겨 먹지 않는다.

③ 양고기를 즐겨 먹는 사람은 오리고기를 즐겨 먹는다.

④ 오리고기를 즐겨 먹는 사람은 돼지고기를 즐겨 먹는다.

⑤ 닭고기를 즐겨 먹는 사람은 돼지고기를 즐겨 먹지 않는다.

07 다음 명제가 모두 참일 때, 항상 옳은 것을 모두 고르면?

> · 비스킷을 싫어하는 사람은 빵도 싫어한다.
> · 비스킷을 싫어하지 않는 사람은 젤리도 싫어하지 않는다.
> · 초콜릿을 싫어하는 사람은 젤리도 싫어한다.
> · 사탕을 싫어하지 않는 사람은 빵도 싫어하지 않고 젤리도 싫어하지 않는다.

〈보기〉

> ㉠ 초콜릿을 싫어하는 사람은 사탕도 싫어한다.
> ㉡ 사탕을 싫어하지 않는 사람은 비스킷을 싫어한다.
> ㉢ 빵을 싫어하지 않는 사람은 젤리도 싫어하지 않는다.
> ㉣ 초콜릿을 싫어하는 사람은 빵을 싫어하지 않는다.

① ㉠　　　　② ㉡　　　　③ ㉠, ㉢　　　　④ ㉠, ㉣　　　　⑤ ㉢, ㉣

08 다음 명제가 모두 참일 때, 항상 옳지 않은 것을 모두 고르면?

> · 사내 동호회는 야구, 축구, 등산, 음악 동호회가 있으며 동호회에 중복으로 가입할 수 있다.
> · 어떤 영업관리팀 사원은 음악 동호회에서 활동한다.
> · 등산 동호회에서 활동하면 야구 또는 축구 동호회에서도 활동한다.
> · 축구 동호회와 음악 동호회에 중복으로 가입한 사원은 없다.
> · 음악 동호회에서 활동하는 사원은 모두 야구 동호회에서 활동한다.
> · 영업관리팀 사원은 모두 등산 동호회에서 활동한다.

〈보기〉

> ㉠ 어떤 영업관리팀 사원은 야구 동호회에서 활동한다.
> ㉡ 등산 동호회에서 활동하는 사원은 모두 축구 동호회에서도 활동한다.
> ㉢ 축구 동호회에서 활동하는 영업관리팀 사원이 없을 수도 있다.
> ㉣ 음악 동호회와 야구 동호회에 중복으로 가입한 사원은 등산 동호회에 가입하지 않았다.

① ㉠　　　　② ㉢　　　　③ ㉡, ㉢　　　　④ ㉡, ㉣　　　　⑤ ㉢, ㉣

PART 1 NCS 직무능력평가

제1장
의사소통능력

제2장
수리능력

제3장
문제해결능력

제4장
자원관리능력

제5장
조직이해능력

해커스 지역농협 6급 NCS 인적성 및 직무능력평가 통합 기본서

09 다음은 ★★증권 강남지점에서 근무하는 신 대리가 자사 고객의 S 기업 계열사(S 전자, S 화재, S 전기, S 제약, S 물산) 주식 매수 현황을 분석한 내용이다. 분석 내용에 근거하여 신 대리가 판단한 내용으로 항상 옳은 것은?

> - S 물산을 매수한 모든 고객은 S 전자도 매수했다.
> - S 전기를 매수한 어떤 고객은 S 화재도 매수했다.
> - S 전자를 매수한 모든 고객은 S 화재를 매수하지 않았다.
> - S 제약을 매수한 모든 고객은 S 전기도 매수했다.
> - S 물산을 매수한 어떤 고객은 S 전기도 매수했다.

① S 화재를 매수한 모든 고객은 S 제약을 매수하지 않았다.

② S 전자를 매수한 어떤 고객은 S 전기도 매수했다.

③ S 물산을 매수한 어떤 고객은 S 화재도 매수했다.

④ S 물산을 매수하지 않은 모든 고객은 S 제약을 매수했다.

⑤ S 제약을 매수한 모든 고객은 S 전자도 매수했다.

10 다음 명제가 모두 참일 때, 항상 옳은 것은?

> - 비가 오거나 히터를 켜는 날에는 우산을 자동차에 두지 않는다.
> - 비가 오는 어떤 날에는 히터를 켠다.
> - 우산을 베란다에 두는 날에는 히터를 켜지 않는다.

① 비가 오지 않는 어떤 날에는 히터를 켠다.

② 비가 오는 날에는 우산을 베란다에 둔다.

③ 우산을 베란다에 두지 않은 날에는 우산을 자동차에도 두지 않는다.

④ 비가 오고 히터를 켜는 날에는 우산을 자동차와 베란다에 두지 않는다.

⑤ 우산을 베란다에 두지 않은 날에는 히터를 켠다.

11 지역농협 ○○지점의 김 팀장, 이 대리, 박 사원은 택시를 타고 △△지점으로 이동하려고 한다. 다음 조건을 모두 고려하였을 때, 항상 옳지 않은 것은?

- 김 팀장, 이 대리, 박 사원은 택시 기사 좌석을 제외한 1~4번 좌석에 앉는다.
- 김 팀장은 4번 좌석에 앉지 않는다.
- 김 팀장과 이 대리는 바로 옆에 이웃하여 앉는다.
- 박 사원은 2번 좌석에 앉지 않는다.

[택시 좌석 배치도]

전면		
택시 기사		1
2	3	4
후면		

① 김 팀장이 3번 좌석에 앉으면 이 대리는 2번 좌석에 앉는다.

② 박 사원이 1번 좌석에 앉으면 3번 좌석에는 김 팀장이 앉는다.

③ 2번 좌석에 아무도 앉지 않으면 박 사원은 4번 좌석에 앉는다.

④ 이 대리는 1번 좌석에 앉지 않는다.

⑤ 박 사원은 3번 좌석에 앉지 않는다.

12 소량이네 반 친구들은 인스턴트 식품을 먹고 식중독에 걸렸다. 다음 조건을 모두 고려하였을 때, 식중독을 유발한 것으로 의심되는 식품은 최소 몇개인가?

- A 그룹은 떡볶이, 김밥을 먹고 식중독에 걸렸다.
- B 그룹은 크로켓, 컵라면을 먹고 식중독에 걸렸다.
- C 그룹은 김밥, 통조림을 먹고 식중독에 걸리지 않았다.
- D 그룹은 만두, 컵라면을 먹고 식중독에 걸렸다.
- E 그룹은 크로켓, 햄버거를 먹고 식중독에 걸리지 않았다.

① 1개   ② 2개   ③ 3개   ④ 4개   ⑤ 5개

PART 1 NCS 직무능력평가

제1장 의사소통능력

제2장 수리능력

제3장 문제해결능력

제4장 자원관리능력

제5장 조직이해능력

해커스 지역농협 6급 NCS 인적성 및 직무능력평가 통합 기본서

13 나리, 보담, 승구, 태수, 혜옥 5명은 경품 이벤트에 참가하였고, 5명 중 1명만 이벤트에 당첨되었다. 5명 중 1명만 진실을 말하고 있고, 나머지 4명은 모두 거짓을 말하고 있을 때, 이벤트에 당첨된 사람은?

- 나리: 보담이는 이벤트에 당첨되지 않았어.
- 보담: 나리 또는 승구가 이벤트에 당첨됐어.
- 승구: 보담이 또는 태수가 이벤트에 당첨됐어.
- 태수: 나리와 혜옥이는 모두 거짓을 말하고 있어.
- 혜옥: 승구는 진실을 말하고 있어.

① 나리   ② 보담   ③ 승구   ④ 태수   ⑤ 혜옥

14 다음을 모두 고려하였을 때, 신입사원 6명의 연차 일정을 확실히 알기 위해서 추가로 필요한 조건은?

교육지원팀 소속의 신입사원 6명은 수습 기간 중 여름 휴가 대신 하루의 연차를 사용하게 된다. 여름 휴가 기간인 1일부터 7일까지 중에서 하루에 한 명씩만 연차를 사용할 수 있고, 연차를 사용하지 않는 신입사원은 아무도 없어야 한다. 갑은 여름 휴가 기간 중 짝수일에 연차를 사용하려고 하며, 을은 1일부터 3일까지 중에서 연차를 사용하려고 하고, 병은 5일부터 7일까지 중에서 연차를 사용하려고 한다. 또한, 정은 3일부터 5일까지 연차를 사용하지 않고, 무는 2일부터 4일까지 연차를 사용하지 않는다. 반면, 기는 다른 사원들에 비해 처리할 업무가 많아 6명 중 가장 마지막 날에 연차를 사용하려고 한다.

① 갑은 4일에 연차를 사용하려고 한다.

② 을은 3일에 연차를 사용하지 않는다.

③ 병은 무보다 먼저 연차를 사용하려고 한다.

④ 정은 1일에 연차를 사용하지 않는다.

⑤ 기는 6일에 연차를 사용하려고 한다.

15 경영전략본부 매장지원부에서는 CS 모니터링을 위한 팀을 신설하여 자리를 배치하려 한다. 다음 조건을 모두 고려하였을 때, 항상 옳지 않은 것은?

> CS팀 자리 배치를 위해 3명씩 옆으로 나란히 앉고, 2명씩 서로 마주 볼 수 있게 책상을 창가 근처에 배치하였다. 신입은 남자와 여자 1명씩 2명이 채용되었으며, 다른 팀에 근무하던 주임 1명과 대리 1명이 CS팀으로 이동하였다. 업무 효율을 위해 새로 채용된 2명이 서로 옆자리에 앉거나 마주 보고 앉을 수 없도록 자리를 배치하여, 신입은 팀장의 앞자리와 옆자리에 앉게 될 예정이다. 이처럼 자리를 배치할 경우, 여자 신입의 앞자리에는 아무도 앉지 않으며, 주임의 자리는 창가 쪽에 배치되어 팀장과는 다른 행의 자리에 앉게 된다.

① 팀장의 왼쪽 옆자리에 여자 신입이 앉는다.

② 남자 신입의 옆자리는 빈자리이다.

③ 대리는 창가 반대쪽 자리에 앉는다.

④ 주임이 앉을 수 있는 자리는 총 세 자리이다.

⑤ 여자 신입과 대리는 같은 행의 자리에 앉는다.

16 상현, 지혜, 유진, 민철, 재준 5명은 각각 쿠키와 해시브라운 중 1개를 먹었다. 쿠키를 먹은 2명은 모두 진실을 말하고 있고, 해시브라운을 먹은 3명은 모두 거짓을 말하고 있다. 다음 조건을 모두 고려하였을 때, 쿠키를 먹은 사람은?

> - 상현: 지혜는 쿠키를 먹지 않았다.
> - 지혜: 유진이와 재준이는 모두 해시브라운을 먹었다.
> - 유진: 재준이는 거짓을 말하고 있다.
> - 민철: 지혜와 유진이 중 적어도 한 명은 쿠키를 먹었다.
> - 재준: 나는 해시브라운을 먹지 않았다.

① 상현, 유진   ② 상현, 재준   ③ 지혜, 유진   ④ 유진, 민철   ⑤ 민철, 재준

PART 1 NCS 직무능력평가

제1장 의사소통능력

제2장 수리능력

제3장 문제해결능력

제4장 자원관리능력

제5장 조직이해능력

해커스 지역농협 6급 NCS 인적성 및 직무능력평가 통합 기본서

17 ○○회사에서는 워크숍 장소 섭외를 위하여 A~E 5명 중 2명을 선발대로 선출하였다. 5명 중 1명의 진술만 거짓이고, 나머지 4명의 진술이 모두 진실일 때, 선발대로 선출된 2명은?

- A: D는 선발대로 선출되지 않았어.
- B: C와 E 중 한 명만 선발대로 선출되었어.
- C: A는 선발대로 선출되었어.
- D: 나는 선발대로 선출되었어.
- E: B와 C 중 한 명만 선발대로 선출되었어.

① A, B   ② A, C   ③ B, E   ④ C, D   ⑤ D, E

18 ○○기업 해외영업팀에 근무하는 김 사원은 주말을 제외한 7월 셋째 주와 넷째 주 중 하루 동안 출장을 가야 한다. 예정된 업무 일정에 차질이 없는 날짜를 선택하여 출장을 간다고 할 때, 제시된 날짜 중 김 사원이 출장을 갈 수 있는 날짜는? (단, 7월 1일은 일요일이다.)

[7월 정기 일정]

– 매주 화요일 오전 9시: 해외영업팀 주간회의 참석
   ※ 7월 셋째 주 화요일, 주간회의록 작성해야 함
– 매주 목요일 오전 11시: 중국 거래 매출 보고

[7월 주요 일정]

– 7월 넷째 주 수요일: 신입사원 면접 참석
   ※ 면접일 이틀 전 관련 서류 배부 예정으로, 배부 당일 서류 검토 완료해야 함
– 7월 넷째 주 금요일 오전 11시: 영업 부서 미팅 참석
   ※ 미팅 참석 하루 전 상반기 영업 관련 이슈 정리하여 팀 회의 진행 예정

① 7월 17일   ② 7월 20일   ③ 7월 23일   ④ 7월 26일   ⑤ 7월 27일

19 N 은행의 본사 건물 2, 3, 4층에는 경영기획본부, 외환사업본부, 상품전략본부, 여신총괄본부, 영업본부, IT본부 총 6개의 본부 사무실이 배치되어 있다. 층별로 2개의 본부 사무실이 있으며 모든 층의 배치도는 동일하다. 다음 본부 사무실 배치 현황을 고려하였을 때, 항상 옳은 것을 모두 고르면?

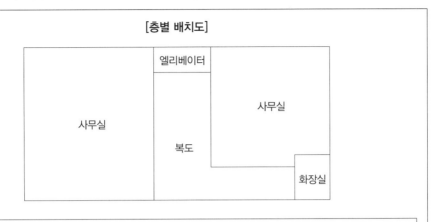

[층별 배치도]

- 엘리베이터
- 사무실
- 복도
- 사무실
- 화장실

[본부 사무실 배치 현황]

- 외환사업본부는 경영기획본부보다 사무실 크기가 더 작다.
- 여신총괄본부는 상품전략본부보다 한 층 더 높은 층에 위치한다.
- 상품전략본부와 영업본부의 사무실 크기는 같다.
- 영업본부와 IT본부 사무실 사이에 한 층이 더 있다.
- 여신총괄본부 사무실은 영업본부 사무실보다 화장실이 더 가깝다.

〈보기〉

㉠ 경영기획본부는 외환사업본부와 같은 층에 위치할 수 없다.
㉡ 여신총괄본부 사무실은 엘리베이터에서 복도를 바라보고 있을 때 오른쪽에 위치한다.
㉢ 영업본부는 IT본부보다 사무실 크기가 더 크다.
㉣ 상품전략본부와 외환사업본부 사무실은 복도를 사이에 두고 서로 마주 보고 있다.
㉤ IT본부 사무실은 4층에 위치할 수 있다.

① ㉠   ② ㉠, ㉢   ③ ㉡, ㉣   ④ ㉠, ㉢, ㉣   ⑤ ㉠, ㉢, ㉤

PART 1 NCS 직무능력평가

제1장 의사소통능력

제2장 수리능력

제3장 문제해결능력

제4장 자원관리능력

제5장 조직이해능력

해커스 **지역농협 6급** NCS 인적성 및 직무능력평가 통합 기본서

20 K 은행 인천지역본부 본부장은 A, B, C, D, E 5개 지역본부의 과일 판매 실적을 바탕으로 과일 판매 순위를 결정하려고 한다. 과일 판매 순위 결정 기준과 202X년 과일 판매 실적을 고려하였을 때, 항상 옳은 것을 모두 고르면?

[과일 판매 순위 결정 기준]

1. 총 판매 실적이 큰 순서대로 순위가 결정된다.
2. 동일한 순위가 나오거나 순위가 결정되지 않는 경우에는 다음 순서대로 순위를 결정한다.
  1) 수박과 자몽 판매 실적의 합이 클수록 높은 순위
  2) 각 과일의 판매 실적이 모두 1억 원 이상인 경우가 아닌 경우보다 높은 순위
  3) 각 지역본부의 판매 실적이 가장 큰 과일의 판매 실적이 클수록 높은 순위

[202X년 과일 판매 실적]

(단위: 백만 원)

지역본부＼과일	수박	키위	체리	딸기	자몽
A	150	200	250		550
B	140	250	30		240
C	250	650	50		200
D	350	150	150		250
E	150	350	400		300

〈보기〉

㉠ 딸기를 제외하고 순위를 결정하면 1위는 E이다.
㉡ A와 C의 딸기 판매 실적이 같다면 A가 C보다 순위가 낮다.
㉢ 딸기의 판매 실적이 E, A, D, C, B 순으로 크면 B의 순위가 가장 낮다.
㉣ C의 딸기 판매 실적이 100백만 원이고, 나머지 지역본부의 딸기 판매 실적이 50백만 원이면 C가 E보다 순위가 높다.
㉤ 과일 판매의 최하위 순위는 B이다.

① ㉠, ㉣
② ㉡, ㉤
③ ㉠, ㉢, ㉣
④ ㉠, ㉢, ㉤
⑤ ㉡, ㉣, ㉤

21 다음 중 기존의 틀을 바꾼 사례에 해당하지 않는 것은?

① 스테이플러를 이용하여 서류를 정리하였다.

② 헤어드라이어의 온풍을 이용하여 어깨 결림을 완화시켰다.

③ 칫솔을 이용하여 빗의 이물질을 제거하였다.

④ 물컵에 연필이나 볼펜 등을 꽂아 연필꽂이로 이용하였다.

⑤ 스카치테이프를 이용하여 사건 현장에서 지문을 채취하였다.

22 다음 설명에 해당하는 사고의 유형은?

> 직접 당면한 문제를 이미 알고 있는 경험이나 지식을 바탕으로 하여 새로운 정보로 결합해 가치 있고 참신한 아이디어를 산출하는 사고로, 교육 훈련을 통해 개발될 수 있으며 사회나 개인에게 새로운 가치를 창출한다. 이 사고를 개발하기 위한 방법으로 강제연상법, 비교발상법 등이 있다.

① 창의적 사고   ② 논리적 사고   ③ 분석적 사고

④ 비판적 사고   ⑤ 수렴적 사고

PART 1 NCS 직무능력평가

제1장 의사소통능력

제2장 수리능력

제3장 문제해결능력

제4장 자원관리능력

제5장 조직이해능력

해커스 지역농협 6급 NCS 인적성 및 직무능력평가 통합 기본서

23 다음 자료에서 설명하고 있는 창의적 사고 개발 방법은?

L 기업은 최근 신제품 개발에 심혈을 기울이고 있다. 이 때문에 연구개발 A~D 팀에서는 각각 우수사원 3명씩을 선출하여 신제품 개발팀을 새롭게 구성한 후 신제품 관련 업무를 진행하고 있다. 신제품 개발팀의 팀장을 맡게 된 민 대리는 신제품 개발에 앞서 아이디어 회의를 통해 여러 사람의 의견을 수집하고 업무 방향을 설정하려고 한다. 민 대리는 팀원들이 자기 생각을 자유롭게 이야기하고, 서로의 아이디어에서 연쇄반응을 통해 또 다른 아이디어가 자유분방하게 나올 수 있도록 편안한 분위기 속에서 회의를 진행하고자 한다. 이에 대한 회의 내용을 공지하기 위해 민 대리는 사내 인트라넷을 통해 각 팀원에게 쪽지를 발송하였다.

받은 쪽지

보낸 이: 민○○
받은 시간: 201X-10-18 14:22:34

안녕하세요, 신제품 개발팀 팀장 민○○입니다. 내일(10/19) 오후 2시 소회의실에서 아이디어 회의를 진행할 예정이니, 각자 신제품 콘셉트에 대한 아이디어를 준비하여 참석해 주시기 바랍니다. 회의는 전체 인원을 세 팀으로 나눠 자유롭게 의견을 나누는 형식으로 진행될 예정이므로 가벼운 마음으로 참석해 주시고, 질보다는 양으로 승부하여 많은 아이디어를 수집할 수 있도록 노력해봅시다. 또한, 각자의 의견을 자유롭게 듣기 위한 회의이니 타인의 아이디어를 비판하기보다는 자신의 아이디어와 타인의 아이디어를 서로 결합하여 발전시킬 수 있도록 긍정적인 마음가짐으로 참석해 주시기 바랍니다. 얼마 전 회사에서 교육받은 것과 같이 우리 모두 두뇌에 폭풍을 일으키는 발상으로 여러 아이디어를 수집해 보도록 합시다. 내일 뵙겠습니다.

① Synectics법   ② NM법   ③ 체크리스트
④ 브레인스토밍   ⑤ 스캠퍼기법

24 N 은행의 인사팀은 신입사원 교육 커리큘럼으로 비판적 사고를 함양하는 교육을 계획하려고 한다. 비판적 사고를 함양하는 교육 커리큘럼에 대한 의견으로 옳지 않은 것은?

① 비판적 사고를 위해서는 어떤 주제나 주장 등에 대해서 적극적으로 분석하고 종합하여 평가하는 능동적인 사고 능력이 필요하므로 '우리 회사'라는 주제를 자유롭게 분석하여 보고서를 작성하는 교육을 진행한다.

② 비판적 사고를 개발하기 위해서는 어떤 현상에 대해 문제의식을 가져야 하므로 신입사원이 최근에 겪었던 문제의 원인, 문제의 해결안, 효과 등을 상기하여 마인드맵을 작성하는 교육을 진행한다.

③ 다른 관점을 존중하고 고정관념을 버리는 것은 비판적 사고를 개발하는 데 도움이 되므로 토론 교육을 진행한다.

④ 자신이 만든 계획이나 주장을 주위 사람에게 이해시켜 실현하기 위한 사고능력이 비판적 사고의 기초가 되므로 발표 교육을 진행한다.

⑤ 체계적이고 객관적으로 주장이나 문제를 분석해야 바람직한 비판적 사고를 할 수 있으므로 논리적 일관성을 유지하고 감정적 요소와 주관적 요소를 배제하는 교육을 진행한다.

25 다음에서 설명하고 있는 문제의 유형과 관련 있는 것은?

> 윤 대리는 현재 자신이 담당하고 있는 업무의 효율을 높이기 위해 여러 방안을 모색하고 있다. 당장 급한 문제는 아니지만 이 문제를 뒤로 미뤘을 때 추후에는 더 큰 손실이 따르거나 해결할 수 없는 문제로 나타나게 될 수 있다는 판단 때문이다. 이에 따라 윤 대리는 자신의 업무에서 발생할 수 있는 문제를 잠재 문제, 예측 문제, 발견 문제 총 3가지로 나눴고, 이에 따른 문제점들을 정리해 보았다. 윤 대리는 이 문제들을 해결하면서 현재 진행 중인 업무의 효율이 더 높아지거나 상황이 개선되기를 기대하고 있다.

① 지난 하반기 영업 실적 감소

② 업무 프로세스 개선을 통한 영업 이익 증대

③ 신규 사업 진출에 대한 검토

④ 매출 목표에 미치지 못한 영업 실적

⑤ 국외 시장 공략을 위해 준비해야 할 업무

약점 보완 해설집 p.24

PART 1 NCS 직무능력평가

제1장 의사소통능력

제2장 수리능력

제3장 문제해결능력

제4장 자원관리능력

제5장 조직이해능력

해커스 지역농협 6급 NCS 인적성 및 직무능력평가 통합 기본서

01 다음 N 유원지의 입장 요금표를 근거로 판단한 내용으로 옳지 않은 것은? (단, 제시되지 않은 사항은 고려하지 않는다.)

[N 유원지 입장 요금표]

구분	요금	겨울 특별 할인 요금	비고
일반	₩16,000	₩13,000	
우대	₩13,000	₩10,000	– 중학생~고등학생 ※ 학생증 소지자 – 장애의 정도가 심한 장애인 ※ 복지카드 소지자 – 국가 유공자증 소지자 본인 – 만 70세 이상
특별우대	₩10,000	₩7,000	– 36개월~초등학생 – 36개월 미만 유아단체 – 얼리버드: 이용 시 ※ 08:00 이전 매표 – 12~3월: 18:01 이후 매표 시 – 4~11월: 18:31 이후 매표 시

※ 1) 일반, 우대, 특별우대에 중복으로 해당하는 경우 가장 저렴한 요금이 적용됨
　 2) 1월 1일부터 2월 28일까지 겨울 특별 할인 요금이 적용됨
　 3) 단체할인: 일반 입장객 20인 이상 시 총 결제금액의 10% 할인
　 4) 무료입장: 여행사 단체 관광객 가이드, 36개월 미만의 부모동반 유아, 유아원 또는 학교(초, 중, 고) 또는 복지시설의 단체 인솔자(최초 20인 이상 1인, 추가 10인당 1인)

① 2월 10일 16시에 입장권을 매표한 만 40세의 A 씨는 입장 요금으로 13,000원을 지불하였다.

② 5월 8일 18시에 입장권을 매표한 만 70세의 B 씨는 입장 요금으로 13,000원을 지불하였다.

③ 7월 30일 14시에 일반 입장으로 30명의 입장권을 매표한 C 씨는 입장 요금으로 432,000원을 지불하였다.

④ 8월 26일 11시에 초등학생 15인과 함께 방문한 인솔자 D 씨는 무료입장이 가능하다.

⑤ 10월 18일 19시에 입장권을 매표한 만 30세의 E 씨는 입장 요금으로 10,000원을 지불하였다.

02 다음 청년 농업인 양성 프로젝트에 대한 안내문을 근거로 판단한 내용으로 옳지 않은 것은?

[청년 농업인 양성 프로젝트]

1. 사업 개요
- 농업인 교육과 정착지원금을 통해 미래농업인으로서 필요한 실무지식 습득 및 농촌정착 지원
- 프로젝트를 이수한 청년 농업인들을 대상으로 농산물 판로 최우선 연계, 1:1 선배 농업인 멘토링 제도 등 다양한 사후 케어링 시스템(Caring system) 제공

2. 신청 안내
- 모집 대상: 만 39세 이하 농촌 창업 희망자 중 교육 기간 출석 가능한 자
- 모집 인원: 5명
- ※ 서류 심사 합격자는 모집 인원의 5배수임
- 교육 기간: 20XX. 03. 01.~20XX. 12. 31.(10개월, 220일)
- 교육 비용: 1,000만 원(100만 원 자기 부담, 최우수 교육 이수자 1인 전액 면제)
- 신청 방법: E-mail 접수/우편 접수(E-mail 접수는 즉시 접수, 우편 접수는 3일 정도 소요)

3. 전형 일정

서류 접수	서류 심사	면접 전형	합격자 발표	합격자 OT
20XX. 01. 01. ~ 20XX. 01. 15.	20XX. 01. 16. ~ 20XX. 01. 20.	20XX. 01. 25. ~ 20XX. 01. 26.	20XX. 01. 31.	20XX. 02. 07.

※ 서류 접수는 마감일 오후 6시 이전 도착 서류에 한함

4. 교육 내용

구분	교육명	교육 내용	비고
기초 교육 과정	농업 기초	• 농업기초이론(토양학 등) • 생산/재배 기초이론 • 수확/후가공 기초이론	
	작물 품종 기초	• 곡물류 재배이론 • 과채/엽채류 재배이론 • 특화작물 재배이론	
	농기계 기초	• 농기계운전기능사 이론 • 농기계정비기능사 이론	교육 일정 내 기능사 자격 취득 필수, 미취득 시 프로젝트 이수 불가

※ 전체 교육 일정의 80% 미만 출석자는 출석 미달로 프로젝트 이수가 불가하며, 출석 미달 시 지원받은 교육 비용의 20%를 추가로 부담해야 함

---

① 교육일정 종료 후 기능사 자격 미취득자는 사후 케어링 시스템을 제공받을 수 없다.

② E-mail로 서류 접수를 하였다면 즉시 제출된 것이다.

③ 프로젝트를 이수하기 위해서는 전체 교육 일정에 176일 이상 출석하여야 한다.

④ 전체 교육 일정에 70%만 참여하였다면 200만 원을 추가로 부담해야 한다.

⑤ 면접 전형 대상자는 25명이다.

PART 1 NCS 직무능력평가

제1장 의사소통능력

제2장 수리능력

제3장 문제해결능력

제4장 자원관리능력

제5장 조직이해능력

해커스 지역농협 6급 NCS 인적성 및 직무능력평가 통합 기본서

03 다음은 공과대학 과정별 졸업 요건을 나타낸 자료이다. 윤희가 공과대학 과정별 졸업 요건에 따라 자신의 학점 이수 내역을 분석한 내용으로 옳지 않은 것은?

[윤희의 학점 이수 내역]

현재 휴학생인 윤희는 4학년 1학기 복학을 앞두고 있으며, 수강신청 전 학교 홈페이지를 통해 공학인증 과정을 포기하고 비인증 과정으로 변경했다. 윤희는 3학년 2학기까지 일반교양 4개 영역에서 한 과목씩 수강했고, 핵심교양은 한 과목도 수강하지 못했다. 대학교양은 과학, 수학, 전산 과목을 포함하여 총 30학점을 이수했지만, 대학물리실험(I)의 성적이 F로 학점이 인정되지 않았다. 전공은 지난 학기까지 48학점을 이수했고, 기초영어는 두 과목 모두 이수했다. 휴학 기간에 한 기업체에서 인턴을 했기 때문에 현장실습 증명서와 보고서는 이미 제출했고, 졸업논문은 복학한 뒤에 교수님과 상담 후 주제를 정할 예정이다.

[공과대학 과정별 졸업 요건]

과정	이수 요건		세부 내용
공학인증 과정	학점 요건		• 기초영어(2학점), 전문교양(23학점), 기초과학(30학점), 전공(54학점) 포함하여 총 132학점 이상 필수 이수
	과목별 이수 요건	기초영어	• 기초영어 I, II 중 한 과목 이상 필수 이수
		전문교양	• 일반교양 1~5영역, 핵심교양 6~8영역 중 6개 영역 선택 후, 영역별 한 과목 이상 필수 이수
		대학교양	• 과학, 수학, 전산 과목 각 9학점씩 필수 이수 • 과학 과목 중 대학물리(I), 대학물리실험(I), 대학화학(I), 대학화학실험(I) 필수 이수
		설계	• 기초설계, 종합설계 필수 이수
		전공	• 학과별 전공필수 과목 필수 이수
	기타		• TOEIC 기준 없음
비인증 과정	학점 요건		• 기초영어(2학점), 전문교양(20학점), 기초과학(24학점), 전공(50학점) 포함하여 총 140학점 이상 필수 이수
	과목별 이수 요건	기초영어	• 기초영어 I, II 중 한 과목 이상 필수 이수
		전문교양	• 일반교양 1~5영역 중 4개 영역 선택 후 영역별 한 과목 이상 필수 이수 • 핵심교양 6~8영역에서 영역별로 한 과목 이상 필수 이수
		대학교양	• 과학, 수학, 전산 과목 각 9학점씩 필수 이수 • 과학 과목 중 대학물리(I), 대학물리실험(I), 대학화학(I), 대학화학실험(I), 대학생물(I) 필수 이수
		전공	• 학과별 전공필수 과목 필수 이수
	기타		• TOEIC 750점 이상(성적 증명서 필수 제출) • 졸업논문 필수 제출 • 현장실습 증명서 및 보고서 필수 제출(사업장 날인 필)

※ 1) 교양 과목의 이수학점은 2학점이며, 전공 과목의 이수학점은 모두 2학점 이상임
　 2) 전공필수 과목은 3학년 2학기까지 이수해야 함

① 윤희는 대학물리실험(Ⅰ)을 다시 수강해야 한다.

② 대학교양에서 실험 과목만 예외적으로 1학점이라면 윤희가 필수로 이수해야 하는 과학 과목은 총 8학점이다.

③ 윤희가 필수 이수 과목을 모두 수강했다고 하더라도 전체 이수학점이 132학점이면 졸업을 할 수 없다.

④ 윤희의 TOEIC 점수가 720점이라면 30점 이상을 향상시켜야 하며, 성적 증명서를 반드시 제출해야 한다.

⑤ 윤희는 핵심교양 6~8영역에서 영역별로 한 과목씩 수강하면 전문교양 이수 요건을 모두 충족시킬 수 있다.

PART 1 NCS 직무능력평가

제1장 의사소통능력

제2장 수리능력

제3장 문제해결능력

제4장 자원관리능력

제5장 조직이해능력

해커스 지역농협 6급 NCS 인적성 및 직무능력평가 통합 기본서

04 경영기획팀은 워크숍에서 A~D 4개의 팀으로 나뉘어 단체 게임을 진행하고 있다. 게임은 스피드 퀴즈, 몸으로 말해요, 짝 피구, 이어달리기 순으로 진행하며, 몸으로 말해요 게임까지 진행한 점수표가 다음과 같을 때, 워크숍 게임 결과에 대한 내용으로 옳은 것은? (단, 각 단체 게임 결과 공동 순위는 나오지 않는다.)

[A~D 팀 단체 게임 점수표]

구분	점수 배점	A 팀	B 팀	C 팀	D 팀
스피드 퀴즈	1등: 20점	10점	20점	5점	15점
	2등: 15점				
	3등: 10점				
	4등: 5점				
몸으로 말해요	1등: 30점	30점	10점	15점	20점
	2등: 20점				
	3등: 15점				
	4등: 10점				
짝 피구	1등: 25점	( )	( )	( )	( )
	2등: 20점				
	3등: 15점				
	4등: 10점				
이어달리기	1등: 40점	( )	( )	( )	( )
	2등: 30점				
	3등: 25점				
	4등: 20점				
최종 점수		( )	( )	( )	( )

※ 1) 최종 점수는 스피드 퀴즈 점수, 몸으로 말해요 점수, 짝 피구 점수, 이어달리기 점수를 모두 합산한 점수임
　2) 최종 점수가 동일한 팀들은 이어달리기 순위를 기준으로 최종 순위를 산정함

① 스피드 퀴즈의 1등은 B 팀, 몸으로 말해요의 1등은 D 팀이다.

② C 팀이 짝 피구와 이어달리기를 모두 3등 할 경우 C 팀의 최종 순위는 항상 4등이다.

③ B 팀이 짝 피구와 이어달리기를 모두 1등 할 경우 B 팀의 최종 순위는 항상 1등이다.

④ C 팀이 A 팀보다 짝 피구와 이어달리기 순위가 더 높은 경우 최종 순위는 C 팀이 A 팀보다 항상 높다.

⑤ D 팀이 받을 수 있는 가장 높은 최종 점수는 90점이다.

PART 1 NCS 직무능력평가

제1장 의사소통능력

제2장 수리능력

제3장 문제해결능력

제4장 자원관리능력

제5장 조직이해능력

해커스 지역농협 6급 NCS 인적성 및 직무능력평가 통합 기본서

05 다음 음주 운전 시 운전면허 행정 처분에 대한 자료를 토대로 판단한 내용으로 옳은 것은? (단, 제시된 상황 외에는 고려하지 않는다.)

[음주 운전 시 운전면허 행정 처분]

구분	단순 음주	대물 사고	대인 사고
혈중알코올농도 0.03% 이상 0.08% 미만	벌점 100점	벌점 110점	운전면허 취소 (결격 기간 2년)
혈중알코올농도 0.08% 이상 0.2% 미만	운전면허 취소 (결격 기간 1년)	운전면허 취소 (결격 기간 2년)	
혈중알코올농도 0.2% 이상			
음주 측정 거부			
정지 또는 취소의 행정 처분을 받았던 운전자가 혈중알코올농도 0.03% 이상으로 다시 적발된 경우	운전면허 취소 (결격 기간 2년)	운전면허 취소 (결격 기간 3년)	
음주 운전 인사 사고 후 도주			운전면허 취소 (결격 기간 5년)
사망 사고			

※ 1) 결격 기간은 운전면허 취소 후 운전면허를 다시 취득할 수 없는 기간을 의미함
　 2) 정지 또는 취소의 행정 처분을 받은 이력이 없는 운전자가 음주 측정을 거부할 경우 혈중알코올농도에 상관없이 음주 측정 거부에 관한 행정 처분을 받음
　 3) 정지 또는 취소의 행정 처분을 받은 이력이 있는 운전자가 음주 측정을 거부할 경우 혈중알코올농도에 상관없이 혈중알코올농도 0.03% 이상으로 다시 적발된 경우에 관한 행정 처분을 받음

① 음주 운전으로 처음 적발된 단순 음주 운전자가 음주 측정을 거부한 경우 운전자의 혈중알코올농도가 0.03%라면 벌점 100점의 행정 처분을 받는다.

② 음주 운전으로 처음 적발된 대물 사고 운전자의 혈중알코올농도가 0.08%인 경우 벌점 110점의 행정 처분을 받는다.

③ 단순 음주로 운전면허가 취소된 이력이 있는 운전자가 단순 음주로 적발된 경우 혈중알코올농도가 0.1%라면 운전면허가 취소되고 2년 동안 운전면허를 다시 취득할 수 없다.

④ 음주 운전으로 처음 적발된 두 운전자의 혈중알코올농도가 각각 0.19%와 0.2%이고, 두 운전자 모두 대물 사고를 낸 경우 두 운전자가 받는 행정 처분은 서로 다르다.

⑤ 음주 운전으로 처음 적발된 혈중알코올농도가 0.15%인 운전자가 사망 사고를 낸 경우 운전면허가 취소되고 결격 기간은 2년이다.

06 A 가족은 두 딸과 부모님, 할머니가 함께 사는 5인 가구로 연휴를 맞이하여 구성원 모두 ○○랜드를 방문하였다. ○○랜드에 오후 3시에 도착하여 바로 입장하려고 할 때, A 가족이 ○○랜드를 이용하기 위해 매표소에서 지급한 금액은?

> 어른 입장권 2장과 자유이용권 1장, 중학생과 초등학생은 자유이용권으로 1장씩 주세요. 어른 입장권 1장은 만 65세 이상 고령자가 사용할 것이고, 초등학생은 3학년이에요. 여기 증빙서류입니다.

[○○랜드 이용요금]

구분		어른	청소년	어린이
자유이용권	주간권	42,000원	35,000원	31,000원
	야간권①	31,000원	26,000원	22,000원
입장권	주간권	26,000원	22,000원	19,000원
	야간권①	20,000원	17,000원	14,000원
	야간권②	15,000원	13,000원	11,000원
비고		• 자유이용권은 입장료가 포함된 가격입니다. • 36개월 이상 만 12세 이하 어린이, 만 13세 이상 만 18세 이하가 청소년에 해당합니다. • 야간권①은 오후 4시 이후, 야간권②는 오후 7시 이후의 요금입니다. • 동반 1인 포함하여 장애인은 30%, 국가유공자는 50% 할인 적용됩니다. (야간권② 는 할인 대상에서 제외) • 만 65세 이상 경로자는 어린이 요금이 적용됩니다.		

① 134,000원　　② 147,000원　　③ 153,000원　　④ 165,000원　　⑤ 169,000원

07 점포 관리자는 한 구역의 5개 지점(가~마)을 관리하고 있다. 가에서 출발해서 모든 지점을 한 번씩만 들를 때, 최단 경로의 거리는?

(단위: km)

도착지 출발지	가	나	다	라	마
가	0	6	9	4	7
나	6	0	5	3	2
다	9	5	0	7	4
라	4	3	7	0	5
마	7	2	4	5	0

① 11km　　② 13km　　③ 16km　　④ 19km　　⑤ 21km

08 다음은 기업 내부의 강점 요인과 약점 요인, 외부 환경의 기회 요인과 위협 요인을 분석, 평가하고 이들을 서로 연관 지어 전략과 문제해결방안을 개발하는 SWOT 분석의 분석 방법에 대해 정리한 자료이다. 정리된 자료 중 분석 방법에 대한 내용으로 옳지 않은 것을 모두 고르면?

외부 환경 요인 분석 (Opportunities, Threats)	• 자신을 제외한 모든 정보를 기술한다. 좋은 쪽으로 작용하는 것은 기회 요인으로 분류하고, 나쁜 쪽으로 작용하는 것은 위협 요인으로 분류한다. • ㉠ 언론매체, 개인 정보망 등을 통하여 입수한 상식적인 세상의 변화 내용을 시작으로 당사자에게 미치는 영향을 순서대로, 점차 구체화시킨다. • 정보들 사이에 인과관계가 있는 경우 화살표로 연결한다. • ㉡ 동일한 Data라도 자신에게 긍정적으로 전개되면 기회 요인으로 구분하고, 부정적으로 전개되면 위협요인으로 구분한다. • ㉢ 외부 환경 분석에는 SCEPTIC 체크리스트를 활용하면 편리하며, SCEPTIC의 각 항목은 Social(사회), Competition(경쟁), Economic(경제), Politic(정치), Technology(기술), Information(정보), Cost(비용)이다.
내부 환경 분석 (Strength, Weakness)	• ㉣ 경쟁자와는 별개로 나의 강점 요인과 약점 요인을 분석한다. • 강점 요인과 약점 요인은 보유하고 있거나 동원 가능한 자원 또는 활용 가능한 자원(Resources)을 바탕으로 한다. • ㉤ 내부 환경 분석에는 MMMITI 체크리스트를 활용할 수도 있으며, MMMITI의 각 항목은 Man(사람), Material(물자), Money(돈), Information(정보), Time(시간), Image(이미지)이다.

① ㉠, ㉡   ② ㉡, ㉣   ③ ㉢, ㉣   ④ ㉣, ㉤   ⑤ ㉠, ㉡, ㉤

PART 1 NCS 직무능력평가

제1장 의사소통능력

제2장 수리능력

제3장 문제해결능력

제4장 자원관리능력

제5장 조직이해능력

해커스 지역농협 6급 NCS 인적성 및 직무능력평가 통합 기본서

[09 - 10] 다음은 뮤지컬 관람 요금 및 할인 정보를 나타낸 것이다. 각 물음에 답하시오.

[좌석 등급별 일반 요금]

좌석 등급	R	S	A
금액	120,000원	108,000원	80,000원

※ 금액이 클수록 좌석 등급이 높은 것을 의미함

[할인 정보]

구분	할인율	적용 등급	유의사항
카드 할인	5%	전 등급	• △△카드로 예매 시 할인 적용
4인 할인	10%	전 등급	• 4매 단위 예매 시 할인 적용
학생 할인	20%	S, A 등급	• 초, 중, 고, 대학생에 한함(대학원생 제외) • 학생증 또는 재학증명서를 소지하지 않을 경우 티켓 수령 시 차액을 지불해야 함
경로 할인	30%	S, A 등급	• 만 65세 이상 관람객에 한함 • 주민등록증을 소지하지 않을 경우 티켓 수령 시 차액을 지불해야 함
복지 할인	50%	전 등급	• 장애인, 국가유공자 본인에 한함 • 장애인등록증, 국가유공자 확인서를 소지하지 않을 경우 티켓 수령 시 차액을 지불해야 함
단체 할인	20%	전 등급	• 30명 이상 단체 관람객에 한함

※ 모든 할인은 한 가지만 적용 가능하며, 중복할인은 불가함

09 지수는 가족과 함께 뮤지컬 관람을 계획하고 있어, 티켓 예매를 하기 전에 상담원에게 요금 관련 문의를 하였다. 아래 문의 내용을 바탕으로 한 상담원의 응대로 옳지 않은 것은?

> **지수**: 안녕하세요. 티켓을 예매하려고 하는데 할인되는 내용이 많아 어떤 할인을 받으면 좋을지 고민이 되어 연락드렸습니다. 저를 포함하여 5명이 뮤지컬을 관람할 예정인데, 아버지께서 △△카드를 가지고 계셔요. 또, 할아버지께서 국가유공자시거든요. 할아버지와 부모님, 대학생인 동생과 함께 가장 높은 등급의 좌석에서 뮤지컬을 관람하려면 어떤 할인을 받을 수 있을까요?

① 가족분이 가지고 계신 △△카드로 결제를 하시면 예매 수량에 상관없이 모두 5%씩 할인받으실 수 있습니다.

② 고객님의 동생분이 학생이시지만, 예매하시고자 하는 R 등급 좌석은 학생 할인이 적용되지 않습니다.

③ 관람을 함께 하시는 할아버지께서 국가유공자시라면 티켓 1매는 복지 할인을 받아 예매하시는 방법이 있습니다.

④ 만약 가족분 중 연세가 만 65세 이상인 분이 계신다면 그 인원만큼 경로 할인도 가능합니다.

⑤ 티켓 4매는 4인 할인으로 예매하고 나머지 1매는 다른 할인을 적용하거나 일반 요금으로 결제하셔도 됩니다.

10 아래 다섯 명은 뮤지컬 관람을 위해 전체 관람 금액을 지불하였다. 다음 중 가장 적은 비용으로 뮤지컬을 관람한 사람은?

> · **다영**: 친구 2명과 할인받지 않은 A 등급 좌석에서 뮤지컬을 관람했어.
> · **태곤**: 나는 S 등급 좌석 티켓을 수령할 때, 예매한 3매 모두 주민등록증으로 확인을 받았지.
> · **나윤**: 4인 할인을 받아 A 등급 좌석 4매를 예매했어.
> · **아인**: △△카드로 R 등급 좌석 2매를 예매했어.
> · **하나**: S 등급 좌석 1매는 학생 할인, 다른 2매는 복지 할인을 받아 예매했는데, 재학증명서를 깜박하고 가는 바람에 1매는 차액을 지불했어.

① 다영   ② 태곤   ③ 나윤   ④ 아인   ⑤ 하나

약점 보완 해설집 p.29

PART 1 NCS 직무능력평가

제1장 의사소통능력

제2장 수리능력

제3장 문제해결능력

제4장 자원관리능력

제5장 조직이해능력

해커스 지역농협 6급 NCS 인적성 및 직무능력평가 통합 기본서

해커스 **지역농협 6급** NCS 인적성 및 직무능력평가 통합 기본서

PART 1 | NCS 직무능력평가

제4장 자원관리능력

■ 출제경향분석

자원관리능력 소개

자원관리능력은 업무 상황에 필요한 모든 시간 · 예산 · 물적자원 · 인적자원을 효율적으로 확보하고 활용하는 능력을 평가하는 영역이다.

대표 출제 유형

자원관리능력은 자원계산, 자원분석 총 2개의 유형으로 출제된다.

유형 1	자원계산
유형 2	자원분석

시험 유형별 자원관리능력 출제 유형

시험 유형	출제 유형
60문항/60분	자원계산, 자원분석
60문항/70분	자원계산, 자원분석
70문항/70분	자원계산, 자원분석

PART 1 NCS 직무능력평가

제1장
의사소통능력

제2장
수리능력

제3장
문제해결능력

**제4장
자원관리능력**

제5장
조직이해능력

해커스 **지역농협 6급** NCS 인적성 및 직무능력평가 통합 기본서

최신 출제 경향

1 자원관리능력은 전반적으로 보통의 난도로 출제되고 있다.

2 기초이론을 학습해야 정답을 찾을 수 있는 인적자원의 특성을 고르는 문제와 시간관리 방법을 묻는 문제가 출제되었다. 또한, 최소비용을 계산하는 문제와 같이 주어진 상황에서 여러 조건을 고려하여 수치 계산을 통해 결론을 도출하는 문제가 출제되었다.

학습 방법

1 자원계산

조건을 먼저 확인한 후 제시된 자료에서 필요한 정보만 선별하여 빠르게 문제를 푸는 연습을 한다.

2 자원분석

문제에 제시된 상황을 정확하게 이해하는 연습이 필요하다. 따라서 다양한 문제를 풀어보며 상황에 따라 합리적인 방안을 도출하는 연습을 한다. 또한, 자원의 특성과 자원관리의 방법 등 기초적인 지식을 묻는 문제를 풀 수 있도록 '자원관리능력 기초이론(p.230)'에 정리된 내용을 반드시 학습한다.

기초이론

'기초이론'에서는 한국산업인력공단 NCS 직업기초능력 가이드북 자료뿐만 아니라 문제를 풀 때 필요한 이론까지 학습할 수 있다.
'지농6급 기출'은 지역농협 6급 시험에 출제된 개념이므로 반드시 암기하고, 학습한 내용은 '확인 문제'를 통해 다시 한번 점검한다.

1. 자원분석

1 자원의 의미와 활용

1) 자원의 의미
- 사전적으로는 인간생활에 도움이 되는 자연계의 일부를 의미하나 실제로 자원의 범위는 방대함
- 기업활동에서의 자원은 기업활동에 사용되는 모든 시간·예산·물적자원·인적자원을 의미함

2) 자원의 특징
자원은 유형을 불문하고 유한성을 지니고 있으므로 한정된 자원을 효과적으로 확보·유지·활용하는 자원관리능력이 매우 중요함

3) 자원의 낭비요인
- 비계획적 행동: 계획 없이 충동적이고 즉흥적으로 행동하는 경우로, 목표치가 없기 때문에 얼마나 낭비하는지도 파악 못함
- 편리성 추구: 자신의 편리함을 최우선으로 추구하는 경우
- 자원에 대한 인식 부재: 자신이 중요한 자원을 가지고 있다는 인식이 없는 경우
- 노하우 부족: 자원관리의 중요성을 알고는 있으나 효과적으로 수행하는 방법을 알지 못하는 경우로, 경험 및 학습을 통해 극복 가능함

4) 자원관리의 과정

필요한 자원의 종류와 양 파악	이용 가능한 자원 수집	자원활용 계획 수립	계획에 따른 수행
구체적으로 어떤 활동에 어떤 자원이 어느 정도 필요한지 파악함	실제 필요 자원을 확보하는 단계로, 계획한 양보다 여유 있게 확보할 필요가 있음	업무나 활동의 우선 순위를 고려하여 자원활용 계획을 수립	가급적 계획대로 업무를 수행하도록 함

확인 문제

다음 중 자원의 낭비요인이 아닌 것은?
① 편리성 추구　　　② 노하우 부족　　　③ 한정된 자원
④ 비계획적 행동　　⑤ 자원에 대한 인식 부재

정답: ③

2 자원관리의 종류

시간관리	기업활동에 필요한 시간자원을 파악하고 이용 가능한 시간자원을 확보하여 실제 업무에 어떻게 활용할 것인지 계획을 수립하고 효율적으로 활용하여 관리하는 것
예산관리	기업활동에 필요한 예산을 파악하고 이용 가능한 예산을 확보하여 실제 업무에 어떻게 사용할 것인지 계획을 수립하고 계획대로 사용하는 것을 의미하며, 최소의 비용으로 최대의 효과를 얻기 위해 필요함
물적자원관리	기업활동에 필요한 물적자원을 파악하고 이용 가능한 물적자원을 확보하여 실제 업무에 어떻게 사용할 것인지 계획을 수립하고 효율적으로 활용하여 관리하는 것
인적자원관리	목적을 달성하기 위하여 필요한 인적자원을 조달·확보·유지·개발하여 경영 조직 내 구성원의 능력을 최고로 발휘하도록 관리하는 것

3 자원관리의 중요성

1) 시간관리의 중요성

기업 입장	· 생산성 향상	· 가격 인상	· 위험 감소	· 시장 점유율 증가
개인 입장	· 스트레스 감소	· 균형적인 삶	· 생산성 향상	· 목표 성취

2) 예산관리의 중요성

예산은 필요한 비용을 미리 헤아려 계산하는 것으로, 대부분 하나의 사업이나 활동에는 정해진 예산 범위가 있기 때문에 예산계획을 세우고 계획대로 사용하도록 관리하는 것이 매우 중요함

3) 물적자원관리의 중요성

물적자원을 효과적으로 관리할 경우 과제 및 사업의 성공으로 경쟁력을 향상시킬 수 있으나, 물적자원관리가 부족할 경우 과제 및 사업에 실패하여 경제적 손실을 얻게 됨

4) 인적자원관리의 중요성 지농6급 기출

기업 입장	· 조직의 성과는 인적자원에 대한 관리의 영향을 크게 받으며, 이는 인적자원의 능동적인 성격, 개발 가능성, 전략적 중요성이 강조된 특성에서 비롯됨
개인 입장	· 각종 정보와 정보의 소스를 획득할 수 있음 · 나 자신의 인간관계와 행동에 대해서 알 수 있으며, 삶의 탄력을 얻을 수 있음 · 참신한 아이디어나 도움을 얻을 수 있음

확인 문제

다음 중 개인 입장에서의 인적자원관리 중요성에 해당하는 것은?

① 스트레스 감소　　　② 균형적인 삶　　　③ 아이디어 획득
④ 생산성 향상　　　⑤ 목표 성취

정답: ③

4 자원관리 방법

1) 시간관리 방법

① 시간의 특성 [지농6급 기출]

- 시간은 매일 주어짐
- 시간은 똑같은 속도로 흐름
- 시간의 흐름은 멈추게 할 수 없음
- 시간은 빌리거나 저축할 수 없음
- 시간은 활용 방법에 따라 가치가 달라짐
- 시간은 시절에 따라 밀도와 가치가 다름

② 시간계획의 순서

명확한 목표 설정 → 일의 우선순위 결정 → 예상 소요시간 결정 → 시간계획서 작성

[참고] 일의 우선순위 판단 매트릭스

구분	긴급함	긴급하지 않음
중요함	· 긴급하면서 중요한 일 – 위기상황 – 급박한 문제 – 기간이 정해진 프로젝트	· 긴급하지 않지만 중요한 일 – 인간관계 구축 – 새로운 기회 발굴 – 중장기 계획
중요하지 않음	· 긴급하지만 중요하지 않은 일 – 잠깐의 급한 질문 – 일부 보고서 및 회의 – 눈앞의 급박한 상황	· 긴급하지 않고 중요하지 않은 일 – 하찮은 일 – 우편물, 전화 – 시간낭비거리

③ 시간계획의 기본원리

- 60:40 Rule: 예측하지 못한 사태와 일의 중단, 개인적으로 흥미를 느끼는 일과 개인적인 일 등에 대응할 수 있도록 본인이 가진 시간의 60%는 계획된 일에, 20%는 계획 외의 행동에, 나머지 20%는 자신이 창조성을 발휘하는 데 활용하는 규칙

확인 문제

다음 중 일의 우선순위 판단 매트릭스상 '긴급하면서 중요한 일'에 해당하는 것은?

① 인간관계 구축　　　② 잠깐의 급한 질문　　　③ 기간이 정해진 프로젝트
④ 우편물　　　⑤ 중장기 계획

정답: ③

④ 시간계획 시 고려해야 할 사항 [지농6급 기출]

- 어디에 어떻게 시간을 사용하고 있는지 행동과 시간, 시간관리 저해요인을 분석할 것
- 실현 가능한 것만 현실적으로 계획할 것
- 해당 시간에 예정된 일이나 행동을 모두 리스트화할 것
- 예정된 행동 외에 기대되는 성과와 행동의 목표도 기록할 것
- 적절한 시간 프레임(Frame)을 설정하고 특정 일을 하는 데 필요한 시간만 계획에 포함할 것
- 예상치 못한 일들이 발생할 경우와 이동시간 및 대기 시간과 같은 자유 시간 등을 고려하여 여유시간을 확보할 것
- 우선순위를 고려하여 여러 일 중에 어느 일을 먼저 처리할 것인지 결정할 것
- 시간계획을 규칙적·체계적으로 체크하여 일관성 있게 마무리할 것
- 시간계획이란 결국 목표 달성을 위해 필요한 것임을 알고 유연성 있게 계획을 수립할 것
- 시간의 손실이 일어났을 경우 미루지 않고 바로 보상할 것
- 체크리스트나 스케줄 표 등을 사용하여 전체 상황을 파악할 것
- 해야 할 일을 끝내지 못했을 경우 차기 계획에 반영할 것
- 자신의 업무의 일부를 부하에게 위임하고 그 수행을 책임지도록 하는 권한위양을 실행할 것
- 일의 경중에 따라 시간을 할애하며, 전체적인 계획을 정리하는 시간을 갖도록 할 것
- 본인 이외의 사람들의 시간계획도 감안하여 계획을 수립할 것

2) 예산관리 방법

① 예산수립 절차 [지농6급 기출]

1단계	필요한 과업 및 활동 규명: 예산 범위 내에서 수행해야 하는 활동과 소요예산을 정리함

▼

2단계	우선순위 결정: 우선적으로 예산이 배정되어야 하는 활동을 도출하기 위하여 활동별 예산 지출 규모를 확인하고 우선순위를 확정함

▼

3단계	예산 배정: 우선순위가 높은 활동부터 예산을 배정하고 사용함

② 과업세부도

- 과제 및 활동계획 수립 시 가장 기본적인 수단으로 활용되는 그래프
- 모든 일을 중요한 범주에 따라 체계화시켜 구분해 놓은 그래프로, 구체성에 따라 2단계, 3단계, 4단계 등으로 구분할 수 있음

③ 예산수립 시 주의사항 [지농6급 기출]

- 무조건 적게 비용을 들이는 것은 좋지 않으며 제품 개발 시 개발 책정 비용이 실제보다 높으면 경쟁력을 잃고, 낮으면 적자가 발생할 수 있으므로 책정 비용과 실제 비용이 비슷한 상태가 가장 이상적임

④ 예산집행 시 주의사항

- 예산계획에 차질이 없도록 예산집행 내역과 계획을 지속적으로 비교·검토해야 함

[확인 문제]

다음 중 시간계획 과정 중 고려해야 할 사항이 아닌 것은?
① 예상 소요시간　　　　② 여유시간 배제　　　　③ 일의 우선순위
④ 명확한 목표 설정　　　⑤ 시간계획서 작성

정답: ②

PART 1 NCS 직무능력평가

제1장
의사소통능력

제2장
수리능력

제3장
문제해결능력

제4장
자원관리능력

제5장
조직이해능력

해커스 지역농협 6급 NCS 인적성 및 직무능력평가 통합 기본서

3) 물적자원관리 방법

① 물적자원관리 절차

1단계	사용 용품과 보관 물품의 구분: 물품의 활용계획을 철저히 확인하여 물품을 꺼냈다가 다시 넣었다가 하는 반복 작업을 방지하고 물품활용의 편리성을 키워야 함

▼

2단계	동일 및 유사 물품으로의 분류: 동일성의 원칙(같은 품종은 같은 장소에 보관)과 유사성의 원칙(유사품은 인접 장소에 보관)에 따라 물품을 보관하여 효율성을 높임

▼

3단계	물품 특성에 맞는 보관 장소 선정: 재질, 무게와 부피 등의 물품 특성과 회전대응 보관의 원칙(입출하의 빈도가 높은 품목은 출입구에서 가까운 곳에 보관)에 따라 보관 장소를 선정함

② 물적자원관리 방법

바코드의 원리 활용	• 다량의 물품을 취급하는 곳에서는 바코드, QR코드 등을 활용하여 물품을 관리하고 있음 • 개인의 사적인 물품도 바코드처럼 기호화하여 효과적으로 관리하도록 함
물품관리 프로그램 활용	• 쉽고 체계적으로 물품관리를 할 수 있는 각종 프로그램이 개발되고 있음 • 개인보다는 기업이나 조직차원에서 활용하는 경우가 많으며, 큰 조직에서 다량의 물품을 효과적으로 관리하는 데 도움이 됨

③ 물적자원관리 방해요인

- 보관 장소를 파악하지 못하는 경우: 물적자원이 필요한 상황에서 제때 공급을 하지 못하고 시간을 지체하면 효과를 거둘 수 없음
- 훼손된 경우: 새로 구입해야 하는 경제적 손실을 초래함
- 분실한 경우: 보관 장소를 파악하지 못하는 경우와 유사하지만 다시 구입하지 않으면 활용할 수 없다는 차이가 있으며, 다시 물품을 구입해야 하므로 경제적 손실을 초래함

4) 인적자원관리 방법

① 인적자원관리 원칙 [지능6급 기출]

적재적소 배치의 원칙	해당 직무 수행에 가장 적합한 인재를 배치해야 함
공정 보상의 원칙	근로자의 인권을 존중하고 공헌도에 따라 노동의 대가를 공정하게 지급해야 함
공정 인사의 원칙	직무 배당, 승진, 상벌, 근무 성적의 평가, 임금 등을 공정하게 처리해야 함
종업원 안정의 원칙	직장에서 신분이 보장되고 계속해서 근무할 수 있다는 믿음을 갖게 하여 근로자가 안정된 회사 생활을 할 수 있도록 해야 함

확인 문제

다음 중 물적자원관리 시 가장 먼저 진행해야 할 절차는?

① 물품의 활용계획 확인　　　　② 같은 품종 분류　　　　③ 보관 장소 선정
④ 물품의 특성 파악　　　　⑤ 유사 물품 정리

정답: ①

창의력 계발의 원칙	근로자가 창의력을 발휘할 수 있도록 새로운 제안, 건의 등의 기회를 마련하고, 적절한 보상을 하여 인센티브를 제공해야 함
단결의 원칙	직장 내에서 구성원들이 소외감을 갖지 않도록 배려하고, 서로 유대감을 가지고 협동, 단결하는 체제를 이루도록 함

② 개인의 인맥관리 방법

명함 관리	• 받은 명함을 인맥관리에 적극적으로 사용하도록 함 • 명함 관리 프로그램, 애플리케이션 등을 활용함 • 명함에 상대에 대한 구체적인 정보를 메모하도록 함
인맥관리카드 작성	• 이름, 관계, 직장 및 부서, 학력, 출신지, 연락처, 친한 정도 등의 내용을 정리하여 관리함 • 핵심 인력과 파생 인맥을 구분하여 작성하도록 하며, 파생 인맥 카드에는 어떤 관계에 의해 파생되었는지 포함하도록 함
소셜네트워크 (SNS)	• 직접 대면하지 않고 시공간을 초월하여 네트워크상에서 인맥을 형성하고 관리함 • 기존의 소셜네트워크 서비스 외에도 인맥 구축과 채용에 도움이 되는 비즈니스 특화 인맥관리 서비스(BNS: Business social Network Service)에 대한 관심이 증대되고 있음

③ 팀원 관리 방법
• 적절한 인력 배치

인력 배치 원칙	– 적재적소주의(The right man for the right job): 팀의 효율성을 높이기 위해 팀원의 능력이나 성격 등과 가장 적합한 위치에 배치하여 능력을 최대로 발휘할 수 있도록 함 – 능력주의: 개인에게 능력을 발휘할 수 있는 기회와 장소를 부여하고, 그 성과를 바르게 평가하며, 평가된 능력과 실적에 대해 그에 상응하는 보상을 주는 원칙 – 균형주의: 전체와 개체가 균형을 이룰 수 있도록 모든 팀원에 대해 평등한 적재적소를 고려할 필요성이 있음
인력 배치 유형	– 양적 배치: 작업량과 조업도, 여유 또는 부족 인원을 감안하여 소요 인원을 결정 및 배치하는 것 – 질적 배치(=적재적소의 배치): 능력이나 성격 등과 가장 적합한 위치에 배치하는 것 – 적성 배치: 팀원의 적성 및 흥미에 따라 배치하는 것 – 양적·질적·적성 배치는 따로 분리되는 것이 아니라 적절히 조화되어야 함

• 과업세부도 작성
인력을 배치하여 업무를 수행하는 과정에서 팀원들에게 할당된 일을 적절히 관리하기 위해서는 과업세부도를 작성하는 것이 효과적임

확인 문제

다음 중 팀원 관리 시 고려해야 할 사항으로 적절하지 않은 것은?
① 모든 팀원에 대해 평등한 적재적소 고려
② 능력을 발휘할 수 있는 기회와 장소 부여
③ 양적·질적·적성 배치를 적절히 조화하여 운영
④ 작업량을 감안하여 소요 인원 결정
⑤ 팀원의 적성 및 흥미보다는 능력 고려

정답: ⑤

PART 1 NCS 직무능력평가

제1장 의사소통능력

제2장 수리능력

제3장 문제해결능력

제4장 자원관리능력

제5장 조직이해능력

해커스 지역농협 6급 NCS 인적성 및 직무능력평가 통합 기본서

기출유형공략

유형 1 **자원계산**

유형 특징

· 주어진 자료를 분석하여 업무 수행에 소요될 자원의 양을 계산하는 유형의 문제이다.

세부 출제 유형

· 자원계산은 다음과 같이 1개의 세부 유형으로 출제된다.
  ① 자료를 분석하여 소요될 자원의 양을 계산하는 문제

공략법

· 일정표, 예산안, 물적관리대장 등 공공기관의 보고 자료에 익숙해지도록 다양한 분야의 자료를 접하고 분석하는 연습을 한다.

· 조건을 먼저 확인하고 제시된 자료에서 필요한 정보만 선별적으로 확인하여 풀이시간을 단축한다.

· 특별한 공식 없이 사칙연산만으로 풀 수 있는 간단한 문제이지만 계산 단계가 많거나 계산하는 자릿수가 커 실수하기 쉬우므로 많은 문제를 풀어보며 빠르고 정확하게 계산하는 연습을 한다.

PART 1 NCS 직무능력평가

제1장
의사소통능력

제2장
수리능력

제3장
문제해결능력

제4장
자원관리능력

제5장
조직이해능력

해커스 지역농협 6급 NCS 인적성 및 직무능력평가 통합 기본서

예제 1 자료를 분석하여 소요될 자원의 양을 계산하는 문제

총무팀에서 근무 중인 귀하는 사무실 의자 10개를 구매하기 위해 A~C 가구 업체별로 사무실 의자 가격 및 할인 정보를 조사하였다. 조사된 내용을 토대로 한 곳의 업체에서 사무실 의자 10개를 구매하고자 할 때, 가장 저렴한 사무실 의자의 구매 비용은?

[업체별 사무실 의자 정보]

구분	가격(개)	할인 정보
A 업체	100,000원	3개 구매 시 1개 추가 증정
B 업체	85,000원	100만 원 이상 구매 시 10% 할인
C 업체	110,000원	전 품목 20% 할인

① 765,000원 ② 800,000원 ③ 850,000원 ④ 880,000원 ⑤ 920,000원

|정답 및 해설| ②

[업체별 사무실 의자 정보]에 따르면 A 업체에서 구매할 경우 사무실 의자 1개당 가격은 100,000원이고, 3개 구매 시 1개를 추가로 증정함에 따라 사무실 의자 8개를 구매하는 비용으로 10개를 구매할 수 있으므로 구매 비용은 100,000×8=800,000원이다. B 업체에서 구매할 경우 사무실 의자 1개당 가격은 85,000원이고, 100만 원 이상 구매 시 10% 할인을 받을 수 있으나 구매 비용은 85,000×10=850,000원임에 따라 할인을 받을 수 없다. C 업체에서 구매할 경우 사무실 의자 1개당 가격은 110,000원이고, 전 품목 20% 할인을 받으므로 구매 비용은 110,000×10×0.8=880,000원이다. 이에 따라 사무실 의자 10개를 가장 저렴하게 구매하기 위해서는 A 업체에서 사무실 의자를 구매해야 한다.
따라서 가장 저렴한 사무실 의자의 구매 비용은 800,000원이다.

유형 특징

· 자원에 관한 자료를 종합적으로 검토하여 최선의 방안 및 자원관리 방법을 결정하는 유형의 문제이다.

세부 출제 유형

· 자원분석은 다음과 같이 2개의 세부 유형으로 출제된다.
  ① 가장 합리적인 방안을 도출하는 문제
  ② 적절한 자원관리 방법을 판단하는 문제

공략법

· 자원관리의 의미와 자원관리 방법 등 이론을 꼼꼼하게 학습한다. (기초이론 p.230)
· 시간·예산·물적자원·인적자원 등 다양한 자원을 활용한 문제를 풀어보며 각 자원의 특징을 파악한다.
· 주어진 조건과 선택지를 먼저 확인한 후 제시된 자료에서 관련된 내용만 확인하여 풀이시간을 단축한다.

예제 1 가장 합리적인 방안을 도출하는 문제

인사부에서 근무하는 귀하는 신입사원 6명의 부서를 배치하고자 한다. 신입사원 입사 성적 및 지원 부서와 부서 배치 기준을 근거로 판단할 때, 인사부에 배치되는 신입사원은?

[신입사원 입사 성적 및 지원 부서]

구분	A	B	C	D	E	F
입사 성적	85점	72점	74점	83점	76점	86점
1지망	기획	영업	기획	기획	총무	기획
2지망	영업	기획	총무	영업	기획	총무

[부서 배치 기준]

· 부서별 필요 인원은 기획부 2명, 영업부 1명, 인사부 1명, 총무부 2명이다.
· 신입사원의 1지망 지원 부서를 가장 우선적으로 고려하여 배치하되 부서별 필요 인원보다 지원 인원이 많은 경우 입사 성적이 높은 신입사원을 우선 배치한다.
· 1지망 지원 부서에 배치되지 않은 신입사원을 2지망 지원 부서에 배치하되 1지망에 따른 신입사원 배치 후 남은 부서별 필요 인원보다 지원 인원이 많은 경우 입사 성적이 높은 신입사원을 우선 배치한다.
· 2지망 지원 부서에도 배치되지 않은 신입사원은 필요 인원이 충족되지 못한 부서에 배치한다.

① A   ② B   ③ C   ④ D   ⑤ E

PART 1 NCS 직무능력평가

제1장
의사소통능력

제2장
수리능력

제3장
문제해결능력

제4장
자원관리능력

제5장
조직이해능력

해커스 지역농협 6급 NCS 인적성 및 직무능력평가 통합 기본서

|정답 및 해설| ④

[부서 배치 기준]에 따르면 부서별 필요 인원은 기획부 2명, 영업부 1명, 인사부 1명, 총무부 2명이고, 신입사원의 1지망 지원 부서를 가장 우선적으로 고려하여 배치하되 부서별 필요 인원보다 지원 인원이 많은 경우 입사 성적이 높은 신입 사원을 우선 배치하므로 1지망으로 기획부에 지원한 A, C, D, F 중 입사 성적이 높은 A와 F가 기획부에 배치되고, 1지망 으로 영업부에 지원한 B는 영업부에, 1지망으로 총무부에 지원한 E는 총무부에 배치된다. 이에 따라 1지망 지원 부서에 배치되지 못한 신입사원은 C와 D이고, 1지망에 따른 필요 인원이 충족되지 못한 부서별 필요 인원은 인사부 1명, 총무 부 1명이다. 2지망으로 총무부에 지원한 C는 총무부에 배치되지만, 2지망으로 영업부에 지원한 D는 영업부에 필요 인 원이 없으므로 2지망 지원 부서에도 배치되지 않고, 2지망 지원 부서에도 배치되지 않은 신입사원은 필요 인원이 충족 되지 못한 부서에 배치되므로 D는 인사부에 배치된다.

따라서 인사부에 배치되는 신입사원은 'D'이다.

| 예제 2 | 적절한 자원관리 방법을 판단하는 문제

다음은 지역농협의 신입사원 5명이 효과적인 시간 계획에 대한 교육을 수료한 후 나눈 대화이다. 다음 대화를 근 거로 판단할 때, 효과적인 시간 계획에 대해 제대로 이해하지 못한 신입사원은?

- **미영**: 시간은 한정되어 있으므로 한정된 시간을 효율적으로 활용하기 위해서는 명확한 목표가 필요해.
- **라희**: 중요성과 긴급성을 기준으로 일의 우선순위를 결정하는 것이 일반적이야.
- **연화**: 우선순위가 결정되면 각각 할 일에 소요되는 예상 시간을 결정해야 하는데, 모든 일마다 정확하게 소요 시 간을 계산할 수는 없더라도 규모가 큰 일을 할 때에는 정확하게 소요 시간을 계산하는 것이 효율적이야.
- **지혜**: 전문가들은 시간 계획을 할 때 자신에게 주어진 시간 중 과반수를 계획되지 않은 행동에 사용되는 시간으 로 설정하는 것을 시간 계획의 기본 원리로 제시하고 있어.
- **혜진**: 목표와 우선순위, 예상 소요 시간을 결정한 뒤, 시간 계획서를 작성할 때에는 개인의 성향에 따라 달력이 나 다이어리 등 다양한 도구를 활용할 수 있지.

① 미영　　　　② 라희　　　　③ 연화　　　　④ 지혜　　　　⑤ 혜진

|정답 및 해설| ④

시간계획의 기본원리에 따르면 전문가들은 시간 계획의 기본 원리를 계획된 행동 60%, 계획 외의 행동 20%, 자발적 행동 20%로 제시하므로 계획되지 않은 행동은 전체 시간의 40%로 설정한다.

따라서 효과적인 시간 계획에 대해 제대로 이해하지 못한 신입사원은 '지혜'이다.

기출동형문제

유형 1 | **자원계산**

🕐 제한시간: 5분 50초

01 건희는 300,000원을 주식에 투자하고자 A~D 기업별 주식 정보를 조사하였다. 건희가 투자금액의 한도
내에서 가장 높은 배당금을 받을 수 있도록 주식을 매수했다고 하였을 때, 건희가 받을 배당금은? (단, 배
당금 지급일은 동일하며, 배당금 지급일까지 현재가는 변동하지 않는다.)

[A~D 기업 주식 정보]

구분	A 기업	B 기업	C 기업	D 기업
1주당 현재가	75,800원	73,000원	76,500원	73,500원
1주당 배당금	4,050원	3,200원	4,000원	2,200원
1주당 배당률	5.4%	4.4%	5.2%	3.0%

※ 1주당 배당률 = (1주당 배당금 / 1주당 현재가) × 100

① 12,150원   ② 12,800원   ③ 13,650원   ④ 14,500원   ⑤ 15,350원

02 자산관리팀은 하반기에 각 팀에서 사용할 용지와 프린터 잉크를 구입하기 위해 상반기에 각 팀에서 신청한 물품의 수량을 확인하였다. 하반기에도 상반기에 신청한 물품의 수량만큼 사용할 것으로 예상되어 상반기에 신청한 물품의 수량에서 재고 수량만큼을 제외하고 물품을 구입한다고 할 때, 자산관리팀이 구입할 용지와 프린터 잉크의 총비용은?

구분		A4 용지	A3 용지	삼원색 잉크	노란색 잉크
상반기 신청 물품	총무부	30박스	6박스	7개	4개
	인사부	36박스	8박스	6개	6개
	영업관리부	24박스	7박스	7개	5개
	국내사업부	24박스	5박스	5개	5개
	해외사업부	18박스	4박스	5개	3개
재고		12박스	2박스	2개	3개
가격		박스당 11,000원	박스당 40,000원	개당 13,000원	개당 12,800원

① 3,060,000원
② 3,297,800원
③ 3,361,700원
④ 3,487,000원
⑤ 3,528,400원

PART 1 NCS 직무능력평가

제1장 의사소통능력

제2장 수리능력

제3장 문제해결능력

제4장 자원관리능력

제5장 조직이해능력

해커스 지역농협 6급 NCS 인적성 및 직무능력평가 통합 기본서

03 최근 팀장으로 승진한 마케팅팀 A 씨는 외부 직무교육 프로그램을 이수해야 한다. 회사 지침에 따라 이수할 직무교육 프로그램을 선택할 때, 1안(교육비가 가장 저렴한 방법)과 2안(교육 시간이 가장 짧은 방법)의 프로그램 이수 비용을 각각 계산하면?

[직무교육 프로그램 이수 지침]

1. 최소 3개 이상의 프로그램을 이수해야 한다.
2. 같은 교육 과정의 프로그램을 2개 이상 이수할 수 없다.
3. 전체 교육 이수 비용은 30만 원을 초과하지 않아야 한다.
4. 직무교육은 평일 근무시간 2일(총 16시간) 이내에 모두 이수해야 하며, 교육 시간이 8시간 이상인 교육은 다음 날 이어서 이수한다.
5. 팀장은 반드시 리더십 과정을 이수해야 한다.
6. 인사팀은 인사 · CS 과정, 재무팀은 재무 · 회계 과정, 마케팅팀은 마케팅 과정을 반드시 이수해야 한다.

[○○기관의 직무교육 프로그램]

구분	과정명	프로그램명	교육비	교육 시간
1	리더십	동기부여를 극대화하는 리더십	75,000원	3시간
2		변화를 주도하는 리더십	70,000원	5시간
3		성과를 창출하는 리더십	80,000원	6시간
4	인사 · CS	상대를 사로잡는 직장인의 보이스 트레이닝	40,000원	3시간
5		고객의 마음을 꿰뚫는 영업 대화 기법	50,000원	8시간
6	재무 · 회계	사례 중심으로 배우는 재무·회계 실무	60,000원	10시간
7		자금 조달의 핵심이 되는 재무관리 노하우	80,000원	13시간
8	마케팅	키워드로 정리하는 마케팅 기술	120,000원	7시간
9		경쟁우위를 갖는 마케팅 기술	155,000원	6시간
10		시대를 대표하는 마케팅 성공 사례	110,000원	10시간
11	조직관리	팀워크 향상을 이끄는 조직문화	65,000원	3시간
12		조직의 성과를 높이는 업무 방식	55,000원	2시간

	1안	2안
①	145,000원	160,000원
②	220,000원	250,000원
③	220,000원	285,000원
④	225,000원	285,000원
⑤	230,000원	295,000원

PART 1 NCS 직무능력평가

제1장
의사소통능력

제2장
수리능력

제3장
문제해결능력

제4장
자원관리능력

제5장
조직이해능력

해커스 지역농협 6급 NCS 인적성 및 직무능력평가 통합 기본서

[04 - 05] 다음은 박 주임이 출장을 갈 때 차량을 운행해야 하는 도로의 제한 속도와 도로별 이동 거리이다. 각 물음에 답하시오.

구분	비포장도로	포장도로
제한 속도	60km/h	100km/h
이동 거리	100km	50km

※ 눈이나 비가 올 경우 제한 속도의 50%로 감속 운행해야 함

04 박 주임이 운행하는 차량의 연비가 12km/L일 때, 박 주임이 출장을 가는 데 필요한 연료량은?

① 10L   ② 11.5L   ③ 12.5L   ④ 13L   ⑤ 14.5L

05 박 주임은 이동 시간을 최소화하기 위해 도로의 제한 속도로 차량을 운행하다가 포장도로를 모두 지나고 비포장도로가 30km 남은 구간에서 눈이 내려 감속 운행하였다. 박 주임이 출장을 가는 데 걸린 시간은?

① 2시간   ② 2시간 10분   ③ 2시간 20분   ④ 2시간 30분   ⑤ 2시간 40분

약점 보완 해설집 p.34

01 다음은 한 렌터카 대여 회사의 렌터카 정보 및 유가 정보이다. 영동이가 1일간 렌터카 차량을 대여하여 150km를 이동할 때, 대여요금과 유류비 총합이 가장 저렴한 차량은?

[렌터카 정보]

구분	1일 대여요금	유종	1L당 이동 거리
A 차량	60,000원	휘발유	10.0km
B 차량	64,000원	휘발유	12.0km
C 차량	65,000원	휘발유	12.5km
D 차량	65,000원	경유	12.0km
E 차량	68,000원	경유	12.5km

[유가 정보]

구분	가격
휘발유	1,750원/L
경유	1,550원/L

① A 차량　　② B 차량　　③ C 차량　　④ D 차량　　⑤ E 차량

02 인사총무부에 근무하는 귀하는 K 부장으로부터 다음 달에 예정된 시무식 관련 회의를 하기 위해 다음 주 수요일에 1시간 동안 이용할 수 있는 회의실을 예약하라는 지시를 받았다. 매일 12시부터 1시간 동안 휴게시간을 가지는 인사총무부 조직원 모두가 회의에 참석할 수 있는 시간으로 회의실을 예약할 때, 가장 적절한 회의 시간은?

[인사총무부 수요일 업무 일정]

구분	K 부장	Y 과장	B 계장	S 사원	L 사원
업무 일정	• 09:00~10:00 임원진 아침 조회 • 17:00~18:00 보고서 검토	• 09:00~10:00 기획안 검토 • 10:00~10:30 신입사원 교육 • 13:30~15:00 예산 편성	• 10:00~12:00 공장 방문 • 15:00~15:30 거래처 회의 • 17:00~18:00 업체 회의	• 09:00~10:30 물품 구매 • 13:00~15:30 창고 정리 • 17:30~18:00 우편 접수	• 10:00~10:30 교육 참석 • 14:30~16:00 시장 조사

① 10:30~11:30　② 13:00~14:00　③ 15:30~16:30　④ 16:00~17:00　⑤ 16:30~17:30

03 H 회사 인사팀에 근무하는 김 대리는 5월 16일에 신입사원 교육을 진행하기 위해 세미나실을 예약하려고 한다. 김 대리와 세미나 업체 직원의 대화 내용을 고려할 때, 김 대리가 추천받은 세미나실은?

[5월 16일 세미나실 정보]

구분	최대 수용 인원	외부 음식 반입	이용 가능 시간	총 이용 요금
A 세미나실	80명	허용	7시간	180,000원
B 세미나실	140명	허용	6시간	230,000원
C 세미나실	100명	허용	7시간	225,000원
D 세미나실	120명	허용	6시간	225,000원
E 세미나실	95명	금지	4시간	200,000원

※ 세미나실 이용 시 이용 가능 시간을 초과하여 사용할 수 없음

김 대리: 안녕하세요, H 회사 인사팀 김 대리입니다. 이번 신입 사원 교육을 위한 세미나실을 예약하려고 연락드렸습니다.

직　원: 안녕하세요, 대리님. 혹시 생각해두신 세미나실이 있으신가요?

김 대리: 어떤 세미나실이 적합할지 추천을 받아보려고 합니다. 이번에 신입사원 75명이 입사해서 스태프 포함 85명은 수용할 수 있는 장소로 골라야 할 것 같아요.

직　원: 네, 그러시군요. 세미나실은 몇 시간 이용하시나요?

김 대리: 오전 10시부터 오후 4시까지 이용하려고 합니다. 이용 시간 내에 점심시간이 포함되어 있으므로 외부 음식 반입이 허용되는 세미나실이 좋겠어요. 앞서 이야기한 모든 조건을 만족한다면 총 이용 요금이 가장 저렴한 세미나실 중 이용 가능 시간이 긴 세미나실로 추천해주세요.

직　원: 네, 대리님. (　　　) 세미나실이 가장 적합할 것 같은데 예약 진행해드릴까요?

① A　　　　　　② B　　　　　　③ C　　　　　　④ D　　　　　　⑤ E

PART 1 NCS 직무능력평가

제1장 의사소통능력

제2장 수리능력

제3장 문제해결능력

제4장 자원관리능력

제5장 조직이해능력

해커스 지역농협 6급 NCS 인적성 및 직무능력평가 통합 기본서

[04 - 05] 다음 자료를 보고 각 물음에 답하시오.

[노트북 제품별 사양]

구분	가	나	다	라	마
저장용량	256GB	128GB	256GB	128GB	256GB
메모리	8GB	4GB	8GB	4GB	8GB
크기	314 × 220 × 14mm	357 × 228 × 17mm	357 × 228 × 17mm	346 × 236 × 14mm	357 × 228 × 17mm
무게	1.3kg	1.59kg	980g	1.55kg	980g
사용시간	12시간	10시간	12시간	9시간	8시간
소비전력	5.9kWh	8.8kWh	6.9kWh	8.2kWh	5.9kWh
가격	159만 원	137만 원	157만 원	125만 원	149만 원

04 P 씨는 영업팀에서 근무하고 있어 외근과 출장이 잦아 외부에서 노트북을 들고 이동하는 경우가 많다. 이 때문에 노트북의 무게가 가벼운 것을 가장 중요시하며, 그 다음으로는 사용시간이 긴 노트북을 선호한다. 다음 중 P 씨의 상황을 고려했을 때 가장 적합한 모델은?

① 가   ② 나   ③ 다   ④ 라   ⑤ 마

05 P 씨는 다른 팀에서 근무하는 자신의 동기에게 노트북을 추천하려고 한다. 동기는 컴퓨터로 그림을 그리는 업무가 많아 사용시간이 10시간 이상 되는 제품이 필요하며, 이미 노트북 1대를 사용하고 있기 때문에 화면의 크기 대비 가격이 저렴한 것을 찾는다. 다음 중 P 씨가 동기에게 추천하기에 가장 적합한 모델은? (단, 화면의 크기는 제품의 크기에 비례한다.)

① 가   ② 나   ③ 다   ④ 라   ⑤ 마

PART 1 NCS 직무능력평가

제1장
의사소통능력

제2장
수리능력

제3장
문제해결능력

제4장
자원관리능력

제5장
조직이해능력

해커스 지역농협 6급 NCS 인적성 및 직무능력평가 통합 기본서

06 A~D는 조직차원에서의 인적자원관리 특성에 대해 이야기를 나누고 있다. 다음 중 인적자원관리 특성 중 서로 동일한 특성에 대해 이야기하는 사람끼리 바르게 연결한 것은?

> • A: 인적자원에서 나타나는 성과는 인적자원의 욕구와 동기, 태도와 행동 그리고 만족감 여하에 따라 결정돼.
> • B: 인적자원은 자연적인 성장과 성숙은 물론 오랜 기간에 걸쳐서 개발될 수 있는 많은 잠재능력과 자질을 보유하고 있어.
> • C: 조직의 성과는 인적자원을 효과적이고 능률적으로 활용하는 데 달려있지.
> • D: 인적자원의 행동동기와 만족감은 경영관리에 의해 조건화되므로 이를 잘 관리하여야 기업의 성과를 높일 수 있겠구나.

① A, C   ② A, D   ③ B, C   ④ B, D   ⑤ C, D

07 다음 상황에서 귀하가 취해야 할 행동으로 가장 적절한 것은?

> 귀하는 기획안에 따라 행사의 세부적인 예산 계획을 수립하고, 수립한 계획에 따라 적절한 숙소 예약 및 기타 예산 관련 업무를 진행하려고 한다. 이때 팀장으로부터 행사의 세부 계획 수립을 담당하게 된 신입사원에게 세부 계획 수립을 위한 교육을 진행하고, 신입사원이 수립한 세부 계획을 검토하여 최종안을 확정하라는 지시를 받았다. 하지만 귀하는 오늘까지 숙소 예약, 강사 초빙 등 비용 관련 업무를 모두 마쳐야 하고, 이와 더불어 팀에서 사용한 이번 달 비용 관련 서류도 정리하여 회계팀에 제출해야 한다. 귀하는 자신의 업무만으로도 시간이 부족하지만, 신입사원의 업무를 반드시 도와주라는 팀장의 지시로 인해 자신의 업무 및 신입사원과 관련된 업무도 모두 완료해야 하는 상황이다.

① 신입사원에게 상황을 설명한 후 도와줄 수 없는 자신의 처지에 대해 양해를 구한다.

② 신입사원은 업무 진행 속도가 느리고, 업무 수행 능력이 아직 부족하므로 자신이 신입사원을 대신하여 급한 업무를 모두 마친다. 그 후에 신입사원이 다음부터 업무에 적절히 적용할 수 있도록 업무 진행 방식 및 검토해야 할 세부사항을 교육한다.

③ 신입사원 교육 자료를 제작하여 다른 팀의 동료에게 신입사원 교육을 부탁하고, 교육 후에 신입사원이 세부 행사 일정을 세우도록 지시한다.

④ 신입사원에게 세부 행사 일정에 대한 계획을 수립하면서 궁금한 사항들을 정리하도록 지시하고, 오늘까지 마무리해야 하는 예산 관련 업무를 진행한다. 그 후에 신입사원이 정리한 사항들에 대해 교육하며 수정 방향을 교육한다.

⑤ 자신이 진행해야 하는 업무와 소요 시간을 정리하여 팀 회의를 요청한다. 회의에서 오늘까지 완료할 수 없음을 전달하고 자신을 대신하여 업무를 진행해 줄 다른 담당자를 선정해 달라고 요청한다.

08 귀하는 N 사의 신입사원이며, 선임으로부터 'A – C – B – D'의 순서로 업무를 처리할 것을 지시받았다. 다음 중 처리해야 할 업무 순서로 가장 적절한 것은?

구분	급한 일	급하지 않은 일
중요한 일	A	B
중요하지 않은 일	C	D

> (가): 마감한 프로젝트 결과에 대해 논의한 회의록 작성
> (나): 오늘까지 마감해야 하는 프로젝트 업무
> (다): 내년 업무 계획 보고
> (라): 팀 앞으로 온 우편물 확인

① (가) - (나) - (다) - (라) ② (나) - (가) - (다) - (라) ③ (나) - (가) - (라) - (다)
④ (다) - (라) - (가) - (나) ⑤ (다) - (나) - (가) - (라)

09 인사팀으로 배치될 신입사원을 대상으로 인적자원관리에 대한 교육을 진행하였다. 인적자원관리에 대한 내용을 바르게 이해하지 못한 사원은?

① A: 우리 회사의 성과를 위해서는 개인의 능력을 중시하는 것이 좋기 때문에, 우리가 판단하여 관리하기 보다는 개인의 자유의사에 맡기는 것이 더 좋아.

② B: 먼저, 각 부서에 필요한 인적자원을 조사하여 필요한 인적자원과 맞는 사원들을 배치해야지.

③ C: 개인에게 능력을 발휘할 수 있는 기회를 부여하되, 성과를 평가하고 평가된 능력과 실적에 상응하는 보상을 하는 것이 좋겠어.

④ D: 팀원의 적성이나 능력도 중요하지만, 부서마다 부족한 인원이 정해져 있다는 점도 고려해야 해.

⑤ E: 혹시 새로 배치된 부서에서 소외감을 느낄 수도 있으니, 각 부서에 첫날에는 서로 자기소개하는 시간을 가지도록 유도하는 내용을 전달하자.

10 인테리어 전문회사의 오피스 가구 담당 영업사원인 귀하는 자사에서 진행하는 명함 교육에 참석했다. 귀하가 이해한 교육 내용으로 가장 적절한 것은?

[명함 교육 안내]

1) 목적

명함의 기능 및 명함 관리로 자신만의 영업 전략을 수립하는 방법을 익혀 전문 영업사원으로의 성장을 유도하기 위함

2) 개요

일시	20○○년 ○○월 ○○일
장소	1층 대강당
참여 대상	국내 영업팀, 해외 영업팀
진행 순서	1. 강사 및 교육 개요 소개 2. 명함 교육 　－ 명함의 기능 및 명함을 통한 고객 관리법 　－ 나만의 명함 구상하기 　－ 나만의 명함으로 나만의 영업 전략 수립하기

[교육 내용 정리]

1. 명함을 통한 고객 및 거래처 관리
   - 명함에는 사내 업무용 연락처가 아닌 고객용 연락처를 기재하여 고객과 빠르고 정확한 소통이 가능하도록 한다.
   - 고객 명함에는 기억해야 하는 정보나 특이사항을 간략히 기록하여 후속 교류를 위한 도구로 사용한다.
   - 고객의 명함은 본인만의 기준으로 분류하여 보관하며 목적에 따라 이용할 수 있도록 한다.

2. 명함을 통한 영업 전략
   - 회사와 직무가 연상되는 명함을 만들어 PR 도구로 사용한다.
   - 명함은 항상 넉넉하게 휴대하여 가망고객에게 제공한다.

① 새로 제작하는 명함에는 사내 업무용 이메일과 사내 전화번호를 기재한다.

② 고객 미팅 시에 특이사항은 자신의 명함에 기록한다.

③ 모든 고객의 명함은 한곳에 순차적으로 보관하여 분실을 방지한다.

④ 의자나 책상 모양이 입체로 나타나는 나만의 명함을 제작하여 고객 미팅 시에 회사와 직무를 홍보한다.

⑤ 고객 수에 맞게 명함을 준비하여 명함을 낭비하지 않는다.

약점 보완 해설집 p.35

PART 1 NCS 직무능력평가

제1장 의사소통능력

제2장 수리능력

제3장 문제해결능력

제4장 자원관리능력

제5장 조직이해능력

해커스 지역농협 6급 NCS 인적성 및 직무능력평가 통합 기본서

PART 1 | NCS 직무능력평가

제5장 조직이해능력

■ 출제경향분석

조직이해능력 소개

조직이해능력은 개인의 업무 성과를 높이고, 나아가 경영의 효율성을 높이는 데 필요한 조직 체제와 경영에 대한 이해력을 평가하는 영역이다.

대표 출제 유형

조직이해능력은 조직체제, 경영이해, 비즈니스매너 총 3개의 유형으로 출제된다.

유형 1	조직체제
유형 2	경영이해
유형 3	비즈니스매너

시험 유형별 조직이해능력 출제 유형

시험 유형	출제 유형
60문항/60분	조직체제, 경영이해
60문항/70분	조직체제, 경영이해
70문항/70분	조직체제, 경영이해, 비즈니스매너

해커스
지역농협 6급
NCS 인적성 및 직무능력평가 통합 기본서

PART 1 NCS 직무능력평가

제1장
의사소통능력

제2장
수리능력

제3장
문제해결능력

제4장
자원관리능력

제5장
조직이해능력

해커스 지역농협 6급 NCS 인적성 및 직무능력평가 통합 기본서

최신 출제 경향

1 조직이해능력은 전반적으로 보통의 난도로 출제되고 있다.

2 조직체제는 농협이 하는 일, 농협에서 판매하는 상품, 농협 계열사별 사업 내용 등 농협에 대한 지식을 묻는 문제가 높은 비중으로 출제되고 있다.

3 경영이해는 경영전략 추진 과정, SWOT 분석, 경영의 과정, 조직의 의사결정 과정 등 기본적인 경제/경영 상식이 출제되었다.

학습 방법

1 조직체제

조직에 대한 기본적인 이론 학습이 필요하다. 따라서 '조직이해능력 기초이론(p.254)'을 통해 조직의 기본 개념 및 특징, 일반적인 기업의 부서별 담당 업무 등을 파악한다. 또한, 농협 조직 및 농협의 경제활동에 대한 문제가 많이 출제되므로 '조직이해능력 기초이론(p.255)'을 꼼꼼히 학습하고, NH농협 사이트를 통해 업데이트되는 내용을 주기적으로 확인한다.

2 경영이해

'조직이해능력 기초이론(p.266)'에 정리된 경영의 개념과 과정, 경영자의 역할 등을 반드시 학습해야 한다. 또한, 경영활동과 관련된 시사 상식이 출제될 가능성이 있으므로 시험에 출제되었던 것을 중심으로 경제/경영 분야의 시사상식을 확인한다.

3 비즈니스매너

직업인이 갖추어야 할 기본적인 예절 상식과 국제 상식에 대한 학습이 필요하다. 따라서 '조직이해능력 기초이론(p.276)'을 통해 직장생활에서 필요한 기본 예절과 국제 상식을 학습한다. 국제 상식의 경우 단기간에 지식을 쌓는 것이 어려우므로 틈틈이 뉴스를 보며 국제감각을 기른다.

기초이론

'기초이론'에서는 한국산업인력공단 NCS 직업기초능력 가이드북 자료뿐만 아니라 문제를 풀 때 필요한 이론까지 학습할 수 있다. '지농6급 기출'은 지역농협 6급 시험에 출제된 개념이므로 반드시 암기하고, 학습한 내용은 '확인 문제'를 통해 다시 한번 점검한다. 또한, '지역농협 상식 압축 정리(p.600)'를 학습하여 지역농협 관련 상식 문제에도 철저히 대비하도록 한다.

1. 조직체제

1 조직의 개념과 특징

1) 조직의 개념

두 사람 이상이 공동의 목표 달성을 위해 의식적으로 구성하여 상호작용과 조정을 하는 행동 집합체

2) 조직의 특징

- 목적이 있음
- 구조가 있음
- 목적 달성을 위하여 구성원들이 협동적인 노력을 함
- 외부 환경과 긴밀한 관계가 있음
- 사회적 기능을 지님

3) 조직의 유형

확인 문제

다음 중 조직의 특징에 해당하지 않는 것은?
① 외부 환경과 긴밀한 관계가 있음
② 목적이 있음
③ 혼자서도 구성할 수 있음
④ 사회적 기능을 지님
⑤ 구조가 있음

정답: ③

2 농협 조직의 특징

1) 농협의 미션

농협법 제1조: 농업인의 경제적·사회적·문화적 지위를 향상시키고, 농업의 경쟁력 강화를 통하여 농업인의 삶의 질을 높이며, 국민경제의 균형 있는 발전에 이바지함

2) 농협의 비전

· 농업이 대우받고 농촌이 희망이며 농업인이 존경받는 '함께하는 100년 농협'
  – 농업인과 국민, 농촌과 도시, 농축협과 중앙회, 그리고 임직원 모두 협력하여 농토피아를 구현하겠다는 의지
  – 60년을 넘어 새로운 100년을 향한 위대한 농협으로 도약하겠다는 의지

3) 농협의 인재상 [지농6급 기출]

시너지 창출가	항상 열린 마음으로 계통 간, 구성원 간에 존경과 협력을 다하여 조직 전체의 성과가 극대화될 수 있도록 시너지 제고를 위해 노력하는 인재
행복의 파트너	프로다운 서비스 정신을 바탕으로 농업인과 고객을 가족처럼 여기고 최상의 행복 가치를 위해 최선을 다하는 인재
최고의 전문가	꾸준한 자기계발을 통해 자아를 성장시키고, 유통·금융 등 맡은 분야에서 최고의 전문가가 되기 위해 지속적으로 노력하는 인재
정직과 도덕성을 갖춘 인재	매사에 혁신적인 자세로 모든 업무를 투명하고 정직하게 처리하여 농업인과 고객, 임직원 등 모든 이해관계자로부터 믿음과 신뢰를 받는 인재
진취적 도전가	미래지향적 도전의식과 창의성을 바탕으로 새로운 사업과 성장동력을 찾기 위해 끊임없이 변화와 혁신을 추구하는 역동적이고 열정적인 인재

확인 문제

다음 중 농협의 인재상이 아닌 것은?

① 사람 지향 소통인   ② 최고의 전문가   ③ 행복의 파트너
④ 시너지 창출가   ⑤ 정직과 도덕성을 갖춘 인재

정답: ①

4) 농협의 핵심가치

농업인과 소비자가 '함께 웃는 유통 대변화'	소비자에게 합리적인 가격으로 더 안전한 먹거리를, 농업인에게 더 많은 소득을 제공하는 유통개혁 실현
미래 성장동력을 '창출하는 디지털 혁신'	4차 산업혁명 시대에 부응하는 디지털 혁신으로 농업·농촌·농협의 미래 성장동력 창출
경쟁력 있는 농업, '잘사는 농업인'	농업인 영농지원 강화 등을 통한 농업경쟁력 제고로 농업인 소득 증대 및 삶의 질 향상
지역과 함께 만드는 '살고 싶은 농촌'	지역 사회의 구심체로서 지역사회와 협력하여 살고 싶은 농촌 구현 및 지역경제 활성화에 기여
정체성이 살아 있는 '든든한 농협'	농협의 정체성 확립과 농업인 실익 지원 역량 확충을 통해 농업인과 국민에게 신뢰받는 농협 구현

5) 농협이 하는 일 지농6급 기출

교육지원 부문	• 교육지원사업
	  − 농·축협 육성·발전지도·영농 및 회원 육성·지도
	  − 농업인 복지 증진
	  − 농촌사랑·또 하나의 마을 만들기 운동
	  − 농정활동 및 교육사업·사회공헌 및 국제협력 활동

경제 부문	• 농업경제사업
	  − 영농자재(비료, 농약, 농기계, 면세유 등) 공급
	  − 산지유통혁신
	  − 도매 사업
	  − 소비지유통 활성화
	  − 안전한 농식품 공급 및 판매
	• 축산경제사업
	  − 축산물 생산·도축·가공·유통·판매 사업
	  − 축산 지도(컨설팅 등)
	  − 지원 및 개량 사업
	  − 축산 기자재(사료 등) 공급 및 판매

금융 부문	• 상호금융사업
	  − 농촌지역 농업금융 서비스 및 조합원 편익 제공
	  − 서민금융 활성화
	• 농협금융지주
	  − 종합금융그룹(은행, 보험, 증권, 선물 등)

확인 문제

다음 농협이 하는 일 중 속한 부문이 다른 것은?

① 소비지유통 활성화 ② 농업인 복지 증진 ③ 지원 및 개량 사업
④ 안전한 농식품 공급 및 판매 ⑤ 산지유통혁신

정답: ②

6) 농협의 조직현황 [지농6급 기출]

① 농협의 계통조직 체계

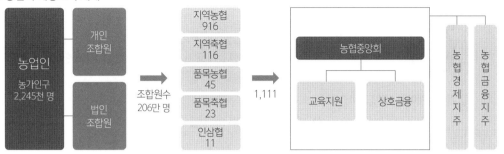

※ 2024년 1월 NH농협 사이트 기준

② 농협중앙회의 조직도

※ 2024년 1월 NH농협 사이트 기준

확인 문제

농협의 지역본부 개수는?

① 2   ② 4   ③ 8   ④ 16   ⑤ 32

정답: ④

PART 1 NCS 직무능력평가

제1장 의사소통능력

제2장 수리능력

제3장 문제해결능력

제4장 자원관리능력

제5장 조직이해능력

해커스 지역농협 6급 NCS 인적성 및 직무능력평가 통합 기본서

7) 농협의 CI 지농6급 기출

① 농협의 심벌마크

- [V]꼴: '농'자의 'ㄴ'을 변형한 것으로, 싹과 벼를 의미하여 농협의 무한한 발전을 상징함
- [V]꼴 아랫부분: '업'자의 'ㅇ'을 변형한 것으로, 원만과 돈을 의미하며, 협동 단결을 상징함
- 마크 전체: '협'자의 'ㅎ'을 변형한 것으로, 'ㄴ + ㅎ'은 농협을 나타내고 항아리에 쌀이 가득한 모습을 의미하므로 농가 경제의 발전을 상징함

② 커뮤니케이션 브랜드 'NH'

- 고객과의 커뮤니케이션을 위해 농협의 이름과 별도로 사용되는 영문 브랜드로, 미래지향적이고 글로벌한 농협의 이미지를 표현함
- 농협의 영문자 첫 글자이자 자연과 인간의 조화(Nature&Human), 새로운 희망(New Hope)과 행복(New Happiness)을 상징적으로 표현함
- 색상시스템
  - Nature Green: 순수한 자연을 세상에 널리 전하는 농협의 건강한 이미지를 표현(농협 전통의 친근하고 깨끗한 이미지를 계승)
  - Human Blue: 농협의 앞서나가는 젊은 에너지와 전문적인 이미지를 표현(젊은 농협의 현대적이고 세련된 이미지를 창조)
  - Heart Yellow: 풍요로운 생활의 중심, 근원이 되는 농협의 이미지를 계승
- 그래픽 모티브
  - NH Wave: 인간과 자연을 위한 새로운 물결, 상생, 화합, 조화와 변화, 혁신 그리고 새로운 바람을 상징함

③ 농협의 캐릭터 '아리(ARI)'

- 기업과 고객을 가장 친근감 있게 연결시키며, 심벌을 보조하여 기업 이미지를 업(Up)시키는 제2의 상징체
- 농업의 근원인 씨앗을 모티브로 하여 쌀알, 밀알, 콩알에서의 '알'을 따와서 이름을 붙임
- '아리랑'을 연상시켜 '흥', '어깨춤' 등 동적인 이미지를 지님과 동시에 곡식을 담을 '항아리'를 연상시켜 '풍요', '결실'의 의미도 지님

※ 출처: NH농협 사이트

확인 문제

농협의 색상시스템 중 농협의 앞서나가는 젊은 에너지와 전문적인 이미지를 표현하는 색상은?

① Nature Green　　　② Human Gold　　　③ Human Blue
④ Heart Pink　　　⑤ Heart Yellow

정답: ③

PART 1 NCS 직무능력평가

제1장 의사소통능력

제2장 수리능력

제3장 문제해결능력

제4장 자원관리능력

제5장 조직이해능력

해커스 지역농협 6급 NCS 인적성 및 직무능력평가 통합 기본서

3 조직체제 이해

1) 체제의 개념

· 특정한 방식이나 양식으로 서로 결합된 부분들의 총체로, 조직은 하나의 체제라고 할 수 있음
· 조직체제의 구성요소: 조직목표 + 조직구조 + 조직문화 + 규칙 및 규정 + 업무 프로세스 등

2) 조직목표

① 조직목표의 정의

조직이 달성하려는 미래의 상태

② 조직목표의 기능과 특징

기능	특징
· 조직이 존재하는 정당성과 합법성을 제공함 · 조직이 나아갈 방향을 제시함 · 조직구성원 의사결정의 기준이 됨 · 조직구성원 행동수행의 동기를 유발함 · 수행평가의 기준이 됨 · 조직설계의 기준이 됨	· 공식적 목표와 실제적 목표가 다를 수 있음 · 다수의 조직목표를 추구하는 것이 가능함 · 조직목표 간에 위계적 관계가 존재함 · 가변적 속성을 지님 · 조직의 구성요소와 상호관계를 가짐

③ 조직목표의 분류

조직이 일차적으로 수행해야 할 과업인 운영목표에는 전체 성과, 시장, 생산성, 자원, 혁신과 변화, 인력개발이 포함되어야 함

3) 조직구조

① 조직구조의 구분

· 기계적 조직
구성원들의 업무가 분명하게 정의되고, 많은 규칙과 규제들이 있으며, 공식적 경로를 통하여 의사소통이 이루어지고 엄격한 위계질서가 존재함
· 유기적 조직
의사결정권한이 하부구성원들에게 많이 위임되어 있으며, 업무도 고정되지 않고 공유가 가능함. 조직구성원 간에 비공식적인 상호의사소통이 원활히 이루어지며, 규제나 통제의 정도가 약하여 변화에 따라 쉽게 변할 수 있음

확인 문제

다음 중 조직목표의 기능으로 적절하지 않은 것은?
① 가변적 속성을 지님
② 조직이 존재하는 정당성과 합법성을 제공함
③ 조직이 나아갈 방향을 제시함
④ 조직구성원 행동수행의 동기를 유발함
⑤ 조직구성원 의사결정의 기준이 됨

정답: ①

② 조직구조의 결정요인

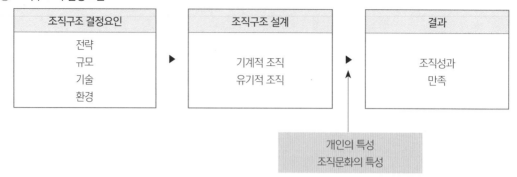

③ 조직구조의 형태 [지능6급 기출]
- 기능적 조직구조
  - CEO가 조직의 최상층에 있고, 조직구성원들이 단계적으로 배열되는 구조
  - 환경이 안정적이고 일상적인 기술과 조직의 내부 효율성을 중요시하며, 기업의 규모가 작을 때는 업무의 내용이 유사하고 관련성 있는 것들을 결합한 기능적 조직구조 형태를 이룸

- 사업별 조직구조
  - 개별 제품, 서비스, 제품 그룹, 주요 프로젝트나 프로그램 등에 따라 조직화된 구조
  - 분권화된 의사결정이 가능해 급변하는 환경변화에 효과적으로 대응할 수 있음

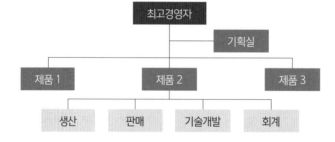

확인 문제

다음 중 조직구조의 결정요인에 해당하지 않는 것은?

① 전략　　　② 환경　　　③ 서비스　　　④ 기술　　　⑤ 규모

정답: ③

4) 조직문화

① 조직문화의 정의
조직구성원들이 공유하고 있는 생활양식이나 가치

② 조직문화의 기능
- 조직 전체와 조직구성원들의 행동에 영향을 미침
- 업무 수행의 대략적인 가이드라인을 제공함
- 조직구성원들에게 일체감과 정체성 부여
- 조직의 안정성 유지

③ 조직문화 구성요소(맥킨지 7-S 모형)

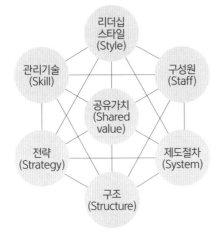

④ 조직문화의 유형(퀸의 경쟁가치모형)

유연성 & 자율성(Flexibility & Discretion)

	집단문화	개발문화	
내부지향 & 통합 (Internal focus & Integration)	---	---	외부지향 & 차별 (External focus & Differentiation)
	계층문화	합리문화	

안정 & 통제(Stability & Control)

확인 문제

다음 중 맥킨지 7-S 모형에서 조직문화를 구성하는 요소가 아닌 것은?

① Strategy　　　② System　　　③ Style　　　④ Skill　　　⑤ Schedule

정답: ⑤

PART 1 NCS 직무능력평가

제1장 의사소통능력
제2장 수리능력
제3장 문제해결능력
제4장 자원관리능력
제5장 조직이해능력

해커스 지역농협 6급 NCS 인적성 및 직무능력평가 통합 기본서

조직문화의 유형	주요 특징
집단문화	· 관계지향적이고 조직구성원 간의 인간애 또는 인간미를 중시하는 문화로, 조직내부의 통합과 유연한 인간관계를 강조함 · 조직구성원 간 협동, 공유가치, 참여 등을 중요시하며, 개인의 능력 개발에 대한 관심이 높고 조직구성원에 대한 인간적 배려와 가족적인 분위기를 만들어냄
개발문화	· 외부환경에 대한 변화지향성과 신축적 대응성을 기반으로 조직구성원의 도전의식, 모험성, 창의성, 혁신성, 자원획득 등을 중시하는 문화로, 높은 유연성과 개성을 강조함 · 조직의 성장과 발전에 관심이 높은 조직문화로, 조직구성원의 업무수행에 있어 자율성과 재량권을 핵심요소로 여김
합리문화	· 과업지향적이고 결과지향적인 조직문화로, 조직의 목표를 명확하게 설정하여 합리적이고 효율적으로 업무를 수행하는 것을 중시함 · 조직구성원 간의 경쟁을 유도하기 때문에 때로는 지나친 성과를 강조하게 되어 조직에 대한 조직구성원들의 방어적인 태도와 개인주의적인 성향이 나타나기도 함
계층문화	· 현재의 상태를 유지하는 차원에서 계층화되고 서열화된 조직구조를 지향하는 문화로, 조직내부의 통합과 안정성 확보를 중시함 · 위계질서에 의한 명령과 통제, 업무처리에서의 규칙과 법의 준수, 관행과 안정, 문서와 형식, 보고와 정보관리, 명확한 책임소재 등을 강조함

5) 조직 내 집단의 기능과 유형

① 집단의 유형

· 공식적 집단

　조직에서 의도적으로 만든 집단으로, 집단의 목표나 임무가 비교적 명확히 규정되어 있으며 참여자도 인위적으로 결정되는 경우가 많음

· 비공식적 집단

　조직구성원들의 요구에 따라 자발적으로 형성된 집단

② 집단 간 경쟁

내부 응집성이 강화되고 집단의 활동이 더욱 조직화되는 장점이 있으나, 집단 간 경쟁이 과열될 경우 자원 낭비, 업무 방해, 비능률 등의 문제가 발생하게 됨

③ 팀의 역할과 성공조건

· 팀은 생산성을 높이고 의사결정을 신속하게 내리며, 창의성을 향상시키기 위해 조직됨
· 팀이 성공적으로 운영되기 위해서는 조직구성원들의 협력 의지와 관리자층의 지지가 있어야 함

확인 문제

다음 중 공식적 집단에 해당되지 않는 것은?

① 유치원　　　② 기업　　　③ 관공서　　　④ 교우회　　　⑤ 학교

정답: ④

PART 1 NCS 직무능력평가

제1장
의사소통능력

제2장
수리능력

제3장
문제해결능력

제4장
자원관리능력

제5장
조직이해능력

4 업무 이해

1) 업무의 개념

조직이 개인에게 부여한 의무이자 책임

2) 업무의 배정

- 조직의 목적 달성을 위해 업무는 효과적으로 분배되고 원활히 처리되는 구조로 이루어져야 함
- 업무의 종류, 성격, 범위를 구분하는 기준에 따라 나누어짐
- 조직의 목적이나 규모에 따라 다르게 구성될 수 있음

3) 업무의 특성 및 권한

- 공통된 조직의 목적을 지향함
- 요구되는 지식, 기술, 도구가 다양함
- 업무는 독립적으로 이루어지는 한편, 업무 간에 관계성도 고려해야 함
- 업무수행에 있어 임의로 선택할 수 있는 자율성과 재량권이 적음
- 업무별로 가지는 특성이 매우 다양함
- 직업인은 업무를 공적으로 수행할 수 있는 권한을 얻게 됨과 동시에 수행 결과에 대한 책임도 부여받게 됨

4) 업무의 종류 지농6급 기출

부서	내용
총무부서	주주총회 및 이사회개최 관련 업무, 의전 및 비서업무, 집기비품 및 소모품의 구입과 관리, 사무실 임차 및 관리, 차량 및 통신시설의 운영, 국내외 출장 업무 협조, 복리후생 업무, 법률자문과 소송관리, 사내외 홍보 광고업무 등
인사부서	조직기구의 개편 및 조정, 업무분장 및 조정, 인력수급계획 및 관리, 직무 및 정원의 조정 종합, 노사관리, 평가관리, 상벌관리, 인사발령, 교육체계 수립 및 관리, 임금제도, 복리후생제도 및 지원업무, 복무관리, 퇴직관리 등
기획부서	경영계획 및 전략 수립, 전사기획업무 종합 및 조정, 중장기 사업계획의 종합 및 조정, 경영정보 조사 및 기획보고, 경영진단업무, 종합예산수립 및 실적관리, 단기사업계획 종합 및 조정, 사업계획, 손익추정, 실적관리 및 분석 등
회계부서	회계제도 유지 및 관리, 재무상태 및 경영실적 보고, 결산 관련 업무, 재무제표 분석 및 보고, 법인세, 부가가치세 등 국세·지방세 업무자문 및 지원, 보험가입 및 보상업무, 고정자산 관련 업무 등
영업부서	판매 계획, 판매예산의 편성, 시장 조사, 광고 선전, 견적 및 계약, 제조지시서의 발행, 외상매출금의 청구 및 회수, 제품의 재고 조절, 거래처로부터의 불만처리, 제품의 애프터서비스, 판매원가 및 판매가격의 조사 검토 등

※ 부서별 업무는 조직의 목적과 규모에 따라 다양하게 구성될 수 있음

확인 문제

다음 중 주로 판매 계획, 판매예산의 편성, 시장 조사, 광고 선전, 견적 및 계약 등의 업무를 하는 부서는?

① 총무부서 ② 영업부서 ③ 기획부서 ④ 인사부서 ⑤ 회계부서

정답: ②

5 업무수행 절차

업무지침 확인	· 임의로 업무를 수행하지 않고 조직의 목적에 부합할 수 있도록 업무와 관련된 지침을 확인 · 개인은 조직의 업무지침을 토대로 개인의 업무지침을 만들 수 있으며, 이는 업무수행의 준거가 되고 시간 절약에 도움이 됨 · 개인 업무지침을 세울 때는 조직의 업무지침과 장·단기 목표, 경영전략, 조직구조, 규칙 및 규정 등을 고려하여 작성하도록 함

▼

활용자원 확인	· 업무 관련 자원은 시간, 예산, 기술 등의 물적자원과 조직 내·외부에서 공동으로 일을 수행하는 인적자원으로 구성됨 · 제한된 조건에서 효과적으로 사용할 수 있도록 계획을 수립하도록 함

▼

업무수행 시트 작성	· 간트 차트(Gantt chart) 단계별로 업무를 시작해서 끝나는 데 걸리는 시간을 바(Bar) 형태로 표시한 것으로, 전체 일정을 한눈에 볼 수 있고 단계별 소요시간과 업무 사이의 관계를 보여줌 · 워크 플로 시트(Work flow sheet) 일의 흐름을 동적으로 보여주는 시트로, 시트에 사용하는 도형의 종류를 다르게 하여 주된 작업과 부차적인 작업, 혼자 처리할 수 있는 일과 협조를 필요로 하는 일 등을 구분해서 표현할 수 있음 · 체크리스트(Checklist) 업무의 각 단계를 효과적으로 수행했는지를 스스로 점검해볼 수 있는 도구로, 시간의 흐름을 표현하는 데는 한계가 있으나 업무별 달성 수준을 확인하기 쉬움

확인 문제

다음 중 단계별로 업무를 시작해서 끝나는 데 걸리는 시간을 바(Bar) 형태로 표시한 것으로, 전체 일정을 한눈에 볼 수 있고 단계별 소요시간과 업무 사이의 관계를 보여주는 업무수행 시트는?

① 간트 차트   ② 워크 플로 시트   ③ 업무수행평가표   ④ 체크리스트   ⑤ 히스토그램

정답: ①

6 업무수행 방해요인과 해결책

방해요인	해결책
타인의 방문, 인터넷, 전화, 메신저 등	각 행동에 할애할 시간을 미리 정해놓고 효과적으로 통제하도록 함
갈등관리	갈등 상황을 받아들이고 갈등의 원인 및 해결책을 객관적으로 평가하도록 함
스트레스	시간 관리를 통한 업무 과중 극복, 명상 등을 통한 긍정적 사고 함양, 신체적 운동 및 전문가의 도움, 또는 조직 차원에서의 사회적 관계 형성 장려

7 환경변화에 따른 조직변화 계획 수립

1) 조직변화의 과정

환경변화 인지 ▶ 조직변화 방향수립 ▶ 조직변화 실행 ▶ 변화결과 평가

2) 조직변화의 유형

조직변화는 제품과 서비스, 전략, 구조, 기술, 문화 등에 의해서 이루어짐

확인 문제

다음 빈칸에 들어갈 단어로 적절한 것은?

환경변화 인지 ▶ 조직변화 방향수립 ▶ ( ) ▶ 변화결과 평가

① 환경변화 수용 ② 조직변화 실행 ③ 환경변화 분석
④ 조직변화 이해 ⑤ 피드백

정답: ②

PART 1 NCS 직무능력평가

제1장 의사소통능력

제2장 수리능력

제3장 문제해결능력

제4장 자원관리능력

제5장 조직이해능력

해커스 지역농협 6급 NCS 인적성 및 직무능력평가 통합 기본서

2. 경영이해

1 경영의 개념 및 특징

1) 경영의 개념
조직이 수립한 목적을 달성하기 위해 계획을 세우고 실행하고 그 결과를 평가하는 과정

2) 경영의 구성요소
경영목적 + 조직구성원 + 자금 + 경영전략

3) 경영자의 역할
조직의 전략, 관리 및 운영활동 주관, 의사결정을 통한 조직의 발전방향 제시

[참고] 민츠버그가 제안한 경영자의 역할 구분
- 대인적 역할: 상징자나 지도자로서 대외적으로 조직을 대표하고 대내적으로 조직을 이끄는 리더로서의 역할
- 정보적 역할: 조직을 둘러싼 외부 환경의 변화를 모니터링하고, 조직에 전달하는 전달자로서의 역할
- 의사결정적 역할: 조직 내 문제해결과 대외적 협상을 주도하는 협상가이자 분쟁조정자, 자원배분자로서의 역할

2 경영의 구성요소 및 과정

1) 경영의 구성요소
- 경영목적: 조직의 목적을 달성하기 위한 방법이나 과정
- 조직구성원: 조직에서 일하는 임직원으로, 이들이 어떤 역량을 가지고 어떻게 직무를 수행하는지에 따라 경영 성과가 달라짐
- 자금: 경영활동에 요구되는 금전을 의미하는 것으로, 경영의 방향과 범위를 한정함
- 경영전략: 경영목적을 달성하기 위해 기업 내 모든 역량과 자원을 조직화하고 실행에 옮겨 경쟁우위를 달성하는 일련의 방침과 활동

2) 경영의 과정 [지농6급 기출]

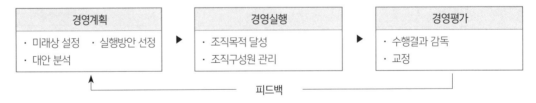

3) 경영활동 유형
- 외부경영활동: 조직 외부에서 조직의 효과성을 높이기 위해 이루어지는 활동
- 내부경영활동: 조직 내부에서 인적, 물적자원 및 생산기술을 관리하는 활동

확인 문제

다음 중 경영의 구성요소에 해당하지 않는 것은?
① 경영목적 ② 자금 ③ 조직구성원 ④ 조직문화 ⑤ 경영전략

정답: ④

---

266 온/오프라인 취업강의·무료 취업자료 ejob.Hackers.com

PART 1 NCS 직무능력평가

제1장
의사소통능력

제2장
수리능력

제3장
문제해결능력

제4장
자원관리능력

제5장
조직이해능력

해커스 지역농협 6급 NCS 인적성 및 직무능력평가 통합 기본서

3 조직의 의사결정 과정

1) 절차 지농6급 기출

확인단계	문제를 인식하고 진단하는 단계로, 문제의 심각성 및 긴급성 등에 따라서 의사결정 과정의 시간이 달라짐

▼

개발단계	확인된 문제에 대한 해결 방법을 모색하는 단계 · 탐색과정: 기존의 해결 방법 중에서 문제해결 방법을 찾음 · 설계: 이전에 없었던 완전히 새로운 문제는 새로운 해결안을 설계해야 함

▼

선택단계	판단, 분석 토의 및 교섭 등의 방식으로 선택하며, 조직 내에서 공식적인 승인절차를 거쳐 실행됨

2) 집단의사결정의 특징

① 장점
  · 집단구성원의 다양한 견해를 가지고 문제에 접근할 수 있음
  · 의사결정에 참여한 사람들이 결정 사항을 수월하게 수용할 수 있으며, 의사소통의 기회가 향상됨

② 단점
  · 의견이 불일치할 경우 의사결정을 내리는 데 시간이 많이 소요됨
  · 특정 구성원에 의해 의사결정이 독점될 가능성이 있음

4 조직의 경영전략

1) 경영전략 추진 과정 지농6급 기출

순서	과정	내용
1	전략목표 설정	· 비전과 미션 설정
2	환경분석	· 내·외부환경 분석(SWOT 분석)
3	경영전략 도출	· 조직전략 · 사업전략 · 부문전략
4	경영전략 실행	· 경영목적 달성
5	평가 및 피드백	· 경영전략 결과 평가 · 평가결과에 따른 전략목표 및 경영전략 재조정

확인 문제

다음 중 경영전략 추진 과정에서 SWOT이 실행될 가능성이 가장 높은 과정은?
① 전략목표 설정   ② 환경분석   ③ 경영전략 도출
④ 경영전략 실행   ⑤ 평가 및 피드백

정답: ②

2) 경영전략의 유형(마이클 포터의 본원적 경쟁전략 매트릭스) 지농6급 기출

전략적 우위 요소

		고객들이 인식하는 제품의 특성	원가 우위
	산업 전체	① 차별화 전략	② 원가 우위 전략
전략적 목표			
	산업의 특정 부분	③ 집중화 전략	
		차별화 + 집중화	원가 우위 + 집중화

① 차별화 전략
- 조직이 생산품이나 서비스를 차별화하여 고객에게 가치 있고 독특하다고 인식되게 하는 전략
- 연구개발이나 광고를 통해 기술, 품질, 서비스, 브랜드 이미지를 개선해야 함

② 원가 우위 전략
- 원가 절감을 통해 해당 산업에서 우위를 차지하는 전략
- 대량 생산을 통해 단위 원가를 낮추거나 혁신적인 생산 기술을 개발해야 함

③ 집중화 전략
- 경쟁 조직들이 소홀히 하고 있는 한정된 시장을 원가 우위나 차별화로 집중 공략하는 전략

5 근로자의 경영참가제도

1) 경영참가제도의 목적
- 경영의 민주성 제고
- 근로자와 노동조합이 새로운 아이디어를 제시하거나 현장에 적합한 해결 방안을 마련하여 경영의 효율성 상승

2) 경영참가제도의 유형
- 경영참가: 공동의사결정제도, 노사협의회제도 등
- 이윤참가: 이윤분배제도 등
- 자본참가: 종업원지주제도, 노동주제도 등

확인 문제

다음 중 자본참가 유형에 해당하는 경영참가제도를 모두 고른 것은?

㉠ 종업원지주제도	㉡ 이윤분배제도	㉢ 노동주제도	㉣ 공동의사결정제도

① ㉠   ② ㉣   ③ ㉠, ㉢   ④ ㉡, ㉢   ⑤ ㉡, ㉢, ㉣

정답: ③

6 경영이해능력을 갖추기 위한 시사 상식

1) 경영 상식

워크아웃	경영난으로 부도 위기에 처해 있는 기업이 금융기관과 합의하에 진행하는 회생 작업으로, 주로 회생의 가능성은 보이나 유동성의 부족으로 부도 위기에 처한 기업이 대상이 됨
네트워크 조직	아웃소싱이나 전략적 제휴와 같이 특정 사업 목표를 달성하기 위해 전문 인력이 각자의 전문 분야를 추구하며 상호 협력하는 조직 유형
프로젝트 조직	특정한 사업 목표를 달성하기 위해 조직 내의 전문 인력을 임시로 결합하고, 목표가 달성되면 해산하여 본래의 부서로 돌아가는 조직 유형
매트릭스 조직	조직구조 형태 중 하나인 기능적 조직구조와 프로젝트 조직이 결합된 이중 구조 조직으로, 기능 구조와 사업 구조의 화학적 결합을 시도하는 조직 유형
BCG 매트릭스	보스턴컨설팅그룹이 개발한 사업 포트폴리오 분석 기법으로, 시장성장률과 상대적 시장점유율에 따라 사업을 4가지로 구분한 것 [지능6급 기출] · Star: 시장성장률과 상대적 시장점유율이 모두 높아 계속해서 투자가 필요한 사업 · Cash cow: 투자비용을 전부 회수하고 많은 이익을 내고 있는 상태로, 시장점유율은 높으나 시장성장률은 낮은 사업 · Question mark: 시장성장률은 높지만 시장점유율이 낮아 시장 확대를 위한 투자 전략을 필요로 하는 상태로, 기업의 전략에 따라 Star 또는 Dog가 될 수 있는 사업 · Dog: 시장성장률과 시장점유율이 모두 낮아 철수가 필요한 사업
SWOT 분석	기업이 경영전략을 수립하기 위해 기업 내부의 강점(Strengths)과 약점(Weakness), 기업을 둘러싼 외부환경의 기회(Opportunities)와 위협(Threats)이라는 4가지 요소를 분석하는 것 [지능6급 기출]
STP	시장을 세분화(Segmentation)하여 타깃을 설정(Targeting)하고 목표 시장에 적절하게 제품을 포지셔닝(Positioning)하는 전략
3C	고객(Customer), 기업(Company), 경쟁사(Competitor)를 중심으로 시장 환경을 분석하는 방법
4P	마케팅 믹스의 구성요소를 제품(Product), 가격(Price), 유통 경로(Place), 판매 촉진(Promotion)의 4가지로 나눈 것
5 Forces Model	마이클 포터가 주장한 것으로, 기존 경쟁자 간의 경쟁, 잠재적 진입자의 위협, 대체재의 위협, 공급자의 교섭력, 구매자의 교섭력의 5가지 요인에 의해 해당 산업의 경쟁력과 수익성이 결정된다는 것을 설명하는 모형
6시그마	생산 현장에서의 불량률을 줄이기 위한 품질 관리 기법에서 시작된 것으로, 오늘날 품질 혁신과 고객 만족 달성을 목표로 경영 활동에 존재하는 모든 프로세스를 통계적 척도로 정량화하여 평가하는 기업 경영전략
적대적 M&A	인수 대상 기업의 동의 없이 행해지는 기업 인수 합병 · 적대적 M&A의 공격전략: 곰의 포옹, 공개매수, 시장매집, 위임장 대결, 토요일 밤 특별 작전, 흑기사 등 · 적대적 M&A의 방어전략: 백기사, 시차 임기제, 왕관의 보석 매각, 포이즌 필, 황금 낙하산 등

확인 문제

다음 중 생산 현장에서의 불량률을 줄이기 위한 품질 관리 기법에서 시작된 것으로, 오늘날 품질 혁신과 고객 만족 달성을 목표로 경영 활동에 존재하는 모든 프로세스를 통계적 척도로 정량화하여 평가하는 기업 경영전략은?

① 6시그마　　　② 3C　　　③ STP　　　④ 5 Forces Model　　　⑤ SWOT 분석

정답: ①

PART 1 NCS 직무능력평가

제1장 의사소통능력

제2장 수리능력

제3장 문제해결능력

제4장 자원관리능력

제5장 조직이해능력

해커스 지역농협 6급 NCS 인적성 및 직무능력평가 통합 기본서

경영 상식

블루오션/ 레드오션	· 블루오션: 아직 존재하지 않거나 알려지지 않아 경쟁자가 없는 시장 · 레드오션: 이미 잘 알려져 있어 수요보다 공급이 많은 상태로 경쟁이 치열한 시장
IR (Investor Relations)	기업이 자사의 가치를 정당하게 평가받고 자금 조달을 원활하게 하기 위해, 투자자들을 대상으로 기업에 대한 포괄적인 정보를 제공하는 홍보 활동
레버리지/ 디레버리지	· 레버리지(Leverage): 자기자본의 이익률을 높이기 위해 타인자본을 차입하는 것으로, 경기가 호황일 때 사용하면 효과적인 투자 방법 · 디레버리지(Deleverage): 레버리지가 지나쳐 투자가 실패로 돌아갈 경우 감당할 수 없는 손실을 입는 것을 피하기 위해 레버리지를 줄이는 것
롱테일 법칙/ 파레토 법칙	· 롱테일 법칙: 80%의 사소한 다수가 20%의 핵심적인 소수보다 더 나은 가치를 창출한다는 법칙으로, 기업이나 상점에서 판매하는 상품을 잘 팔리는 순서로 배열하여 판매량 그래프를 그렸더니 판매량이 낮은 상품의 곡선이 긴 꼬리(Long tail)처럼 낮지만 길게 이어졌는데, 이 꼬리 부분의 총합이 잘 팔리는 상품의 판매량보다 많았다는 데에서 유래함 · 파레토 법칙: 전체 결과의 80%는 전체 원인의 20%에 해당하는 핵심적인 소수에게서 창출된다는 법칙(≒ 2080 법칙)
방카슈랑스	은행과 보험사가 제휴하여 은행에서 보험상품을 판매하는 제도
넛지마케팅	메시지를 직접적으로 전달하지 않으면서도 의도한 방향으로 사람들의 행동을 유도하는 마케팅 전략
노이즈마케팅	고의로 자신들의 상품을 구설에 오르게 하여 소비자들의 이목을 집중시키고 판매를 늘리는 마케팅 전략
니치마케팅	빈틈을 찾아 공략하듯이 시장을 소비자들의 특성에 따라 세분화하고 그 시장에 존재하는 소비자를 대상으로 하는 마케팅 전략
디마케팅	기업이 자사 제품에 대한 고객들의 수요를 의도적으로 줄이는 전략
버즈마케팅	바이럴마케팅이라고도 하며, 누리꾼이 이메일, 블로그, 카페, SNS 등을 통해 어떤 기업 또는 제품을 자발적으로 홍보하게 하는 마케팅 전략
앰부시마케팅	스포츠 경기에서 대회의 공식 스폰서가 아님에도 불구하고 특정 선수나 팀의 스폰서가 되거나 이들을 후원하는 내용의 광고문구를 통해 대중들에게 대회의 공식 스폰서인 것처럼 인식되도록 하여 제품을 홍보하는 전략
로스리더 (Loss leader)	일반 판매가보다 훨씬 저렴한 가격으로 판매하는 일종의 미끼상품으로, 미끼상품을 사러 매장을 방문한 고객들이 미끼상품 외에 다른 상품도 구매하게 되므로 유통업체의 전체 매출은 오르게 됨
후광 효과	어떤 대상을 평가할 때 그 대상의 어느 한 측면의 특성이 다른 측면의 특성을 평가하는 데에도 영향을 미치는 현상 지농6급 기출
프레이밍 효과	틀짜기 효과라고도 하며, 동일한 문제라도 어떤 방식으로 제시하는가에 따라 사람들의 판단과 선택이 달라지는 인식 왜곡 현상 지농6급 기출

확인 문제

다음 중 빈틈을 찾아 공략하듯이 시장을 소비자들의 특성에 따라 세분화하고 그 시장에 존재하는 소비자를 대상으로 하는 마케팅 전략은?

① 노이즈마케팅　　　　　　② 앰부시마케팅　　　　　　③ 니치마케팅
④ 디마케팅　　　　　　　　⑤ 넛지마케팅

정답: ③

2) 경제 상식

환율	자국 통화와 외국 통화의 교환비율을 말하며, 한 단위의 외화를 얻기 위해 지불해야 하는 자국 통화의 양 • 환율의 변동: 외화의 수요와 공급에 의해 결정됨 　(외환시장에서의 수요 증가 및 공급 감소 → 환율 상승, 외환시장에서의 수요 감소 및 공급 증가 → 환율 하락) • 환율 상승의 영향: 수출 증가 및 수입 감소, 경상수지 개선, 국내 물가 상승, 외채 상환 부담 증가 • 환율 하락의 영향: 수출 감소 및 수입 증가, 경상수지 악화, 국내 물가 하락, 외채 상환 부담 감소
GDP	'Gross Domestic Product(국내총생산)'의 약자로, 국적에 관계없이 한 나라의 국경 내에서 모든 경제 주체가 일정 기간 생산 활동에 참여하여 창출한 최종 재화와 서비스의 시장 가치
GNP	'Gross National Product(국민총생산)'의 약자로, 국경에 관계없이 한 나라의 국민이 일정 기간 국내와 국외에서 생산한 최종 재화와 서비스의 시장 가치
GNI	'Gross National Income(국민총소득)'의 약자로, 국경에 관계없이 한 나라의 국민이 일정 기간 생산 활동에 참여하여 벌어들인 소득
인플레이션 (Inflation)	화폐가치가 하락하여 물가 수준이 지속적으로 상승하는 현상(↔ 디플레이션) • 디스인플레이션(Disinflation): 통화량과 물가가 더 이상 팽창하거나 상승하지 않고 현재 상태로 머무르게 하는 것을 목표로 인플레이션을 극복하기 위한 경제정책 • 리플레이션(Reflation): 디플레이션에서 벗어나 심한 인플레이션에는 이르지 않는 현상 • 스태그플레이션(Stagflation): 불황기에 물가가 계속 상승하여 경기 침체와 물가 상승이 동시에 일어나고 있는 현상 • 애그플레이션(Agflation): 곡물 가격이 상승함에 따라 일반 물가도 상승하고 있는 현상 • 하이퍼인플레이션(Hyperinflation): 급격한 인플레이션이 발생해 통제할 수 없을 정도로 물가가 상승하고 있는 현상
더블딥 (Double dip)	불황기를 잠시 벗어났다가 다시 경기 침체에 빠지는 현상
양적 완화	초저금리 상태에서도 경기가 회복되지 않을 때, 중앙은행이 국채 등 다양한 금융자산의 매입을 통해 직접 시중에 유동성을 증가시켜 경기를 부양하는 정책 • 미국의 양적 완화: 2008년 리먼브라더스 사태 이후 경제 불안이 지속되자, 경기 부양을 위해 양적 완화정책을 실시함 • 일본의 아베노믹스: 엔화의 공급을 늘려 수출을 확대하고 경기를 부양함으로써, 일본의 오랜 디플레이션을 극복하기 위해 실시한 아베 총리의 양적 완화정책
출구전략	경기 침체기에 경기를 부양하기 위해 각종 완화정책을 취했다가, 경기가 회복되기 시작하면 이를 서서히 거두어들이는 전략 • 미국의 출구전략: 2008년 글로벌 경제 위기 이후 미국 정부는 지속적으로 양적 완화를 실시하고 제로 금리를 유지하였으나, 미국의 경제가 점차 회복세를 보이자 2014년 10월에 양적 완화 종료를 발표함

확인 문제

다음 중 환율 상승의 영향으로 적절하지 않은 것은?

① 경상수지 개선　　　② 국내 물가 상승　　　③ 수출 증가

④ 외채 상환 부담 감소　　　⑤ 수입 감소

정답: ④

PART 1 NCS 직무능력평가

제1장 의사소통능력

제2장 수리능력

제3장 문제해결능력

제4장 자원관리능력

제5장 조직이해능력

해커스 지역농협 6급 NCS 인적성 및 직무능력평가 통합 기본서

경제 상식

재정절벽	세금감면 혜택이 종료되고 정부가 갑작스럽게 재정 지출을 축소하면서 경기가 절벽같이 급격히 하강하는 상태
유동성 함정	정부가 아무리 금리를 인하하거나 시중에 유동성을 공급해도 그 영향이 기업과 가계의 투자와 소비로 연결되지 않아 경기가 회복되지 않는 상태
디커플링 (Decoupling)	'탈동조화'라고도 하며, 두 국가의 환율이나 주가의 등락과 같은 경기적 흐름이 서로 동일한 흐름을 보이지 않게 되는 현상(↔ 커플링)
연착륙/경착륙	• 연착륙: 경기가 과열될 기미가 있을 때에 경제성장률을 적정한 수준으로 낮추어 불황을 방지하는 일 • 경착륙: 활기를 띠던 경기가 갑자기 침체되면서 주가가 폭락하고 실업자가 급증하는 일
지급준비율 정책	중앙은행에서 금융기관의 총예금액에 대한 현금준비 비율인 지급준비율을 높이거나 낮추는 방식으로 시중의 통화량을 조정하는 것 • 지급준비율 인상 → 통화량 감소 • 지급준비율 인하 → 통화량 증가
공개시장 조작 정책	중앙은행이 시장에 참여하여 보유하고 있던 유가증권을 매매하는 방식으로 시중의 통화량을 조절하는 것 • 국공채 매각 → 통화량 감소 • 국공채 매입 → 통화량 증가
금융중개지원대출 자금 정책	중앙은행이 시중 은행별로 정해놓은 한도 내에서 저금리로 돈을 대출해주는 제도인 금융중개지원대출 자금을 높이거나 낮추는 방식으로 시중의 통화량을 조절하는 것 • 금융중개지원대출 자금 축소 → 통화량 감소 • 금융중개지원대출 자금 확대 → 통화량 증가
금리	원금에 대한 이자의 비율로, 시중의 통화량을 조절하는 기능을 수행하는 것 • 기준금리: 중앙은행의 금융통화위원회가 매달 회의를 통해 결정하는 금리로, 시중은행의 금리 책정의 기준이 되는 것 • 콜금리: 은행, 보험회사와 같은 금융회사 간의 대출금에 적용되는 금리로, 금융회사끼리 단기(30일 이내)에 자금을 빌려주고 받을 때 적용되는 금리
통안채	'통화안정증권' 또는 '통안증권'이라고도 하며, 3저(저달러, 저유가, 저금리) 호황을 누리던 1987년부터 한국은행이 시장실세금리로 할인발행하고 있는 정부기관채로, 국제수지 흑자로 인한 해외 부문 통화 증발 등의 과잉 유동성을 흡수해 통화가치를 안정시키는 목적으로 발행되는 채권
헤지펀드	100명 미만의 소수 고액 투자자들로부터 자금을 모아 선물, 옵션 등 위험성이 높은 파생 금융 상품 위주로 투자해 단기간에 고수익을 올리는 펀드

확인 문제

다음 중 중앙은행이 통화량 증가를 위해 시행할 수 있는 정책을 모두 고른 것은?

㉠ 지급준비율 인하	㉡ 국공채 매입	㉢ 금융중개지원대출 자금 확대

① ㉠   ② ㉡   ③ ㉠, ㉢   ④ ㉡, ㉢   ⑤ ㉠, ㉡, ㉢

정답: ⑤

경제 상식

PART 1 NCS 직무능력평가

제1장 의사소통능력

제2장 수리능력

제3장 문제해결능력

제4장 자원관리능력

제5장 조직이해능력

해커스 지역농협 6급 NCS 인적성 및 직무능력평가 통합 기본서

양도성 예금증서 (CD)	타인에게 양도가 가능한 무기명 예금증서로, 한국은행에 예금지급준비금을 예치할 의무가 있는 은행들의 자금 조달 수단으로 이용되며, 중도 해지는 불가능하지만 시장에서 자유롭게 거래할 수 있어 유동성은 높다는 특징을 가지는 금융상품
모기지론/ 역모기지론	· 모기지론: 부동산을 담보로 주택저당증권을 발행하여 장기주택자금을 대출해 주고 원리금을 분할 상환하도록 하는 제도 · 역모기지론: 현재 보유한 주택을 은행에 맡기고 이를 담보로 생활비를 조달할 수 있게 하는 제도로 만기에 원리금을 한꺼번에 갚음
DTI/LTV	· DTI(Debt To Income): '총부채상환비율'을 의미하는 것으로, 금융 부채의 상환 능력을 따져 대출 한도를 정하는 제도 · LTV(Loan To Value ratio): '주택담보대출비율'을 의미하는 것으로, 은행이 주택을 담보로 대출을 해줄 때 담보가 되는 주택의 가치를 따져 대출 한도를 정하는 제도
BIS (Bank for International Settlements)	· 각국 중앙은행 간의 협력을 위해 설립된 국제결제은행 · BIS 자기자본비율: 은행 경영의 건전성을 위해 BIS가 정한 것으로, 은행의 위험가중 자산(손실 위험이 큰 부실채권, 유가증권 등) 총액 대비 자기자본이 차지하는 비율(BIS 권고 기준: 자기자본비율 8% 이상)
옵션	거래 당사자 간에 미리 정한 가격으로 특정 시점에서 일정 자산을 사거나 팔 수 있는 권리로, 살 수 있는 권리를 콜옵션, 팔 수 있는 권리는 풋옵션이라고 함
서킷브레이커 (Circuit breaker)	코스피 지수나 코스닥 지수가 일정 수준 이상 하락하는 경우 투자자들이 냉정하게 투자 판단을 할 수 있도록 시장에서의 모든 매매를 일시 중단하는 제도로, 우리나라의 경우 코스피 지수나 코스닥 지수가 직전 거래일의 종가 대비 8% 이상, 15% 이상 떨어진 상태가 1분간 지속되면 각각 1단계, 2단계 서킷브레이커가 발동되어 각각 20분간 매매가 중단되고, 20% 이상 급락하면 3단계 서킷브레이커가 발동되어 당일 장 운영이 종료됨
사이드카 (Side car)	시장 상황이 급변할 경우 프로그램매매의 호가효력을 일시적으로 제한함으로써 프로그램매매가 주식시장에 미치는 충격을 완화하고자 하는 제도로, 코스닥150 지수 선물 가격이 6% 이상 상승·하락하고 코스닥150 지수 현물 가격이 3% 이상 상승·하락한 상태가 1분간 지속될 때, 코스피의 경우 코스피200 지수 선물 가격이 5% 이상 상승·하락한 상태가 1분간 지속될 때 발동되어 프로그램매매 매수호가 또는 매도호가의 효력을 5분간 정지시킴
엥겔지수	가계의 총소비지출액에서 식료품비가 차지하는 비율로, 저소득 가계일수록 총지출 가운데 식료품비가 차지하는 비율이 높고 고소득 가계일수록 식료품비가 차지하는 비율이 낮다는 엥겔의 법칙과 관련 있는 것 (= $\frac{식료품비}{총소비지출액} \times 100$)
슈바베지수	가계의 총소득에서 주거비가 차지하는 비율로, 소득 수준이 증가할수록 주거비는 커지지만 총소득 대비 주거비가 차지하는 비중은 감소한다는 슈바베의 법칙과 관련 있는 것
지니계수	인구분포와 소득분포와의 관계를 나타내는 수치로, 빈부격차와 계층 간 소득분포의 불균형 정도를 평가하는 데 이용되며 수치가 0에 가까울수록 소득 분배가 평등한 상태임을 나타내는 지표

확인 문제

다음 중 각국 중앙은행 간의 협력을 위해 설립된 국제결제은행은?

① DTI　　　② CD　　　③ 옵션　　　④ LTV　　　⑤ BIS

정답: ⑤

경제 상식

에인절계수	가계 총지출에서 수업료, 장난감 구입비, 용돈 등을 포함한 교육비가 차지하는 비율을 나타내는 지표
로렌츠곡선	그래프의 가로축에 소득액 순으로 소득 인원수의 누적 백분비를, 세로축에 소득액의 누적 백분비를 나타내어 얻어지는 곡선으로, 소득분포의 불평등을 측정하는 지표
고통지수	물가상승률과 실업률을 더하여 산정하는 것으로, 국민들이 피부로 느끼는 경제적 어려움을 수치화하여 나타내며 수치가 높을수록 경제적 어려움이 크다는 것을 나타내는 지표
립스틱 효과	경기 불황기에 저가임에도 소비자들을 만족시키는 제품은 오히려 판매가 증가하는 현상
밴드왜건 효과	타인의 소비 행태나 특정 상품에 대한 대중적인 유행에 따라 제품을 구매하는 소비 현상
베블런 효과	일부 계층의 과시욕이나 허영심 때문에 가격이 올라도 수요가 줄어들지 않는 현상
세계 3대 신용평가기관	미국의 무디스 인베스터서비스(Moody's Investors Service), 스탠더드앤드 푸어스(S&P), 영국의 피치 IBCA
ETF	'Exchage Traded Fund'의 약자로 인덱스펀드를 거래소에 상장시켜 투자자들이 주식처럼 편리하게 거래할 수 있도록 만든 상품

3) 일반 상식

OTP (일회용 비밀번호)	한 번만 사용하고 버리는 비밀번호로, 인터넷 뱅킹의 안전성을 높이기 위해 고안되었으며 OTP 생성기를 이용해 거래할 때마다 새로운 암호를 생성함
스푸핑 (Spoofing)	임의로 개설한 웹사이트에 사용자가 방문하도록 유도한 후 개인정보를 빼가는 해킹 수법
파밍 (Pharming)	PC를 악성코드에 감염시켜 이용자가 금융회사 등의 정상적인 홈페이지 주소로 접속을 하더라도 피싱 사이트로 유도하여 금융거래정보 등을 몰래 빼가는 해킹 수법
스미싱 (Smishing)	문자메시지(SMS)와 피싱(Phishing)의 합성어로, 무료 쿠폰이나 초대장 등을 내용으로 하는 문자메시지를 보내 첨부된 인터넷주소를 클릭하면 악성코드가 설치되게 하는 해킹 수법
피싱 (Phishing)	개인정보(Private data)와 낚시(Fishing)의 합성어로, 금융기관 또는 공공기관 등의 웹사이트나 거기서 보내온 메일로 위장하여 개인의 인증번호나 신용카드번호, 계좌정보 등을 빼내 이를 불법적으로 이용하는 사기 수법
메모리해킹	컴퓨터 메모리에 있는 수취인의 계좌번호, 송금액을 변조하거나, 보안카드 비밀번호를 훔친 후 돈을 빼돌리는 새로운 해킹방식으로 정상적인 인터넷뱅킹 사이트에 접속하였음에도 이체거래 과정에서 금융거래정보 등을 실시간으로 위·변조하는 즉시 공격의 특징을 지닌 사기 수법
공인인증서	전자 상거래 시 거래자의 신원 확인 및 증명을 위해 사용되는 일종의 전자 서명으로, 공인인증기관이 발행한 인증서를 말함

확인 문제

다음 중 문자메시지(SMS)와 피싱(Phishing)의 합성어로, 무료 쿠폰이나 초대장 등을 내용으로 하는 문자메시지를 보내 첨부된 인터넷주소를 클릭하면 악성코드가 설치되게 하는 해킹 수법은?

① 메모리해킹　　　② 파밍　　　③ 스푸핑　　　④ 피싱　　　⑤ 스미싱

정답: ⑤

아이핀 (I-PIN)	대면 확인이 불가능한 인터넷상에서 주민등록번호의 유출과 오남용을 방지하기 위해 정부가 도입한 방식으로, 주민등록번호가 웹사이트에 저장되지 않아 외부 노출 가능성이 적어진 본인 인증 방식
비콘	블루투스 4.0 기술을 기반으로 최대 70m 이내의 장치들과 교신할 수 있는 근거리 통신기술
IoT	'Internet of Things'의 약자로 사물인터넷이라고도 하며, 사물에 센서를 장착하여 사람의 개입 없이도 사물이 스스로 인터넷을 통해 실시간으로 데이터를 수집하고 교환할 수 있게 하는 기술
핀테크 (Fintech)	'금융(Finance)'과 '기술(Technology)'의 합성어로, IT 기술을 기반으로 한 새롭고 차별화된 금융 상품 및 서비스를 의미하며 크라우드 펀딩, 모바일 결제 및 송금, 개인자산관리 등이 포함됨
비트코인	가상 디지털 화폐로, 일반적인 화폐와 달리 통화를 관리하는 중앙기구가 존재하지 않고 발행량이 정해져 있으며, 컴퓨터로 수학 문제를 풀면 발행받을 수 있다는 특징이 있음
AI	'Artificial Intelligence(인공지능)'의 약자로, 인간의 지능이 가지는 학습, 추리, 적응, 논증 따위의 기능을 갖춘 컴퓨터 시스템을 의미하며, 구글 딥마인드가 개발한 알파고가 대표적임 • 딥러닝(Deep learning): 인간 두뇌의 정보처리 방식을 모방해 컴퓨터가 다양한 단계의 사고 과정을 거쳐 스스로 인지 및 추론, 판단하게 하는 기술
로보어드바이저	로봇을 의미하는 '로보(Robo)'와 자문 전문가를 의미하는 '어드바이저(Advisor)'의 합성어로, 고도화된 알고리즘과 빅데이터 기술을 활용하여 투자자의 투자 성향과 시장 상황을 분석하여 자산 운용 방법을 자문 및 관리해 주는 서비스
임금피크제	기업 내 근로자의 근로시간을 줄여 새로운 일자리를 만드는 제도인 워크셰어링(Worksharing)의 하나로, 일정 연령이 된 직원에 대해 임금을 삭감하는 대신에 정년을 보장하는 제도
타임오프제	회사 측이 노동조합 전임자에게 임금을 지급하는 것을 원칙적으로 금지하되, 노사 교섭, 고충 처리 등 노사 공통의 이해가 걸린 노무관리적 성격이 있는 업무에 한해 근무시간으로 인정해 임금을 지급하는 제도
숍 제도	노동조합의 유지와 발전을 위해 노동조합이 사용주와 체결하는 노동협약에 종업원 자격과 조합원 자격의 관계를 규정해두는 제도 • 오픈 숍: 노동자가 기업의 노동조합에 대한 가입 여부를 자유의지로 결정할 수 있도록 하는 제도 • 유니온 숍: 신규 채용 시에는 기업이 노동조합원 여부와 관계없이 누구나 채용할 수 있지만, 채용된 사람은 일정 기간 안에 반드시 노동조합에 가입해야 하며 그러지 않을 경우 기업은 해당 노동자를 해고할 수 있도록 하는 제도 • 클로즈드 숍: 신규 채용 시에 기업이 노동조합의 조합원이어야만 채용할 수 있고, 조합에서 제명되거나 탈퇴한 노동자는 해고하도록 하는 제도

확인 문제

다음 중 기업 내 근로자의 근로시간을 줄여 새로운 일자리를 만드는 제도인 워크셰어링(Worksharing)의 하나로, 일정 연령이 된 직원에 대해 임금을 삭감하는 대신에 정년을 보장하는 제도는?

① 오픈 숍 제도   ② 타임오프제   ③ 유니온 숍 제도
④ 임금피크제   ⑤ 클로즈드 숍 제도

정답: ④

PART 1 NCS 직무능력평가

제1장 의사소통능력

제2장 수리능력

제3장 문제해결능력

제4장 자원관리능력

제5장 조직이해능력

해커스 지역농협 6급 NCS 인적성 및 직무능력평가 통합 기본서

1 직장 예절

1) 인사 예절

직장 내 인사 예절	· 상대방보다 먼저 인사할 것 · 타이밍에 맞추어 적절히 응답할 것 · 명랑하고 활기차게 인사할 것 · 사람에 따라 인사 태도를 다르게 하지 않을 것 · 기분에 따라 인사 자세가 다르지 않을 것 · 아침에 상사나 동료와 만났을 때는 밝고 정중하게 인사하고, 같은 날 다시 만나게 될 때는 밝은 표정으로 목례만 할 것 · 화장실에서 상사나 동료를 만났을 때는 목례만 할 것 · 업무 중 상사가 사무실에 들어왔을 때는 일어서지 않고 앉아서 목례할 것 · 출퇴근 시에는 상사와 동료에게 인사하고, 다른 사람들보다 먼저 퇴근할 경우 먼저 퇴근하겠다는 적절한 인사말을 하며, 상사나 동료가 바쁠 때는 도움이 필요한지 물어볼 것 · "수고하세요." 또는 "수고하셨습니다."라는 표현은 동년배나 아래 직원에게만 쓸 수 있는 인사말이기 때문에 직장 상사에게는 사용하지 않을 것

2) 소개 예절

소개하는 순서	· 나이 어린 사람을 연장자에게 소개할 것 · 내가 속해 있는 회사의 관계자를 타 회사의 관계자에게 소개할 것 · 신참자를 고참자에게 소개할 것 · 동료 임원을 고객, 손님에게 소개할 것 · 남성과 여성을 소개할 때는 남성을 여성에게 소개하는 것이지만, 남성이 지위가 높은 경우라면 여성을 남성에게 소개할 것 · 한 사람과 여러 사람을 소개할 때는 한 사람을 여러 사람에게 소개할 것 · 소개받는 사람의 별칭은 그 이름이 비즈니스에서 사용되는 것이 아니라면 사용하지 말 것 · 반드시 성과 이름을 함께 말할 것 · 정부 고관의 직급명은 퇴직한 경우라도 사용할 것 · 천천히 그리고 명확하게 말할 것 · 각각의 관심사와 최근의 성과에 대하여 간단한 언급을 할 것

확인 문제

다음 중 인사 예절로 적절하지 않은 것은?
① 명랑하고 활기차게 인사한다.
② 직급에 따라 인사 태도를 달리한다.
③ 상대방보다 먼저 인사한다.
④ 화장실에서 만났을 때는 가볍게 목례만 한다.
⑤ 타이밍에 맞추어 적절히 응답한다.

정답: ②

3) 명함 예절 〔지능6급 기출〕

명함을 건네는 순서	· 명함은 직위가 낮은 사람이 직위가 높은 사람에게, 방문한 사람이 방문 받은 사람에게, 서비스 제공자가 고객에게, 소개된 사람이 소개받은 사람에게, 연소자가 연장자에게 먼저 건넬 것 · 여러 사람을 만났을 때는 가장 직급이 높은 사람에게 먼저 명함을 건넬 것 · 직장 상사와 함께 외부 업체 등을 방문해 명함을 건네는 경우, 상사가 먼저 외부인에게 명함을 건넨 뒤에 부하 직원이 명함을 건넬 것
명함을 주고받을 때의 태도	· 명함을 주고받을 때는 명함을 주는 사람과 받는 사람 모두 일어설 것 · 명함은 왼손으로 받쳐 오른손으로 건네고, 두 사람이 동시에 명함을 주고받을 때는 왼손으로 받고 오른손으로 건넬 것 · 명함을 건넬 때는 상대방이 읽기 편하도록 명함을 돌려서 건넬 것 · 명함을 받으면 바로 주머니에 넣지 말고, 이름과 중요한 정보를 확인하고 명함에 관해 한두 마디 대화를 건넬 것 · 명함에 읽기 어려운 한자나 외국어가 있을 경우 바로 물어봐서 나중에 실수하지 않도록 할 것 · 명함을 받은 뒤에는 탁자 위와 같이 잘 보이는 곳에 명함을 두고, 대화를 나누는 동안 명함을 눈여겨보며 상대의 이름을 외울 것 · 상대방이 식사 중이거나 다른 사람과 대화 중일 때는 명함을 건네지 않을 것 · 명함은 새것을 사용할 것 · 명함에 없는 부가 정보는 상대방과의 만남이 끝난 후에 적을 것 · 명함은 반드시 명함 지갑에서 꺼내고 상대방에게 받은 명함도 명함 지갑에 넣을 것

4) 악수 예절

악수하는 순서	· 악수는 윗사람이 아랫사람에게, 연장자가 연소자에게, 기혼자가 미혼자에게 청할 것 · 여성과 남성이 악수할 때는 여성이 남성에게 먼저 악수를 청하는 것이지만, 남성이 지위가 높은 경우라면 남성이 여성에게 악수를 청할 것
악수를 나눌 때의 태도	· 악수할 때는 서로 시선을 맞춰야 하며, 상대방의 눈과 손을 번갈아 보며 가볍게 위아래로 세 번 정도 흔들 것 · 오른손을 사용할 것 · 손을 잡을 때 적당한 악력으로 잡고, 손끝만 잡는 행위는 하지 않도록 할 것 · 주머니에 손을 넣지 않고 악수할 것 · 여성의 예식용 장갑이나 장식용 장갑 외의 장갑은 악수할 때 벗을 것 · 기본적으로 남성은 악수할 때 일어서야 하고, 여성도 비즈니스 관계이거나 상대방이 자신보다 연장자라면 일어서서 악수할 것 · 악수가 채 끝나지 않았는데 상대방이 아닌 다른 곳으로 시선을 돌리는 것은 상대방을 무시한다는 인상을 줄 수 있음을 유의할 것 · 악수할 때는 손을 잡은 채로 너무 오랫동안 말을 해선 안 되며, 인사가 끝나면 바로 손을 놓을 것

〔확인 문제〕

다음 중 명함을 건네는 순서가 잘못된 것은?

① 직위가 높은 사람이 직위가 낮은 사람에게 먼저 건넨다.
② 방문한 사람이 방문 받은 사람에게 먼저 건넨다.
③ 연소자가 연장자에게 먼저 건넨다.
④ 서비스 제공자가 고객에게 먼저 건넨다.
⑤ 소개된 사람이 소개받은 사람에게 먼저 건넨다.

정답: ①

PART 1 NCS 직무능력평가

제1장 의사소통능력

제2장 수리능력

제3장 문제해결능력

제4장 자원관리능력

제5장 조직이해능력

해커스 지역농협 6급 NCS 인적성 및 직무능력평가 통합 기본서

5) 식사 예절

우리나라의 식사 예절	• 윗사람과 함께 식사할 때는 윗사람이 먼저 수저를 든 다음에 들고, 윗사람의 식사 속도에 맞춰 식사할 것 • 윗사람보다 먼저 식사가 끝났을 때는 자리에서 일어나지 말고, 수저를 국그릇에 걸쳐놓았다가 윗사람의 식사가 끝나면 상 위에 내려놓을 것 • 밥그릇이나 국그릇을 손에 들고 먹지 않을 것 • 식사 도중에는 입안에 음식물을 머금은 채로 말하지 않을 것 • 국이나 물을 마실 때 후후 불거나 후루룩거리는 소리를 내지 않을 것 • 밥과 국은 숟가락으로, 반찬은 젓가락으로 먹을 것 • 숟가락과 젓가락은 한 손에 같이 들지 않을 것 • 밥상 앞에서는 트림하거나 이쑤시개를 사용하지 않을 것

6) 조문 예절

문상 절차와 예절	• 상가에 도착하면 외투, 모자 등을 미리 벗어 둘 것 • 영정 앞에 분향이나 헌화를 할 때 나무향일 경우에는 오른 손목을 왼손으로 받친 상태에서 오른손으로 향을 집어 세 번 눈높이까지 올렸다가 향로 위에 놓고, 선향일 경우에는 한 개만 촛불에 불을 붙인 다음 손으로 끄며, 향을 입으로 끄지 않도록 할 것 • 영좌 앞에 공수하고 절을 두 번 한 뒤, 영좌에서 물러나 상주와 맞절할 것 • 종교에 따라 절을 하지 않는 경우는 합장을 하거나 묵념을 올릴 것 • 공수를 할 때는 평상시와 반대로 하여 남성은 오른손이 위로, 여성은 왼손이 위로 오게 할 것 • 평소 안면이 있는 경우라면 상주에게 문상 인사말을 건네고 낮은 목소리로 짧게 위로의 말을 건넬 것 • 유가족을 붙잡고 고인의 사망 원인과 경위에 대해 자세히 물어보거나 너무 많은 말을 시키는 것은 지양할 것 • 문상이 끝나고 물러 나올 때에는 두세 걸음 뒤로 물러난 뒤, 몸을 돌려 나올 것 • 상가에서 오래간만에 지인을 만나더라도 큰 소리로 부르거나 떠들지 않도록 할 것

확인 문제

다음 중 우리나라의 식사 예절로 적절하지 않은 것은?
① 윗사람이 수저를 든 후에 식사를 시작한다.
② 음식물을 머금은 채로 말하지 않는다.
③ 숟가락과 젓가락을 한 손에 들고 먹는다.
④ 밥상 앞에서는 트림하지 않는다.
⑤ 밥그릇이나 국그릇을 손에 들고 먹지 않는다.

정답: ③

7) 전화 예절

PART 1 NCS 직무능력평가

제1장
의사소통능력

제2장
수리능력

제3장
문제해결능력

제4장
자원관리능력

제5장
조직이해능력

해커스 지역농협 6급 NCS 인적성 및 직무능력평가 통합 기본서

직장 내 전화 예절 (전화 걸기)	· 전화를 건 이유를 숙지하고 이와 관련하여 대화를 나눌 수 있도록 준비할 것 · 전화는 정상적인 업무가 이루어지고 있는 근무 시간에 걸도록 할 것 · 원하는 상대와 통화할 수 없을 경우에 대비하여 다른 사람에게 메시지를 남길 수 있도록 준비할 것 · 비서를 통해 고객에게 전화를 거는 것은 고객으로 하여금 당신의 시간이 고객의 시간보다 중요하다는 느낌을 받게 하므로 전화는 직접 걸도록 할 것 · 전화를 건 상대가 부재중인 경우 전화를 건 사람은 자신의 소속과 이름, 용건 등을 메모로 남기고 대신 전화를 받은 사람이 누군지 확인할 것 · 전화를 해달라는 메시지를 받았다면 가능한 한 48시간 안에 답해줄 것 · 하루 이상 자리를 비우게 되는 경우 다른 사람이 대신 전화를 받아줄 수 없다면 자리를 비운다는 메시지를 남겨놓을 것
직장 내 전화 예절 (전화 받기)	· 전화벨이 3~4번 울리기 전에 받을 것 · 전화를 받을 때는 먼저 자신의 소속과 이름을 대고 상대방이 누군지 확인할 것 · 천천히, 명확하게 예의를 갖추고 말할 것 · 밝은 목소리로 말할 것 · 말을 할 때 상대방의 이름을 함께 사용할 것 · 언제나 펜과 메모지를 곁에 두어 메시지를 받아 적을 수 있도록 준비할 것 · 주위의 소음을 최소화할 것 · 긍정적인 말로 전화 통화를 마치도록 하고 전화를 건 상대방에게 감사 표시를 할 것 · 전화상에서는 내용을 잘못 전달하기 쉬우므로 전화를 끊기 전에 대화 내용이 제대로 전달됐는지를 반복해서 확인하고, 중요한 내용은 반드시 메모할 것 · 상사를 잘 아는 듯한 사람이 전화를 걸어와 상사와 전화를 연결해달라고 하는 경우에도, 그대로 상사에게 전화를 연결해주지 말고 반드시 상대가 누군지 확인한 뒤 상사에게 상대의 이름과 함께 전화를 연결해 줄 것 · 부재중인 자리의 전화를 받은 경우 전화를 받은 사람은 부재 사유를 전하고, 메모를 남기는 등 상대방에게 부탁 사항을 물을 것 · 일반적으로 전화를 건 쪽에서 먼저 끊는 것이 예의지만, 상대방이 윗사람이거나 거래처인 경우 상대방이 먼저 끊을 때까지 기다릴 것

확인 문제

다음 중 회사에서 전화를 받을 때의 예절로 적절하지 않은 것은?

① 주위의 소음을 최소화한다.
② 전화벨이 3~4번 울리기 전에 받는다.
③ 천천히, 명확하게 말한다.
④ 중요한 내용은 메모한다.
⑤ 가능하면 상대방의 신분을 묻지 않는다.

정답: ⑤

8) 기타 직장생활 예절

스마트폰 예절	· 상대방에게 통화를 강요하지 말 것 · 지나친 SNS 사용은 업무에 지장을 주므로 휴식시간을 이용할 것 · 운전하면서 스마트폰을 사용하지 말 것 · 온라인상에서 예절을 지킬 것 · 알림은 무음으로 하여 타인에게 폐를 끼치지 않도록 할 것
E-mail 예절	· 특유의 온라인 언어 사용을 최소한으로 하며, 중요한 내용만 간단하고 간결하게 작성하여 수신자가 빠르고 정확히 읽고 응답할 수 있도록 할 것 · 상단에 보내는 사람의 이름을 적을 것 · 메시지에는 언제나 제목을 넣도록 할 것 · 요점을 빗나가지 않는 제목을 잡도록 할 것 · 메시지는 간략하게 만들 것 · 올바른 철자와 문법을 사용할 것 · 앞서 주고받은 E-mail의 내용과 관련된 일관성 있는 답을 할 것 · 다른 비즈니스 서신에서와 마찬가지로 화가 난 감정의 표현을 보내는 것은 피할 것 · 자동답신을 선택하여 보낼 때도 다시 한번 주소를 확인할 것
근무 태도	· 지각 시에는 사전에 연락을 취해 지각 사유와 예상 출근 시간을 밝히고, 외부 업체의 전화, 방문 등 중요한 업무가 있는 경우 동료에게 협조를 요청하여 차질이 없도록 사전조치를 취할 것 · 근무 중 자리를 비우게 될 경우 옆자리 직원에게 행선지와 용건을 분명히 알릴 것 · 업무를 지시받은 경우에는 해당 일이 끝났을 때 즉시 보고하고, 지시받은 일이 복잡해 업무 완료가 지연될 경우에는 중간보고를 하여 진행 상황을 알릴 것 · 업무를 지시한 상사나 직장 선배가 가장 알고 싶어하는 것은 지시한 업무의 결과이므로 보고할 때는 반드시 결론부터 보고할 것

확인 문제

다음 중 E-mail 예절로 적절하지 않은 것은?
① 온라인 언어를 사용하여 친밀감을 높인다.
② 올바른 철자와 문법을 사용한다.
③ 메시지를 간략하게 작성한다.
④ 보내는 사람의 이름을 적는다.
⑤ 반드시 제목을 넣는다.

정답: ①

2 국제감각

1) 국제감각의 필요성
- 통신기술 등의 발달로 세계화가 진전되어 활동 범위가 세계로 확대됨
- 세계화 시대의 도래로 범지구적 시스템과 네트워크 안에서 기업 활동이 이루어지는 국제경영의 중요성이 강조됨
- 업무 상황에서도 다양한 문화의 사람들과 커뮤니케이션할 빈도가 증가하고 있으며, 이에 따라 직업인에게도 다른 나라의 문화를 이해하고, 국제 동향을 파악하며 이를 업무에 활용할 수 있는 국제감각이 필요해짐

2) 다른 나라 문화 이해방법

① 문화 충격
- 문화 충격이란 한 문화권에 속한 사람이 다른 문화를 접하게 되었을 때 체험하는 충격을 의미함
- 문화 충격에 대비하기 위해서는 개방적인 태도를 견지하며 자신이 속한 문화를 기준으로 다른 문화를 평가하지 않도록 하고, 자신의 정체성은 유지하되 새로운 것을 경험하는 데 즐거움을 느끼는 적극적인 자세를 취하도록 함

② 이문화 커뮤니케이션
- 이문화 커뮤니케이션은 서로 다른 문화적 배경을 지닌 사람과의 커뮤니케이션을 의미하는 것으로, 언어적인 것과 비언어적인 것이 모두 포함됨
- 이문화 커뮤니케이션에 대비하기 위해서는 외국어 활용능력뿐 아니라 상대국의 문화적 배경을 이해하기 위한 노력이 수반되어야 함

3) 글로벌 경쟁력을 갖추기 위한 국제 매너

나라별
금기사항
	• 러시아
	  – 꽃을 선물할 때는 홀수로 준비해야 함(짝수의 꽃은 장례식에 사용함)
	• 싱가포르
	  – 공공장소에서 음식물을 섭취하거나 담배를 피우면 벌금을 물게 되며, 껌을 씹는 것도 금지함
	• 중국
	  – 우산이 이별을 의미하여 상대방에게 우산을 선물하지 않음
	• 태국
	  – 어린아이의 머리에 손을 대지 않아야 하며, 발로 사람이나 물건을 가리키는 것은 모욕적인 행위임

나라별
시간 약속
	• 미국
	  – 시간을 돈과 같이 생각해 시간 엄수를 중요하게 여김
	• 라틴아메리카, 동부 유럽, 아랍
	  – 시간 약속은 형식적이며, 상대방이 기다려 줄 것으로 생각하므로 가급적 기다리도록 함
	• 독일
	  – 약속시간에 2~3분 늦게 도착하는 것도 결례일만큼 시간 엄수를 중요하게 여김
	  – 금요일 오후 2시나 3시에 업무를 종료하는 회사가 많으므로 금요일 오후에는 약속을 잡지 않도록 함

확인 문제

다음 중 우산 선물을 가장 지양해야 하는 국가는?

① 미국　　　② 싱가포르　　　③ 중국　　　④ 대한민국　　　⑤ 러시아

정답: ③

PART 1 NCS 직무능력평가

제1장 의사소통능력

제2장 수리능력

제3장 문제해결능력

제4장 자원관리능력

제5장 조직이해능력

해커스 지역농협 6급 NCS 인적성 및 직무능력평가 통합 기본서

글로벌 경쟁력을 갖추기 위한 국제 매너

나라별
인사법
	<ul><li>영미권 악수법
	  – 일어서서 상대방의 눈이나 얼굴을 보면서 악수함
	  – 오른손으로 상대방의 오른손을 잠시 힘주어 잡았다가 놓음</li><li>영미권 명함 교환법
	  – 영미권은 사교용 명함과 업무용 명함이 나뉘어 있음
	  – 악수를 먼저 한 후 명함을 교환함
	  – 아랫사람이나 손님이 먼저 꺼내 오른손으로 상대방에게 주고, 받는 사람은 두 손으로 받음
	  – 받은 명함은 한번 보고 탁자 위에 보이게 두거나 명함지갑에 넣도록 하며, 구기거나 계속 만지지 않도록 함
	  – 미국에서는 상대에게 추후 연락할 필요가 있는 경우에만 명함을 주고받으며, 명함을 받은 후 바로 지갑에 넣는 등의 행위는 예의에 어긋나지 않는 행동임</li><li>중국 명함교환법
	  – 명함 교환을 선호하므로 충분한 양을 준비하고, 명함의 한쪽은 영어로 다른 한쪽은 가능하면 중국어로 표기하도록 함
	  – 황금색이 위상과 번영을 나타내므로 명함을 금색으로 인쇄하는 것이 좋음</li><li>미국에서의 인사법
	  – 이름이나 호칭을 어떻게 부를지 먼저 물어봄
	  – 인사를 하거나 이야기할 때 상대방의 개인 공간을 지켜주도록 함</li><li>중국에서의 인사법
	  – 첫 인사 때 악수나 목례를 하거나 허리를 약간 굽혀서 인사함</li><li>독일에서의 인사법
	  – 도착이나 출발을 할 때 일반적으로 악수를 함
	  – 얼굴을 맞대고 눈을 보며 말하는 것은 신뢰감을 주는 행동임</li><li>아프리카에서의 대화법
	  – 눈을 직접 보지 않고 코끝 정도를 보면서 대화함</li><li>러시아와 라틴아메리카에서의 인사법
	  – 포옹 또는 입맞춤 인사는 친밀함의 표현이므로 이해하도록 함</li></ul>

확인 문제

다음 중 대화할 때 예의상 눈을 직접 보지 않고 코끝 정도를 보면서 대화해야 하는 곳으로 가장 적절한 지역은?

① 유럽　　　② 아프리카　　　③ 아시아　　　④ 남아메리카　　　⑤ 남극

정답: ②

글로벌 경쟁력을 갖추기 위한 국제 매너

나라별
식사예절
	· 이슬람권 국가
	  – 돼지를 불결한 동물로 여기기 때문에 돼지고기를 먹지 않음
	  – 할랄 육류(이슬람식 알라의 이름으로 도살한 고기)만 섭취함
	· 인도
	  – 소를 신성한 동물로 여기기 때문에 쇠고기를 먹지 않음
	  – 왼손은 화장실에서 사용하는 손이므로 밥을 먹을 때 오른손만 사용함
	  – 식사하면서 대화하는 것을 무례하게 여겨서 식사 중에는 대화를 나누지 않으며 식사를 마치고 입을 물로 씻고 난 후에 대화를 나눔
	  – 식사 자리에 초대를 받았다면 연장자나 집주인이 식사를 마치기 전에 자리를 떠나서는 안 됨
	  – 종교적 이유로 술을 거의 마시지 않으므로 식사 중에 술은 멀리함
	· 서양권
	  – 식당에 들어가면 임의로 빈자리에 앉는 것이 아니라 웨이터에게 안내를 받고 자리에 앉음
	  – 웨이터가 의자를 빼주는 곳이 상석이므로 그 자리에는 주빈(主賓)이나 여성이 앉도록 배려함
	  – 냅킨은 모든 일행이 테이블에 앉은 후에 무릎 위에 폄
	  – 의자에 앉을 때는 의자의 왼쪽으로 들어가 앉음
	  – 식사 도중에 자리를 뜰 경우 냅킨은 테이블 위에 올려놓지 말고 의자 등받이에 걸쳐둠
	  – 식사 중에는 포크와 나이프를 접시에 팔(八)자 형태로 걸쳐 놓고, 식사를 마친 후에는 오른쪽으로 가지런히 놓아둠
	  – 일반적으로 포크와 나이프는 음식이 제공되는 순서에 따라 바깥쪽에 놓인 것부터 사용함
	  – 자신의 접시를 중심으로 왼쪽의 빵을 먹고 오른쪽의 물을 마심
	  – 빵은 나이프나 치아로 자르지 않고 손으로 떼어 먹도록 하며, 식사 중에는 머리, 코, 귀 같은 곳을 만지지 않음
	  – 수프를 소리 내면서 먹지 않으며, 뜨거운 수프는 숟가락으로 저어서 식히도록 함
	  – 수프를 먹을 때는 안쪽에서 바깥쪽으로(미국식) 또는 바깥쪽에서 안쪽으로(유럽식) 떠먹음
	  – 생선요리는 뒤집어 먹지 않으며, 스테이크는 미리 잘라 놓기보다는 잘라 가며 먹도록 함
	  – 테이블에 팔꿈치를 괴거나 다리를 꼬고 앉지 않음

확인 문제

다음 중 서양권 식사예절에 해당하는 것은?

① 생선요리를 뒤집어 먹지 않는다.
② 식사 중에는 포크와 나이프를 오른쪽으로 가지런히 놓아둔다.
③ 빵을 나이프로 썰어 먹는다.
④ 테이블에 팔꿈치를 괴거나 다리를 꼬고 앉는다.
⑤ 수프를 소리 내면서 먹는다.

정답: ①

글로벌 경쟁력을 갖추기 위한 국제 매너

나라별 식사예절	· 중국
	  – 고개를 숙이지 않고 밥공기를 들고 식사함
	  – 식사를 마친 후에는 사용 흔적이 보이지 않도록 숟가락을 엎어 둠
	  – 회전하는 원형 테이블은 시계 방향으로 돌림
	· 일본
	  – 음식을 젓가락에서 젓가락으로 전달하는 행동을 불길하게 여기므로 주의해야 함
	  – 식사 시 젓가락만 사용하는 경우가 많아서 한 손에 밥그릇이나 국그릇을, 다른 손에 젓가락을 들고 식사함

나라별 제스처의 의미	· 엄지와 검지로 동그라미를 하는 것
	  – 북미, 유럽: OK
	  – 일본: 돈
	  – 프랑스, 벨기에: 가치 없는 것
	  – 러시아, 브라질: 모욕적인 의미
	· 손등을 바깥쪽으로 하여 검지와 중지로 V자를 만드는 것
	  – 영국: 모욕적인 의미
	· 손바닥을 바깥쪽으로 하여 검지와 중지로 V자를 만드는 것
	  – 그리스: 모욕적인 의미
	· 엄지만 접고 나머지 네 손가락은 펴는 것
	  – 일반적으로는 숫자 4
	  – 일본: 모욕적인 의미
	· 주먹을 쥐고 엄지를 치켜드는 것
	  – 일반적으로는 최고
	  – 호주, 그리스: 모욕적인 의미
	· 고개를 위아래로 끄덕이는 것
	  – 일반적으로는 긍정
	  – 그리스, 불가리아: 부정의 의미

확인 문제

다음 중 주먹을 쥐고 엄지를 치켜드는 제스처를 모욕적인 의미로 받아들이는 나라는?

① 일본 　　　② 프랑스 　　　③ 불가리아 　　　④ 호주 　　　⑤ 러시아

정답: ④

4) 국제동향파악

- 신문, 잡지, 인터넷 등 각종 매체를 활용하여 국제적인 동향을 파악
- 조직의 업무와 관련된 국제적 법규나 규정을 숙지
- 특정 국가의 관련 업무 동향 점검
- 국제적인 상황변화에 능동적으로 대처

5) 글로벌 경쟁력을 갖추기 위한 국제 상식

APEC	'Asia-Pacific Economic Cooperation'의 약자로, 아시아와 태평양 지역의 무역 증진과 지속적인 경제 성장을 위해 설립된 아시아태평양 경제협력체
G20 (Group of 20)	선진 7개국 정상회담(G7)과 유럽연합(EU) 의장국 그리고 대한민국을 포함한 신흥시장 12개국 등 세계 주요 20개국을 회원으로 하는 국제기구
FTA (Free Trade Agreement)	국가 간 무역 증진을 위해 무역 장벽을 없애는 자유무역협정 • 우리나라와의 FTA가 발효된 국가: 칠레, 싱가포르, 유럽자유무역연합(EFTA), 동남아시아국가연합(ASEAN), 인도, 유럽연합(EU), 페루, 미국, 터키(기본협정·상품무역협정), 호주, 캐나다, 중국, 뉴질랜드, 베트남, 콜롬비아, 중미 5개국, 영국 • 우리나라와의 FTA가 서명·타결된 국가: RCEP, 인도네시아(CEPA), 이스라엘, 캄보디아 • 우리나라와의 FTA가 협상 중인 국가: 중·일, 남미공동시장(MERCOSUR), 필리핀, 러시아, 말레이시아, 에콰도르 SECA, 아세안 추가 자유화, 인도 CEPA 업그레이드, 칠레 FTA 업그레이드, 중국 FTA 서비스·투자 후속협상 • 우리나라와 재개, 개시, 여건조성 중인 국가: PA(멕시코, 콜롬비아, 페루, 칠레 지역경제 동맹), 유라시아경제연합(EAEU), 우즈베키스탄 STEP
RCEP	'Regional Comprehensive Economic Partnership'의 약자로, 동남아시아국가연합(ASEAN) 10개국과 한·중·일 3개국, 호주·뉴질랜드 등 총 15개국의 관세장벽 철폐를 목표로 하는 중국 주도의 다자간 자유무역협정(FTA)
AIIB	'Asian Infrastructure Investment Bank'의 약자로, 미국 등 서구 국가 주도의 국제통화기금(IMF), 세계은행(WB)과 아시아개발은행(ADB) 등의 기존 국제금융기구에 대항하기 위해 중국 주도로 설립된 은행으로 아시아 국가들의 도로, 철도, 항만 등의 인프라 자금 지원을 목적으로 설립된 금융기구
IMF	'International Monetary Fund'의 약자로, 브레턴우즈 협정에 따라 가맹국의 출자로 공동의 기금을 만들어, 각국이 이용하도록 함으로써 외화 자금의 조달을 원활히 하고, 나아가서는 세계 각국의 경제적 번영을 도모하기 위하여 설립한 국제 금융기구
WTO	'World Trade Organization'의 약자로, 1995년 1월 1일에 출범하여 가트(GATT)의 업무를 대신하며, 세계 무역 분쟁 조정·관세 인하 요구·반덤핑 규제 따위의 법적인 권한과 구속력을 행사할 수 있는 전 세계적 경제 협력 기구
ICA	'International Cooperative Alliance'의 약자로, 프랑스의 협동조합 지도자인 보와브의 제안으로 전 세계 협동조합과 조합원의 이익 증진을 위해 창설된 국제협동조합연맹

확인 문제

기존 국제금융기구에 대항하기 위해 중국 주도로 설립된 은행으로, 아시아 국가들의 도로, 철도, 항만 등의 인프라 자금 지원을 목적으로 설립된 금융기구는?

① APEC   ② IMF   ③ AIIB   ④ RCEP   ⑤ G20

정답: ③

PART 1 NCS 직무능력평가

제1장 의사소통능력

제2장 수리능력

제3장 문제해결능력

제4장 자원관리능력

제5장 조직이해능력

해커스 지역농협 6급 NCS 인적성 및 직무능력평가 통합 기본서

글로벌 경쟁력을 갖추기 위한 국제 상식

신흥시장	• BRICS: 브라질, 러시아, 인도, 중국, 남아프리카공화국, 총 5개의 경제 신흥 국가를 가리키는 용어 • CIVETS: 콜롬비아, 인도네시아, 베트남, 이집트, 터키, 남아프리카공화국, 총 6개의 경제 신흥 국가를 가리키는 용어 • MAVINS: 멕시코, 호주, 베트남, 인도네시아, 나이지리아, 남아프리카공화국, 총 6개의 경제 신흥 국가를 가리키는 용어 • MIKT: 멕시코, 인도네시아, 한국, 터키, 총 4개의 경제 신흥 국가를 가리키는 용어
재정 위기국	• PIGS: 포르투갈, 이탈리아, 그리스, 스페인, 총 4개의 유로존 재정 위기국을 가리키는 용어 • PIIGS: 포르투갈, 이탈리아, 아일랜드, 그리스, 스페인, 총 5개의 유로존 재정 위기국을 가리키는 용어
아시안게임 개최지	• 2018년: 제18회 자카르타 하계 아시안게임(인도네시아) • 2022년: 제19회 항저우 하계 아시안게임(중국) • 2026년: 제20회 아이치, 나고야 하계 아시안게임(일본) • 2030년: 제21회 도하 하계 아시안게임(카타르)
올림픽 개최지	• 2018년: 제23회 평창 동계 올림픽(대한민국) • 2021년: 제32회 도쿄 하계 올림픽(일본) • 2022년: 제24회 베이징 동계 올림픽(중국) • 2024년: 제33회 파리 하계 올림픽(프랑스) • 2026년: 제25회 밀라노 코르티나담페초 동계 올림픽(이탈리아) • 2028년: 제34회 로스앤젤레스 하계 올림픽(미국)
월드컵 개최지	• 2018년: 제21회 러시아 월드컵 • 2022년: 제22회 카타르 월드컵 • 2026년: 제23회 북중미(캐나다, 멕시코, 미국) 월드컵 • 2030년: 제24회 3대륙(아프리카, 유럽, 남미) 6개국(모로코, 스페인, 포르투갈, 우루과이, 아르헨티나, 파라과이) 월드컵

확인 문제

다음 중 2030년 월드컵 개최지가 아닌 국가는?

① 모로코   ② 프랑스   ③ 아르헨티나   ④ 스페인   ⑤ 우루과이

정답: ②

유형 1 **조직체제**

유형 특징

· 한국산업인력공단의 가이드북 자료를 기반으로 한 조직체제 이론과 농협 관련 지식이 출제되는 유형의 문제이다.

세부 출제 유형

· 조직체제는 다음과 같이 3개의 세부 유형으로 출제된다.
  ① 농협 조직의 특징을 고르는 문제
  ② 조직의 체계와 구조를 파악하는 문제
  ③ 조직 내 부서의 종류 및 업무를 파악하는 문제

공략법

· 농협이라는 조직에 대한 이해도를 높이기 위해 농협의 비전과 미션, 농협의 조직도, 농협이 하는 일, 농협의 CI 등을 꼼꼼히 학습한다. (기초이론 p.255)

· 조직의 기본 개념과 구성요소를 확인하고, 조직구조의 유형 및 결정요인에 대해 학습한다. (기초이론 p.259)

· 조직 내 주요 업무의 종류 및 각 업무의 소관 부서에 대해 학습한다. (기초이론 p.263)

농협 조직의 특징을 고르는 문제

다음 중 농림 축수산물 도매업 및 소매업, 생필품 소매업 등을 주요 사업으로 하는 경제 지주 계열사는?

① 농협물류   ② 농협목우촌   ③ 농협식품   ④ 농협하나로유통   ⑤ 농협아그로

|정답 및 해설| ④

농림 축수산물 도·소매업, 생필품 소매업, 전자상거래업, 일반 음식점업, 유류판매업 등을 주요 사업으로 하는 경제 지주 계열사는 '농협하나로유통'이다.

① 농협물류: 운송, 배송, 보관, 창고, 하역, 택배 사업 등을 주요 사업으로 하는 경제 지주 계열사

② 농협목우촌: 축산물 가공판매, 외식체인 운영 등을 주요 사업으로 하는 경제 지주 계열사

③ 농협식품: 농식품 가공·유통을 주요 사업으로 하는 경제 지주 계열사

⑤ 농협아그로: 각종 과실 봉지 및 포장재의 제조, 공급을 주요 사업으로 하는 경제 지주 계열사

PART 1 NCS 직무능력평가

제1장 의사소통능력

제2장 수리능력

제3장 문제해결능력

제4장 자원관리능력

제5장 조직이해능력

해커스 지역농협 6급 NCS 인적성 및 직무능력평가 통합 기본서

다음 중 아래 조직도를 잘못 이해한 사람은?

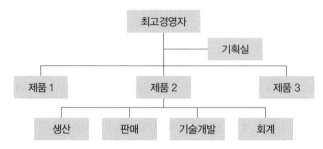

- A: 환경변화에 효과적으로 대응할 수 있는 조직입니다.
- B: 제품, 서비스, 주요 프로젝트 등에 따라 조직화된 모습을 확인할 수 있습니다.
- C: 의사결정의 권한이 하부 구성원에게 위임되어 있는 조직의 형태입니다.
- D: 기업의 규모가 작아 내부 효율성이 중요할 때 적합한 조직구조입니다.
- E: 제품, 지역, 고객별 차이에 빠르게 적응할 수 있다는 장점이 있습니다.

---

① A　　　　② B　　　　③ C　　　　④ D　　　　⑤ E

|정답 및 해설| ④

제시된 조직도는 사업별 조직구조의 조직도이다. 기업의 규모가 작아 내부 효율성이 중요할 때 적합한 조직구조는 기능적 조직구조에 대한 설명이므로 조직도를 잘못 이해한 사람은 'D'이다.

예제 3 조직 내 부서의 종류 및 업무를 파악하는 문제

다음은 △△기업 면접 스터디에서 이루어진 대화의 일부이다. 대화 내용을 참고하였을 때, 각각의 지원자가 지원한 부서를 바르게 짝지은 것은?

> **김용인**: 제가 지원한 부서는 제품의 판매 계획과 애프터 서비스 등의 업무뿐만 아니라 제품의 재고를 조절하거나 거래처로부터의 불만을 처리하는 업무도 담당하더라고요.
>
> **나정민**: 그렇군요. 저는 평소 임금제도와 복리후생제도에 관심이 많아서 복무 및 퇴직 관리 업무를 담당하는 부서에 지원했어요.
>
> **마　훈**: 부서별로 정말 다양한 업무를 담당하고 있네요. 제가 지원한 부서도 재무상태 및 경영실적 보고 업무, 결산 관련 업무, 고정자산 관련 업무 등 다양한 업무를 하고, 재무제표 분석도 해야 한다고 하니 관련 내용을 미리 공부해야 할 것 같아요.
>
> **장보배**: 그럼요. 부서에 배치받기 전까지 관련 부서 업무의 공부는 필수인 것 같아요. 평소에 사소한 계획부터 큰 계획까지 꼼꼼하게 짜는 편인 저는 경영계획이나 경영전략뿐만 아니라 사업 손익 추정, 종합예산 수립 등의 업무를 담당하는 부서에 지원하게 되었어요.
>
> **허윤지**: 맡은 업무를 꼼꼼히 잘하실 것 같아요. 제가 지원하고자 하는 부서에서는 집기 비품이나 소모품의 구입과 관리를 모두 담당하고 있어요. 국내 및 국외 출장 업무를 협조하거나 사내외 홍보 및 광고 업무도 마찬가지이고요.

① 김용인 – 영업부 ② 나정민 – 기획부 ③ 마훈 – 총무부
④ 장보배 – 인사부 ⑤ 허윤지 – 회계부

|정답 및 해설| ①

대화를 통해 각각의 지원자가 지원한 부서는 김용인은 영업부, 나정민은 인사부, 마훈은 회계부, 장보배는 기획부, 허윤지는 총무부임을 알 수 있다.

따라서 지원자와 지원자가 지원한 부서를 바르게 짝지은 것은 '김용인 – 영업부'이다.

유형 2 **경영이해**

예제 1 경영 상식 문제

다음 ㉠~㉤을 경영전략의 추진 과정에 따라 바르게 나열한 것은?

㉠ 경영전략 도출	㉡ 환경 분석
㉢ 전략목표 설정	㉣ 평가 및 피드백
㉤ 경영전략 실행	

① ㉠-㉡-㉢-㉤-㉣   ② ㉡-㉠-㉢-㉤-㉣   ③ ㉡-㉢-㉠-㉤-㉣
④ ㉢-㉠-㉡-㉤-㉣   ⑤ ㉢-㉡-㉠-㉤-㉣

ㅣ정답 및 해설ㅣ ⑤

조직은 도달하고자 하는 비전과 미션을 규명하고 전략목표를 가장 먼저 설정한다. 이후 SWOT 분석 등을 이용하여 내부 및 외부 환경을 분석하고, 이를 토대로 조직전략, 사업전략, 부문전략 등의 경영전략을 도출 및 실행하여 달성한다. 마지막으로 경영전략의 결과를 평가하고, 평가 결과에 따른 피드백을 통해 전략목표 및 경영전략을 재조정한다.

따라서 경영전략의 추진 과정에 따라 바르게 나열한 것은 '㉢-㉡-㉠-㉤-㉣'이다.

예제 2 경제 상식 문제

다음 각 빈칸에 들어갈 단어를 차례대로 나열한 것은?

> 시중에 돈이 많이 유통되어 물가 상승과 경기 과열 등의 문제가 나타날 때, 중앙은행이 시중에 유통되는 통화량을 인위적으로 줄여 경기를 안정화시키고 경제 성장을 도모하는 정책을 긴축통화정책이라고 한다. 이때, 중앙은행은 국채를 (   )하는 공개시장 조작, 법정지급준비율을 (   ) 지급준비율 정책, 금융기관에 빌려주는 자금의 이자율을 (   ) 재할인율 정책을 이용하여 통화량을 줄일 수 있다.

① 매각 - 낮추는 - 낮추는
② 매각 - 낮추는 - 높이는
③ 매각 - 높이는 - 높이는
④ 매입 - 낮추는 - 낮추는
⑤ 매입 - 높이는 - 높이는

|정답 및 해설| ③

중앙은행은 공개시장 조작을 통해 국채를 매각하여 그 대가를 받음으로써 시중의 통화량을 줄일 수 있고, 지급준비율 정책을 통해 법정지급준비율을 높여 시중의 은행들이 보유하고 있어야 하는 돈을 늘림으로써 시중에 유통되는 통화량을 줄일 수 있다. 또한, 재할인율 정책을 통해 금융기관에 빌려주는 자금의 이자율을 높여 금융기관이 중앙은행으로부터 빌리는 자금의 규모를 줄이도록 유도함으로써 금융기관이 시중에 공급하는 통화량을 줄일 수 있다.

따라서 각 빈칸에 들어갈 단어를 차례대로 나열한 것은 '매각 - 높이는 - 높이는'이다.

제1장 의사소통능력
제2장 수리능력
제3장 문제해결능력
제4장 자원관리능력
제5장 조직이해능력

해커스 지역농협 6급 NCS 인적성 및 직무능력평가 통합 기본서

유형 특징

· 직장생활에서 필요한 기본 예절 및 국제 상식이 출제되는 유형의 문제이다.

세부 출제 유형

· 비즈니스매너는 다음과 같이 2개의 세부 유형으로 출제된다.
① 직장 예절 문제
② 국제 상식 문제

공략법

· 명함 예절, 악수 예절 등 직장생활에 필요한 기본적인 예절을 학습한다. (기초이론 p.276)
· 글로벌 비즈니스 상황에서 필요한 문화권별 예절 및 국제 상식을 학습한다. (기초이론 p.281)

예제 1 │ 직장 예절 문제

Y 기업에 재직 중인 귀하는 동료 직원들과 함께 직장 내 식사 예절에 대한 대화를 나누고 있다. 다음 중 직장 내 식사 예절에 대해 잘못 설명한 사람을 고르면?

> · **가연**: 국을 마실 때는 불거나 후루룩거리는 소리를 내지 않도록 주의해야겠어.
> · **범수**: 한 손에 숟가락과 젓가락을 함께 들고 식사하는 것은 예의에 어긋나는 행동이야.
> · **송하**: 직장 상사보다 식사가 먼저 끝나면 식기를 모두 상 위에 두고 자리에서 기다려야 해.
> · **지안**: 입안에 음식물을 넣은 채로 말하지 않는 것이 상대방에 대한 예의라고 할 수 있어.
> · **현지**: 윗사람과 함께 식사를 할 때는 윗사람이 수저를 든 후에 식사를 시작하는 것이 좋아.

① 가연 　　　　　 ② 범수 　　　　　 ③ 송하 　　　　　 ④ 지안 　　　　　 ⑤ 현지

│정답 및 해설│ ③

윗사람과 함께 식사할 때 자신의 식사가 먼저 끝났다면 자리에서 일어나지 말고, 수저를 국그릇에 걸쳐놓았다가 윗사람의 식사가 끝나면 상 위에 내려놓아야 한다.

따라서 직장 내 식사 예절에 대해 잘못 설명한 사람은 '송하'이다.

예제 2 국제 상식 문제

다음 중 미국의 비즈니스 문화에 대한 설명으로 가장 적절하지 않은 것은?

① 상대방과의 적정 거리를 지키며 인사를 해야 한다.

② 명함 교환을 중요하게 생각하기 때문에 충분한 양을 준비해야 한다.

③ 접대 시 전체요리부터 와인까지 주문하는 것이 좋다.

④ 식사 약속을 잡는 경우 최소 1주일 전에 문의해야 한다.

⑤ 상대를 부르기 전에 이름이나 호칭에 대해 먼저 묻는 것이 예의이다.

|정답 및 해설| ②

미국에서는 상대방에게 추후 연락할 필요가 있는 경우에만 명함을 주고받으므로 명함 교환을 중요하게 생각하여 충분한 양을 준비해야 한다는 것은 가장 적절하지 않은 설명이다.

제1장 의사소통능력

제2장 수리능력

제3장 문제해결능력

제4장 자원관리능력

제5장 조직이해능력

해커스 지역농협 6급 NCS 인적성 및 직무능력평가 통합 기본서

기출동형문제

유형 1 | 조직체제

제한시간: 11분 15초

01 다음 지문에서 설명하고 있는 농협 주관 사업은?

> 도시민들의 안전한 먹거리에 대한 수요가 증가하고 가족 단위 체험 관광에 대한 관심이 높아지면서 농업인들의 농외소득 창출을 증진하고, 농업·농촌에 대한 도시민들의 이해를 도모하고자 추진한 사업이다. 농촌·문화·관광이 결합된 농촌체험여행으로, 농가에서 숙식하면서 농사에 참여하거나 주변 관광지 및 마을 축제 등의 문화체험이 가능하며 가족여행, 농촌체험 현장학습, 단체 모임 등 다양한 형태로 활용될 수 있다.

① 도농 교류　　　　　② 스마트 팜　　　　　③ 팜 스테이
④ 농촌사랑운동　　　　⑤ 식사랑농사랑운동

02 다음 중 농촌과 도시의 아름다운 동행을 테마로 하여 상품판매금액에 비례해 아름다운 동행기금을 조성하고, 이를 통해 농업인 고객에게 추가 우대 금리를 지원하는 농협의 상품은?

① 다같이동행예금　　　② 행복이음패키지　　　③ 함께하는농부적금
④ 지역사랑나눔적금　　⑤ 농어가목돈마련저축

03 다음 중 농협의 핵심가치에 해당하지 않는 것은?

① 정체성이 살아 있는 '든든한 농협'
② 최상의 행복 가치를 추구하는 '행복의 파트너'
③ 농업인과 소비자가 '함께 웃는 유통 대변화'
④ 지역과 함께 만드는 '살고 싶은 농촌'
⑤ 미래 성장동력을 '창출하는 디지털 혁신'

04 다음 중 농협의 미션에 대한 설명으로 가장 적절하지 않은 것은?

① 농업의 경쟁력 강화를 추구한다.

② 농업인의 사회적 지위를 향상시킨다.

③ 국민경제의 균형 있는 발전에 이바지한다.

④ 새로운 100년을 향한 위대한 농협으로 도약한다.

⑤ 농업인의 삶의 질을 향상시킨다.

05 다음 중 농협의 그래픽 모티브인 NH Wave가 상징하는 의미에 해당하는 것의 개수는?

| ㉠ 변화 및 조화 | ㉡ 정의 | ㉢ 혁신 |
| ㉣ 자유 | ㉤ 문화 | ㉥ 화합 |

① 1개   ② 2개   ③ 3개   ④ 4개   ⑤ 5개

06 다음은 농협에서 근무 중인 귀하가 오늘 진행한 업무 내용이다. 귀하가 근무 중인 부서로 가장 적절한 것은?

- 가 팀 구성원의 지난 분기 상·벌점 관리
- 갑 씨의 퇴직 처리
- 국내외 출장 업무 협조
- 사무실 임차 및 관리

① 지역사회공헌부   ② 인사총무부   ③ 정보보호부

④ 사업감사부   ⑤ 준법지원부

PART 1 NCS 직무능력평가

제1장 의사소통능력

제2장 수리능력

제3장 문제해결능력

제4장 자원관리능력

제5장 조직이해능력

해커스 지역농협 6급 NCS 인적성 및 직무능력평가 통합 기본서

07 다음은 '농협이 하는 일'을 세 가지 부문으로 나누어 도표로 나타낸 것이다. 〈보기〉 중 경제 부문에 속하는 일의 총 개수는?

[농협이 하는 일]

〈보기〉

ⓐ 소비지유통 활성화　　ⓑ 농업인 복지증진　　ⓒ 농촌지역 농업금융 서비스 제공
ⓓ 영농자재 공급　　ⓔ 농정 활동　　ⓕ 조합원 편익 제공
ⓖ 서민금융 활성화　　ⓗ 농촌사랑운동　　ⓘ 식사랑농사랑운동
ⓙ 산지유통혁신　　ⓚ 국제 협력 활동　　ⓛ 안전한 농식품 판매
ⓜ 농·축협 육성　　ⓝ 축산 기자재 판매　　ⓞ 도매 사업

① 3개　　　　② 4개　　　　③ 5개　　　　④ 6개　　　　⑤ 7개

08 다음 중 농업협동조합법에 따른 지역농협의 목적이 아닌 것은?

① 조합원의 농업 생산성을 높인다.

② 조합원이 생산한 농산물의 유통 원활화를 도모한다.

③ 조합원이 필요로 하는 기술, 자금 및 정보 등을 제공한다.

④ 조합원의 공동이익 증진과 건전한 발전을 계획한다.

⑤ 조합원의 문화적 지위를 향상시킨다.

09 다음 ㉠~㉣을 지역농협의 조합원 가입 절차에 따라 바르게 나열한 것은?

> ㉠ 출자금 납입 ㉡ 이사회 부의를 통한 조합원 자격 유무 심사
> ㉢ 조합원 가입 신청서 제출 ㉣ 가입 승낙 통지서 발송

① ㉠ - ㉢ - ㉡ - ㉣
② ㉠ - ㉢ - ㉣ - ㉡
③ ㉡ - ㉢ - ㉠ - ㉣
④ ㉢ - ㉡ - ㉠ - ㉣
⑤ ㉢ - ㉡ - ㉣ - ㉠

10 다음 중 농협의 출자금 및 예탁금에 대한 설명으로 가장 적절하지 않은 것은?

① 출자금과 예탁금은 예금보험공사의 예금자보호 대상이다.
② 농민이 아니어도 소정의 가입 절차를 거쳐 준조합원의 자격으로 출자 및 예탁을 할 수 있다.
③ 2024년부터 1인당 최대 2,000만 원까지의 출자금에 대한 이자·배당소득에는 비과세가 적용된다.
④ 2016년부터 예탁금 이자소득에 대해서 분리과세가 시행되었으며, 현재 연장 적용 중이다.
⑤ 출자금은 현물로도 납입할 수 있고, 이때에는 공정가치로 계산한다.

11 다음 각 빈칸에 들어갈 용어에 대한 설명으로 적절한 것은?

① ㉠: 조직의 성장과 발전에 관심이 높으며, 조직구성원의 업무수행에 있어 자율성과 재량권을 핵심요소로 여긴다.
② ㉡: 조직구성원 간의 협동, 공유가치, 참여 등을 중요시하며, 개인의 능력 개발에 대한 관심이 높다.
③ ㉢: 관계지향적이고 조직구성원 간의 인간애를 중시한다.
④ ㉢: 조직의 목표를 명확하게 설정하여 업무를 합리적이고 효율적으로 수행하는 것을 중요시한다.
⑤ ㉣: 조직구성원 간의 경쟁을 유도하기 때문에 조직구성원들은 방어적인 태도와 개인주의적인 성향을 보이기도 한다.

PART 1 NCS 직무능력평가

제1장 의사소통능력
제2장 수리능력
제3장 문제해결능력
제4장 자원관리능력
제5장 조직이해능력

해커스 지역농협 6급 NCS 인적성 및 직무능력평가 통합 기본서

12 다음 중 기계적 조직의 특징을 모두 고른 것은?

> ㉠ 의사결정권한이 하부구성원들에게 많이 위임되어 있음
> ㉡ 구성원들의 업무가 명확하게 정의됨
> ㉢ 조직구성원 간에 비공식적인 상호의사소통이 원활히 이루어짐
> ㉣ 많은 규칙과 규제가 있고, 엄격한 위계질서가 존재함

① ㉠　　　② ㉠, ㉢　　　③ ㉡, ㉣　　　④ ㉠, ㉡, ㉢　　　⑤ ㉡, ㉢, ㉣

13 다음 중 조직문화의 기능으로 가장 적절하지 않은 것은?

① 조직이 나아갈 방향성을 제시한다.

② 조직구성원들에게 일체감과 정체성을 부여한다.

③ 조직몰입도를 향상시켜 구성원들이 조직목표 달성을 위해 노력하게 한다.

④ 조직의 안정성을 가져온다.

⑤ 구성원의 행동지침이 되어 사회화를 돕고, 일탈 행동을 통제할 수 있다.

14 다음 각 빈칸에 들어갈 단어를 차례대로 나열한 것은?

> 　업무를 수행하다 보면 여러 가지 방해요인에 의해 계획대로 진행되지 않는 경우가 있다. 이러한 방해요인은 사소해 보일지라도 생산성을 방해하는 가장 큰 주범이다. 따라서 업무 생산성을 높이기 위해서는 방해요인이 무엇인지 파악하고, 이를 효과적으로 통제하고 관리할 필요가 있다. 다른 사람의 방문이나 인터넷, 전화, 메신저 등은 업무 계획과 무관하게 갑자기 찾아오는 경우가 많은데, 하루 일과 중 메일 확인 시간을 계획하거나 외부 방문 시간 등을 정해 놓으면 이들을 효과적으로 통제할 수 있다. 또한, 조직 안에서는 집단적으로 (　　　)이 발생할 수 있다. 이는 업무 시간을 지체하게 하지만, 새로운 시각에서 문제를 바라보게 하고, 다른 업무에 대한 이해를 증진시켜 주기도 하므로 효과적으로 관리하기 위해서는 상황을 받아들이고 원인과 해결책이 무엇인지 고민하는 자세가 필요하다. 나아가 업무 (　　　)는 새로운 기술, 인간관계, 경력개발 등에 대한 부담으로 발생한다. 개인과 조직 모두에게 부정적인 결과를 가져와 정신적 불안감을 조성하고, 심한 경우 우울증이나 심장마비 등 질병에 이르게 한다. 그러나 적정 수준은 사람을 자극하여 개인의 능력을 개선하고 최적의 성과를 내는 데 도움을 준다. 따라서 개인 차원에서는 운동, 명상 등을 통해 긍정적으로 사고할 수 있도록 노력하고, 조직 차원에서는 직무를 재설계하거나 심리적으로 안정을 찾을 수 있도록 사회적 관계형성을 장려해야 한다.

① 갈등 – 과로　　　② 갈등 – 비협조　　　③ 갈등 – 스트레스

④ 따돌림 – 과로　　　⑤ 따돌림 – 스트레스

15 다음은 A 기업 신입사원들이 신입사원 연수 중 잠시 나눈 대화의 일부이다. 대화를 통해 직원들이 속한 부서를 유추한다고 할 때, 가장 적절하지 않은 것은?

> 고 사원: 저희 부서는 다양한 업무를 하는 것 같아요. 회사의 살림을 맡아서 한다고 해야 하나? 사무실 임차 및 관리부터 법률자문과 소송관리까지 하더라고요.
>
> 한 사원: 오늘 교육 때 들어보니 저희 부서는 큰 부서에서 세부 팀으로 다시 나뉘는데, 제가 속한 팀은 업무분장 및 조정, 노사관리를 집중적으로 하는 것 같더라고요. 저는 교육체계를 수립하고 관리하는 업무를 기대하고 입사했는데, 맡을 업무가 조금 달라서 걱정이에요.
>
> 왕 사원: 고민이 많겠어요. 다행히 저는 제가 하고 싶었던 일을 할 수 있을 것 같아요. 저희 부서는 중장기적인 사업계획을 종합하고 이것을 조정하는 업무를 맡고 있는 것 같더라고요. 물론 제가 처음부터 그러한 업무에 바로 투입되지는 않겠지만, 기대돼요.
>
> 목 사원: 저는 의전이랑 비서업무를 주로 하게 될 거라고 하더라고요. 대학교 시절에 비서교육을 받았었는데, 이번에 그때 교육받았던 내용을 충분히 활용할 수 있을 것 같아서 좋아요.
>
> 차 사원: 부럽네요. 저는 어쩌다 보니 제 관심분야랑 전혀 상관없는 부서에 배치되었어요. 재무상태나 경영실적을 보고하는 일을 주로 하게 된다고 하는데, 제가 경영학을 전공하기는 했지만 이 분야 수업을 제대로 듣지 않아서 걱정돼요.

① 고 사원 - 영업부   ② 한 사원 - 인사부   ③ 왕 사원 - 기획부

④ 목 사원 - 총무부   ⑤ 차 사원 - 회계부

약점 보완 해설집 p.40

PART 1 NCS 직무능력평가

제1장 의사소통능력

제2장 수리능력

제3장 문제해결능력

제4장 자원관리능력

제5장 조직이해능력

해커스 지역농협 6급 NCS 인적성 및 직무능력평가 통합 기본서

01 다음 중 경영참가제도에 대한 설명으로 가장 적절하지 않은 것은?

① 산업 민주주의의 발달에 따라 협력적 노사관계가 중시되면서 생긴 제도이다.

② 경영의 민주성을 제고하는 것이 경영참가제도의 궁극적인 목적이다.

③ 관리자와 근로자 사이에 대화의 장을 마련하여 서로 간 신뢰를 쌓는 데 도움을 준다.

④ 노동조합이 제시하는 아이디어가 실제 사업과 정책에 반영될 수 있다.

⑤ 종업원지주제도는 경영참가제도 중 조직의 경영에 참가하는 유형에 해당한다.

02 다음은 경영전략 추진과정을 단계별로 정리한 것이다. SWOT 분석을 실행하기에 가장 적절한 단계는 어느 단계인가?

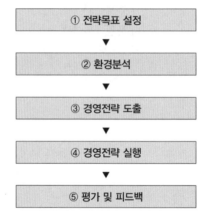

03 다음 사례와 관련 있는 마케팅 전략으로 가장 적절한 것은?

> 전남농협은 6(육)과 4(Four)가 육포를 연상케 한다는 점에서 착안하여 2012년부터 6월 4일을 육포데이로 선정하고 우리 육포의 우수성을 알리는 각종 이벤트를 진행해 왔다. 100% 한우로 만든 우수한 품질의 육포를 맛볼 수 있는 시식회를 진행하고 이와 동시에 할인 행사를 실시하여 많은 시민들이 맛 좋은 육포를 저렴한 가격에 구입할 수 있도록 하였다.

① 뉴메릭 마케팅　　　　② 앰부시 마케팅　　　　③ 디마케팅

④ 니치 마케팅　　　　　⑤ 노이즈 마케팅

04 진로를 유통업계로 잡은 귀하는 ○○ 백화점 서류전형에 통과하여 면접 기회를 얻게 되었다. 면접 전날 기업에 대한 더욱 깊이 있는 이해를 위해 ○○ 백화점에 대한 SWOT 분석을 해보기로 하였다. 귀하가 진행한 분석 결과가 다음과 같을 때, 분석 결과에 대응하는 적절한 전략을 모두 고른 것은?

SWOT 분석이란 기업 내부의 강점(Strength)과 약점(Weakness), 기업을 둘러싼 외부의 기회(Opportunity)와 위협(Threat)이라는 4가지 요소를 규정하고 이를 토대로 기업의 경영전략을 수립하는 기법이다. SO(강점 - 기회)전략은 시장의 기회를 활용하기 위해 강점을 적극 활용하는 전략이고, WO(약점 - 기회)전략은 약점을 보완하며 시장의 기회를 활용하는 전략이다. ST(강점 - 위협)전략은 시장의 위협을 회피하기 위해 강점을 활용하는 전략이고, WT(약점 - 위협)전략은 시장의 위협을 회피하고 약점을 최소화하는 전략이다.

내부환경 외부환경	강점(Strength)	약점(Weakness)
기회(Opportunity)	SO(강점 - 기회)전략	WO(약점 - 기회)전략
위협(Threat)	ST(강점 - 위협)전략	WT(약점 - 위협)전략

강점(Strength)	• 고급스러운 이미지 • 독보적인 CRM 시스템 • 명확한 브랜드 정체성
약점(Weakness)	• 의류 분야에 편중된 매출 비중 • 글로벌 역량 부족 • 낮은 시장점유율
기회(Opportunity)	• 남성 고객시장 확대 • 중국 소비자들의 구매력 상승 • 20대 후반~30대 초반 청년층의 구매력 상승
위협(Threat)	• 아울렛, 대형마트, 홈쇼핑 등 국내 유통시장의 포화 • 백화점 업계의 성장 둔화 및 업체간 경쟁 심화 • 경기 불황으로 인한 명품 소비 감소

내부환경 외부환경	강점(Strength)	약점(Weakness)
기회(Opportunity)	㉠ 독보적인 CRM 시스템을 활용하여 신규 남성고객을 유치하고, 한번 고객이 평생고객이 되도록 함	㉡ 명확한 브랜드 정체성을 앞세워 다른 백화점들과 차별화되는 독보적인 이미지를 구축해 나감
위협(Threat)	㉢ 중국 시장에 대한 이해도가 높은 인재를 영입하여 중국에 신규 점포를 유치함	㉣ 고가의 명품 의류나 가방 대신 잡화, 액세서리 등 작은 규모의 고급 아이템 부문에 집중함

① ㉠, ㉡   ② ㉠, ㉣   ③ ㉡, ㉢   ④ ㉡, ㉣   ⑤ ㉢, ㉣

05 귀하가 속한 P 기업은 이제 새로운 금융 사업에 진출하고자 한다. 시장에 신규 진입하기에 앞서 P 기업은 마이클 포터의 산업 구조 분석 모형을 통해 해당 시장의 경쟁 요인을 종합적으로 분석하고, 이를 토대로 시장 진입이 적절한지 면밀히 검토하였다. 이때, P 기업이 활용한 마이클 포터의 산업 구조 분석 모형에 대한 설명으로 가장 적절하지 않은 것은?

[마이클 포터의 산업 구조 분석 모형]

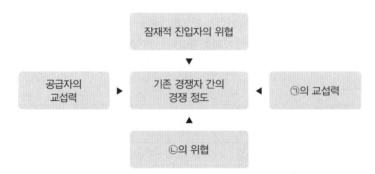

① 신규 경쟁자가 쉽게 진입할 수 있는 산업은 매력도가 낮아지므로, 기존 기업은 신규 경쟁자에 대해 진입 장벽을 구축하게 된다.

② ㉠은 제품 간의 가격을 비교하거나 품질에 대한 기대를 높이는 등의 방법으로 산업에 영향을 미칠 수 있다.

③ 공급자가 속한 산업이 소수의 기업이 지배하는 구조일 경우 공급자의 교섭력이 높아지게 된다.

④ ㉡에는 대체재가 들어가며, 대체재로 교체하는 비용이 높을 경우 대체재의 위협 수준 역시 함께 높아지며 수익성이 악화될 수 있다.

⑤ 위 경쟁 요인들의 힘이 약할수록 산업 내의 경쟁 정도가 낮아지며, 이 경우 기업의 협상력이 강해져 초과 이윤을 얻을 가능성이 커진다.

06 귀하는 최근 경영에 대한 기초 지식이 부족하여 생기는 업무상 실수를 줄이고자 온라인 평생교육센터를 이용해 경영 수업을 수강하기로 했다. 다음은 귀하가 경영의 기본 이론을 수강한 후에 본 중간고사 시험지이다. 다음 시험 문제에 대한 답변 중 가장 적절하지 않은 것은?

> 문제 1. 경영의 활동 유형에 대해 서술하시오.
>
>> 경영활동은 외부경영활동과 내부경영활동으로 나뉩니다. ① 먼저, 외부경영활동은 조직의 효과를 향상시키기 위해 조직 외부에서 행해지는 활동을 말하며, 내부경영활동은 조직의 내부에서 인적, 물적자원 및 생산기술을 관리하는 활동을 말합니다.
>
> 문제 2. 경영의 구성요소에 대해 서술하시오.
>
>> ② 경영은 크게 경영목적, 인적자원, 자금, 경영전략으로 구성되어 있습니다. ③ 여기서 경영목적은 조직이 수립한 목표를 달성하기 위한 방법이나 과정을 의미하며, 인적자원은 조직의 구성원과 인적자원의 배치와 활용을 의미합니다. ④ 자금은 경영활동을 하기 위해 필요한 금전을 의미하는 것으로, 경영의 방향과 범위를 한정한다는 특성을 지닙니다. ⑤ 경영전략은 조직의 목적을 달성하기 위해 조직의 구성원을 관리하는 일련의 과정을 의미합니다.

PART 1 NCS 직무능력평가

제1장 의사소통능력

제2장 수리능력

제3장 문제해결능력

제4장 자원관리능력

제5장 조직이해능력

해커스 지역농협 6급 NCS 인적성 및 직무능력평가 통합 기본서

07 B 은행에 최종 합격한 귀하는 첫 출근을 앞두고 은행 업무와 관련된 용어들을 복습하며 마음의 준비를 하고 있다. 다음 중 은행과 보험회사가 협력하여 종합금융서비스를 제공하는 것으로, 은행 등 금융기관이 보험회사의 대리점으로 등록하여 보험상품을 판매하는 영업 형태는?

① 방카슈랑스 ② 내로우뱅크 ③ 마트슈랑스

④ 어슈어뱅크 ⑤ 포타슈랑스

08 다음 빈칸에 들어갈 용어로 가장 적절한 것은?

> ( )은/는 1987년 10월 미국에서 일어난 사상 최악의 주가 대폭락 사태인 블랙 먼데이 이후 주식시장의 붕괴를 막기 위해 도입된 제도이다. 주식시장에서 주가가 급등하거나 급락하는 경우 주식매매를 일시적으로 정지시키는 제도라고 하여 '주식거래 중단제도'라고 불리기도 한다. 총 3단계에 걸쳐 매매거래가 중단될 수 있는데, 1단계는 종합주가지수가 전일 대비 8% 이상 하락하였을 때 발동되며 주식거래가 20분간 중단된다. 2단계는 1단계 이후 전일 대비 15% 이상 하락하였을 때 발동되고, 1단계와 마찬가지로 거래가 20분간 중단된다. 3단계는 전일 대비 20% 이상 하락한 경우에 발동되는데, 이 시점을 기준으로 모든 주식거래가 종료된다. 각 단계는 주식시장 개장 5분 후부터 폐장 40분 전까지 하루에 한 번씩만 발동될 수 있으나, 3단계는 장이 끝날 때까지 가능하다.

① 사이드 카   ② 숏 커버링   ③ 어닝 쇼크
④ 윈도 드레싱   ⑤ 서킷 브레이커

09 다음 ⊙~ⓒ의 설명에 해당하는 용어를 바르게 연결한 것은?

> ⊙ 국경에 관계없이 한 나라의 국민이 일정 기간 생산 활동에 참여하여 벌어들인 소득
> ⓛ 국적에 관계없이 한 나라의 국경 내에서 모든 경제 주체가 일정 기간 생산 활동에 참여하여 창출한 최종 재화와 서비스의 시장 가치
> ⓒ 국경에 관계없이 한 나라의 국민이 일정 기간 국내와 국외에서 생산한 최종 재화와 서비스의 시장 가치

	⊙	ⓛ	ⓒ
①	GNP	GDP	GNI
②	GDP	GNP	GNI
③	GDP	GNI	GNP
④	GNI	GNP	GDP
⑤	GNI	GDP	GNP

10 귀하는 다른 직원들보다 항상 30분 일찍 출근하여 경제 신문을 읽으면서 하루를 시작한다. 오늘 아침 미국 기준금리의 인상이 가시화되고 있다는 기사를 읽은 귀하는 문득 기준금리에 대해 더 자세히 알고 싶다는 생각이 들어 관련 내용을 인터넷에서 찾아봤다. 조사한 내용을 바탕으로 정리한 것이 다음과 같을 때, 가장 적절하지 않은 것은?

① 기준금리는 매월 물가 동향, 국내외 경제 상황, 금융 시장의 여건 등을 종합적으로 고려하여 결정된다.

② 한국의 기준금리가 인하되면 외국인 투자자금의 국내 유입량이 증가할 가능성이 높다.

③ 기준금리는 한 나라의 금리를 대표하는 것으로 시중 은행의 금리 책정 기준이 된다.

④ 물가가 상승하여 경기가 과열될 것으로 전망될 경우, 기준금리를 올리는 것이 일반적이다.

⑤ 우리나라의 경우 중앙은행인 한국은행이 국내외 경제 상황을 판단하여 기준금리를 결정한다.

PART 1 NCS 직무능력평가

제1장
의사소통능력

제2장
수리능력

제3장
문제해결능력

제4장
자원관리능력

제5장
조직이해능력

해커스 지역농협 6급 NCS 인적성 및 직무능력평가 통합 기본서

약점 보완 해설집 p.41

01 다음 중 직장 내 인사 예절에 대한 설명으로 가장 적절하지 않은 것은?

① 상대의 직급에 따라 인사 자세를 다르게 하지 않아야 한다.

② 업무를 하던 중에 사무실로 들어 온 상사와 마주쳤다면 일어서지 않고 앉아서 목례한다.

③ 팀원보다 먼저 퇴근할 경우에는 퇴근하겠다는 인사말을 한 후 퇴근한다.

④ 업무가 완료된 후에는 상사에게 "수고하셨습니다."라는 인사말을 건넨다.

⑤ 인사를 기다리는 태도보다는 상대방에게 먼저 인사하는 태도를 갖춘다.

02 귀하는 식품 제조 업체에 근무하는 팀장이다. 귀하는 오늘 오전에 귀하의 팀원 중 신입사원인 성 사원, 윤 사원과 함께 회사를 방문한 거래처 직원들을 만나게 되었다. 거래처 직원들과 인사를 나누던 중 귀하는 성 사원이 몇 가지 예의에 맞지 않는 행동을 한 것을 발견하게 되었다. 다음 성 사원의 행동 중 지적 사항으로 가장 적절하지 않은 것은?

① 직급이 낮은 거래처 직원을 직급이 높은 윤 사원에게 먼저 소개한 행동

② 미혼인 윤 사원을 기혼인 거래처 직원에게 먼저 소개한 행동

③ 거래처 직원이 성 사원에게 인적 사항을 물을 때 침묵하고 대답하지 않은 행동

④ 남성인 거래처 직원을 여성인 윤 사원에게 먼저 소개한 행동

⑤ 자신을 소개할 때 다른 정보를 제외하고 이름만 소개한 행동

03 귀하는 글로벌 사업부의 3년 차 대리로 신입사원들에게 기초적인 국제 비즈니스 매너를 가르치고 있다. 다음 중 귀하가 후배 사원에게 설명할 내용으로 가장 적절하지 않은 것은?

① 미국인들의 경우 시간을 돈과 같이 생각하므로 미팅 시간을 엄수해야 합니다.

② 부족에 따라 차이는 있겠지만 아프리카에서는 눈을 직접 보지 않는 것이 예의이므로 코끝 정도를 보면서 대화하도록 합니다.

③ 러시아에서는 홀수의 꽃이 장례식에 사용되니 꽃을 선물할 일이 있다면 짝수로 준비하세요.

④ 이슬람권에서는 알라의 이름으로 도살된 할랄 육류만 섭취하므로 아무 음식이나 권해서는 안 됩니다.

⑤ 싱가포르에서는 공공장소에서 음식물을 섭취하거나 담배를 피우면 바로 벌금을 물게 되므로 유의하세요.

PART 1 NCS 직무능력평가

제1장 의사소통능력

제2장 수리능력

제3장 문제해결능력

제4장 자원관리능력

제5장 조직이해능력

해커스 지역농협 6급 NCS 인적성 및 직무능력평가 통합 기본서

04 귀하의 부서는 이번 하반기에 신입사원 5명을 채용하게 되었다. 귀하는 신입사원들에게 새로 인쇄된 명함을 나눠주며 명함을 주고받을 때의 예절에 관해 본인이 알고 있는 사항을 말해보라고 하였다. 다음 신입사원들의 대답 중 가장 적절하지 않은 대답을 한 사람은?

> 최 사원: 명함을 드릴 때는 명함을 오른손에 들고 왼손으로 받쳐 드리는 것이 좋고, 읽기 편한 방향으로 돌려 드리는 것이 좋습니다.
>
> 김 사원: 거래처와 명함을 주고받는 자리에서 상사와 함께 있을 경우에는 상사 분이 먼저 명함을 건네고 난 다음에 제가 건네는 것이 맞는 순서입니다.
>
> 박 사원: 명함을 드릴 때는 상대방이 식사를 하거나, 통화를 하거나, 대화를 할 때를 피하는 등 상대방의 상황을 살펴서 드리는 것이 옳습니다.
>
> 이 사원: 명함을 받으면 대화하기 전에 이름과 직위, 소속 등 중요한 정보를 빠르게 암기한 후, 명함 보관하는 곳에 바로 넣어야 합니다.
>
> 장 사원: 저는 신입사원이기 때문에 회사 내에서 명함을 드려야 할 사람들이 있으면 먼저 명함을 드리는 것이 예의입니다.

① 최 사원   ② 김 사원   ③ 박 사원   ④ 이 사원   ⑤ 장 사원

05 다음 대화에서 빈칸에 들어갈 나라로 가장 적절한 것은?

> 김 사원: 대리님, 지난주에 제가 (   )으로/로 출장을 다녀온 것 알고 계시죠? 그런데 출장지에서 바이어와 미팅하는 자리에 바이어가 약속 시간보다 50분이나 늦게 오더라고요. 아무리 바이어라지만 너무 예절에 어긋나는 행동 아닌가요?
>
> 송 대리: 바이어가 50분이나 늦게 도착해서 김 사원이 단단히 화가 났었군요. 그런데 김 사원이 출장 다녀온 지역은 시간 약속을 형식적으로 생각한다고 하네요. 상대방이 당연히 기다려줄 것으로 생각하는 문화가 있어 예절에 어긋나는 행동이 아니라고 해요.
>
> 김 사원: 그 나라 사람들은 시간 약속을 지키지 않는 것이 예절에 어긋나는 행동은 아니었던 거군요.
>
> 송 대리: 그렇지요. 다른 나라로 출장을 다녀올 때 그 나라 문화를 미리 알아가면 이번 출장처럼 감정이 상하는 일이 많이 생기지 않을 것 같아요.
>
> 김 사원: 네, 앞으로 해외 출장을 가기 전 그 나라 문화에 대해 알아봐야겠네요. 감사합니다.

① 독일   ② 일본   ③ 스위스   ④ 캐나다   ⑤ 사우디아라비아

약점 보완 해설집 p.42

PART 2

NCS 실전모의고사

NCS 직무능력평가
실전모의고사 1회

시작과 종료 시각을 정한 후, 실전처럼 모의고사를 풀어보세요.

시   분 ~   시   분 (총 60문항/60분)

- 본 실전모의고사는 총 60문항으로 구성되어 있으며, 영역별 제한 시간 없이 60분 이내로 모든 영역의 문제를 풀어야 합니다.
- 의사소통능력, 수리능력, 문제해결능력, 자원관리능력, 조직이해능력 문제가 출제됩니다.
- 맨 마지막 페이지에 있는 회독용 OMR 답안지와 해커스ONE 애플리케이션의 학습 타이머를 이용하여 실전처럼 모의고사를 풀어본 후, 60번 문제 하단에 있는 '바로 채점 및 성적 분석 서비스' QR코드를 스캔하여 응시 인원 대비 본인의 성적 위치를 확인해 보시기 바랍니다.

01 다음 글을 바탕으로 도출 가능한 결론을 아래 〈보기〉에서 모두 고르면?

> 동료의 행동과 사고방식에서 영향을 받아 개인의 행동이 변하게 되는 것을 '동료 효과'라고 부른다. 가령 긍정적인 사람과 친하게 지낼 경우 어느새 긍정적이고 명랑한 성격을 갖게 된다는 것이다. 그런데 이러한 동료 효과는 동료뿐만 아니라 형제자매 간에도 나타나는 것으로 밝혀졌다. 형(오빠)이 있는 아이는 수학능력이 높고, 누나(언니)가 있는 아이는 언어능력이 높다는 것이다. 즉 수학을 잘하는 남학생과 함께 지내면 수학능력이, 언어를 잘하는 여학생과 함께 지내면 언어능력이 높아진다는 것을 의미한다. 한편 연구진은 이런 연구 결과와 함께 형(오빠)이나 누나(언니)가 아이에게 미치는 영향력은 남학생보다는 여학생이 더 확연하게 나타난다고 덧붙였다.

〈보기〉

ㄱ. 언니가 없는 아이는 언어능력이 높지 않다.
ㄴ. 명랑한 성격을 갖고 있지 않은 사람은 긍정적인 사람과 친하게 지내지 않은 것이다.
ㄷ. 수학능력이 높지 않은 사람은 수학을 잘하는 남학생과 함께 지내지 않은 것이다.

---

① ㄷ   ② ㄱ, ㄴ   ③ ㄴ, ㄷ   ④ ㄱ, ㄴ, ㄷ

02 다음은 A 반의 영어 점수를 나타낸 표이다. A 반 영어 점수의 평균은?

점수	60점	70점	80점	90점	100점	합계
도수	10	8	7	3	2	30

① 71점   ② 72점   ③ 73점   ④ 74점

03 원가가 5,000원인 우산에 30%의 수익을 붙여 정가를 정하였지만 판매가 부진하여 정가에서 20%를 할인하여 판매하였다. 우산이 판매된 가격은?

① 5,000원   ② 5,200원   ③ 5,400원   ④ 5,600원

04 다음 보도자료를 읽고 이해한 내용으로 적절하지 않은 것은?

농림축산식품부(장관 김○○, 이하 농식품부)는 자연재해로 인한 농업인의 경영불안을 해소하고 소득안정을 도모하기 위해 1월 13일(월)부터 NH 농협손해보험과 지역농축협 및 품목농협을 통해 농작물재해보험 상품 판매를 실시한다고 밝혔다.

올해 농작물재해보험의 보험가입 대상 품목은 기존의 62개 품목에 호두·팥·시금치·보리·살구 5개 품목이 추가되었으며(총 67개), 품목별 보험가입기간은 파종기 등 재배시기에 맞추어 운영된다.

[신규품목 판매기간 및 사업지역]

품목	판매기간	사업지역
호두	4~5월	(경북) 김천
팥	6~7월	(전남) 나주, (강원) 횡성, (충남) 천안
시금치	9월	(전남) 신안, (경남) 남해
보리	10~11월	(전남) 보성, 해남, (전북) 김제, 군산, (경남) 밀양
살구	11월	(경북) 영천, 청도, 경산, (대구) 대구, (경남) 창녕

※ 상품개발 과정에서 판매기간 및 사업지역 변경 가능

지난해 농작물재해보험에는 34만 1천 농가가 가입(가입률 38.9%)하였고, 봄철 이상저온·4차례 태풍 등의 재해에 대하여 19만 5천 농가가 9,089억 원의 보험금을 수령하였다. 이는 2001년 농작물재해보험 도입 이래 최대 규모였으며, 재해피해 농가의 경영안정에 큰 도움이 되었다.

사과·배·단감·떫은감 등 과수 4종에 대한 재해보험 상품은 1월 13일(월)부터 2월 28일(금)까지 판매하는데, 겨울철 피해까지 보장하기 위해서 예년보다 판매시기를 앞당긴다. 보험료는 보장수준에 따라 국가가 40~60%를 지원하고, 지방자치단체가 15~40%가량 추가 지원하여 농가는 10~35% 수준만 부담하면 가입이 가능하다.

[사과·배·단감·떫은감 농작물재해보험 시기별 보장재해]

월	1	2	3	4	5	6	7	8	9	10	11	12
보장재해	← 모든 자연재해, 조수해, 화재 →						← 태풍, 우박, 화재, 지진, 집중호우, 가을동상해, 일소피해 →					
제외가능재해	태풍, 우박, 화재, 지진, 집중호우를 제외한 자연재해						가을동상해, 일소					

계약 체결일 　　　　　　　열매솎기 종료 시점 　　　　　　수확기

※ 열매솎기 종료 시점 : 사과·배(6월 30일), 단감·떫은감(7월 31일)

이번 농작물재해보험은 열매솎기 전 발생 재해에 대한 보상수준 적정화, 일소피해 인정조건 명확화 등 개선을 통해 피해 최소화를 위한 과수농가의 적정 영농활동을 유도한다. 열매솎기 전에 발생한 재해에 대해서 보상 수준을 현행 80%에서 50%로 하향 조정하여 농가의 과도한 열매솎기가 이루어지지 않도록 개선하였다. 다만, 최근 3년 연속 보험금 수령 이력이 없는 농가는 70% 보상 수준까지 가입할 수 있다.

※ 보험금 = (착과감소량 − 미보상감수량 − 자기부담감수량) × 가입가격 × 보상 수준

일소피해에 대해서는 과거 폭염특보(폭염주의보, 폭염경보) 발령만으로 피해를 인정하는 것에서 폭염특보 발령 및 실제 관측온도가 33℃ 이상, 2일 이상 지속된 경우에 한하여 인정하는 것으로 명확히 하였다.

※ 1) 폭염주의보 : 일 최고기온이 33℃ 이상인 상태가 2일 이상 지속될 것으로 예상될 때
   2) 폭염경보 : 일 최고기온이 35℃ 이상인 상태가 2일 이상 지속될 것으로 예상될 때

농식품부 관계자는 "지난해 봄철 이상저온, 서리 등 재해 유형의 다양화, 중대형 태풍 발생 빈도 증가 등으로 농작물재해보험의 중요성이 점점 커지고 있다"고 밝혔으며, 올해에도 언제 발생할지 모르는 예기치 못한 자연재해에 대비하여 농작물재해보험에 관심을 가지고 적극적으로 가입해 달라고 당부하였다. 농작물재해보험 가입을 원하는 농업인은 지역농축협 및 품목농협에 방문하면 상담 및 가입이 가능하다.

※ 출처 : 농림축산식품부 보도자료

① 두 종류 이상의 품목을 재배하는 농업인의 경우 농작물재해보험에 가입하고자 하는 품목의 파종기에 따라 가입 가능 시기가 다를 수 있다.

② 추후 상품개발 과정에 따라 현재 보도자료에 안내된 신규 보험가입 대상 품목별 사업지역에서 해당 상품이 판매되지 않을 가능성이 있다.

③ 이번 일소피해에 대한 기준을 명확히 규정하기 전까지는 실제 기온이 폭염주의보 수준에 미치지 못하였더라도 폭염특보가 발령되는 것만으로도 일소피해가 인정되었다.

④ 보상 수령을 목적으로 한 농가의 불필요한 열매솎기 행위를 예방하기 위해 이번 사과·배·단감·떫은감 농작물재해보험은 보상 수준을 50~80% 사이로 조정하였다.

[05-06] 다음은 N사의 해외 법인 지사 5곳의 회의 참석 가능 일시와 회의 장소 선호도를 나타낸 것이다. N사의 본사는 해외 법인 지사 5곳 중 4곳 이상이 참석 가능한 일시에 1시간 30분 동안 회의를 진행하고, 회의 장소는 회의에 참석하는 각 지사의 회의 장소 선호도 점수 합이 가장 큰 곳으로 정하려고 한다. 각 물음에 답하시오.

[회의 참석 가능 일시]					
구분	9/21	9/22	9/23	9/24	9/25
A 지사	16:00~18:30	09:00~14:30	08:00~19:00	13:00~16:10	15:00~19:30
B 지사	15:00~19:30	X	16:00~18:30	13:00~16:30	08:30~17:00
C 지사	X	10:00~18:00	17:00~18:30	15:00~16:30	10:00~16:30
D 지사	09:00~17:30	13:00~19:00	16:00~19:00	X	12:00~16:00
E 지사	16:30~20:00	12:00~14:30	10:00~17:30	09:00~17:00	14:00~21:00

※ 1) 'X'는 회의 참석 불가능을 의미함
　 2) 서울 현지 시각 기준임

[회의 장소 선호도]					
구분	시드니	런던	뉴욕	밴쿠버	상하이
A 지사	8점	6점	7점	4점	5점
B 지사	5점	6점	8점	7점	1점
C 지사	4점	3점	9점	8점	2점
D 지사	7점	5점	1점	7점	9점
E 지사	6점	8점	7점	5점	4점

05 다음 중 N사의 본사와 해외 법인 지사가 진행 가능한 회의 시작 일시(서울 현지 시각 기준)와 회의 장소로 올바르게 짝지어진 것은?

	회의 시작 일시	회의 장소
①	9/22 13:00	밴쿠버
②	9/23 16:30	시드니
③	9/23 17:00	뉴욕
④	9/25 14:30	밴쿠버

06 N사의 본사 직원인 갑은 9/25에 A 지사가 참석 가능하도록 회의 시간과 회의 장소를 정하였다. 갑이 서울에서 최대한 회의 시간에 맞춰 회의 시작 2시간 전까지 회의 장소에 도착하도록 항공편을 예매했다면, 예매한 항공편명은? (단, 비행기 착륙 후 회의 장소까지 1시간이 소요된다.)

[항공편 정보]

구분	항공편명	출발 일시	소요 시간
인천 → 시드니	OZ0601	9/24 20:00	11시간 20분
인천 → 시드니	KE0121	9/24 18:40	10시간 35분
인천 → 시드니	QF0368	9/25 01:15	11시간 20분
인천 → 런던	BA0018	9/23 10:35	11시간 55분
인천 → 런던	KE0907	9/24 13:30	11시간 55분
인천 → 런던	OZ0521	9/24 14:30	12시간 30분
인천 → 뉴욕	KE0081	9/25 01:00	14시간 20분
인천 → 뉴욕	KE0085	9/24 21:10	14시간 30분
인천 → 뉴욕	UA7293	9/24 21:30	14시간 15분
인천 → 밴쿠버	AC0064	9/24 15:30	9시간 50분
인천 → 밴쿠버	KE0071	9/25 05:00	10시간 00분
인천 → 밴쿠버	OZ6102	9/23 23:15	9시간 50분
인천 → 상하이	KE0893	9/25 12:20	2시간 10분
인천 → 상하이	MU5034	9/25 08:55	1시간 50분
인천 → 상하이	FM0828	9/24 18:25	2시간 40분

※ 1) 출발 일시는 서울 현지 시각 기준임
　 2) 서울과의 시차는 시드니가 +1시간, 런던이 −8시간, 뉴욕이 −13시간, 밴쿠버가 −16시간, 상하이가 −1시간임

① KE0071　　　　② OZ6102　　　　③ KE0085　　　　④ UA7293

07 K 사에서는 3명의 면접관이 필기 전형을 통과한 지원자 6명의 면접을 진행하였고, 면접 전형에 응시한 지원자의 절반이 최종 합격한다. 면접 점수 산출 방법과 지원자별 면접 점수를 고려하였을 때, 최종 합격하는 지원자를 모두 고르면?

[면접 점수 산출 방법]

• 면접관 3명의 평균 점수를 면접 점수로 한다.
• 면접 점수와 가산점을 합한 점수를 최종 점수로 하며, 최종 점수가 높은 순으로 순위를 매겨 최종 합격을 결정한다.
• 최종 점수가 동일한 경우, 면접 점수가 높은 지원자에게 더 높은 순위를 매긴다.

[지원자별 면접 점수]

지원자	가 면접관	나 면접관	다 면접관	가산점
A	83점	91점	87점	3점
B	79점	88점	82점	6점
C	92점	86점	86점	4점
D	68점	78점	91점	8점
E	76점	82점	88점	6점
F	88점	85점	82점	4점

① A, B, C   ② A, B, F   ③ A, C, F   ④ B, D, E

08 a, b, c는 차례로 5배씩 커지는 자연수이고, 세 자연수의 평균은 50보다 크고 82보다 작다. a가 짝수일 때, a+b+c는?

① 93   ② 124   ③ 155   ④ 186

09 다음 빈칸에 공통으로 들어갈 단어로 적절한 것은?

> - The office party was such a success, it might _____ into a monthly event.
> - If they get lost while hiking, their trip could _____ out to be very difficult.

① turn   ② settle   ③ figure   ④ spell

1회 2회 3회 4회 5회 6회

10 다음 중 밑줄 친 단어와 바꾸어 쓸 수 있는 것은?

> 예전에는 빨리 어른이 되고 싶었는데, 막상 성인이 되어 부모님과 학교의 그늘을 벗어나니 모든 것이 겁난다.

① 음지(陰地)   ② 보호(保護)   ③ 구속(拘束)   ④ 관할(管轄)

11 다음 중 빈칸에 들어갈 용어로 가장 적절한 것은?

> (   )은/는 기부식품 및 생활용품을 결식 위기에 놓인 이용자 또는 시설 단체에 직접 전달하는 것으로, 유통 기한 만료 등으로 품질에는 문제가 없지만 판매가 어려워 상품 가치를 잃은 잉여 식품 등을 무료로 지원받아 소외계층 등에 전달하여 유용하게 활용함으로써 식품자원의 낭비를 줄이는 역할을 한다.

① 푸드마켓   ② 푸드뱅크   ③ 농식품바우처   ④ 푸드마일리지

[12-13] 다음은 유연근무제 활용 방법 및 ○○은행 각 부서의 유연근무제 적용 근무 현황이다. 각 물음에 답하시오.

[유연근무제 활용 방법]

구분		활용 방법
시간제근무	-	Full-time 근무보다 짧은 시간 근무
탄력근무제	시차출퇴근형	1일 8시간(주 40시간) 근무 - 매일 같은 출근 시각 - 요일마다 다른 출근 시각
	근무시간선택형	1일 근무 시간을 자율 조정하여 주 5일 근무
	집약근무형	총 근무 시간(주 40시간)을 유지하면서 주 5일 미만으로 근무
	재량근무형	출퇴근 의무 없이 프로젝트 수행으로 주 40시간 인정
원격근무제	재택근무형	자택에서 근무
	스마트워크근무형	자택 인근의 별도 사무실에서 근무

[유연근무제 적용 근무 현황]

(단위: 명)

부서	전체 인원수	시간제 근무	탄력근무제				원격근무제	
			시차 출퇴근형	근무시간 선택형	집약 근무형	재량 근무형	재택 근무형	스마트워크 근무형
수신	10	0	0	0	0	0	0	0
여신	15	2	6	2	0	0	0	2
외환	10	1	5	2	0	0	1	1
감사	15	3	5	4	1	0	1	1

1회

2회

3회

4회

5회

6회

12 ○○은행의 여신 부서 소속인 김 사원은 유연근무제를 적용할 계획이다. 김 사원과 박 팀장의 대화 내용을 고려하였을 때, 김 사원이 적용하고자 하는 유연근무제로 가장 적절한 것은?

> **김 사원**: 팀장님, 울산에서 지내는 가족들 때문에 다음 달부터는 유연근무제를 적용하고자 해요.
> **박 팀장**: 김 사원, 가족들과 떨어져 지낸다고 들었는데 갑자기 무슨 문제가 생겼어요?
> **김 사원**: 작은아들이 주중 4일을 운영하는 유치원에 다녔는데, 그 유치원이 다음 달부터 주중 3일만 운영하는 것으로 변경된다고 해서요. 주중에 아내도 일을 다니는 상황이라 하루씩 작은아들을 돌보기로 했거든요.
> **박 팀장**: 아, 주변에 다른 유치원은 없나요?
> **김 사원**: 네, 거기가 작은 시골 마을이라서 유치원이 하나뿐이에요.
> **박 팀장**: 네, 그럼 주 40시간 근무를 유지하여 김 사원이 원하는 대로 유연근무제를 적용하도록 해요.

① 시간제근무   ② 시차출퇴근형   ③ 근무시간선택형   ④ 집약근무형

13 ○○은행의 본부장은 직원들의 유연근무제 활용도를 검토하여 유연근무제의 문제점을 보완하려고 한다. ○○은행 직원들의 유연근무제 적용 근무 현황을 고려하였을 때, ○○은행의 본부장이 인지한 문제점으로 가장 적절한 것은?

① 원격근무제는 각 부서마다 직원들의 활용도가 가장 낮다.

② 수신 부서는 재택근무하는 직원의 비중이 높아 지점 고객 상담 업무를 진행할 수 있는 직원이 한정되어 있다.

③ 근무시간선택형을 활용하는 직원의 비중이 가장 높아 회의 시간을 조절하는 데 어려움이 있다.

④ 유연근무제를 활용하는 부서가 한정되어 있다.

[14 - 15] 다음은 경기도 논벼 생산농가의 경영개황에 대한 자료이다. 각 물음에 답하시오.

[연도별 경기도 논벼 생산농가의 면적]

(단위 : m²)

구분		2016	2017	2018	2019
경지	논	12,465	13,256	14,106	13,963
	밭	4,093	4,622	2,874	3,162
	수원지	549	595	95	94
	합계	17,107	18,473	17,075	17,219
자작지	논	5,532	5,582	6,542	6,188
	밭	1,633	1,914	1,241	1,189
	수원지	424	466	95	94
	합계	7,589	7,962	7,878	7,471
차용지	논	6,933	7,674	7,564	7,775
	밭	2,460	2,708	1,633	1,973
	수원지	125	129	0	0
	합계	9,518	10,511	9,197	9,748

[연도별 경기도 논벼 생산농가의 주산물과 부산물 수량 및 평가액]

(단위 : kg, 천 원)

구분		2016	2017	2018	2019
수량	주산물	8,605	8,118	9,142	8,946
	부산물	7,077	6,735	7,111	7,014
	합계	15,682	14,853	16,253	15,960
평가액	주산물	11,599	11,309	14,350	14,395
	부산물	387	350	437	471
	합계	11,986	11,659	14,787	14,866

※ 출처 : KOSIS(통계청, 농축산물생산비조사)

14 제시된 기간 동안 주산물과 부산물 평가액의 합이 가장 큰 해에 주산물의 1kg당 평가액과 부산물의 1kg당 평가액의 합은 약 얼마인가? (단, 소수점 셋째 자리에서 반올림하여 계산한다.)

① 1.40천 원   ② 1.44천 원   ③ 1.61천 원   ④ 1.68천 원

15 다음 중 자료에 대한 설명으로 옳지 않은 것은?

① 2016년 논과 밭의 자작지면적 합은 같은 해 논과 밭의 차용지면적 합보다 작다.
② 2017년 이후 주산물 수량과 부산물 수량의 전년 대비 증감 추이는 동일하다.
③ 제시된 기간 중 밭의 자작지면적이 가장 좁은 해에 밭의 경지면적의 전년 대비 증가율은 10% 미만이다.
④ 2017년 차용지면적에서 밭이 차지하는 비중은 25% 이상이다.

16 다음 글의 제목으로 가장 적절한 것은?

> 고령화가 가속화됨에 따라 만 65세 이상 고령 운전자의 교통사고 발생률도 가파르게 상승하며 고령 운전자의 안전 운전 문제가 사회적 이슈로 부상하고 있다. 고령 운전자의 교통사고가 잦은 이유는 무엇일까? 연구 결과 돌발 상황 발생 시 고령 운전자의 반응 속도는 비고령자보다 2배 느린 1.4초이며, 이로 인해 제동 거리도 비고령자보다 2배 긴 것으로 밝혀졌다. 또한 고령 운전자는 움직이는 물체를 인식하는 동체 시력이 낮고, 야간 눈부심 현상이 발생할 경우 시력 회복에 소요되는 시간이 비고령자의 9.5배에 달한다. 운전 실력이 아무리 좋아도 노화로 인해 신체 능력이 낮아지는 것은 피할 수 없기 때문이다. 우리나라는 고령 운전자에 의한 교통사고를 예방하기 위해 도로교통법 개정을 통해 75세 이상 고령 운전자의 면허증 갱신 주기를 단축하고, 적성검사와 교통안전교육을 의무화하였다. 하지만 이론 위주로 진행되는 현 제도의 실효성에 대한 의문과 함께 여전히 난무하는 고령 운전자의 교통사고로 인해 고령자가 운전면허를 반납하도록 하는 등의 적극적인 제한이 필요하다는 주장이 제기되고 있다. 실제로 일부 국내 지자체에서는 면허를 자진 반납하는 고령 운전자에게 인센티브를 제공하는 제도를 운용하고 있다. 하지만 고령 운전자 면허 반납은 법적으로 강제하기에 무리가 있으며, 급속한 고령화로 인해 노인 재고용 수요가 확대되며 생계형 고령 운전자가 증가하고 있어 논란이 지속되고 있다. 특히 고령화가 더는 피할 수 없는 사회적 추세가 된 만큼, 고령자의 운전을 제한하는 것은 궁극적인 해답이 될 수 없다. 따라서 고령 운전자의 교통사고 자체를 줄일 수 있는 보다 실질적이고 궁극적인 계책이 필요하다. 일례로 외국의 경우 시력이 낮은 노인을 위해 도로 표지판 크기를 확대하고 조명 설치량을 늘리는 정비 사업을 진행 중이며, 노인 운전자 마크를 부착하여 해당 차량과 사고 발생 시 상대 운전자에게 고령 운전자 보호 미흡 과실을 물리는 제도를 시행하고 있다.

① 돌발 상황 발생 시 반응 속도, 고령 운전자와 비고령 운전자 전격 비교
② 고령 운전자에 의한 교통사고, 노인 운전 제한만이 유일한 해결방안인가?
③ 늘어나는 교통사고 발생 건수, 인센티브제와 벌점제를 더욱 확대해야 할 때
④ 도로 표지판 확대, 고령 운전자에 의한 교통사고 발생률 감소에 얼마나 효과 있을까?

먼 옛날부터 우리 민족과 밀접하게 관련되어 있는 쌀은 벼의 열매로, 벼를 경작할 때 물의 공급이 중요하다는 점으로 인해 강수량이 높은 열대 지방이나 온대 지방에서 광범하게 생산된다. 다만, 열대 지방에서는 여러해살이풀이지만 온대 지방에서는 한해살이풀이라는 차이가 있다. 쌀의 종류는 쌀알의 형태와 재배 지역에 따라 인디카(Indica), 자바니카(Javanica), 자포니카(Japonica)로 분류된다. 여기서 자바니카는 자포니카와 상당 부분 유사하여 보편적으로는 인디카와 자포니카로 쌀의 품종을 구분한다.

인도, 파키스탄 등 동남아시아 지역에서 재배되는 (㉠)는 낱알이 길어 장립종(長粒種)이라고도 불린다. 전 세계 쌀 생산량의 90%를 차지하며 밥그릇에 담아 먹는 것보다는 카레나 오므라이스와 같은 접시용 요리에 잘 어울리지만, 인디카 품종으로 밥을 지으면 찰기가 부족하다는 특성 때문에 우리나라 사람들의 기호와는 거리가 있다. 이와 달리 작고 둥글어서 단립종(短粒種) 혹은 중립종(重粒種)으로 지칭되는 자포니카는 밥을 지으면 기름지고 차지며 밥맛이 좋다. 이로 인해 (㉡)는 밥맛을 중시하는 우리나라 사람들이 소비하는 쌀 품종의 대부분을 차지하며, 우리나라를 비롯한 중국 중북부, 일본 등지에서 재배된다.

우리나라를 포함한 전 세계 인구 절반 이상의 주식(主食)인 쌀은 인류가 섭취하는 식량 에너지 중 약 20%를 제공하는 것으로 알려져 있다. 밀의 에너지 공급량이 19%, 옥수수의 에너지 공급량이 5%인 점을 고려했을 때, 단위 중량에 따른 열량이 여타 곡물보다 높아 인구 부양 능력이 뛰어남을 알 수 있다. 쌀은 주로 탄수화물로 구성되어 있으며, 단백질과 지방이 소량 함유되어 있다. 이외에도 비타민 B, 비타민 E, 마그네슘, 인 등의 성분이 포함되어 있으며 식이섬유가 상당히 풍부하다.

쌀은 한자로 '미(米)'로 표기되는데, 본 글자에 대해 벼 이삭의 모양을 모방한 상형문자라는 의견과 쌀을 생산하기 위해서는 88번의 손길이 요구될 만큼 노동집약적이라는 뜻에서 '米'의 자획을 '八, 八'로 풀어 나누어 벼농사의 특징을 나타낸 문자라는 의견이 존재한다. 한편, 일각에서는 세상을 이루는 기본적인 요소라는 의미를 가진 단어 '기(氣)'에 '米'가 포함되어 있다는 점을 근거로 쌀은 만물을 구성하는 기본적인 것, 즉 만물의 뿌리라고 설명하기도 한다.

이처럼 다양한 뜻으로 해석되는 쌀은 얼마나 도정되었느냐에 따라 0~12분도로 분류되는데, 숫자가 클수록 도정이 많이 되었음을 의미한다. 구체적으로 현미는 0분도에 해당하는 쌀로, 벼에서 겉겨인 왕겨만 벗겨내 쌀눈과 쌀겨를 온전히 갖고 있어 외양이 깔끔하지 않고 누르스름하지만 영양적으로 매우 뛰어나다. 반면 12분도에 해당하는 백미는 현미와 다르게 쌀눈과 쌀겨가 깎여 있기에 몸에 이로운 영양소가 상대적으로 부족하지만 밥맛이 좋다는 장점이 있다.

	㉠	㉡
①	인디카	자바니카
②	인디카	자포니카
③	자바니카	인디카
④	자포니카	인디카

[18 - 19] 다음은 H구의 구민체육센터 이용 안내문이다. 각 물음에 답하시오.

[구민체육센터 이용 안내]

1. 접수 안내
- 기존 회원 등록기간: 매월 19일~25일(평일 07:00~20:40, 토요일 07:00~15:00)
    ※ 전월 이용 회원 중 동일 프로그램 이용 회원만 해당함
- 신규 회원 등록기간: 매월 26일~매월 말일(평일 07:00~20:40, 토요일 07:00~15:00)
- 접수 방법: 프로그램 참가 신청서 작성하여 선착순으로 방문 접수

2. 이용 안내
- 프로그램 개강일: 등록기간 다음 달 1일
- 가격 안내

구분	등록기간	가격
에어로빅 프로그램	1개월	69,000원/1개월
	6개월	55,000원/1개월
	12개월	40,000원/1개월
수영 프로그램	1개월	96,000원/1개월
	3개월	82,000원/1개월
	6개월	70,000원/1개월
필라테스 프로그램	1개월	141,000원/1개월
	3개월	110,000원/1개월
	6개월	90,000원/1개월
헬스 프로그램	1개월	81,000원/1개월
	6개월	68,000원/1개월
	12개월	52,000원/1개월

※ 1) 두 개 이상의 프로그램을 신청하는 경우, 등록 총액의 10%가 추가로 할인됨
  2) 1일 이용료 = (1개월 등록 가격 기준) / 30

3. 연기 신청 안내
- 연기 신청 방법: 연기 신청서를 작성하여 안내데스크에 방문 접수
    ※ 연기 신청 이후에는 해당 프로그램의 환불이 불가함
- 수영 프로그램은 대기자가 많은 관계로 연기 신청이 불가함
- 연기 신청이 불가한 프로그램 외에 강습 프로그램은 1개월 단위로 연기 신청이 가능하며, 최대 2개월
  까지 연기 가능함

4. 환불 안내
- 환불 방법: 프로그램 환불 신청서 작성하여 안내데스크에 방문 접수
- 프로그램 폐강 시: 전액 환불
- 프로그램 개강일 이전: 결제한 총금액의 10% 금액 차감 후 환불
- 프로그램 개강일 이후: (결제한 총금액의 10%) + (경과일수 × 1일 이용료) 금액 차감 후 환불
    ※ 경과일수는 개강일부터 1일이며, 환불 신청 일자까지 계산함

---

18 위 안내문을 근거로 판단한 내용으로 옳지 않은 것은?

① 에어로빅 프로그램을 1개월 연기 신청한 경우 에어로빅 프로그램에 대한 금액을 환불받을 수 없다.
② 필라테스 프로그램을 신청했으나 기준 인원 미달로 프로그램이 폐강되었으면 전액 환불이 가능하다.
③ 기존에 헬스 프로그램만 수강하던 사람이 수영 프로그램을 등록하는 경우 19일에 방문 접수할 수 있다.
④ 수영 프로그램과 헬스 프로그램을 동시에 신청하면 등록 총액의 10%를 추가로 할인받을 수 있다.

19 위 안내문과 현주의 프로그램 환불 신청서를 확인하였을 때, 현주가 환불받는 금액은?

[프로그램 환불 신청서]
프로그램 등록 일자: 202X. 04. 27. 등록 내용: 수영 프로그램 3개월, 필라테스 프로그램 3개월 환불 신청 일자: 202X. 05. 08.

① 403,360원   ② 455,200원   ③ 466,560원   ④ 512,800원

H 호텔에서 근무하는 귀하는 호텔 연회장 예약 일정 관리를 담당하고 있다. H 호텔의 모든 연회장은 오전 11시부터 오후 10시까지 운영하며, 10월 둘째 주와 셋째 주의 연회장 예약 일정과 연회장 정보는 다음과 같다.

[10월 연회장 예약 일정]

일	월	화	수	목	금	토
8	9	10	11	12	13	14
[12:00] Z 홀 [18:00] W 홀	[16:00] Z 홀	[12:00] Y 홀 [18:00] Y 홀	[11:00] V 홀 [12:00] X 홀	[11:00] Y 홀 [15:00] Z 홀	[11:00] X 홀 [17:00] Z 홀	[12:00] Z 홀 [18:00] V 홀
15	16	17	18	19	20	21
[11:00] X 홀 [17:00] Z 홀	[11:00] V 홀 [16:00] Y 홀 [19:00] W 홀	[13:00] Y 홀 [19:00] W 홀	[13:00] W 홀 [18:00] Z 홀	[12:00] X 홀 [19:00] Y 홀	[13:00] W 홀 [15:00] V 홀	[11:00] V 홀 [14:00] X 홀

※ 예약: [시작 시각] 연회장 이름

[연회장 정보]

연회장	최소 수용 인원	최대 수용 인원	이용 시간	이용 요금	관리 인력
V 홀	120명	180명	3시간	2,000,000원	20명
W 홀	150명	200명	3시간	1,800,000원	20명
X 홀	100명	150명	5시간	2,100,000원	30명
Y 홀	150명	180명	3시간	1,500,000원	40명
Z 홀	200명	250명	4시간	2,300,000원	40명

※ H 호텔의 총 관리 인력은 50명임

20 다음과 같은 연회장 예약 관련 문의를 받았을 때, 귀하가 A 고객에게 예약을 추천할 일자와 연회장은?

> **A 고객:** 연회장 예약을 하려고 하는데요. 10월 둘째 주나 셋째 주 목요일에 오전 11시부터 오후 2시
> 까지 이용하려고 합니다. 인원은 150명인데 예약 가능한 연회장이 있을까요? 되도록이면 이
> 용 요금이 저렴한 연회장으로 추천해 주세요.

① 10월 12일, V 홀   ② 10월 12일, X 홀

③ 10월 19일, V 홀   ④ 10월 19일, W 홀

21 귀하는 B 고객으로부터 10월 11일에 예약한 X 홀을 10월 셋째 주 평일로 변경하고 싶다는 요청을 받고 변경 가능한 예약 일시를 추천하려고 한다. 귀하가 B 고객에게 추천할 수 있는 날짜 및 시작 시각은? (단, 시간대는 변경 가능하며 예약한 연회장은 변경하지 않는다.)

① 10월 16일 오후 7시   ② 10월 17일 오후 2시

③ 10월 18일 오후 1시   ④ 10월 19일 오후 5시

22 다음 빈칸에 들어갈 단어로 가장 적절한 것은?

> The runner picked up his _____ as he got closer to the finish line.

① pace   ② past   ③ part   ④ pact

23 다음 두 단어 쌍이 같은 관계가 되도록 빈칸에 들어갈 단어를 고르면?

> 출발 : 도착 = 시작 : (　　　)

① 시초   ② 유예   ③ 준비   ④ 완료

[24-25] 다음은 연도별 남북한 인구밀도에 대한 자료이다. 각 물음에 답하시오.

[연도별 남북한 인구밀도]

구분	남한		북한		남북한	
	인구밀도 (명/km²)	인구수 (천 명)	인구밀도 (명/km²)	인구수 (천 명)	인구밀도 (명/km²)	인구수 (천 명)
2011년	498.6	49,937	197.4	24,308	332.5	74,245
2012년	501.1	50,200	198.4	24,427	334.2	74,627
2013년	503.0	50,429	199.3	24,545	335.6	74,974
2014년	506.0	50,747	200.3	24,662	337.5	75,409
2015년	508.6	51,015	201.2	24,779	339.2	75,794
2016년	510.4	51,218	202.2	24,897	340.6	76,115
2017년	511.8	51,362	203.1	25,014	341.7	76,376
2018년	513.9	51,585	204.0	25,132	343.1	76,717
2019년	515.6	51,765	204.9	25,250	344.4	77,015
2020년	516.2	51,836	205.9	25,368	345.2	77,204

※ 인구밀도(명/km²) = 인구수 / 면적
※ 출처: KOSIS(통계청, 장래인구추계 및 북한인구추계)

24 위 자료에 대한 설명으로 옳은 것을 모두 고르면?

ⓐ 2015년 남한의 면적은 100,000km² 이상이다.
ⓑ 2011년 대비 2020년 남북한 인구수의 증가율은 5% 이상이다.
ⓒ 제시된 기간 중 남한 인구밀도가 가장 큰 해와 북한 인구밀도가 가장 큰 해는 동일하다.
ⓓ 2019년 남북한 인구수에서 북한 인구수가 차지하는 비중은 35% 이상이다.

---

① ⓐ, ⓑ   ② ⓐ, ⓒ   ③ ⓑ, ⓒ   ④ ⓒ, ⓓ

25 제시된 기간 중 남한과 북한의 인구수 차이가 가장 작은 해에 남한과 북한의 인구수 차이는?

① 25,327명   ② 25,629명   ③ 25,773명   ④ 25,884명

26 다음 보도자료를 읽고 이해한 내용으로 가장 적절하지 않은 것은?

올해 3분기 정보통신기술(ICT) 규제 샌드박스 신기술 및 서비스가 총 37건 시장에 출시됐다. 코로나19로 어려운 여건에도 신제품·서비스를 출시한 지정기업의 제품 판매 및 서비스 이용자 증가 등으로 누적 매출액이 지난해 12월 56억 8000만 원에서 158억 9000만 원으로 증가했다. 또한 ICT 규제 샌드박스 지정을 계기로 신사업 추진을 위해 총 388명을 신규 채용했으며 앞으로 추가 고용 규모가 확대될 전망이다.

과학기술정보통신부(이하 과기부)는 6일 ICT 규제 샌드박스 지정기업의 올해 3분기 주요 성과를 발표했다. '반반택시'는 기존 택시와 모빌리티 플랫폼이 상생하는 서비스로 현재까지 택시기사 1만 6000명 모집, 앱 다운로드 건수 24만 건 돌파 등 시장에서 큰 호응을 얻고 있으며 매출액도 지난해 9월 대비 월 매출액 30배 이상 증가하며 크게 성장했다. '모바일 전자고지 서비스'는 32개 기관에서 179종, 3,200만 건의 우편 고지서를 모바일로 대체·발송하는 등 서비스의 규모가 크게 확대됐다. 현재 금융기관, 보험사 등에 모바일 전자고지 서비스 확대를 위해 협의 중이며 앞으로 동 서비스가 더욱 활성화될 것으로 기대된다.

가사서비스 플랫폼 '대리주부'는 그간 노동관계법의 사각지대에 있던 가사근로자를 직접 고용, 서비스 이용자에게 양질의 가사서비스를 제공하고 있다. 코로나19로 인해 대면 서비스에 어려움이 있지만 시장 출시 후 가사근로자를 매달 신규 채용하고 있어 향후 서비스가 본격적으로 시작되면 일자리 창출 효과가 더욱 커질 것으로 기대된다. '교통약자 특화 모빌리티 플랫폼'은 실증 과정에서 85명을 신규 채용했고 '고요한 모빌리티 플랫폼'은 청각장애인 등 취약계층 16명을 운행기사로 고용하는 등 모빌리티 분야에 일자리 창출이 확대되고 있다.

아울러 28개 기업은 새로운 서비스 제공을 위해 생산설비 확대, 정보시스템 구축 등 총 165억 원을 투자했고 8개 기업은 벤처캐피털(VC) 등을 통해 총 237억 7000만 원 규모의 투자를 유치했다. 모바일 서비스 분야에선 사업 개시 이후 7일 만에 이동통신 개통 건수 1,940건을 돌파한 '비대면 이동통신 가입 서비스', 이용자가 150만 명을 돌파한 '모바일 운전 면허증' 등은 신사업 추진을 위해 시스템 개발·구축 등 20억 원 규모의 신규 IT 인프라를 확충했다.

모빌리티 플랫폼의 경우 '반반택시'는 14억 1000만 원, 35억 원 2차례 투자유치를 통해 총 49억 1000만 원 규모의 투자를 받았고 '고요한 모빌리티 플랫폼'은 규제 샌드박스 통과를 계기로 신규 투자를 유치하는 등 새로운 모빌리티 서비스에 대해 투자업계의 관심이 높아지고 있다. '원거리 다중 무선충전 스탠드'는 규제 샌드박스 지정 이후 20억 원 이상의 신규 투자를 유치했고 최근에는 국내 대기업과 무선충전 기술을 적용한 제품의 신규 계약을 체결하는 등 사업을 확장해 나가고 있다.

이와 함께 '모바일 전자고지'를 통한 우편비용 절감, '공유주방'으로 초기 창업비용 감소, '무인 원격전원관리시스템'을 활용해 단순장애에 대한 현장 출동비용 절감 등 다양한 분야에서 143억 8000만 원 규모의 사회적 비용을 절감했다. '모바일 전자고지 서비스'는 95억 5000만 원 규모의 우편비용을 절감(발송 건당 298원 절감)했고 '무인 원격전원관리시스템'은 276회의 전원시스템 장애 발생에 대해 현장출동 없이 원격으로 제어, 출동비용을 4,100만 원 절감했다. '공유주방'은 복수의 사업자가 공유주방에 영업 신고해 35억 1000만 원 이상의 초기 창업비용을 절감(사업자당 평균 비용절감액 약 2,800만 원)했다.

박○○ 과기부 정보통신정책관은 "그간 ICT 규제 샌드박스를 통해 비대면, 모빌리티, 공유경제 등 다양한 분야의 신규 서비스가 시장에 출시돼 주목할만한 성과를 내고 있고 이를 바탕으로 많은 신규 사업자들이 규제 샌드박스의 문을 두드리고 있다"고 말했다. 그러면서 "과기부는 혁신적인 신기술·서비스에 대해 규제 특례 지정뿐만 아니라 실제 시장에 출시돼 국민들이 그 효용을 체감할 수 있도록 지원하고 최종적으로 관련된 규제가 개선되도록 규제 소관부처와 함께 노력하겠다"고 밝혔다.

※ 출처 : 과학기술정보통신부 보도자료

① 과학기술정보통신부에서는 모바일 전자고지 서비스의 추가 확장을 위해 금융기관, 보험사 등과 논의 중인 상태이다.
② 고요한 모빌리티 플랫폼은 ICT 규제 샌드박스로 지정되면서 신규 투자를 유치할 수 있었다.
③ 공유주방을 통해 영업 신고를 한 사업자는 인당 평균 3천만 원 이상의 초기 창업비용을 절감했다.
④ 가사서비스 플랫폼의 등장으로 일자리 창출은 물론 가사근로자의 직접 고용률도 증가할 것으로 예측된다.

27 다음 논증이 타당하기 위해 필요한 전제를 고르면?

A가 가수가 아니라면 B가 가수이다. C는 가수이다. 그러므로 A는 가수이다.

① B와 D는 가수이다.
② B 또는 D는 가수이다.
③ C가 가수라면 B는 가수가 아니다.
④ C가 가수라면 B도 가수이다.

[28-29] 다음 N 사의 결재 규정을 보고 각 물음에 답하시오.

[결재 규정]

- 결재를 받으려는 업무에 대하여 최고결재권자(대표이사) 포함 이하 직책자의 결재를 받도록 한다.
- '전결'이라 함은 기업의 경영활동·관리활동을 수행하는 중에 의사결정 및 판단을 요하는 업무에 대하여 최고결재권자의 결재를 생략하고, 그 권한을 위임받은 자가 자신의 책임하에 최종적으로 의사결정 및 판단을 하는 행위를 의미한다.
- 전결사항에 대해서도 위임받은 자를 포함한 이하 직책자의 결재를 받도록 한다.
- 결재 양식 표시 내용: 최고결재권자로부터 전결 권한을 위임받은 자가 있을 경우 권한을 위임받은 자의 결재란에 '전결' 표시를 하고 최종결재란에 위임받은 자가 누구인지를 표시한다. 단, 결재가 불필요한 직책자의 결재란은 상향대각선으로 표시한다.
- 최고결재권자의 결재사항 및 최고결재권자로부터 위임된 전결사항은 아래에 따른다.

구분	내용	금액	결재서류	팀장	파트장	대표이사
접대비	거래처 식비 및 경조사비 등	–	접대비지출품의서, 지출결의서		■	●
출장비	국내 출장비	30만 원 이하	출장계획서, 청구서	■	●	
		30만 원 초과		■		●
	국외 출장비	–			■	●
교육비	사내·외 교육비	100만 원 이하	기안서, 지출결의서	■ ●		
		100만 원 초과			■ ●	
소모품비	사무용품 구입비	–	지출결의서	●		
	기타 비품 구입비	10만 원 이하		●		
		10만 원 초과			●	

※ 1) ■: 기안서, 출장계획서, 접대비지출품의서
　 2) ●: 지출결의서, 기타 신청서 및 청구서

28 N 사 인사팀 소속 성보람 사원은 신입사원 교육을 위해 회당 20만 원, 총 5회 진행되는 외부 전문 업체의 HRD 강의를 신청했다. 성보람 사원이 작성한 결재 양식으로 가장 적절한 것은?

①

지출결의서				
결재	담당	팀장	파트장	최종결재
	성보람	전결		대표이사

②

기안서				
결재	담당	팀장	파트장	최종결재
	성보람			팀장

③

지출결의서				
결재	담당	팀장	파트장	최종결재
	성보람	전결		팀장

④

기안서				
결재	담당	팀장	파트장	최종결재
	성보람	전결		팀장

29 N 사 영업팀 소속 지은경 사원은 거래처인 H 사의 사장 아들이 결혼한다는 소식을 듣고, 회사 이름으로 10만 원짜리 축하 화환을 보냈다. 지은경 사원이 작성한 결재 양식으로 가장 적절한 것은?

①

접대비지출품의서				
결재	담당	팀장	파트장	최종결재
	지은경			파트장

②

접대비지출품의서				
결재	담당	팀장	파트장	최종결재
	지은경		전결	파트장

③

접대비지출품의서				
결재	담당	팀장	파트장	최종결재
	지은경	전결		팀장

④

지출결의서				
결재	담당	팀장	파트장	최종결재
	지은경		전결	대표이사

[30-31] 다음 상품설명서를 읽고 각 물음에 답하시오.

N은행에서 고객이 위치 정보를 직접 인증하면 위치를 인증한 권역 수에 따라 차등으로 우대금리를 제공하는 '○○가고 싶은 대한민국 적금'을 출시했다. 이 상품은 여행·체험을 결합해 대한민국 전역을 9개 권역으로 나누어 위치를 인증한 권역 수에 따라 0.1~2.4%p까지 우대금리를 제공하며 20XX년 1월 31일까지 10만 좌를 한도로 판매하며 한도 소진 시 판매가 조기 종료된다. '○○가고 싶은 대한민국 적금' 상품설명서의 일부는 다음과 같다.

[○○가고 싶은 대한민국 적금 상품설명서]

1. 상품 개요 및 특징
- 상품명 : ○○가고 싶은 대한민국 적금
- 상품특징 : N은행의 모바일뱅킹인 △△뱅크 앱으로 국내 방문을 인증한 고객에게 우대금리 제공

2. 거래 조건

구분	내용
가입대상	만 14세 이상 개인(1인 1계좌 제한)
예금종류	정기적금
가입금액	1천 원 이상 30만 원 이내의 일정한 금액으로 매월 일정한 일자에 적립
가입기간	1년
가입/해지방법	영업점, △△뱅크 앱, 인터넷(스마트)뱅킹에서 가입/해지 가능 자동 만기해지 서비스 이용 가능(단, 전회차 불입 시에만 만기 자동해지 가능)

기본금리 (연%, 세전)	정기적금 계약기간별 금리를 적용	
	가입기간	적용금리
	1년	0.7%

최고 : 2.4%p(우대조건을 충족하는 경우 만기해지 시 적용)

우대금리 (연%p, 세전)	세부요건		우대금리
	만기일 전일까지 △△뱅크 앱을 통해 위치를 인증한 권역 수에 따라 우대금리를 차등 적용 ※ 권역 : 행정구역을 기준으로 9개 권역으로 분류 ① 서울/경기/인천 ② 강원 ③ 충남/대전/세종 ④ 충북 ⑤ 대구/경북 ⑥ 전북 ⑦ 광주/전남 ⑧ 부산/울산/경남 ⑨ 제주	2개 권역	0.1
		3~4개 권역	0.3
		5~6개 권역	1.0
		7~8개 권역	1.3
		9개 권역 (전 권역)	2.4

※ 1) 위치인증 방법 : 행정구역을 기준으로 해당하는 권역 내에서 고객이 직접 △△뱅크 앱을 통해 위치를 인증
　2) 1개 권역당 1회만 인증 가능
　3) 1일 1개 권역까지만 인증 가능

중도해지금리 (연%, 세전)	정기적금 중도해지금리 적용 ※ 각 입금건별로 해지 전일까지의 예치일수에 중도해지금리를 적용하여 지급	
	경과기간	중도해지금리
	1개월 미만	0.1%
	3개월 미만	0.2%
	6개월 미만	중도해지 기준금리 × 30%
	9개월 미만	중도해지 기준금리 × 60%
	12개월 미만	중도해지 기준금리 × 90%
	※ 중도해지 기준금리는 가입일 당시 고시된 정기적금 기본금리와 동일함	
만기 후 금리 (연%, 세전)	정기적금 만기 후 금리 적용 ※ 만기일부터 지급일 전날까지의 기간에 대해 만기일 당시 N은행 영업점과 인터넷·홈페이지 에 고시한 만기 후 금리로 계산한 이자를 더하여 지급	
이자계산방법	월 저축금액을 매월 이 계약에서 정한 날짜에 입금하였을 때에는 입금건별로 입금일부터 해지 일 전일까지 예치일수에 대하여 이자율로 계산하여 지급하고, 정한 날짜보다 빨리 혹은 늦게 입 금하였을 때에는 적립식예금약관에서 정한 대로 이자를 지급	
이자지급방식	만기일시지급식	
만기 앞당김 해지	가능	
세제혜택	비과세 종합저축 가입 가능	
자동이체	월 자동이체 가능하며, 다른 금융회사 입출식 계좌에서도 등록 가능하나, 자동이체 신청은 해당 금융회사에서 신청해야 함	
예금자 보호여부	이 예금은 예금자보호법에 따라 예금보험공사가 보호하되, 보호한도는 본 은행에 있는 귀하 의 모든 예금보호대상 금융상품의 원금과 소정의 이자를 합하여 1인당 "최고 5,000만 원"이며, 5,000만 원을 초과하는 나머지 금액은 보호하지 않음	

30 위 상품설명서를 읽고 이해한 내용으로 가장 적절하지 않은 것은?

① 해당 상품을 가입하며 자동이체를 신청할 경우, 계좌의 금융회사와 무관하게 N은행에서도 가능하다.

② 해당 상품에 가입한 A 씨가 가입 다음 날 서울과 대전을 방문해 위치를 인증할 경우 2개 권역을 인증한 것으로 인정받을 수 없다.

③ 해당 상품은 판매기간과 관계없이 조기에 판매가 종료될 수 있다.

④ 해당 상품에 가입한 B 씨가 8개월 경과 후 중도에 해지했다면 적용받는 중도해지금리는 연 0.42%이다.

31 본가에 살고 있는 수진이는 ○○가고 싶은 대한민국 적금 1년짜리를 20XX년 1월 1일에 가입하고 그해 강원도, 부산, 대전, 대구로 일주일씩 여행을 갔다. 수진이가 매월 1일 30만 원씩 납입했다고 할 때, 만기일에 수진이가 수령할 수 있는 최대 금액은? (단, 수진이의 본가는 서울이며, 비과세 종합저축 가입 대상자이다.)

① 3,619,500원　　　② 3,633,150원　　　③ 3,636,000원　　　④ 3,642,899원

32 ☆☆은행 고객행복센터에 소속된 귀하는 다음과 같은 안내문을 전달받았다. 귀하가 스케줄상 6월 6일에 근무한다고 할 때, 근무 중 귀하가 고객 문의에 대해 답변한 내용으로 가장 적절하지 않은 것은?

[전산시스템 점검으로 인한 금융거래 일시 중단 안내]

▶ **요청 사항**

아래 상세 내용을 확인하시고 고객 응대에 임해주시기 바랍니다.

▶ **요청 배경**

관련 법규에 따른 대대적인 전산시스템 점검으로 금융거래가 일시 중단됩니다.

▶ **상세 내용**

1. 금융거래 일시 중단 기간

　20△△년 6일 6일(금)~6월 8일(일), 3일간

2. 일시 중단 업무 및 이용 가능 업무

일시 중단 업무	**[계좌를 이용하는 금융거래 전체]** • 자동화기기를 이용한 입금, 출금, 계좌이체 및 조회 불가 • 인터넷뱅킹, 스마트뱅킹, 텔레뱅킹 등을 이용한 계좌이체 및 조회 불가 • 타 금융기관을 이용한 당행 계좌 입금, 출금, 계좌이체 및 조회 불가 • 체크카드 및 현금카드 이용 불가 　※ 단, 점검 첫날에는 이용 가능 • 신용카드 현금서비스 이용 불가 • 지방세, 지로, 전기요금 등 공과금 납부 불가
이용 가능 업무	**[신용카드]** • 점검기간 동안 신용카드 사용 가능 　※ 1) 단, 현금서비스 및 카드론, 신용카드의 현금카드 기능 이용 불가 　　 2) 온라인 결제 및 모바일 간편결제 일부 거래 일시 중단 **[기타]** • 고객행복센터 사고 신고 접수 가능

▶ **참고**

당행의 전산시스템 점검을 빙자하여 금융거래정보를 요구하는 사기 사례가 발생할 가능성이 있습니다. 이와 관련하여 고객 문의 발생 시, 당행은 전산시스템 점검 기간에 금융거래정보를 절대 요구하지 않는다는 점을 고객에게 확실히 언급하고, 해당 사례를 즉시 상부에 보고하기 바랍니다.

---

① Q: 제가 방금 인터넷뱅킹으로 계좌이체를 하려고 했는데, 안 되네요. 왜 그런 거죠?

A: 네, 고객님. 오늘부터 이번 주 일요일까지 대대적인 전산시스템 점검으로 인하여 금융거래가 일시 중단됩니다.

② Q: 전산시스템 점검 중 제 금융거래정보가 사라졌다며 계좌 보유 여부를 묻는 전화를 받았는데, 진짜인가요?

A: 네, 고객님. ☆☆은행은 전산시스템 점검 기간에 고객의 금융거래정보를 절대 요구하지 않습니다. 아무래도 사기 전화인 것 같은데 발신 전화번호, 요구받은 사항 등을 자세히 말씀해 주실 수 있으실까요?

③ Q: 제가 급하게 현금이 필요한데, 혹시 신용카드로 현금서비스를 이용할 수 있을까요?

A: 네, 고객님. 죄송하지만, 현재 신용카드로는 일반결제만 가능하며, 현금서비스나 카드론은 이용이 어렵습니다.

④ Q: 금융거래가 일시 중단된다던데, 당장 오늘부터 체크카드를 사용할 수 없는 건가요?

A: 네, 고객님. 오늘을 포함하여 3일간 체크카드 이용이 불가합니다. 불편하게 해드려 진심으로 죄송합니다.

33 T 지사의 기획팀 팀장으로 근무 중인 귀하는 T 지사에 배정된 사업 집행 예산을 바탕으로 내년에 진행할 프로젝트를 기획하고 있다. 프로젝트 계획을 근거로 판단하였을 때, T 지사가 내년에 얻을 수 있는 기대 성과 금액은?

[프로젝트 계획]

- 사업 집행 예산: 100억 원
- 기대 성과율을 고려하여 기대 성과율이 높은 순으로 프로젝트를 우선 진행하되, 사업 집행 예산 내에서 기대 성과 금액이 최대가 되도록 프로젝트를 계획한다.
  ※ 기대 성과율 = 기대 성과 금액 / 소요 예산
- 사업별 소요 예산 및 기대 성과 금액

구분	농촌 기계화	농업용수 개발	농지 정리	신 토지 매입	농지 배수 개선	농업인 이자 지원	농촌 콘텐츠 개발
소요 예산	50억 원	35억 원	25억 원	40억 원	20억 원	15억 원	30억 원
기대 성과 금액	90억 원	70억 원	45억 원	70억 원	30억 원	15억 원	30억 원

① 155억   ② 160억   ③ 175억   ④ 185억

34 귀하는 농가소득지원부에 근무하는 관계자이다. 언론사·지역농협 등 관련 기관에 보도자료를 배부하기 전 최종 점검하는 업무를 담당한다고 할 때, 귀하가 보도자료에서 수정할 내용으로 가장 적절하지 않은 것은?

새로운 농정 비전, 공익형 직불제 어떻게 실현되나

　　농업소득을 보전하기 위한 정부의 법률안 개편으로 농가의 경제적 형편과 농업의 공익 증진을 기대해볼 수 있는 공익형 직불제 시행을 목전에 두고 있다. 2006년 공익형 직불제의 전신인 쌀 직불제가 도입됐을 당시만 하더라도 그에 ㉠걸맞는 농외소득 관련 기준이 정해져 있지 않았다. 이와 관련하여 일각에서는 농업 종사자가 아닌 사람들이 지원을 받고 있다는 ㉡잇달은 불만으로 파문이 일었고, 정부는 불만을 잠재우고자 2009년경 농외소득이 3,700만 원 미만인 농가를 대상으로 직불금을 지원한다는 규정을 수립하였다. 이를 두고 ㉢10여 년만에 개정되는 공익형 직불제의 농외소득 기준을 포함한 시행 규정에 관심이 모아지고 있다. 먼저 농외소득 기준에 대해서는 우려의 목소리가 높다. 오늘날 귀농 인구가 점차 증가하면서 전체 소득 중 농외소득이 차지하는 비율이 늘어가고 있다. 이뿐만 아니라 농업으로 인한 소득이 한동안 정체될 경우 농외소득으로 농가에 활력을 불어넣어야 한다는 현실을 고려했을 때 약 10년 전의 기준을 유지하는 것은 농업인들의 상황을 고려하지 않은 방책이라는 것이다. 한편, 농림축산식품부에서 공익형 직불제의 시행 방안을 구체화함에 따라 농가가 준수해야 할 사항 17개를 제시하였다. 이번 정책의 시행으로 공익형 직불금 수령액은 이전보다 증가할 것으로 예측되지만 공익 의무를 수행하지 않으면 도리어 직불금이 삭감될 수 있다. 1건의 의무 위반 시에는 직불금 총액의 10%, 같은 의무를 다음 해에도 어길 시에는 감액률을 2배로 높인다는 방안이 검토됨에 따라 편법으로 직불금을 수령하여 이득을 취하는 경우를 예방한다는 게 정부의 입장이다. 정부의 공익형 직불제 시행 규정 수립은 공익형 직불제의 도입으로 농업의 공익적 기능이 향상될 수 있도록 직불금을 부정하게 수급하려는 자들을 애초에 ㉣싹둑 자르겠다는 의도로 보인다.

① 형용사와 결합한 관형사형 어미의 쓰임이 바르지 않은 ㉠을 '걸맞은'으로 수정해야 한다.
② ㉡은 틀린 표현이므로 이를 올바른 표현인 '잇단'으로 바꿔 써야 한다.
③ '– 만'은 시간의 흐름을 의미하는 의존 명사이므로 ㉢은 '10여 년 만에'로 띄어 써야 한다.
④ ㉣은 어떤 물건을 도구나 기계 따위가 해결할 수 있을 만큼의 힘으로 단번에 자르거나 베는 소리를 의미하는 '싹뚝'으로 대체해야 한다.

35 귀하는 회사에서 지원하는 건강검진을 받기 위해 오전 반차를 사용하여 병원에 방문했다. 귀하가 받는 마지막 검진 종류와 상관없이 병원에서 회사까지의 이동 시간은 1시간이며, 귀하는 D 검진의 시간을 오전 10시 30분으로 예약해 두었다. 오전 반차 사용 시, 회사에는 오후 1시 30분까지 출근해야 할 때, 귀하의 검진 순서로 가능한 것은?

[검진 간 이동 및 대기 시간]

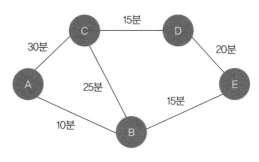

[건강검진 시 참고사항]

- 건강검진은 오전 8시부터 가능합니다.
- A~E는 필수 검진 항목으로, 모든 검진은 당일에 완료되어야 합니다.
- D 검진은 검진 시간을 예약해야 합니다.
- 검진별 소요 시간(이동 및 대기 시간 제외)

A	B	C	D	E
25분	20분	20분	50분	30분

① A – B – C – D – E

② C – A – B – E – D

③ D – C – A – B – E

④ E – D – C – A – B

36 다음은 박 주임의 5월 출장 내역과 사내 출장비 지급 기준이다. 다음 자료를 근거로 판단할 때, 박 주임이 지급받을 5월 출장비의 총액은?

[5월 출장 내역]

출장 시작 일자	출장 지역	출장 기간	기타
5월 13일	서울특별시	당일(09:00~13:00)	개인차량 이용
5월 22일	전라남도	1박 2일	개인차량 이용
5월 25일	강원도	2박 3일	-
5월 29일	제주도	2박 3일	-

[출장비 지급 기준]

출장 지역	직급별 출장 수당		편도 교통비
수도권	사원	45,000원/일	35,000원
	주임~과장	60,000원/일	
	차장~부장	85,000원/일	50,000원
수도권 외	사원	60,000원/일	65,000원
	주임~과장	85,000원/일	
	차장~부장	110,000원/일	90,000원

※ 1) 수도권은 서울특별시, 경기도, 인천광역시 지역을 의미함
2) 당일 출장의 경우, 총 출장 시간이 4시간 이하이면 출장 수당의 50%만 지급됨
3) 출장비의 총액은 직급별 출장 수당과 왕복 교통비의 합으로 계산됨
4) 교통비는 실비와 관계없이 편도 교통비 지급 기준 금액이 지급되며, 개인차량 이용 시 왕복 교통비는 편도 교통비 지급 기준으로 산출된 왕복 교통비의 80%가 지급됨
5) 출장 지역이 제주도 지역일 경우, 편도 교통비는 수도권 외 기준 편도 교통비 금액의 150%가 지급됨

① 1,130,000원   ② 1,195,000원   ③ 1,209,000원   ④ 1,235,000원

37 같은 출발지에서 각각 다른 경로로 운행되는 열차 A, B가 있다. A 열차는 운행을 시작하여 출발지로 돌아오는 데 50분이 걸리고 B 열차는 40분이 걸린다. 두 열차가 오전 8시에 출발지에서 동시에 운행을 시작하여 세 번째로 만날 때의 시각은?

① 오후 3시   ② 오후 4시   ③ 오후 5시   ④ 오후 6시

38 수집된 빅데이터를 정리하는 데 가영이가 혼자 하면 6시간, 나영이가 혼자 하면 9시간, 다영이가 혼자 하면 18시간이 걸린다고 한다. 가영이와 다영이가 3시간 동안 함께 빅데이터를 정리한 후 나영이와 다영이가 함께 남은 빅데이터를 정리하여 일을 끝냈을 때, 나영이와 다영이가 함께 빅데이터를 정리하는 데 걸린 시간은?

① 1시간   ② 1.5시간   ③ 2시간   ④ 2.5시간

[39-40] 다음은 적립형 저축보험 약관 중 기본보험료와 추가납입보험료에 관한 설명이다. 각 물음에 답하시오.

보험료 관련 용어

가. 기본보험료 : 계약 체결 시 계약자가 보험료 납입 기간 동안 매월 계속해 납입하기로 약정한 보험료

나. 추가납입보험료 : 기본보험료 외에 보험계약 성립 후부터 보험기간 종료일의 1년 전 계약해당일 이전까지 보험료 납입 한도에 따라 추가로 납입하는 보험료

※ 추가납입보험료는 '월정기추가납입보험료'와 '수시추가납입보험료'로 구분됨

(1) 월정기추가납입보험료 : 계약자가 보험계약 성립 후부터 보험 기간 종료일의 1년 전 계약해당일 이전까지 매월 정기적으로 납입할 수 있는 보험료

    ㉠ 계약자는 월정기추가납입보험료의 납입, 변경 및 중지를 언제든지 신청할 수 있으며, 해당 내용은 신청일 이후 도래하는 익월 월정기추가납입보험료를 납입하기로 약속한 날부터 적용된다.

    ㉡ 월정기추가납입보험료는 보험료 납입 기간 중에는 매월 기본보험료를 납입하기로 한 날에 기본보험료와 함께 납입하여야 하며, 보험료 납입 기간 이후에는 계약자가 월정기추가납입보험료의 납입을 신청할 때 매월 납입하기로 한 날에 납입한다. 다만, 해당 월에 납입하기로 한 날이 없는 경우에는 해당 월의 마지막 날을 납입하기로 한 날로 한다.

    ㉢ '(3)'에서 정하는 추가납입보험료의 납입 한도를 초과하는 경우 월정기추가납입보험료는 자동으로 납입이 중단된다.

    ㉣ 납입 시점에 월정기추가납입보험료가 납입되지 않았더라도 회사는 차회 이후의 월정기추가납입보험료를 납부할 때 미납입된 월정기추가납입보험료를 청구하지 않는다.

(2) 수시추가납입보험료 : 계약자가 보험계약 성립 후부터 보험 기간 종료일의 1년 전 계약해당일 이전까지 수시로 납입하는 추가납입보험료

(3) 계약자가 추가납입 할 수 있는 추가납입보험료의 총액(월정기추가납입보험료와 수시추가납입보험료의 합계)은 보험료 납입 기간 동안 납입하기로 약정한 기본보험료 총액의 200% 이내에서 시중금리 등 금융환경에 따라 매년 회사에서 정하는 한도로 하며, 계약자적립금의 중도인출이 있을 경우에는 인출금액의 누계를 합한 금액을 포함한다. 1회에 납입 가능한 추가납입보험료의 한도는 경과기간별로 아래에서 정한 방법에 따라 계산한다.

> 1회에 납입 가능한 추가납입보험료 한도
> =해당 월까지의 납입할 기본보험료(선납포함)×200%−이미 납입한 추가납입보험료의 합계

39 윗글의 내용과 일치하지 않는 것은?

① 추가납입보험료에는 월정기추가납입보험료와 수시추가납입보험료가 있다.

② 계약자적립금의 중도인출이 있을 경우, 추가납입보험료의 총액은 인출금액의 누계를 더한 금액을 포함한다.

③ 추가납입보험료를 납입 한도까지 납입했을 때 월정기추가납입보험료가 납입되지 않았더라도 회사는 이후에 월정기추가납입보험료를 납부할 때 미납입된 월정기추가납입보험료를 청구하지 않는다.

④ 계약자는 월정기추가납입보험료의 납입, 변경 및 중지를 언제든지 신청할 수 있고, 해당 내용은 신청일의 해당 월부터 적용된다.

40 A는 2019년 3월 24일에 기본보험료 52만 원, 납입 기간 10년인 적립형 저축보험에 가입하였다. A는 2020년 6월 24일에 600만 원을 추가납입했다면, 해당 시점에서 A가 1회에 납입 가능한 추가납입보험료의 한도는? (단, A가 선납한 보험료와 중도인출금액은 없다.)

① 648만 원　　　　② 856만 원　　　　③ 960만 원　　　　④ 1,064만 원

41 20X1년 1월 1일에 사원에서 대리로 승진한 김 대리는 월 급여액이 20X0년보다 15% 인상되어 2,875,000 원이 되었다. 20X0년에 이어 20X1년에도 성과급을 지급받았다면, 20X1년과 20X0년에 지급받은 성과급 의 차이는?

[등급별 성과 평가 점수 및 성과급 지급률]

구분		S등급	A등급	B등급	C등급	D등급
성과 평가 점수		95점 이상	83점 이상 95점 미만	75점 이상 83점 미만	68점 이상 75점 미만	68점 미만
성과급 지급률	1~2급	170%	135%	95%	70%	35%
	3~4급	150%	120%	85%	60%	
	5급	135%	110%	75%	45%	

※ 성과급 = 평가 기간의 월 급여액 × 성과급 지급률

[직급별 직위]

구분	1급	2급	3급	4급	5급
직위	부장	차장	과장	대리	사원

[김 대리의 성과 평가 점수]

구분	개별 역량 점수	조직 기여도 점수
20X0년	74점	63점
20X1년	82점	77점

※ 성과 평가 점수 = (개별 역량 점수 × 0.7) + (조직 기여도 점수 × 0.3)

① 600,000원   ② 943,750원   ③ 1,150,000원   ④ 1,318,750원

42 다음은 2016년 전국 건축물의 층수별·용도별 비중을 나타낸 자료이다. 2016년 전국 건축물이 7,055천 동일 때, 상업용 건축물 수와 6층 이상 건축물 수의 합은? (단, 상업용이면서 6층 이상인 건축물은 없다.)

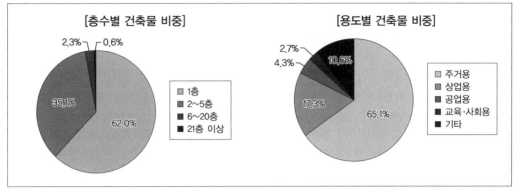

※ 출처: KOSIS(국토교통부, 건축물통계)

① 952,425동   ② 1,262,845동   ③ 1,382,780동   ④ 1,425,110동

43 갑~무 5명 3월 둘째 주 평일에 견출지, 볼펜, 샤프, 지우개, 플래그 중 하나의 사무용품을 신청하였다. 다음 조건을 모두 고려하였을 때, 항상 옳지 않은 것은? (단, 3월 둘째 주에 공휴일은 없다.)

- 갑~무는 서로 다른 사무용품을 신청하였고, 사무용품을 신청한 요일도 모두 다르다.
- 월요일에 사무용품을 신청한 사람은 볼펜을 신청하였다.
- 을은 수요일에 견출지를 신청하였다.
- 정은 갑과 병보다 늦게 사무용품을 신청하였고, 정이 신청한 사무용품은 플래그이다.
- 금요일에 사무용품을 신청한 사람은 지우개를 신청하였다.

① 갑은 화요일에 사무용품을 신청하였다.
② 병이 신청한 사무용품은 볼펜이다.
③ 무가 신청한 사무용품은 샤프이다.
④ 정은 무보다 먼저 사무용품을 신청하였다.

44 다음은 신용카드의 개인회원 약관 중 일부결제금액이월약정(이하 리볼빙)에 대한 내용이다. A의 전월 리볼빙 이월 잔액이 130만 원이고 당월 리볼빙 신규이용금액이 70만 원이라고 할 때, 옳지 않은 것은?

제31조 리볼빙

① 리볼빙이란 회원이 카드 이용대금 중 카드사와 회원이 미리 약정한 약정(최소)결제비율 이상을 결제하면 다음 달 결제월에 잔여 결제금액과 리볼빙 수수료를 합산하여 납부하는 결제방식이다.

② 약정결제비율이란 리볼빙 이용금액 중 카드사와 회원이 결제일에 결제를 원하는 비율을 의미하며 회원은 이용금액의 10~100% 이내의 범위에서 약정조건에 따라 최소결제비율 이상으로 원하는 비율을 선택할 수 있다.

③ 최소결제비율이란 회원이 결제일에 결제하여야 할 최소결제금액을 산정하는 비율을 의미하며 최소결제비율은 10% 이상으로 회원의 신용 상태 등에 따라 차등 적용된다. 최소결제비율은 복수의 카드를 소지한 경우라도 회원 단위로 동일하게 적용된다.

④ 리볼빙 수수료란 리볼빙 이용과 관련하여 회원에게 부과되는 수수료를 의미한다.

제35조 결제금액

① 리볼빙 이용회원의 결제금액은 약정(최소)결제비율에 따른 리볼빙 청구원금, 리볼빙 수수료 및 리볼빙 비대상 금액의 합계액으로 한다. 단, 리볼빙의 청구원금이 3만 원 미만인 경우 전액 청구한다.

　1. 최소결제금액: 리볼빙의 최소청구원금과 3만 원 중 큰 금액 + 리볼빙 수수료 + 리볼빙 대상 외 금액

　2. 리볼빙 최소청구원금: (전월 리볼빙 이월 잔액 + 당월 리볼빙 신규이용금액) × 최소결제비율

　3. 리볼빙 약정청구원금: (전월 리볼빙 이월 잔액 + 당월 리볼빙 신규이용금액) × 약정결제비율

　4. 리볼빙 수수료: 전월 리볼빙 이월 잔액 × 리볼빙 수수료율 × 이용경과일수 / 365(윤년의 경우 366)

　　　– 이용경과일수: 전월 대금 결제일 익일부터 당월 대금 결제일까지의 기간에 해당하는 일수

　　　– 수수료는 반올림하여 백 원 단위까지만 나타냄

② 결제일에 회원이 최소결제금액 미만으로 결제할 경우에는 회원 상태가 연체로 처리되며, 이 경우 회원은 최소결제금액 중 결제하지 못한 금액(이자 제외)에 대하여 지연배상금을 추가로 지급하여야 한다.

③ 약정결제비율을 100%로 정한 회원이 결제일에 총 청구금액을 결제하지 않고 최소결제금액 이상을 결제한 경우 리볼빙으로 전환되며 리볼빙 수수료가 부과된다.

---

① A가 결제일에 최소결제금액 미만으로 결제하였다면 A는 연체 상태로 처리된다.

② A의 최소결제비율이 20%이고, 약정결제비율이 30%라면 A의 리볼빙 약정청구원금은 60만 원이다.

③ A의 최소결제비율이 10%이고, 약정결제비율이 30%라면 A의 리볼빙 최소청구원금은 20만 원이다.

④ A의 리볼빙 수수료율이 5.9%이고, 이용경과일수는 60일이며, 해당연도가 윤년이라면 리볼빙 수수료는 약 19,300원이다.

45 지역농협 △△지점에 근무하는 귀하는 지점의 효율적인 관리 및 운영을 위한 방안을 수립하라는 상사의 지시를 받았다. 이를 위해 귀하는 신용사업을 수행하는 다른 기관의 자산과 거래자 및 지점 수를 비교하여 방안을 수립할 계획이다. 귀하가 자료에 대해 이해한 내용으로 옳지 않은 것은?

[연도별 자산]

(단위: 억 원)

구분	2011	2012	2013	2014	2015	2016
총액	913,761	1,048,356	1,108,102	1,196,514	1,267,000	1,384,000
전년 대비 증감액	5,987	134,595	59,746	88,412	70,486	117,000
전년 대비 증감률(%)	0.6	14.7	5.7	8.0	5.9	9.2

[연도별 거래자 및 지점 수]

(단위: 천 명, 개소)

구분	거래자		지점	
	거래자 수	전년 대비 증감률(%)	지점 수	전년 대비 증감률(%)
2011	15,989	0.1	1,448	−2.1
2012	16,939	5.9	1,420	−1.9
2013	17,590	3.8	1,402	−1.3
2014	18,144	3.1	1,372	−2.1
2015	18,570	2.3	1,335	−2.7
2016	19,100	2.9	1,321	−1.0

① 자산 총액의 전년 대비 증감률이 가장 높은 해에 거래자 수는 전년 대비 950천 명 증가했다.
② 제시된 기간 동안 거래자 수는 매년 전년 대비 증가했고, 지점 수는 매년 전년 대비 감소했다.
③ 2016년 자산 총액은 2년 전 대비 14.1% 증가했다.
④ 2010년 거래자 수는 약 15,973천 명이고, 지점 수는 약 1,479개소이다.

46 N 은행의 일반관리직 남자 사원 갑, 을, 병, 정과 여자 사원 A, B, C, D 8명은 버스를 타고 연수원으로 가려고 한다. 다음 중 C 사원 바로 옆자리에 앉은 사원은? (단, 통로를 사이에 두고 옆에 앉은 경우는 바로 옆자리에 해당하지 않는다.)

- 을은 B보다 오른쪽 자리에 앉아 있다.
- B와 C는 창가 자리에 앉아 있다.
- C의 바로 앞자리에 앉아 있는 사원은 을이다.
- D의 바로 뒷자리에 앉아 있는 사원은 B이다.
- 병의 바로 앞자리에 앉아 있는 사원은 정이다.
- D는 여자 사원 바로 옆자리에 앉아 있다.

왼쪽 창	○	○	통로	○	○	오른쪽 창
	○	○		○	○	
			뒤			

① A   ② D   ③ 갑   ④ 병

47 ◇◇회사에 근무하는 이 대리는 1박 2일 동안 진행할 워크숍 장소를 조사하였다. 전 직원이 숙박 가능한 연수원을 예약하려고 할 때, 이 대리가 예약할 연수원의 총 객실 수는? (단, 총 객실 수는 사용 불가한 객실 수도 포함한다.)

[◇◇회사 직원 수]

내근직	외근직
83명	56명

[연수원별 객실 현황]

구분	VIP형		일반형		비고
	객실 수	정원	객실 수	정원	
A 연수원	10실	3인	15실	8인	VIP형 4실 사용 불가
B 연수원	19실	2인	26실	4인	일반형 2실 사용 불가
C 연수원	15실	2인	20실	6인	VIP형 1실 사용 불가 일반형 2실 사용 불가
D 연수원	12실	3인	24실	5인	일반형 3실 사용 불가
E 연수원	14실	2인	30실	4인	VIP형 3실 사용 불가 일반형 1실 사용 불가

① 25실　　　　② 35실　　　　③ 36실　　　　④ 44실

48 A 사의 영업팀에서 근무 중인 귀하는 자사 제품 설명회를 위하여 회사 근처 세미나실을 대관하고자 한다. 이번 제품 설명회는 5일간 개최될 예정이며, 세미나실 대관에 배정된 예산은 350만 원이다. 배정된 예산을 고려하여 회사에서의 이동 시간이 가장 짧은 세미나실을 대관할 때, 귀하가 대관할 세미나실은?

[세미나실 대관 정보]

구분	대관료(일)	회사에서의 이동 시간
가	38만 원	30분
나	45만 원	19분
다	66만 원	20분
라	80만 원	17분

① 가　　　　② 나　　　　③ 다　　　　④ 라

[49-50] 다음은 ○○공사의 출장비 지원 규정이다. 다음 자료를 보고 각 물음에 답하시오.

[○○공사 출장비 지원 규정]

- 출장비는 숙박비, 교통비, 식비, 일비 총 네 가지 비용을 합산하여 지급한다.
- 교통비는 도보를 제외한 승용차, 열차, 버스 등의 주행 거리에 따른 금액만이 지급되며, 대중교통 이용 시 대중교통 이용 요금과 주행 거리에 따른 지원 금액 중 적은 금액을 기준으로 출장비가 지급된다.
- 직급별로 최대 다음의 금액을 차등 지급하며, 각 금액을 초과하여 사용한 금액에 대해서는 지원하지 않는다. 또한, 사용한 금액이 다음의 금액보다 적은 경우 사용한 금액만큼만 지급한다.

구분	숙박비(원/1박)	교통비(원/1km)	식비(원/1끼)	일비(원/1일)
사장	300,000	120	15,000	150,000
부장	150,000	120	15,000	100,000
차장	100,000	120	15,000	70,000
과장	80,000	120	15,000	50,000
대리	60,000	120	15,000	30,000
사원	50,000	120	15,000	20,000

49 ○○공사의 조 대리는 승용차를 이용하여 A지역과 B지역에서 열리는 세미나에 참석한 뒤 본사로 복귀하는 2박 3일 출장 일정을 마무리하였다. 조 대리의 출장비 지출 내역이 다음과 같을 때, 지원받을 수 있는 출장비는? (단, 조 대리의 승용차 연비는 12km/L, 리터당 기름값은 1,350원/L로 계산한다.)

[조 대리의 출장비 지출 내역]

구분	숙박비	교통비	식비	일비
출장 1일 차	50,000원	12,375원	석식: 18,000원	20,000원
출장 2일 차	80,000원	9,000원	조식: 8,000원 중식: 12,000원 석식: 20,000원	50,000원
출장 3일 차	–	16,875원	조식: 10,000원 중식: 10,000원	30,000원

※ 교통비는 승용차 주행 거리에 따른 기름값을 의미함

① 298,250원 ② 300,800원 ③ 338,250원 ④ 340,800원

50 ○○공사의 박 차장은 월요일에 서울 본사에서 출발하여 대전 지사에서 진행하는 회의에 참석한 뒤, 다음 날 서울 본사에서 진행하는 회의에 참석하는 1박 2일 출장 일정을 마무리하였다. KTX와 ITX 중 회의 일정에 늦지 않는 열차를 이용하였을 때, 지원받을 수 있는 출장비는?

[회의 일정]

구분	대전 지사	서울 본사
날짜 및 시작 시각	9/21(월) 10:00	9/22(화) 11:30

[KTX·ITX 구간별 열차 정보]

구분	서울역 → 대전역		대전역 → 서울역	
	KTX	ITX	KTX	ITX
출발 시각	08:25	08:50	10:20	09:15
소요 시간	1시간	1시간 40분	1시간	1시간 40분
운행 거리	170km	170km	170km	170km
이용 요금	23,700원	16,000원	23,700원	16,000원

※ 각 역과 회사는 걸어서 15분 거리에 위치함

[박 차장의 출장비 지출 내역]

구분	숙박비	식비	일비
출장 1일 차	70,000원	중식: 11,000원 석식: 17,000원	80,000원
출장 2일 차	–	조식: 8,000원	–

① 186,400원　　② 198,600원　　③ 210,400원　　④ 213,700원

51 다음 글을 읽고 퀸의 경쟁가치모형 중 A 사가 해당하는 조직 문화 유형으로 가장 적절한 것은?

　A 사는 조직 내 가족적인 분위기와 구성원 간의 배려를 중시하는 기업으로, 언제나 조직 구성원의 협동과 신뢰를 강조한다. A 사는 조직 구성원의 의사결정 참여도를 높이기 위해 자신의 의견을 자유롭게 개진할 수 있는 토론 문화를 조성하고자 다양한 노력을 시도하고 있다. 또한, 구성원들의 개별 능력을 증진시키기 위해 자기계발 지원 정책을 시행하고 있으며, 사내 복지 중 사원들의 만족도가 가장 높은 제도로 손꼽힌다.

① 관계 지향 문화　　② 혁신 지향 문화　　③ 위계 지향 문화　　④ 과업 지향 문화

다음은 A 회사의 급여 지급 규정이다. 다음 규정을 토대로 갑, 을, 병, 정, 무 5명 중 급여가 가장 많은 사람과 가장 적은 사람의 급여 차이는? (단, 초과근무 수당을 받은 직원은 없고, 세금 및 공제내역은 고려하지 않는다.)

[A 회사 급여 지급 규정]

- 급여는 기본급, 직위 수당, 초과근무 수당, 식대, 교통비(유류비), 보육 수당을 모두 합산하여 매월 10일에 지급한다.
- 기본급은 근속연수에 따라 지급한다.

3년 미만	3년 이상 5년 미만	5년 이상 7년 미만	7년 이상 10년 미만	10년 이상 15년 미만	15년 이상
250만 원	270만 원	300만 원	330만 원	380만 원	430만 원

- 직위 수당은 직위에 따라 지급한다.

사원	주임	대리	과장	차장	부장
10만 원	20만 원	30만 원	40만 원	50만 원	60만 원

- 초과근무 수당은 규정된 근무시간(9~18시)에서 초과하여 업무를 수행하는 경우 시간당 통상시급의 1.5배를 지급한다.
- 식대는 전 임직원에게 10만 원을 지급한다.
- 교통비(유류비)는 자차로 출퇴근 경우 15만 원, 대중교통을 이용하는 경우 10만 원을 지급하고, 도보로 출근하는 경우 지급하지 않는다.
- 보육 수당은 자녀가 있는 임직원에 한하여 자녀 1인당 20만 원을 지급한다.

[A 회사 소속 직원]

구분	근속연수	직위	출퇴근 수단	자녀 수
갑	5년	대리	도보	–
을	4년	주임	대중교통	2명
병	7년	과장	도보	1명
정	14년	차장	대중교통	1명
무	10년	차장	자차	–

① 115만 원   ② 120만 원   ③ 125만 원   ④ 130만 원

53 ○○시에 거주 중인 혜경이는 가정에서 사용하던 가전제품을 처분하고자 한다. 처분할 가전제품 목록과 ○○시 대형 생활 폐기물 수수료를 근거로 판단할 때, 혜경이가 ○○시에 납부할 수수료는?

[처분할 가전제품 목록]

250L 냉장고 1대, 스탠드형 선풍기 1대, 식기건조기 1대, 러닝머신 1대, 대형 오디오 1개, 전기밥통 1개, 컴퓨터 본체 1대, 컴퓨터 모니터 1대, 탈수기 1대, 34인치 텔레비전 1대

[○○시 대형 생활 폐기물 수수료]

구분	규격	수수료	구분	규격	수수료
가스레인지	모든 규격	1,000원	에어컨	264m^3 이상	8,000원
가스오븐레인지	높이 1m 이상	4,000원		66m^3 이상	5,000원
	높이 1m 미만	2,000원		66m^3 미만	3,000원
공기청정기	높이 1m 이상	2,000원	오디오	대형	5,000원
	높이 1m 미만	1,000원		소형	2,000원
냉장고	200L 이상	4,000원	전기밥통	모든 규격	2,000원
	200L 미만	3,000원	전자레인지	모든 규격	3,000원
러닝머신	모든 규격	5,000원	청소기	520w형 이상	2,000원
선풍기	스탠드형	3,000원		520w형 미만	1,000원
	벽걸이형	2,000원	컴퓨터	본체	3,000원
	일반형	2,000원		모니터	2,000원
식기건조기	모든 규격	3,000원		키보드	1,000원
식기세척기	12인 이상	5,000원	탈수기	모든 규격	2,000원
	6인 이상	4,000원	텔레비전	29인치 이상	5,000원
	6인 미만	3,000원		29인치 미만	3,000원

※ 수수료는 대형 생활 폐기물 1개(대)당 수수료를 의미하며, 처분할 대형 생활 폐기물 수수료의 총합을 ○○시에 납부해야 함

① 32,000원 ② 33,000원 ③ 34,000원 ④ 35,000원

54 물품의 발주로부터 그 물품이 납입되어 사용할 수 있을 때까지의 기간을 리드 타임(Lead Time)이라고 한다. 현재 재고량과 예상 사용량, 리드 타임을 고려하였을 때, A4용지를 주문해야 하는 날짜 및 시간대는?

[현재 재고량과 예상 사용량]

1일 업무 시작 전 재고 조사 결과, 현재 A4용지 재고량은 6박스이며, 1박스당 500매짜리 제품을 사용하고 있습니다. 창고 공간이 부족하여 A4용지가 모두 소진되기 바로 전 근무일에 A4용지가 보충될 수 있도록 주문해야 합니다.

일	월	화	수	목	금	토
			1	2	3	4
			380장	430장	250장	–
5	6	7	8	9	10	11
–	350장	510장	300장	540장	230장	–
12	13	14	15	16	17	18
–	550장	370장	390장	500장	450장	–

[◇◇제지 주문 안내]

- 오전 주문 시 주문 당일 배송이 시작되고, 오후 주문 시 다음 날 배송이 시작됩니다.
- 배송 시작일로부터 2일 후에 배송이 완료됩니다.
- 매주 수요일은 재고 점검 업무로 인해 오후에만 주문이 가능합니다.
- 배송업체의 주말 휴무로 토요일, 일요일은 배송기간에 포함되지 않습니다.

① 7일 오전   ② 7일 오후   ③ 8일 오전   ④ 8일 오후

55 2012년부터 판매를 시작한 P 기업의 A 제품이 건강식품이라는 인식이 강해지면서 제품을 찾는 사람들이 많아지고 있으며, P 기업은 누적 판매량을 데이터화하여 추후 진행할 고객 사은 이벤트 기획에 참고하려고 한다. A 제품의 연도별 누적 판매량 그래프로 옳은 것은?

[연도별 A 제품 판매량]

(단위: 만 개)

구분	2012	2013	2014	2015	2016
판매량	556	231	529	607	1,296

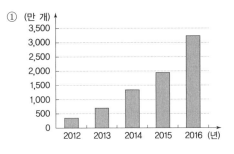

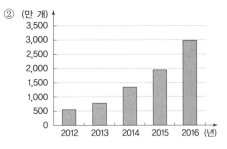

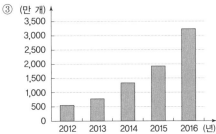

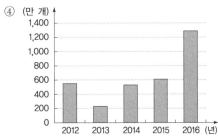

[56-57] 다음은 대륙별 베어링의 수출액과 수입액에 관한 자료이다. 베어링을 생산하는 S 기업의 해외 마케팅 담당자인 A 부장은 대륙별 베어링의 수출액과 수입액을 기반으로 앞으로 진출할 새로운 시장을 선정하려고 한다. 각 물음에 답하시오.

[6개 대륙의 베어링 수출액]

(단위: 달러)

구분	2019년 1월	2019년 2월	2019년 3월	2019년 4월	2019년 5월	2019년 6월
아시아	26,939,707	25,493,562	28,527,629	27,692,255	26,406,892	25,181,845
중동	1,141,120	1,379,687	1,585,750	1,558,877	1,341,618	836,785
유럽	15,990,179	12,470,817	15,218,693	17,414,704	14,852,712	13,419,121
북미	21,571,822	18,716,040	18,648,369	17,459,699	18,953,535	17,096,843
중남미	14,279,209	11,858,485	12,889,491	9,871,226	8,329,168	7,682,795
아프리카	77,178	102,344	501,301	238,359	33,939	306,666

[6개 대륙의 베어링 수입액]

(단위: 달러)

구분	2019년 1월	2019년 2월	2019년 3월	2019년 4월	2019년 5월	2019년 6월
아시아	60,447,825	45,760,253	53,305,589	59,347,130	52,862,409	51,514,507
중동	2,054	7,579	3,248	2,146	329	1,135
유럽	23,679,759	16,051,755	17,087,027	18,574,239	18,200,243	17,119,706
북미	8,949,168	5,380,669	6,920,918	8,219,623	6,068,457	7,706,335
중남미	242,907	55,645	120,943	153,406	190,770	80,720
아프리카	5,648	–	1,661	–	396	3,436

※ 출처: KOSIS(산업통상자원부, 소재 · 부품산업 동향조사)

[시장 선정 기준]

1. 2019년 1월부터 2019년 6월까지의 평균 베어링 수출액이 2,000만 달러 이하여야 한다.
2. 2019년 1월부터 2019년 6월까지 매월 베어링 수입액이 500만 달러 이상이어야 한다.
3. 위 선정 기준에 해당하는 대륙이 2개 이상일 경우, 2019년 6월 베어링 수출액의 전월 대비 감소율이 더 큰 대륙으로 선정한다.

56 시장 선정 기준을 순서대로 고려할 때, A 부장이 새로운 시장으로 선정할 대륙은?

① 아시아　　　　② 중동　　　　③ 유럽　　　　④ 북미

57 새로운 시장으로 선정된 대륙의 2020년 4월 베어링 수입액이 전년 동월 대비 20% 상승하였고 2020년 4월에 S 기업이 해당 대륙에 수출한 베어링 수출액이 2020년 4월 해당 대륙의 베어링 수입액의 10%를 차지했을 때, S 기업이 2020년 4월 해당 대륙에 수출한 베어링 수출액은 약 얼마인가?

① 768,215달러 ② 986,355달러 ③ 1,243,845달러 ④ 1,808,317달러

58 △△공단 NCS 기반 채용 직무기술서의 일부가 다음과 같을 때, 빈칸에 들어갈 말로 가장 적절하지 않은 것은?

채용 분야	사무			
분류 체계	대분류	중분류	소분류	세분류
	경영 · 회계 · 사무	01. 기획사무	01. 경영기획	01. 경영기획
능력 단위	( )			
직무수행내용	경영목표를 효과적으로 달성하기 위한 전략을 수립하고 최적의 자원을 효율적으로 배분하도록 경영진의 의사결정을 체계적으로 지원한다.			
필요지식	거시적 경제 · 사회 환경 동향, 전사 경영목표와 전략 방향, 인적 · 물적 자원 조달 가능성 검토 기준, 주식 거래 제도, 기업 가치 평가의 기본 개념, 전략적 제휴의 정의와 주요 유형, 재정회계법			
필요기술	프로젝트 관리 기법, 대외 홍보 기술, 회의 기획 · 진행 기술, 제안 · 발표 기술, 비즈니스 문서 작성 기술, 편성 기준 관련 규정 작성 기술, 기획서 작성 기술, 회계 계정 · 세목 분류 기술			
직무수행태도	전략적 관점에 입각한 환경분석 자세, 다양한 가능성을 검토하는 개방적 사고, 창의적 사고, 아이디어 창조 의지, 공정한 업무 수행 노력, 투명한 정보 공유의 자세, 원활한 의사소통을 하려는 자세, 목표지향적 사고, 주인의식과 책임감 있는 자세			
직업기초능력	의사소통능력, 수리능력, 문제해결능력, 자원관리능력, 대인관계능력, 조직이해능력			

① 사업별 투자 관리 ② 이해관계자 관리 ③ 직무 관리 ④ 예산 관리

59 다음은 닭·오리·계란 이력정보 전산연계 지원 사업 계획에 대한 자료이다. 제시된 자료를 바탕으로 판단할 때, 옳지 않은 것은?

[닭·오리·계란 이력정보 전산연계 지원 사업 계획]

1. 목적
- 유통 이력정보의 전산관리 환경 구축과 이력시스템 전산신고 자동화 지원으로 신속한 이력추적 기반 마련 및 안정적인 제도 정착 유도를 위함

2. 기간
- 7월 1일(수)~10월 30일(금)
  ※ 단, 예산 소진 시 사업을 종료함

3. 신청 자격
- 전산프로그램과 이력관리시스템을 연계하여 닭·오리·계란 유통 이력정보를 전산신고하고자 하는 유통업체
  ※ 유통업체: 도축장 경영자, 식육포장처리업자, 식용란선별포장업·수집판매업자 등

4. 신청 방법
- 지원 신청서를 전용 이메일 창구로 제출
  ※ 접수처 이메일의 수신일자 및 시간을 확인하여 선착순으로 확인함

5. 지원 내용
- 전산신고 자동화 비용을 유통업체 1개소당 50만 원씩 지원하며 사업예산은 총 320백만 원임

6. 사업 절차

1. 전산연계 참여 신청	유통업체에서 축산물품질평가원에 지원
2. 연계 S/W 구매 및 설치	유통업체에서 S/W 업체에 요청
3. 연계 S/W로 전산신고 등록	유통업체와 S/W 업체가 이력관리시스템 등록
4. 지원금 지급요청	S/W 업체가 축산물품질평가원에 지원금 지급 요청
5. 현장 등 확인	축산물품질평가원에서 유통업체에 방문하여 현장 확인
6. 전산실적 확인 및 정산	축산물품질평가원에서 전산실적 확인 후 S/W 업체에 직접 지원금 지급

---

① 축산물품질평가원에서 전산연계 지원 사업으로 지원 가능한 유통업체 수는 640개소이다.
② 돼지 관련 식육포장처리업자는 해당 전산연계 지원 사업에 지원할 수 없다.
③ 축산물품질평가원이 전산실적 확인 후 유통업체에 직접 지급하는 지원금 50만 원이다.
④ 전산연계 지원 사업은 이메일로만 지원할 수 있다.

60 다음은 K 회사의 출장 여비 지급 기준이다. K 회사에 근무하는 윤 대리가 8월 출장 여비 지급을 요청할 때, 윤 대리가 지급받을 수 있는 최대 여비는? (단, 제시된 내용 외에는 고려하지 않는다.)

[K 회사 출장 여비 지급 기준]

- 출장 시 일비는 1일당 2만 원을 정액 지급한다. 단, 공용차량 이용 시 일비로 1일당 1만 원을 정액 지급한다.
- 출장 시 식비는 1일당 2만 원을 정액 지급한다.
- 출장 시 숙박비는 1박당 서울특별시 7만 원, 광역시 6만 원, 그 외 지역은 5만 원의 한도 내에서 실비로 지급하며, 공동숙박 또는 친지 집 등에서 숙박 시 지역과 무관하게 1박당 2만 원을 정액 지급한다.
- 출장 여비 중 운임(교통비)은 편도 기준 기차 3만 원, 버스 2만 원의 한도 내에서 실비로 지급하며, 자가용 이용 시 버스 운임(교통비)을 기준으로 지급한다. 단, 공용차량 이용 시 별도의 운임(교통비)은 지급하지 않는다.

[윤 대리의 8월 출장 기록]

출장지	출장 기간	총 식비	숙박 시설	교통수단	
				근무지 → 출장지	출장지 → 근무지
부산광역시	8/2~8/3(1박 2일)	4만 원	친지 집(1박)	기차	버스
서울특별시	8/9~8/11(2박 3일)	7만 원	호텔(2박)	기차	기차
영주시	8/22~8/23(1박 2일)	4만 원	호텔(1박)	공용차량	공용차량

① 55만 원   ② 57만 원   ③ 58만 원   ④ 60만 원

약점 보완 해설집 p.44

무료 바로 채점 및 성적 분석 서비스 바로 가기
QR코드를 이용해 모바일로 간편하게 채점하고 나의 실력이 어느 정도인지, 취약 부분이 어디인지 바로 파악해 보세요!

NCS 직무능력평가
실전모의고사 2회

시작과 종료 시각을 정한 후, 실전처럼 모의고사를 풀어보세요.

시 　　 분 ~ 　　 시 　　 분 (총 60문항/60분)

- 본 실전모의고사는 총 60문항으로 구성되어 있으며, 영역별 제한 시간 없이 60분 이내로 모든 영역의 문제를 풀어야 합니다.
- 의사소통능력, 수리능력, 문제해결능력, 자원관리능력, 조직이해능력 문제가 출제됩니다.
- 맨 마지막 페이지에 있는 회독용 OMR 답안지와 해커스ONE 애플리케이션의 학습 타이머를 이용하여 실전처럼 모의고사를 풀어본 후, 60번 문제 하단에 있는 '바로 채점 및 성적 분석 서비스' QR코드를 스캔하여 응시 인원 대비 본인의 성적 위치를 확인해 보시기 바랍니다.

[01-02] 다음 글과 자료를 읽고 각 물음에 답하시오.

주택청약 종합저축통장 가입자가 2,400만 명을 넘으면서 앞으로 청약 경쟁이 더욱 치열해질 것으로 전망된다. 특히 서울, 인천, 부산 등 주요 대도시의 주택청약 종합저축통장 가입자가 크게 증가한 것으로 나타났다. 주택청약 종합저축은 청약저축과 청약예금·청약부금의 기능을 하나로 묶어 놓은 것으로 현재 유일하게 신규 가입을 할 수 있다. 이는 공공아파트와 민영아파트 모두 청약이 가능하여 일명 '만능 청약통장'으로 불리기도 한다. 또한, 주택청약 종합저축은 시중은행 예·적금 상품과는 달리 국토교통부에서 금리를 결정하여 은행별 모든 상품이 똑같은 금리로 제시되기 때문에 은행별 금리 비교를 할 필요가 없다.

올해 7월 기준 국내 인구수의 절반은 청약통장을 가지고 있다고 한다. 20여 차례에 걸친 정부의 부동산 규제에도 불구하고 집값이 계속해서 오르자 주택 수요자들의 조바심이 갈수록 커지게 되었고, 신규 공급 단지들 또한 분양 가격이 시세보다 저렴하게 결정되면서 청약 당첨으로 시세 차익을 기대하는 수요자가 증가했기 때문이다. 새 아파트마저도 주택도시보증공사의 통제로 분양가가 주변 기존 시세보다 낮게 책정되자 시세보다 분양가가 낮은 '로또 아파트'에 대한 열기가 지속되어 저렴하게 내 집을 마련코자 하는 청약 가입자가 계속 큰 폭으로 증가하고 있다는 분석이다.

한편 부동산 업계 전문가들은 향후 청약통장 가입자는 더 증가할 것이라고 전망했다. 한 은행의 부동산 투자지원센터 팀장은 "신규 단지의 분양 가격이 주변 기존 단지보다 저렴한 경우가 많아지면서 '로또 청약'에 대한 기대감과 이에 따른 수요가 급증하고 있다"고 설명했다. 부동산 업계 다른 관계자 또한 "청약 경쟁이 치열해지는 와중에도 그만큼 가치가 높다고 평가되는 지역은 꾸준히 청약통장 신규 가입자가 증가하고 있다"면서 "주택도시보증공사와 지자체 두 군데 모두 분양가를 통제하려는 움직임이 활발해지자 신규 분양 단지에 당첨이 되기만 한다면 추후 현재보다 더 높은 시세차익을 얻을 수 있다는 가입자들의 기대감이 반영된 것으로 보인다"고 설명했다.

[20XX년 1월·7월 지역별 주택청약 종합저축통장 가입 현황]

(단위 : 좌)

구분	서울	인천	대전	광주	대구	울산	부산
1월	5,913,388	1,374,692	819,880	745,804	1,189,550	455,274	1,654,362
7월	6,050,167	1,457,330	844,838	764,166	1,220,423	477,534	1,716,368

01 다음 중 글의 내용과 일치하는 것은?

① 20여 차례에 걸친 정부의 부동산 규제 이후 집값은 하락하였다.
② 청약 경쟁이 치열한 지역은 청약통장 신규 가입자가 감소하고 있다.
③ 현재 청약예금과 청약부금은 신규 가입이 가능하다.
④ 신규 공급 단지의 분양 가격은 기존 시세보다 낮게 책정되었다.

02 제시된 지역 중 20XX년 1월 대비 7월 주택청약 종합저축통장 가입 수의 증가량이 가장 큰 지역과 두 번째로 큰 지역의 증가량의 합은?

① 167,672좌　　　② 198,805좌　　　③ 214,237좌　　　④ 219,417좌

03 다음 보도자료의 제목으로 가장 적절한 것은?

> 농림축산식품부(이하 농식품부)는 지난 2009년 제정된 식생활교육지원법에 따라 2010~2014년 제1차, 2015~2019년 제2차 식생활 교육 기본계획을 수립해 관련 정책을 추진해 왔다. 이번 제3차 기본계획은 환경·건강·배려를 핵심 가치로 '지속 가능한 식생활'의 실천과 확산에 중점을 뒀으며, 4대 전략과 12개 과제로 구성돼 있다. 우선, 사람 중심 교육 전략에 따라 저소득층과 고령자를 비롯한 취약계층, 영유아, 초·중·고등학생, 군 장병, 직장인 등 다양한 계층의 삶을 고려한 식생활 교육을 시행한다. 농식품 지원사업과 식생활 교육을 연계해 식품 지원이 영양 불균형 해소로 이어질 수 있도록 하고, 어린이집과 유치원, 초·중·고 정규교육 과정에서 식생활 교육 기회를 확대한다. 군 장병과 대학생, 직장인 등 식생활 관리가 어려운 계층은 '찾아가는 식생활 교육'으로 생활 습관 개선을 돕기로 했다. 고령자를 대상으로 보건소, 국민건강보험공단 등과 협업하여 '식생활·건강 개선 교실'도 운영한다. 또한, 농업·환경의 공익적 가치에 대한 이해를 높이고자 식생활 교육·체험 공간 지정을 확대하고 학교 주변 유휴지와 그린벨트 등에 도시 텃밭을 조성한다. 로컬푸드 직매장은 먹거리·교육 문화시설로 기능을 다양화하고 한식문화관에서는 전통 식생활을 경험할 수 있는 교육·체험 프로그램을 운영한다. 아울러 식생활 교육 정보를 통합 제공하는 종합정보 플랫폼을 운영하고 공모전을 통해 공공과 민간의 다양한 교육 우수사례를 발굴하기로 했다. 농식품부는 원활한 정책 추진을 위해 식생활 교육 정책 추진과 연차별 성과평가 등을 위한 분과위원회를 별도로 구성해 협업과 평가를 활성화할 방침이다. 농식품부 관계자는 "지난 제1~2차 기본계획을 통해 식생활 교육 정책의 기반 구축과 전국적 확산 분위기를 조성했다."며 "3차 기본계획은 실질적인 교육 확산과 내실화에 중점을 두고 추진할 예정"이라고 밝혔다.

※ 출처: 농림축산식품부 보도자료

① 농식품부, 학교 주변 유휴지에 도시 텃밭을 조성하여 식생활 교육 공간 지정 확대
② 농식품부, 취약계층의 영양 불균형 해소를 위한 농식품 바우처 제도 도입
③ 농식품부, 식생활 교육의 활성화를 위한 공공과 민간의 협업 체계 마련
④ 농식품부, 다양한 계층의 지속 가능한 식생활을 위한 맞춤형 교육 시행

04 다음 예금자보호법을 토대로 판단한 내용으로 옳은 것은?

제38조의5(공평한 손실분담의 원칙 등)

① 예금보험공사(이하 "공사"라 한다)는 자금지원을 할 때에 지원 대상인 부보금융회사의 부실에 책임이 있는 자가 공평한 손실분담을 하는 것을 전제로 하여야 한다.

② 공사가 자금지원을 할 때에는 대통령령으로 정하는 바에 따라 해당 부보금융회사와 경영정상화계획의 이행을 위한 서면약정(이하 "약정"이라 한다)을 체결하여야 한다. 이 경우 약정에는 그 부보금융회사의 경영정상화를 위한 다음 각호의 사항이 포함되어야 한다.

  1. 자기자본비율 등 대통령령으로 정하는 재무건전성 기준에 관한 해당 부보금융회사의 목표수준
  2. 자산대비 수익률 등 대통령령으로 정하는 수익성 기준에 관한 해당 부보금융회사의 목표수준
  3. 부실채권비율 등 대통령령으로 정하는 자산건전성 기준에 관한 해당 부보금융회사의 목표수준
  4. 제1호부터 제3호까지의 규정에 따른 목표수준을 이행하기 위하여 필요한 해당 부보금융회사의 인원·조직 및 임금의 조정 등 구조조정계획과 자금조달계획 등을 포함한 구체적인 실천계획
  5. 제4호에 따른 사항으로서 해당 부보금융회사 노동조합의 동의가 필요한 사항에 대한 동의서
  6. 제1호부터 제3호까지의 규정에 따른 목표수준을 달성하지 못할 경우 총인건비의 동결 등 해당 부보금융회사가 추가적으로 추진할 이행계획
  7. 그 밖에 대통령령으로 정하는 사항

③ 공사는 약정을 체결한 경우에는 전자문서 등을 통하여 이를 공개하여야 한다. 다만, 해당 부보금융회사의 경영에 중대한 영향을 줄 수 있는 사항으로서 대통령령으로 정하는 사항은 제외할 수 있다.

④ 공사는 약정에 따른 이행실적을 분기별로 점검하여 위원회에 보고하여야 한다.

⑤ 공사는 제4항에 따른 이행실적을 점검하기 위하여 자금지원을 한 부보금융회사에 업무 또는 재산에 관한 보고, 자료의 제출, 관계자의 출석 및 진술을 요구할 수 있다.

⑥ 공사는 자금지원을 한 부보금융회사의 임직원이 다음 각호의 어느 하나에 해당하는 경우에는 해당 부보금융회사의 장에게 이를 시정하게 하거나 그 임원의 해임·직무정지·경고·주의 또는 직원의 징계·주의를 요구할 수 있다.

  1. 약정을 이행하지 못한 경우
  2. 이 조 또는 약정에 따라 공사가 요구하는 보고서 또는 자료를 거짓으로 작성하거나 그 제출을 게을리하는 경우
  3. 이 조 또는 약정에 따른 공사의 업무수행을 거부·방해 또는 기피한 경우
  4. 공사의 시정 명령이나 징계 요구의 이행을 게을리한 경우

---

① 공사가 부보금융회사와 약정을 체결한 경우, 전자문서 등을 통하여 약정 내용을 모두 공개해야 한다.
② 공사와 부보금융회사의 경영정상화계획 이행을 위한 약정 체결 방법은 서면, 전자문서, 구두계약 등 다양한 방법으로 진행될 수 있다.
③ 공사는 부보금융회사에 업무, 재산에 관한 보고 등을 요구하여 이행실적을 점검하고, 이를 반기별로 위원회에 보고하여야 한다.
④ 공사가 부보금융회사와 경영정상화계획 이행을 위한 약정에는 수익성, 재무건전성, 자산건전성 기준에 대한 목표수준을 이행하기 위한 구체적인 실천계획을 포함해야 한다.

05 갑과 을이 함께 일하면 6일이 걸리고, 병과 을이 함께 일하면 10일이 걸리는 일이 있다. 세 명이 함께 일할 때 5일이 걸렸다면, 갑과 병이 함께 일하면 일을 마치는 데 최소 며칠이 걸리는가?

① 8일   ② 10일   ③ 12일   ④ 13일

06 자동차 한 대의 정가는 3,500만 원이다. 자동차 다섯 대를 판매하여 5,000만 원의 수익을 남겼을 때, 자동차 한 대당 수익률은?

① 35%   ② 40%   ③ 45%   ④ 50%

07 다음은 20X3년 하반기 당월 및 전년 동월 농협손해보험의 수입보험료 관련 자료이다. 이를 기반으로 작성한 보고서의 내용 중 옳지 않은 것을 모두 고르면?

[농협손해보험 수입보험료 및 수입보험료 손해율]

(단위: 십억 원, %)

구분		수입보험료	수입보험료 손해율
20X3년 07월	당월	1,972	95.5
	전년 동월	1,996	93.2
20X3년 08월	당월	2,189	101.2
	전년 동월	2,207	93.9
20X3년 09월	당월	2,387	101.0
	전년 동월	2,417	93.1
20X3년 10월	당월	2,627	101.9
	전년 동월	2,623	92.8
20X3년 11월	당월	2,916	100.6
	전년 동월	2,901	90.6
20X3년 12월	당월	3,289	99.0
	전년 동월	3,114	89.5

[20X3년 하반기 수입보험료 보고서]

　농협손해보험이 20X3년 하반기 수입보험료 관련 자료를 공개했다. ⓐ 농협손해보험의 수입보험료는 20X3년 8월부터 20X3년 12월까지 전월 대비 꾸준히 증가했다. ⓑ 특히 20X3년 12월 수입보험료는 전년 동월 대비 7% 이상 증가한 것으로 나타났다.

　특이사항으로는 ⓒ 20X2년 하반기에는 100%를 넘지 않던 평균 수입보험료 손해율이 20X3년 하반기에는 100%를 넘었으며, ⓓ 20X3년 하반기 동안 수입보험료 손해율은 10월에 가장 높았던 것으로 나타났다.

① ⓐ, ⓑ　　　　② ⓐ, ⓓ　　　　③ ⓑ, ⓒ　　　　④ ⓒ, ⓓ

08 ○○출판사에서 근무하고 있는 귀하는 인쇄소에 의뢰하여 가~마 출판물의 샘플을 모두 출력하고자 한다. 흑백 출력은 1매당 20원, 컬러 출력은 1매당 80원이라고 할 때, 귀하가 지불해야 하는 총 금액은?

구분	흑백 매수	컬러 매수
가 출판물	0매	150매
나 출판물	100매	50매
다 출판물	250매	0매
라 출판물	0매	200매
마 출판물	50매	100매

※ 출판물별 샘플 출력 매수가 총 200매 이상인 경우 해당 출판물 출력 비용의 10%가 할인됨

① 45,900원　　　　② 48,000원　　　　③ 51,400원　　　　④ 53,000원

09 전자용품 판매점을 운영하는 K 씨는 공장으로부터 마우스를 납품 받아 소비자에게 판매하고 있다. K 씨는 판매점의 영업 이익을 개선하기 위해 마우스 종류별 가격 정보와 지난 달 판매 수량을 고려하여 지난 달의 판매 이윤이 가장 적은 상품의 판매를 중단하고자 할 때, K 씨가 판매를 중단할 상품은?

구분	가 마우스	나 마우스	다 마우스	라 마우스
납품 가격	2.5만 원	3만 원	5.2만 원	1.8만 원
판매 가격	4만 원	5만 원	7만 원	3만 원
지난 달 판매 수량	22개	19개	20개	30개

※ 1) 마우스의 납품 가격과 판매 가격은 모두 제품 한 개 기준임
　 2) 개당 판매 이윤 = (개당 판매 가격 – 개당 납품 가격) × 판매 수량

① 가 마우스　　　　② 나 마우스　　　　③ 다 마우스　　　　④ 라 마우스

10 다음 밑줄 친 부분과 바꿔 쓸 수 없는 것은?

국립생물자원관은 개인이 멸종위기종 여부를 식별할 수 있도록 안내서를 마련하였다.

① 분간　　　　② 인식　　　　③ 구명　　　　④ 가름

11 다음 제시된 단어와 유사한 뜻을 가진 것을 고르면?

어지간하다

① 무난하다 　　　② 담담하다 　　　③ 엉성하다 　　　④ 만만찮다

12 다음 중 맞춤법에 맞지 않는 것은?

① 곳간 　　　　　② 횟수 　　　　　③ 툇간 　　　　　④ 촛점

13 거래처와 미팅이 있어 H 타워에 방문한 임씨는 주차장 이용 안내문을 확인하였다. 다음 안내문을 기준으로 주차장을 이용할 때, 가장 적절하지 않은 것은?

[H 타워 주차장 이용 안내문]

1. 주차장 운영 시간

  1) 평일 운영 시간: 06:00~23:00 (운영 시간 이후 입출차 제한)

  2) 주말·공휴일 운영 시간: 08:00~24:00 (운영 시간 이후 입출차 제한)

2. 주차장 이용 요금

2시간 이내	최초 2시간 초과 시 10분마다	일일 주차	비고
무료	500원	20,000원	10분 미만은 10분으로 계산

  ※ 주차 요금은 할인권 및 카드로만 납부 가능하며, 출차 시 이용 시간에 따라 주차료 청구

3. 주차장 이용 할인권

할인권	요금	구입처	비고
1시간 주차권	500원	이용 매장 또는 지정업소 (지하 1층 △△문고)	할인권은 1회 최대 2장까지 사용 가능
2시간 주차권	1,000원		
일일 주차권	10,000원		
월 정기권	50,000원		

  ※ 1) H 타워 상가 및 업무 시설 방문 고객에 한하여 판매

     2) 주차장 이용 할인권은 기본 무료 주차 이용 시간 후 사용 가능

4. 무인 정산기 이용 방법

  1) 출구 정산기: 8호관 1층 주차장 출구 차단기

  2) 사전 정산기: 5호관 지하 2층 4호기 엘리베이터 전실

    ※ 사전 정산기 이용 시 요금 정산 후 15분간의 출차 여유 시간 부여

---

① 5호관 지하 2층 4호기 엘리베이터 전실에서 사전 정산을 마쳤다면 추가 시간 15분을 받게 된다.

② H 타워에 차량을 주차한 뒤 미팅 장소가 다른 건물로 변경되었다면 할인권을 구매할 수 없다.

③ 주차비를 할인받기 위해 2시간 주차권 2매를 구입했다면 이용 가능 시간은 최대 4시간이다.

④ 임씨가 진행하는 비즈니스 미팅이 수요일 밤 11시 30분에 끝났다면 출차가 제한될 수 있다.

[14-15] 다음은 K 은행 신입 행원 6명의 근무 평가 결과이다. 각 물음에 답하시오.

[근무 평가표]

평가 항목	평가 내용	세부 내용	배점
1	고객 상담 능력(20점)	고객의 니즈 파악	15점
2		고객 맞춤형 상품 추천	5점
3	업무처리 능력(50점)	거래 유치 성공률	10점
4		정확한 일 처리	10점
5		신속한 일 처리	10점
6		리스크 최소화	10점
7		업무 완성도	10점
8	서비스 능력(20점)	응대 서비스	15점
9		영업점 내 시설물 및 편의물 관리	5점
10	대처 능력(10점)	고객 불만 해결	10점

[평가 등급]

구분	S 등급	A 등급	B 등급	C 등급	D 등급
평가 점수	91점 이상	81점 이상 91점 미만	71점 이상 81점 미만	61점 이상 71점 미만	61점 미만

[신입 행원별 근무 평가 점수]

(단위: 점)

평가 항목	수신부		여신부		외환부	
	갑	을	병	정	무	기
1	15	5	10	15	12	15
2	5	3	5	5	3	5
3	5	5	10	10	5	5
4	5	10	10	10	9	10
5	10	10	3	2	10	5
6	5	10	10	10	10	10
7	5	10	3	5	10	10
8	10	12	5	10	10	11
9	5	5	2	2	5	5
10	10	5	2	9	2	10
총 평가 점수	75	75	60	78	76	86

14 K 은행 신입 행원들의 근무 평가 평균 점수의 등급은?

① S 등급   ② A 등급   ③ B 등급   ④ C 등급

15 다음은 K 은행 수신부, 여신부, 외환부의 담당 업무 진행 시 필요로 하는 필수 역량을 나타낸 것이다. 각 신입 행원들은 근무 평가 점수에서 부서별 필수 역량 점수를 각각 합산하여 세 곳 중 자신의 평가 점수가 가장 높은 부서로 이동하거나 자신의 부서를 유지하게 된다. 다음 중 다른 부서로 이동하게 되는 신입 행원과 그 이동 부서를 바르게 연결한 것은?

구분	필수 역량
수신부	고객의 니즈 파악, 고객 맞춤형 상품 추천, 고객 불만 해결
여신부	고객 맞춤형 상품 추천, 거래 유치 성공률, 응대 서비스
외환부	정확한 일 처리, 리스크 최소화, 업무 완성도

① 을 – 외환부   ② 병 – 수신부   ③ 정 – 외환부   ④ 무 – 여신부

16 H 기업 홍보팀의 신입사원인 귀하는 H 기업의 경쟁사인 L 기업이 시행했던 마케팅 기법을 정리해오라는 지시를 받아 관련 자료를 찾고 있다. 귀하가 조사 도중 다음과 같은 신문 기사를 발견했을 때, 다음 중 신문 기사에 나타난 L 기업의 마케팅 기법으로 가장 적절한 것은?

> 월드컵의 열기로 뜨거웠던 지난달, L 기업은 이 마케팅을 통해 홍보 효과를 톡톡히 누렸다. 합법과 불법 사이를 교묘하게 넘나드는 이 마케팅은 올림픽, 월드컵과 같이 전 세계적인 관심을 받는 대회의 공식 후원사가 아님에도 불구하고 광고나 개별 선수 후원으로 브랜드 이미지를 노출하는 기법이다. 공식 후원사가 아닌 기업은 광고에 공식 로고, 단어, 휘장 등을 사용할 수 없다. 하지만 L 기업은 월드컵 기간에 월드컵과 관련된 참여형 팝업스토어를 개설하고, 매장과 TV 광고에 월드컵이 연상되는 문구와 이미지를 사용하여 대중의 시선을 끌어모았다. 그 결과 L 기업은 많은 사람으로 하여금 실제 월드컵 후원사가 H 기업이 아닌 L 기업이라고 착각하게 만드는 성과를 얻었다. 많은 비용을 들여서 대회의 공식 후원사가 된 H 기업보다 더 큰 인지도와 홍보 효과를 얻은 것이다.

① 앰부시마케팅　　　② 게릴라마케팅　　　③ 원투원마케팅　　　④ 스텔스마케팅

17 다음 명제가 모두 참일 때, 항상 옳은 것은?

> • 버스를 선호하는 사람은 도보로 출근하지 않는다.
> • 지하철을 타는 사람은 버스를 선호한다.
> • 지하철을 타지 않는 사람은 자가용으로 출근한다.

① 도보로 출근하는 사람은 지하철을 타지 않는다.
② 지하철을 타지 않는 사람은 버스를 선호하지 않는다.
③ 버스를 선호하지 않는 사람은 자가용으로 출근하지 않는다.
④ 도보로 출근하는 사람은 지하철을 탄다.

18 □□기업의 인사팀 K 과장은 신입사원 A, B, C, D의 부서를 배정하였다. 4명의 신입사원이 배정받은 부서는 미래혁신부, IT전략부, 금융리스크관리부, 금융자금운용부 중 하나이며, 아래의 부서 배정 결과를 모두 만족한다. 다음 중 신입사원 A, B, C, D의 성별과 부서가 바르게 짝지어진 것은?

[조직도]

경영기획	금융·자산 리스크관리
기획조정본부 • 기획본부 • 미래혁신부 • 인사부 • 자본시장본부 • 인재개발부	**금융지원본부** • 금융기획부 • 금융수신부 • 금융여신부
회원지원본부 • 회원관리부 • 회원정보보호부 • 농가소득관리부 • IT전략부	**리스크관리본부** • 금융리스크관리부 • 금융소비자보호부 • 금융정보보호부
	자산운용본부 • 금융자금지원부 • 금융자금운용부 • 금융투자부

[부서 배정 결과]

〈참인 내용〉
• C와 D의 성별은 같다.
• C는 남자가 아니며, 회원지원본부에 배정받지 않았다.
• 4명 모두 다른 부서에 배정 받았다.
• B가 배정받은 부서는 금융투자부와 같은 본부에 속해 있으며, B와 성별이 같은 사람은 없다.

〈거짓인 내용〉
• 신입사원 4명의 성비는 남자의 비중이 더 높다.
• A와 C 중 적어도 1명은 금융·자산 리스크관리에 속한 부서로 배정받았다.

	신입사원	성별	부서
①	A	남자	미래혁신부
②	B	여자	금융자금운용부
③	C	여자	IT전략부
④	D	여자	금융리스크관리부

19 다음 글의 중심 내용으로 가장 적절한 것은?

콜럼버스는 15세기 유럽의 대항해 시대에 활동한 이탈리아의 탐험가이다. 그는 금과 후추가 필요했던 스페인 왕실의 지원을 업고 1492년 8월 신대륙을 향하여 항해를 시작했다. 망망대해를 떠돌던 콜럼버스는 10월 12일 마침내 서인도제도의 북서부에 있는 산살바도르 섬에 도착했고, 뒤이어 쿠바와 아이티에까지 도달했다. 스페인으로 금의환향한 콜럼버스는 17척의 배와 약 1,500명의 선원들과 함께 2차 항해를 떠났다. 다시 신대륙에 도착한 그는 식민지 도시를 건설하고, 원주민을 동원하여 금을 채굴하는 등 신대륙을 성공적으로 개척하기에 이른다. 이를 계기로 세계 무역의 중심지는 지중해에서 대서양 연안으로 이동하였으며, 국제 관계의 주도권은 동양에서 서양으로 넘어가게 되었다. 이 때문에 콜럼버스는 신대륙 발견을 통해 세계사에 한 획을 그은 인물로 평가된다. 그러나 최근 그와 그의 업적에 대해 재평가가 필요하다는 목소리가 세계 곳곳에서 터져 나오고 있다. 신대륙을 개척하는 과정에서 원주민을 학살하고, 노예로 삼는 일을 서슴지 않은 콜럼버스의 행동은 그를 제국주의적 인물이라고 평가하기에 충분하기 때문이다. 게다가 널리 알려진 바와 달리, 콜럼버스가 아메리카 대륙을 최초로 발견한 인물이 아닐 수도 있다는 증거가 속속 등장하면서 콜럼버스에 대한 재평가의 필요성은 더욱 강조되고 있다. 실제로 북유럽 바이킹족의 유적과 유물이 캐나다 뉴펀들랜드에서 발견되었는데, 이들의 제작 연대는 1000년경으로 추정되고 있다. 또한, 1418년에 만들어진 중국 지도에도 아메리카 대륙이 실제와 비슷한 모양으로 표시되어 있다.

① 콜럼버스는 신대륙 발견을 통해 세계 질서를 재편한 인물로 재평가되어야 한다는 내용의 칼럼이야.
② 유럽의 중세 시대가 막을 내리는 데 콜럼버스의 신대륙 발견이 큰 영향을 미쳤다는 내용의 칼럼이야.
③ 콜럼버스를 유럽의 대항해 시대를 대표하는 인물로 보기엔 부족한 점이 있다는 내용의 칼럼이야.
④ 세계사에서 긍정적으로 평가되어 온 콜럼버스를 다른 시각에서 평가할 필요가 있다는 내용의 칼럼이야.

20 다음은 연도별 친환경 농산물 재배 현황과 인증 종류별 친환경 농산물 재배 농가 수 및 생산량을 나타낸 자료이다. 자료에 대한 설명으로 옳지 않은 것은?

[연도별 친환경 농산물 재배 현황]

(단위 : 천 호, 천 ha, 천 톤)

구분	2009년	2010년	2011년	2012년	2013년
농가 수	199	184	160	143	129
면적	202	194	173	164	142
생산량	2,358	2,216	1,852	1,498	1,182

[인증 종류별 친환경 농산물 재배 농가 수]

(단위 : 천 호)

구분	2009년	2010년	2011년	2012년	2013년
유기농	9	11	13	17	16
무농약	64	83	90	90	90
저농약	126	90	57	36	23

[2013년 인증 종류별 친환경 농산물 생산량]

(단위 : 천 톤)

구분	곡류	과실류	채소류	서류	특용작물	기타
유기농	49	10	41	4	3	11
무농약	223	60	199	27	170	14
저농약	7	260	103	1	0	0
합계	279	330	343	32	173	25

※ 친환경 농산물 인증 종류는 유기농, 무농약, 저농약으로 구성됨

① 2013년 인증 종류별 친환경 농산물의 생산량 구성비는 무농약이 가장 크다.

② 2013년 인증 종류별 친환경 농산물 재배 농가 수 1호당 생산량은 저농약이 무농약보다 5톤 이상 더 많다.

③ 제시된 기간 동안 친환경 농산물 전체 재배 농가 수에서 유기농 친환경 농산물 재배 농가 수가 차지 하는 비중은 매년 증가하였다.

④ 2013년 무농약 친환경 농산물 재배 농가 수당 무농약 곡류 및 채소류 생산량은 같은 해 유기농 친환 경 농산물 재배 농가 수당 유기농 곡류 및 채소류 생산량보다 많다.

[21-22] 다음은 암보험 약관의 일부이다. 다음 자료를 보고 각 물음에 답하시오.

제10조(만기환급금의 지급)

① 회사는 보험기간이 끝난 때에 만기환급금을 보험수익자에게 지급합니다.

② 회사는 계약자 및 보험수익자의 청구에 의하여 제1항에 의한 만기환급금을 지급하는 경우 청구일부터 3영업일 이내에 지급합니다.

③ 회사는 제1항에 의한 만기환급금의 지급시기가 되면 지급시기 7일 이전에 그 사유와 지급할 금액을 계약자 또는 보험수익자에게 알려드리며, 만기환급금을 지급함에 있어 지급일까지의 기간에 대한 이자의 계산은 "보험금을 지급 할때의 적립이율 계산"([별표 2] 참조)에 따릅니다.

④ 회사는 보험기간이 끝난 때에는 적립 부분 순보험료에 대하여 보험료 납입일부터 이 보험의 "보장성 공시이율"(이하 "공시이율")을 연 단위 복리로 적립한 금액(적립한 금액에서 중도인출액이 있었던 경우에는 그 원금과 이자의 합계액을 차감하여 계산한 금액)을 만기환급금으로 보험수익자(수익자의 지정이 없을 때에는 계약자)에게 지급합니다.

⑤ 제4항의 공시이율은 이 보험의 사업 방법서에서 정한 바에 따라 아래와 같이 결정합니다. 다만, 보험기간 중에 공시 이율이 변경되는 경우에 변경된 시점 이후에는 변경된 이율을 적용합니다.

　　1. "보장성 공시이율"은 매월 마지막 날 회사가 정한 이율로 하며, 다음 달 1일부터 마지막 날까지 1개월간 확정 적용합니다.

　　2. 회사는 외부지표금리와 운용자산이익률을 가중평균하여 산출된 공시기준이율에 향후 예상 수익 등을 고려한 조정률을 적용하여 보장성 공시이율을 결정합니다.

　　3. "보장성 공시이율"의 최저보증이율은 연 단위 복리 0.5%를 적용합니다.

[용어 풀이]

명칭	의미
적립 부분 순보험료	월납 또는 연납한 적립보험료에서 사업비를 차감한 보험료
보험료 납입일	보험료가 회사에 입금된 날
공시이율	전통적인 보험상품에 적용되는 이율이 장기·고정금리이기 때문에 시중금리가 급격하게 변동할 경우 이에 대응하지 못하는 점을 고려하여, 시중의 지표금리 등에 연동하여 일정 기간마다 변동되는 이율
최저보증이율	운용자산이익률 및 시중금리가 하락하더라도 회사에서 보증하는 최저한도의 적용이율 ※ 예를 들어, 적립금이 공시이율에 따라 적립되며 공시이율이 0.1%인 경우(최저보증이율은 0.3%일 경우), 적립금은 공시이율(0.1%)이 아닌 최저보증이율(0.3%)로 적립
사업 방법서	회사가 보험사업의 허가를 신청할 때 첨부해야 하는 기초서류의 하나로서, 피보험자의 범위, 보험금액 및 보험기간에 대한 제한 등이 기재된 서류 (상품별 사업 방법서 별지는 당사 인터넷 홈페이지의 상품공시실에서 확인 가능)

[별표 2. 보험금을 지급할 때의 적립이율 계산]

구분	적립 기간	적립이율
만기환급금 및 해지환급금	지급 사유가 발생한 날의 다음 날부터 청구일까지의 기간	• 1년 이내: 공시이율의 60% • 1년 초과 기간: 1%

※ 1) 만기환급금은 회사가 보험금의 지급시기 도래 7일 이전에 지급할 사유와 금액을 알리지 않은 경우, 지급 사유가 발생한 날의 다음 날부터 청구일까지의 기간은 1년을 기준으로 1년 이내와 1년 초과 기간으로 구분하여 적립 부분 순보험료에 이자율을 적용하여 이자를 추가 지급함

　　2) 지급 이자의 계산은 연 단위 복리로 계산하며, 금리연동형 보험은 일자 계산함

21 위 자료를 읽고 추론한 것 중 옳은 것을 모두 고르면? (단, $1.014^{10} = 1.15$이다.)

- ⊙ 공시이율이 0.6%이고 최저보증이율이 0.5%라면 적립금은 최저보증이율 0.5%로 적립된다.
- ⓒ 계약자인 A는 만기환급금 지급시기 5일 전인 9월 2일에 그 사유와 지급금액에 관해 설명을 들었다.
- ⓒ 수익자 B는 연납조건으로 연초에 가입했던 보험이 10년 뒤 연말에 만기가 되어 매년 적립 부분 순보험료인 70,000원을 보험료 납입일로부터 공시이율 1.4%로 적립한 금액인 760,500원을 만기환급금으로 받았다.
- ⓔ 계약자 C는 만기환급금을 청구하여 청구일인 9월 14일로부터 이틀 뒤인 9월 16일에 만기환급금을 지급받았다.
- ⓜ 10월 1일에 정해진 보장성 공시이율은 10월 1일부터 10월 31일까지 확정 적용된다.

① ⊙, ⓒ   ② ⓒ, ⓔ   ③ ⓒ, ⓔ   ④ ⓒ, ⓔ, ⓜ

22 다음은 갑이 연납조건으로 가입했던 보험의 보험금 지급시기 도래 7일 이전에 지급할 사유와 금액을 듣지 못했던 사실을 나중에 알게 되어 보험료 만기환급금을 청구하여 지급받는 상황에 관한 내용이다. 갑이 지급받을 금액은 약 얼마인가? (단, $1.012^5 ≒ 1.060$이며, 보장성 공시이율은 매달 같았다고 가정한다.)

- 적립 부분 순보험료: 매년 50,000원
- 보험 계약 기간: 5년(2014년 9월 1일~2019년 8월 31일)
- 지급 사유 발생: 2019년 9월 1일
- 청구일: 2020년 8월 27일
- 보장성 공시이율: 1.2%

① 250,000원   ② 250,360원   ③ 253,000원   ④ 253,360원

23 A 은행에서 김 사원, 박 사원, 이 사원, 정 사원, 배 사원이 대출을 받았다. 다음 조건을 모두 고려하였을 때, 다섯 명 중 A 은행에서 받은 대출 금액이 가장 큰 사람은?

- 5명의 재산 금액은 서로 다르고, 5명의 대출 금액도 서로 다르다.
- 재산 금액이 큰 사람일수록 A 은행에서 받은 대출 금액이 작다.
- 김 사원의 재산 금액은 박 사원의 재산 금액보다 작다.
- 정 사원의 대출 금액은 배 사원의 대출 금액보다 크다.
- 이 사원의 재산 금액은 다섯 명 중 가장 작지도 않고, 가장 크지도 않다.
- 김 사원의 재산 금액보다 재산 금액이 작은 사람은 두 명이다.

① 김 사원　　　　　② 박 사원　　　　　③ 정 사원　　　　　④ 배 사원

24 N 사 인사팀 소속인 가, 나, 다, 라, 마 사원은 취업 설명회 및 진로 상담을 위해 5개 대학교에 방문할 예정이다. 서로 다른 대학교에 한 명씩 방문할 때, 가 사원이 방문할 대학교는?

[방문 대학교 위치]

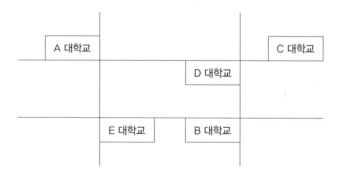

[인사팀 사원 배치 정보]

- 가 사원이 방문할 대학교는 다 사원이 방문할 대학교보다 왼쪽에 위치하지만, 나 사원이 방문할 대학교보다는 오른쪽에 위치한다.
- 라 사원이 방문할 대학교는 가 사원이 방문할 대학교보다 왼쪽에 위치한다.
- 마 사원이 방문할 대학교는 맨 아래쪽에 위치한다.

① A 대학교　　　　　② B 대학교　　　　　③ C 대학교　　　　　④ D 대학교

25 다음은 Y 사에서 조사한 공용 복합기에 대한 정보이다. Y 사에서 매달 5,000장의 흑백 인쇄와 2,000장의 컬러 인쇄를 사용할 때, 공용 복합기 구매 시 소요되는 누적 비용이 대여 시 소요되는 누적 비용보다 처음으로 적어지는 달은?

[공용 복합기 정보]

- 복합기 구매 가격은 1,800,000원이며 구매 가격에는 최초 11,000장의 흑백 인쇄와 8,000장의 컬러 인쇄가 기본으로 포함된다.
- 복합기 구매 시, 기본으로 포함된 매수 이후에는 흑백 인쇄는 1장에 10원, 컬러 인쇄는 한 장에 100원의 경비가 추가된다.
- 복합기 대여료는 월 150,000원이며 대여료에는 월 4,000장의 흑백 인쇄와 1,000장의 컬러 인쇄가 기본으로 포함된다.
- 복합기 대여 시, 기본으로 포함된 매수 이후에는 흑백 인쇄는 1장에 20원, 컬러 인쇄는 한 장에 150원의 경비가 추가된다.

---

① 9달 후　　　　② 10달 후　　　　③ 12달 후　　　　④ 13달 후

26 다음은 U 회사에서 가, 나, 다 제품을 생산하는 데 필요한 부품에 대한 자료이다. U 회사에서 나 제품을 200개 생산하고자 할 때, 필요한 부품의 총금액은?

[제품 1개의 부품 구성]

제품명	1번 부품	2번 부품	3번 부품
가	2개	2개	1개
나	3개	1개	4개
다	1개	3개	1개

[부품별 단가]

구분	1번 부품	2번 부품	3번 부품
개당 단가	15,000원	38,000원	21,000원

① 1,670만 원　　　② 2,540만 원　　　③ 3,000만 원　　　④ 3,340만 원

27 다음은 월별 서울과 경기 지역의 아파트 매매 가격 대비 전세 가격 비율 자료의 일부이다. 2017년 4월 매매 가격 대비 전세 가격의 비율은 전월의 변동 추이와 동일할 때, 2017년 4월의 전세 가격을 예측하여 이사 갈 지역을 선정하려고 한다. 서울과 경기 지역에서 각각 이사 조건을 만족하는 지역을 모두 고르면?

[월별 서울 지역의 아파트 매매 가격 대비 전세 가격 비율]

(단위: %)

구분	2016. 10.	2016. 11.	2016. 12.	2017. 01.	2017. 02.	2017. 03.
강북구	75.5	75.5	75.5	75.5	75.6	75.6
동대문구	75.2	75.1	75.1	75.1	75.2	75.2
중랑구	75.5	75.4	75.5	75.5	75.4	75.5
성북구	79.2	79.2	79.3	79.3	79.4	79.4
광진구	72.0	71.9	71.8	71.8	71.8	71.8
도봉구	75.1	74.8	74.7	74.7	74.8	74.8
노원구	74.6	74.3	74.3	74.3	74.3	74.3

[월별 경기 지역의 아파트 매매 가격 대비 전세 가격 비율]

(단위: %)

구분	2016. 10.	2016. 11.	2016. 12.	2017. 01.	2017. 02.	2017. 03.
안양시	81.0	81.0	81.0	81.0	81.0	81.0
성남시	74.7	74.7	74.7	74.8	74.8	74.9
군포시	80.9	80.9	80.9	80.9	80.9	80.9
의왕시	80.8	80.8	80.8	80.8	80.8	80.8
구리시	78.6	78.5	78.5	78.4	78.3	78.3
수원시	77.8	77.8	77.9	77.9	77.9	78.0
부천시	78.0	78.0	78.0	78.0	78.1	78.3

※ 출처: KOSIS(한국부동산원, 전국주택가격동향조사)

[이사 조건]

- 예산은 이사비용과 전세 가격을 모두 포함한다.
- 이사비용은 지역과 관계없이 0.3천만 원으로 동일하다.
- 서울 지역 아파트 매매 가격은 50.0천만 원으로 동일하다.
- 경기 지역 아파트 매매 가격은 40.0천만 원으로 동일하다.
- 서울 지역에서는 37.3천만 원 이하의 예산으로 이사 갈 수 있는 곳을 선택할 예정이다.
- 경기 지역에서는 31.3천만 원 이하의 예산으로 이사 갈 수 있는 곳을 선택할 예정이다.

① 동대문구, 군포시
② 중랑구, 수원시
③ 광진구, 성남시
④ 도봉구, 부천시

28 다음은 경기도 농민 기본소득에 대한 자료이다. 제시된 자료를 바탕으로 판단할 때, 옳은 것은?

[경기도 농민 기본소득]

1. 개요
- 6개 시군(포천, 연천, 여주, 양평, 안성, 이천)에 주소를 두고, 거주 및 실제 농업 생산에 종사하는 농민에게 10월부터 12월까지 매월 5만 원(분기 15만 원)을 시군 지역화폐로 지급함
  ※ 지역화폐는 경기도 내에서만 사용 가능한 화폐임

2. 목적
- 농민 개개인에게 기본소득을 지원해 정부 정책에서 소외된 농민의 권리를 강화하기 위함

3. 신청기간
- 포천/연천(7.20.~8.31.), 여주(7.20.~9.6.), 양평(7.28.~8.31.), 안성(8.2.~9.3.), 이천(8.2.~9.6.)

4. 대상
- 사업신청 시작일 기준으로 1개 시군에 연속 3년 또는 1개 시군에 비연속 10년 동안 주소를 두고 거주하면서 농지를 두고 1년 이상 농업생산에 종사해온 농민
  ※ 농업에는 농작물 재배업, 축산업, 임업만 포함됨

5. 신청방법
- 해당 시군 읍면동의 행정복지센터에 방문해 신청하거나 농민 기본소득 통합지원시스템에서 신청

6. 기타 사항
- 지급된 지역화폐 사용 기한은 지급일로부터 3개월임
- 중앙정부의 직불금 부정 수급자, 농업 외 종합소득이 3,700만 원 이상인 농민, 농업 분야에 고용되어 근로소득을 받는 농업노동자는 지급 대상에서 제외함
  ※ 지급 대상이 아닌 자가 농민 기본소득을 지급받는 경우, 지급 중지 및 환수 조치되며, 3~5년간 농민 기본소득 신청이 제한될 수 있음
- 문의 사항은 해당 시군의 농업부서나 읍면동의 행정복지센터에서 문의하도록 함

---

① 대상 요건을 만족하며, 여주에 주소를 둔 농민은 10월에 농민 기본소득 통합지원시스템에서 농민 기본소득을 신청할 수 있다.

② 농민 기본소득을 지급받은 농민이 내년 2월에 사용할 수 있는 최대 농민 기본소득은 총 10만 원이다.

③ 연천, 여주, 양평, 안성, 이천에 2년씩 주소를 두고 거주하면서 거주 기간 전체에 농지를 두고 임업에 종사한 농민은 농민 기본소득을 신청할 수 있다.

④ 축산업 분야에 고용되어 근로소득을 받은 농민은 농민 기본소득을 신청할 수 있다.

29 다음은 ○○은행 주거래우대정기예금 상품안내서이다. 제시된 상품안내서를 토대로 답변할 때, ○○은행 행원이 안내한 내용으로 옳은 것은?

[○○은행 주거래우대정기예금 상품안내서]

- 상품특징: 은행 거래실적에 따라 다양한 우대금리를 제공하는 거치식 상품
- 가입대상: 개인
- 가입기간: 12개월 이상 36개월 이내(월 단위)
- 가입금액: 1백만 원 이상(1인당 최대 5억 원까지 가입 가능)
- 가입기간에 따른 기본금리

가입기간	12개월 이상 24개월 미만	24개월 이상 36개월 미만	36개월
기본금리 (연%, 세전)	1.10%	1.20%	1.25%

- 우대금리: 최고 0.40%p(아래 우대조건 만족 시 가입일의 기본금리에 가산하여 만기 해지 시 적용)

우대조건	우대금리
가입월부터 만기 전월까지 기간 중 3개월 이상 ○○은행에서 급여이체 시[1]	0.15%p
만기 전전달에 ○○주거래우대통장에서 납부자(타행) 자동이체 또는 출금이체(자동납부)로 3건 이상 출금[2]	0.05%p
가입월부터 만기 전월까지 기간 중 ○○은행 개인신용/체크카드(교육) 월평균 20만 원 이상 이용[3]	0.10%p
만기일 전월 말 기준으로 ○○은행의 주택청약종합저축(청약저축 포함) 또는 적립식(임의식) 펀드 중 1개 이상 가입 시[4]	0.10%p

※ 1) 급여이체의 인정기준은 비연속적으로 3개월 이상인 경우도 포함
　 2) 계좌 간 자동이체(당행이체)를 제외한 ○○은행 외부기관의 요청에 의해 출금되는 타사카드대금(○○카드 제외), 통신요금, 보험료, 공과금 등에 대해 지로, CMS에 의한 자동납부 및 펌뱅킹, 펌뱅킹플러스, 아파트뱅킹 자동이체를 의미하며 실시간 이체는 제외
　 3) 승인기준, 현금서비스 제외
　 4) 만기일 전월 말 기준 유효계좌 보유고객, MMF 제외
- 세제 혜택: 비과세 종합저축

행 원: 안녕하세요, 고객님. ○○은행입니다. 무엇을 도와드릴까요?

고 객: 네, 주거래우대정기예금 계좌를 개설하려고 하는데 20개월 만기 시 기본금리와 36개월 만기 시 기본금리의 차이는 얼마인가요?

행 원: 네, 고객님. ① 주거래우대정기예금의 기본금리는 20개월 만기 시 1.10%, 36개월 만기 시 1.25%로 차이는 0.05%p입니다. 가입기간에 따라 기본금리가 다르며 기본금리 이외에 우대조건을 만족할 경우 추가로 우대금리를 적용받으실 수 있습니다.

고 객: 우대금리는 어떻게 적용되나요?

행 원: 네, 고객님. ② 우대금리는 만기 전월까지 가입을 유지해 주셔야 적용 가능합니다. ③ 해당 상품을 가입한 월부터 만기 전월까지 저희 은행 계좌로 3개월 이상 급여이체를 받을 경우에 우대금리 0.15%p를 적용해드립니다. 또한, 만기 전전달에 ○○주거래우대통장에서 납부자(타행) 자동이체 또는 출금이체(자동납부)로 3건 이상 출금하실 경우 0.05%p, ④ 가입기간 동안 저희 은행 개인신용카드나 체크카드 이용 금액이 현금서비스를 포함하여 월평균 20만 원 이상 이용하실 경우 0.10%p의 우대금리를 적용받으실 수 있고, 저희 은행의 주택청약종합저축(청약저축 포함) 또는 적립식(임의식) 펀드 중 1개 이상 가입 시에도 0.10%p를 우대해 최대 0.40%p의 우대금리를 적용받으실 수 있습니다.

고 객: 답변 감사합니다. 기간은 1년으로 해서 해당 상품에 5백만 원 가입할게요.

행 원: 네, 고객님. ○○은행 주거래우대정기예금 관련 서류 준비해드리겠습니다.

[30-31] 다음 글을 읽고 각 물음에 답하시오.

[사내 결재 규정]

- 결재를 받으려는 업무에 대해서는 최고결재권자를 포함한 이하 직책자의 결재를 받아야 한다.
- '전결'은 회사의 경영활동이나 관리활동을 수행함에 있어 의사 결정이나 판단을 요하는 일에 대하여 최고결재권자의 결재를 생략하고, 자신의 책임하에 최종적으로 의사결정이나 판단을 하는 행위를 말한다.
- '대결'은 결재권자가 출장, 휴가, 기타 사유로 부재 시 그 직무를 대리하는 자가 결재하는 행위로, 결재권자가 결재한 것과 동일한 효력을 갖는다.
- 전결사항에 대해서도 위임받은 자를 포함한 이하 직책자의 결재를 받아야 한다.
- 결재가 불필요한 직책자의 결재란은 상향대각선으로 표시한다.
- 결재 양식: 행정자치부의 '행정업무의 효율적 운영에 관한 규정 시행규칙 제7조(문서의 결재)'에 따른다.

제7조(문서의 결재)

① 결재권자의 서명란에는 서명 날짜를 함께 표시한다.

② 영 제10조 제2항에 따라 위임전결하는 경우에는 전결하는 사람의 서명란에 "전결" 표시를 한 후 서명하여야 한다.

③ 영 제10조 제3항에 따라 대결(代決)하는 경우에는 대결하는 사람의 서명란에 "대결" 표시를 하고 서명하되, 위임전결사항을 대결하는 경우에는 전결하는 사람의 서명란에 "전결" 표시를 한 후 대결하는 사람의 서명란에 "대결" 표시를 하고 서명하여야 한다.

④ 제2항과 제3항의 경우에는 서명 또는 "전결" 표시를 하지 아니하는 사람의 서명란은 만들지 아니한다.

- 최고결재권자의 결재사항 및 최고결재권자로부터 위임된 전결사항은 아래의 표에 따른다.

구분	내용	금액기준	결재서류	최고결재권자 팀장	최고결재권자 본부장	최고결재권자 대표이사
접대비	거래처 식대, 거래처 경조금	20만원 이하	지출품의서, 지출결의서	● ○		
접대비	거래처 식대, 거래처 경조금	30만원 이하	지출품의서, 지출결의서		● ○	
접대비	거래처 식대, 거래처 경조금	30만원 초과	지출품의서, 지출결의서			● ○
교육훈련비	사내 강사 교육비	–	기안서, 지출결의서		●	○
교육훈련비	외부 강사 교육비	–	기안서, 지출결의서			● ○
교통비	국내 출장비	30만원 이하	출장계획서, 출장비신청서	● ○		
교통비	국내 출장비	50만원 이하	출장계획서, 출장비신청서	●	○	
교통비	국내 출장비	50만원 초과	출장계획서, 출장비신청서	●		○
교통비	해외 출장비	–	출장계획서, 출장비신청서		●	○
교통비	야근 교통비	–	출장계획서, 출장비신청서	○		
복리후생비	회식대	–	지출결의서		○	
복리후생비	조야근 식대	1만원 이하	지출결의서	○		
복리후생비	경조금	–	지출결의서		○	
복리후생비	체력단련	–	지출결의서		○	

※ 각 결재서류의 최고결재권자는 기호로 나타냄(●: 기안서·지출품의서·출장계획서, ○: 지출결의서·출장비신청서)

30 인재개발부에서 근무하는 유 대리는 사내 강사로부터 1회 10만 원에 계약하여 HRD 교육을 총 4회 진행하고자 한다. 다음 중 사내 결재 규정에 따라 결재 양식을 가장 올바르게 작성한 것은? (단, 서명 날짜는 생략한다.)

①

기안서		
대리	팀장	본부장
대리 서명	팀장 서명	본부장 서명

②

기안서			
대리	팀장	본부장	대표이사
대리 서명	팀장 서명	본부장 서명	

③

기안서			
대리	팀장	본부장	대표이사
대리 서명	팀장 서명	본부장 서명	대표이사 서명

④

지출결의서			
대리	팀장	본부장	대표이사
대리 서명	팀장 서명	본부장 서명	

31 해외사업팀에서 근무하는 안 사원은 해외 거래처와의 미팅을 위해 인도네시아행 왕복 비행기 티켓 80만 원을 지불하고자 하며, 대표이사의 출장으로 인해 당분간 관련 결재는 본부장이 위임받아 진행하고 있다. 다음 중 사내 결재 규정에 따라 결재 양식을 가장 올바르게 작성한 것은? (단, 서명 날짜는 생략한다.)

①

출장계획서			
사원	팀장	본부장	대표이사
사원 서명	팀장 서명	본부장 서명	전결

②

출장계획서			
사원	팀장	본부장	대표이사
사원 서명	팀장 서명	대결	
		본부장 서명	

③

출장비신청서			
사원	팀장	본부장	대표이사
		전결	대결
		본부장 서명	대표이사 서명

④

출장비신청서		
사원	팀장	본부장
사원 서명	팀장 서명	대결
		본부장 서명

32 최 사원은 본인이 담당한 8개의 업무에 점수를 부여하여 업무 점수에 따라 우선순위를 정한 후 월요일부터 수요일까지 3일 동안 모든 업무를 처리하려고 한다. 최 사원이 월요일, 화요일, 수요일에 각각 진행해야 할 업무를 순서대로 바르게 나열한 것은?

[최 사원의 업무 리스트 및 점수]

구분	업무	점수	
		긴급성	중요도
a	신입사원 교육	5점	8점
b	탕비실 정리 및 간식 관리	1점	2점
c	신제품에 대한 기획안 작성	7점	10점
d	주간회의 진행	10점	3점
e	컴퓨터 프로그램 업데이트	2점	7점
f	시장조사를 위한 외근	9점	9점
g	사무용품 구입 신청	4점	1점
h	제품 생산에 사용된 경비 정리	6점	9점

※ 업무 점수 = 긴급성 점수 + 중요도 점수

[업무 점수에 따른 우선순위 분류]

구분	긴급함	긴급하지 않음
중요함	15점 이상인 업무	6점 이상 15점 미만이고, 중요도 점수가 긴급성 점수보다 높은 업무
중요하지 않음	6점 이상 15점 미만이고, 긴급성 점수가 중요도 점수보다 높은 업무	6점 미만인 업무

[요일별 업무 계획]

월요일	화요일	수요일
긴급하면서 중요한 업무	긴급하지 않지만 중요한 업무, 긴급하지만 중요하지 않은 업무	긴급하지도 중요하지도 않은 업무

	월요일	화요일	수요일
①	b, c, f	a, d, h	e, g
②	c, f	a, d, e, h	b, g
③	f, h	a, d, e	b, c, g
④	c, f, h	a, d, e	b, g

33 레스토랑 매니저는 자원관리의 과정에 따라 직원 배치 계획을 수립하였다. 빈칸에 들어갈 내용으로 가장 적절하지 않은 것은?

구분	자원관리의 과정	직원 배치 계획
1단계	필요한 자원의 종류와 양 파악	㉠
2단계	㉡	파악한 내용을 바탕으로 직원을 좀 더 여유 있게 채용한다.
3단계	㉢	업무별 우선순위에 따라 업무에 배치할 직원과 인원수를 계획한다.
4단계	계획에 따른 수행	㉣

① ㉠: 업무별 필요 직원 수를 파악한다.
② ㉡: 이용 가능한 자원 수집
③ ㉢: 자원 활용 계획 수립
④ ㉣: 계획에 따라 직원을 배치한 후, 계획에 수정이 필요할 경우에는 업무별 담당 직원이 각자 판단하여 수정하도록 지시한다.

34 다음 글의 내용과 일치하는 것을 모두 고르면?

백의민족이라고 불리는 우리 민족의 흰옷에 대한 사랑과 역사는 아주 오래전부터 시작되었다. 중국의 『삼국지 위지 동이전』에 따르면 부여인과 신라인이 흰옷을 즐겨 입었다는 내용이 수록되어 있으며, 안정복의 『동사강목』과 서거정의 『필원잡기』에서도 왕을 비롯하여 고려들이 흰옷을 좋아했다는 기록이 있다. 이러한 경향은 조선 시대에도 이어져 신분의 높고 낮음에 상관없이 흰옷을 즐겨 입었다. 특히 고려와 조선 시대에 이르러 여러 차례 백의 금지령이 반포되었으나 시행되지 않았다는 사실은 백의의 관습이 우리 민족의 의생활을 지배해왔다는 것을 의미한다. 그렇다면 우리 민족이 흰옷을 즐겨 입었던 까닭은 무엇일까?

최남선의 『조선상식문답』에 따르면 우리 민족은 오래전부터 태양을 하늘로 섬기고 자신을 하늘의 자손이라고 여겨 태양의 광명을 의미하는 흰빛을 신성시하였으며, 흰옷에 대한 선호도 여기에서 비롯되었다고 한다. 즉, 제사 때 흰옷을 입고 하얀 떡과 술, 흰밥을 올리는 관습이 하늘에 지내는 제사에서 유래하였듯이 백의 역시 천제(天祭) 의식에서 유래했다고 보는 것이다.

그러나 흰옷에 대한 선호는 단순히 흰옷에 대한 숭상만으로 비롯된 것이 아니다. 또 다른 이유는 흰색의 포용성과 상징성에서 찾을 수 있다. 우리 민족에게 흰색은 본연 그대로의 색으로 자연과 가장 합치되며, 이상과 현실의 조화이자 죽음을 넘나드는 원시적인 색인 동시에 성스럽고 세속적인 색이다. 또한 흰색은 순결·지조·기개·장수·진실을 상징하며 만물의 근원을 의미한다. 따라서 흰색이 지닌 포용성과 상징성은 우리 민족이 흰색 의복을 즐겨 입도록 하는 데 정신적인 바탕이 되었으며, 흰색이 상징하는 절제, 검소, 결백은 조선 시대의 성리학적 이념에서 강조하는 미덕과도 잘 부합하여 백의 풍습을 지속하는 자양분이 되었다.

이외에도 흰옷은 염색된 옷에 비해 쉽게 더러워지지만, 과거에는 옷 한 벌을 염색하는 데 네 식구가 한 달을 먹을 양식에 달하는 비용이 들었다는 것과 비교하면 잿물로 빨래를 삶아 세탁을 하던 우리 민족에게는 언제라도 빨기만 하면 깨끗해지는 흰옷이 훨씬 경제적이고 실용적으로 다가왔다. 잿물은 볏짚이나 콩깍지를 태운 재로 만든 천연 알칼리성 용액으로, 빳빳한 무명옷을 하얗고 부드럽게 만들어줄뿐더러 흙탕물에 더럽혀진 옷도 잿물에 삶아내기만 하면 새 옷처럼 깨끗해지기 때문에 늘 흰색을 유지할 수 있었다.

그러나 일제는 한민족이 즐겨 입는 흰옷이 쉽게 더러워져 자주 세탁해야 하므로 비경제적이라며 흰옷 대신 검은 옷을 입도록 장려하였다. 그러나 대부분이 이를 무시하자 거리에서 흰옷을 입은 사람에게 먹물을 뿌리는 등 흰옷에 대한 탄압이 거세짐에 따라 어느덧 흰옷은 항일의 상징이 되어 우리 민족의 삶과 의지를 나타내기도 하였다. 그러나 해방 이후 미군의 주둔과 함께 서양 문화가 유입되면서 오랜 전통과 항일의 상징으로 강한 생명력을 이어왔던 흰옷 문화는 점차 무너지기 시작하였다. 가장 오래 풍습으로 남아 있던 장례의 흰 소복마저도 오늘날에는 검은 상복으로 대체되기에 이르면서 오늘날 흰옷을 즐겨 입는 풍습은 거의 남아 있지 않다.

ⓐ 우리 민족은 예로부터 태양 숭배에서 비롯한 신성한 이유로 흰옷을 즐겨 입었다.
ⓑ 우리 민족이 흰옷을 즐겨 입은 데에는 염색에 따른 비용이 들지 않는다는 경제적인 이유도 존재한다.
ⓒ 조선 시대부터 우리 민족은 흰색이 상징하는 저항 정신을 받들어 백의를 선호하게 되었다.

① ⓐ   ② ⓑ   ③ ⓒ   ④ ⓐ, ⓑ

35 다음은 과실별 생산면적에 대한 자료이다. 이를 바탕으로 만든 그래프로 옳은 것은?

[과실별 생산면적]

(단위: 백 ha)

구분	2014년	2015년	2016년	2017년	2018년
사과	307	316	333	336	332
배	131	127	112	109	103
복숭아	155	167	199	210	211
포도	163	154	149	131	128
감귤	213	213	217	216	216
감	280	270	251	247	239
자두	57	59	70	73	73

※ 출처: KOSIS(통계청, 농작물생산조사)

① 2017년 과실별 생산면적

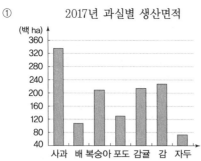

② 연도별 복숭아 생산면적

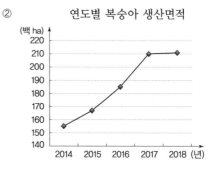

③ 2014년 과실별 생산면적

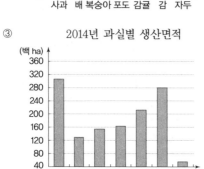

④ 연도별 포도 생산면적

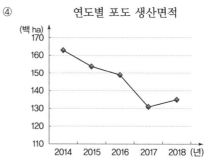

36 다음 빈칸에 들어갈 단어로 적절한 것은?

> The patient received a _____ medical exam to ensure that he was in good health.

① convulsive ② compulsive ③ comprehensive ④ compressed

37 영재학원에서 학생 4명을 대상으로 아이큐 테스트를 진행하였다. 학생들의 아이큐가 각각 125, 130, 115, 110일 때, 학생 4명 아이큐의 표준편차는?

① 60 ② $\sqrt{60}$ ③ 62.5 ④ $\sqrt{62.5}$

[38 - 39] 다음은 ○○건설회사에서 안전장비를 보관하기 위해 사용하는 바코드 구성 및 분류에 대한 자료이다. 각 물음에 답하시오.

○○건설회사의 자산관리팀은 건설 현장에서 사용하는 안전장비를 창고에 무작위로 보관하면서 안전장비 관리 및 구매 비용이 낭비되고 있다는 것을 알게 되었다. ○○건설회사의 자산관리팀은 안전장비 관리 및 구매 비용을 줄이기 위해 바코드를 활용하여 관리 프로세스를 변경하려고 한다. 바코드의 첫 번째, 두 번째, 세 번째, 네 번째 구성을 각각 용도별 코드, 종류별 코드, 보관 통로별 코드, 장비 코드 순으로 하여 바코드를 생성할 예정이며, 이에 따라 구성하면 'A-000-0-001'과 같은 형식으로 바코드가 생성된다.

[바코드 구성]

구분	바코드 종류	코드
첫 번째	용도별 코드	A~Z
두 번째	종류별 코드	000~999
세 번째	보관 통로별 코드	0~9
네 번째	장비 코드	001~999

[바코드 분류]

구분			용도·종류별 코드	보관 통로별 코드	장비 코드
용도	착용		A	–	–
	현장 설치		B	–	–
종류	착용 장비	안전화	200	1	001~999
		안전모	201	2	001~999
		장갑	203	2	001~999
		로프	301	3	001~999
	현장 설치 장비	안전표지판	501	4	001~999
		안전펜스	502	5	001~999
		안전망	601	5	001~999

※ 장비 코드는 001부터 순서대로 부여하며, 마지막 장비 코드의 번호는 항상 장비 재고 수와 같음

38 자산관리팀이 바코드를 활용하여 안전장비 관리를 시작하고 필요한 장비를 추가로 구매하려고 할 때, 다음 중 가장 먼저 진행해야 할 업무로 가장 적절한 것은?

① 현장에 바코드 구성 매뉴얼을 공유하고 장비별 보관 위치 안내문을 부착한다.
② 안전장비의 재고를 파악하고 종류별로 물품을 분류한다.
③ 현장과 사무실 간의 커뮤니케이션 방안을 수립하여 공유한다.
④ 현장 근로자의 바코드 사용 선호도 조사를 진행한다.

39 자산관리팀이 업무 지침을 바탕으로 업무를 수행하고 있을 때, 업무 수행 내용 중 가장 적절하지 않은 것은?

[안전장비 관리 프로세스 변경 업무 지침]

- 안전장비 관리 프로세스 변경 목적은 비용 절감과 시간 절약임을 숙지하고 목적에 맞게 업무를 수행해야 함
- 담당 업무를 완료한 자는 미 완료 업무를 지원하도록 함
- 업무가 지연될 시, 다른 부서에 지원을 요청하여 전체 업무가 지연되지 않도록 함
- 현장 업무 담당자는 바코드 구성 및 분류에 따라 현장을 정비하도록 함
- 교육 담당자는 현장 근로자가 바코드 시스템을 이해하고 사용 방법을 익힐 수 있도록 바코드의 구성과 의미를 교육 내용에 포함하도록 함
- 교육 담당자는 안전장비의 관리 및 구매 방법을 교육 내용에 포함하도록 함

[자산관리팀 업무 분담]

구분	안전장비 및 현장 정비	현장 근로자 교육	안전장비 구매
담당자	김민호 대리	이원우 팀장	송지혜 대리
	김민지 사원	김태현 대리	–
	김수지 사원	–	–

① 김수지 사원: 저는 안전장비 재고조사 업무를 맡아 장비를 종류별로 나누어 재고조사를 진행했습니다.
② 송지혜 대리: 저는 안전장비 구매 업무가 끝나서 김민지 사원을 도와 안전화에 바코드를 부착하는 업무를 진행했으며, 방금 전 바코드 'A-200-2-980'을 출력하여 마지막 980번째 안전화에 부착했습니다.
③ 김민지 사원: 저는 안전장비 바코드 부착 및 재배치 업무를 맡았으며, 안전망보다 더 자주 사용하는 안전펜스가 통로 앞쪽에 위치하도록 정리했습니다.
④ 김태현 대리: 저는 현장 근로자에게 안전장비 대여 및 반납, 수리 및 구매 신청 방법을 교육하여 근로자 스스로 안전장비를 관리할 수 있도록 지도했습니다.

40 제휴사업팀은 기차를 이용하여 당일 출장을 다녀오기 위해 승용차를 타고 기차를 탑승할 기차역 또는 그 주변 주차장으로 이동하여 주차할 계획이다. 주차장은 5시간 동안 이용할 예정이며 주차 요금이 가장 저렴한 주차장에 주차한다고 할 때, 제휴사업팀이 주차하기에 적합한 주차장은?

구분	주차 요금	비고
A 역 주차장	• 최초 1시간: 무료 • 추가 1시간당 5,000원	• A 역 이용고객: 10% 할인
A 역 인근 백화점 주차장	• 1시간당 5,000원	• A 역 이용고객: 1시간 주차 무료
B 역 주차장	• 최초 2시간: 10,000원 • 추가 30분당 2,000원	• B 역 이용고객: 3시간 이상 주차 시 4,000원 할인
B 역 인근 공영 주차장	• 최초 1시간: 5,500원 • 추가 1시간당 2,200원	−

① A 역 주차장
② A 역 인근 백화점 주차장
③ B 역 주차장
④ B 역 인근 공영 주차장

41 귀하는 팀장님의 지시로 농업기술세미나 장소 예약을 담당하게 되었다. 팀장님의 지시에 따라 세미나 장소를 예약할 때, 귀하가 판단한 내용으로 옳지 않은 것은? (단, 19일 이후는 고려하지 않는다.)

[이번 달 예약 완료 현황]

일	월	화	수	목	금	토
			1	2	3	4
				동부(오전) 북부(오후)		동부(오전) 북부(오전)
5	6	7	8	9	10	11
북부(오전)	서부(오후)		동부(오전) 북부(오전)	서부(오후) 남부(오후)	북부(오전) 서부(오후)	동부(오전)
12	13	14	15	16	17	18
남부(오전) 서부(오후)	북부(오전)	동부(오전) 북부(오후)		남부(오전) 동부(오전)	북부(오전)	

[교육장 정보]

구분	북부농업교육장	남부농업기술센터	서부농업교육장	동부농업기술센터
수용 가능 인원	50명	45명	50명	55명
이용 가능 시간	오전/오후	오전/오후	오후	오전

> **팀장:** 농업기술세미나는 이번 달 둘째 주나 셋째 주 평일 이틀 동안 진행하는 것으로 결정합시다. 세미나 예정 소요 시간이 총 12시간이니, 첫째 날에는 오전/오후 일정을 같은 곳에서 진행하도록 넣고, 둘째 날에는 오전 일정만 넣으면 딱 맞겠네요. 아무래도 세미나 내용이 연결되는 만큼 이틀을 연달아 진행하는 게 좋겠어요. 아, 예상 참석 인원은 45명이지만 추가 참석자가 있을 수도 있으니, 5명 이상 여유 인원까지 수용할 수 있는 교육장으로 진행합시다.

① 수용 가능 인원을 고려하였을 때, 남부농업기술센터는 적합하지 않군.
② 둘째 주나 셋째 주 평일로 결정되었으니 1, 2, 3일과 주말은 제외하고 고려해야지.
③ 이용 가능 시간만을 고려하면 세미나 첫째 날에는 북부농업교육장만 이용 가능하겠어.
④ 모든 지시 사항을 고려하였을 때, 14일부터 세미나를 시작하는 것은 불가능하구나.

42 총무부의 사원인 귀하는 팀장으로부터 다음과 같은 문서를 전달받았다. 문서이해 절차 중 3단계에 맞춰 다음 문서를 이해한 것으로 가장 적절한 것은?

[통근 버스 임시 우회 운행 안내]

○○시에서 진행하는 '행복한 세상 만들기 마라톤' 행사와 관련한 교통 통제로 인하여 통근 버스가 아래와 같이 임시 우회하여 운행될 예정입니다. 통근 버스를 이용하시는 임직원들께서는 참고하시어 이용에 불편이 없으시길 바랍니다.

1) 임시 우회 운행 일시
   - 20△△년 10월 6일(금요일) 07:30~17:30

2) 임시 우회 운행 사항

현행 노선	우회 운행 노선
소망아파트 → 믿음공원 입구 → 나눔 오거리 → 7호선 양보역	소망아파트 → 믿음공원 입구 → 화합 삼거리 → 우수대교 → 미소로타리

3) 참고 사항
   - 임시 우회 운행 일시 및 사항은 당일 교통 통제 상황에 따라 변동될 수 있으며, 교통 통제가 해제되는 대로 최대한 신속히 정상 운행할 수 있도록 노력하겠습니다.

총무부
안내 전화: 123-456-7890

[문서이해 절차]

1단계	문서의 목적을 이해함
2단계	문서의 작성 배경과 주제를 파악함
3단계	문서의 정보를 밝혀내고, 문서에 제시된 현안을 파악함
4단계	상대방의 요구 및 의도를 파악하고, 자신에게 요구되는 행동에 대한 내용을 분석함
5단계	문서에서 이해한 목적을 달성하기 위해 해야 할 행동을 생각하고 결정함
6단계	상대방의 의도를 도표, 그림 등으로 메모하여 요약 및 정리함

① 통근 버스는 단 하루만 우회 운행하며, 당일 오후 5시 30분을 넘어서부터는 정상 운행할 거야.
② 마라톤 행사가 진행됨에 따라 통근 버스의 노선이 변경되므로 이를 알리기 위해 작성된 문서야.
③ 난 어차피 10월 6일 오후 6시에 회의가 있어 퇴근이 늦을 테니 노선 변경에 신경 쓰지 않아도 되겠어.
④ 통근 버스를 이용하는 임직원의 경우 변경된 버스 노선을 참고하여 출퇴근하라는 의미야.

43 로봇이 작업을 하고 다시 시작 지점으로 돌아오는 데 A 로봇은 6분이 걸리고, B 로봇은 15분이 걸린다. A 로봇과 B 로봇이 같은 지점에서 동시에 작업을 시작하여 시작 지점에서 두 번째로 만나게 되는 시간은 몇 분 후인가?

① 30분 후   ② 40분 후   ③ 50분 후   ④ 60분 후

44 다음 글에서 설명하고 있는 논리적 사고 개발 방법은?

> 하위의 사실이나 현상부터 생각함으로써 상위의 주장을 만들어가는 방법으로, 보조 메시지들을 통하여 중요한 메인 메시지를 도출해내고, 다시 메인 메시지를 종합하여 최종 정보를 도출해 내는 방법이다.
>
> 예를 들어 현재 제품 영업 및 CS 업무를 맡고 있는 A 부서에서 자사 제품의 판매 부진, 고객들의 불만 건수 증가, 경쟁사 제품의 매출 증가 등의 현상을 발견하였다면, 이것을 보조 메시지로 삼아 우리 회사의 제품에 대한 홍보 부족과 고객의 만족도 저하라는 메인 메시지를 도출할 수 있다. 이러한 메인 메시지들을 모아서 최종 결론을 도출하는 방법이 ( )이다.

① 오류 소거법   ② So what법
③ 피라미드 구조화 방법   ④ 고정관념 타파법

45 다음 명제가 모두 참일 때, 항상 옳은 것은?

> • 어린이는 단 음식을 좋아한다.
> • 곤충을 무서워하면 음료수를 즐겨 마시지 않는다.
> • 단 음식을 좋아하면 음료수를 즐겨 마신다.

① 음료수를 즐겨 마시지 않으면 곤충을 무서워한다.
② 곤충을 무서워하면 어린이가 아니다.
③ 단 음식을 좋아하면 곤충을 무서워한다.
④ 음료수를 즐겨 마시면 어린이다.

[46-47] 다음 보도자료를 읽고 각 물음에 답하시오.

농림축산식품부(이하 농식품부)는 축산법령에서 규정하는 시설기준, 악취 및 분뇨관리 기준 등의 준수 사항과 축사 내·외부 소독·방역 사항, 전기화재 안전 점검 사항들을 종합한 '축산농장 자가진단 안내서'를 축산농가에게 제공한다고 밝혔다.

[20X3년 지역별 가축사육 농가 수]

(단위 : 가구)

구분	한우	육우	젖소암컷	돼지	육계	산란계	오리
경기도	4,012	386	1,373	737	750	2,708	32
강원도	5,241	29	142	225	1,134	4,643	106
충청북도	4,570	199	229	30	532	1,157	58
충청남도	7,632	323	471	648	751	1,693	75
전라북도	6,644	133	175	221	799	1,132	43
전라남도	12,225	133	251	405	1,217	3,532	280
경상북도	14,691	397	467	530	1,884	2,717	148
경상남도	9,066	397	324	267	1,204	3,896	178

※ 육우에는 젖소수컷도 포함됨
※ 출처 : KOSIS(통계청, 농림어업조사)

제시된 자료는 20X3년 지역별 가축사육 농가 수를 나타낸 표이다. 표를 통해 확인할 수 있듯 우리나라는 지역별로 다양한 축종을 기르고 있지만, 그간 축산농가들은 축산법, 가축전염병 예방법, 가축분뇨법 등 여러 법령에 산재해 있는 가축사육 관련 시설·장비 기준 등 준수 사항을 잘 알지 못하는 경우가 많았다. 이로 인해 악취와 같은 문제로 과태료 등의 처분을 받는 사례가 빈번했고, 축산농가 운영에도 어려움을 겪는 가구가 발생하였다.

이에 농식품부는 관계부처 및 지방자치단체, 전문가·축산단체의 의견을 수렴하여 축산법령 자가점검표, 축산환경 소독 자가점검표, 전기화재 안전 자가점검표로 구성된 축산농장 자가진단 안내서를 마련하였다. 각 자가점검표의 주요 사항을 살펴보면, 먼저 축산법령 자가점검표는 축산농가 스스로 농장이 축산법령상의 시설기준, 분뇨 및 악취기준 등을 준수하고 있는지를 점검할 수 있도록 축산법, 가축전염병 예방법, 가축분뇨의 관리 및 이용에 관한 법률, 악취방지법, 가축 및 축산물 이력 관리에 관한 법률, 축산물 위생관리법 등 6개 법령에서 규정하는 사항을 체계화하였다. 축산 관련 법령에서 규정하는 시설기준 및 농가 준수 사항들에 대해 농가들이 몰라서 불이익을 받지 않도록 마련되었으며, 축종에 따라 축산법령에서 규정하는 준수 사항을 7개 분야와 30개 내외의 항목으로 구성한 것이 특징이다.

축산환경 소독 자가점검표는 축사 외부, 축사 내부, 가축분뇨처리시설에 대해 소독·방역·청소요령과 자가점검 사항으로 구성되었다. 목적은 축사에 대해 상시적인 가축질병 방역체계를 유지하고, 축사 내·외부 소독, 구서·구충 방제, 청소 등을 시행함으로써 청결하고 안전한 축산환경 조성에 있다. 매주 수요일 '축산환경 소독의 날'에는 이 자가점검표를 활용해 축사 내·외부의 소독·방제 및 청소를 진행하고, 취약시설을 점검 및 보완할 수 있도록 할 계획이다.

축사 전기 화재 안전 자가점검표는 전기배선 관리, 누전차단기 작동 상태, 소화설비 설치 여부 등으로 구성되어 있다. 이 자가점검표를 활용하면 화재로 인한 축산농가 피해를 예방할 수 있도록 축산농가 스스로 축사 내의 전기안전 상황을 점검할 수 있게 되어 전기화재로 인한 인명과 재산 보호에 큰 도움이 될 것으로 기대된다.

　농식품부에서는 지방자치단체, 농협, 생산자단체 등을 통해 축산농가에 축산농장 자가진단 안내서를 배포하고, 축산종사자 교육 과정에 포함하여 축산농가들이 숙지할 수 있도록 할 계획이다. 농식품부는 '축산농장 자가진단 안내서로 축산농가 스스로 축사 시설기준, 사육밀도 및 악취기준, 가축분뇨 관리, 축사환경 개선 및 전기안전 점검 등을 시행하여 농장 사육환경과 악취를 개선하고 지역과 상생하는 지속 가능한 축산업 발전을 유도하도록 도울 계획'이라고 밝혔다.

※ 출처 : 농림축산식품부 보도자료

46 위 보도자료의 내용과 일치하지 않는 것은?

① 가축분뇨의 관리·이용에 관한 법률과 악취방지법에서 규정하는 사항은 축산법령 자가점검표에 정리되어 있다.

② 축사 전기 화재 안전 자가점검표를 활용하면 축산농가에서 직접 전기배선 관리 방법이나 누전차단기 작동 상태 등을 확인할 수 있다.

③ 축산농장 자가진단 안내서에 포함된 자가점검표는 관계부처, 지방자치단체, 전문가, 축산단체의 의견을 토대로 구성되었다.

④ 농식품부는 지방자치단체, 농협, 생산자단체를 통해 축산농장 자가진단 안내서를 축산농가에 모두 배포를 완료한 상황이다.

47 위 보도자료의 [20X3년 지역별 가축사육 농가 수] 표에 대한 설명으로 옳은 것은?

① 경상북도의 전체 가축사육 농가 수는 전라북도의 전체 가축사육 농가 수의 2배 미만이다.

② 충청북도와 충청남도의 전체 가축사육 농가 수의 차이는 5,000가구 이상이다.

③ 제시된 지역 중 강원도의 가축 종류별 가축사육 농가 수의 순위와 동일한 지역은 1개이다.

④ 제시된 지역의 오리 가축사육 농가 수의 평균은 115가구이다.

48 다음은 일부 제조업종의 설비 투자액에 대한 자료이다. 자료에 대한 설명으로 옳은 것은?

[일부 제조업종의 설비 투자액]

(단위: 억 원)

구분	식료품	담배	섬유 제품	종이 제품	석유 정제	화학 제품	제조업 전체
2014년	15,828	1,575	( )	4,275	25,600	62,338	720,652
2015년	15,317	1,404	3,545	3,865	16,450	58,959	748,007
2016년	15,213	4,873	3,242	3,502	20,141	57,098	747,228

[일부 제조업종의 종업원 규모별 설비 투자액]

(단위: 억 원)

구분		2014년	2015년	2016년
담배	300명 미만	8	9	4
	300명 이상 1,000명 미만	465	79	0
	1,000명 이상 5,000명 미만	( )	1,316	4,869
	5,000명 이상	0	0	0
섬유 제품	300명 미만	523	465	364
	300명 이상 1,000명 미만	993	1,013	736
	1,000명 이상 5,000명 미만	2,523	1,922	1,954
	5,000명 이상	134	145	188
화학 제품	300명 미만	6,688	10,230	9,502
	300명 이상 1,000명 미만	10,109	13,265	13,166
	1,000명 이상 5,000명 미만	36,834	25,108	27,019
	5,000명 이상	8,707	10,356	7,411
제조업 전체	300명 미만	45,062	54,437	45,250
	300명 이상 1,000명 미만	82,685	88,618	81,884
	1,000명 이상 5,000명 미만	136,419	104,964	125,432
	5,000명 이상	456,486	499,988	494,662

※ 출처: KOSIS(한국산업은행, 설비투자계획조사)

① 2016년에 300명 이상 1,000명 미만의 종업원이 근무하는 제조업 전체 설비 투자액은 2016년 제조업 전체 설비 투자액의 10% 이상을 차지한다.
② 제시된 기간 동안 종이 제품 제조업의 설비 투자액은 매년 증가하고 있다.
③ 2014년 섬유 제품 제조업의 설비 투자액은 4,613억 원이다.
④ 2014년 1,000명 이상 5,000명 미만의 종업원이 근무하는 담배 제조업의 설비 투자액은 922억 원이다.

49 ◇◇농협 조합원 가입 조건을 참고하여 5명의 신청자가 가입 조건을 충족하는지 확인하였을 때, 가입 조건을 충족하지 못하는 신청자는?

[조합원 가입 조건]

1) 1년 중 75일 이상 농업에 종사하는 자
2) 700m² 이상의 농지를 경영 또는 경작하는 자
3) 시설이 설치된 280m² 이상의 농지에서 원예작물을 재배하는 자
4) 500m² 이상의 농지에서 채소·과수 또는 화훼를 재배하는 자
5) 잠종 0.5상자(2만 립 기준 상자)분 이상의 누에를 사육하는 자
6) 아래 기준의 가축을 한 종류 이상 사육하는 자
　 - 대가축(소, 말 등): 3마리 이상 사육하는 자
　 - 중가축(돼지, 양, 사슴, 개 등): 7마리 이상(단, 개의 경우는 25마리 이상) 사육하는 자
　 - 소가축(토끼 등): 60마리 이상 사육하는 자
　 - 가금(닭, 오리, 칠면조, 거위 등): 120마리 이상 사육하는 자
　 - 꿀벌: 15군 이상 사육하는 자
※ 각 조건 중 하나 이상에 해당하는 자는 누구나 가입 가능함

[조합원 가입 신청자]

가입 신청자	신청자 정보
양승민	• 300m² 농지에서 화훼를 재배함 • 소 2마리 사육함 • 1년 중 82일 농업에 종사함
유대식	• 500m² 농지를 경작함 • 개 30마리 사육함 • 1년 중 60일 농업에 종사함
임수영	• 650m² 농지에서 채소·과수를 재배함 • 토끼 30마리, 닭 125마리 사육함
김주희	• 시설이 설치된 250m² 농지에서 원예작물을 재배함 • 꿀벌 13군 사육함

① 양승민　　　　② 유대식　　　　③ 임수영　　　　④ 김주희

50 P 씨는 200평의 밭에 △△사의 태양광 모듈을 설치하여 가동하기로 하였다. △△사의 태양광 모듈은 5평 당 1개씩 설치가 가능하다고 할 때, 200평 밭 전체에 태양광 모듈을 설치한 후 발생한 전기 판매 수익이 설치 비용보다 많아지는 때는? (단, 전기 판매 수익은 한 달 단위로 정산된다.)

설치 비용	한 달 전기 판매 수익
8만 원/1개	25,000원/1개

① 2개월 후　　　　② 3개월 후　　　　③ 4개월 후　　　　④ 5개월 후

51 다음 지문에서 설명하고 있는 자원의 낭비요인은?

> 자원관리에 대한 경험이 부족하여 발생하는 요인으로, 자원관리의 중요성을 알고는 있으나 이를 효과적으로 수행하는 방법을 알지 못하는 경우에 해당한다. 자원관리에는 실패하지만 그러한 경험과 별도의 학습을 통해 극복이 가능한 요인이다.

① 비계획적 행동　　　② 편리성 추구　　　③ 자원에 대한 인식 부재　　　④ 노하우 부족

52 $a(a-b)=29$이고, a와 b는 모두 자연수일 때, a^2-b^2의 값은?

① 1   ② 2   ③ 57   ④ 783

53 202X년 상반기 가맹점 A, B의 매출액이 아래와 같을 때, 두 가맹점의 상반기 매출액에 대한 분산의 차이는?

구분	1월	2월	3월	4월	5월	6월	평균
A	2천만 원	3천만 원	5천만 원	1천만 원	4천만 원	3천만 원	3천만 원
B	4천만 원	2천만 원	2천만 원	1천만 원	2천만 원	1천만 원	2천만 원

① $\frac{1}{2}$ ② $\frac{2}{3}$ ③ $\frac{4}{3}$ ④ $\frac{3}{2}$

54 다음은 조직목표의 효과적인 달성에 영향을 미치는 조직구조 결정요인에 대한 자료이다. 자료의 내용 중 가장 적절하지 않은 것은?

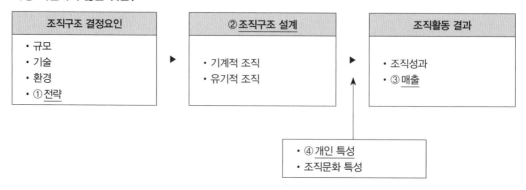

55 문 주임은 뉴욕 출장을 마치고 한국으로 돌아갈 비행기 항공권을 예매하려고 한다. 문 주임이 뉴욕에서 출발하는 ○월 1일의 한국행 비행기 시간표는 다음과 같고, 문 주임은 ○월 2일 오후 4시 회의에 참석하기 위해 늦어도 오후 3시 30분까지는 회사에 도착해야 한다. 업무 일정을 고려하였을 때, 문 주임이 예매해야 하는 항공권은? (단, 공항에서 회사까지 걸리는 시간은 1시간이다.)

[한국행 비행기 시간표]

구분	QH325	KM574	JX807	VW302
뉴욕 출발 시각	14:30	08:15	11:30	10:00
총 소요 시간	15시간 10분	17시간 30분	15시간 15분	14시간 20분

※ 뉴욕과 한국의 시차는 14시간이며, 뉴욕이 한국보다 14시간 느림

① QH325　　　　② KM574　　　　③ JX807　　　　④ VW302

56 다음 중 농협이 추구하는 농업·농촌의 미래상인 농토피아에 대한 설명에서 A와 B에 들어갈 내용으로 바르게 짝지어진 것은?

A	희망이 있는 농촌	B
• 농업인이 안심하고 생산에만 전념할 수 있는 유통체계 구축 • 국민들에게 고품질의 안전한 농축산물 공급 • 농업인과 소비자 모두가 만족하는 합리적인 가격으로 농축산물 공급	• 스마트팜 등 혁신 기술에 기반한 비즈니스 기회가 제공되는 농촌 • ICT 기술 등을 통해 살기 좋은 정주(定住) 여건을 갖춘 농촌 • 일터, 삶터, 쉼터로서 도농 간의 교류가 활성화되는 농촌	• 혁신을 통해 경쟁력 있는 농업을 이끌어가는 농업인 • 식량의 안정적 공급, 생태·환경보전, 전통문화 계승 등 농업의 공익적 가치 창출을 통해 국민들로부터 인정받는 농업인

	A	B
①	대우받는 농업	혁신적인 농업인
②	대우받는 농업	존경받는 농업인
③	이로운 농업	혁신적인 농업인
④	이로운 농업	존경받는 농업인

57 다음은 20XX년 우리 동네 보육반장 사업 근무 여건에 대한 자료이다. 보육반장 갑의 8월 근무 내역이 다음과 같을 때, 갑의 8월 임금은?

[20XX년 우리 동네 보육반장 사업 근무 여건]

1. 임금의 기준
   1) 임금은 시급과 제수당의 합이며 시급은 8,720원임
      ※ 주·월차수당 없음
   2) 제수당
      – 제수당은 통신비, 간식·교통비, 출장비의 합임

구분		지원 금액	비고
통신비		월 20,000원	–
간식·교통비		일 5,000원	월 50,000원 이내 ※ 간식비와 교통비의 합임
출장비	2시간 이상 근무	일 10,000원	월 100,000원 이내
	2시간 미만 근무	일 5,000원	

   ※ 통신비는 월 20,000원을 전액 지급하고, 간식·교통비는 지원 금액을 한도로 실비 지급하며, 출장비는 출장 발생일에 근무 시간에 따라 지원 금액 전액을 지급함

2. 근로시간
   – 주 5일 중 최대 14시간(월 60시간 미만) 근무를 원칙으로 함
   – 평일 9:00~18:00 내에서 근로시간 산정함

[갑의 8월 근무 내역]

구분	근무 시간	출장 내역	기타 비용 사용 내역
1주 차(8/2~8/6)	14시간	–	• 8/2: 간식비 10,000원 • 8/6: 간식비 4,000원
2주 차(8/9~8/13)	14시간	–	–
3주 차(8/16~8/20)	14시간	• 8/19(09~13시): A 시 출장 • 8/20(13~15시): B 시 출장	• 8/17: 간식비 7,000원 • 8/19: 교통비 3,000원 • 8/20: 교통비 8,000원
4주 차(8/23~8/27)	14시간	• 8/23(09~10시): C 시 출장 • 8/26(16~18시): E 시 출장 • 8/27(14~15시): F 시 출장	• 8/23: 교통비 7,000원 • 8/26: 교통비 12,000원 • 8/27: 교통비 6,000원
5주 차(8/30~8/31)	3시간	• 8/30(09~12시): D 시 출장	–

① 615,480원　　② 618,480원　　③ 619,480원　　④ 621,480원

58 다음은 업종별 외국인 근로자 현황을 나타낸 자료이다. 자료에 대한 설명으로 옳은 것은?

[업종별 외국인 근로자 현황]

(단위 : 명)

구분	2013년	2014년	2015년	2016년	2017년	2018년
서비스업	70	91	71	68	100	90
건설업	1,606	2,299	2,228	2,593	1,846	1,405
어업	2,227	2,245	2,548	2,718	2,621	2,845
농축산업	5,641	6,047	5,949	7,018	6,855	5,820
제조업	48,967	40,874	40,223	47,425	39,415	43,695
합계	58,511	51,556	51,019	59,822	50,837	53,855

※ 출처 : KOSIS(고용노동부, 고용허가제고용동향)

① 2014년 전체 외국인 근로자 수는 전년 대비 7,055명 감소했다.

② 2016년 농축산업 외국인 근로자 수는 전년 대비 20% 이상 증가했다.

③ 2014년 이후 어업과 건설업 외국인 근로자 수의 전년 대비 증감 추이는 같다.

④ 전체 외국인 근로자 수에서 서비스업 외국인 근로자 수가 차지하는 비중은 2017년이 2018년보다 크다.

59 귀하는 A 상사의 기술팀에 입사한 경력직 사원으로, 오늘은 첫 출근 날이다. 처음으로 팀원들과 함께 식사하는 자리에서 귀하에 대해 궁금증을 가지고 있던 팀원들이 질문을 하기 시작했다. 다음과 같은 팀원들의 질문에 대한 귀하의 답변 중 빈칸에 들어갈 내용으로 적절하지 않은 것은?

> 김 사원: 업계에서 확고한 지위를 유지하고 있는 B 상사에서 A 상사로 오신 이유가 따로 있나요?
>
> 귀　하: 수평적인 조직 문화를 가진 기업에 다녀보고 싶어서 이렇게 이직하게 되었습니다.
>
> 이 사원: B 상사는 수직적 계층 구조를 갖춘 기업인가요?
>
> 귀　하: 네, 그렇습니다. 철저한 관료제적 기업이었어요.
>
> 김 사원: 그래도 관료제적 기업이라면 복잡한 업무가 안정적, 효율적으로 관리된다는 장점이 있었겠네요!
>
> 귀　하: 맞습니다. 하지만 모든 일이 그렇듯이 장점이 있으면 단점도 있는 것 같습니다. 아시다시피 관료제는 단점도 적지 않거든요. 특히 저는 (　　　　　　　　　　　　　　　　　　　) 것 때문에 너무 힘들었어요. 그래서 이직을 결심하게 되었습니다.

① 갑작스러운 외부 변화에 유연하게 대처할 수 없다는
② 업무에 대한 책임과 권한이 잘 구분되지 않아 갈등이 발생하는
③ 연공서열에 따른 승진으로 무능한 관리자가 많이 생기는
④ 규약과 절차를 지나치게 강조하여 인간 소외 현상이 발생하는

60 다음은 연말정산 소득공제 및 세액공제에 대한 설명이다. 이를 근거로 판단한 내용으로 옳지 않은 것은? (단, 제시되지 않은 내용은 고려하지 않는다.)

국세청에서 1년 동안 과세한 근로소득세를 연말에 확인하여 실제 소득보다 많은 세금을 징수한 경우 그만큼 돌려주고, 적게 징수한 경우 그만큼 더 징수하는 절차를 연말정산이라고 한다. 연말정산 시 근로소득금액에서 소득공제를 한 과세표준금액에 세율을 곱해 산출세액을 구하고, 여기에 세액공제를 제하면 결정세액이 나오는데, 이 결정세액과 이미 낸 세금을 비교하여 그 차이만큼 환급하거나 추가로 징수한다. 근로소득공제, 인적공제, 연금보험료공제, 특별소득공제 외에도 신용카드, 개인연금 저축 등을 통해 소득이 줄어들 수 있다. 소득공제는 개개인의 총급여에 따라 한도액이 달라지며 사용 방식에 따라 공제율도 다르다. 세액공제란 이미 산정된 세액에서 일정액을 공제하는 것으로 연금저축 세액공제, 보장성 보험료 세액공제, 자녀 세액공제 등을 통해 세금이 차감될 수 있다.

ⓐ 근로소득이 6천만 원인 A의 세율이 10%일 때, 50만 원의 소득공제를 받는 것이 50만 원의 세액공제를 받는 것보다 결정세액이 더 크다.
ⓑ B가 신용카드를 100만 원 사용했을 때, 한도액이 330만 원이고 공제율이 15%라면 신용카드로 세액공제를 받는 금액은 15만 원이다.
ⓒ 1년 동안 C가 낸 세금이 200만 원일 때, 연말정산을 통해 확인한 그해 결정세액이 160만 원이라면 40만 원을 돌려받는다.

① ⓐ   ② ⓑ   ③ ⓐ, ⓑ   ④ ⓑ, ⓒ

약점 보완 해설집 p.56

무료 바로 채점 및 성적 분석 서비스 바로 가기
QR코드를 이용해 모바일로 간편하게 채점하고 나의 실력이 어느 정도인지, 취약 부분이 어디인지 바로 파악해 보세요!

NCS 직무능력평가
실전모의고사 3회

시작과 종료 시각을 정한 후, 실전처럼 모의고사를 풀어보세요.

시   분 ~   시   분 (총 60문항/70분)

- 본 실전모의고사는 총 60문항으로 구성되어 있으며, 영역별 제한 시간 없이 70분 이내로 모든 영역의 문제를 풀어야 합니다.
- 의사소통능력, 수리능력, 문제해결능력, 자원관리능력, 조직이해능력 문제가 출제됩니다.
- 맨 마지막 페이지에 있는 회독용 OMR 답안지와 해커스ONE 애플리케이션의 학습 타이머를 이용하여 실전처럼 모의고사를 풀어본 후, 60번 문제 하단에 있는 '바로 채점 및 성적 분석 서비스' QR코드를 스캔하여 응시 인원 대비 본인의 성적 위치를 확인해 보시기 바랍니다.

01 다음 빈칸에 들어갈 단어로 적절한 것은?

> 국민행복기금의 본접수 (   )와 함께, 다른 서민금융 지원 기관들 또한 행복기금의 대상자가 되지 못한 이들을 위한 지원책 마련에 집중하기 시작했다.

① 심사　　　　　② 게시　　　　　③ 개최　　　　　④ 개시

02 다음 빈칸에 들어갈 단어로 적절한 것은?

> 용의자와 범인 목소리의 일치 여부를 (   )한 결과 동일 인물인 것으로 밝혀졌다.

① 분별　　　　　② 구별　　　　　③ 각별　　　　　④ 판별

03 다음 단어와 의미가 반대되는 것은?

> 임의

① 이타　　　　　② 강제　　　　　③ 의도　　　　　④ 자의

04 다음 단어와 의미가 유사한 것은?

극기(克己)

① 수양(修養)　　　② 방치(放置)　　　③ 억제(抑制)　　　④ 초탈(超脫)

05 다음 두 단어 쌍이 같은 관계가 되도록 빈칸에 들어갈 단어를 고르면?

공급 : (　　　) = 이자 : 금리

① 수급　　　　　② 수요　　　　　③ 조달　　　　　④ 초과

06 다음 중 맞춤법에 맞지 않는 것은?

① 속히　　　　　② 뚜렷이　　　　　③ 가지런이　　　　　④ 무던히

07 다음 제시된 단어와 의미가 반대되는 것은?

설다

① 식다　　　　　② 굽다　　　　　③ 익다　　　　　④ 찌다

08 다음 밑줄 친 단어의 사전적 의미로 가장 적절한 것은?

과일을 <u>일매지게</u> 깎는다.

① 바르지 아니하고 한쪽으로 기울어지거나 쏠리다
② 모두 다 고르고 가지런하다
③ 다른 것과 견줄 수 없을 정도로 뛰어나다
④ 생긴 모양 따위가 두드러진 특징이 없이 평범하다

09 다음 내용에서 공통으로 연상할 수 있는 단어로 가장 적절한 것은?

신라 시대, 운문, 정형시, 차자 표기

① 향가　　　　　② 시조　　　　　③ 경기체가　　　　　④ 한시

10 다음 의미에 해당하는 한자성어를 고르면?

> 팔짱을 끼고 보고만 있다는 뜻으로, 간섭하거나 거들지 아니하고 그대로 버려둠을 이르는 말

① 목불인견(目不忍見)　　　　　　　　② 방약무인(傍若無人)
③ 수수방관(袖手傍觀)　　　　　　　　④ 무불간섭(無不干涉)

11 다음 문장을 논리적 순서대로 알맞게 배열한 것은?

> (가) 보건복지부는 이러한 아동학대의 문제점을 고려하여 2014년 아동학대 범죄의 처벌 등에 관한 특례법을 시행하였으며 이를 통해 국가 차원의 아동학대 대응체계를 구축하였다.
> (나) 게다가 아동학대는 가정 폭력을 경험한 이들이 성인이 된 후, 부모의 학대를 자녀에게 대물림하는 2차적인 문제를 양산할 수도 있다.
> (다) 아동학대 행위는 우선적으로 피해 아동에게 외상, 영양 결핍에 의한 발육부진, 장애 등의 후유증을 겪게 하는 것은 물론, 심한 경우 사망에 이르게 하는 문제를 야기할 수 있다.
> (라) 그러나 아동학대의 근원적 해결을 위해서는 법적인 장치를 마련하는 것 이외에도 아동학대를 가족 내부의 문제로만 여기는 잘못된 사회적 인식에 대한 개선이 이루어져야 할 것이다.

① (가) - (다) - (라) - (나)
② (가) - (라) - (나) - (다)
③ (다) - (가) - (나) - (라)
④ (다) - (나) - (가) - (라)

12 다음 문장을 논리적 순서대로 알맞게 배열한 것은?

> (가) 이것은 생체모방기술에 관한 가장 유명한 사례로 꼽는다.
> (나) 스위스의 엔지니어 메스트랄은 산책하러 나갔다가 도꼬마리 씨앗이 자신의 옷과 개의 털에 달라붙어 있는 것을 발견한다.
> (다) 생체모방기술은 자연의 순환 고리 안에서 적자생존을 이루어낸 생물체를 모방의 대상으로 삼는다는 점에서 이미 검증 완료된 효용성을 보장하기 때문에 다양한 분야에서의 활용이 기대되는 분야이다.
> (라) 생체모방기술이란 자연의 구조, 원리, 시스템을 모방하여 신기술을 개발하는 학문이다.
> (마) 메스트랄은 이것을 보고 미세 갈고리와 원형 고리로 구성된 벨크로를 발명했고, 흔히 '찍찍이'라 불리는 벨크로는 오늘날까지도 옷이나 신발, 가방에 단추나 지퍼 대신 널리 사용되고 있다.

① (나) - (가) - (라) - (다) - (마)
② (나) - (마) - (가) - (라) - (다)
③ (라) - (나) - (마) - (다) - (가)
④ (라) - (다) - (가) - (마) - (나)

13 다음 빈칸에 들어갈 단어로 적절한 것은?

> 아이는 어른의 거울이라는 말이 있듯이, 어린 아이들은 누가 가르쳐주지 않더라도 어른들의 행동을 모방하곤 한다. (   ) 부모는 아이들을 말로만 가르치려고 할 것이 아니라 행동으로 모범을 보여주어야 한다.

① 말하자면   ② 한편   ③ 그리고   ④ 그러므로

14 행정안전부에서 근무하는 귀하가 작성한 직업 안전 수칙의 초안이 다음과 같을 때, 수정이 필요한 부분으로 가장 적절하지 않은 것은?

일반 안전 수칙	• 작업할 때는 규정된 복장 및 보호구를 착용한다. • 기계 및 작업기구는 시험 운전을 충분히 한 후 사용한다. • 작업장 및 안전통로는 주변을 항상 정리한다. • 인화 물질 또는 폭발물이 있는 장소에는 화기 취급을 엄금한다. • 위험표시 구역은 담당자 외 무단출입을 금한다. • 담배는 지정된 흡연 장소에서만 피우며, 음주 후 또는 숙취 상태에서는 작업을 금한다. • 모든 기계는 담당자 외 취급을 금하며, 사전 승인 없는 화기 취급은 절대 엄금한다. • 작업장 내에서는 장난하거나 뛰어다녀서는 ㉠안된다. • 모든 전선은 전기가 통한다고 생각하고 감전 사고에 주의한다. • 기계 가동 중에 청소, 측정, 정비 등을 하지 않고, 칩이나 부품을 제거하지 않는다.
생활 속의 직업 안전 실천 수칙	• 작업장의 특성에 따라 필요한 안전수칙을 ㉡준수함으로써 부주의한 행동으로 인한 사고가 발생하지 않도록 한다. • 옷, 소매 등은 작업에 ㉢방해되어지지 않도록 단정히 하고, 항상 산업 현장에서 정한 작업 복장으로 근무에 들어가야 한다. • 작업장에서는 사고에 따른 부상을 최소화하기 위해 쉬는 중에도 안전모 및 안전 보호구를 항상 착용해야 한다. • 작업장에서는 물건에 걸려 넘어지거나 미끄러지지 않도록 작업 종료 후 항상 정리 정돈을 해야 하며, 작업 이동 경로에서는 이물질이나 방해물이 없는지 주위를 살펴야 한다. • 피곤이나 숙취 등으로 인해 사고가 발생하지 않도록 작업 전 가벼운 운동으로 정신을 맑게 유지해야 한다. • 작업장 및 작업 기계에는 안전 표지판을 ㉣게시하고, 작업자는 이를 숙지해야 한다.

① ㉠   ② ㉡   ③ ㉢   ④ ㉣

15 다음 글을 읽고 수정이 필요한 부분으로 가장 적절하지 않은 것은?

체외수정 시술이라고도 불리는 시험관 아기 시술은 여성의 난소에서 배란 직전의 난자를 채취하여 시험관에서 정자와 수정시킨 후, 수정된 배아를 자궁에 이식하여 착상을 유도하는 방식의 불임 치료 방법이다. 여성의 난관은 정자와 난자가 만나 수정이 이루어지는 장소인데, 그 역할을 체외에서 시험관이 대신한다고 생각하면 된다. 예전에는 난관이 없거나 양쪽 난관이 모두 막힌 여성들은 임신이 불가능했지만 시험관 아기 시술이 시행된 이후 기존에 불임 판정을 받았던 여성들도 임신할 수 있게 되었다. 기술이 발달한 오늘날에는 성공률도 ㉠30~40%가량 되어 자연 임신이 어려운 부부들에게 희망을 주고 있다. 이렇게 시험관 아기 시술이 오늘날처럼 발전할 수 있었던 데에는 로버트 에드워즈 박사의 공로가 컸다. ㉡우리나라에서는 서울대 병원의 장윤석 박사팀에 의해 1985년 첫 시험관 아기가 탄생했다. 에드워즈 박사는 1952년에 영국 에든버러 대학에서 동물유전학 박사 과정을 시작했는데, 당시 포유류의 초기 배아 발달과정에 대해 관심을 두었던 그는 인간 난자 연구에도 관심을 두게 되었다. 그리고 1960년부터는 체외수정에 성공한다면 그 원리를 불임 환자 치료에 이용할 수 있을 것이라는 생각으로 인간 난자의 체외 성숙 과정과 수정, 난자를 체외에서 키울 때 필요한 배양액 연구에 ㉢탐독했다. 이러한 가운데 산부인과 의사인 패트릭 스텝토 박사가 배에 작은 구멍을 뚫어 비교적 쉽게 난자를 채취하는 방안을 고안해 냈고, 이에 힘입은 에드워즈 박사는 1969년 인간 난자의 체외 수정에 성공했다. 이후 에드워즈 박사와 패트릭 스텝토 박사는 영국 올덤(Oldham)병원에서 체외수정 시술을 통한 불임 환자 치료를 ㉣개시하기 시작했다. 시행착오를 거듭하던 두 사람은 1977년에 체외 수정 시술로 양측 난관이 없어 불임이었던 레슬리 브라운 부인의 임신을 성공시켰고, 이듬해 7월 25일 마침내 인간 최초의 시험관 아기인 루이스 브라운이 태어났다. 일각에서는 인공수정으로 태어난 그녀가 성장하여 자연 임신을 할 수 있을지에 대한 우려를 보내기도 하였다. 하지만 루이스 브라운은 자연 임신을 하여 2006년에 건강한 남자 아기를 출산했고, 비로소 일부 사람들이 시험관 아기에 대하여 가졌던 우려도 잠재울 수 있었다.

① 띄어쓰기가 틀렸으므로 ㉠을 '30~40% 가량'으로 띄어 쓴다.
② ㉡은 전체적인 글의 흐름에 맞지 않으므로 삭제한다.
③ 앞 단어와의 호응을 고려하여 ㉢을 '몰두'로 수정한다.
④ ㉣은 같은 의미가 중복해서 사용되었으므로 '시작했다'로 수정한다.

[16 - 17] 다음 글을 읽고 각 물음에 답하시오.

현재 다양한 분야에서 사용되고 있는 GPS는 신호를 수신하여 자신의 위치를 파악하기 위해 개발된 위성 위치 확인 시스템이다. GPS가 개발되기 전에는 지리적 방향을 알아내기 위해 주로 나침반을 사용했다. 특히 망망대해를 항해하는 선원들에게 있어 나침반은 없어서는 안 될 중요한 물건이었다. 그보다 더 전에 나침반이 없었던 시절의 경우 낮에는 해를, 밤에는 별자리를 관측하여 방위를 알아낼 수 있었지만, 이러한 방법은 천체에 관한 전문 지식이 필요할 뿐만 아니라 날씨가 좋지 않으면 사용할 수도 없었다.

흔히 나침반은 종이, 화약과 함께 중국의 3대 발명품으로 꼽힌다. 그러나 누가 언제 처음으로 나침반을 발명했는지에 대해서 정확히 알려진 바는 없다. 기원전 4세기경 중국 기록에 등장하는 '사남'을 중국에서 사용된 최초의 나침반으로 보는데, 당시의 나침반은 방위 측정보다는 주로 점을 치기 위해 사용된 것으로 추정된다. 본격적으로 중국에서 방위를 측정하는 데에 나침반이 사용된 것은 송 대인 것으로 알려져 있다. 이때 나침반이 항해에 이용되어 원거리 무역이 본격화되기 시작했다. 13세기경 송의 나침반이 아랍으로 전해졌고, 다시 아랍에서 유럽으로 전파되면서 유럽 사회의 변화와 발전에 큰 영향을 끼친 것으로 평가되고 있다. 그러나 바이킹들이 이미 11세기에 자석을 이용한 방향지시기를 만들었으며, 12세기 말에는 이를 개량한 나침반을 사용했다고 주장하는 학자들도 존재한다. 한편 오늘날과 비슷한 형태의 나침반은 14세기 유럽에서 등장했으며, 현재 사용하고 있는 32방위의 나침반은 16세기에 이르러서야 사용되었다.

나침반의 자침(磁針)이 항상 남북을 가리키는 이유를 체계적으로 설명한 사람은 영국의 물리학자 윌리엄 길버트이다. 그는 지구가 자기적 성질을 가진 거대한 자석이라고 주장했다. 즉, 지구는 북극이 S극, 남극이 N극인 자석과 같으므로 자침의 N극은 북쪽을 가리키고 자침의 S극은 남쪽을 가리키는 것이다. 이렇게 지구 자기장에 의해 자침의 방향이 바뀌는 나침반을 자기나침반이라고 하는데, 자기나침반이 가리키는 지구 자기장의 북극인 자북은 지리상의 북쪽과 정확히 일치하지 않는다. 지구 자기장의 축이 자전축에서 약간 어긋나 있기 때문이다. 게다가 위도가 높아질수록 지구 자전축과 자기축의 편차가 커져 정확한 방위나 위치를 측정할 수 없다. 이러한 문제점을 해결한 것이 1906년 독일의 과학자 헤르만 안쉬츠가 발명한 전륜나침반이다. 전륜나침반은 자이로스코프의 원리를 응용해 만들어진 것인데, 고속으로 회전하는 자이로스코프의 축에 추를 달아 회전축이 항상 지구 자전축상의 북극인 진북을 가리키게 된다. 이로 인해 전륜나침반은 자기나침반과 같은 오차가 없으며 주변 자력의 영향을 받지 않으므로 대형 선박에 필수적인 항해 장비로 사용되고 있다.

16 윗글의 제목으로 가장 적절한 것은?

① 나침반의 제작 원리
② 중국의 세 가지 대표 발명품
③ 자기나침반과 전륜나침반의 차이점
④ 나침반의 발명과 발달사

17 윗글의 내용과 일치하지 않는 것은?

① 고위도 지역 항해 시 자기나침반보다 전륜나침반을 이용하면 더 정확한 위치를 찾을 수 있다.
② 학자에 따라서는 중국의 나침반이 아랍을 거쳐 유럽에 전해진 것으로 보기도 한다.
③ 특별한 방위 측정 도구 없이 천체를 관측해 방향을 찾을 수 있다.
④ 지구 자기장을 이용한 나침반이 가리키는 북쪽은 자북과 편차가 있다.

18 다음 글의 서술상 특징으로 가장 적절하지 않은 것은?

인류는 선사 시대부터 바닥에 나뭇가지를 꽂고 태양 그림자로 시간을 예측하는 원시적인 방식의 해시계를 이용했다. 해시계는 태양의 일주 운동과 공전 운동에 따라 달라지는 그림자의 길이를 관찰하여 하루와 일 년의 길이를 측정한다. 고대 그리스, 중국, 이집트 등에서 해시계를 제작하여 사용한 흔적이 남아 있으며, 우리나라도 기원전부터 해시계를 사용했을 것으로 추정된다. 우리나라에 현존하는 가장 오래된 해시계는 7세기경 통일신라 시대의 것이지만, 〈삼국사기〉에 고구려와 백제에 해시계를 관리하는 관직이 있었다는 기록이 남아 있어 삼국 시대에도 해시계가 사용됐음을 확인할 수 있다.

우리나라의 대표적인 해시계로 알려진 것은 조선 세종 때 만들어진 '앙부일구'이다. 앙부일구의 앙부는 '하늘을 우러르는(仰) 가마솥(釜)' 같다는 의미로 해시계의 모양을 나타내고, 일구는 '해(日)의 그림자(晷)'를 측정한다는 의미로 해시계의 역할을 상징한다. 앙부일구가 처음 제작된 것은 1434년(세종 16년)으로, 세종은 해시계를 한양 중심가에도 설치하여 길을 오가는 백성들이 시간을 확인할 수 있도록 하였다. 세종은 글을 모르는 백성도 시계를 볼 수 있길 바랐기 때문에 시계의 각 시간에 한자 대신 12지신의 그림을 그려 백성들이 쉽게 시간을 알 수 있도록 했다. 다만 세종 때의 앙부일구는 소실되어 현재는 시간을 한자로 기입한 조선 시대 후기의 것만 남아 있다.

앙부일구는 기본적으로 시곗바늘에 해당하는 영침과 바닥에 해당하는 시반면으로 구성된다. 영침은 끝이 북쪽을 향하고 있는 뾰족한 막대기 모양으로, 시반면에 그림자를 드리워 시간을 읽을 수 있도록 한다. 시반면의 내부에는 시각선과 절기선이 그려져 있다. 시각선은 시간을 알 수 있는 7개의 가로선으로 묘시(時), 진시, 사시, 오시, 미시, 신시, 유시에 해당한다. 앙부일구는 해시계이기 때문에 태양 그림자가 생기지 않는 밤 시간인 술시, 해시, 자시, 축시, 인시는 표시하지 않았다. 절기선은 절기를 알 수 있는 13개의 세로선으로 선의 양쪽 끝에 24절기가 새겨져 있다. 춘분과 추분에 해당하는 적도선을 중심으로 가장 북쪽에 동지선이, 가장 남쪽에 하지선이 위치한다. 절기가 여름에서 겨울로 변하면 그림자가 남쪽에서 북쪽으로 길게 늘어지는 원리를 따르는 것이다.

이러한 앙부일구는 우리나라의 뛰어난 과학 기술을 증명하는 중요한 문화재이다. 우선, 앙부일구는 시간과 절기를 동시에 확인할 수 있어서 시계이자 달력의 역할을 했다. 또한, 앙부일구는 사용법이 매우 간단하고 편리했는데, 영침 그림자의 끝이 가리키는 가까운 선을 읽기만 하면 시간과 날짜를 알 수 있었다. 앙부일구의 가치는 모양에서도 찾을 수 있다. 해시계는 세계 각국에서 다양한 형태로 제작되어 사용되었으나, 오목한 형태로 만들어진 해시계는 앙부일구가 유일하다. 태양 그림자는 시간에 따라 길이가 달라지므로 보통의 해시계는 숫자판의 간격이 일정하지 않다. 앙부일구는 이를 보완하여 태양 그림자가 드리워지는 시반면을 오목하게 제작했고, 여타 해시계와 다르게 숫자판이 시반면의 둘레에 일정한 간격으로 배치되어 있다.

① 서술 대상을 정의 내리면서 형태와 용도까지 함께 소개하고 있다.
② 실제 사료를 근거로 제시하여 설명에 대한 신뢰를 높이고 있다.
③ 서술 대상의 구성요소를 분석하고 각 요소의 특징을 설명하고 있다.
④ 가설을 설정한 후 이를 구체적인 현상에 적용하고 있다.

[19-20] 다음 글을 읽고 각 물음에 답하시오.

다문화 가정은 국적, 인종, 문화가 서로 다른 사람들로 이루어진 가정을 일컫는 말로, 국제결혼 가족, 혼혈아 등 차별적이고 부정적인 느낌을 주는 용어를 대체하기 위해 등장했다. 한국의 다문화 가정은 우리와 다른 민족 또는 다른 문화적 배경을 가진 사람들이 포함된 가족을 총칭하는 용어로, 크게 국제결혼 가정, 외국인 근로자 가정, 기타 이주민 가정으로 구분할 수 있다. 국제결혼 가정은 한국인 아버지와 외국인 어머니 혹은 외국인 아버지와 한국인 어머니 그리고 그 사이에서 태어난 자녀를 말한다. 외국인 근로자가 한국에서 결혼했거나 본국에서 결혼한 후 한국으로 이주했다면 외국인 근로자 가정에 해당하고, 북한 이탈 주민과 그들의 자녀로 구성된 가정이나 유학생 가정은 기타 이주민 가정에 해당한다.

최근 통계청이 발표한 자료에 따르면 전체 국내 출생아 중 다문화 출생아의 비중은 6년 사이 약 1.5%p 증가하였으며, 그 수는 100만 명 이상인 것으로 집계되었다. 낮은 출산율과 초고령화 사회로 부족해진 노동력을 보충하기 위해 외국인 노동자 유입이 늘어남에 따라 국제결혼이 증가하면서 다문화 가정이 함께 증가하는 것으로 분석하고 있다. 그러나 여전히 다문화 가정은 우리 사회에서 여러 고충을 겪고 있다. 가족 간 언어 차이로 인해 소통에 어려움을 겪거나 문화적 차이로 인해 자녀 양육에서 비롯되는 부부 갈등이 대표적이며, 사회적 차별에 의해 다문화 가정의 자녀가 학교에 잘 적응하지 못하여 또래보다 발달이 늦어지는 문제가 발생하기도 한다. 이에 따라 국가 차원의 지원과 사회적 인식의 개선이 절실한 상황이다. 서로 다른 문화를 이해하고 받아들일 수 있도록 우리나라의 문화와 언어, 예절 등을 가르쳐주는 프로그램 등 정책적인 지원이 마련되어야 하며, 사회 전체적으로 다문화 가정을 받아들이는 인식을 가질 수 있도록 국가적인 대책과 방안이 요구된다.

19 윗글의 중심 내용으로 가장 적절한 것은?

① 다문화 가정을 차별성이 드러나는 용어로 불러서는 안 된다.
② 계속해서 늘어나고 있는 다문화 가정이 마주할 수 있는 문제에 대한 해결책이 필요하다.
③ 다문화 가정의 범위는 국제결혼 가정에서 기타 이주민 가정까지 계속해서 넓어지고 있다.
④ 다문화 가정의 자녀들이 겪는 사회적 차별의 심각성을 항상 인지하고 있어야 한다.

20 윗글의 내용과 일치하지 않는 것은?

① 우리나라 전체 인구 중 노인 인구가 차지하는 비중의 증가는 다문화 가정의 증가에 영향을 미쳤다.
② 사회적 차별을 경험하는 다문화 가정의 아이들은 또래 아이보다 발달이 더딜 가능성이 있다.
③ 자국에서 결혼하여 낳은 자녀를 데리고 한국으로 이민을 온 미국인은 다문화 가정이라고 볼 수 없다.
④ 한국과 다른 문화적 배경을 가진 사람이 가족 구성원 중 1명 이상이라면 다문화 가정으로 구분할 수 있다.

21 인사팀에 소속되어 직원 교육을 담당하는 귀하는 이번 달에 입사한 신입사원을 대상으로 직장에서의 올바른 의사소통 방법에 관한 강의를 진행하였다. 강의를 마친 후 강의 내용에 대해 신입사원끼리 간단하게 이야기하는 시간을 가졌다고 할 때, 다음 중 강의의 내용을 가장 잘못 이해한 사람은?

① A 사원: 저는 누군가의 잘못에 대해 지적할 때는 이전부터 누적된 잘못들을 모두 언급하여 통찰력 있게 반성할 수 있도록 도와줘야 한다는 사실을 새롭게 알게 되었어요.

② B 사원: 경청 방법에 대한 내용도 좋았어요. 저는 상대방의 의견이 제 의견과 상충하면 말을 가로채서 종종 언쟁이 일어나고는 했는데, 앞으로는 다른 의견도 수용하는 태도를 가지려 해요.

③ C 사원: 저는 가끔 의사소통할 때 제 의도와 다르게 전달되어 오해가 생기기도 해서, 제 메시지가 실제로 어떻게 해석되는지 상대의 반응을 묻거나 살펴야 한다는 점을 배웠어요.

④ D 사원: 저는 부탁하는 것을 어려워하는데, 누군가에게 업무를 부탁하거나 위임할 때는 기간, 비용 등 구체적이고 명확한 내용을 제시하여 업무에 차질이 생기지 않도록 주의해야겠다고 생각했어요.

22 다음 글의 내용과 일치하는 것은?

> 최초의 비행기 발명이라고 하면 라이트 형제를 떠올리기 쉽다. 하지만 비행에 대한 인간의 열망과 도전은 훨씬 이전부터 있었다. 사람이 처음으로 하늘을 날았다는 공식적인 기록은 1783년 몽골피에 형제의 열기구 비행이다. 그리고 여기에 자극을 받아 오늘날 고정익 항공기의 기초가 되는 원리를 고안해낸 사람이 바로 현대 항공공학의 아버지라고 불리는 조지 케일리이다. 그는 기구로 하늘을 날고자 했던 기존의 사고방식에서 탈피하고 하늘의 나는 새를 모방하여 만들고자 했다. 날개의 양력이 비행기의 중력을 감당하여 공중에 떠 있게 하고 별도의 추진 장치가 만드는 추력으로 항력을 거슬러 앞으로 나가게 한다는 개념을 생각해냈다. 이러한 혁신적인 이론을 토대로 조지 케일리는 1804년에 최초로 글라이더를 비행시켰으며, 1세기 후인 1903년에 라이트 형제가 인류 최초의 동력 비행에 성공할 수 있었다.

① 라이트 형제 이전에도 사람들은 비행에 대한 욕망을 가졌지만 실제로 날 수는 없었다.
② 조지 케일리는 과학적인 고찰을 통해 현대 항공공학의 이론적 터전을 확립하였다.
③ 널리 알려진 것과 달리 동력 비행기를 발명한 것은 라이트 형제가 아니라 몽골피에 형제이다.
④ 조지 케일리는 이전의 비행기 원리를 이용해 인류 최초의 동력 비행에 성공한 사람으로 기록되었다.

23 유지와 수정이는 서로 다른 주사위 2개를 동시에 던져 나온 수의 합만큼 말이 정오각형의 다음 꼭짓점으로 이동하는 게임을 하고 있다. 유지와 수정이의 말은 모두 A 꼭짓점에서 시작하여 자기 차례가 되면 반시계 방향의 바로 다음 꼭짓점으로 주사위 2개를 동시에 던져 나온 수의 합만큼 이동한다. 수정이가 자기 차례에 게임을 했을 때, 첫 번째 시도에서 말이 B 꼭짓점에 도착하는 경우의 수는?

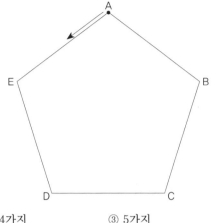

① 2가지   ② 4가지   ③ 5가지   ④ 7가지

24 다음 제시된 식을 모두 고려하였을 때, 미지수 x의 값으로 옳지 않은 것은?

- $-10 \leq 5x < 29$
- $-4 < 3x \leq 21$

① -2 ② -1 ③ 1 ④ 3

25 3층에 근무하는 전체 인원 60명 중 12명은 안경을 착용한다. 3층에 근무하는 남자 인원의 $\frac{1}{4}$과 여자 인원의 $\frac{1}{6}$이 안경을 착용한다고 할 때, 3층에 근무하는 안경을 착용한 남자 인원은?

① 5명   ② 6명   ③ 24명   ④ 29명

26 치우와 현수는 올해 농산물 품질관리사 자격증에 응시하였다. 농산물 품질관리사 자격증에 응시하여 치우가 합격할 확률은 30%이고, 현수가 합격할 확률은 20%일 때, 치우와 현수가 올해 한 번 치러진 농산물 품질관리사 자격증 시험에 동시에 합격할 확률은? (단, 농산물 품질관리사 자격증 시험 응시자의 합격 여부는 다른 응시자의 합격 여부에 영향을 주지 않는다.)

① 6%   ② 10%   ③ 18%   ④ 33%

27 서로 다른 1,000원짜리 컵라면 2개와 서로 다른 500원짜리 봉지라면 3개가 들어 있는 상자가 있다. 이 상자에서 라면 3개를 꺼냈을 때, 꺼낸 라면들의 가격의 합이 2,000원인 경우의 수는?

① 2가지   ② 4가지   ③ 6가지   ④ 12가지

28 $x=\sqrt{3}$, $y=\sqrt{2}$일 때, $\frac{x}{x-y}+\frac{y}{x+y}-1$을 계산하면 얼마인가?

① $\sqrt{3}$ ② $\sqrt{6}$ ③ $2\sqrt{3}$ ④ $2\sqrt{6}$

29 $\dfrac{2}{3-\dfrac{2}{1+\dfrac{1}{\sqrt{5}}}}$ 를 간단히 나타낸 식은?

① $\sqrt{5}-1$

② $\sqrt{5}+1$

③ $-1-\sqrt{5}$

④ $1-\sqrt{5}$

30 변의 길이가 1인 정사각형이 있다. 이 정사각형의 가로의 길이는 1시간마다 2배씩 늘어나고, 세로의 길이는 2시간마다 2배씩 늘어난다. 10시간이 지난 후 만들어지는 직사각형의 넓이는?

① 2^{12}

② 2^{13}

③ 2^{14}

④ 2^{15}

31 다음 그림과 같이 3개의 직육면체를 연결하여 만들어진 입체도형의 부피는?

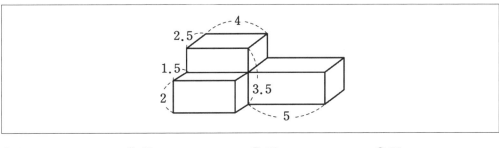

① 65

② 69

③ 72

④ 75

32 다음은 202X년도의 종합소득 과세표준에 따른 세율을 나타낸 자료이다. 갑의 종합소득 과세표준이 1억 4,000만 원이고, 을의 종합소득 과세표준이 1억 6,000만 원일 때, 갑과 을의 종합소득 산출세액의 차이는?

[종합소득 과세표준별 세율]

과세표준	세율
1,200만 원 이하	과세표준의 6%
1,200만 원 초과 4,600만 원 이하	72만 원+(과세표준−1,200만 원)×0.15
4,600만 원 초과 8,800만 원 이하	582만 원+(과세표준−4,600만 원)×0.24
8,800만 원 초과 1억 5,000만 원 이하	1,590만 원+(과세표준−8,800만 원)×0.35
1억 5,000만 원 초과 3억 원 이하	3,760만 원+(과세표준−1억 5,000만 원)×0.38
3억 원 초과 5억 원 이하	9,460만 원+(과세표준−3억 원)×0.40
5억 원 초과 10억 원 이하	1억 7,460만 원+(과세표준−5억 원)×0.42
10억 원 초과	3억 8,460만 원+(과세표준−10억 원)×0.45

※ 종합소득 산출세액은 해당하는 과세표준 구간의 세율을 적용하여 계산한 금액을 의미함

① 700만 원   ② 730만 원   ③ 760만 원   ④ 800만 원

33 다음은 단리식 A 정기예금상품의 만기지급이율 및 중도해지이율에 대한 자료이다. 우대조건을 미충족하는 B 사원이 가입기간이 1년인 A 정기예금상품에 월이자지급식으로 가입하고, 300만 원을 예치하였다. B 사원이 6개월 경과 후 상품을 해지했을 때, 이자 과세 15.4%를 부담하고 환급받는 총금액은 약 얼마인가? (단, 환급액은 소수점 첫째 자리에서 반올림하여 계산한다.)

[만기지급이율]

이자지급방식	가입기간	기본이율(%)	비고
월이자지급식	12개월 이상~24개월 미만	1.4	우대조건 충족 시,
만기일시지급식	12개월 이상~24개월 미만	1.5	기본이율+우대이율(최대 0.5%) 제공

※ 기본이율은 연이율이며, 세전 이율임

[중도해지이율]

경과기간	연이율(%)
1개월 미만	0.1
1개월 이상~3개월 미만	0.2
3개월 이상~6개월 미만	기본이율×15%
6개월 이상~9개월 미만	기본이율×30%
9개월 이상~12개월 미만	기본이율×45%
12개월 이상~24개월 미만	국고채 1년물 이율

[정기예금 환급액 계산 방법]

- 단리: 원금 $\times \left(1 + 연이율 \times \dfrac{운용\ 개월\ 수}{12}\right)$
- 연복리: 원금 $\times \left(1 + 연이율\right)^{\frac{운용\ 개월\ 수}{12}}$

① 3,001,680원 　　② 3,003,180원 　　③ 3,005,330원 　　④ 3,007,410원

34 다음 숫자가 규칙에 따라 나열되어 있을 때, 빈칸에 들어갈 알맞은 것을 고르면?

-3	-1	-5	3	-13	19	-45	( )

① 47　　　　　② -59　　　　　③ 83　　　　　④ -91

35 다음 문자가 규칙에 따라 나열되어 있을 때, 빈칸에 들어갈 알맞은 것을 고르면?

I	H	L	E	O	( )	R

① A　　　　　② B　　　　　③ H　　　　　④ L

36 다음 문자가 규칙에 따라 나열되어 있을 때, 빈칸에 들어갈 알맞은 것을 고르면?

B	R	Z	D	( )	G

① E　　　　　② F　　　　　③ G　　　　　④ H

37 다음은 S 국의 수출금액지수 및 수입금액지수에 대한 자료이다. 자료에 대한 설명으로 옳지 않은 것을 모두 고르면?

[연도별 수출금액지수 및 수입금액지수]

구분	2011	2012	2013	2014	2015	2016	2017
수출금액지수 (전년 대비 증감률)	119.24 (19.2%)	121.28 (1.7%)	124.70 (2.8%)	127.16 (2.0%)	115.58 (-9.1%)	109.30 (-5.4%)	125.25 (14.6%)
수입금액지수 (전년 대비 증감률)	123.96 (24.0%)	122.96 (-0.8%)	122.27 (-0.6%)	124.55 (1.9%)	102.55 (-17.7%)	95.21 (-7.2%)	113.31 (19.0%)

※ 2010년 수출금액지수 및 수입금액지수=100

ⓐ 2010년 이후 수입금액지수가 최고를 기록한 해는 2014년이다.
ⓑ 수출금액지수가 2년 연속 감소한 해에 수입금액지수는 100을 초과한다.
ⓒ 수출금액지수와 수입금액지수가 모두 전년 대비 증가한 해는 총 2개 연도이다.
ⓓ 수입금액지수의 전년 대비 증가율이 15% 이상인 해의 수입금액지수 차는 10.65이다.

① ⓑ

② ⓐ, ⓓ

③ ⓑ, ⓒ

④ ⓑ, ⓒ, ⓓ

38 다음은 A 국의 화훼 품목별 판매액을 나타낸 자료이다. 2015년 이후 제시된 총 화훼 판매액의 전년 대비 증감 추이와 같은 증감 추이를 보이는 화훼 품목을 모두 고르면?

[화훼 품목별 판매액]

(단위: 억 원)

구분	2013년	2014년	2015년	2016년	2017년
구근류	29	28	34	27	27
절화류	2,629	2,643	2,174	1,774	1,833
초화류	1,463	1,356	1,214	1,230	1,297
종자 · 종묘류	97	105	109	94	104
분화류	2,506	2,267	2,215	1,947	1,928
관상수류	311	305	283	243	258
화목류	334	343	303	288	211
합계	7,369	7,047	6,332	5,603	5,658

① 초화류, 화목류   ② 절화류, 분화류
③ 관상수류, 화목류   ④ 절화류, 관상수류

39 다음은 20X3년 청소년의 휴대전화 사용과 관련된 설문조사 결과에 대한 자료이다. 자료에 대한 설명으로 옳지 않은 것은?

[휴대전화 보유 여부]

(단위: 명)

구분	예	아니오	전체
만 9세~만 12세	243	424	667
만 13세~만 15세	408	107	515
만 16세~만 19세	546	50	596

[수업시간 휴대전화 이용 유형]

(단위: %)

유형	성별		지역		인터넷 중독 진단결과		
	남자	여자	서울	인천, 경기	고위험 사용자군	잠재적 위험 사용자군	일반 사용자군
거리낌 없이 항상 한다	11.7	16.3	16.2	18.4	28.6	16.5	13.2
꼭 필요한 경우에는 한다	21.9	19.5	23.5	18.0	24.9	25.5	19.8
확인만 하는 편이다	19.9	24.1	23.6	20.9	15.2	17.4	23.0
수업시간에는 꺼 놓는다	46.5	40.1	36.7	42.7	31.3	40.6	44.0

① 만 9세~만 12세의 청소년 중 휴대전화를 보유한 청소년의 수가 보유하지 않은 청소년의 수보다 적다.
② 잠재적위험 사용자군에 속한 청소년 중 휴대전화를 '수업시간에는 꺼 놓는다'고 응답한 비율은 일반 사용자군에 속한 청소년 중 휴대전화를 '꼭 필요한 경우에는 한다'고 응답한 비율의 2배 이상이다.
③ 서울 지역의 청소년들은 수업시간에 휴대전화를 '거리낌 없이 항상 한다'고 응답한 비율이 가장 낮다.
④ 수업시간에 휴대전화를 이용하는 남자와 여자의 비율 차이가 가장 작은 유형은 '확인만 하는 편이다'이다.

40 다음은 준공된 농업생산기반 개량사업 현황에 대한 자료이다. 자료에 대한 설명으로 옳지 않은 것은?

[사업 종류별 개량사업 현황]

(단위: 개, ha, 천만 원)

구분		2013년	2014년	2015년	2016년
경지정리	지구 수	39	30	37	28
	면적	2,503	1,966	577,445	8,733
	사업비	8,332	6,005	6,521	6,193
배수 개선	지구 수	19	26	17	32
	면적	1,849	2,912	1,525	2,763
	사업비	8,535	17,524	19,006	17,848
개간	지구 수	315	253	193	220
	면적	281	144	28,510	34,827
	사업비	982	895	8,391	809

※ 출처: KOSIS(한국농어촌공사, 농업생산기반정비통계조사)

① 2016년 배수 개선 사업의 사업비는 2년 전 대비 324천만 원 증가하였다.

② 매년 개간 사업의 면적은 경지정리 사업의 면적보다 작다.

③ 2014년 이후 배수 개선 사업 지구 수의 전년 대비 증감 추이는 같은 기간 경지정리 사업 지구 수의 전년 대비 증감 추이와 정반대이다.

④ 2014년 경지정리 사업에 지구 1개당 평균 200천만 원 이상의 사업비가 투입되었다.

41 갑, 을, 병, 정 4명은 각각 A~C 과목 중 최소 1개 과목의 강의를 수강하였다. 다음 조건을 모두 고려하였을 때, 항상 옳은 것은?

- A 과목의 강의는 2명, B 과목의 강의는 2명, C 과목의 강의는 3명이 수강하였다.
- 갑은 병보다 많은 과목 수의 강의를 수강하였다.
- 을과 병은 같은 과목의 강의를 수강하지 않았다.
- 을은 B 과목의 강의만 수강하였다.
- 갑은 가장 많은 과목 수의 강의를 수강한 사람이 아니다.

① 정은 B 과목의 강의를 수강하지 않았다.
② 갑과 을은 같은 과목의 강의를 수강하였다.
③ 병은 C 과목의 강의만 수강하였다.
④ 갑과 병은 같은 과목의 강의를 수강하지 않았다.

42 ○○빌라에 A~H 8명이 각각 서로 다른 호실에 거주하고 있다. 다음 조건을 모두 고려하였을 때, 항상 옳지 않은 것은?

- H는 G보다 높은 층에 거주한다.
- A와 F는 같은 층에 거주한다.
- E는 D 바로 아래층 같은 호에 거주한다.
- B는 202호에 거주하고, C는 402호에 거주한다.
- F는 D보다 아래층에 거주한다.

[○○빌라 호실 정보]

4층	401호	402호
3층	301호	302호
2층	201호	202호
1층	101호	102호

① H는 302호에 거주한다.
② D와 H는 같은 층에 거주한다.
③ G는 B보다 높은 층에 거주한다.
④ A는 E 바로 아래층에 거주한다.

43 ○○회사 인사팀에서 사원 A~E 5명의 인사고과 점수를 토대로 승진 대상자를 결정하였다. A~E가 받은 인사고과 점수는 각각 88점, 84점, 80점, 78점, 73점 중 하나로 모두의 인사고과 점수가 서로 다를 때, 승진 대상자에 해당하는 사원을 모두 고르면?

> • 인사고과 점수가 가장 높은 2명을 승진 대상자로 결정하였다.
> • D의 인사고과 점수는 A의 인사고과 점수보다 높다.
> • C의 인사고과 점수는 78점이 아니다.
> • 인사고과 점수가 높은 순서에 따라 B와 E의 순위는 이웃하지 않는다.
> • B와 C의 인사고과 점수 차이는 6점이다.

① A, E ② B, D ③ C, E ④ C, D

44 A 동사무소에서 운영 중인 방과후학교에서 사용할 수 있는 교실은 가, 나, 다, 라 총 4개이고, 운영하는 과목은 수학, 영어, 국어 총 3과목이다. 다음 조건을 모두 고려하였을 때, 항상 옳지 않은 것은?

> • 4개 중 1개의 교실만 비어 있으며, 각 교실에서 운영하는 과목은 서로 다르다.
> • '가' 교실에서 수학 수업을 하고 '나' 교실이 비어 있으면 '다' 교실에서는 국어 수업을 해야 한다.
> • '나' 교실에서 영어 수업을 하고 '다' 교실에서 수학 수업을 한다면 '가' 교실은 비어 있어야 한다.
> • '가' 교실에서 국어 수업을 한다면 영어, 수학 수업은 '나~라' 교실을 순서대로 사용해야 한다.
> • '다' 교실이 비어 있으면 국어 수업은 '가' 교실에서 해야 한다.

① '나' 교실에서 영어 수업을 한다면 '라' 교실에서 국어 수업을 할 수 있다.
② '가' 교실에서 수학 수업을 하고 '라' 교실에서 국어 수업을 할 수 있다.
③ '가' 교실에서 영어 수업을 할 때, 국어와 수학 수업은 어떤 교실에서 하는지 알 수 없다.
④ '다' 교실이 비어 있으면 수학 수업은 반드시 '라' 교실에서 해야 한다.

45 다음 중 밑줄 친 부분에 들어갈 내용으로 항상 옳은 것은?

> 감사하는 마음은 겸손한 마음이다.
> 감사하지 않는 마음은 자아를 존중하지 않는 마음이다.
> 자신을 낮추지 않는 마음은 자아를 존중하는 마음이다.
> 겸손한 마음은 자신을 낮추지 않는 마음이다.
> 그러므로 _____

① 겸손한 마음은 감사하지 않는 마음이다.
② 자아를 존중하는 마음은 겸손하지 않은 마음이다.
③ 자아를 존중하는 마음은 자신을 낮추지 않는 마음이다.
④ 겸손하지 않은 마음은 자신을 낮추지 않는 마음이다.

46 다음 명제가 모두 참일 때, 항상 옳은 것을 모두 고르면?

> • 물을 좋아하는 사람은 수영을 좋아한다.
> • 나는 바다를 좋아하거나 산을 좋아한다.
> • 나는 산을 좋아하지 않는다.
> • 다이빙을 좋아하는 사람은 물을 좋아한다.
> • 물을 좋아하지 않는 사람은 바다를 좋아하지 않는다.

<보기>

㉠ 나는 바다를 좋아한다.	㉡ 나는 물을 좋아한다.
㉢ 나는 다이빙을 좋아한다.	㉣ 나는 수영을 좋아한다.

① ㉠, ㉡   ② ㉠, ㉢   ③ ㉠, ㉡, ㉣   ④ ㉡, ㉢, ㉣

47 다음 명제가 모두 참일 때, 항상 옳은 것은?

- 기획 1팀이 수요일에 회식을 하면 기획 3팀은 금요일에 회식을 한다.
- 기획 2팀 또는 3팀이 목요일에 회식을 하면 기획 1팀은 횟집에서 회식을 한다.
- 기획 3팀이 패밀리 레스토랑에서 회식을 하지 않으면 기획 1팀은 고깃집에서 회식을 한다.
- 기획 1팀이 수요일에 회식을 하지 않으면 기획 2팀은 목요일에 회식을 한다.
- 기획 1팀이 고깃집에서 회식을 하면 기획 2팀은 횟집에서 회식을 하지 않는다.
- 기획 2팀이 수요일에 회식을 하면 기획 3팀은 패밀리 레스토랑에서 회식을 하지 않는다.

---

① 기획 3팀이 패밀리 레스토랑에서 회식을 하지 않으면 기획 2팀은 횟집에서 회식을 한다.
② 기획 2팀이 수요일에 회식을 하면 기획 1팀은 고깃집에서 회식을 하지 않는다.
③ 기획 2팀이 횟집에서 회식을 하면 그날은 수요일이 아니다.
④ 기획 3팀이 금요일에 회식을 하지 않으면 기획 1팀은 횟집에서 회식을 하지 않는다.

48 L 은행의 영업팀 직원인 최 대리는 온라인 고객 상담 게시판을 통해 고객들의 문의 사항을 처리하는 업무를 담당하고 있다. 최 대리는 적금 상품을 추천해 달라는 고객 요청을 받았고, L 은행에서 현재 판매 중인 적금 상품 목록이 아래와 같다고 할 때, 최 대리가 고객에게 추천할 적금 상품은?

[온라인 고객 상담 게시판]

제목: 적금 상품 추천 부탁드려요.

　안녕하세요. 이번에 새로운 직장에 취업하게 되면서 적금 상품에 가입하려고 합니다. 매달 같은 금액을 넣어야 하는 적금 상품보다는 적게는 10만 원, 많게는 200만 원 선에서 매달 가능한 금액만큼 납입하는 상품이었으면 좋겠습니다. 적금 만기는 2년, 이자율은 높으면 높을수록 좋을 것 같습니다. 그리고 만기 후 6개월까지의 이자율은 최소 일반정기예금 기본이율의 25% 이상이 되도록 적금 상품 추천 부탁드립니다.

[적금 상품 목록]

상품	적립 방식	가입 및 월 납입 금액 한도	계약 기간 (개월)	이자율 (%)	만기 후 이자율
A	정액적립식	1만 원 이상 50만 원 이하	12	1.5	– 1개월 이하: 일반정기예금 기본이율의 50% – 1개월 초과: 일반정기예금 기본이율의 25%
			24	1.7	
			36	1.9	
B	자유적립식	5만 원 이상 300만 원 이하	12	1.6	– 1개월 이하: 일반정기예금 기본이율의 50% – 1개월 초과 6개월 이하: 일반정기예금 기본이율의 30% – 6개월 초과: 일반정기예금 기본이율의 20%
			24	1.7	
			36	1.8	
C	자유적립식	1만 원 이상 200만 원 이하	12	1.4	– 1개월 이하: 일반정기예금 기본이율의 1/2 – 1개월 초과 3개월 이하: 일반정기예금 기본이율의 1/3 – 3개월 초과: 일반정기예금 기본이율의 1/4
			24	1.5	
			36	1.6	
D	자유적립식	10만 원 이상 300만 원 이하	12	1.3	– 1개월 이하: 일반정기예금 기본이율의 50% – 1개월 초과 3개월 이하: 일반정기예금 기본이율의 30% – 3개월 초과: 일반정기예금 기본이율의 20%
			24	1.7	
			36	2.0	

※ 이자율(%)은 단리식 세전 이자율을 의미함

① A　　　　　　　② B　　　　　　　③ C　　　　　　　④ D

49 G 공장은 H 기업에 납품할 제품을 생산하려 한다. 제품 생산을 위해서는 A, B, C, D, E, F 6가지 작업이 필요하며, G 공장은 H 기업에 납품할 제품을 최단기간에 생산해야 한다. 작업을 진행할 때의 실행 규칙과 작업별 소요기간을 고려하였을 때, 모든 작업을 완료하는 데 걸리는 총 기간은?

[작업 실행 규칙]

- F 작업을 가장 먼저 시작한다.
- C 작업과 D 작업은 A 작업을 모두 완료한 이후 동시에 바로 시작한다.
- E 작업은 D 작업을 완료한 이후에 바로 시작한다.
- B 작업은 C 작업과 E 작업을 모두 완료한 이후에 바로 시작한다.
- A 작업은 F 작업을 완료한 이후에 바로 시작한다.

[작업별 소요기간]

A	B	C	D	E	F
7일	4일	9일	3일	5일	6일

① 25일   ② 26일   ③ 28일   ④ 29일

50 다음 중 맥킨지 문제 분석의 4단계에 해당하지 않는 것은?

① Framing   ② Initializing   ③ Designing   ④ Gathering

51 다음은 G 공단 김 대리가 신입사원 교육을 진행하는 데 활용한 PPT의 일부이다. 자원관리에 대해 바르게 이해하지 못한 사람은?

[자원관리의 과정]

1단계	필요한 자원의 종류와 양 파악

▼

2단계	이용 가능한 자원 수집

▼

3단계	자원활용 계획 수립

▼

4단계	계획에 따른 수행

① A: 자원을 확보하기에 앞서 먼저 필요한 자원에 대해 파악하는 것이 중요하네.
② B: 자원을 필요한 만큼만 확보해서 추후에 남는 경우가 없도록 해야겠어.
③ C: 업무의 우선순위를 고려해서 자원활용 계획을 수립해야 해.
④ D: 자원이 한정되어 있다는 것을 항상 염두에 두어야겠어.

52 S 기업의 최 대리는 일주일 동안 휴가를 다녀온 후 처음으로 출근한 날, 예정된 업무를 시작하기 위해 사내 커뮤니티에 접속하였고, 본인에게 새로 도착한 쪽지가 30통이 넘게 있음을 발견하였다. S 기업은 업무 요청을 구두가 아닌 쪽지로 주고받을 때, 최 대리가 먼저 해야 할 행동으로 가장 적절한 것은?

① 예정된 업무 일정대로 하루 업무 계획을 세우고, 업무를 진행하는 틈틈이 쪽지를 모두 확인한다.
② 도착한 시간이 가장 오래된 쪽지부터 확인하여 쪽지로 요청받은 업무를 순서대로 진행한다.
③ 직급이 높은 상사로부터 받은 쪽지를 먼저 확인하고, 쪽지로 요청받은 업무를 우선 진행한다.
④ 쪽지를 모두 확인하여 긴급한 업무와 긴급하지 않은 업무로 분류한다.

[53-54] 다음은 H 사 관리부의 정 사원이 작성한 202X년 비품관리대장이다. 각 물음에 답하시오.

	비 품 관 리 대 장				작성자	정지윤

※ 1) A = 회의실, B = 사무실, C = 영업점, D = 작업실, E = 기타
  2) ①은 신규 비품, ②는 기존 재활용 비품을 의미함

No.	관리번호	품명	규격(mm)	수량(개, 대)	취득가격(원/개, 대)	취득일자	비고
1	A-1	책장	800×400×2,100	1	-	202X. 05. 08.	②
2	A-2	테이블	1,500×600×480	1	220,000	202X. 09. 21.	①
3	A-3	협탁	400×400×900	1	110,000	202X. 07. 01.	①
4	A-4	전화기	유선전화	1	22,000	202X. 05. 08.	①
5	A-5	소파	600×550×1,400	3	-	202X. 09. 24.	②
6	B-1	책상	1,400×800×720	4	360,000	202X. 12. 21.	①
7	B-2	책상	1,500×450×720	2	-	202X. 05. 20.	②
8	B-3	의자	540×520×850	6	200,000	202X. 07. 01.	①
9	B-4	모니터	19인치 와이드	2	400,000	202X. 11. 25.	①
10	B-5	모니터	17인치	1	-	202X. 05. 08.	②
11	B-6	컴퓨터	인텍코더2듀오	3	900,000	202X. 09. 27.	①
12	C-1	냉난방기	9평형	1	1,005,000	202X. 07. 01.	①
13	C-2	서랍장	500×400×600	4	220,000	202X. 04. 18.	①
14	D-1	냉장고	1,800×2,700×2,400	1	6,050,000	202X. 05. 21.	①
15	D-2	책장	800×400×2,100	2	270,000	202X. 05. 21.	①
16	D-3	작업대	1,800×450×900	1	-	202X. 05. 22.	②

53 H 사에서 202X년에 사무실에서 필요한 비품 취득을 위해 지출한 총비용은?

① 1,860,000원　　　② 3,085,000원　　　③ 6,140,000원　　　④ 8,018,000원

54 김 대리는 정 사원이 작성한 비품관리대장을 검토한 후 아래와 같은 피드백을 전달하였다. 김 대리의 피드백에 따라 비품관리대장을 올바르게 수정한 것으로 가장 적절한 것은?

> 김 대리: 정 사원, 202X년 관리부에 제출된 비품신청서와 202X년 비품관리대장을 대조해보니 비품관리대장에 누락된 비품이 있어요. 202X년 5월 8일에 (800×400×2,100)mm 규격의 책장 1개가 작업실 비품으로 신청되었고 202X년 5월 21일에 지급하였습니다. 해당 사항 반영해서 비품관리대장 수정해 주세요.

①

관리번호	품명	규격(mm)	수량(개, 대)	취득가격(원/개, 대)	취득일자	비고
A-1	책장	800×400×2,100	2	-	202X. 05. 21.	②

②

관리번호	품명	규격(mm)	수량(개, 대)	취득가격(원/개, 대)	취득일자	비고
A-1	책장	800×400×2,100	1	270,000	202X. 05. 08.	①

③

관리번호	품명	규격(mm)	수량(개, 대)	취득가격(원/개, 대)	취득일자	비고
D-2	책장	800×400×2,100	3	270,000	202X. 05. 21.	①

④

관리번호	품명	규격(mm)	수량(개, 대)	취득가격(원/개, 대)	취득일자	비고
D-4	책장	800×400×2,100	1	-	202X. 05. 22.	②

55 다음은 하반기 신입사원 관련 자료 및 팀별 특이사항을 나타낸 자료이다. 인사팀이 제시된 자료를 바탕으로 각 팀에 신입사원을 배치할 때, 각 팀에 배치되는 신입사원에 대한 설명으로 가장 적절한 것은?

[신입사원 배치 규정]

- 각 팀에서 채용을 요청하지 않았을 시에는 신입사원을 배치할 수 없음
- 신입사원이 배치받기를 희망하는 팀의 필수 전공을 전공했다면 배치받기를 희망하는 팀에 최우선으로 배치함
- 각 팀에는 채용 요청 인원수만큼 신입사원을 배치함
- 1인당 주간 초과 근무시간이 16시간 이상인 팀에는 기존 인원수만큼 신입사원을 배치함

[신입사원 조별 명단 및 전공]

구분	명단 및 전공
1조	박태안(기계), 심예슬(컴퓨터), 이미영(산업디자인), 김종태(기계)
2조	윤정민(기계), 연태현(전자), 민진화(국어국문), 유하현(기계)
3조	유재환(경영), 박영호(컴퓨터), 이민준(기계), 홍연미(기계)
4조	장승민(컴퓨터), 조규연(컴퓨터), 양시완(전기), 백민주(전기)
5조	윤혜민(컴퓨터), 송종호(전자), 황현민(컴퓨터)

[신입사원 면담 특이사항]

- 박태안 씨는 센서 설계보다 IT 개발에 관심이 많아 보이고, 어플 개발 경험이 있음
- 민진화 씨는 타사 마케팅팀에서 카피라이터로 1년간 근무한 경험이 있음
- 유재환 씨는 자사 재무팀 인턴으로 근무한 경험이 있으며, 재무팀에 배치받기를 희망함

[팀별 특이사항]

구분	필수 전공	기존 인원수	채용 요청 인원수	1인당 초과 근무시간
구조팀	기계	6명	3명	16시간
센서팀	전자, 전기	12명	2명	2시간
IT팀	컴퓨터, 전자	8명	3명	20시간
디자인팀	산업디자인, 시각디자인	5명	1명	15시간
재무팀	경영, 경제, 회계	4명	0명	1.5시간
마케팅팀	시각디자인, 경영, 국어국문	7명	2명	2.5시간

※ 1인당 초과 근무시간은 주간 초과 근무시간을 나타냄

① 연태현 씨와 송종호 씨는 센서팀에 배치된다.
② 경영을 전공한 유재환 씨는 재무팀에 배치받기를 희망하므로 재무팀에 배치된다.
③ 5조에서 송종호 씨만 다른 팀에 배치된다.
④ 신입사원이 가장 많이 배치되는 팀은 IT팀이다.

56 다음 중 아래 조직도를 잘못 이해한 사람을 모두 고르면?

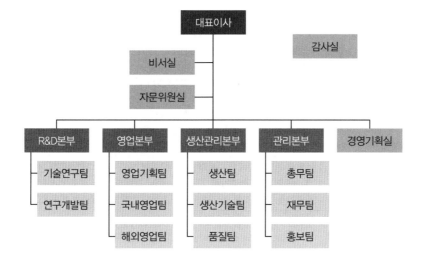

> **슬기:** 조직도를 보면 4개 본부, 4개 실, 11개 팀으로 구성되어 있네.
> **유진:** 자문위원실과 감사실은 대표이사의 직속 기관으로 분류되어 있군.
> **보미:** 생산관리본부와 관리본부는 모두 관리 기능을 하지만 별개의 본부로 되어 있는 것을 보니, 관리하는 대상 또는 관리의 성격이 다르다고 볼 수 있겠어.
> **기연:** 팀 구성을 보니 영업본부는 국내·외 영업을 모두 책임지는 곳이라고 할 수 있겠어.
> **민지:** R&D본부는 소속 팀의 수가 적은 것을 보니 상대적으로 직원 수도 적겠네.

① 슬기, 보미 ② 유진, 민지 ③ 보미, 기연 ④ 슬기, 유진, 민지

57 농협은 '농업이 대우받고 농촌이 희망이며 농업인이 존경받는 함께하는 100년 농협'이라는 비전을 달성하기 위해 임직원의 사고와 행동 기준이 되는 몇 가지 핵심가치를 추구한다. 다음 중 농협의 핵심가치가 아닌 것은?

① 소비자에게 합리적인 가격으로 더 안전한 먹거리를, 농업인에게 더 많은 소득을 제공하는 유통개혁 실현
② 4차 산업혁명 시대에 부응하는 디지털 혁신으로 농업·농촌·농협의 미래 성장동력 창출
③ 농협의 정체성 확립과 농업인 실익 지원 역량 확충을 통해 농업인과 국민에게 신뢰받는 농협 구현
④ 농협의 지속가능성장을 가능하게 하는 사업 파트너인 고객에게 안전먹거리, 금융서비스, 농업·농촌의 최고 가치 제공

58 다음은 농협의 윤리경영에 대한 자료를 읽고 난 직원들의 반응이다. 가장 적절하지 않은 반응을 보인 직원은?

[농협의 윤리경영]

기업윤리	기업 경영 및 활동 시 윤리를 최우선 가치로 생각하며 모든 업무활동의 기준을 윤리규범에 두고 투명하고 공정하며 합리적으로 업무를 수행합니다. 기업 윤리를 지키는 것은 기업의 의사결정이 경제원칙에만 기초로 하는 것이 아니라 투명한 회계, 공정한 약관, 성실 납세, 환경 보호 등의 윤리적 판단을 전제 조건으로 의사결정을 하며 법이나 정부 규제 준수 이상으로 공정하고 정당하게 지키는 것을 의미합니다. 그러므로 기업 윤리란 일반적으로 CEO나 임직원이 기업활동에서 갖추어야 할 윤리를 의미합니다.
윤리경영	농협은 기업활동에서 경제적, 법적, 윤리적 책임 등을 다함으로써 농협의 이해 관계자인 고객, 농민조합원, 협력업체, 지역 농·축협, 직원 등 모두가 함께 성장 발전하여 청렴한 농협, 투명한 농협, 깨끗한 농협을 구현하고 함께 성장하는 글로벌 협동조합을 만듭니다.
윤리경영의 궁극적 목표	부정을 저지르지 말자는 소극적 의미를 넘어 글로벌 스탠더드에 맞게 경영을 투명하게 하는 것이며 고객의 신뢰를 바탕으로 기업가치를 향상시켜 궁극적으로 기업경영을 영위하기 위함입니다.

① A 사원: 농협은 윤리경영을 실천하기 위해 협력업체와 거래할 때 임직원이 각종 뇌물이나 접대를 받아 한쪽에게만 유리한 판단을 내리지 않도록 서약하는 청렴계약제도를 시행하고 있군.
② B 사원: 농협은 임직원이 업무와 관련하여 금품, 향응 등을 요구하거나 직위를 이용하여 부당 이득을 얻을 경우 해당 사실을 신고할 수 있는 클린신고센터를 운영한다고 해.
③ C 사원: 계약사무 처리 과정에서도 계약 상대방과의 위법·부당 행위가 발생하지 않는지 DM 발송, 클린콜 등의 방법으로 주기적인 모니터링을 하고 있어.
④ D 사원: 농협에서 도시와 농촌의 상생을 위해 시행하는 농촌사랑운동과 농업인이 받을 수 있는 교육지원사업 역시 윤리경영의 초석으로 볼 수 있겠네.

59 다음 중 마이클 포터의 본원적 경쟁전략에 대한 설명으로 적절한 것은?

① 다른 기업과 구별되는 제품이나 서비스를 제공하여 고객이 가치 있고 독특하다고 인식하도록 하는 전략은 집중화 전략이다.
② 기업의 경쟁 우위에 따라 집중화 전략은 원가 우위 집중 전략과 집중 차별화 전략으로 구분할 수 있다.
③ 차별화 전략은 특정 산업이나 고객을 대상으로 경쟁사에서 주목하고 있지 않은 한정된 시장을 공략한다.
④ 원가 우위 전략은 보유한 기술의 품질을 보완하거나 소량 생산을 통해 상품 가치를 높여 산업에서 유리한 위치를 점하는 전략이다.

60 귀하는 국내의 한 항공사에 지원하기 전에 해당 항공사에 대한 이해도를 높이기 위해 SWOT 분석을 해보기로 하였다. 분석 결과가 다음과 같을 때, 분석 결과에 대응하는 적절한 전략을 모두 고른 것은?

> SWOT 분석이란 기업 내부의 강점(Strength)과 약점(Weakness), 기업을 둘러싼 외부의 기회(Opportunity)와 위협(Threat)이라는 4가지 요소를 규정하고 이를 토대로 기업의 경영전략을 수립하는 기법이다. SO(강점 – 기회)전략은 시장의 기회를 활용하기 위해 강점을 적극 활용하는 전략이고, WO(약점 – 기회)전략은 약점을 보완하며 시장의 기회를 활용하는 전략이다. ST(강점 – 위협)전략은 시장의 위협을 회피하기 위해 강점을 활용하는 전략이고, WT(약점 – 위협)전략은 시장의 위협을 회피하고 약점을 최소화하는 전략이다.

내부환경 외부환경	강점(Strength)	약점(Weakness)
기회(Opportunity)	SO(강점 – 기회)전략	WO(약점 – 기회)전략
위협(Threat)	ST(강점 – 위협)전략	WT(약점 – 위협)전략

강점(Strength)	• 국내 저가항공사 중 가장 높은 국내선 분담률과 영업이익률 • 국내 저가항공사 중 기내 서비스가 가장 좋다는 평가를 받음 • 가격 대비 고품질의 기내 서비스를 제공한다는 평가를 받음
약점(Weakness)	• 부족한 국제 운항 노선 • 여전히 탈피하지 못한 저가 이미지 • 투자실패로 인한 자본 회수 가능성 불투명
기회(Opportunity)	• 동남아 지역 국민들의 국제 관광에 대한 수요가 지속적으로 상승함 • 가성비를 중요시하는 소비문화 확산
위협(Threat)	• 새로운 저가항공업체 등장 및 기존 저가항공사 간의 가격 경쟁 심화 • 국내 정세 불안으로 인한 해외 투자자들의 이탈 확대

내부환경 외부환경	강점(Strength)	약점(Weakness)
기회(Opportunity)	⊙ 저렴한 가격 대비 고품질의 기내 서비스를 제공한다는 점을 홍보 포인트로 하여 가성비를 중시하는 소비자를 포섭함	ⓛ 동남아 지역 국제 항공 노선 개척을 적극적으로 추진하여 동남아 지역 소비자들을 신규 고객으로 유치함
위협(Threat)	ⓒ 일반적인 저가항공사에서 제공하지 않는 다양한 음료 메뉴 제공 등 타사 대비 차별화할 수 있는 서비스를 제공함	ⓔ 국내 투자자를 대상으로 국내 저가항공사 중 가장 높은 국내선 분담률과 영업이익률을 내는 점을 적극적으로 홍보함

① ㉠, ㉡   ② ㉢, ㉣   ③ ㉠, ㉡, ㉢   ④ ㉡, ㉢, ㉣

약점 보완 해설집 p.68

무료 바로 채점 및 성적 분석 서비스 바로 가기
QR코드를 이용해 모바일로 간편하게 채점하고 나의 실력이
어느 정도인지, 취약 부분이 어디인지 바로 파악해 보세요!

NCS 직무능력평가
실전모의고사 4회

시작과 종료 시각을 정한 후, 실전처럼 모의고사를 풀어보세요.

시   분 ~   시   분 (총 60문항/70분)

- 본 실전모의고사는 총 60문항으로 구성되어 있으며, 영역별 제한 시간 없이 70분 이내로 모든 영역의 문제를 풀어야 합니다.
- 의사소통능력, 수리능력, 문제해결능력, 자원관리능력, 조직이해능력 문제가 출제됩니다.
- 맨 마지막 페이지에 있는 회독용 OMR 답안지와 해커스ONE 애플리케이션의 학습 타이머를 이용하여 실전처럼 모의고사를 풀어본 후, 60번 문제 하단에 있는 '바로 채점 및 성적 분석 서비스' QR코드를 스캔하여 응시 인원 대비 본인의 성적 위치를 확인해 보시기 바랍니다.

01 다음 제시된 단어와 의미가 반대되는 것은?

해이(解弛)

① 이완(弛緩)　　② 해엄(解嚴)　　③ 엄중(嚴重)　　④ 분해(分解)

02 다음 제시된 단어와 의미가 반대되는 것은?

창안(創案)

① 구안(具案)　　② 답습(踏襲)　　③ 계획(計劃)　　④ 궁리(窮理)

03 다음 밑줄 친 단어와 의미가 유사한 것은?

조합은 생산자로부터 직접 구매한 일용품을 조합원들에게 염가로 판매하였다.

① 원가　　② 평가　　③ 공가　　④ 저가

04 다음 밑줄 친 단어와 의미가 유사한 것은?

무릇 모든 일에는 순서가 있는 법이므로 서두르다가 일을 그르치지 않도록 경계해야 한다.

① 으레　　② 자못　　③ 비단　　④ 대저

05 다음 밑줄 친 단어와 같은 의미로 사용된 것은?

> 마지막에 고친 답이 정답이어서 얼마나 다행인지 모른다.

① 요즘 손톱 물어뜯는 버릇을 고치기 위해 노력하고 있다.
② 할머니 댁의 재래식 화장실을 수세식으로 고쳤다.
③ 이 병원은 천식을 잘 고치는 것으로 정평이 나 있다.
④ 고장 난 핸드폰을 고치러 회사 주변의 AS센터에 다녀왔다.

06 다음 밑줄 친 부분과 바꿔 쓸 수 있는 것은?

> 그는 의심할 여지 없이 이번 시험에서 합격할 것이다.

① 실없이　　　　② 변함없이　　　　③ 너나없이　　　　④ 틀림없이

07 다음 빈칸에 들어갈 단어로 적절한 것은?

> 선거일은 국민들이 유권자의 권리를 (　　　)하게 행사할 수 있는 날이다.

① 당당　　　　② 마땅　　　　③ 타당　　　　④ 지당

08 다음 빈칸에 들어갈 단어로 적절한 것은?

> 세계적으로 한국 김치의 위상이 나날이 높아지고 있지만 동시에 김치 종주국에 대한 중국과 일본의 주장은 날로 강해지고 있다. (　　　) 한국이 김치 종주국의 지위를 확실하게 지킬 수 있는 대안이 필요하다.

① 하물며　　　　② 그런고로　　　　③ 이윽고　　　　④ 오히려

09 다음 빈칸 ㉠, ㉡에 들어갈 단어가 순서대로 바르게 연결된 것은?

> 빈번한 개인정보 유출 사고와 공공기관에 대한 해킹 시도는 보안 시스템의 허술함을 (㉠)한다. 따라서 이 문제를 해결하려면 사이버 테러를 사소한 일로 여기고 (㉡)한 대응 방식으로 해결하려는 정부의 태도를 개선해야 한다.

① 방증 – 안이　　　② 보증 – 안일　　　③ 검증 – 진부　　　④ 증명 – 미약

10 다음 중 맞춤법에 맞지 않는 것은?

① 나는 그의 실력을 믿으므로 그가 속한 팀을 응원했다.
② 아이를 낳고 나서야 부모님이 참 힘드셨겠구나 싶었다.
③ 형 책상 위에 놓여있던 도넛은 어젯밤 내가 사 온 거야.
④ 슬픈 영화를 보고 너무 많이 운 나머지 눈가가 다 짓물었다.

11 다음 중 맞춤법에 맞는 것은?

① 그의 제안을 들은 거래처 사장은 시답잖은 표정으로 대답을 대신하였다.
② 이 가게는 음식의 양이 너무 적어서 곱배기로 시켜야 겨우 배가 찬다.
③ 봄을 머금은 향긋한 나물 반찬들이 어머니의 잃어버린 입맛을 돋구었다.
④ 업무에 지친 이 대리는 틈틈히 운동을 하며 스트레스를 해소하고 있었다.

12 다음 중 띄어쓰기가 옳지 않은 것은?

① 그는 법 대로 하라며 억울함을 호소했다.
② 네가 본 대로 다 말해주면 된다.
③ 공항에 도착하는 대로 전화할게.
④ 오랜 시간 긴장한 탓에 몸이 지칠 대로 지쳤다.

13 다음 지문의 내용과 관련 있는 한자성어는?

> 사회 전반에서 아이돌이 대중적 인기를 끌고, 팬층 또한 두터워지자 뮤지컬계는 흥행을 위해 아이돌 멤버를 뮤지컬의 주요 배역으로 캐스팅하기 시작했다. 하지만 아이돌 캐스팅은 뮤지컬 흥행에 일조하지 못했다. 아이돌의 주요 팬층인 10대들이 감당하기엔 뮤지컬 티켓 값이 너무 비쌌던 것이다. 게다가 실력 검증을 거치지 않은 무분별한 아이돌 캐스팅이 뮤지컬의 완성도를 떨어뜨리면서 기존 뮤지컬 티켓 구매층에게 반감만 일으키는 역효과를 낳게 되었다.

① 일거양득(一擧兩得)　　　　② 용두사미(龍頭蛇尾)
③ 유비무환(有備無患)　　　　④ 소탐대실(小貪大失)

14 다음 글의 내용과 일치하지 않는 것은?

> 링겔만 효과란 집단 속에 참여하는 사람 수가 늘수록 1인당 공헌도는 오히려 떨어지는 현상을 말한다. 만약 개인이 혼자 내는 힘이 100이라고 가정한다면 참여하는 사람 수가 2명으로 늘어나면 개인이 내는 힘은 80으로, 3명으로 늘어나면 60으로 줄어든다는 것이다. 이러한 링겔만 효과는 조직 내 사회적 태만과 관련 있다. 집단 속에서 개인은 익명성을 이용해 숨을 수 있기 때문에 의식적이든 무의식적이든 최선을 다하지 않게 된다. 따라서 경영자는 조직 내 링겔만 효과를 방지하기 위해 개개인들이 조직의 힘을 극대화하는 데에 일조하도록 하는 '주인의식'을 심어줘야 한다. 주인의식을 갖게 하는 가장 좋은 방법은 경영자가 조직 내 개인의 성과를 측정할 수 있는 시스템을 갖추는 것이다. 평가에 따라 개인별로 다른 승진과 보상체계를 갖춘다면 개인은 집단 속에서도 더 큰 역량을 내기 위해 노력할 것이고, 이를 통해 조직의 역량을 키울 수 있기 때문이다.

① 자신의 역량이 평가받는다는 생각을 하게 되면 개인은 더 노력하게 된다.
② 링겔만 효과에 따르면 참여 인원이 늘어날수록 집단 전체의 힘은 약해진다.
③ 조직 내에서 개개인이 태만을 부리는 것은 익명성이라는 환경적 요인과 관련 있다.
④ 개인이 집단 속에서 최대 역량을 발휘하지 않는 것을 의도적인 것으로만 볼 수 없다.

15 다음은 코리아살티페스 진주엔시스에 대한 신문기사를 읽고 직원들이 나눈 대화이다. 빈칸에 들어갈 말로 가장 적절한 것은?

☆☆일보

☆☆일보 제1234호
20△△년 △△월 △△일 △요일

안내전화 : 02-123-4567
www.abcd.com

1억 년 전 한반도에 캥거루처럼 뛰는 동물이 있었다?

지난달 경상남도 진주에서 발견된 한 발자국 화석이 전 세계를 놀라게 했다. 중생대 백악기에 살았던 뜀걸음형 포유류의 발자국 화석 9쌍이 세계 최초로 발견되었기 때문이다. 이 화석에는 '한국 진주에서 발견된 새로운 종류의 뜀걸음 형태 발자국'이란 뜻으로 '코리아살티페스 진주엔시스'라는 이름이 붙여졌다. 한·미·중 3개국 공동연구팀이 화석에서 나타난 발자국을 분석한 결과, 발가락 사이의 간격이 좁다는 점, 발가락끼리의 모양 및 크기가 비슷하다는 점, 가운뎃발가락이 가장 길다는 점 등을 통해 포유동물의 발자국이 틀림없다는 결론이 내려졌다. 크기 10cm, 무게 0.5~1.5kg 정도로 추정되는 이 작은 포유동물은 오늘날의 캥거루처럼 뒷발을 이

용해 빠르게 뛰어다닌 것으로 추측된다. 이러한 코리아살티페스 진주엔시스는 중생대 포유동물을 분석하는 데 좋은 자료이다. 이전에 아르헨티나에서 중생대 중 쥐라기에 서식한 뜀걸음형 포유류의 화석이 발견된 적은 있지만, 백악기의 뜀걸음형 포유류 화석이 발견된 것은 세계에서 처음이기 때문이다. 한편 코리아살티페스 진주엔시스는 한반도에서 발견된 최초의 중생대 포유류의 화석이라는 점에서도 의의가 있다. 중생대 한반도에 조류, 파충류, 어류 등이 서식한 것으로 이미 잘 알려진 가운데, 이번 코리아살티페스 진주엔시스의 발견은 중생대 한반도에 다양한 종의 척추동물이 존재했음을 보여주는 증거가 된다.

W 대리: 이번에 진주에서 발견된 포유류의 화석이 전 세계적으로 화제가 되고 있대요!

X 사원: 코리아살티페스 진주엔시스 말씀하시는 거죠? 캥거루처럼 뒷발로 뛰어다닌 작은 동물의 발자국 화석이래요.

Y 주임: 이를 통해 중생대 한반도에 조류, 파충류, 어류뿐만 아니라 포유류까지 살고 있었다는 사실이 밝혀졌다고 하니, 코리아살티페스 진주엔시스의 가치가 얼마나 큰지 알겠더라고요!

Z 사원: 맞아요. 또한, 코리아살티페스는 (   ) 점에서도 의의가 있어요.

---

① 한반도에서 발견된 중생대 쥐라기 포유류의 발자국 화석이라는
② 세계 최초로 발견된 중생대 포유류 발자국 화석이라는
③ 중생대 포유류 중 유일한 뜀걸음형 포유류의 발자국 화석이라는
④ 중생대 백악기에 뜀걸음형 포유류가 서식했음을 보여주는 최초의 자료라는

16 한 농업회사에서 근무하고 있는 귀하는 창립 50주년을 기념하여 발간된 사보를 읽다가 청년 농업인에 대한 칼럼을 접하게 되었다. 칼럼 내용의 일부가 다음과 같을 때, 이 칼럼의 내용과 일치하지 않는 것은?

> 최근 1차, 2차, 3차산업을 복합하여 농가에 높은 부가가치를 발생시키는 6차산업이 활성화되면서 20·30세대의 청년 농업인이 증가하고 있다. 2016년 30대 귀농 가구 수는 2014년보다 20%나 증가한 1,340가구였으며, 농림축산식품부에서 청년 창업 농업인들을 위해 마련한 지원 정책인 영농정착지원사업에도 지원자의 경쟁률이 약 3대 1을 기록하였다. 특이한 점은 지원자의 대부분이 도시에서 귀농했거나 귀농 예정인 도시 청년이었다는 것으로, 이들의 수는 재촌(在村) 청년의 약 2.5배에 달했다. 또한, 전체 지원자의 72.9%가 비(非)농업계 졸업생으로, 농업계 졸업생들보다 훨씬 많았다. 그렇다면 청년층이 농업을 선택하는 이유는 무엇일까? 기존에 귀농을 선택하였던 장년층의 경우 은퇴 후 시골에서 여생을 보낸다거나 농업으로 전직을 하여 생계수단으로 삼으려는 경우가 많았다. 하지만 청년 농업인들의 경우 주체적인 삶에 대한 갈망으로 귀농을 선택하는 경우가 많은 것으로 나타났다. 치열한 경쟁으로 인해 자신이 선택할 수 있는 범위가 좁은 대도시 대신, 자연 속에서 자급자족하며 자신이 직접 선택할 수 있는 삶을 살고 싶어 귀농을 선택하는 것이다. 청년들의 농촌 유입은 농업과 농촌의 변화를 유발해 농업을 미래 성장 산업으로 끌어 올리는 데 도움이 된다는 긍정적인 효과가 있다. 실제로 청년 농업인은 단순히 농사를 짓는 것에 그치지 않고, 자신의 재능을 농업과 연계하여 새로운 부가가치를 창출한다. 이들은 다양한 아이디어 상품을 만들고 농촌 체험 프로그램을 제공하여 농촌에 활력을 불어넣고 있으며, 농촌의 일상이나 농업 기술을 공유하는 내용을 담은 SNS나 동영상 채널 등을 운영하여 농업과 농촌에 대한 인식을 개선시키기도 한다.

① 대도시에서의 경쟁에 지친 청년들은 자연 속에서 자급자족하는 삶을 동경해 귀농을 선택하기도 한다.
② 농업과 농촌에 새로운 변화를 유발한다는 점에서 청년층의 농촌 유입은 긍정적으로 볼 수 있다.
③ 농가에 높은 부가가치를 가져오는 6차산업의 활성화는 20·30세대의 청년 농업인의 증가를 가져왔다.
④ 영농정착지원사업의 지원자 대부분은 농업계 학교 졸업생들로, 농업에 익숙한 청년들이 주를 이루었다.

[17 - 18] 다음 글을 읽고 각 물음에 답하시오.

온라인 시장의 성장과 비대면 소비가 가속화됨에 따라 농협은 도소매 사업을 온라인 중심으로 개편하였다. 현재 농협은 농협몰 내 '농협몰' 페이지 외에도 하나로마트 매장 상품을 온라인으로 구매할 수 있는 'e-하나로마트' 페이지와 하나로마트 사업자 회원에 한하여 대용량 식자재를 온라인으로 판매하는 '식자재' 페이지를 운영하고 있다. 농협몰과 e-하나로마트, 식자재는 현재 서로 다른 배송 시스템으로 운영되고 있는데, 구체적인 내용은 다음과 같다. 농협몰 페이지의 경우 소비자가 온라인 또는 모바일로 상품을 주문하면 업체 및 산지에서 공휴일 및 연휴를 제외하고 평균 2~5일 이내에 전국 배송지에 택배로 발송한다. 상품의 신선도 유지를 위해 토요일, 공휴일, 공휴일 전날에는 택배를 발송하지 않으며, 배송일을 따로 지정할 수 없다. 배송비는 기본적으로 무료 배송 또는 조건별 무료 배송으로 운영된다. 다만, 업체별·상품별로 배송비가 다르고 일부 상품의 경우 제주도 및 도서·산간 지역에는 배송이 불가능하거나 배송 시 추가 배송비가 발생할 수 있다. 농협몰 페이지에서 주문한 상품의 교환 및 반품은 상품을 받은 날로부터 7일 이내에 가능하며, 표시 내용과 다른 상품이 배달된 경우 동일 상품에 한해 30일 이내에 교환 및 취소할 수 있다. 단, 고객의 단순 변심에 의한 교환 및 환불의 경우 반품 회수에 드는 왕복 배송비를 고객이 부담해야 한다. 또한 과일·채소·양곡·냉장·냉동식품 등 신선식품은 시간이 지나면 재판매할 수 없기 때문에 고객의 단순 변심에 의한 교환 및 반품이 불가능하다. 한편 e-하나로마트 페이지와 식자재 페이지는 지역마다 배송 정책이 다르지만, 기본적으로 소비자가 지정한 하나로마트 점포에서 결제 시 지정한 날짜와 시간대에 전용 차량으로 직접 당일배송하는 것을 원칙으로 운영된다. 점포별 배송비 정책은 상이하나 일반적으로 주문 금액에 따라 배송비가 조건별 무료로 제공된다.

현재 운영되는 농협몰을 바탕으로 농협은 2023년까지 전국 각지에 분포된 하나로마트를 활용하여 소비자가 농협의 온라인 쇼핑몰인 농협몰을 통해 주문한 농식품을 배송지 근처의 하나로마트에서 직접 당일배송하는 당일배송 시스템을 전국으로 확대하는 것을 목표로 한다. 이는 이미 시행되고 있는 대형 유통업체의 당일배송 시스템과 흡사해 보일 수 있다. 그러나 수도권이나 거점도시에만 당일배송을 운영하는 대형 유통업체와 달리 농협은 중소도시에는 물론 농어촌 지역에도 하나로마트가 존재하기 때문에 배송권역을 전국으로 확대할 수 있다는 점에서 차별성을 가진다. 게다가 농협은 농축산물을 취급하는 규모가 다른 유통업체보다 현저하게 크기 때문에 신선식품 시장에서의 경쟁력은 다른 온라인 배송업체보다 높을 것으로 보인다. 농협은 서울을 시작으로 인천, 대전, 대구, 광주 등 7대 도시를 거쳐 전국으로 점차 당일배송 서비스 시행 지역을 넓혀갈 예정이다. 여기에 농협은 배송 속도를 앞당겨 경쟁력을 강화하기 위해 기존 오프라인 매장의 일부 공간을 디지털풀필먼트센터(DFC)로 전환하여 온라인 주문 상품을 2시간 이내에 배송하는 싱싱배송 서비스를 전국으로 확대할 방침이다. DFC란 전자상거래 기업이 물류센터에 상품을 보관해 두었다가 주문이 들어오면 제품을 선별 및 포장하여 고객에게 배송하는 전 과정을 디지털화한 시스템이다. 농협은 성남 유통센터와 고양 유통센터에서 DFC 시범 매장을 운영한 이후 단계적으로 확대하여 싱싱배송 서비스 권역을 점차 확대할 예정이다.

17 농협몰 고객센터에서 근무하는 귀하가 농협몰 홈페이지에 안내된 배송 서비스 안내를 토대로 문의사항에 대해 답변한 내용으로 가장 적절하지 않은 것은?

① 고객: 이주 전 농협몰 페이지에서 쌀을 미리 주문했는데, 사용하려고 보니 결제한 목록과 다른 쌀이 배송되었더라고요. 아직 상품을 뜯지 않았는데 원래 결제했던 상품으로 교환 가능한가요?

　귀하: 네, 표시된 내용과 다른 상품이 배송된 경우 30일 이내에 같은 상품으로 교환하거나 취소하실 수 있으므로 결제하신 상품으로 교환하실 수 있도록 처리해 드리겠습니다.

② 고객: 농협몰 페이지의 상품 후기에 빠르면 당일 늦어도 이틀이면 온다기에 공휴일인 월요일에 김장 하려고 토요일에 산지직송 배추와 각종 야채를 주문했는데 하루가 지나도 발송조차 되지 않아 언제 배송될 예정인지 문의드립니다.

　귀하: 네, 농협몰 페이지에서 주문한 상품의 경우 토요일, 공휴일, 공휴일 전날에는 상품의 신선도를 유지하기 위해 택배 발송이 진행되지 않으므로 월요일에 발송될 예정입니다.

③ 고객: 농협몰 페이지에서 과일을 주문했는데 때마침 과일 세트가 선물로 들어와서 반품하고자 합니다. 주문은 어제 해서 오늘 상품을 받았고, 아직 개봉하지 않았는데 반품하고 환불받을 수 있을까요?

　귀하: 네, 고객님. 주문한 상품의 교환 및 반품은 상품 제공일로부터 7일 이내에 가능한 것이 원칙이지만, 과일과 같은 신선식품은 시간이 지나면 재판매할 수 없어 고객의 단순 변심에 의한 교환 및 반품이 불가능합니다.

④ 고객: 온라인으로 농협 농식품을 주문하려고 하는데요, 배송일을 따로 지정 가능한가요?

　귀하: 네, 고객님. 농협몰 페이지에서 주문하는 상품의 경우 배송일 지정이 어려우므로 근처에 있는 하나로마트 오프라인 지점을 조회한 후 e-하나로마트 페이지를 통해 주문하시면 배송일과 배송 시간대를 지정하실 수 있는 점 안내해 드립니다.

18 윗글의 내용과 일치하지 않는 것은?

① 농협의 당일배송 서비스가 기존 대형 유통업체와 다른 점은 전국을 배송권역으로 삼는다는 것이다.

② 농협은 상품의 선별부터 배송까지의 전 과정을 책임지는 디지털풀필먼트센터를 통해 신속한 배송을 실현할 계획이다.

③ 농협은 농협몰 내 대용량 식자재 구매를 희망하는 모든 소비자를 대상으로 식자재 페이지를 운영하고 있다.

④ 농협은 타 유통업체 대비 농축산물의 취급 규모가 커 신선식품 시장에서 높은 경쟁력을 얻을 것으로 전망된다.

[19-20] 다음 보도자료를 읽고 각 물음에 답하시오.

최근 드론에 대한 농업계의 관심이 뜨겁다. 드론은 무선전파 유도에 의해 비행과 조종이 가능한 무인 항공기로, 처음에는 군사 용도로 활용되었으나 그 용도가 확대되어 최근에는 농업, 환경, 미디어, 배달 등 다양한 분야에서 인기를 얻고 있다. 농업계에서 특별히 드론에 관심을 두는 이유는 드론의 경제성과 활용성에 있다. 드론은 보통 1억 5천만 원에서 2억 원에 달하는 농업용 무인헬기보다 상대적으로 저렴하고 가볍다. 또한, 시간이나 장소에 큰 영향을 받지 않는다는 점과 작동이 쉽다는 점도 드론의 인기상승에 한몫하고 있다.

이러한 가운데 ○○시가 20△△년 9월 3일 〈농업용 드론 연구총회〉를 개최한다고 하여 관심이 쏠리고 있다. 농업인구의 비중이 높은 편인 ○○시는 농가인구 감소와 고령화 등으로 인하여 갈수록 일손이 부족해지고 있는 농촌의 문제점을 해결하고자 이러한 프로그램을 개최한다고 밝혔다. 이를 통해 농업용 드론에 대한 농촌의 관심을 더욱 고조시키고, 농업용 드론을 통해 효율적으로 농작업을 진행할 수 있는 길을 열겠다는 것이다.

연구총회의 1부에서는 농업용 드론의 발전 현황과 농업용 드론을 활용하여 성과를 얻은 우리 농촌의 실제 사례를 살펴보게 되며, 2부에서는 농업용 드론의 발전 전망과 ○○시에서 추진 계획 중인 농업용 드론 보급 확대 방안을 설명하고 이에 대한 농민들의 생각을 듣게 된다. ○○시는 이번 연구총회에서 다루는 내용을 자료집 형태로 제작해 연구총회에 참석하는 농민들은 물론 참석하지 못한 농민들에게도 전달하여 농업용 드론에 대한 이해를 도울 예정이다. 한편 이번 연구총회는 우리나라 농업용 드론의 선구자이자 ○○시 농업 기계화 사업의 고문으로 활동하고 있는 △△대학교 김◇◇ 교수가 전체 강연과 토론의 진행을 전담한다고 하여 기대감이 커지고 있다.

1부와 2부가 마무리된 뒤에는 야외로 이동하여 농업용 드론을 이용한 벼 병충해 방제 시연회 및 현장 실습을 시행한다. 이는 벼 병해충 방제 작업 시기임을 고려하여 농업인들을 격려하고 실제 농업용 드론의 방제 효과를 확인하기 위해 마련된 자리로, 드론의 기본 원리에 대한 간단한 이론 교육 후 전문 드론 조종 교육을 받은 ○○시 공무원들이 시범을 보이는 순서로 진행된다. 시범에는 현재 농촌에서 가장 큰 인기를 얻고 있는 드론 기종인 AR-77과 KSG 3100이 사용되며, 시범 후에는 연구총회에 참석한 농민들이 직접 드론을 조종해 보는 시간도 한 시간가량 주어진다.

○○시는 이러한 연구총회 안내와 더불어 드론이 많은 장점을 가지고 있는 것에 비해 아직도 농가 보급률이 낮다며, 농업인들의 드론 구입비를 지원하거나 드론을 구입한 농업인에 대하여 드론 조종 교육 및 안전 교육을 무료로 제공하는 방안 등을 검토 중이라고 언급하였다. 농업인들의 드론 구입 부담을 경감하고 농업 생산성 향상에 이바지하겠다는 의지를 강력히 표명한 것이다.

한편 드론에 대한 뜨거운 관심을 보이는 지자체는 비단 ○○시만은 아니다. 전국의 많은 지자체가 농업용 드론이 가져올 농업 혁신을 기대하고 있다. 이처럼 날로 뜨거워지고 있는 드론에 대한 관심으로 인해 농업용 드론의 활용 범위는 더욱 넓어질 것으로 보인다.

19 위 보도자료의 제목으로 가장 적절한 것은?

① ○○시, 농업용 드론에 주목하여…〈농업용 드론 연구총회〉 개최!
② 드론, 내년부터 농업 관측·작황 정보 파악 등 ○○시의 각종 농업정책에 출격!
③ 하늘의 산업혁명, 본격적으로 시작된 드론 상업화 경쟁에 뛰어든 ○○시!
④ 〈농업용 드론 연구총회〉, 세계 농업용 드론의 발전 방향을 고찰하다!

20 귀하는 ○○시 직원으로 보도자료에서 언급된 〈농업용 드론 연구총회〉 진행을 총괄하게 되었다. 다음 중 보도자료 배포 후 귀하가 해야 할 일로 가장 적절하지 않은 것은?

① 꾸준히 날씨를 확인하고, 우천 시 야외 행사를 대체할 프로그램을 예비로 준비한다.
② 연구총회에서 배부될 자료의 내용을 확인하고, 보강할 내용은 없는지 검토한다.
③ 연구총회에 포함된 강연, 토론 등을 진행할 직원 또는 강사를 섭외한다.
④ 드론 시연회에 사용될 드론에 결함은 없는지 기계 상태를 확실히 점검하도록 한다.

21 $-5 < \sqrt{3x-5}-13 \le -3$을 만족하는 자연수 x 중 5의 배수는 몇 개인가?

① 2개 ② 3개 ③ 4개 ④ 5개

22 a > 0, b < 0일 때, $\sqrt{(-3a)^2}+\sqrt{(2a)^2}-\sqrt{(3b)^2}$을 간단히 나타낸 식은?

① −a−3b ② −a+3b ③ 5a−3b ④ 5a+3b

23 양수 x, y에 대하여 $(\sqrt{x})^{-4}\times\left(\dfrac{3}{\sqrt[3]{y}}\right)^{-6}=\dfrac{1}{9}$일 때, $\dfrac{1}{x^2}\sqrt{x^3 y}+\dfrac{y}{x}\sqrt{\dfrac{x}{y}}$를 계산하면 얼마인가?

① 6 ② 9 ③ 12 ④ 18

24 $1-ax \ge 5x+7$의 해가 $x \le -\dfrac{3}{4}$일 때, 상수 a의 값은?

① 1 ② 3 ③ 5 ④ 7

25 임의의 양수 a, b에 대한 연산 ＊를 $a*b=2^a \times 3^b \times a^b$로 정의할 때, 3＊2를 계산하면?

① 630　　　　　② 637　　　　　③ 643　　　　　④ 648

26 다음 문자가 규칙에 따라 나열되어 있을 때, 빈칸에 들어갈 알맞은 것을 고르면?

A　A　B　C　E　H　（　　　）　U　H

① J　　　　　② L　　　　　③ M　　　　　④ O

27 다음 문자가 규칙에 따라 나열되어 있을 때, 빈칸에 들어갈 알맞은 것을 고르면?

D　E　B　F　G　D　H　I　（　　）

① D　　　　　② F　　　　　③ G　　　　　④ J

28 다음 숫자가 규칙에 따라 나열되어 있을 때, 빈칸에 들어갈 알맞은 것을 고르면?

－7　　－4　　2　　14　　38　　86　　182　　（　　　）

① 364　　　　　② 369　　　　　③ 374　　　　　④ 379

29 건우와 지민이는 같은 지점에서 출발하여 동일한 길을 따라 각자 일정한 속력으로 걸어가고 있다. 건우와 지민이가 이동하는 속력의 비는 3 : 1이며, 건우가 지민이보다 20분 늦게 출발하였을 때, 건우가 출발한 시점으로부터 건우와 지민이가 처음 만날 때까지 걸리는 시간은?

① 8분   ② 10분   ③ 12분   ④ 15분

30 같은 미용실에 다니는 현진이와 석주는 지난주 일요일에 함께 미용실에 갔다. 이후 현진이는 45일마다, 석주는 30일마다 미용실에 가려고 할 때, 두 사람이 함께 미용실에 가는 바로 다음 요일은?

① 일요일   ② 월요일   ③ 금요일   ④ 토요일

31 귀하는 Q 은행 본사에서 근무하는 인사팀 직원으로, 공개 채용을 앞두고 현재 회사에 근무하고 있는 전체 사원 수의 작년 대비 변화 추이를 조사하였다. 조사 결과를 바탕으로 전체 사원 수를 파악하였을 때, 현재 여자 사원의 수는?

- 작년 전체 사원 수: 1,000명
- 변화 추이 조사 결과
  - 작년 퇴직 및 신입 충원 결과, 현재는 작년보다 남자 사원이 4% 감소하였음
  - 작년 퇴직 및 신입 충원 결과, 현재는 작년보다 여자 사원이 5% 증가하였음
  - 현재 전체 사원 수는 작년보다 14명 증가하였음

① 400명   ② 576명   ③ 600명   ④ 630명

32 빨간색, 파란색, 노란색 호스가 1개씩 있다. 호스 1개를 사용하여 사각 물탱크에 물을 가득 채우는 데 걸린 시간은 빨간색 호스가 12분, 파란색 호스가 8분, 노란색 호스가 24분이다. 3가지 색상의 호스를 동시에 사용하여 비어 있는 사각 물탱크를 채운다고 할 때, 물탱크를 가득 채우는 데 걸린 시간은?

① 3분   ② 4분   ③ 6분   ④ 8분

33 다음은 A 동 사무실에 근무하는 직원들의 근속 연수를 나타낸 도수분포표이다. A 동 사무실 직원들의 평균 근속 연수는?

근속 연수	직원 수(명)
2년 미만	13
2년 이상 4년 미만	9
4년 이상 6년 미만	16
6년 이상 8년 미만	8
8년 이상 10년 미만	4
합계	50

① 3.95년   ② 4.06년   ③ 4.24년   ④ 4.87년

34 A 씨는 1년 전 N 은행에서 월세 대출 상품을 통해 1년 만기일시상환을 조건으로 120만 원을 대출받았다. 처음 11개월 동안은 매월 꾸준히 이자를 납입하였으나 만기일에는 원리금을 납입하지 못해 1개월 연체하여 대출 원리금을 모두 상환하였다. 1개월 연체로 연체이자가 60,200원 발생했을 때, A 씨가 대출받은 상품의 대출 연 이자율은?

[주거 안정 월세 대출 상품 소개]

- 상품 특징: 무주택 세대주가 월세 계약을 체결할 경우 주거 안정을 위한 월세금을 지원하는 상품
- 대출 대상: 주거급여 대상자가 아닌 무주택 세대주
- 대출 한도: 최대 연 720만 원
- 상환 방법: 만기일시상환
- 연체이자
  - 연체 발생일로부터 3개월 이내: 미납금에 대해 '대출 연 이자율 + 1%'의 연체이자가 발생
  - 연체 발생일로부터 3개월 초과: 미납금에 대해 '대출 연 이자율 + 3%'의 연체이자가 발생
  - 연체이자율이 연 10%를 초과하는 경우 연 10%의 연체이자가 발생

① 3% ② 4% ③ 5% ④ 6%

35 B 씨는 △△주택담보대출 상품을 통해 10년 후 만기일시상환을 조건으로 2억 원을 대출하였다. 대출 후 20개월째 되는 날과 35개월째 되는 날에 각각 5천만 원을 중도상환하였고, 5년째 되는 날에는 잔금을 모두 중도상환하였다. △△주택담보대출 상품의 중도상환수수료율이 다음과 같다면, B 씨가 대출금을 모두 상환할 때까지 지불한 총 중도상환수수료는 약 얼마인가?

[대출 후 중도상환까지의 기간별 중도상환수수료율]

1년 이내	1년 초과 2년 이내	2년 초과 3년 이내	3년 초과
1.5%	1.0%	0.5%	–

※ 대출 후 중도상환까지의 기간이 3년 초과 시 중도상환수수료가 면제됨

[중도상환수수료 계산 방법]

- 중도상환수수료 = 중도상환금액 × 중도상환수수료율 × $\dfrac{\text{대출 잔여일수}}{\text{대출 기간}}$

  ※ 대출 기간은 일 단위이며 1년은 365일, 1개월은 30일로 계산함

① 53만 원 ② 60만 원 ③ 75만 원 ④ 80만 원

36 다음은 지역별 시설채소 온실 면적을 나타낸 자료이다. 자료에 대한 설명으로 옳지 않은 것은?

[지역별 시설채소 온실 면적]

(단위: ha)

구분	2016년	2017년	2018년	2019년
서울특별시	114	112	112	112
부산광역시	671	673	647	631
대구광역시	974	956	897	922
인천광역시	506	511	510	512
광주광역시	742	701	701	692
대전광역시	182	183	184	184
울산광역시	237	252	249	232
세종특별자치시	156	160	161	161
경기도	6,515	6,556	6,190	6,420
강원도	3,069	3,078	3,137	3,182
충청북도	2,686	2,675	2,695	2,737
충청남도	7,821	7,821	7,532	7,745
전라북도	5,016	5,058	4,715	4,777
전라남도	4,658	4,769	4,473	4,719
경상북도	8,912	9,031	9,054	9,117
경상남도	9,433	9,644	9,743	9,708
제주특별자치도	217	239	228	228

※ 출처: KOSIS(농림축산식품부, 시설채소온실현황및생산실적)

① 연도별 온실 면적이 넓은 순서에 따른 1~3위 지역은 2018년과 2019년에 동일하다.
② 2017년 이후 강원도의 온실 면적은 매년 전년 대비 증가하였다.
③ 2016~2019년 연도별 온실 면적의 평균은 울산광역시가 제주특별자치도보다 14.5ha 더 넓다.
④ 2019년 경기도의 온실 면적은 같은 해 서울특별시의 온실 면적의 60배 이상이다.

37 다음은 A 지역의 업종별 창업 관련 현황을 나타낸 자료이다. 자료에 대한 설명으로 옳지 않은 것은?

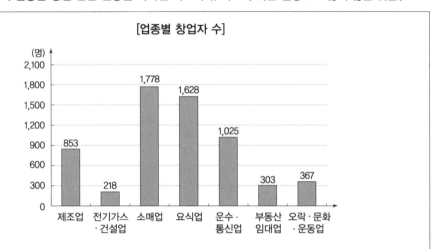

[업종별 창업자 수]

[업종별 창업 과정상 겪는 어려움]

(단위: %)

구분	자금조달	입지선정	경영노하우 부족	업종선택	시장정보 획득	인력확보	기타
제조업	57.7	12.9	4.3	2.1	4.2	3.1	15.7
전기가스·건설업	53.2	13.5	5.9	2.8	4.0	3.7	16.9
소매업	44.6	23.8	8.3	6.2	4.6	1.5	11.0
요식업	46.0	20.0	7.4	9.4	1.8	3.7	11.7
운수·통신업	36.5	1.8	4.1	8.7	3.5	1.0	44.4
부동산 임대업	19.0	37.7	12.0	6.4	7.7	0.4	16.8
오락·문화·운동업	47.7	25.6	5.0	6.5	1.7	0.4	13.1

[업종별 선택 이유]

(단위: %)

구분	전문 분야	지속 가능성	성장 가능성	고수익	기타
제조업	62.1	20.2	11.0	3.4	3.3
전기가스·건설업	69.3	14.8	11.3	1.9	2.7
소매업	43.6	33.6	9.6	5.1	8.1
요식업	47.0	24.8	10.7	7.9	9.6
운수·통신업	32.7	52.9	6.2	4.3	3.9
부동산 임대업	22.8	56.7	8.6	3.7	8.2
오락·문화·운동업	48.1	25.6	8.2	7.0	11.1

① 성장 가능성을 고려하여 오락·문화·운동업종으로 창업한 창업자 수는 36명 미만이다.

② 운수·통신업 창업자 중 경영노하우 부족에 어려움을 겪었다고 응답한 사람과 시장정보 획득에 어려움을 겪었다고 응답한 사람의 차이는 7명 미만이다.

③ 소매업 창업자 수는 전기가스·건설업 창업자 수의 8배 이상이다.

④ 업종별로 지속 가능성과 성장 가능성을 이유로 업종을 선택한 창업자 비중의 합은 모든 업종에서 30%를 초과한다.

38 다음은 X 국의 공간정보와 관련된 모든 사업체의 업종별 매출액에 대한 자료이다. 자료에 대한 설명으로 옳은 것은?

[업종별 매출액]

(단위: 억 원)

구분	2015년	2016년	2017년	2018년	2019년
제조업	9,500	13,500	13,800	12,400	12,800
도매업	14,900	25,300	20,200	26,100	25,300
출판 및 정보서비스업	40,300	47,400	45,400	45,200	53,000
기술 서비스업	68,400	75,500	86,100	96,400	99,600
협회 및 단체	119	125	132	138	164

① 2019년 공간정보 관련 사업체의 전체 매출액은 190,000억 원 미만이다.

② 2016년 이후 협회 및 단체 매출액의 전년 대비 증감 추이와 동일한 증감 추이를 보이는 업종은 총 2개이다.

③ 2017년 도매업 매출액의 전년 대비 감소율은 20% 이상이다.

④ 2018년 출판 및 정보서비스업 매출액은 같은 해 제조업 매출액의 3.5배 미만이다.

39 다음은 지역별 식량작물 생산 현황에 대한 자료이다. 자료에 대한 설명으로 옳은 것은?

[지역별 식량작물 생산 현황]

구분	미곡		맥류		두류		서류	
	면적 (ha)	생산량 (톤)	면적 (ha)	생산량 (톤)	면적 (ha)	생산량 (톤)	면적 (ha)	생산량 (톤)
합계	726,432	3,506,577	34,978	98,395	55,008	80,927	41,989	99,157
서울특별시	121	563	0	0	1	2	13	35
부산광역시	2,307	10,281	1	2	43	55	95	188
대구광역시	2,919	14,149	320	783	84	100	155	393
인천광역시	10,375	50,006	15	26	201	305	1,042	746
광주광역시	4,967	22,700	346	836	111	157	123	153
대전광역시	945	4,515	0	0	40	53	116	199
울산광역시	3,907	17,798	1	2	111	164	196	274
세종특별자치시	3,891	19,754	0	0	182	233	109	164
경기도	75,128	348,221	62	111	5,147	6,426	5,227	8,152
강원도	28,405	127,387	176	397	4,608	7,602	5,740	32,843
충청북도	32,745	160,623	86	203	6,605	12,049	2,933	5,916
충청남도	131,284	677,533	101	214	5,412	8,182	5,165	9,608
전라북도	110,880	555,774	10,598	31,467	10,439	14,026	4,644	5,037
전라남도	156,230	687,812	15,537	45,510	6,660	8,282	7,971	10,521
경상북도	97,257	495,058	1,390	3,104	8,867	14,988	4,597	13,237
경상남도	65,028	314,333	3,799	9,488	2,902	4,473	3,152	7,855
제주특별자치도	43	70	2,546	6,252	3,595	3,830	711	3,836

※ 출처: KOSIS(통계청, 농작물생산조사)

① 제시된 지역 중 미곡 생산 면적이 가장 넓은 지역은 충청남도이다.
② 제시된 지역 중 두류 생산량이 300톤 이하인 지역은 총 8곳이다.
③ 제시된 식량작물 중 생산량의 합계가 두 번째로 많은 식량작물은 맥류이다.
④ 충청남도의 맥류 면적 1ha당 맥류 생산량은 2.5톤 미만이다.

40 다음은 연도별 목질패널 생산 및 공급 현황에 대한 자료이다. 자료에 대한 설명으로 옳은 것은?

[연도별 목질패널 생산 및 공급 현황]

(단위: m³)

구분		2014	2015	2016	2017	2018	2019
합판	생산량	473,657	478,010	474,208	441,047	286,280	242,906
	국내공급량	454,170	508,655	463,472	414,723	308,521	245,145
파티클보드	생산량	829,751	820,436	815,565	855,171	843,337	806,844
	국내공급량	846,639	818,875	835,963	839,584	814,780	829,380
증밀도 섬유판	생산량	2,010,898	1,900,788	1,858,972	1,839,915	1,740,403	1,358,858
	국내공급량	1,849,786	1,777,829	1,736,550	1,724,579	1,633,047	1,237,795

※ 출처: KOSIS(산림청, 목재수급통계)

① 제시된 기간 중 증밀도섬유판의 국내공급량이 가장 적은 해에 파티클보드의 국내공급량도 가장 적다.
② 2017년 증밀도섬유판의 국내공급량은 같은 해 합판과 파티클보드의 국내공급량 합보다 450,252m³ 더 많다.
③ 제시된 기간 동안 파티클보드의 생산량이 파티클보드의 국내공급량보다 많은 해는 총 3개 연도이다.
④ 2015년 이후 합판의 생산량은 매년 전년 대비 감소하였다.

41 다음 글을 근거로 판단할 때, 〈보기〉 중 항상 옳은 것을 모두 고르면?

최근 기후변화 문제가 심각해지면서 우리의 식생활이 직접적으로 위협받고 있다. 지구온난화로 지구 표면의 기온이 상승하여 가뭄 발생 빈도가 높아지면서 전 세계적으로 물 부족을 겪고 있는 것이 가장 큰 이유이다. 특히, 지구온난화의 영향을 크게 받고 있는 식량 중 하나가 쌀이다. 벼농사는 물을 많이 필요로 하는데, 가뭄으로 인한 물 부족으로 쌀 생산량이 감소하고 있기 때문이다. 이외에도 사과는 비교적 서늘한 기온에서 재배되지만, 지구온난화로 인해 서늘한 기온이 충분히 지속되지 않아 개화 시기가 늦어지거나 싹이 나지 않아 생산량이 감소하고 있다. 열대과일인 아보카도 역시 생장에 필요한 물이 부족하여 크기가 작아지고 생산량도 점점 감소하고 있다. 뿐만 아니라 지구온난화는 바다 생물에게도 심각한 영향을 미친다. 대기 중의 이산화탄소 농도가 높아지면서 바다에 흡수되는 이산화탄소가 증가하여 바닷물의 산성도가 낮아지는 결과를 초래하기 때문이다. 이는 몸의 일부가 탄산칼슘으로 구성되어 있는 각종 연체 동물과 산호초에게 매우 치명적이다.

〈보기〉

㉠ 지구온난화가 지속되면 어떤 열대과일은 사라질 위기에 놓일 수 있다.
㉡ 바닷물의 산성도가 높아지면 대기 중의 이산화탄소 농도가 낮아진다.
㉢ 바다 생물은 몸의 일부가 탄산칼슘으로 구성되어 있다.
㉣ 열대과일은 지구온난화로 인해 크기가 점점 작아지고 있다.

① ㉠   ② ㉡   ③ ㉠, ㉢   ④ ㉡, ㉣

42 다음 명제가 모두 참일 때, 〈보기〉 중 항상 옳은 것을 모두 고르면?

• 수영을 잘하지 못하는 사람은 승마를 잘하지 못하고 독서도 잘하지 못한다.
• 토론을 잘하는 사람은 피아노 연주도 잘한다.
• 토론을 잘하지 못하는 사람은 수영도 잘하지 못한다.
• 승마를 잘하는 사람은 독서도 잘한다.

〈보기〉

㉠ 수영을 잘하는 사람은 토론과 피아노 연주도 잘한다.
㉡ 토론을 잘하지 못하는 사람은 피아노 연주를 잘하지 못하고 수영도 잘하지 못한다.
㉢ 토론을 잘하는 사람은 승마도 잘한다.
㉣ 승마를 잘하는 사람은 수영도 잘한다.

① ㉠, ㉡   ② ㉠, ㉣   ③ ㉡, ㉢   ④ ㉢, ㉣

43 다음 내용을 근거로 참/거짓을 바르게 판단한 것은?

- 추가 근무를 하지 않는 사람은 여가 생활을 즐긴다.
- 업무 속도가 **빠른** 사람은 업무 중 실수가 있다.
- 담당 업무가 많은 사람은 추가 근무를 한다.
- 업무 중 실수가 있는 사람은 담당 업무가 많지 않다.
- 여가 생활을 즐기지 않는 사람은 업무 속도가 빠르지 않다.
- 매일 아침 업무 계획을 세우는 사람은 업무 중 실수가 없다.

① 〈참〉 매일 아침 업무 계획을 세우는 사람은 추가 근무를 하지 않는다.
② 〈참〉 추가 근무를 하지 않는 사람은 업무 중 실수가 있다.
③ 〈거짓〉 매일 아침 업무 계획을 세우는 사람은 업무 속도가 빠르지 않다.
④ 〈참〉 업무 속도가 빠른 사람은 매일 아침 업무 계획을 세우지 않고 담당 업무가 많지 않다.

44 건설회사의 이 대리는 새로운 건설 프로젝트를 진행하기 위해 여러 협력업체와의 협업을 고려 중이며, 다음은 이들의 작년 프로젝트 진행 과정과 결론을 검토하여 분석한 내용이다. 분석 내용에 근거하여 이 대리가 내린 결론 중 항상 옳은 것은?

- 기술적 효용을 추구하는 업체는 프로젝트 성공률이 높다.
- 대기정화기술을 보유하고 있는 업체는 환경 평가점수가 높다.
- 프로젝트 성공률이 높은 업체는 환경오염 예방을 실천한다.
- 환경오염 예방을 실천하지 않는 업체는 환경 평가점수가 높지 않다.

① 대기정화기술을 보유하고 있는 업체는 프로젝트 성공률이 높다.
② 환경오염 예방을 실천하지 않는 업체는 환경 평가점수도 낮지 않다.
③ 환경 평가점수가 낮은 업체는 기술적 효용을 추구할 수 없다.
④ 환경오염 예방을 실천하는 어떤 업체는 대기정화기술을 보유하고 있다.

45 J, K, L, M, N, O 6명은 △△은행의 펀드 상품에 가입하였다. 6명이 펀드 상품을 가입한 시기는 모두 다르며, 1인당 1개의 펀드 상품만 가입했을 때, 펀드 가입 순서를 확정 지을 수 있는 조건으로 가장 적절한 것은?

- N 고객은 홀수 번째로 펀드에 가입하였다.
- M 고객은 다섯 번째로 펀드에 가입하였다.
- N 고객은 J 고객보다 먼저 펀드에 가입하였다.
- N 고객은 L 고객보다 늦게 펀드에 가입하였다.
- K 고객은 O 고객보다 먼저 펀드에 가입하였다.
- L 고객은 두 번째로 펀드에 가입하지 않았다.

① K 고객은 J 고객보다 먼저 펀드에 가입하였다.
② K 고객, N 고객 순으로 연달아 펀드에 가입하였다.
③ M 고객이 J 고객보다 늦게 펀드에 가입하였다.
④ N 고객은 세 번째로 펀드에 가입하였다.

46 다음은 가, 나, 다, 라 중 도둑인 사람에 대한 내용이다. 다음 조건을 모두 고려하였을 때, 가, 나, 다, 라 중 도둑인 사람은?

- '가'가 도둑이면 '다'와 '라' 중 한 명은 도둑이다.
- '가'가 도둑이 아니면 '다'도 도둑이 아니다.
- '나'가 도둑이 아니면 '가'와 '다' 중 한 명은 도둑이다.
- 네 명 중 도둑인 사람은 한 명이다.

① 가   ② 나   ③ 다   ④ 라

47 다음은 A 회사의 신입사원(갑, 을, 병, 정)이 B 은행의 서로 다른 영업점에서 직원(가, 나, 다, 라)과 상담한 후 펀드 상품을 가입한 내용이며, 아래의 직원별 판매 상품 특징을 모두 만족한다. 다음 중 상품을 매매한 직원과 신입사원을 바르게 연결한 것은?

구분	종류	순자산(억 원)	수익률(%)			
			1개월	3개월	6개월	1년
갑	주식형	946	−0.51	6.85	4.14	8.51
을	파생형	507	5.03	10.79	14.29	39.76
병	채권형	1,051	0.08	0.49	0.36	1.23
정	혼합형	642	−0.95	1.03	−1.22	0.94

[직원별 판매 상품 특징]

⟨참인 내용⟩
- 가 직원이 판매한 상품의 3개월 수익률은 5% 이상이다.
- 다와 라 직원이 판매한 상품의 순자산의 합은 가와 나 직원이 판매한 상품의 순자산의 합보다 크다.
- 라 직원이 판매한 상품의 1개월 수익률은 마이너스를 기록했다.
- 1년 수익률이 가장 높은 상품은 나 직원이 판매한 상품이 아니다.

⟨거짓인 내용⟩
- 나 직원이 판매한 상품은 순자산이 가장 높다.
- 라 직원이 판매한 상품은 혼합형이다.
- 다 직원이 판매한 상품은 3개월 수익률이 6개월 수익률보다 낮다.
- 1개월 수익률이 가장 낮은 상품은 가 직원이 판매하였다.

① 가 – 을　　　② 나 – 갑　　　③ 다 – 정　　　④ 라 – 병

48 민채는 한 층이 3칸으로 구성된 2층짜리 정리함을 사서 검은색 적금 통장, 흰색 적금 통장, 검은색 예금 통장, 분홍색 주택 청약 통장, 보라색 연금 통장을 정리하려고 한다. 다음 배치 계획을 고려하여 다섯 개의 통장을 서로 다른 칸에 정리할 때, 항상 옳지 않은 것은?

[배치 계획]

- 같은 종류의 통장은 같은 열에 정리한다.
- 같은 색의 통장은 같은 층에 정리한다.
- 연금 통장은 주택 청약 통장 바로 오른쪽에 정리한다.
- 모든 적금 통장은 예금 통장보다 왼쪽에 정리한다.
- 2층 2열은 비운다.

[정리함]

구분	1열	2열	3열
2층			
1층			

① 주택 청약 통장을 정리한 칸의 바로 위 칸은 비어 있다.
② 흰색 적금 통장은 2층에 정리한다.
③ 예금 통장은 연금 통장과 같은 열에 정리한다.
④ 다섯 개의 통장을 정리하는 방법은 1가지이다.

49 다음 설명에 해당하는 논리적 오류의 유형으로 적절한 것은?

> 하나의 질문에 두 개의 질문을 내포하면서 발생할 수 있는 오류로 '예'나 '아니오' 중 어떤 답을 하더라도 대답한 사람이 불리해진다. 예를 들어 '당신은 과대광고를 하여 판매량이 늘었는가?'에 대한 질문에서 '예'나 '아니오' 중 어떤 답을 하더라도 대답한 사람은 불리해지며, 이러한 질문에 자신을 방어하기 위해서는 '과대광고를 했는가?'란 질문과 '판매량이 늘었는가?'란 질문으로 분리해야 한다.

① 과대 해석의 오류   ② 복합 질문의 오류
③ 연역법의 오류   ④ 허수아비 공격의 오류

50 다음은 직장생활에서 발생하는 문제를 해결할 때 요구되는 사고력 중 창의적 사고를 기르기 위한 신입사원 A, B, C, D, E의 노력에 대한 내용이다. 5명 중 올바른 노력을 하고 있는 사람을 모두 고르면?

> A: 항상 생각하는 습관을 가지며, 명확한 근거를 바탕으로 주변 사람을 설득하기 위해 노력하고 있어.
> B: 서로 관련 없어 보이는 것들을 조합하여 새로운 것을 발견할 수 있는지 끊임없이 생각하고 있어.
> C: 다양한 것들을 강제적으로 연결 지어서 생각하려고 노력하고 있어.
> D: 다른 관점을 존중하고, 고정관념을 버리기 위해 노력하고 있어.
> E: 질 좋은 아이디어 1개보다는 많은 양의 아이디어를 내기 위해 노력하고 있어.

① A, B, E   ② B, C, D   ③ B, C, E   ④ C, D, E

51 다음 ○○은행 고객 등급 평가 제도를 통해 고객의 등급을 분류하였을 때, K 고객의 등급은?

[고객 등급 평가 기준]

구분	기준	배점
수신	입출식 예금 3개월 평균 잔액	10만 원당 8점
	거치·적립식 예금 3개월 평균 잔액	10만 원당 3점
여신	가계대출 3개월 평균 잔액	10만 원당 4점
보험	보장성 보험료 누계액	10만 원당 6점
	저축성 보험료 누계액	10만 원당 3점
방카슈랑스	적립식 보험료 누계액	10만 원당 3점
	거치식 보험료 누계액	10만 원당 3점
급여이체	분기 최종월 이체금액 기준	− 50만 원 이상~100만 원 미만: 150점 − 100만 원 이상~200만 원 미만: 250점 − 200만 원 이상: 350점
신용카드	3개월 결제 실적(체크카드 포함)	10만 원당 15점
거래기간	고객원장 등록일 기준	1년당 8점(최고 200점)

[고객 등급 분류]

구분	그린	블루	레드	화이트
기준점수	5,000점 이상	3,000점 이상 ~5,000점 미만	2,000점 이상 ~3,000점 미만	1,000점 이상 ~2,000점 미만
금융자산	4,000만 원 이상	1,000만 원 이상 ~4,000만 원 미만	500만 원 이상 ~1,000만 원 미만	−

※ 1) 금융자산은 본인 기준으로 수신 3개월 평균 잔액, 보험 및 방카슈랑스 보험료 누계액의 합산 금액임
　 2) 고객 등급은 기준점수와 금융자산 기준을 모두 충족한 등급으로 분류됨

[K 고객 정보]

- 1989년 1월 1일부터 2020년 12월 31일까지 ○○은행과 거래 중이다.
- 월급은 250만 원이며, 3년 전부터 ○○은행 통장으로 이체되고 있다.
- 최근 3개월 동안 신용카드만 300만 원 사용하였고, 체크카드는 사용하지 않았다.
- 3개월 평균 잔액 기준으로 입출식 예금 800만 원, 주택자금 대출 6,000만 원을 거래 중이다.
- 저축성 보험료 누계액은 1,000만 원이다.

① 화이트　　　　② 레드　　　　③ 블루　　　　④ 그린

52 만 33세인 회사원 A는 최근 1개월 동안 승차권을 13회 예매했으며, 이번에도 출장을 위해 온라인으로 왕복 승차권을 예매하였다. 하지만 출장 계획이 변경되어 서울로 돌아오는 승차권을 취소하면서 온라인으로 새 승차권을 다시 예매하였다. A가 적용 가능한 할인을 모두 받아 결제했을 때, 이번 출장에서 승차권을 위해 지출한 총 금액은?

[A의 승차권 예매 내역]

예매일	승차일	출발역	도착역	출발 시각	도착 시각	기본 운임	매수	상태
2/20(수)	2/23(토)	서울	강릉	08:00	10:00	20,000원	1매	예매 완료
2/20(수)	2/24(일)	강릉	서울	17:30	19:30	20,000원	1매	예매 취소
2/21(목)	2/25(월)	강릉	서울	18:00	20:00	20,000원	1매	예매 완료

[승차권 환불 위약금]

승차일	출발 전			출발 이후			
	1개월~출발 1일 전	당일~출발 3시간 전	출발 3시간 전 ~출발 시각 전	출발 이후 ~20분	20분 경과 후 ~1시간	1시간 경과 후 ~도착 전
월~목	무료		10%	15%	40%	70%
금~일, 공휴일	400원	5%				

※ 열차가 목적지에 도착한 이후에는 환불 불가능함

[승차권 할인제도]

구분	내용
주말 할인	• 대상: 승차일이 토요일, 일요일, 공휴일인 승차권을 구매한 고객 • 할인율: 15% 할인(다른 할인과 중복 적용 가능) • 이용방법: 온라인으로 승차권 구매 시 할인 가능
청소년 할인	• 대상: 만 24세까지의 청소년 • 할인율: 20% 할인(다른 할인과 중복 적용 불가능) • 이용방법: 출발 1일 전까지 온라인으로 승차권 구매 시 할인 가능
VIP 할인	• 대상: 최근 2개월 동안 승차권 예매 횟수가 10회 이상인 고객 • 할인율: 10% 할인(다른 할인과 중복 적용 가능) • 이용방법: 온라인으로 승차권 구매 시 할인 가능

※ 할인을 중복으로 적용할 경우 할인된 금액에 추가 적용함

① 33,300원   ② 33,700원   ③ 35,400원   ④ 36,400원

[53-54] 문 사원은 아래의 조건을 모두 고려하여 회사 행사를 진행하기에 적절한 장소를 미리 계약하려고 한다. 각 물음에 답하시오.

구분	위치	대여금액	사용가능기간	소음	수용가능인원	비고
A	동, 5km	120,000원	8시간	없음	600명	붙박이 테이블과 의자가 비치됨
B	북, 3km	250,000원	1일	있음	120명	교통이 편리함
C	남, 10km	90,000원	3일	있음	80명	인적이 드묾
D	동, 1km	600,000원	12시간	없음	300명	식사 제공 가능함
E	서, 7km	100,000원	1일	있음	300명	교통이 편리함
F	북, 15km	50,000원	5일	없음	500명	인적이 드묾

※ 위치는 문 사원의 사무실 기준으로 떨어진 방향과 거리이며, 대여금액은 4시간 기준임

[조건]

• 문 사원이 재직하고 있는 회사의 임직원은 총 500명이며, 그중 팀장 이상 직책의 임직원은 5%에 해당한다.
• 신년회는 주변이 시끄럽지 않은 곳에서 진행되어야 하며, 저녁 식사가 제공되어야 한다.
• 팀장 이상 직책의 과장만 워크숍에 참석하며, 워크숍 장소는 사무실과 가까워야 한다.
• 봄 체육대회는 임직원이 모두 참석하며, 인적이 드물고 주변에 편의시설이 많아야 한다.
• 송년회 장소는 문 사원의 사무실에서 5km 이내에 위치해야 하며, 업무상 200명의 임직원이 참석하지 못한다.

53 송년회 진행 시 공석이 생기지 않도록 계약할 때, 다음 중 가장 적절한 장소는?

① A   ② B   ③ D   ④ E

54 워크숍을 2박 3일 동안 진행할 때, 다음 중 가장 적절한 장소는?

① C   ② D   ③ E   ④ F

55 다음 중 농협의 인재상과 그에 대한 설명이 바르게 짝지어진 것을 모두 고르면?

	인재상	내용
㉠	진취적 도전가	항상 열린 마음으로 계통 간, 구성원 간에 상호 존경과 협력을 다하여 조직 전체의 성과가 극대화될 수 있도록 시너지 제고를 위해 노력하는 인재
㉡	행복의 파트너	프로다운 서비스 정신을 바탕으로 농업인과 고객을 가족처럼 여기고 최상의 행복 가치를 위해 최선을 다하는 인재
㉢	최고의 전문가	꾸준한 자기 계발을 통해 자아를 성장시키고, 유통·금융 등 맡은 분야에서 최고의 전문가가 되기 위해 지속적으로 노력하는 인재
㉣	정직과 도덕성을 갖춘 인재	매사에 혁신적인 자세로 모든 업무를 투명하고 정직하게 처리하여 농업인과 고객, 임직원 등 모든 이해관계자로부터 믿음과 신뢰를 받는 인재
㉤	시너지 창출가	미래지향적 도전의식과 창의성을 바탕으로 새로운 사업과 성장동력을 찾기 위해 끊임없이 변화와 혁신을 추구하는 역동적이고 열정적인 인재

① ㉠, ㉡   ② ㉡, ㉣   ③ ㉠, ㉢, ㉤   ④ ㉡, ㉢, ㉣

56 다음 중 농협의 심벌마크에 대한 설명으로 가장 적절하지 않은 것은?

① 농협의 심벌마크 전체 모양은 '협'자의 'ㅎ'을 변형한 형태이다.
② '농'자의 'ㄴ'을 변형한 [V]꼴은 농협의 무한한 발전을 상징한다.
③ [V]꼴과 [V]꼴 아랫부분 전체는 'ㄴ'과 'ㅎ'이 결합한 형태로 농협을 나타낸다.
④ '농'자의 'ㅇ'을 변형한 [V]꼴 아랫부분은 원만과 돈을 의미하며 풍요를 상징한다.

57 R 출판회사의 결재 규정이 다음과 같을 때, 정 사원이 작성한 결재 양식을 사용할 수 없는 경우는?

[결재 규정]

- 결재를 받으려는 업무에 대하여 최고결재권자(사장) 포함 이하 직책자의 결재를 받도록 한다.
- '전결'이라 함은 기업의 경영활동·관리활동을 수행하는 중에 의사결정 및 판단을 필요로 하는 업무에 대하여 최고결재권자의 결재를 생략하고, 그 권한을 위임받은 자가 자신의 책임하에 최종적으로 의사결정 및 판단을 하는 행위를 의미한다.
- 전결사항에 대해서도 위임받은 자를 포함한 이하 직책자의 결재를 받도록 한다.
- 결재 양식 표시 내용: 최고결재권자로부터 전결 권한을 위임받은 자가 있을 경우 권한을 위임받은 자의 결재란에 '전결' 표시를 하고 최종결재란에 위임받은 자가 누구인지를 표시한다. 단, 결재가 불필요한 직책자의 결재란은 상향대각선으로 표시한다.
- 최고결재권자의 결재사항 및 최고결재권자로부터 위임된 전결사항은 아래에 따른다.

구분	내용	금액	결재서류	팀장	부장	사장
도서인쇄비	도서 구입비	20만 원 이하	지출결의서	■		
		20만 원 초과	지출품의서 지출결의서		● ■	
	각종 인쇄비		지출품의서 지출결의서		■	●
소모품비	사무용품 구입비		지출결의서	■		
	전산소모품 구입비		지출품의서 지출결의서	■	●	
	기타소모품 구입비 (연구소모품 포함)	20만 원 미만	지출결의서	■		
		20만 원 이상 40만 원 이하	지출품의서 지출결의서	■	●	
		40만 원 초과	지출품의서 지출결의서		■	●
교육훈련비	사내·외 교육비	30만 원 이하	기안서 지출결의서	■	●	
		30만 원 초과	기안서 지출결의서		■	●
운반비	택배 및 퀵서비스 이용비	10만 원 미만	지출결의서	■		
		10만 원 이상 20만 원 미만	지출품의서 지출결의서	■	●	
		20만 원 이상	지출품의서 지출결의서		■	●
협회비	각종 협회비		기안서 지출결의서	■		●

※ 1) ●: 지출품의서, 기안서
　 2) ■: 지출결의서

[정 사원이 작성한 결재 양식]

결재	담당	팀장	부장	최종 결재
	정 사원		전결	부장

① 인사팀 직원들의 키보드 교체를 위한 지출품의서

② 사내 포토샵 강좌를 진행할 강사 섭외비 30만 원에 대한 기안서

③ 40만 원의 연구소모품을 구매하기 위한 지출품의서

④ 한 달 치 택배 비용 10만 원을 지급하기 위한 지출결의서

58 다음은 지역농협의 SWOT 분석 결과이다. 이 분석 결과에 대응하는 전략으로 가장 적절하지 않은 것은?

[지역농협 SWOT 분석 결과]

강점(Strength)	• 정부 및 지자체와 밀접한 협력 체계 구축 • 신선하고 품질 좋은 친환경 지역 농산물 유통 체계 구축
약점(Weakness)	• 고령층 및 농어촌 지역 거주자 등 금융 취약 계층 고객의 정보 불균형 및 저조한 스마트뱅킹 이용률 • 조합원 내 유통경영 전문가 부족으로 인한 저조한 경영 성과
기회(Opportunity)	• 4차 산업혁명 기술을 접목한 스마트 농업의 확산 • 친환경 식자재에 대한 수요 증가 및 온라인 식자재 유통 시장 확대
위협(Threat)	• 농업 인구 감소 및 지역농협의 실질적인 고객층을 이루는 농가의 고령화 가속화 • 기후 변화로 인한 농산물 생산량 및 가격 변동 심화

내부 환경 외부 환경	강점(Strength)	약점(Weakness)
기회(Opportunity)	① 신선하고 품질 좋은 지역 농산물의 직거래 장터 활성화 및 농협 온라인 쇼핑몰의 유통 경로 다변화를 통한 수익성 제고	② 국가 차원에서 IT 기술을 접목한 농업 기술 플랫폼을 구축하여 농업 전 분야로 시범 사업 확대
위협(Threat)	③ 젊은 고객을 유치할 수 있도록 정부·지자체·농협이 힘을 합쳐 청년 인구의 농촌 유입을 유인할 우대 정책 마련	④ 안정적인 유통 경로 확보 및 조합원을 대상으로 한 유통경영 전문가 양성 프로그램 운영을 통해 농산물 가격 안정화 및 경영 성과 개선

59 다음 지문과 가장 관련 있는 것은?

> 증권사와 투자자가 투자일임계약을 체결하고 증권사는 투자자의 투자성향과 경험, 자산규모를 고려하여 투자자별로 채권, 펀드, 주식 등에 자산을 투자 및 운용한다. 투자자는 맞춤식 자산관리서비스를 받는 대신에 일정한 대가를 증권사에 지급한다.

① ELS   ② 퀀트펀드   ③ REITs   ④ 랩어카운트

60 다음 중 명함을 교환할 때의 예절에 대한 설명으로 가장 적절하지 않은 것은?

① 어딘가에 방문한 경우 방문자가 먼저 명함을 건넨다.
② 명함을 받자마자 바로 자신의 지갑에 넣어둔다.
③ 상대가 읽기 편하게 돌려서 명함을 건넨다.
④ 식사 중에는 명함을 건네지 않는 것이 예의이다.

약점 보완 해설집 p.78

무료 바로 채점 및 성적 분석 서비스 바로 가기
QR코드를 이용해 모바일로 간편하게 채점하고 나의 실력이 어느 정도인지, 취약 부분이 어디인지 바로 파악해 보세요!

NCS 직무능력평가
실전모의고사 5회

시작과 종료 시각을 정한 후, 실전처럼 모의고사를 풀어보세요.

시 　 분 ~ 　 시 　 분 (총 70문항/70분)

- 본 실전모의고사는 총 70문항으로 구성되어 있으며, 영역별 제한 시간 없이 70분 이내로 모든 영역의 문제를 풀어야 합니다.
- 의사소통능력, 수리능력, 문제해결능력, 자원관리능력, 조직이해능력 문제가 출제됩니다.
- 맨 마지막 페이지에 있는 회독용 OMR 답안지와 해커스ONE 애플리케이션의 학습 타이머를 이용하여 실전처럼 모의고사를 풀어본 후, 70번 문제 하단에 있는 '바로 채점 및 성적 분석 서비스' QR코드를 스캔하여 응시 인원 대비 본인의 성적 위치를 확인해 보시기 바랍니다.

01 다음 단어와 의미가 반대되는 것은?

어리숙하다

① 어질다   ② 우매하다   ③ 영리하다   ④ 어리다   ⑤ 인자하다

02 다음 단어와 의미가 유사한 것은?

터무니없다

① 역력하다   ② 허무하다   ③ 허황하다   ④ 황망하다   ⑤ 무상하다

03 다음 밑줄 친 단어와 같은 의미로 사용된 것은?

우리나라는 과거에 식민지배를 <u>받았던</u> 아픈 역사가 있다.

① 생일을 맞아 친구들에게 많은 선물과 편지를 <u>받았다</u>.
② 식물은 햇빛을 <u>받아</u> 광합성을 통해 양분을 얻는다.
③ 새로 개업하는 그 가게는 3월부터 손님을 <u>받을</u> 예정이다.
④ 나는 부모님과 언니들에게 사랑을 듬뿍 <u>받고</u> 자랐다.
⑤ 사흘 내내 잠을 설쳤더니 화장이 잘 <u>받지</u> 않는 것 같다.

04 다음 중 밑줄 친 단어의 의미가 잘못 연결된 것은?

① 정호는 회의의 목적에 대해 <u>부연하였다</u>. → 이해하기 쉽도록 설명을 덧붙여 자세히 말하다
② 몸이 좋지 않아서 죽을 <u>뭉근하게</u> 끓여 먹었다. → 세지 않은 불기운이 끊이지 않고 꾸준하다
③ 그는 며칠째 집에 <u>칩거하고</u> 있다. → 나가서 활동하지 아니하고 집 안에만 틀어박혀 있다
④ <u>무료하게</u> 시간을 보내다가 책을 읽기 시작했다. → 흥미 있는 일이 없어 심심하고 지루하다
⑤ 여러 종류의 작물을 심기 위해 밭을 <u>구획하였다</u>. → 물건이나 영역, 지위 따위를 차지하다

05 다음 밑줄 친 부분과 바꿔 쓸 수 없는 것은?

- 대중적으로 인기를 얻은 연예인이 정계에 ㉠<u>발을 디디는</u> 경우는 우리나라뿐만 아니라 해외에서도 쉽게 확인할 수 있다.
- ASMR은 뇌를 자극해 심리적 안정을 ㉡<u>이끄는</u> 소리로, 연필로 종이에 글자를 쓰는 소리, 빗방울이 창문을 두드리는 소리 등이 있다.
- 역사적인 인물이나 사건에 ㉢<u>바탕을 둔</u> 영화가 큰 인기를 끌고 있다.
- 마거릿 대처는 법인세 축소, 노조 세력 약화 등을 통해 기업이 활동하기에 ㉣<u>유리한</u> 환경을 조성했다.
- 많은 예술가가 자신의 고통을 예술로써 승화해내고, 작품을 통해 당당하게 자신의 세계를 ㉤<u>표출</u>한다.

① ㉠: 진출하는   ② ㉡: 유인하는   ③ ㉢: 기초한

④ ㉣: 이로운   ⑤ ㉤: 드러낸다

06 다음 밑줄 친 부분과 바꿔 쓸 수 없는 것은?

- 이상 기후, 에너지 고갈, 육류 소비로 인해 머지 않은 미래의 지구촌은 심각한 ㉠<u>식량</u> 부족 문제에 직면할 것이다.
- 대중의 각성을 통해 우리 사회 곳곳에 만연한 폐단을 ㉡<u>바로잡을</u> 수 있도록 해야 한다.
- 집중호우로 인한 침수 피해를 막기 위해 지자체들은 해마다 예방 대책을 내놓고 있지만 결국 침수 피해는 반복되기 때문에 시민들은 근본적인 해결책이 아닌 ㉢<u>동족방뇨(凍足放尿)</u>에 지나지 않는다며 비판의 목소리를 내고 있다.
- 진정한 의미의 복지 사회는 퍼주기식 복지가 아니라 취약계층이 경제적으로 ㉣<u>홀로서기를 할</u> 수 있도록 돕는 방향으로 전개되어야 한다.
- 뉴질랜드에 서식하는 케아 앵무새가 내는 소리를 분석한 결과, 앵무새도 사람처럼 즐거운 감정을 ㉤<u>공유한다는</u> 것을 확인할 수 있었다.

① ㉠: 먹을거리   ② ㉡: 시정할   ③ ㉢: 고육지계(苦肉之計)

④ ㉣: 자립할   ⑤ ㉤: 나눈다는

07 다음 빈칸에 들어갈 단어로 적절한 것은?

> 코피가 날 때 콧구멍을 막고 고개를 뒤로 (   ) 지혈하는 경우가 많은데, 이 경우 피가 기도를 타고 폐로 들어갈 수 있으므로 고개를 앞으로 숙이고 지혈을 해야 한다.

① 제쳐   ② 젖혀   ③ 제켜   ④ 재껴   ⑤ 젖쳐

08 다음 의미에 해당하는 한자성어를 고르면?

> 서로 같은 마음으로 덕을 함께한다는 뜻으로, 같은 목표를 위하여 여럿이 마음을 합쳐 힘씀을 이르는 말

① 이인동심(二人同心)   ② 이심전심(以心傳心)   ③ 동고동락(同苦同樂)
④ 동심동덕(同心同德)   ⑤ 겸양지덕(謙讓之德)

09 다음 중 밑줄 친 단어의 쓰임이 적절하지 않은 것은?

① 양궁 선수가 화살을 정확히 과녁에 <u>맞췄다</u>.
② 딸 아이에게 예방주사를 <u>맞히러</u> 병원에 다녀왔다.
③ 영어 시험이 끝난 후 옆자리 친구와 답을 <u>맞춰</u> 보았다.
④ 그는 두 번이나 나에게 바람을 <u>맞혔다</u>.
⑤ 잠깐 졸다가 빨래에 비를 <u>맞히고</u> 말았다.

10 다음 중 어법상 가장 적절한 것은?

① 진료 접수 후 내 이름이 불려질 때까지 한 시간이 걸렸다.
② 그 영화를 보고 나니 잊혀졌던 첫사랑이 다시 생각난다.
③ 목격자가 증언한 덕분에 그의 결백이 사실로 밝혀졌다.
④ 열려진 문을 통해 안에 있던 강아지들이 밖으로 뛰쳐나왔다.
⑤ 울창한 숲을 지나 산 정상이 보여지자 곳곳에서 탄성이 울려 퍼졌다.

11 다음 중 어법이 바르고 자연스러운 표현을 쓴 사람은?

① A 사원: 오랜만에 거래처를 방문했는데 직원들이 많이 바뀌었더라고요.
② B 사원: 요즘 동료사원이 내 말을 들은 채 만 채 해서 걱정이 많습니다.
③ C 사원: X 대리님은 저보다 Y 사원을 더 좋아하시는 것 같습니다.
④ D 사원: Z 사원이 양심이 있다면 이번 사고의 원인을 차마 사실대로 말할 수 있을 겁니다.
⑤ E 사원: 과장님, 지난 6월달 신입사원 평가 결과를 보고 드리도록 하겠습니다.

12 귀하는 귀하의 부서에서 새롭게 기획하여 출시 직전에 있는 상품에 대한 설명서를 작성하고 있다. 이 설명서는 추후에 상품을 홍보할 영업사원들은 물론 고객들도 보게 될 자료이다. 다음 중 설명서를 작성할 때 고려한 사항으로 가장 적절하지 않은 것은?

① 동일한 문장 반복을 피하고 다양한 표현을 이용하여 작성하였다.
② 정확한 내용 전달을 위하여 가급적 간결하게 글을 썼다.
③ 고객들이 이해하기 어려운 전문용어의 사용을 최소화하였다.
④ 복잡한 내용은 도표로 작성하여 시각화하였다.
⑤ 전문성이 돋보이도록 평서문 대신 명령문으로 작성하였다.

13 다음 보도자료의 제목으로 가장 적절한 것은?

　　농촌진흥청(청장 허○○)은 3월 초 잦았던 비로 인해 올봄 양파·마늘에서 병 확산이 우려된다며 예찰과 함께 방제를 당부했다. 양파 노균병, 양파·마늘 잎마름병, 마늘 녹병 같은 곰팡이병과 무름병 같은 세균병은 양파와 마늘의 생육과 수량을 떨어뜨리는 주된 원인이다. 특히 지난여름 잦은 비로 제때 양파 연작지(이어짓기 재배지)의 태양열 소독을 못 한 농가가 많고, 3월 초 날이 습했던 탓에 양파 노균병 발생이 더욱 우려된다. 양파 노균병은 감염 시기에 따라 1차와 2차로 구분하는데, 1차 노균병 감염 초기에는 잎에 옅은 노란색 병반(무늬)이 나타나고, 병이 진전되면서 잎 표면에 회색 포자가 형성된다. 2차 감염은 회색 포자가 주변으로 날아가 발생한다. 2~3월 발생하는 1차 노균병은 약제 방제가 어렵지만, 겨울나기 이후 감염돼 4월부터 피해가 발생하는 2차 노균병은 약제로 방제할 수 있다. 노균병 이후 발생하는 잎마름병과 녹병은 양파·마늘 모두에서 발생해 농가에 손해를 끼치고, 잎마름병은 기온이 높고 습한 조건에서 주로 생육 후기에, 녹병은 저온이 지속되고 비가 자주 오면 많이 발생한다. 잎마름병은 2018년 전남지역 양파·마늘 재배지, 3,000헥타르 이상에서 발생해 생산량 감소 원인이 되었고, 특히 노균병으로 병든 잎 주변에서 잎마름병이 발생하므로 미리 방제에 나서야 한다. 마늘 녹병도 지난해 전국에 걸쳐 발생했기 때문에 올해는 각별한 주의가 필요하다. 마늘을 이어짓기 재배하는 곳에서는 녹병의 피해가 없도록 미리 방제해야 한다. 녹병에 감염된 마늘잎은 초기 타원형의 작은 황색(누른빛) 반점이 발생하고, 진전되면서 병반이 울퉁불퉁 솟아오르며 잎 전체가 황갈색으로 변색돼 말라 죽는다. 양파·마늘 곰팡이병과 세균병은 발병 전 철저한 예찰과 함께 3월 중하순부터 7~10일 간격으로 보호제와 방제용 살균제를 뿌려 예방해야 한다. 농촌진흥청 국립원예특작과학원 이○○ 채소과장은 "한파로 겨울나기 후 단위면적당 재식 주수(심은 식물 수)가 감소하고 작황이 부진했으나 최근 기상 여건이 좋아지며 생육이 회복되고 있어 올 작황은 평년 수준일 것이다."라며 "하지만 안심할 수는 없기 때문에 안정적 생산과 생산량 확보를 위해 예찰을 통한 병해충 예방에 힘써 달라."라고 전했다.

　　　　　　　　　　　　　　　　　　　　　　　　　　※ 출처: 농촌진흥청, 2021-03-29 보도자료

① 안정적인 양파·마늘 생산을 위한 봄철 병 예방
② 잎마름병의 발생 원인과 증상에 따른 대처 방법
③ 곰팡이병과 세균병 확산으로 감소한 농작물 생산량
④ 병해충 예방을 위한 농가별 방제 교육 진행
⑤ 농작물 재배 시 방제용 살균제 사용의 중요성

14 다음 보도자료의 내용과 일치하는 것은?

> 농림축산식품부(이하 '농식품부')와 한국농촌경제연구원은 오는 9월 국제연합 푸드시스템 정상회의(UN Food Systems Summit, 이하 '정상회의')를 앞두고 생산자·소비자·전문가 의견을 수렴하는 첫 회의를 3월 30일 개최한다고 밝혔다. 푸드시스템이란 농식품의 생산, 가공, 유통, 소비 등 먹거리를 둘러싼 환경 전반을 의미한다. 유엔은 2030년까지 빈곤·기아 종식, 기후변화 대응 등 지속가능발전목표(SDGs)를 달성하기 위해 전 세계 푸드시스템 개선 방안을 논의하는 정상회의를 9월 미국 뉴욕에서 개최할 계획이다. 이에 따라 3월 24일 기준으로 57개국이 국내 의장을 지정하고 10개국이 푸드시스템의 지속가능성을 높이는 방안에 대해 논의하고 있다. 우리나라도 국제사회의 흐름에 발맞추어 지난 2월 국내 논의를 이끌 의장으로 한국농촌경제연구원 김○○ 원장을 지정하여 유엔에 통보하였다. 우리나라는 식량 안보, 지속가능한 생산·소비, 먹거리 보장을 주제로 3월 말부터 '지속가능한 푸드시스템 구축을 위한 국내 논의'를 진행할 계획이다. 그간 추진되어 온 먹거리 전략 논의와의 연계성을 높이기 위해 지난 2년간의 의견 수렴을 바탕으로 최근 농어업·농어촌 특별위원회가 마련한 국가식량계획을 논의의 기초로 삼는다. 국내 논의 첫 회의는 의장인 김○○ 원장 주재로 3월 30일 오후 2시에 서울에서 개최된다. 국제사회 논의에 대비하기 위한 첫 회의인 만큼 유엔 푸드시스템 정상회의 대화팀을 이끄는 데이비드 나바로 특별 자문위원이 정상회의의 배경을 설명하고, 농식품부가 국내 논의 진행 계획을, 농어업·농어촌 특별위원회가 국가식량계획을 각각 소개할 예정이다. 또한, 한국농촌경제연구원이 농림수산식품교육문화정보원과 함께 수행한 우리나라 국민들의 푸드시스템 인식조사 결과를 발표하고 생산자·소비자 단체 및 전문가의 의견을 듣는 방식으로 진행된다. 코로나19 상황을 감안하여 10여 명의 발제자와 토론자만 현장에 모일 예정이며, 농업인, 농식품 관계자 및 관심 있는 국민들은 누구나 당일 농식품부 공식 유튜브를 통해 실시간 중계에 참여하고 댓글로 의견을 제시할 수 있다. 농식품부 관계자는 "국제사회에서는 코로나19와 기후변화 상황을 고려할 때, 기아 인구를 줄이고 농업의 환경 부담을 낮추는 방향으로 각국의 푸드시스템을 전환해 나가야 한다는 공감대가 형성되어 있다"며, "우리 국민들이 중요하게 생각하는 요소를 중심으로 고려하여 푸드시스템의 지속가능성을 높일 수 있는 방향으로 정책을 설정하고, 9월에 있을 정상회의에서 이를 알릴 수 있도록 착실하게 준비해 나가겠다"고 밝혔다.

※ 출처: 농림축산식품부, 2021-03-29 보도자료

① 우리나라는 푸드시스템 개선 방안의 국내 논의를 이끌 의장으로 농림수산식품교육문화정보원의 원장을 선정하였다.
② 지속가능한 푸드시스템 구축을 위한 국내 논의에서 농어업·농어촌 특별위원회가 국내 논의 진행 계획을 소개한다.
③ 유엔은 전 세계 푸드시스템을 개선하여 2030년까지 빈곤·기아 종식 등의 지속가능발전목표를 이루고자 한다.
④ 지속가능한 푸드시스템 구축을 위한 국내 논의는 이전까지 추진된 먹거리 전략 논의와 차별적으로 추진된다.
⑤ 농림수산식품부는 한국농촌경제연구원과 함께 우리나라 국민들의 푸드시스템 인식조사를 시행하였다.

15 아침 출근길에 항상 신문을 읽는 오 과장은 오늘 아침 프렌치 패러독스에 관한 신문기사를 읽게 되었다. 다음 중 이 신문기사의 중심 내용과 가장 일치하는 주장은?

☆☆일보

☆☆일보 제1234호
20△△년 △△월 △△일 △요일

안내전화: 02-123-4567
www.abcd.com

또 다른 비밀이 밝혀진 프렌치 패러독스

1991년 미국 CBS 방송의 대표 시사 프로그램인 '60분(60 Minutes)'은 대단히 흥미로운 연구 결과를 하나 소개했다. 방송의 주요 내용은 프랑스인의 심장병 사망률이 낮은 원인이 무엇인지를 밝혀나가는 것이었는데, 방송에서 언급된 연구 결과에 따르면 인구 10만 명당 심장병 사망률이 미국의 경우 182명인 반면 프랑스는 102~105명에 그쳤으며 특히 프랑스 남쪽 도시 툴루즈의 경우 심장병 사망률이 78명으로 미국의 절반도 안 되는 수치를 나타냈다. 놀라운 것은 심장병 사망률과 관련성이 높은 콜레스테롤 수치나 흡연율은 당시 프랑스인과 미국인이 거의 비슷했고, 지방 섭취량은 오히려 프랑스인이 미국인보다 더 높은 상태였다는 점이다. 방송에서는 프랑스인이 심장병에 덜 걸리는 비결이 레드와인 때문이라고 결론을 내렸고, 이러한 결과는 대중적으로 큰 관심을 받았다. 실제로 유독 심장병 사망률이 낮았던 툴루즈는 프랑스에서도 레드와인 생산지로 유명한 곳이기도 하다. 학계에서는 이렇게 레드와인을 많이 마시면 오히려 심장병이 줄어드는 현상을 '프렌치 패러독스(French Paradox)'라고 불렀다. 프렌치 패러독스의 유명세로 가장 주목을 받은 것은 레스베라트롤이었다. 레드와인에 들어 있는 이 성분은 포도가 곰팡이로부터 자신을 보호하기 위해 생성하는 물질로, 항암 및 강력한 항산화 작용을 하는 것으로 알려져 있다. 이와 관련하여 최근에는 레스베라트롤이 뇌 노화 방지에도 효과가 있다는 연구 결과가 새롭게 발표되어 사람들의 이목을 끌고 있다. 미국 버지니아 공대 카릴리온 연구소의 그레고리오 발데즈 박사팀이 고령의 실험용 쥐들을 대상으로 한 실험에서 레스베라트롤이 뇌와 근육 간의 운동신호를 연결해주는 시냅스를 보호하는 기능을 하여 뇌의 노화를 크게 지연한다는 사실을 알아낸 것이다. 게다가 레스베라트롤을 주입한 실험용 쥐들은 그 후손들까지도 뇌의 신경근 접합부가 다른 쥐들보다 건강한 것으로 나타났다. 1991년에 '60분'이 방영되고 난 뒤 미국에서는 레드와인 판매량이 4배 이상 뛰었다고 하는데, 이번 연구결과 발표로 레드와인의 판매량이 다시 한번 반등할 것으로 보인다.

① 프랑스 남부의 툴루즈 지역은 레드와인을 자주 섭취해 지역 주민들의 심장병 발병률이 낮다.
② 프렌치 패러독스는 레드와인을 마시는 것이 오히려 심장병 예방에 도움이 되는 현상을 가리킨다.
③ 알려진 것과는 다르게 콜레스테롤 수치, 흡연율, 지방 섭취량은 뇌의 노화와 연관성이 낮다.
④ 레드와인은 심장병 사망 위험 감소는 물론 뇌 노화 방지에도 효과가 있다.
⑤ 뇌에 존재하는 시냅스 간의 연결이 강할수록 뇌의 노화 지연과 심장병 발병 방지 효과가 뛰어나다.

16 다음은 트라피스트(TRAPPIST)-1에 대한 신문기사를 읽은 직원들의 반응이다. 다음 중 신문기사를 바르게 이해하지 못한 사람은?

☆☆일보

☆☆일보 제1234호
20△△년 △△월 △△일 △요일

안내전화: 02-123-4567
www.abcd.com

트라피스트-1의 주위를 돌고 있는 행성들의 존재가 밝혀지다!

2017년 2월 미국항공우주국은 항성 트라피스트(TRAPPIST)-1의 주위를 돌고 있는 외계 행성 7개의 존재를 공식적으로 발표했다. 2016년 5월에 3개의 행성을 발견한 데에 이어 4개의 행성을 추가로 발견한 것이다. 트라피스트-1의 크기는 태양의 8% 정도로 목성과 비슷하지만, 질량은 목성의 80배에 이르러 작은 크기에도 불구하고 행성 7개를 묶어둘 수 있다. 또한, 트라피스트-1은 온도가 낮기 때문에 7개의 행성이 가깝게 궤도를 돌아도 온대 지역을 형성할 수 있게 된다. 트라피스트-1의 주위를 돌고 있는 7개의 행성은 트라피스트-1과 가까운 순서대로 트라피스트-1b, c, d, e, f, g, h로 불린다. 그중 트라피스트-1b, c, d는 온도와 대기 조건상 표면에 물이 없을 것으로 추정되며, 가장 바깥쪽의 트라피스트-1h는 항성과의 거리가 너무 멀어 온도가 낮고 바다가 형성되기 힘든 것으로 추정된다. 대신 중간에 있는 트라피스트-1e, f, g에는 액체 형태의 바다가 존재할 가능성이 높은데, 이는 세 행성에 생명체가 존재할 수도 있음을 의미한다. 세계의 천문학자들이 트라피스트-1 항성계의 발견을 두고 환호하는 이유도 여기에 있다. 그동안 생명체가 있을 것으로 추정되는 외계 행성의 경우 수백~수천 광년 거리에 있었으나, 트라피스트-1 항성계는 지구와 약 39광년밖에 떨어져 있지 않아 추후 외계 생명체의 존재 여부를 조사하는 데 중요한 역할을 할 것으로 보이기 때문이다.

① 윤 사원: 트라피스트-1은 태양보다 훨씬 크기가 작음에도 불구하고 7개의 행성을 거느리고 있는 항성이구나!

② 우 사원: 트라피스트-1의 주위를 돌고 있는 행성들이 모두 똑같은 시기에 함께 발견된 것은 아니야.

③ 양 사원: 트라피스트-1의 주위를 돌고 있는 행성들 중 트라피스트-1과 가장 가깝게 있는 세 행성에 생명체가 있을 가능성이 높대.

④ 임 사원: 트라피스트-1은 목성과 비슷한 크기지만, 질량은 목성보다 훨씬 큰 편이지.

⑤ 오 사원: 트라피스트-1의 주위를 돌고 있는 행성들의 기후적 특징은 트라피스트-1의 낮은 온도와 밀접한 관련이 있어.

17 다음 글에 나타난 필자의 의견으로 가장 적절한 것은?

1950년대 중반에서 1960년대 초반에 태어난 베이비붐 세대의 은퇴가 본격적으로 진행되고 있다. 문제는 이러한 베이비붐 세대가 빠른 속도로 고령층에 편입되면서 우리나라는 초고령화 사회에 진입할 수밖에 없는 상황에 직면하게 되었다는 점이다. 우리나라 노인 인구의 대다수를 차지하게 될 이들은 900만 명 이상일 것으로 추정되고 있으며, 만약 이들이 노후를 제대로 준비하지 않을 경우 결과적으로 노인 빈곤 인구가 될 가능성이 높다. 이러한 상황을 고려하여 정부는 고령화 사회의 노후 생활을 보장하는 노인복지정책의 일환으로 2007년 주택연금제도를 도입하였다. 주택연금제도는 집을 소유한 사람에게 집을 담보로 생활자금을 빌려주는 제도인 역(逆)모기지론을 우리나라 실정에 맞게 변형한 한국형 역모기지론이다. 주택연금제도가 시행되기 이전부터 은행에서는 나이와 관계없이 가입 가능한 주택 역모기지론 상품을 판매하였다. 하지만 은행의 주택 역모기지론 상품은 보장 기간이 최대 30년으로 정해져 있을 뿐만 아니라 대출 만기가 도래하면 담보로 잡힌 집이 압류될 가능성이 있다. 이와 달리 주택연금제도는 부부 중 1명이 만 55세 이상인 경우 부부기준 공시가격 등이 9억 원 이하의 주택을 담보로 맡기면 일정 기간 또는 평생 노후 자금을 받을 수 있는 금융상품이다. 무엇보다도 주택연금제도는 정부에서 보증하는 제도이기 때문에 강제퇴거나 연금중단 등의 위험이 없다는 장점이 있다. 게다가 가입자가 사망할 때까지 본인 집에 살면서 연금을 받을 수 있는 종신 지급방식으로 가입할 경우 주거 안정과 고정 소득을 모두 보장받을 수 있다. 특히 가입 당시의 주택 가격을 기준으로 연금 지급액을 결정하기 때문에 집값이 하락하더라도 연금 수령액은 변동되지 않는다. 정부와 학계에서는 초고령화 사회에서 주택연금제도가 보조적 복지 확대 수단이 되는 동시에 소비를 진작할 수 있는 방안이 될 것으로 예측한다. 국내 고령자들의 자산 대부분은 주택에 묶여 있는데, 만일 주택연금제도를 통해 부동산을 현금화하면 이들의 소비가 증가하여 내수시장이 활성화될 수 있기 때문이다. 그러나 여전히 베이비붐 세대 10가구 중 7가구가 주택을 소유하고 있다는 점을 생각하면 주택연금제도의 가입자 수는 아직 미미한 편이다. 이는 우리나라 정서상 주택을 담보로 사용한다는 것을 부정적으로 여기는 사람들이 많기 때문이다. 따라서 현재 시행되고 있는 주택연금제도를 우리나라 국민 정서에 맞게 개선하여 주택연금을 활성화할 방안을 모색해야 한다.

① 주택연금에 가입한 사람이 적으므로 은행에서 출시한 주택 역모기지론 상품을 장려하여야 한다.
② 고령자를 대상으로 한 소비시장이 활성화됨에 따라 정부에서 관련 산업을 육성하는 것이 필요하다.
③ 초고령화 사회에서 노인들이 경제 능력을 갖출 수 있도록 주택연금 가입을 권장하여야 한다.
④ 주택연금에 가입한 후에 집값이 상승하더라도 연금 수령액은 달라지지 않아 가입자가 손해를 볼 수 있다.
⑤ 주택 역모기지론 상품을 적극적으로 권장하여 노인들이 내 집을 마련할 수 있도록 도와줘야 한다.

[18 - 19] 다음 글을 읽고 각 물음에 답하시오.

최근 우리 사회에서 복지정책에 대한 관점이 변화하고 있다. 시혜적 차원의 복지를 확대하여 재정 건전성을 악화시키는 과거의 정책을 경계하고, 서민의 자립을 도울 수 있는 생산적 복지 구현이 필요하다는 목소리가 높아지고 있다. 다시 말해 이전까지는 복지와 성장을 서로 상충하는 것으로 보는 이분법적 관점에서 접근했다면, 이제는 복지를 통해 국가의 성장을 이루는 접근법이 요구되고 있는 것이다.

성장으로 이어지는 복지를 성공적으로 구현한 대표적인 국가는 스웨덴이다. 스웨덴은 단순한 복지 확대가 아니라 복지를 통해 일자리를 창출하고, 창출된 일자리에서 다시 세금을 거두는 건강한 복지의 선순환 구조를 확립함으로써 유럽 내에서도 높은 경제성장률을 기록하고 있다. 또한, 스웨덴은 실현 가능한 범위 내에서의 복지를 목표로 하고 있다. 복지에 관한 가장 큰 골칫거리는 더 큰 복지 혜택은 바라지만 이에 따르는 조세부담은 피하고 싶은 국민들의 이기심이다. 하지만 이에 맞춰 정책을 세우면 국가는 재정 적자에 시달리게 된다. 국가 예산의 3분의 1 정도가 복지 비용으로 지출되는 스웨덴의 경우 조세부담률이 세계에서 두 번째로 높다. 하지만 놀랍게도 스웨덴 국민들은 높은 조세부담률에 대한 불만을 품지 않는다. 세금을 낸 만큼 복지 혜택을 받을 수 있다는 확신이 있기 때문이다.

물론 아무리 좋은 모델을 참고한다고 해도 성장과 사회 통합이라는 두 마리의 토끼를 동시에 잡는 것은 어려운 일이다. 그래도 일하는 복지, 가능한 범위 내에서의 복지 실현, 복지를 위한 증세 이 세 가지를 모두 염두에 둔 균형적인 복지 체계를 마련하는 일은 장기적 관점에서 우리나라의 미래를 좌우할 중요한 문제라는 것은 의심의 여지가 없는 사실이다.

18 윗글의 제목으로 가장 적절한 것은?

① 우리나라 복지정책의 변화 양상
② 선진국 복지 체계의 장단점
③ 과도한 복지정책의 부작용
④ 한국 복지 체계 구축의 필요성
⑤ 국내 복지 체계의 현황과 전망

19 윗글을 통해 추론한 내용으로 적절하지 않은 것은?

① 복지 확대에는 그만큼의 비용 지출이 수반되기 때문에 재정 건전성이 악화될 가능성이 있다.
② 이전에는 복지 실현을 위해서는 국가의 성장 지체 문제를 감수해야 한다는 인식이 있었다.
③ 복지정책 수립 이전에 복지 확대에 따르는 조세부담을 감소시키기 위한 방안을 먼저 고려해야 한다.
④ 스웨덴의 복지가 본보기가 되는 이유는 복지가 성장으로 이어지는 선순환 구조를 구축했기 때문이다.
⑤ 국가 복지와 관련한 중요한 문제점은 국민들이 복지 혜택은 바라지만 증세에는 반대하는 것이다.

20 다음은 식음료 전문 기업 S 사에 근무 중인 최 사원이 올린 출장 보고서이다. 보고서를 통해 알 수 있는 사실로 가장 적절하지 않은 것은?

[출장 보고서]

> • 작성일: 20△△년 7월 11일
> • 작성자: 마케팅팀 최민성

1. 출장 개요
- 방문 지역: 미국 뉴욕 외 10개 도시
- 방문 기업: 미국 대형 커피 브랜드 M 사, 중소 커피 브랜드 C 사와 X 사, 신생 브랜드 A 사·K 사·J 사
- 방문 기간: 20△△년 7월 1일~7월 6일(총 5박 6일)

2. 출장 목적
- 올해 중국 시장에서 큰 성공을 거둔 당사(S 사) 커피 브랜드의 차기 해외 진출지로 물망에 오른 미국의 시장성을 확인하고, 이에 따른 사업 계획과 전략을 수립하기 위함
- 출장지를 미국으로 선정한 이유는 세계적으로 커피 수요가 가장 많은 나라인 동시에 이미 성공한 글로벌 커피 브랜드가 많아 선진 기업의 마케팅 사례를 조사하기에 적합하기 때문임
- 현지 시장 조사 결과를 바탕으로 당사의 새로운 해외 진출지를 확정하고 진출 전략을 수립하고자 함

3. 출장 인원
- 전략실: 서기덕 과장(총괄), 채병휘 사원
- 마케팅팀: 유현수 대리, 최민성 사원
- 개발팀: 최규하 대리, 박중택 사원

4. 현지 조사 결과
- 과거 미국 시장을 독점한 대형 커피 브랜드 M 사의 매출 점유율이 낮아졌으며, 중소 커피 브랜드와 스타트업 수준의 신생 브랜드가 계속해서 등장하며 인기를 끌고 있음 → [자료 1] 참고
- 다만 점포 수 측면에서는 아직 M 사가 압도적인 모습을 보이고 있으며, 특히 뉴욕, 로스앤젤레스 등과 같은 대도시에서는 반경 1km 안에 M 사의 매장이 2개 이상 위치한 경우도 비일비재함
- 메뉴 구성은 음료 기준 약 20가지의 메뉴를 제공하는 M 사와 달리, 중소 업체 및 신규 업체의 경우 30가지 이상의 다양한 메뉴를 제공하거나 5가지 이하의 메뉴에 집중하는 등 차별화되는 모습을 보임

5. 종합 소견
- 미국의 경우 커피 시장이 이미 과포화 상태에 접어들어 신규 브랜드의 진입이 어려울 것으로 예상하였으나, 실제로는 중소 업체와 신규 업체의 매출 및 점포 수의 성장세가 양호하며 신규 커피 브랜드에 대한 소비자의 반응도 우호적인 것으로 나타남 → [자료 2] 참고
- 이는 대형 커피 브랜드의 획일적이고 평준화된 맛과 서비스에 싫증을 느낀 미국 소비자들의 취향이 반영된 것으로 보이며, 이러한 시장의 흐름을 활용할 수 있도록 진출을 서두르는 것이 필요함
- 다만 미국 시장 진출에 관한 구체적인 전략 방향에 대해서는 다소 의견 차이가 있어 조율이 필요함 → [자료 3] 참고

6. 첨부 자료
  - [자료 1] 방문 지역 커피 브랜드 점포 수 및 업체별 월평균 매출
  - [자료 2] 신규 브랜드에 대한 미국 현지 소비자의 인식 설문조사
  - [자료 3] 개인별 소견서
  - [자료 4] 개인별 일정표 및 경비 명세서

① 미국의 중소 및 신생 커피 브랜드의 인기 요인으로는 M 사와 차별화되는 메뉴 구성이 있다.
② 당초 S 사가 예상했던 것보다 미국의 시장성은 낮은 것으로 확인되었다.
③ 구체적인 전략 방향에 대한 개인별 의견을 확인하기 위해서는 첨부 자료를 확인해야 한다.
④ 이번 해외출장에는 S 사의 3개 부서에서 총 6명의 직원이 참여하였다.
⑤ S 사는 이미 해외에 자사의 커피 브랜드를 진출시켜 성공한 경험이 있다.

[21-22] 다음 상황을 보고 각 물음에 답하시오.

○○은행 CS팀에 근무하는 U 인턴은 상사로부터 고객들이 은행 업무와 관련해 자주 하는 질문의 목록을 전달받았다.

■ **고객들이 자주 하는 질문**

질문 1	인터넷 뱅킹 이체 한도는 어디에서 조회할 수 있나요?
질문 2	인터넷 뱅킹 이용 시 필요한 개인용 공인인증서는 어떻게 발급받을 수 있나요?
질문 3	인터넷상으로 공인인증서를 발급받고 수수료를 냈습니다. 수수료에 대한 영수증은 어떻게 받나요?
질문 4	○○은행 스마트 뱅킹은 기종에 상관없이 모든 스마트폰에서 이용할 수 있나요?
질문 5	해외 이주자, 해외 체재자, 해외 유학생 등도 ○○은행에서 일반 여행경비를 추가로 환전할 수 있나요?
질문 6	대출이자도 카드로 할부 결제할 수 있나요?
질문 7	외화 수표를 받았는데 환전하려면 어떻게 해야 하나요?
질문 8	애플리케이션이 업그레이드 후 실행되지 않습니다. 어떻게 해야 하나요?
질문 9	스마트 뱅킹 가입 및 이용 절차에 대해 알고 싶습니다.
질문 10	타 은행 카드로 ○○은행 자동화기기를 이용할 경우 이용 한도는 얼마인가요?
질문 11	해외로 송금할 때 필요한 정보는 무엇인가요?
질문 12	인터넷 뱅킹 사용자 암호가 5회 오류등록이 되었습니다. 어떻게 해제하나요?
질문 13	○○은행 홈페이지에서 기업용 공인인증서를 발급받았습니다. 이를 조달청 홈페이지에서 사용할 수 있나요?
질문 14	적립식, 임의식, 거치식 펀드의 차이점이 무엇인가요?
질문 15	보유하고 있는 외화를 인터넷을 통해서 팔 수 있나요?
질문 16	도장 없이 서명만으로 예금 신규 가입이 가능한가요?
질문 17	미성년자인 자녀의 명의로 통장을 개설하고 싶습니다. 필요한 서류가 무엇인가요?
질문 18	현재 ○○은행과의 거래 실적이 없는데, 마이너스 통장 개설이 가능한가요?
질문 19	타 은행에서 발급받은 OTP(평면보안카드)를 ○○은행 인터넷 뱅킹에 사용할 수 있나요?
질문 20	기업용 공인인증서 발급 절차는 어떻게 되나요?
질문 21	자동화기기의 이용 시간은 어떻게 되나요?
질문 22	환매수수료가 발생했습니다. 제가 낸 환매수수료는 은행 자산이 되는 건가요?
질문 23	자동화기기의 이용 한도는 얼마인가요?
질문 24	○○은행 자동화기기에서 현금서비스를 이용할 수 있는 타 은행 카드가 있나요?
질문 25	자동화기기에서 카드와 통장 없이도 출금할 수 있는 방법은 없나요?
질문 26	스마트 뱅킹을 이용하려면 별도의 요금제에 가입해야 하나요?

21 U 인턴은 상사로부터 고객들이 자주 하는 질문을 카테고리별로 분류해보라는 지시를 받았다. U 인턴이 다음과 같은 카테고리를 마련해 임의로 질문을 분류할 때, ㉠~㉤에 들어갈 질문이 적절하지 않은 것은?

금융상품	인터넷 뱅킹	스마트 뱅킹	자동화기기	외환
㉠	㉡	㉢	㉣	㉤

① ㉠: 질문 6, 질문 19
② ㉡: 질문 1, 질문 12
③ ㉢: 질문 4, 질문 9, 질문 26
④ ㉣: 질문 21, 질문 25
⑤ ㉤: 질문 11, 질문 15

22 위와 같은 카테고리에 따라 질문을 분류한 U 인턴은 상사로부터 카테고리를 키워드 중심으로 조금 더 세분화하는 것이 좋겠다는 피드백을 받았다. 이에 따라 U 인턴이 [메뉴] – [키워드] – 질문을 연결한 것 중 가장 적절하지 않은 것은?

① [금융상품] – [대출] – 질문 14, 질문 18
② [인터넷 뱅킹] – [공인인증서] – 질문 2, 질문 13
③ [스마트 뱅킹] – [시스템 오류] – 질문 8
④ [자동화기기] – [이용 한도] – 질문 10, 질문 23
⑤ [외환] – [환전] – 질문 5, 질문 7

23 귀하는 인사팀 팀장으로, 신입사원을 대상으로 '대화를 통한 경청훈련방법'을 교육하고 있다. 귀하가 신입사원 교육에서 언급할 내용으로 가장 적절하지 않은 것은?

① 대화를 할 때는 주의를 기울여야 합니다. 상대방의 얼굴과 몸의 움직임은 물론 호흡하는 자세까지 주의를 기울여야 합니다.

② 가능하면 '왜?'라는 질문을 많이 해야 합니다. 그래야 상대방에 대한 가감 없는 정보를 얻을 수 있게 되기 때문이지요.

③ 상대방의 경험을 인정해야 합니다. 그리고 여기에 부드러운 지시나 질문의 형태로 더 많은 정보를 요청한다면 상대방의 마음도 열리게 되어 있습니다.

④ 서로에 대한 더 많은 정보를 공유하고 이해도를 높이기 위해서는 개방적인 질문을 많이 해야 합니다.

⑤ 대화를 하면서 중간중간 요약하는 것은 상대방에 대해 자신이 확실히 이해하고 있는지 확인하는 데 큰 도움이 됩니다.

24 다음 중 문서의 종류와 용도가 적절하지 않게 연결된 것은?

구분	종류	용도
①	공문서	정부 행정기관에서 대내적 혹은 대외적 공무를 집행하기 위해 작성하는 문서
②	기획서	특정한 일에 관한 현황이나 그 진행 상황 또는 연구 및 검토 결과 등을 보고하고자 할 때 작성하는 문서
③	기안서	회사의 업무에 대한 협조를 구하거나 의견을 전달할 때 작성하는 문서로, 흔히 '사내 공문서'로 불림
④	설명서	상품의 특성이나 작동 방법 및 과정을 소비자에게 설명해주는 문서
⑤	보도자료	정부 기관이나 기업체, 각종 단체 등이 언론을 상대로 자신들의 정보가 기사로 보도되게 하려고 보내는 문서

25 귀하의 회사는 올해부터 여름철 쿨비즈 제도를 시행하기로 하였다. 이에 대한 안내문을 본 동료사원 A의 반응이 다음과 같을 때, A는 문서 이해 절차 중 어느 단계에 맞춰 문서를 이해하고 있는가?

[쿨비즈(Cool BIZ) 제도 시행 안내]

무더운 날씨로 인한 전력수요 증가로 국가적 전력난이 우려되고 있습니다. 이에 따라 우리 ㈜○○은 쿨비즈 제도를 시행하고, 합리적인 냉방기 사용 규정을 수립함으로써 업무 효율은 높이고 불필요한 에너지 낭비는 줄이고자 합니다.

1. 쿨비즈(Cool BIZ)
　　1) 쿨비즈 제도란 더운 여름에 노타이, 반소매 등 가벼운 복장을 할 수 있도록 하여 체감온도를 낮춤으로써 업무효율은 높이고 에너지 낭비는 줄이는 제도를 의미함
　　2) 시행기간: 20XX년 5월 15일~20XX년 9월 15까지

2. 냉방기 사용규정
　　1) 사무실 냉방기 설정 온도는 26℃ 이상으로 운전함
　　2) 점심시간에는 냉방기 운전을 정지함
　　3) 회의실 이용 후에는 반드시 냉방기 운전을 정지함
　　4) 냉방기 가동 시 창문은 반드시 닫아야 함

A: 여름이 다가옴에 따라 가벼운 옷차림을 허용하는 쿨비즈 제도가 시행되므로 이를 알리기 위해 작성된 문서야.

[문서 이해 절차]

1단계	문서의 목적을 이해함
2단계	문서의 작성 배경과 주제를 파악함
3단계	문서의 정보를 밝혀내고, 문서에 제시된 현안을 파악함
4단계	상대방의 요구 및 의도를 파악하고, 자신에게 요구되는 행동에 대한 내용을 분석함
5단계	문서에서 이해한 목적을 달성하기 위해 해야 할 행동을 생각하고 결정함
6단계	상대방의 의도를 도표, 그림 등으로 메모하여 요약 및 정리함

① 2단계　　　　② 3단계　　　　③ 4단계　　　　④ 5단계　　　　⑤ 6단계

26 재무담당자인 귀하는 각각 직원평가결과 A 등급, B 등급, C 등급을 받은 3명에게 정해진 한도 내에서 등급에 따라 차등을 두고 상여금을 지급해야 한다. A 등급을 받은 직원에게는 상여금 한도의 절반에 1백만 원을 더 주고, B 등급을 받은 직원에게는 나머지 금액의 절반에 1백만 원을 더 준다. C 등급을 받은 직원에게는 남은 금액 1백만 원을 상여금으로 줄 때, 상여금 한도는 얼마인가?

① 450만 원   ② 500만 원   ③ 600만 원   ④ 800만 원   ⑤ 1,000만 원

27 다음은 도넛을 제작하는 공정 과정이다. 평균적으로 베이킹 단계 전에 검수할 때 판매가 불가능한 불량이 30% 발생하여 이를 제거하고, 포장 단계 후에 최종 검수할 때 불량이 15% 발생한다. 매일 800개의 반죽을 만든다고 할 때, 만든 반죽 중 판매할 수 있는 도넛의 비율은? (단, 반죽 하나당 하나의 도넛을 만들 수 있다.)

① 40%   ② 46.5%   ③ 51.5%   ④ 55%   ⑤ 59.5%

28 13시에 공부를 시작한 A와 B는 각각 20분, 25분마다 5분간의 휴식 시간을 갖고 다시 공부를 시작한다. A와 B가 19시까지 공부한다고 했을 때, A와 B가 마지막으로 동시에 공부를 시작하는 시각은?

① 15시 30분   ② 16시 30분   ③ 17시   ④ 17시 30분   ⑤ 18시

29 매년 열리는 식품 박람회에 올해 참석한 남자 인원은 작년 대비 10% 증가하였고, 여자 인원은 작년 대비 20% 감소하였다. 올해 식품 박람회에 참석한 총인원은 540명으로 작년보다 60명 감소했을 때, 작년 식품 박람회에 참석한 여자 인원은?

① 200명   ② 250명   ③ 300명   ④ 350명   ⑤ 400명

30 7시간 동안 기름 1,876mL를 채우는 호스와 1시간 30분 동안 기름 375mL를 채우는 호스가 있다. 두 호스를 동시에 이용해서 2L 기름통을 가득 채우는 데 3시간 45분이 걸렸다고 할 때, 처음 2L 기름통 안에 들어 있던 기름의 양은?

① 55.5mL   ② 57.5mL   ③ 59.5mL   ④ 61.5mL   ⑤ 63.5mL

31 다음은 어느 통신사의 이동전화요금 할인율 정보이다. Q 씨는 매달 100,000원의 이동전화요금이 발생하지만, 매달 가족 결합 혜택으로 이동전화요금의 10%를 할인받으며, 할인받은 금액에 추가로 통신사 멤버십 VIP 할인 혜택을 받는다. 다음 달부터 멤버십 등급별 이동전화요금 할인율이 모두 현재 할인율의 50%만큼 상향 조정되어 적용될 때, Q 씨가 다음 달에 납부하는 이동전화요금은 이번 달보다 얼마 더 적은가?

등급	더블 S	VVIP	VIP	실버	옐로우
할인율	30%	15%	10%	5%	2%

① 4,500원   ② 4,550원   ③ 4,600원   ④ 4,650원   ⑤ 4,700원

32 K 마트에서 판매하는 수박 한 개의 원가는 x원, 복숭아 한 개의 원가는 2,500원이고, 과일의 정가는 원가에 30%를 가산하여 책정된다. 수박을 120개, 복숭아를 150개 판매하여 얻은 총이익이 328,500원일 때, 수박 한 개의 원가는?

① 7,800원   ② 7,500원   ③ 7,000원   ④ 6,500원   ⑤ 6,000원

33 다음은 20XX년 직업기초능력평가 응시자의 성적이다. 자료에 대한 설명으로 옳지 않은 것은?

78	95	85	63	73
94	69	56	85	89
63	85	92	77	63
80	74	78	91	88

① 변량의 개수는 20개이다.
② 자료의 최빈값에 63점이 포함된다.
③ 가중치를 고려하지 않은 자료의 평균값은 78.9점이다.
④ 자료의 최빈값은 1개 이상이다.
⑤ 자료 전체를 대표할 수 있는 중앙값은 80점이다.

34 다음 각 기호가 문자, 숫자의 배열을 바꾸는 규칙을 나타낸다고 할 때, 빈칸에 들어갈 알맞은 것을 고르면?

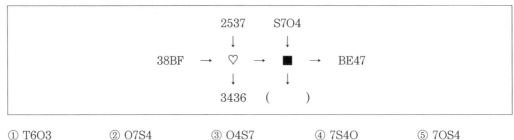

① T6O3 ② O7S4 ③ O4S7 ④ 7S4O ⑤ 7OS4

35 다음 각 기호가 문자, 숫자의 배열을 바꾸는 규칙을 나타낸다고 할 때, 빈칸에 들어갈 알맞은 것을 고르면?

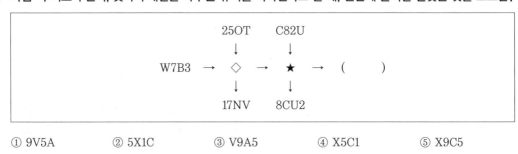

① 9V5A ② 5X1C ③ V9A5 ④ X5C1 ⑤ X9C5

36 다음 각 기호가 문자, 숫자의 배열을 바꾸는 규칙을 나타낸다고 할 때, 빈칸에 들어갈 알맞은 것을 고르면?

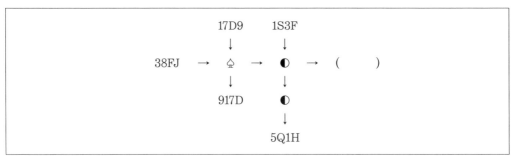

① 16GN ② 27GL ③ L27G ④ N16G ⑤ K57E

37 다음 숫자가 규칙에 따라 나열되어 있을 때, 빈칸에 들어갈 알맞은 것을 고르면?

| 4   7   11   16   22   29   (   ) |

① 31　　　　② 32　　　　③ 33　　　　④ 35　　　　⑤ 37

38 다음 숫자가 규칙에 따라 나열되어 있을 때, 빈칸에 들어갈 알맞은 것을 고르면?

| 10 9 1 27 13 1 51 16 (   ) |

① 1　　　　② 2　　　　③ 3　　　　④ 4　　　　⑤ 5

39 다음 숫자가 규칙에 따라 나열되어 있을 때, 빈칸에 들어갈 알맞은 것을 고르면?

$$\frac{1}{1}\quad \frac{2}{1}\quad \frac{2}{2}\quad \frac{3}{1}\quad \frac{3}{2}\quad \frac{3}{3}\quad \frac{4}{1}\quad \frac{4}{2}\quad (\quad)\quad \frac{4}{4}$$

① $\frac{3}{2}$　　　② $\frac{4}{3}$　　　③ $\frac{5}{3}$　　　④ $\frac{5}{4}$　　　⑤ $\frac{4}{5}$

40 다음 숫자가 규칙에 따라 나열되어 있을 때, 빈칸에 들어갈 알맞은 것을 고르면?

| 8   4   12   6   (   )   9   27 |

① 14　　　　② 16　　　　③ 18　　　　④ 20　　　　⑤ 22

41 다음은 펀드매니저 권○○ 씨가 주식 투자자에게 제공하는 강의에서 주식 투자에 대해 설명하기 위해 준비한 A 기업의 전일 대비 주가 등락률 자료이다. A 기업의 7월 30일 주가 대비 8월 1일 주가 등락률은?

[A 기업 전일 대비 주가 등락률]

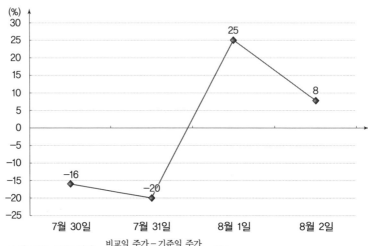

※ 1) 주가 등락률(%) = $\dfrac{\text{비교일 주가} - \text{기준일 주가}}{\text{기준일 주가}} \times 100$

2) 주가 등락률은 일정한 기간에 주가가 오르거나 내리는 비율임

3) 주가는 종가를 기준으로 함

① -5%   ② -3%   ③ 0%   ④ 3%   ⑤ 5%

42 다음은 지역별 농용트랙터 보유 현황에 대한 자료이다. 자료에 대한 설명으로 옳은 것은?

[지역별 농용트랙터 보유 대수]

(단위: 대)

구분	소형	중형	대형
전국	73,073	146,892	70,293
서울특별시	55	24	18
부산광역시	804	1,009	197
대구광역시	914	1,092	184
인천광역시	1,305	1,950	921
광주광역시	565	739	400
대전광역시	218	279	70
울산광역시	1,031	1,045	305
세종특별자치시	431	807	456
경기도	12,840	16,585	7,771
강원도	4,450	10,575	5,249
충청북도	3,827	8,822	4,339
충청남도	8,337	19,860	10,381
전라북도	5,812	15,844	10,932
전라남도	7,999	20,296	13,956
경상북도	12,900	26,867	8,098
경상남도	10,604	18,641	5,509
제주특별자치도	981	2,457	1,507

※ 농용트랙터는 소형, 중형, 대형으로 분류됨
※ 출처: KOSIS(농림축산식품부, 농업기계보유현황)

① 소형 농용트랙터 보유 대수가 다섯 번째로 많은 지역은 전라북도이다.
② 제주특별자치도의 중형 농용트랙터 보유 대수는 소형 농용트랙터 보유 대수보다 1,456대 더 많다.
③ 전국의 대형 농용트랙터 보유 대수에서 경상북도의 대형 농용트랙터 보유 대수가 차지하는 비중은 15% 이상이다.
④ 대형 농용트랙터 보유 대수가 중형 농용트랙터 보유 대수보다 많은 지역은 없다.
⑤ 경기도의 농용트랙터 총 보유 대수는 36,196대이다.

43 다음은 2020년 하반기 전국의 축종별 도축실적에 대한 자료이다. 자료에 대한 설명으로 옳지 않은 것은?

[축종별 도축실적]

(단위: 두)

구분		2020년 7월	2020년 8월	2020년 9월	2020년 10월	2020년 11월	2020년 12월
소	당월	68,380	75,421	104,952	63,891	68,179	76,226
	누계	498,527	573,948	678,900	742,791	810,970	887,196
돼지	당월	1,485,424	1,341,670	1,496,322	1,546,152	1,618,111	1,685,802
	누계	10,641,895	11,983,565	13,479,887	15,026,039	16,644,150	18,329,952
말	당월	79	93	101	114	144	116
	누계	575	668	769	883	1,027	1,143
양	당월	20,303	16,955	14,063	13,835	13,612	11,255
	누계	91,947	108,902	122,965	136,800	150,412	161,667
닭	당월	115,666,183	91,648,805	84,244,457	85,454,099	80,594,468	87,043,609
	누계	641,430,983	733,079,788	817,324,245	902,778,344	983,372,812	1,070,416,421
오리	당월	6,600,056	5,632,220	6,372,575	5,375,589	4,966,006	4,804,904
	누계	39,818,978	45,451,198	51,823,773	57,199,362	62,165,368	66,970,272

※ 출처: KOSIS(농림축산식품부, 도축검사보고)

① 2020년 6월까지 양 도축실적의 누계는 71,644두이다.

② 제시된 기간 동안 당월 오리 도축실적은 7월이 가장 많다.

③ 2020년 12월 당월 돼지 도축실적은 같은 달 당월 소 도축실적의 20배 이상이다.

④ 제시된 기간 동안 당월 말 도축실적이 다른 달에 비해 가장 많은 달에 말 도축실적의 누계는 1,100두 이하이다.

⑤ 닭 도축실적의 누계가 처음으로 900,000,000두 이상인 달의 당월 닭 도축실적은 제시된 기간 중 가장 적다.

44 다음은 일부 지역의 전입자 수 및 순 이동자 수에 대한 자료이다. 자료에 대한 설명으로 옳지 않은 것은?

[지역별 전입자 수 및 순 이동자 수]

(단위: 명)

구분	2016년		2017년		2018년		2019년	
	전입자 수	순 이동자 수	전입자 수	순 이동자 수	전입자 수	순 이동자 수	전입자 수	순 이동자 수
서울특별시	1,515,602	−140,257	1,472,937	−98,486	1,439,707	−110,230	1,426,493	−49,588
부산광역시	459,015	−21,392	439,073	−28,398	416,095	−26,759	411,704	−23,354
대구광역시	328,228	−9,260	321,182	−11,936	321,158	−14,242	312,419	−23,673
인천광역시	441,646	5,777	409,465	−1,670	433,639	−67	420,014	−2,337
광주광역시	213,176	−7,898	208,138	−8,118	218,892	−6,216	217,130	−3,875
대전광역시	219,252	−10,631	211,449	−16,175	212,879	−14,753	212,424	−16,342
울산광역시	148,190	−7,622	135,199	−11,917	127,922	−12,654	142,056	−10,172

※ 1) 순 이동자 수 = 전입자 수 − 전출자 수

2) 순 이동자 수 < 0이면 인구유출을, 순 이동자 수 > 0이면 인구유입을 의미함

※ 출처: KOSIS(통계청, 국내인구이동통계)

① 2017년 이후 대구광역시의 유출되는 인구수는 매년 전년 대비 증가하였다.

② 2018년 인천광역시의 전출자 수는 433,706명이다.

③ 제시된 지역 중 2016년부터 2019년까지 전입자 수가 가장 많은 지역과 가장 적은 지역은 매년 동일하다.

④ 제시된 지역 중 2019년 전입자 수가 많은 지역별 순위와 전출자 수가 많은 지역별 순위는 같다.

⑤ 제시된 지역 중 2017년 유출되는 인구수가 가장 많은 지역과 가장 적은 지역의 차이는 96,816명이다.

45 다음은 농업인을 대상으로 2년 주기로 조사한 업무상 질병 유병률을 나타낸 자료이다. 2016년 여성의 업무상 질병자 수가 2년 전 대비 12천 명 감소했을 때, A, B를 바르게 연결한 것은? (단, 소수점 둘째 자리에서 반올림하여 계산한다.)

[성별 농업인 수 및 업무상 질병자 수]

(단위: 천 명, %)

구분	2012년		2014년		2016년	
	남성	여성	남성	여성	남성	여성
농업인 수	1,110	1,006	1,118	1,007	1,005	938
업무상 질병자 수	46	59	46	66	44	( )
업무상 질병 유병률	4.1	5.9	4.1	6.6	(A)	(B)

※ 업무상 질병 유병률(%) = (업무상 질병자 수 / 농업인 수) × 100
※ 출처: KOSIS(농촌진흥청, 농업인의 업무상질병및손상조사)

	A	B
①	4.4	5.8
②	4.4	7.5
③	5.8	4.4
④	5.8	7.5
⑤	7.5	5.8

46 다음은 가축사육 및 가축분뇨 현황에 대한 자료이다. 자료에 대한 설명으로 옳지 않은 것은?

[연도별 가축사육 두수 및 농가 수]

(단위: 천 두, 호)

구분	2011	2012	2013	2014	2015	2016	2017
가축사육 두수	215,499	224,208	235,144	240,176	236,846	252,196	258,492
가축사육 농가 수	223,988	233,355	212,794	213,607	194,824	192,982	201,745

[연도별 하루 평균 가축분뇨 발생량 및 처리량]

(단위: m³)

구분		2011	2012	2013	2014	2015	2016	2017
가축분뇨 발생량		161,978	177,110	173,052	175,650	172,870	177,393	176,435
가축분뇨 처리량	정화 처리량	5,946	9,012	6,726	9,837	8,181	9,868	8,692
	위탁 처리량	17,566	30,464	31,116	36,387	46,370	36,486	40,635
	자원화 처리량	136,337	137,634	135,210	129,426	118,319	131,039	127,108
	해양배출 처리량	2,129	0	0	0	0	0	0

※ 가축분뇨 발생량 = 가축분뇨 처리량
※ 출처: KOSIS(통계청, 농림어업총조사)

① 2011년부터 2017년까지 하루 평균 가축분뇨 처리량 중 자원화 처리량이 매년 가장 큰 비중을 차지한다.
② 2012년 이후 하루 평균 가축분뇨 정화 처리량과 위탁 처리량의 전년 대비 증감 추이가 동일한 해는 총 2개 연도이다.
③ 가축사육 농가 1호당 평균 가축사육 두수는 2011년보다 2013년에 더 많다.
④ 제시된 기간 동안 하루 평균 가축분뇨 발생량이 가장 많은 해에 가축사육 두수도 가장 많다.
⑤ 2015년부터 2017년까지 하루 평균 가축분뇨 발생량의 평균은 174,000m³ 이상이다.

[47 - 48] 다음은 교육 과정별 학교 현황에 대한 자료이다. 각 물음에 답하시오.

[교육 과정별 학교 시설 수]

(단위: 개)

구분	2015년	2016년	2017년	2018년	2019년
유치원	431	466	484	498	501
초등학교	6,591	6,592	6,584	6,635	6,634
중학교	2,865	2,858	2,863	2,884	2,882
고등학교	2,394	2,387	2,382	2,388	2,383
특수학교	114	115	115	116	116
대학교	533	533	531	532	528

[교육 과정별 학교 전체 면적]

(단위: m²)

구분	2015년	2016년	2017년	2018년	2019년
유치원	704,797	2,353,940	2,433,273	1,123,163	1,139,204
초등학교	96,223,594	96,357,809	96,102,038	97,163,740	97,105,468
중학교	49,964,475	49,872,200	49,716,263	50,336,617	50,219,281
고등학교	69,046,225	68,336,534	68,588,801	68,407,513	68,116,554
특수학교	2,235,752	2,282,662	2,432,370	2,450,865	2,455,549
대학교	133,540,320	133,291,207	135,187,494	135,368,978	134,581,286

※ 출처: KOSIS(한국토지주택공사, 도시계획현황)

47 위 자료에 대한 설명으로 옳은 것을 모두 고르면?

> ㉠ 2016년 이후 중학교의 시설 수와 중학교 전체 면적의 전년 대비 증감 추이는 동일하다.
> ㉡ 2019년 유치원의 전체 면적은 2년 전 대비 1,294,069m² 감소하였다.
> ㉢ 제시된 기간 중 대학교의 전체 면적이 다른 해에 비해 가장 넓은 해에 대학교의 전체 면적은 전년 대비 181,484m² 증가하였다.
> ㉣ 2017년 초등학교의 시설 수는 중학교와 고등학교 시설 수의 합보다 1,347개 더 많다.

① ㉠, ㉡   ② ㉡, ㉢   ③ ㉡, ㉣   ④ ㉢, ㉣   ⑤ ㉡, ㉢, ㉣

48 2019년 특수학교의 전체 면적에서 특수학교 시설 1개당 평균 면적은? (단, 소수점 첫째 자리에서 반올림한다.)

① 19,612m²   ② 19,849m²   ③ 21,128m²   ④ 21,151m²   ⑤ 21,169m²

[49-50] 다음은 프로스포츠별 경기 수 및 경기당 평균 관중 수에 대한 자료이다. 각 물음에 답하시오.

[프로스포츠별 경기 수 및 경기당 평균 관중 수]

구분		2013년	2014년	2015년	2016년	2017년	2018년	2019년	2020년
야구	경기 수(경기)	593	591	736	735	736	737	733	733
	경기당 평균 관중 수(명)	11,373	11,429	10,357	11,744	11,839	11,398	10,280	579
축구	경기 수(경기)	409	413	453	452	412	412	412	299
	경기당 평균 관중 수(명)	5,609	5,048	4,747	4,734	4,644	3,812	5,769	383
남자 농구	경기 수(경기)	290	293	293	291	293	293	292	213
	경기당 평균 관중 수(명)	4,160	4,450	3,971	3,542	3,167	2,896	2,992	3,021
여자 농구	경기 수(경기)	114	112	112	112	111	112	112	83
	경기당 평균 관중 수(명)	1,270	1,421	1,496	1,416	1,120	1,103	1,090	1,115
배구	경기 수(경기)	192	209	227	229	231	230	229	192
	경기당 평균 관중 수(명)	1,867	1,992	2,196	2,216	2,254	2,251	2,535	2,047

※ 총 관중 수 = 경기 수 × 경기당 평균 관중 수

49 다음 중 자료에 대한 설명으로 옳은 것을 모두 고르면?

> ⊙ 제시된 기간 중 축구 경기 수가 다른 해에 비해 가장 많은 해에 야구 경기 수도 가장 많다.
> ⓒ 2015년 야구 경기 수는 전년 대비 30% 이상 증가하였다.
> ⓒ 제시된 기간 중 배구 경기당 평균 관중 수가 다른 해에 비해 가장 많은 해에 배구 경기당 평균 관중 수는 여자 농구 경기당 평균 관중 수의 2배 이상이다.
> ⓒ 2014년부터 2018년까지 축구 경기당 평균 관중 수는 꾸준히 전년 대비 감소하였다.

① ⊙, ⓒ　　　　② ⓒ, ⓒ　　　　③ ⓒ, ⓒ　　　　④ ⊙, ⓒ, ⓒ　　　　⑤ ⓒ, ⓒ, ⓒ

50 2018년 남자 농구 총 관중 수와 여자 농구 총 관중 수의 합은?

① 123,536명　　② 428,840명　　③ 848,528명　　④ 972,064명　　⑤ 1,399,448명

51 다음 명제가 모두 참일 때, 항상 옳은 것은?

> - 열대 과일을 좋아하는 사람은 망고를 좋아한다.
> - 포도를 좋아하는 사람은 거봉을 좋아한다.
> - 열대 과일을 좋아하지 않는 사람은 거봉을 좋아한다.
> - 거봉을 좋아하지 않는 사람은 수박을 좋아한다.

① 열대 과일을 좋아하는 사람은 포도를 좋아한다.
② 수박을 좋아하지 않는 사람은 열대 과일을 좋아하지 않는다.
③ 포도를 좋아하는 사람은 수박을 좋아하지 않는다.
④ 거봉을 좋아하지 않는 사람은 망고를 좋아한다.
⑤ 망고를 좋아하지 않는 사람은 거봉을 좋아하지 않는다.

52 다음 명제가 모두 참일 때, 항상 옳은 것은?

> - 교통이 혼잡한 곳은 인구 과밀 지역이다.
> - 직장인이 선호하지 않는 지역은 경쟁력이 높은 곳이다.
> - 교통이 혼잡하지 않은 곳은 직장인이 선호하는 지역이다.
> - 시장성이 낮지 않은 곳은 인구 과밀 지역이 아니다.

① 인구 과밀 지역은 직장인이 선호하지 않는 지역이다.
② 경쟁력이 높지 않은 곳은 교통이 혼잡한 곳이다.
③ 인구 과밀 지역이 아닌 곳은 직장인이 선호하는 지역이다.
④ 교통이 혼잡한 곳은 시장성이 낮지 않은 곳이다.
⑤ 직장인이 선호하는 지역은 인구 과밀 지역이 아니다.

53 다음 글을 근거로 참/거짓을 잘못 판단한 것은?

> 국회의원에게는 국민의 대표로서 헌법으로 보장된 몇 가지 특권과 권리가 인정된다. 국회의원에게 는 외부의 간섭을 받지 않고 자유롭게 의정활동을 할 수 있도록 불체포 특권과 면책 특권이 부여된 다. 불체포 특권은 국회의원이 회기 전 또는 회기 중에 법을 위반했더라도 국회에서 동의하지 않으면 회기 중에는 체포되지 않는 권리이다. 체포를 하지 않는 공소 제기나 불구속 수사만 가능하며, 회기 전에 국회의원이 체포 또는 구금된 경우에는 현행범이 아닌 한 국회의 요구가 있으면 회기 중에 석방 하여야 한다. 폐회 중인 경우에는 국회의 동의 없이 국회의원을 체포 또는 구금할 수 있다. 또한, 국 회의원의 발언과 표결에 대한 책임 면제의 특권인 면책 특권도 부여되는데, 이는 국회 안에서의 행위 에 대해서만 책임이 면제된다. 국회의원이 갖는 권리로는 국회에서 의제가 될 수 있는 법률안 및 각종 의안을 일정 수 이상의 찬성으로 발의할 수 있는 발의권이 있다. 이외에도 국회의원은 본회의나 위원 회에서 의제가 되어 있는 의안의 그 내용상 의문점에 대해 찬성을 얻지 않고 의견을 물을 수 있는 질 의권과 의안에 대한 표결에 참가할 권리인 표결권을 갖고, 의장과 부의장을 선출하고 임시국회의 소 집을 요구하며 의사와 내부 규율에 관한 규칙을 제정하는 자율권을 갖는다.

① 〈참〉 회기 중에 법을 위반한 국회의원은 불구속 수사가 가능하다.
② 〈거짓〉 현행범이 아닌 국회의원이 회기 전에 구금된 경우 회기 중에 국회의 요구가 있더라도 석방 할 수 없다.
③ 〈참〉 국회의원이 국회 안에서 발언한 내용을 국회 밖으로 발표하는 것도 면책 특권이 인정된다.
④ 〈거짓〉 국회가 폐회 중인 경우에는 국회의 동의가 있어야 국회의원을 체포할 수 있다.
⑤ 〈거짓〉 국회의원은 의제가 되어 있는 의안에 대해 의문점이 있으면 일정 수 이상의 찬성이 있을 경우 에만 의견을 물을 수 있는 권리를 갖고 있다.

54 현수가 운영하는 사과 농장에 사과를 매번 따가는 사람이 있어 경찰에 신고하였고, 경찰은 사과 농장 인근 의 CCTV를 확인하여 용의자로 의심되는 동네 주민 A~E 5명을 불러 진술을 받았다. 5명 중 3명의 진술 은 진실이고, 2명의 진술은 거짓이며, 범인은 1명일 때, 사과 농장에서 사과를 매번 따간 범인은?

> • A: B와 C 중 한 명이 사과를 따간 범인이다.
> • B: D는 사과를 따간 범인이 아니다.
> • C: E의 진술은 진실이다.
> • D: B와 E 중 한 명이 사과를 따간 범인이다.
> • E: C가 사과를 따간 범인이다.

① A   ② B   ③ C   ④ D   ⑤ E

55 G 회사는 202X년에 분기마다 한 번씩 정기회의를 진행할 예정이며, 정기회의 운영자는 사회자 1명과 회의록 작성자 1명으로 구성한다. 202X년 정기회의 운영자 선정 원칙에 따라 분기별 정기회의 운영자를 202X년 1월에 입사한 △△부서의 신입사원 중에서 선정하였을 때, 202X년 2분기 정기회의 회의록 작성자의 소속팀은?

[202X년 정기회의 운영자 선정 원칙]

• 정기회의 운영자로 선정된 사원은 1년에 한 번만 회의를 진행한다.
• 분기마다 정기회의 사회자와 회의록 작성자는 서로 다른 팀이다.
• 같은 팀에서 1년에 사회자를 2명 이상 선정하거나 회의록 작성자를 2명 이상 선정할 수 없다.
• 영업팀 사원을 회의록 작성자로 선정하면 같은 분기 사회자는 홍보팀 사원으로 선정한다.
• 개발팀 사원을 사회자로 선정하면 바로 다음 분기 사회자는 홍보팀 사원으로 선정한다.
• 4분기 정기회의 사회자는 기획팀 사원으로 선정한다.
• 첫 정기회의 운영자는 관리팀과 영업팀 사원으로 선정한다.

[△△부서 신입사원 수]

개발팀	관리팀	기획팀	영업팀	홍보팀
1명	1명	2명	2명	2명

※ 202X년 1월에 입사한 △△부서의 신입사원 수임

① 개발팀   ② 관리팀   ③ 기획팀   ④ 영업팀   ⑤ 홍보팀

56 어느 날 사내 네트워크 공유 폴더에 있는 보안 문서가 외부로 유출되는 사건이 발생했다. 범인은 보안팀 직원 A, B, C, D, E 중 1명이며 직원들의 진술은 아래와 같다. 5명 중 4명은 진실을 말하고 1명은 거짓을 말하고 있을 때, 보안 문서를 외부로 유출한 범인은?

• A: 나는 보안 문서를 유출하지 않았다.
• B: C와 D는 보안 문서를 유출하지 않았다.
• C: A 또는 E가 보안 문서를 유출하였다.
• D: C가 보안 문서를 유출하였다.
• E: 나와 D 중 적어도 한 명은 보안 문서를 유출하지 않았다.

① A   ② B   ③ C   ④ D   ⑤ E

[57~58] A 회사의 6층 건물에는 기획실, 관리실, 비서실, 심사실, 인사실, 총무실이 한 층씩 위치하고 있다. A 회사는 건물이 오래되어 사무실 환경이 좋지 않다는 임직원의 의견을 받아들여 리모델링을 하기로 결정하였고, 리모델링 후 사무실 재배치 계획에 따라 사무실을 재배치하기로 하였다. 각 물음에 답하시오.

[리모델링 전 사무실 배치]

㉠ 총무실 바로 위층에는 비서실이 위치하고 있다.

㉡ 기획실은 홀수 층에 위치하고 있으며, 인사실보다 아래층에 위치하고 있다.

㉢ 관리실과 심사실 사이에는 한 개의 사무실이 위치하고 있다.

㉣ 비서실은 짝수 층에 위치하고 있다.

㉤ 기획실과 관리실은 서로 이웃한 층에 위치하고 있다.

[리모델링 후 사무실 재배치 계획]

(가) 리모델링 전 홀수 층에 있던 사무실은 리모델링 후 짝수 층에 위치한다.

(나) 1층에 있던 사무실과 4층에 있던 사무실의 위치를 서로 바꾼다.

(다) 비서실은 3층에 위치한다.

---

57 다음 중 항상 옳은 것은?

① 리모델링 후 2층에는 기획실 또는 인사실이 위치한다.

② 리모델링 전 맨 위층에는 심사실이 위치한다.

③ 리모델링 전 인사실과 비서실 사이에는 두 개의 사무실이 위치한다.

④ 리모델링 전 3층에는 인사실이 위치하고 있다.

⑤ 리모델링 후 맨 아래층에는 관리실이 위치한다.

58 리모델링 후 맨 위층에 인사실이 위치하는 경우 총무실의 위치는 몇 층인가?

① 1층　　　② 2층　　　③ 4층　　　④ 5층　　　⑤ 알 수 없음

59 사무실 내 탕비실 한쪽 벽면에 타일을 꽉 차게 붙이려고 한다. 벽면의 크기는 가로 120cm, 세로 200cm이고 벽면 가장 위쪽과 아래쪽의 각 2줄씩만 레드 타일로 포인트를 주고 나머지는 화이트 타일을 붙일 예정이다. 타일을 아래의 방법에 따라 붙일 때, 타일 구매에 필요한 금액은?

[타일 종류별 단가]

구분	규격(가로 × 세로)	단가
레드 타일	240mm × 50mm	16,000원
	120mm × 50mm	9,000원
화이트 타일	240mm × 50mm	13,000원
	120mm × 50mm	7,000원

[타일 붙이는 방법]

1. 타일은 벽 아래쪽부터 한 줄씩 가로 방향으로 붙인다.
2. 한 줄 위의 타일은 아래쪽 타일 하나의 중앙 지점부터 시작하여 어긋나는 모양으로 붙인다.
3. 규격이 큰 타일을 먼저 붙이고, 남는 공간에 규격이 작은 타일을 붙인다.

예

① 2,452,000원 ② 2,535,000원 ③ 2,601,000원 ④ 2,682,000원 ⑤ 2,736,000원

60 H 공사에서는 원자력 발전소를 건설하기 위해 A, B, C, D, E 다섯 지역을 고려하였고, 이 중 입지 조건에 가장 적합한 지역을 선정하려고 한다. 평가기준에 따라 3점 척도로 나타낸 지역별 평가점수와 원자력 발전소 입지 조건이 다음과 같다고 할 때, 원자력 발전소의 건설지로 선정될 가능성이 가장 높은 지역은?

[지역별 평가점수]

구분	A 지역	B 지역	C 지역	D 지역	E 지역
넓이	3	2	2	3	1
지형	1	3	2	1	2
바다와의 거리	1	2	1	2	1
도심과의 거리	2	2	2	1	1
지반의 강도	3	3	3	2	3
주변 지역 주민의 선호도	1	1	1	2	1

※ 넓이가 넓을수록, 지형이 송전에 유리할수록, 바다 및 도심과의 거리가 멀수록, 지반의 강도가 클수록, 주민의 선호도가 높을수록 평가 점수가 높음

[원자력 발전소 입지 조건]

우선순위	입지 조건
1	지반이 단단하여 지진 등 자연재해로부터 안전한 곳에 위치한다.
2	폐열 처리를 위한 냉각수를 얻기 위해서 대량의 물과 가까운 곳에 위치한다.
3	주거지역이나 도심으로부터 멀리 떨어진 외곽에 위치한다.
4	송전탑을 설치해야 하므로 산지에 둘러싸이지 않아 송전에 유리한 곳에 위치한다.
5	원자력 발전소 건설에 대한 주변 지역 주민의 선호도가 높은 곳에 위치한다.
6	발전소를 건설해야 하므로 충분히 넓은 곳에 위치한다.

① A 지역　　② B 지역　　③ C 지역　　④ D 지역　　⑤ E 지역

61 T 음식점은 한 주에 월요일을 제외한 모든 요일에 영업을 하며, 하루 영업 시간은 10시간이다. 사장인 B 씨는 홀에서 서빙할 인력이 필요하여 이 인력을 시급 8,500원에 고용할 계획이고, 한 주에 15시간 이상 근무하는 근로자에게는 주휴수당을 의무적으로 지급해야 하므로 1명 이상을 파트 타임으로 고용하여 모두 같은 시간만큼 일하도록 배치할 계획이다. 최소 몇 명을 고용하여야 인건비가 가장 저렴한가?

[주휴수당 계산법]

$$주휴수당 = \frac{1주일\ 총\ 근로시간}{40시간} \times 8 \times 시급$$

① 1명　　② 2명　　③ 3명　　④ 4명　　⑤ 5명

[62-63] 다음은 A 지역농협의 농업기계별 임대 정보와 농업기계 임대 사업을 운영하고 있는 P 직원이 작성한 농업기계 평가서이다. 각 물음에 답하시오.

[농업기계별 임대 정보]

구분	보유수량(대)	대여가능수량(대)	대여가격(원/일)	성능(마력)	차후수리비(원)
트랙터	7	4	100,000	105	270,000
이앙기	4	2	43,000	22	135,000
경운기	5	5	15,000	10	120,000
굴삭기	5	2	41,000	67	300,000
파쇄기	3	2	20,000	75	230,000
예취기	2	2	10,000	3	170,000
비료살포기	1	0	10,000	25	100,000
로타베이터	1	1	44,000	55	180,000
SS기	1	1	40,000	20	200,000

[농업기계 평가서]

1. 평가 항목 및 기준

평가 항목	평가 기준
대여가격	성능과 연비를 고려했을 때, 가격이 적절하게 책정되어 있는가?
성능	농업기계의 성능이 좋은가?
연비	농업기계의 연비가 적절한가?
차후수리비	책정된 차후수리비가 농업인이 부담하기에 적절한가?
활용도	농업인의 임대 비율이 높은가?

2. 평가 점수

매우 우수	우수	보통	미흡	매우 미흡
5점	4점	3점	2점	1점

3. 평가표

구분	대여가격	성능	연비	차후수리비	활용도
트랙터	4점	5점	5점	5점	3점
이앙기	3점	2점	2점	3점	4점
경운기	5점	3점	3점	2점	1점
굴삭기	4점	1점	4점	3점	5점
파쇄기	2점	4점	5점	4점	5점
예취기	1점	4점	3점	2점	5점
비료살포기	3점	2점	5점	1점	2점
로타베이터	2점	3점	2점	5점	3점
SS기	1점	2점	1점	5점	3점

62 D 농업인은 A 지역농협에서 보유하고 있는 농업기계를 종류별로 모두 임대할 계획이었으나, 일단 한 대의 농업기계만 임대하기로 결정했다. D 농업인이 자신이 부담해야 하는 차후수리비를 우선적으로 고려하여 임대하고자 할 때, A 지역농협의 직원이 D 농업인에게 제안할 농업기계로 가장 적절한 것은?

① 이앙기   ② 경운기   ③ 파쇄기   ④ 비료살포기   ⑤ SS기

63 P 직원은 농업기계 평가서를 바탕으로 농업기계 임대 사업의 수익을 극대화하는 방안을 모색하려고 한다. 평가 항목 중 임대 수입에 직접적으로 영향을 미치는 대여가격과 활용도 항목만 고려했을 때, P 직원이 가장 높게 평가한 농업기계는? (단, 평가 항목별 가중치는 동일하다.)

① 트랙터   ② 경운기   ③ 굴삭기   ④ 예취기   ⑤ 로타베이터

[64-65] 다음 자료를 보고 각 물음에 답하시오.

△△온라인몰을 방문해주셔서 감사합니다. △△온라인몰에서는 모든 상품을 △△오프라인 매장 판매 가격에서 20% 할인된 가격으로 구입하실 수 있습니다. 또한, 온/오프라인 모두 구입 가격의 10%만큼 포인트 적립이 가능합니다. 단, 30,000원 미만으로 상품을 구입하실 시에는 3,000원의 배송비가 발생하오니 이점 양해 부탁드립니다.

상품	판매 가격	상품	판매 가격
네임펜(흑, 적, 청)	800원	플래그	2,900원
볼펜(흑, 적, 청)	1,800원	클립	4,000원
연필(HB, 2B)	750원	스테이플러(본체)	5,000원
형광펜 세트	2,500원	수정 테이프(본체)	3,000원
샤프(HB)	850원	스테이플러 심	1,200원
삼색볼펜	700원	수정 테이프 리필	2,400원

※ 판매 가격은 오프라인 매장 기준

64 사무용품 담당자는 △△온라인몰에서 아래의 목록에 적힌 사무용품을 구입하려고 한다. 온라인몰에서 결제한 금액은?

품목	옵션	수량
네임펜	흑색	7개
	청색	3개
형광펜 세트	–	2개
플래그	–	5개
수정 테이프	본체	1개

① 24,400원　　② 26,500원　　③ 27,400원　　④ 28,700원　　⑤ 30,500원

65 △△온라인몰에서 구입한 상품은 배송까지 약 3일이 소요되지만, 내일 입사하는 신입사원의 사무용품이 구비되지 않아 사무용품 담당자는 △△오프라인 매장에서 구입하려고 한다. 신입사원 사무용품은 연필, 삼색볼펜, 플래그, 수정 테이프(본체), 형광펜 세트 각 1개씩일 때, 오프라인 매장에서 적립한 포인트는?

① 788포인트　　② 985포인트　　③ 3,440포인트　　④ 7,880포인트　　⑤ 9,850포인트

66 다음은 다양한 조직의 유형을 정리해 놓은 자료이다. 자료에 따라 사례를 분류한다고 하였을 때, 〈보기〉에 제시된 사례가 해당하는 조직으로 가장 적절한 것은?

[조직이론]

- **네트워크 조직**: 아웃소싱이나 전략적 제휴와 같이 각자의 전문 분야를 추구하여 특정 사업 목표를 달성하기 위해 상호 협력하는 조직
- **직능별 조직**: 수평적인 조정의 필요성이 낮을 때 효과를 발휘하는 조직 구조로, 동일한 기술을 지닌 구성원을 동일 집단으로 분류한 조직
- **사업부제 조직**: 산출물에 기반을 둔 부서화 방식으로, 제품별·지역별·시장별 등으로 구분하여 일체적 부서화를 추구하는 조직
- **매트릭스 조직**: 기능적 조직과 프로젝트 조직이 혼합한 이중 구조 조직으로, 기능 구조와 사업 구조의 화학적 결합을 시도하는 조직
- **프로젝트 조직**: 특정한 사업 목표를 달성하기 위해 전체 조직 내의 전문 인력을 중심으로 결합하였다가 목표를 달성하면 해산하여 본래의 부서로 돌아가는 조직

〈보기〉

○○해양은 최근 선박과 해양 제품의 혼류 생산으로 인한 생산성 저하 문제를 해결하기 위해 제조하는 품목에 따라 업무가 구분될 수 있도록 대대적인 조직 개편을 시행하였다. 이에 따라 기존 생산, 설계, 재무, 인사 등을 중심으로 운영되었던 구조에서 선박, 특수선, 해양 등으로 구분하여 부서별 담당 제품을 책임지고 생산하는 구조를 확립하게 되었다.

① 네트워크 조직   ② 직능별 조직   ③ 사업부제 조직
④ 매트릭스 조직   ⑤ 프로젝트 조직

67 다음 중 농협에서 운영하는 클린 신고 센터의 행동강령위반 신고 대상에 해당하지 않는 임직원은?

① 업무와 관련된 금품, 향응 등을 요구한 임직원
② 직위를 이용하여 부당한 이득을 얻은 임직원
③ 타인의 공정한 직무수행을 격려하는 행위를 한 임직원
④ 기타 농협 임직원 윤리강령을 위반하여 부당한 이득을 취한 임직원
⑤ 본의 아니게 금지된 금품 등을 수수하여 돌려줄 방법을 찾지 못한 임직원

68 지역 단위 농협은 다음 중 어떤 금융기관에 속하는가?

① 상호저축은행   ② 일반은행   ③ 특수은행
④ 신용협동기구   ⑤ 중앙은행

69 A 화장품 기업에 입사를 앞둔 귀하는 회사와 화장품 시장에 대한 이해도를 높이기 위해 다음과 같이 A 화장품에 대한 SWOT 분석을 진행하였다. 이때, 분석 결과에 따른 WO전략으로 가장 적절한 것은?

SWOT 분석이란 기업 내부의 강점(Strength)과 약점(Weakness), 기업을 둘러싼 외부의 기회(Opportunity)와 위협(Threat)이라는 4가지 요소를 규정하고 이를 토대로 기업의 경영전략을 수립하는 기법이다. SO(강점 – 기회)전략은 시장의 기회를 활용하기 위해 강점을 적극 활용하는 전략이고, WO(약점 – 기회)전략은 약점을 보완하며 시장의 기회를 활용하는 전략이다. ST(강점 – 위협)전략은 시장의 위협을 회피하기 위해 강점을 활용하는 전략이고, WT(약점 – 위협)전략은 시장의 위협을 회피하고 약점을 최소화하는 전략이다.

내부환경 외부환경	강점(Strength)	약점(Weakness)
기회(Opportunity)	SO(강점 – 기회)전략	WO(약점 – 기회)전략
위협(Threat)	ST(강점 – 위협)전략	WT(약점 – 위협)전략

강점(Strength)	• 혁신적인 제품 개발 능력 • 아시아 시장의 기초화장품 분야에서 경쟁 우위 • 가격 대비 성능이 좋은 제품을 생산
약점(Weakness)	• 아시아를 제외한 해외 시장에서 존재감 미약 • 색조화장품 분야에서 경쟁력 부족 • 면세점 판매에 집중된 구조
기회(Opportunity)	• 한국 화장품에 대한 유럽 소비자의 관심 증가 • 남성 화장품 시장의 성장 • 온라인을 통해 화장품을 구입하는 소비자 증가
위협(Threat)	• 적극적인 해외 시장 진출을 앞둔 중국 로컬 업체 • 국내 화장품의 해외 진출에 긍정적 영향을 준 한류효과 감소

① 유럽 시장에서 인기를 끌고 있는 기초화장품의 장점과 자사 기초화장품의 장점을 결합한 새로운 기초화장품을 개발하여 동ㆍ서양 기초화장품 시장을 모두 공략한다.

② 온라인 구매 사이트를 개설하여 유통 경로를 확대하는 동시에 빠르고 간편하게 제품을 구입하고자 하는 소비자 요구를 충족시킨다.

③ 제품 홍보 시 해외 인지도가 높은 국내 연예인을 앞세우기보다는 가격 대비 품질이 우수하다는 점을 강조하는 전략을 활용한다.

④ 남성과 여성이 모두 사용할 수 있는 혁신적인 제품을 개발하여 남성 소비자와 여성 소비자를 동시에 공략한다.

⑤ 현재 중국 로컬 업체가 진출하지 않은 중동 시장을 선점하고 이를 거점으로 삼아 해외 시장을 확대한다.

70 글로벌 금융 기업의 인사팀장으로서 해외 출장이 잦은 귀하는 현지에서 발생 가능한 문제를 미연에 방지하기 위해 함께 출장 가는 직원들에게 해당 국가에 대한 기본 상식을 교육하려고 한다. 다음 주에 인도 지사 방문이 예정되어 있어 귀하가 제작한 교육 자료에 포함할 내용으로 가장 적절하지 않은 것은?

① 현재 파키스탄과 카슈미르 지역을 두고 영토 분쟁을 벌이고 있으므로 해당 지역은 가급적 방문하지 않는 것이 좋다.

② 인도는 왼손을 오염된 손으로 생각하므로 식사를 할 때 오른손만 사용한다.

③ 영국의 식민지였다는 역사적 배경 때문에 현재도 파운드를 통화로 사용하고 있으므로 비상금은 파운드화로 준비한다.

④ 다양한 종교가 혼재되어 있으나 전체 인구 중 힌두교도가 차지하는 비중이 월등히 높으므로 힌두교 예절을 잘 숙지해야 한다.

⑤ 영어가 공용어 중 하나이므로 영어를 어느 정도 할 수 있다면 간단한 의사소통에는 큰 문제가 없을 것이다.

약점 보완 해설집 p.88

무료 바로 채점 및 성적 분석 서비스 바로 가기
QR코드를 이용해 모바일로 간편하게 채점하고 나의 실력이 어느 정도인지, 취약 부분이 어디인지 바로 파악해 보세요!

NCS 직무능력평가
실전모의고사 6회

시작과 종료 시각을 정한 후, 실전처럼 모의고사를 풀어보세요.

시   분 ~   시   분 (총 70문항/70분)

- 본 실전모의고사는 총 70문항으로 구성되어 있으며, 영역별 제한 시간 없이 70분 이내로 모든 영역의 문제를 풀어야 합니다.
- 의사소통능력, 수리능력, 문제해결능력, 자원관리능력, 조직이해능력 문제가 출제됩니다.
- 맨 마지막 페이지에 있는 회독용 OMR 답안지와 해커스ONE 애플리케이션의 학습 타이머를 이용하여 실전처럼 모의고사를 풀어본 후, 70번 문제 하단에 있는 '바로 채점 및 성적 분석 서비스' QR코드를 스캔하여 응시 인원 대비 본인의 성적 위치를 확인해 보시기 바랍니다.

01 A 지역농협은 직원 대상 실무 교육의 일환으로 원활한 의사소통 방법에 관한 교육을 진행한 뒤 교육 내용에 대해 자유롭게 이야기하는 시간을 마련하였다. 다음 대화를 읽고 설득력 있는 의사표현에 대해 잘못 이야기하고 있는 사람을 모두 고르면?

> 의진: 설득할 때는 혹시라도 내가 상대방의 의견과 태도를 변화시키기 위해 상대방에게 나의 의견과 태도를 일방적으로 강요하고 있지는 않은지 주의해야 해요.
>
> 진아: 그리고 설득할 때는 내가 요청하는 바의 일부분이라도 도움을 얻기 위해 나의 요구와 상대방의 여건을 적절히 절충하고 협상해야 하는 경우도 있어요.
>
> 성연: 대표적으로 요청하고자 하는 바의 50~60% 수준의 부탁을 한 뒤 점차 요청하는 도움의 내용을 늘려 상대방의 허락을 유도하는 '문 안에 한 발 들여놓기 기법'이 있어요.
>
> 주희: 또 다른 방법으로는 상대방에게 요청하고자 하는 도움의 크기가 100이라면 상대방에게 처음부터 100을 요청하고 상대방이 거절하면 점차 요구하는 바를 줄여서 상대방이 요청사항의 일부라도 들어주게끔 유도하는 '얼굴 부딪히기 기법'이 있어요.
>
> 승은: '얼굴 부딪히기 기법'은 한 번 도움을 거절한 사람은 도움을 요청한 사람에게 미안한 마음을 가지게 되고, 그 미안한 마음을 보상하기 위해 이후 좀 더 작은 도움을 요청받았을 때 더 수월하게 요청을 승낙한다는 점을 이용한 방법이에요.

① 의진   ② 주희   ③ 의진, 성연   ④ 진아, 승은   ⑤ 성연, 주희

02 평소 동료와 서로 당직 날짜를 바꿔주며 도움을 주고받던 귀하는 동료로부터 이번 주 당직 날짜를 바꿔줄 수 있냐는 부탁을 받았지만, 동료가 부탁한 날은 아버지의 생신을 맞이하여 가족 여행이 계획되어 있어 부탁을 들어줄 수 없는 상황이다. 다음 중 귀하가 동료의 부탁을 효과적으로 거절하기 위해 한 말로 가장 적절한 것은?

① "미안해요. 일정을 한번 확인해봐야 할 것 같은데 아마 어려울 듯해요."
② "지난번에도 부탁했던 것 같은데 또 바꾸려고요? 그날은 안 돼요."
③ "미리 얘기해주셨으면 저도 일정을 조율할 수 있었을 텐데 아쉽네요."
④ "그날은 좀 힘들 것 같은데, 다음 당직 때 바꿔드리면 안 될까요?"
⑤ "미안해요. 그날은 가족 여행을 가기로 해서 불가능해요."

03 다음 밑줄 친 단어와 의미가 유사한 것은?

> 밤새 몸이 아파 뒤척이느라 <u>겉잠</u>을 잤다.

① 괭이잠　　　② 나비잠　　　③ 새우잠　　　④ 개잠　　　⑤ 말뚝잠

04 다음 밑줄 친 단어와 의미가 반대되는 것은?

> 그 당시에도 막부는 조선의 공식 외교사절단인 조선통신사를 <u>후대</u>한 것으로 알려져 있다.

① 처우　　　② 괄시　　　③ 환대　　　④ 대응　　　⑤ 우대

05 다음 밑줄 친 단어와 의미가 유사한 것은?

> 문제를 해결하지 않고 <u>방관</u>하는 태도가 상황을 더욱 악화시켰다.

① 좌시　　　② 책망　　　③ 용인　　　④ 경시　　　⑤ 관여

06 다음 밑줄 친 단어와 같은 의미로 사용된 것은?

> 상품을 알리기 위해 적극적으로 홍보에 나선 결과 매출이 지난 하반기 대비 200% 성장하였다.

① 세계여행을 하기 위해 길을 나선 지 한 달 만에 경비가 고갈되었다.
② 남의 일에 함부로 나서다간 괜한 화를 입을 수 있으니 조심해야 한다.
③ 그는 가정의 생계를 꾸리기 위해 어린 나이에 장삿길로 나섰다.
④ 중고 물품 판매글을 올리자마자 구매하겠다는 사람이 나서서 다행이다.
⑤ 그는 매우 소극적이어서 많은 사람들 앞에 나서는 것을 두려워한다.

07 다음 밑줄 친 단어와 같은 의미로 사용된 것은?

> 잘못된 자세로 앉는 것이 습관으로 굳어서 허리 디스크가 생겼다.

① 발표를 앞두고 긴장을 했더니 혀가 굳어서 말이 제대로 나오지 않았다.
② 아버지가 위중하시다는 소식을 들은 형의 얼굴이 딱딱하게 굳었다.
③ 셰일은 입자가 고운 모래나 진흙이 쌓여서 굳은 퇴적암의 일종이다.
④ 성인이 되어 이미 굳어 버린 성격과 말버릇은 고치기 쉽지 않다.
⑤ 학교 선배에게 전공 교재들을 물려받아서 책 살 돈이 굳었다.

08 다음 밑줄 친 단어의 사전적 의미로 가장 적절한 것은?

> 그 아이는 순진한 얼굴로 시망스럽게 장난을 쳐서 여러 사람을 당혹스럽게 한다.

① 몹시 짓궂은 데가 있다
② 언행이 방정맞고 경솔하다
③ 어수선하여 질서나 통일성이 없다
④ 보기에 태도나 행동이 가벼운 데가 있다
⑤ 생기 있고 힘차며 시원스럽다

09 다음 밑줄 친 부분과 바꿔 쓸 수 있는 것은?

> 그와 술잔을 <u>거듭</u> 주고받으며 그간 쌓였던 오해를 풀다 보니 어느덧 시간이 자정에 이르렀다.

① 연일   ② 도로   ③ 거저   ④ 바투   ⑤ 연거푸

10 다음 밑줄 친 부분과 바꿔 쓸 수 없는 것은?

> - 일을 서둘러 마치라고 ㉠채근하는 사장님 때문에 온종일 혼이 쏙 빠져 있었다.
> - 더운 날씨에 야외에서 격렬한 운동까지 한 탓에 목이 말라 물을 ㉡마구 마셨다.
> - 산비탈 사이로 ㉢실낱같이 이어져 있는 좁은 길에 코스모스가 흐드러지게 피어 있었다.
> - 한 차례 가랑비가 내리고 난 뒤 풀잎은 이슬에 ㉣함초롬하게 젖어 있었다.
> - 유난히 날씨가 ㉤포근했던 탓인지 올해 겨울에는 눈이 거의 오지 않았다.

① ㉠: 독촉하는   ② ㉡: 들입다   ③ ㉢: 가늘게   ④ ㉣: 옴팡지게   ⑤ ㉤: 푹했던

11 다음 두 단어 쌍이 같은 관계가 되도록 빈칸에 들어갈 단어를 고르면?

> 대담 : 대화 = (   ) : 모임

① 모집   ② 회합   ③ 선임   ④ 회원   ⑤ 협력

12 다음 두 단어 쌍이 같은 관계가 되도록 빈칸에 들어갈 단어를 고르면?

> 마수걸이하다 : (   ) = 뚜렷하다 : 선명하다

① 개시하다   ② 사수하다   ③ 내기하다   ④ 장사하다   ⑤ 매수하다

13 다음 빈칸에 들어갈 단어로 적절한 것은?

> 할머니의 팔순을 맞이하여 온 가족이 축하하기 위해 큰아버지 댁으로 모였고, 식탁은 할머니께서 좋아하시는 음식들과 각종 산해진미로 (   ) 차려져 있었다.

① 성글게   ② 푸지게   ③ 소박하게   ④ 다분하게   ⑤ 조촐하게

14 다음 빈칸에 들어갈 단어로 적절한 것은?

> 은행 거래를 하기 위해서는 반드시 신분증을 (   )해야 한다.

① 지참   ② 환급   ③ 패용   ④ 보관   ⑤ 간수

15 다음 빈칸에 들어갈 단어로 적절한 것은?

> 봄철의 황사는 입자가 매우 미세하기 때문에 쉽게 코나 입을 통해 들어와 후두염, 비염, 기관지염 등의 질병을 유발한다. (   ) 황사에 포함된 유해 중금속은 한번 체내에 쌓이면 쉽게 배출되지 않아 여러 장기에 악영향을 줄 수 있으므로 조심해야 한다.

① 게다가   ② 오히려   ③ 왜냐하면   ④ 요컨대   ⑤ 비단

16 다음 중 맞춤법에 맞는 것은?

① 네가 먹고 싶어하는 것 같아서 사 왔다.
② 잠시 일을 쉬었더니 그새 감이 떨어졌다.
③ 농부는 이윽고 밭에서 참새떼를 쫓아내버렸다.
④ 다들 조용한 것을 보니 열심히 일하고 있나보다.
⑤ 이 책은 열린 결말이라 꽤 여러 번 읽어볼만하다.

17 다음 중 맞춤법에 맞는 것은?

① 아이들이 방을 깨끗히 청소해 놓았다.
② 그녀는 계약서의 모든 조항을 꼼꼼이 살펴보았다.
③ 네가 무던히 애를 써왔다는 것은 알고 있다.
④ 곰곰히 생각해봐도 마땅한 대책이 없었다.
⑤ 대수로히 여기지 않은 통증이 점점 심해지고 있다.

18 귀하는 입사 후 처음으로 보고서를 작성하는 신입사원으로부터 보고서 작성 방법 및 제출 시 주의 사항에 대한 조언을 요청받았다. 다음 중 귀하가 보고서 작성이 미숙한 신입사원에게 할 조언으로 가장 적절하지 않은 것은?

① 글로 다루기 복잡한 내용을 담을 경우에는 도표나 그림을 활용하여 읽기 좋고 간결하게 정리하는 것이 좋습니다.
② 보고서 내용을 작성할 때 사용한 참고자료는 빠뜨림 없이 정확하게 제시해야 한다는 점 잊지 않으시길 바랍니다.
③ 보고서 내 같은 내용을 중복하여 제시하고 있지는 않은지 유의하여 핵심 내용만 산뜻하고 간결하게 작성하도록 주의해야 합니다.
④ 업무 진행 과정에서 작성하는 보고서의 경우 계속 변동되는 진행 과정 관련 내용은 생략하는 것을 추천합니다.
⑤ 보고서를 제출하기 전에는 되도록이면 보고서 내용에 대한 예상 질문을 떠올리고 이에 대한 답변을 미리 준비해 가는 것이 좋습니다.

19 농협에서 근무하는 귀하는 흙의 날을 맞이하여 농협 홈페이지에 흙의 중요성을 알리는 글을 게시하기 위해 초안을 작성한 후 원고를 검토하던 중 몇 군데 수정할 부분을 발견하였다. 다음 글의 ㉠~㉤을 바르게 고쳐 쓴다고 할 때 가장 적절하지 않은 것은?

> 기후 변화는 인류의 식량 생산과 밀접한 연관을 가지고 있다. 따라서 기후 변화를 일으키는 온실가스 배출량의 감소와 지속 가능한 식량 생산이 이루어지지 않을 경우 인류는 머지않은 미래에 심각한 식량 문제를 맞닥뜨리고 말 것이라는 보고가 발표되었다. 이에 따라 우리나라를 비롯한 ㉠전 세계 각국에서 탄소 배출량과 흡수량의 합이 0이 되는 탄소 중립을 선언하며 기후 변화의 원인으로 꼽히는 탄소 배출을 조절하겠다고 나섰다. (㉡) 탄소 중립과 식량 안보를 동시에 해결할 수 있는 방법으로 탄소를 흡수하고 저장할 수 있는 흙의 중요성이 재조명되고 있다. 관련 연구에 의하면 식물의 뿌리 또는 흙 속의 다양한 유기물을 통해 약 2조 4천억 톤에 달하는 공기 중의 탄소가 땅에 ㉢배출된다. 공기 중 탄소 총량이 7천6백억 톤이라는 점과 비교하면 무려 3배가 넘는 양의 탄소가 흙에 저장되는 것이다. 세계적으로 화석 연료로 인해 배출되는 ㉣탄소량 마저 연간 땅에 저장된 탄소량의 0.4%에 불과하다. 이처럼 흙의 탁월한 탄소 저장 능력을 활용하여 매년 0.4%씩 토양의 탄소 저장량을 늘려가면 기후 변화에 훌륭하게 대응할 수 있다는 의견이 크게 공감받고 있다. 이외에도 흙에 ㉤포함된 탄소 함량이 높아질수록 토지가 비옥해져 작물의 생산력을 높여 식량 위기를 극복하는 데에도 큰 도움이 되며, 생물의 다양성을 증진하는 효과도 얻을 수 있어 흙의 소중함을 인지하고 흙 속 탄소 관리를 위한 모두의 실천이 필요하다.

① 띄어쓰기가 옳지 않은 ㉠은 '전세계'로 붙여 써야 한다.
② 앞뒤 문장의 자연스러운 연결을 위해 ㉡에는 '그리하여'가 들어가야 한다.
③ 문맥상 ㉢은 적절하지 않은 단어이므로 '흡수'로 바꿔 써야 한다.
④ 조사 '마저'는 앞말에 붙여 써야 하므로 ㉣은 '탄소량마저'로 수정해야 한다.
⑤ '포함'과 '함량'의 의미가 중복되므로 ㉤을 '포함된 탄소량'으로 고쳐 써야 한다.

20 다음 문단을 논리적 순서대로 알맞게 배열한 것은?

> (가) 이는 뛰어난 방수성과 통기성, 보온성으로 영국 군인과 연합군을 보호해 주는 역할을 하였으며 곧 영국 육군 장교의 유니폼이 되었다.
>
> (나) 농부와 양치기들이 즐겨 입는 리넨 소재의 작업복에 관심을 가졌던 토마스 버버리는 이집트 면에 특별한 방수 코팅 기술을 더해 개버딘이라는 직물을 개발하였다.
>
> (다) 전쟁이 끝난 후 트렌치코트는 하루에도 몇 번씩 비가 왔다 해가 떴다 하는 변덕스러운 영국 날씨에 적합한 외투로 각광받으며 일반인들로부터 관심을 얻기 시작했다.
>
> (라) 특히나 영국 왕실 및 상류층 인사로부터 애용되고, 영화와 TV 속 주인공들의 필수 패션 아이템으로 자리 잡으면서 그 인기가 빠르게 상승하게 되었다.
>
> (마) 연합군으로부터 군용 레인코트를 제작해달라는 주문을 받은 토마스 버버리는 자신이 개발한 개버딘을 소재로 하여 외투를 제작하는데 이것이 바로 군사 용어로 '참호'라는 뜻의 트렌치코트이다.

① (나) – (가) – (다) – (라) – (마)
② (나) – (마) – (가) – (다) – (라)
③ (마) – (가) – (나) – (라) – (다)
④ (마) – (나) – (가) – (라) – (다)
⑤ (마) – (다) – (라) – (가) – (나)

해커스 지역농협 6급 NCS 인적성 및 직무능력평가 통합 기본서

[21-22] 다음 자료를 읽고 각 물음에 답하시오.

　　오늘날 기업은 시간, 비용 등은 물론 기타 위험 부담을 줄이기 위해 직접 기술을 연구 및 개발하기보다는 타사의 기술을 이전받는 경우가 많다. 기술을 이전받는 기업은 기술에 대한 권리를 가지고 있는 기업에게 그 대가를 지급해야 하는데, 이것이 바로 기술료이다. 통상 '로열티'라고도 불리는 기술료를 어떻게 지급할 것인가는 기술 그 자체의 특성이 아닌 기업 간의 자유로운 합의에 따라 결정된다. 기본적으로 기술료를 지급하는 방식에는 고정기술료 방식과 경상기술료 방식이 있다. 전자는 기술을 이전받는 기업이 기술 사용 여부와 상관없이 고정 금액을 지급하는 것으로, 사실상 기술을 이전받는 기업이 불리하다. 기술이 장차 성공을 거둘 수 있는지, 그 여부가 불확실한 가운데 고정 금액을 지급해야 하기 때문이다. 반면 기술을 이전하는 기업은 기술 연구 및 개발에 드는 비용을 회수할 수 있으며, 안정적인 수익이 보장된다는 점에서 상대적으로 유리하다. 경상기술료 방식은 기술을 생산량, 기대이익, 매출액 등 상호가 합의한 기준에 일정률을 곱하여 산출된 금액을 정기적으로 지급하는 방식이다. 하지만 생산량의 경우 이전받은 기술을 품질이 상이한 여러 제품 생산에 활용하거나, 제품의 단위를 측정하기 곤란할 때 기술료의 산정 기준이 되기 어려우며, 기대이익의 경우 기술을 이전하는 기업의 측정값과 이전받는 기업의 측정값이 다를 때가 많아 분쟁의 소지가 크다는 문제점이 있다. 따라서 계약 유효 기간에 매출액의 일정 비율을 기술료로 지급하는 경우가 가장 일반적이다. 고정기술료 방식과 경상기술료 방식이 혼합되어 사용되기도 하는데, 이는 기술료의 일부를 고정 금액으로 선급한 후 나머지를 경상기술료 방식에 따라 지급하는 형태이다.

---

21 빈칸에 들어갈 위 자료의 제목으로 가장 적절한 것은?

① 로열티의 문제점과 개선 방법
② 기술료와 로열티의 차이점
③ 고정기술료의 장점 및 단점
④ 산정 기준별 경상기술료의 특징
⑤ 기술료의 정의와 지급 방식

22 다음 중 위 자료를 바르게 이해하고 있는 사람은?

① 갑: 고정기술료 방식과 경상기술료 방식은 동시에 사용될 수 없으니까 기술 이전 계약 시 주의해야 해.
② 을: 고정기술료 방식은 기술을 이전받는 기업보다 기술을 이전하는 기업이 상대적으로 더 불리하군.
③ 병: 경상기술료의 산정 기준 중 하나인 기대이익의 장점은 객관적인 측정이 가능하다는 것이지.
④ 정: 기술료 지급 방식은 결국 기술 이전 계약을 체결하는 기업들의 재량으로 정해진다고 할 수 있어.
⑤ 무: 이전 기술이 제품 판매와 직결된다면, 경상기술료 방식을 기술료 지급 방식으로 사용할 수 없게 돼.

[23~24] 다음 글을 읽고 각 물음에 답하시오.

우리나라의 전통 음악인 국악은 크게 궁중과 양반가에서 향유하던 '정악(正樂)'과 일반 백성들이 즐기던 '민속악(民俗樂)'으로 분류된다. 혹자는 정악이 중국에서 들여왔기 때문에 우리나라의 전통 음악이 아니라고 여기기도 한다. 하지만 지금껏 남아 있는 중국 음악의 흔적은 문묘제례악과 문묘제례악에 쓰이는 일부 악기뿐이며, 가곡, 가사, 시조 등 고려 시대부터 조선 시대 이후까지 지속적으로 연주된 정악은 우리 민족의 정서를 기반으로 만들어졌다. 그러므로 정악과 민속악 모두 선조들의 삶이 고스란히 담겨 있는 우리나라의 전통 음악임을 부인할 수 없다. 이러한 정악과 민속악 사이에는 음악의 향유 계층, 연주되는 악기의 종류, 음악의 속도, 표현 방법 등 여러 부분에서 뚜렷한 차이점이 드러난다.

우선 정악은 말 그대로 '바른(正) 음악(樂)'으로, 궁중과 양반가에서 연주되던 상류 계층의 악기, 노래, 춤 등을 통칭한다. 종묘제례악과 수제천으로 대표되는 궁중의 정악은 웅장하며 궁중 악사가 악보를 보고 정해진 대로 연주한다는 특징이 있다. 주로 제례 의식과 관련한 정악은 민속악보다 근엄하고 규모가 크며, 잔잔하고 여유롭다. 가곡과 시조로 대표되는 양반가의 정악은 궁중에서 연주된 정악과 달리 대부분 풍류를 즐기기 위해 연주되어 풍류 음악이라고도 불린다. 정악은 곡이 느리고 단조롭게 들릴 수도 있을 정도로 꾸밈음이 거의 없으며, 감정 표현이 절제되어 있다. 정악에 쓰이는 악기는 향피리, 대금 등 죽부 악기와 거문고, 해금, 아쟁, 가야금 등 사부 악기 그리고 양금 등 금부 악기로 분류된다.

정악에 대비되는 개념으로 여겨지는 민속악은 백성 사이에서 자연스럽게 만들어진 음악으로, 백성들에 의해 형성되고 민간에서 향유된 음악은 모두 민속악에 포함된다. 민속악은 정악보다 비교적 경쾌하고 가벼우며 감정 표현이 풍부하고 솔직하다. 또한, 일할 때 부르기 위한 음악, 단순히 즐겁게 부르기 위한 음악, 희로애락의 감정을 표현하기 위한 음악 등 여러 목적에 의해 폭넓게 만들어졌다. 민속악은 사물놀이, 풍물놀이 등과 같이 악기에 의해 연주되는 기악과 판소리, 민요 등과 같이 목소리에 의해 연주되는 성악으로 분류된다. 민속악은 악보가 있더라도 악보에 따르기보다는 즉흥적으로 연주되는 경우가 많으며, 서민들의 삶에 대한 애환이 담겨 있어 토속적인 느낌을 준다.

23 윗글의 내용과 일치하지 않는 것은?

① 고려 시대부터 조선 시대 이후까지 계속해서 연주된 정악은 우리 민족의 정서를 담고 있다.
② 조선 시대 양반가에서는 풍류를 즐기기 위해서 가곡과 시조를 연주하기도 하였다.
③ 민속악은 악보를 보고 정해진 박자와 음정에 맞추어 정확하게 연주되는 경우가 많았다.
④ 국악은 사용되는 악기의 종류, 연주 속도, 표현 방법 등에 따라 크게 두 가지로 구분된다.
⑤ 민속악은 다양한 목적에 의해 만들어져 백성들에게 사랑받은 음악을 통칭한다.

24 윗글의 서술상 특징으로 가장 적절한 것은?

① 구체적인 사례로부터 공통점을 추출한 후 보편적 이론을 도출하고 있다.
② 정의, 대조, 예시 등의 방법을 사용하여 두 대상에 관해 설명하고 있다.
③ 문제의 원인을 분석하고 현실적으로 해결할 수 있는 대안을 제시하고 있다.
④ 두 개 이상의 서로 다른 주장을 객관적으로 소개하고 비교하고 있다.
⑤ 어떠한 대상의 특성과 변화 과정을 시간의 흐름에 따라 서술하고 있다.

25 ☆☆지역농협에서 근무하는 갑이 다음 농축산경영자금 안내문을 보고 고객들의 질문에 답변한 내용으로
가장 적절하지 않은 것은?

[농축산경영자금 안내문]

1. 대출 조건
   1) 대출 금리: 연 2.5%
   2) 대출 금액 및 상환 조건
      - 농업·축산경영자금: 자금 연도별 농가당 1,000만 원까지 대출 가능하며, 대출일로부터 1년 이내 상환
      - 재해대책경영자금: 재해 사건별 농가당 100~5,000만 원 이내에서 대출 가능하며, 대출일로부터 1년 이내 상환(단, 법인의 경우 1억 원 이내에서 대출 가능하며 상환일 1년 연장 가능)
   3) 대출 사무소: 농업인 거주지 또는 거소지 관할 농협 본·지소에서 대출 신청 가능

2. 대출 대상자
   - 농업경영자금: 벼농사 등 경종농가 및 맥류, 채소, 과수 원예 등 특작농가
   - 축산경영자금: 부업 규모의 축산농가 및 법인·단체
   - 재해대책경영자금: 농어업재해대책법 등에 의한 농작물 피해 농가
   - 재해연기자금: 재배피해 농가에 대하여 1년 또는 2년 상환 연기 및 1년 또는 2년 동안 이자 감면

3. 대출 절차
   1) 농가 및 영농회 처리 사항
      - 개별 농가: 경작 면적, 농업 경영비 소요액, 대출 금액을 기재한 대출 신청서를 마을 영농회에 접수
      - 영농회 임원회: 농가별 신청 금액을 농업 경영비 소요액과 영농 규모를 감안하여 대출 신청 금액 조정 결정
   2) 대출 사무소 처리 사항
      - 영농회에서 제출한 영농회별 대출 신청서에 의거하여 신용불량 거래자, 연체 채권 보유자, 임대농, 비농업인, 한도 초과 대상자 등 대출 부적격자 여부 심의
      - 소요 경영비 심사, CSS 심사 등을 통해 최종 대출 금액 결정
      - 자금 소요 시기 등을 감안하여 적절한 시기에 대출 지원
   3) 대출 종결 기일: 익년도 1월 말까지

---

① Q: 마을 영농회에서 마을 농업인을 대상으로 농업경영자금 대출 신청자를 접수하려고 하는데, 재배작물에 따라 대출이 불가능한 경우도 있나요?

   A: 농업경영자금의 경우 경종농가와 특작농가를 대상으로 지원하는 사업이므로 신청 농가의 재배작물에 따라 대출이 불가능할 수 있습니다.

② Q: 농업법인에서 축산경영자금을 신청하려고 하는데, 대출 신청을 어디에서 할 수 있는지 문의드립니다.

   A: 축산경영자금 대출 신청은 거소지 관할 농협 본·지소에서 가능한 점 안내해 드립니다.

③ Q: 지난해 농업경영자금을 대출받아 대출 상환일이 한 달 남았습니다. 그러나 이번 여름 수해로 농작물의 대부분을 잃는 바람에 대출 상환이 어렵게 되었는데, 상환일을 연기할 수 있나요?

   A: 재배피해 농가를 대상으로 1년 또는 2년 동안 대출 상환을 연기하거나 이자를 감면해주는 재해연기자금 제도를 활용하시면 대출 상환을 연기할 수 있습니다.

④ Q: 토지주에게 농지를 임대하여 원예농사를 짓고 있는 사람입니다. 경영이 어려워져 농업경영자금을 신청했는데, 대출 사무소에서 심사 결과 대출 부적격자라는 통지를 받았습니다. 어떤 부분에서 부적격자로 심의된 것인지 문의드립니다.

   A: 대출 사무소에서는 영농회에서 제출한 영농회별 대출 신청서에 따라 대출 부적격자 여부를 심의하며, 귀하께서는 임대농으로 분류되어 대출 부적격자로 심의되었음을 안내해 드립니다.

⑤ Q: 올해 영농조합법인에서 재배하는 과일들이 과수화상병을 입어 재해대책경영자금을 신청하려고 합니다. 대출 가능 금액과 상환 기한을 알 수 있을까요?

   A: 법인의 과수화상병에 대한 재해대책경영자금은 최소 100만 원에서 5천만 원 이내로 대출하실 수 있으며, 상환일은 기본적으로 대출일로부터 1년 이내 상환하는 것이 원칙이나 필요에 따라 1년 연장 가능합니다.

26 오늘 건희는 만기가 6개월인 월복리 예금 상품에 가입하여 550,000원을 거치하였다. 예금 상품의 연 이자율은 3.6%이고, 이자는 월 단위로 적용될 때, 건희가 6개월 뒤 만기 해지 시 돌려받을 총 원리금 중 이자는 약 얼마인가? (단, $1.003^6 ≒ 1.020$이며, 세금은 고려하지 않는다.)

① 6,000원　　　② 8,000원　　　③ 9,000원　　　④ 11,000원　　　⑤ 12,000원

27 효준이는 연 이율 5%인 1년 만기 거치식 단리 예금 상품에 가입하면서 4,500,000원을 입금하였다. 1년 뒤 효준이는 원리금을 돌려받아 3,200,000원을 사용하였을 때, 잔액은? (단, 세금은 고려하지 않는다.)

① 1,355,000원　　② 1,390,000원　　③ 1,445,000원　　④ 1,470,000원　　⑤ 1,525,000원

28 대명이는 일본 여행 경비로 원화 535,000원을 엔화로 환전하였고, 환전한 엔화의 70%를 일본 여행에서 사용 후 귀국하여 남은 엔화를 모두 원화로 다시 환전하였을 때, 대명이가 귀국 후 다시 환전한 원화는? (단, 여행 전후와 관계없이 환전 가격은 모두 환율표와 같다.)

[환율표]

구분	현금 살 때	현금 팔 때
1달러	1,162원	1,122원
1유로	1,384원	1,330원
100엔	1,070원	1,030원
1위안	185원	166원

※ '현금 살 때'는 원화를 지불하여 외화를 구매하는 것을 의미하고, '현금 팔 때'는 외화를 지불하여 원화를 구매하는 것을 의미함

① 154,500원　　② 160,500원　　③ 166,920원　　④ 274,920원　　⑤ 374,500원

29 다음 식을 고려하여 도출한 결론으로 항상 옳은 것은?

$$A \geq B = C > D$$

① $D > A$　　　② $A \neq C$　　　③ $B > A$　　　④ $D < B$　　　⑤ $C \leq D$

30 K 대리는 금융상품 계약 문서의 보안을 위해 본인의 폴더에 비밀번호를 설정하려 한다. 비밀번호는 숫자 1, 2, 3, 4, 5와 특수문자 !, @, #을 이용하여 네 자리로 구성할 예정이다. K 대리의 폴더 비밀번호로 가능한 문자배열은 몇 가지인가? (단, 숫자와 특수문자는 중복 사용이 가능하다.)

① 70가지　　　② 720가지　　　③ 1,680가지　　　④ 4,096가지　　　⑤ 5,040가지

31 L 기업의 직원은 연구직이 40명, 생산직이 60명이다. 연구직 직원의 30%가 여자이고, 전체 남자 직원의 60%가 생산직일 때, 연구직 남자 직원과 생산직 여자 직원의 합은?

① 40명　　　② 44명　　　③ 46명　　　④ 50명　　　⑤ 56명

32 유 사원은 농협 소개 카탈로그를 제작하기 위해 A 업체의 제작 비용을 확인하고 있다. A 업체는 5부 단위로만 카탈로그를 제작하며, 기본 제작 부수 5부에 대해 51,000원의 비용을 부과한다. 또한, 5부를 초과하는 수량에 대해서는 5부 단위로 13,000원의 비용을 추가로 부과한다. 유 사원이 A 업체에 카탈로그 300부의 제작을 의뢰할 경우 A 업체에 지불해야 하는 금액은?

① 795,000원　　　② 818,000원　　　③ 831,000원　　　④ 857,000원　　　⑤ 869,000원

33 N 목욕탕에서 온탕에 물을 가득 채우는 데 A 호스로는 14분, B 호스로는 10분, C 호스로는 35분이 걸린다고 한다. 3개의 호스를 동시에 사용하여 온탕에 물을 가득 채우는 데 걸리는 시간은?

① 4분　　　　② 4분 40초　　　③ 5분　　　　④ 5분 20초　　　⑤ 6분

34 다음은 ○○은행 필기시험 합격자의 NCS 점수와 전공 점수를 나타낸 자료이다. 필기시험 합격자 중 NCS 점수가 가장 높은 사람의 NCS 점수를 m, 전공 점수가 가장 높은 사람의 전공 점수를 n이라고 할 때, m+n 의 값은?

구분	A	B	C	D	E	평균 점수
NCS 점수	67점	75점	73점	69점	( )	72점
전공 점수	83점	( )	76점	84점	80점	81점

① 159점　　　　② 160점　　　　③ 162점　　　　④ 163점　　　　⑤ 165점

35 다음은 1년 동안 N 은행 카드 영업 사무원 H 씨의 월별 카드 발급 실적에 대한 자료이다. 월별 발급한 카드 수의 평균을 a, 분산을 b라고 할 때, a+b의 값은?

구분	1월	2월	3월	4월	5월	6월	7월	8월	9월	10월	11월	12월
발급한 카드 수	9개	8개	6개	7개	6개	5개	8개	10개	9개	6개	6개	4개

① 7.0　　　　② 8.8　　　　③ 10.0　　　　④ 12.5　　　　⑤ 14.0

36 다음 숫자가 규칙에 따라 나열되어 있을 때, 빈칸에 들어갈 알맞은 것을 고르면?

| 360 | 60 | 300 | 75 | ( ) |

① 15　　　　　② 45　　　　　③ 150　　　　　④ 225　　　　　⑤ 300

37 다음 숫자가 규칙에 따라 나열되어 있을 때, 빈칸에 들어갈 알맞은 것을 고르면?

$\frac{13}{216}$　　$\frac{13}{36}$　　( )　　13　　78　　468

① $\frac{143}{216}$　　　② $\frac{2}{3}$　　　③ 1　　　④ $\frac{13}{12}$　　　⑤ $\frac{13}{6}$

38 다음 숫자가 규칙에 따라 나열되어 있을 때, 빈칸에 들어갈 알맞은 것을 고르면?

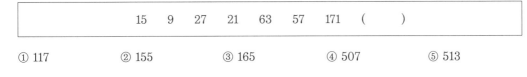

15　9　27　21　63　57　171　( )

① 117　　　　　② 155　　　　　③ 165　　　　　④ 507　　　　　⑤ 513

39 다음 숫자가 규칙에 따라 나열되어 있을 때, 빈칸에 들어갈 알맞은 것을 고르면?

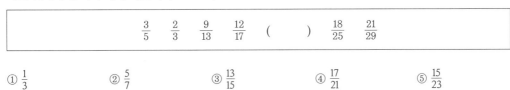

$\frac{3}{5}$　　$\frac{2}{3}$　　$\frac{9}{13}$　　$\frac{12}{17}$　　( )　　$\frac{18}{25}$　　$\frac{21}{29}$

① $\frac{1}{3}$　　　② $\frac{5}{7}$　　　③ $\frac{13}{15}$　　　④ $\frac{17}{21}$　　　⑤ $\frac{15}{23}$

40 다음 숫자가 규칙에 따라 나열되어 있을 때, 빈칸에 들어갈 알맞은 것을 고르면?

5	7	10	15	23	35	52	(	)	

① 60   ② 65   ③ 70   ④ 75   ⑤ 80

41 다음 문자가 규칙에 따라 나열되어 있을 때, 빈칸에 들어갈 알맞은 것을 고르면?

F   A   H   B   (   )   C   L   D   N

① A   ② D   ③ I   ④ J   ⑤ K

42 다음 문자가 규칙에 따라 나열되어 있을 때, 빈칸에 들어갈 알맞은 것을 고르면?

ㄷ   ㅂ   ㄹ   ㅇ   ㅂ   (   )   ㅊ   ㅂ   ㄹ

① ㄷ   ② ㅅ   ③ ㅋ   ④ ㅌ   ⑤ ㅎ

43 다음 각 기호가 문자, 숫자의 배열을 바꾸는 규칙을 나타낸다고 할 때, 빈칸에 들어갈 알맞은 것을 고르면?

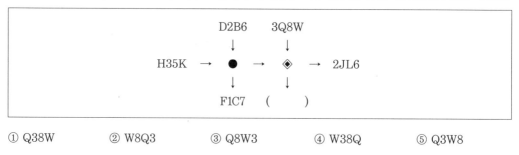

① Q38W   ② W8Q3   ③ Q8W3   ④ W38Q   ⑤ Q3W8

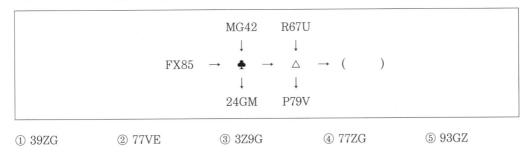

44 다음 각 기호가 문자, 숫자의 배열을 바꾸는 규칙을 나타낸다고 할 때, 빈칸에 들어갈 알맞은 것을 고르면?

$$\begin{array}{ccccccc}
& & MG42 & & R67U & & \\
& & \downarrow & & \downarrow & & \\
FX85 & \rightarrow & \clubsuit & \rightarrow & \triangle & \rightarrow & (\quad) \\
& & \downarrow & & \downarrow & & \\
& & 24GM & & P79V & &
\end{array}$$

① 39ZG　　② 77VE　　③ 3Z9G　　④ 77ZG　　⑤ 93GZ

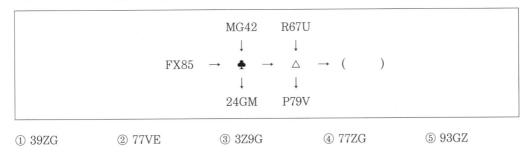

45 다음은 전국의 영농형태별 농가 수에 대한 자료이다. 자료에 대한 설명으로 옳지 않은 것은?

[영농형태별 농가 수]

(단위: 가구)

구분	2015년	2016년	2017년	2018년
논벼	453,896	415,649	399,425	386,739
식량작물	138,047	76,460	90,739	89,495
채소·산나물	198,138	265,116	245,714	254,797
과수	171,836	181,973	178,885	173,085
축산	53,301	53,462	54,876	52,870
기타작물	73,300	75,614	72,377	63,852

※ 출처: KOSIS(통계청, 농림어업조사)

① 제시된 기간 동안 기타작물을 제외하고 매년 농가 수가 가장 많은 영농형태와 가장 적은 영농형태는 각각 논벼와 축산이다.
② 제시된 기간 중 축산 농가 수가 처음으로 54,000가구를 넘은 해에 식량작물 농가 수는 전년 대비 증가하였다.
③ 2018년 논벼 농가 수는 3년 전 대비 66,257가구 감소하였다.
④ 제시된 기간 동안 과수 농가 수의 평균은 176,500가구 이하이다.
⑤ 2016년 채소·산나물 농가 수는 같은 해 식량작물 농가 수의 약 3.5배이다.

46 다음은 상품군별 온라인 쇼핑 해외 직접 판매액에 대한 자료이다. 자료에 대한 설명으로 옳지 않은 것은?

[상품군별 온라인 쇼핑 해외 직접 판매액]

(단위: 백만 원)

구분	2017년	2018년	2019년
컴퓨터 및 주변기기	8,829	17,921	15,236
가전·전자·통신기기	75,141	99,226	93,777
소프트웨어	614	1,344	909
서적	21,524	28,351	24,272
사무·문구	6,115	4,341	5,898
음반·비디오·악기	34,859	59,642	89,433
의류 및 패션 관련 상품	410,938	528,786	564,606
스포츠·레저용품	16,640	15,265	18,490
화장품	2,235,982	2,710,284	5,017,579
아동·유아용품	17,819	19,665	19,109
음·식료품	31,052	46,052	39,711
농·축·수산물	118	214	126
생활용품 및 자동차용품	47,041	41,103	48,706

※ 온라인 쇼핑 해외 직접 판매액은 국내의 사업체가 인터넷상에서 해외로 상품을 판매한 거래액을 의미함
※ 출처: KOSIS(통계청, 온라인쇼핑동향조사)

① 2019년 온라인 쇼핑 해외 직접 판매액은 아동·유아용품이 사무·문구의 3배 미만이다.

② 2018년 이후 컴퓨터 및 주변기기 온라인 쇼핑 해외 직접 판매액의 전년 대비 증감 추이와 정반대의 증감 추이를 보이는 상품군은 총 3개이다.

③ 2019년 온라인 쇼핑 해외 직접 판매액의 전년 대비 감소율은 가전·전자·통신기기가 음·식료품보다 작다.

④ 2017년부터 2019년까지 온라인 쇼핑 해외 직접 판매액이 가장 많은 상품군은 매년 동일하다.

⑤ 2018년 소프트웨어의 온라인 쇼핑 해외 직접 판매액은 전년 대비 730백만 원 증가하였다.

47 다음은 연도별 황사 발생횟수와 지속일수에 대한 자료이다. 자료에 대한 설명으로 옳은 것을 모두 고르면?

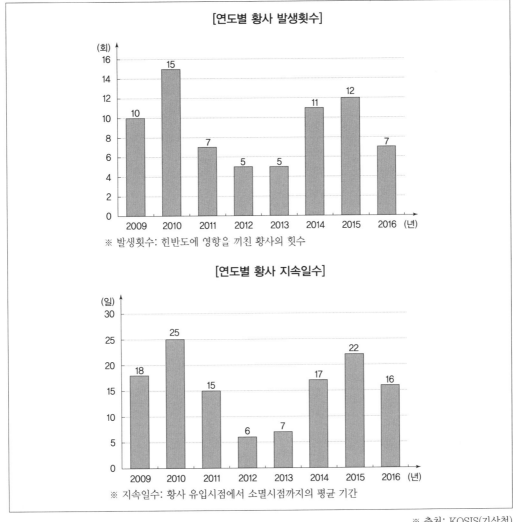

[연도별 황사 발생횟수]

※ 발생횟수: 한반도에 영향을 끼친 황사의 횟수

[연도별 황사 지속일수]

※ 지속일수: 황사 유입시점에서 소멸시점까지의 평균 기간

※ 출처: KOSIS(기상청)

ⓐ 제시된 기간 동안 황사 발생횟수가 네 번째로 높은 해에 황사 지속일수는 17일이다.
ⓑ 2017년 한반도에 영향을 끼칠 황사 발생횟수가 8회로 예측된다면 2017년보다 황사 발생횟수가 적은 해는 총 4개 연도이다.
ⓒ 2010년 이후 황사 발생횟수와 황사 지속일수가 전년 대비 증가한 해는 동일하지 않다.
ⓓ 2008년부터 2016년까지 황사 지속일수의 평균이 15일이라면 2008년 황사 지속일수는 9일이다.
ⓔ 2008년에 황사 발생횟수가 6회였다면 2009년 황사 발생횟수의 전년 대비 증가율은 65% 이하이다.

① ㉠, ㉣
② ㉡, ㉢
③ ㉣, ㉤
④ ㉡, ㉢, ㉣
⑤ ㉡, ㉢, ㉤

[48-50] 다음은 2021년 분기별 취업자 수 현황에 대한 자료이다. 각 물음에 답하시오.

[분기별·시도별 취업자 수 현황]

(단위: 천 명)

구분	1분기 취업자 수	1분기 직전 분기 대비 증감량	2분기 취업자 수	2분기 직전 분기 대비 증감량	3분기 취업자 수	3분기 직전 분기 대비 증감량	4분기 취업자 수	4분기 직전 분기 대비 증감량
서울	4,960	−94	5,081	121	5,077	−4	5,102	25
부산	1,618	−31	1,670	52	1,682	12	1,659	−23
대구	1,184	−22	1,229	45	1,231	2	1,225	−6
인천	1,531	−25	1,575	44	1,575	0	1,570	−5
광주	736	−12	752	16	751	−1	740	−11
대전	759	−29	787	28	797	10	796	−1
울산	549	−10	552	3	558	6	560	2
세종	180	−2	188	8	189	1	185	−4
경기	6,850	−56	7,154	304	7,255	101	7,339	84
강원	744	−42	832	88	841	9	820	−21
충북	859	−28	907	48	910	3	914	4
충남	1,115	−67	1,217	102	1,231	14	1,209	−22
전북	923	−24	962	39	970	8	955	−15
전남	947	−28	995	48	1,001	6	996	−5
경북	1,357	−65	1,417	60	1,439	22	1,428	−11
경남	1,682	−40	1,762	80	1,759	−3	1,724	−35
제주	375	−8	387	12	379	−8	389	10

[분기별·성별 취업자 수 현황]

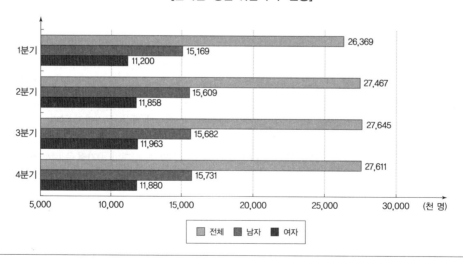

※ 출처: KOSIS(통계청, 경제활동인구조사)

48 위 자료에 대한 설명으로 옳은 것을 모두 고르면?

> ㉠ 2분기부터 4분기까지 직전 분기 대비 취업자 수 증감 추이는 남자와 여자가 동일하지 않다.
> ㉡ 제시된 지역에서 2분기에 전국의 직전 분기 대비 취업자 수 증감량의 지역별 평균은 70천 명 미만이다.
> ㉢ 제시된 기간 동안 취업자 수가 적은 상위 3개 지역의 순위는 매 분기 동일하다.
> ㉣ 제시된 기간 동안 서울과 경기의 취업자 수의 합은 매 분기 12,000천 명 이상이다.

① ㉠, ㉡   ② ㉠, ㉣   ③ ㉡, ㉢   ④ ㉠, ㉡, ㉢   ⑤ ㉠, ㉡, ㉣

49 2021년 3분기 전체 취업자 수에서 충남의 취업자 수가 차지하는 비중은 약 얼마인가? (단, 소수점 둘째 자리에서 반올림하여 계산한다.)

① 3.5%   ② 3.8%   ③ 4.2%   ④ 4.5%   ⑤ 4.8%

50 다음 중 위 자료를 바탕으로 만든 2020년 4분기 6개 광역시의 취업자 수를 나타낸 그래프로 옳은 것은?

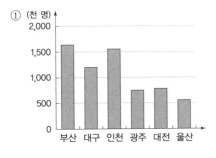

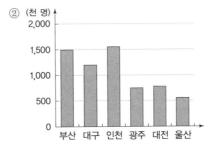

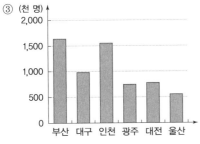

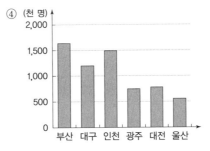

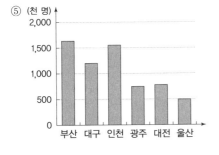

51 다음 명제가 모두 참일 때, 항상 옳은 것은?

> • 진주로 휴양을 가면 공주로 휴양을 간다.
> • 경주로 휴양을 가지 않으면 파주로 휴양을 가지 않는다.
> • 나주로 휴양을 가지 않으면 청주로 휴양을 간다.
> • 경주로 휴양을 가면 진주로 휴양을 간다.
> • 청주로 휴양을 가면 공주로 휴양을 가지 않는다.

① 진주로 휴양을 가면 나주로 휴양을 가지 않는다.
② 공주로 휴양을 가지 않으면 경주로 휴양을 간다.
③ 파주로 휴양을 가지 않으면 진주로 휴양을 가지 않는다.
④ 청주로 휴양을 가면 경주로 휴양을 가지 않는다.
⑤ 나주로 휴양을 가지 않으면 공주로 휴양을 간다.

52 다음 명제가 모두 참일 때, 항상 옳은 것은?

> • 쌀을 먹는 사람은 조를 먹지 않는다.
> • 밀을 먹지 않는 사람은 옥수수를 먹는다.
> • 보리를 먹는 사람은 쌀을 먹는다.
> • 옥수수를 먹지 않는 사람은 조를 먹는다.

① 쌀을 먹지 않는 사람은 옥수수를 먹는다.
② 보리를 먹는 사람은 밀을 먹지 않는다.
③ 밀을 먹지 않는 사람은 조를 먹는다.
④ 조를 먹는 사람은 보리를 먹지 않는다.
⑤ 옥수수를 먹지 않는 사람은 보리를 먹는다.

53 다음 중 밑줄 친 부분에 들어갈 내용으로 옳은 것은?

교양이 없거나 용기가 부족한 사람은 규칙을 지키지 않는다.
용기가 부족하지 않은 사람은 비판적이다.
규칙을 지키지 않는 사람은 이기적이며 시민의식이 높지 않다.
그러므로 _____

① 규칙을 지키지 않는 사람은 비판적이다.
② 시민의식이 높은 사람은 용기가 부족하다.
③ 교양이 없는 사람은 용기도 부족하다.
④ 이기적이지 않은 사람은 비판적이다.
⑤ 비판적이지 않은 사람은 교양이 없다.

54 갑 사의 기획부에는 A~E 5명이 근무하고 있다. 기획부는 월요일, 화요일, 수요일, 목요일, 금요일에 근무하며 5명이 모두 다음 주 근무 요일 중에 2일씩 휴가를 사용한다고 할 때, 휴가를 사용하는 사람이 가장 적은 요일은?

· A는 2일 중 1일은 E와 같은 요일에 휴가를 사용하고, 나머지 1일은 B와 같은 요일에 휴가를 사용한다.
· A는 B와 E를 제외한 다른 사람과는 같은 요일에 휴가를 사용하지 않았다.
· B는 C와 같은 요일에 휴가를 사용하지 않는다.
· C와 D는 모두 월요일과 화요일에 휴가를 사용하지 않는다.
· E는 월요일과 수요일에 휴가를 사용한다.
· B가 휴가를 사용하는 요일 중 하루는 금요일이다.
· 휴가를 연속한 요일에 사용한 사람은 A와 C뿐이다.

① 월요일　　　　② 화요일　　　　③ 수요일　　　　④ 목요일　　　　⑤ 금요일

55 ○○은행에 근무하는 A, B, C, D, E, F의 직급은 부장 1명, 과장 1명, 대리 2명, 사원 2명이고, 6명은 일정한 간격을 두고 원탁 테이블에 앉아 회의를 진행하려고 한다. 다음 조건을 모두 고려하였을 때, 항상 옳은 것은?

> • C는 D와 직급이 같고 서로 마주 보고 앉는다.
> • 대리는 사원 오른쪽 바로 옆자리에 앉지 않는다.
> • E는 D 바로 옆자리에 앉는다.
> • A와 F의 직급은 대리이다.
> • 과장은 C 오른쪽 바로 옆자리에 앉는다.

① A는 D 왼쪽 바로 옆자리에 앉는다.
② E의 직급은 과장이다.
③ B는 C 오른쪽 바로 옆자리에 앉는다.
④ A와 F는 서로 마주 보고 앉지 않는다.
⑤ C는 F 바로 옆자리에 앉지 않는다.

56 지역농협에 근무하는 직원 A, B, C는 아래의 직급과 근무 지역 조건을 항상 만족한다. 다음 중 A, B, C의 직급과 근무 지역을 바르게 연결한 것은? (단, 직급의 숫자가 낮을수록 직급이 높음을 의미한다.)

> **[직급과 근무 지역 조건]**
>
> 〈참인 내용〉
> • 직원 A, B, C의 근무 지역은 모두 서로 다르며 경기, 광주, 대전, 제주 중 한 곳이다.
> • 직원 C가 A보다 직급이 낮다.
> • 직원 A의 근무 지역이 광주가 아니면 B의 근무 지역은 경기이다.
> • 직원 A, B, C 중 제주에서 근무하는 사람이 있다.
> • 직원 A, B, C의 직급은 각각 5급 또는 6급이다.
>
> 〈거짓인 내용〉
> • 직원 A와 B는 직급이 서로 다르다.
> • 직원 B와 C의 근무 지역은 각각 광주 또는 제주이다.
> • 직원 A, B, C 중 직급이 가장 낮은 직원은 대전에서 근무하지 않는다.

① A – 5급 – 광주   ② A – 6급 – 제주   ③ B – 5급 – 경기
④ C – 5급 – 대전   ⑤ C – 6급 – 경기

57 다음은 문제해결의 절차를 나타낸 것이다. 빈칸에 들어갈 문제해결의 절차 단계에 관한 설명으로 옳지 않은 것은?

> 문제 인식 → 문제 도출 → 원인 분석 → (　　　) → 실행 및 평가

① 열거된 근본 원인을 어떠한 시각과 방법으로 제거할 것인지를 명확히 해야 한다.
② 이슈와 데이터 분석을 통해서 얻은 결과를 바탕으로 최종 원인을 확인해야 한다.
③ 전체적인 관점에서 보아 해결 방향과 방법이 같은 것을 그룹핑해야 한다.
④ 문제, 원인, 방법을 고려해서 해결안을 평가하고 가장 효과적인 해결안을 선택해야 한다.
⑤ 해결안의 채택 여부를 결정해야 한다.

58 ○○포털사이트의 비밀번호를 분실한 세림이는 임시비밀번호를 발급받으려고 한다. ○○포털사이트의 임시비밀번호 생성 규칙과 세림이의 회원 정보가 다음과 같을 때, 세림이가 발급받을 수 있는 임시비밀번호는?

[임시비밀번호 생성 규칙]

- 임시비밀번호는 다음 규칙을 적용하여 무작위로 정해진다.
  - 임시비밀번호는 영문자 대문자, 영문자 소문자, 숫자, 특수문자 중 3종류를 조합하여 10자리 이상으로 구성되거나 4종류를 조합하여 8자리 이상으로 구성된다.
  - 동일한 문자 또는 숫자는 3회 이상 임시비밀번호에 포함되지 않는다.
  - 개인정보로 추측할 수 있는 생년월일, ID, 전화번호에 포함된 문자 또는 숫자 중 연이어 배치된 4자 이상은 임시비밀번호에 포함되지 않는다.
    예 생년월일이 1997년 02월 10일인 경우 9702는 포함될 수 없으나, 702는 포함될 수 있음
  - 3자리 이상 연속한 문자 또는 숫자는 동시에 임시비밀번호에 포함되지 않는다.
    예 '1a2b3', '321ab', 'c1b2a', 'abc12' 등은 포함되지 않음

[회원 정보]

ID	생년월일	전화번호	주소
selim1004	1992년 05월 19일	010-1234-5678	경기도 수원시 장안구

① SJ@01Q85Z　　　　　② selim1004#R　　　　　③ 72#94aCt
④ &2z82Q#2　　　　　⑤ Tk4321rnl!*

[59-60] 다음은 ○○기업 지역 본부별 다음 달 예상 직원 수와 마스크 생산 업체별 평가 점수에 대한 자료이다. 각 물음에 답하시오.

[지역 본부별 다음 달 예상 직원 수]

구분	현재 직원 수	휴직자	입사 예정자	퇴사 예정자
경기 본부	421명	24명	13명	6명
대전 본부	279명	7명	2명	4명
부산 본부	365명	11명	17명	3명
대구 본부	342명	4명	12명	11명
광주 본부	317명	6명	4명	8명
울산 본부	296명	8명	3명	2명
제주 본부	146명	9명	10명	7명

※ 1) 다음 달 예상 직원 수 = 현재 직원 수 - 휴직자 + 입사 예정자 - 퇴사 예정자
2) 입사 예정자의 입사일은 모두 다음 달 1일, 퇴사 예정자의 퇴사일은 모두 이번 달 31일이고, 다음 달 복직하는 휴직자는 없음

[마스크 생산 업체별 평가 점수]

구분	가격	내구성	착용감
A 업체	4점	5점	3점
B 업체	3점	4점	5점
C 업체	5점	3점	5점
D 업체	2점	5점	4점
E 업체	4점	4점	4점

※ 총점 = (가격 점수 × 0.3) + (내구성 점수 × 0.5) + (착용감 점수 × 0.2)

59 서울 본부에서 근무하고 있는 임 사원은 각 지역 본부로 직원들이 사용할 마스크를 구매하여 배부하는 업무를 담당하고 있다. 지역 본부별 다음 달 예상 직원이 인당 하루에 한 개씩 다음 한 달 동안 사용할 분량의 마스크를 배부하려고 할 때, 임 사원이 판단한 내용으로 옳지 않은 것은? (단, 다음 달은 30일이다.)

① 경기 본부에 배부해야 하는 마스크는 총 12,120개이다.
② 광주 본부의 전 직원이 하루에 제공받을 마스크는 울산 본부의 전 직원이 하루에 제공받을 마스크보다 18개 더 많다.
③ 부산 본부에 배부해야 하는 마스크는 총 10,040개이다.
④ 마스크 생산 업체 중 가격 점수, 내구성 점수, 착용감 점수가 각각 가장 낮은 업체는 모두 다르다.
⑤ 대전 본부의 전 직원이 하루에 제공받을 마스크는 대구 본부의 전 직원이 하루에 제공받을 마스크보다 69개 더 적다.

60 임 사원은 각 지역 본부에 배부할 마스크를 주문하려고 한다. 총점이 가장 높은 업체를 선정하여 마스크를 주문하려고 할 때, 임 사원이 마스크를 주문할 업체는?

① A 업체   ② B 업체   ③ C 업체   ④ D 업체   ⑤ E 업체

61 N 사의 기획팀에서 팀장으로 근무 중인 귀하는 시장 동향 파악을 위해 기획팀 팀원들과 함께 제품 박람회에 방문하기로 하였다. 영업팀도 같은 제품 박람회에 참석할 예정이라 하여 기획팀 팀원 11명과 영업팀 팀원 18명의 입장권을 귀하가 일괄 구매하기로 하였을 때, 귀하가 지불해야 하는 금액은? (단, 기획팀과 영업팀에 근무하는 사원은 모두 성인이고, 이 중 장애를 가진 사원은 장애 3급 1명이다.)

[제품 박람회 요금표]

구분	금액	비고
성인(만 19세 이상)	9,000원	- 단체(20인 이상)의 경우 관람료 총액의 20%가 할인됨
청소년(초등학생 이상)	7,000원	
장애인(1~3급)	5,000원	

① 203,000원   ② 205,600원   ③ 208,800원   ④ 257,000원   ⑤ 261,000원

62 ◇◇지역 24시간 마트에서는 하루를 오전, 오후, 야간 세 파트로 나누어 직원 인력을 배치하였다. 기존 직원만으로 인력이 부족하여 파트타임 직원을 고용하여 배치하였을 때, 인력이 완전히 충원된 파트는?

[기존 직원 근무 배치표]

구분	일	월	화	수	목	금	토
오전 07:00~15:00	◆	◆	◆ ◆	◆	◆ ◆	◆	◆ ◆
오후 15:00~23:00	◆	◆ ◆	◆	◆	◆	◆	◆ ◆
야간 23:00~07:00	◆		◆	◆	◆	◆	

※ 1) 오전과 오후 파트에는 2명 이상의 인원이, 야간 파트에는 1명 이상의 인원이 필요함
  2) ◆ 표시는 근무 인원을 의미함

[파트타임 직원 고용 현황]

A	B	C	D
근무시간: 07:00~11:00 근무요일: 일, 월, 수, 금 휴무요일: 화, 목, 토	근무시간: 15:00~23:00 근무요일: 월, 수, 금 휴무요일: 일, 화, 목, 토	근무시간: 11:00~15:00 근무요일: 월, 화, 목, 금 휴무요일: 일, 수, 토	근무시간: 23:00~07:00 근무요일: 일, 화, 목, 토 휴무요일: 월, 수, 금

※ 파트 중 일부 시간에만 인력이 충족된 경우 인력이 완전히 충원되지 않은 파트에 해당함

① 월, 야간   ② 화, 오후   ③ 수, 오후   ④ 목, 오후   ⑤ 일, 오전

63 농식품을 가공·유통하는 H 회사는 회사 홍보를 위해 A, B, C, D, E 지역 중 한 지역의 축제에 참가하려고
한다. 기획팀, 재무팀, 홍보팀 의견을 종합했을 때, H 회사가 참가할 축제 지역은? (단, 총비용은 부스 비용
과 사은품 비용의 합으로 계산한다.)

기획팀: 부스를 설치하여 우리 제품을 체험할 수 있는 공간을 마련해야 해요. 부스를 운영하며 그
자리에서 제품을 판매하면 좋을 것 같아요. 또한, 축제 기간 방문하는 총 예상 방문자 수가
1만 명 이상은 되어야 해요.
재무팀: 축제에 참가하는 데 필요한 총비용이 적을수록 좋아요.
홍보팀: 농산물과 관련된 축제에 참가해야 하고 부스는 3일 동안 진행될 예정이에요. 또한, 총 예상
방문자 수만큼 사은품을 준비하여 저희 제품의 우수성을 홍보해야 해요.

[지역별 축제 정보]

구분	축제 이름	일 부스 단가	사은품 단가	총 예상 방문자 수
A 지역	배추 축제	330,000원	65원	17,000명
B 지역	영양고추 축제	240,000원	75원	18,000명
C 지역	인삼 축제	무료	220원	9,500명
D 지역	포도 축제	280,000원	70원	17,500명
E 지역	보드게임 축제	200,000원	50원	25,000명

① A 지역   ② B 지역   ③ C 지역   ④ D 지역   ⑤ E 지역

64 박상민 사원이 기상무 팀장의 지시에 따라 데드라인이 빠른 업무부터 진행한다고 할 때, 박상민 사원의 업무 순서로 적절한 것은?

보낸 날짜	20XX-07-05 11:45
보낸 사람	기상무 〈wakeup@business.com〉
받는 사람	박상민 〈mini@business.com〉
제목	오후 업무 일정 전달

박상민 사원, 제가 점심시간이 끝나고 바로 오후 1시부터 전시회 업무 때문에 외근을 해야 해서 오늘 오후에 박상민 사원이 해야 할 업무를 미리 전달하겠습니다. 오늘 오후 3시까지 디자인 업체로부터 회사 로고 스티커 시안을 전달받아 검토 부탁드립니다. 디자인 업체의 영업 시간이 오후 7시까지이므로 최소 2시간 전까지는 수정 사항을 전달하고, 최종 수정안은 내일 오후 2시까지 전달해달라고 요청하면 됩니다. 그리고 내일 오전 10시에 대회의실에서 영업부 전체 회의가 있으니, 회사 앞 베이커리 전문점에 회의 시간 30분 전까지 커피와 샌드위치가 배달될 수 있도록 주문 부탁드립니다. 단, 베이커리 전문점은 오후 4시까지 배달 주문을 받으니 시간을 잘 확인해서 늦지 않게 주문하면 됩니다. 어제 박상민 사원이 제출한 연차신청서는 제가 확인 후, 박상민 사원 자리에 놓았습니다. 연차신청서는 적어도 연차 사용 일주일 전까지 인사팀에 제출해야 하니, 점심시간 직후에 인사팀에 연차신청서 제출 후, 영업부 사원들에게 전시회 물품이 준비되었는지 확인해서 저에게 오후 2시까지 연락 부탁드립니다.

㉠ 커피와 샌드위치 주문	㉡ 전시회 물품 확인	㉢ 스티커 시안 검토
㉣ 연차신청서 제출	㉤ 스티커 시안 수정 사항 전달	

① ㉢ - ㉤ - ㉣ - ㉠ - ㉡
② ㉣ - ㉡ - ㉢ - ㉤ - ㉠
③ ㉢ - ㉣ - ㉡ - ㉠ - ㉤
④ ㉣ - ㉢ - ㉡ - ㉤ - ㉠
⑤ ㉣ - ㉡ - ㉢ - ㉠ - ㉤

65 이 주임은 업무 일정 수립을 위해 지금까지 지시받은 업무를 정리하여 백 과장에게 전달하였으며, E-mail을 통해 백 과장으로부터 일정 관련 피드백을 받았다. 이 주임이 E-mail의 내용을 고려하여 업무 일정을 수립하였을 때, 4월 19일까지 본인이 진행해야 하는 업무 중 다섯 번째로 진행해야 하는 업무로 가장 적절한 것은?

[이 주임이 전달한 업무 목록]

구분	업무 요청 일자	업무 마감 기한	업무 세부 내용
1/4분기 업무 보고	3월 20일	4월 15일	• 분기 보고서 작성 • 분기 보고서 발표
A 제품 판매 지수 관련 자료 제출	4월 1일	4월 8일	• 판매 지수 관련 자료 정리
기획 세미나 참석	3월 12일	4월 12일	• 세미나 참석 • 참석 보고서 작성
워크숍 예산 수립	3월 25일	4월 15일	• 운용 가능 예산 확인 • 워크숍 프로그램 구성
경쟁사 물품 조사	4월 1일	4월 19일	• 시장 조사 • 물품 구매 • 보고서 작성
신제품 전략 기획	3월 27일	4월 19일	• 시장 조사 • 경쟁사 조사

E-mail

보낸 날짜: 20XX. 04. 04.(목) 15:05
보낸 사람: 백 과장〈WORK_100@XXX.com〉
받는 사람: 이 주임〈WORK_2@XXX.com〉
제목: 업무 일정 수립 요청

    이 주임님, 전달해주신 업무 목록을 확인하였습니다. 그러나 정리하신 목록의 마감 기한만으로는 업무 처리 순서를 결정하기 어려울 것 같으니 아래와 같은 순서로 업무를 처리하시기 바랍니다. 먼저 정리하신 업무 목록에서 업무 마감 기한이 이른 날짜 순으로 업무를 먼저 진행하고, 업무 마감 기한이 같을 경우에는 업무 세부 내용의 수가 많은 업무부터 적은 업무 순으로 업무 일정을 수립해 주세요. 만일 업무 마감 기한도 같고 업무 세부 내용의 수도 같을 경우에는 먼저 요청받은 업무부터 진행하셔야 합니다. 4월에 행사를 포함해 다른 업무가 많아서 정신없으실 것으로 예상됩니다. 전달드린 업무 처리 순서를 고려하여 업무 일정을 수립한 후 보고 바랍니다. 아, 내일 진행하는 식목일 행사가 끝나고 행사에 쓰인 물품을 정리하는 업무가 목록에서 빠진 것 같은데, 해당 업무는 행사 당일 진행하는 것으로 업무 추가해서 보고해 주세요.

① 1/4분기 업무 보고
② 기획 세미나 참석
③ 워크숍 예산 수립
④ 경쟁사 물품 조사
⑤ 신제품 전략 기획

66 다음 농협의 농업·농촌운동 중 '또 하나의 마을 만들기'에 대한 설명으로 적절하지 않은 것은?

① 2016년부터 전개하여 현재까지 진행되고 있다.
② 명예이장을 위촉하는 등의 활동을 통해 도시와 농촌의 교류를 활성화한다.
③ 농업의 공익적 가치를 확산시키기 위한 목적으로 시행된다.
④ '자립, 과학, 협동하는 농민'을 신조로 한다.
⑤ 1대 1 쌍방향 소통을 원칙으로 전개된다.

67 ○○기업의 교육 담당자인 귀하는 신입사원들을 대상으로 조직목표에 관한 교육을 진행하였다. 다음 중 조직목표의 특징에 대해 바르게 이해한 사원은?

> A 사원: 조직의 실제적인 목표와 공식적인 목표는 반드시 일치해야 합니다.
> B 사원: 조직의 목표들은 조직체제의 다양한 구성요소들과 상호관계를 맺고 있습니다.
> C 사원: 조직의 목표는 조직을 둘러싼 환경 변화에도 변하지 않는 불변성을 지녀야 합니다.
> D 사원: 조직은 여러 목표를 추구하는 것보다 하나의 목표에 집중해야 합니다.
> E 사원: 조직의 목표들은 수평적 상호관계로, 서로 동등관계에 있으면서 영향을 주고받습니다.

① A 사원 　　② B 사원 　　③ C 사원 　　④ D 사원 　　⑤ E 사원

68 다음은 총무부, 인사부, 기획부, 회계부, 영업부로 구성된 회사에서 근무하는 김 과장과 이 사원의 대화 내용이다. 김 과장과 이 사원의 대화를 토대로 판단할 때, 김 과장이 속한 부서는?

> 김 과장: 이 사원. 지방으로 출장을 다녀오셨다고 들었는데 잘 다녀오셨나요?
> 이 사원: 네, 잘 다녀왔습니다. 그런데 이번 출장 중 한 가지 애로사항이 있었습니다. 숙박비를 결제할 때 사내 법인 카드의 한도가 초과되었다고 하여 개인 카드로 결제하였는데 법인 카드의 한도 증액과 출장 여비 지급은 어느 팀에 요청하면 될까요?
> 김 과장: 네, 국내 출장과 관련된 업무는 우리 팀에서 담당하고 있어요. 관련 양식에 맞추어 신청서를 제출해주시면 처리해드릴게요.
> 이 사원: 네, 김 과장님. 감사합니다. 추가로 이번에 출장을 다녀오며 이용한 회사 차량의 타이어 공기압이 낮다는 경고가 표시되었습니다. 차량 관리는 김 과장님 부서에서 진행한다고 들었는데 점검 부탁드리겠습니다.
> 김 과장: 네, 확인해보고 수리하도록 할게요. 고생하셨습니다.

① 총무부 　　② 인사부 　　③ 기획부 　　④ 회계부 　　⑤ 영업부

69 다음 중 후광 효과에 해당하는 사례로 적절한 것은?

① 만화가 독서 능력을 기르는 데 방해가 된다고 믿는 학부모는 만화가 독서 능력을 기르는 데에 이롭다는 증거를 찾으려고 하지 않는다.

② 길을 가던 사람이 신호등의 빨간불을 보고 가던 길을 멈춘다.

③ 어느 사람의 외모에서 좋은 인상을 받아 그 사람의 지능이나 성격 등도 좋게 평가한다.

④ 유명 연예인이 사용한 제품이 일반 소비자들 사이에서도 높은 인기를 보인다.

⑤ 기상관측 프로그램에 초깃값을 소수점 네 번째 자리에서 반올림한 값으로 수정하였을 때 처음과 완전히 다른 결과를 얻었다.

70 다음 빈칸에 들어갈 용어에 대한 설명으로 적절하지 않은 것은?

> (   )은/는 거래 당사자 사이에 미리 정해진 조건에 따라 특정 시점에 상품 혹은 유가증권 등의 자산을 사거나 팔 수 있는 권리를 의미한다.

① 미래에 자산의 가격 변동에 따라 손해를 보거나 투자 기회를 상실하는 위험을 방지할 수 있다.

② 특정한 시점에 정해진 가격으로 매매해야 할 의무가 있는 선물과는 다른 개념이다.

③ 주식, 채권 등의 금융상품과 결합하여 여러 형태의 수익 구조를 갖는 투자 수단 마련에 활용된다.

④ 적은 투자로 많은 이익을 얻을 수 있어서 투기 거래의 수단으로 사용되는 경우가 잦다.

⑤ 매도자가 선택권을 갖는 대신에 매입자에게 지급하는 금액을 프리미엄이라고 한다.

약점 보완 해설집 p.100

무료 바로 채점 및 성적 분석 서비스 바로 가기
QR코드를 이용해 모바일로 간편하게 채점하고 나의 실력이
어느 정도인지, 취약 부분이 어디인지 바로 파악해 보세요!

PART 3

NCS 인적성검사

인적성검사 알아보기

인적성검사 모의테스트

인적성검사 알아보기

인적성검사란?

인적성검사는 기본적인 인간성과 사회생활에 필요한 사교성, 대인관계능력, 사회규범에 대한 적응력 등과 같은 사회성을 파악하고 기업의 인재상에 부합하는 인재인지를 알아보기 위한 검사이다.

대표 출제 유형

인적성검사는 점수 척도형, 예/아니요 선택형, 문항군형 총 3개의 유형으로 출제된다.

유형 1	점수 척도형	제시된 문장을 읽고 자신의 성향에 따라 '전혀 아니다~매우 그렇다' 중 자신의 정도를 선택하는 유형이다.
유형 2	예/아니요 선택형	제시된 문장을 읽고 자신의 성향에 따라 '예(YES)' 또는 '아니요(NO)'를 선택하는 유형이다.
유형 3	문항군형	제시된 문장을 읽고 자신의 성향에 따라 '전혀 아니다~매우 그렇다' 중 자신의 정도를 선택하는 점수 척도형, 제시된 문장 중에서 자신의 성향과 가장 가까운 것 1개와 가장 먼 것 1개를 선택하는 문장 선택형이 일종의 문항군(群)으로 제시되는 유형이다.

인적성검사 특징

인적성검사의 각 문항에 대해 명확하게 제시된 정답은 없으나 일반적으로 각 문항에 대한 응답의 정직성과 허구성을 검출하는 방식으로 채점하게 된다.

인적성검사 Tip

1 일관성 있게 답변한다.

인적성검사에서는 유사한 내용의 문항들에 대한 응답이 상반될 경우 거짓으로 답변한 것으로 간주할 가능성이 있다. 이로 인해 응시자의 검사 결과에 신뢰도가 낮다고 판단하여 탈락요인이 될 수 있으므로, 자신의 성향에 따라 솔직하고 일관성 있게 답변하는 것이 좋다.

2 오래 고민하지 않는다.

인적성검사는 많은 문항이 제시되지만, 모든 문항에 대해 빠짐없이 응답하는 것이 좋다. 따라서 주어진 시간 내에 모든 문항에 응답할 수 있도록 오래 고민하지 말고 바로 답변을 선택하도록 한다.

3 농협의 인재상을 파악해둔다.

인적성검사는 지원자가 기업의 인재상에 부합하는 인물인지를 객관적으로 검증하기 위한 목적도 존재한다. 따라서 시험 전에 농협의 인재상(p.15)을 숙지해두는 것이 좋다.

PART 3 NCS 인적성검사

인적성검사
알아보기

인적성검사
모의테스트

해커스 **지역농협 6급** NCS 인적성 및 직무능력평가 통합 기본서

유형 1 **점수 척도형**

본 점수 척도형 모의테스트는 총 100문항으로 구성되어 있으나, 실제 시험은 151문항이 출제된다.

다음 문항을 읽고 ① 전혀 아니다, ② 그렇지 않다, ③ 그렇다, ④ 매우 그렇다 중에서 본인에게 해당된다고 생각하는 것을 선택하여 표기하시오.

1	아랫사람에게 엄하게 대한다.	①	②	③	④
2	화를 참지 못하는 편이다.	①	②	③	④
3	적은 것을 여럿이 나누는 것보다는 한 사람에게 주는 것이 좋다.	①	②	③	④
4	나는 어린 시절 친구가 별로 없었다.	①	②	③	④
5	타인의 충고를 잘 받아들이는 편이다.	①	②	③	④
6	나에게 주어진 일에 대해서 보람을 느낄 때가 많다.	①	②	③	④
7	어린 시절 어두운 밤길도 별로 두려움 없이 잘 다녔다.	①	②	③	④
8	어린 시절 부모로부터 칭찬보다 꾸지람을 더 들었다.	①	②	③	④
9	나에게 맡겨진 일 이외에는 관심이 없다.	①	②	③	④
10	남들이 쉽게 배우는 것을 나는 어렵게 배우는 편이다.	①	②	③	④
11	물건을 보면 평가하고 연구하려는 마음이 생긴다.	①	②	③	④
12	물품의 규격이 정확하지 않은 것은 사지 않는다.	①	②	③	④
13	학교에는 형식적인 것이 많다고 생각한다.	①	②	③	④
14	규격이 정확한 것보다는 다소 융통성이 있는 것이 좋다.	①	②	③	④
15	순한 사람보다는 분명한 사람이 좋다.	①	②	③	④
16	엄하게 보이는 사람은 대하기가 어렵다.	①	②	③	④
17	좋지 않은 규칙이라도 정해지면 따라야 한다.	①	②	③	④
18	낯선 사람을 보면 부담스럽고 친해지기가 힘들다.	①	②	③	④
19	발표력이 좋다고 생각한다.	①	②	③	④
20	친구들이나 타인들이 나를 비교적 잘 따르는 편이다.	①	②	③	④
21	친구를 찾아가는 것보다는 친구들이 나를 찾아오는 편이다.	①	②	③	④
22	남에게 의견을 말할 때 소신대로 되지 않는다.	①	②	③	④
23	친구들로부터 개성이 뚜렷하다는 말을 많이 듣는다.	①	②	③	④
24	여러 명이 토의할 때 나의 의견을 먼저 말하는 편이다.	①	②	③	④

25	매사에 적극적인 편이다.	①	②	③	④
26	분노가 강하고 흥분을 잘한다.	①	②	③	④
27	수학(계산)을 잘하는 편이다.	①	②	③	④
28	잘 모르는 문제가 있으면 타인에게 물어 곧 해결한다.	①	②	③	④
29	국가의 경쟁력을 키우기 위해서는 기업이 투자를 많이 해야 한다고 생각한다.	①	②	③	④
30	지나치게 생각해서 기회를 놓치는 편이다.	①	②	③	④
31	임기응변적인 일이 적성에 맞는 것 같다.	①	②	③	④
32	인정이 많은 사람을 좋아한다.	①	②	③	④
33	일에서는 인간관계를 소중히 하고 싶다.	①	②	③	④
34	논리력이 뛰어나다는 말을 자주 듣는다.	①	②	③	④
35	남을 돕기 위해서라면 규칙을 벗어나도 어쩔 수 없다.	①	②	③	④
36	남달리 이성적이며 냉정한 편이다.	①	②	③	④
37	남의 기분이나 감정에 별로 관심이 없다.	①	②	③	④
38	개인의 자유로운 행동보다는 조직적으로 행동하는 것을 좋아한다.	①	②	③	④
39	여행에서는 일정대로 행동하는 것을 좋아한다.	①	②	③	④
40	우리나라는 복지를 확대해야 한다고 생각한다.	①	②	③	④
41	일은 계획적으로 하는 편이다.	①	②	③	④
42	규칙이나 법률을 중시한다.	①	②	③	④
43	역할보다는 목표에 가치를 둔다.	①	②	③	④
44	돈을 빌리거나 빌려주지 않는 성향이다.	①	②	③	④
45	실제보다 축소 해석하는 것이 안 된다고 생각한다.	①	②	③	④
46	보수적 성향보다는 개혁적 성향이 높다.	①	②	③	④
47	지나친 기대를 갖지 않고 있는 그대로 최선을 다하는 편이다.	①	②	③	④
48	대중교통을 선호하는 편이다.	①	②	③	④
49	사회적 기업의 목표는 이윤창출보다는 사회적 가치를 만드는 것이다.	①	②	③	④
50	목표가 정해지면 무슨 일이라도 달성하려고 한다.	①	②	③	④
51	만난 사람들의 이름을 잘 기억하지 못하는 편이다.	①	②	③	④
52	보수에 따라 일의 결과가 다르다고 생각한다.	①	②	③	④
53	기획하거나 구상하는 것은 별 흥미가 없다.	①	②	③	④
54	새로운 아이디어를 발상하는 능력이 뛰어나다.	①	②	③	④
55	좋은 결과이든 나쁜 결과이든 원인을 탐색한다.	①	②	③	④
56	실수는 자기 발전에 저해가 되는 요인이다.	①	②	③	④
57	복잡한 문제를 해결해 가는 것을 좋아한다.	①	②	③	④
58	예사롭게 넘어갈 것도 신경을 쓰는 편이다.	①	②	③	④
59	카드 결제보다는 현금 결제를 많이 한다.	①	②	③	④
60	앞면을 보면 자연스럽게 뒷면을 보게 된다.	①	②	③	④

61	새로운 도구를 개발하는 데 취미가 있다.	①	②	③	④
62	어렵게 찾는 것보다는 쉽게 찾는 것을 선호한다.	①	②	③	④
63	'그렇다', '아니다'보다는 '왜'라는 생각을 많이 한다.	①	②	③	④
64	사람들이 잘 모르는 것에 대해 파악하는 것을 좋아한다.	①	②	③	④
65	깊이 있는 음악보다는 가벼운 음악을 선호한다.	①	②	③	④
66	특수한 것보다는 평범한 것을 선호한다.	①	②	③	④
67	프리랜서보다는 안정된 직장을 선호한다.	①	②	③	④
68	감수성이 풍부하다.	①	②	③	④
69	다양한 정보는 자기만 많이 가지고 있어야 한다.	①	②	③	④
70	실내 공간이 자주 변하는 것을 싫어한다.	①	②	③	④
71	같은 물건이라도 색이나 디자인에 관심을 갖는다.	①	②	③	④
72	대화나 토론을 별로 좋아하지 않는다.	①	②	③	④
73	문화생활에 개인 투자를 많이 한다.	①	②	③	④
74	우회적인 설명보다는 직선적인 설명이 좋다.	①	②	③	④
75	경제(돈)가 좋다고 해서 행복한 삶을 살 수 있다고 생각하지 않는다.	①	②	③	④
76	신문의 사회면 기사를 보는 것을 좋아한다.	①	②	③	④
77	통계를 근거로 하지 않는 결과는 신뢰하지 않는다.	①	②	③	④
78	받는 정보보다는 주는 정보가 많다.	①	②	③	④
79	의사소통능력이 부족하다.	①	②	③	④
80	사람이 행복해지려면 환경이 좋아야 한다.	①	②	③	④
81	현실 파악 능력이 다소 둔하다.	①	②	③	④
82	남에게 얽매이는 것을 싫어한다.	①	②	③	④
83	계획성이 없는 사람은 싫다.	①	②	③	④
84	휴식시간 정도는 혼자 있고 싶다.	①	②	③	④
85	아는 사람을 만나도 피해 버린다.	①	②	③	④
86	친구 사이에 갈등이 생기면 잘 해결하는 편이었다.	①	②	③	④
87	조직의 일원으로서 움직이는 것이 서툴다.	①	②	③	④
88	상담 직종에 관심이 많다.	①	②	③	④
89	개인의 능력보다 사회 제도가 좋아야 생산성이 높다.	①	②	③	④
90	내가 불리하면 상대를 이해하지 않는다.	①	②	③	④
91	주변에 도와주어야 할 사람들이 많은 것 같다.	①	②	③	④
92	개인 사업보다 집단에서 일하는 것을 선호한다.	①	②	③	④
93	남들이 꺼리는 일을 하고 싶은 성향이 강하다.	①	②	③	④
94	신체(몸)를 보호하는 것에 신경을 많이 쓴다.	①	②	③	④
95	어떤 사건에 대한 분석을 예리하게 하지 못한다.	①	②	③	④
96	질서와 규범을 준수하는 것은 모두를 위한 것이다.	①	②	③	④

97	타협보다는 행동으로 해결하는 것이 빠르다.	①	②	③	④
98	조사나 정보 수집에 관심이 많다.	①	②	③	④
99	어려운 환경을 이겨 나가는 의지가 부족한 편이다.	①	②	③	④
100	앞장서는 것은 희생이 많아서 선호하지 않는다.	①	②	③	④

본 예/아니요 선택형 모의테스트는 총 100문항으로 구성되어 있으나, 실제 시험은 210문항이 출제된다.

다음 문항을 읽고 '예(YES)'라고 생각되면 ⓨ에, '아니요(NO)'라고 생각되면 ⓝ에 표기하시오.

1	거짓말을 해본 적이 없다.	ⓨ	ⓝ
2	손에 땀이 날 때가 많다.	ⓨ	ⓝ
3	어른(윗사람)들과는 같이 있고 싶지 않다.	ⓨ	ⓝ
4	어두운 곳보다는 밝은 곳이 좋다.	ⓨ	ⓝ
5	남이 만진 물건은 병에 걸릴 것 같아 만지기가 싫다.	ⓨ	ⓝ
6	갖고 싶은 물건이 너무 많다.	ⓨ	ⓝ
7	친구가 상을 받으면 내가 못 받은 것이 더 분하다.	ⓨ	ⓝ
8	빈방에 혼자 있으면 무서워서 밖으로 나온다.	ⓨ	ⓝ
9	상대를 이기기 위해서는 수단과 방법을 가리지 말아야 한다.	ⓨ	ⓝ
10	손을 자주 씻는다.	ⓨ	ⓝ
11	내 물건을 남이 만지면 속상하다.	ⓨ	ⓝ
12	남들이 입지 않는 옷을 입으면 나를 쳐다보는 것 같아 입을 수가 없다.	ⓨ	ⓝ
13	붉은색을 보면 기분이 이상해지고 신경질이 난다.	ⓨ	ⓝ
14	물건은 겉보기보다는 수명이 길어야 한다.	ⓨ	ⓝ
15	주위 친구들이 나를 흉보는 것 같다.	ⓨ	ⓝ
16	큰 물건보다는 작은 물건들이 좋다.	ⓨ	ⓝ
17	단체 운동보다는 개인 운동을 좋아한다.	ⓨ	ⓝ
18	친구들과 말하기를 좋아한다.	ⓨ	ⓝ
19	책 읽기를 좋아한다.	ⓨ	ⓝ
20	늦잠을 자고 늦게 일어나는 편이다.	ⓨ	ⓝ
21	집안 심부름을 잘한다고 칭찬을 많이 듣는다.	ⓨ	ⓝ
22	껌을 씹거나 음식을 먹으면서 공부를 하면 공부가 잘 된다.	ⓨ	ⓝ
23	미술 시간보다는 음악 시간이 좋았다.	ⓨ	ⓝ
24	마감 기한이 다가오면 항상 초조해진다.	ⓨ	ⓝ
25	남에게 무슨 말을 들으면 내가 꼭 그렇게 되는 것 같다.	ⓨ	ⓝ
26	주머니가 많이 달린 옷보다는 주머니가 적게 달린 옷이 좋다.	ⓨ	ⓝ
27	다른 사람들이 잘못했을 때 바른말을 잘한다.	ⓨ	ⓝ
28	남이 나를 칭찬해 주면 하던 일이 더 안 된다.	ⓨ	ⓝ

29	세상에는 좋은 일보다 나쁜 일이 더 많다.	Ⓨ	Ⓝ
30	할 일이 있어도 못하고 망설일 때가 많다.	Ⓨ	Ⓝ
31	나는 친구들의 말을 잘 듣는 편이다.	Ⓨ	Ⓝ
32	운동경기 때 응원을 해도 별로 신이 나지 않는다.	Ⓨ	Ⓝ
33	친구들과 노는 것보다는 혼자서 생각하는 것이 좋다.	Ⓨ	Ⓝ
34	나보다 못한 사람이 상을 받아도 억울한 생각이 안 든다.	Ⓨ	Ⓝ
35	글을 쓰면 바르지 않고 흐트러질 때가 많다.	Ⓨ	Ⓝ
36	어릴 때 부모님이 다투실 때가 많았다.	Ⓨ	Ⓝ
37	아무리 작은 것이라도 한 사람이 모두 갖는 것보다 여러 사람이 나누어 갖는 것이 좋다.	Ⓨ	Ⓝ
38	남의 흉내는 잘 내지만 스스로 탐구하는 것은 부족하다.	Ⓨ	Ⓝ
39	나에게 주어진 일이 어려울 때가 많다.	Ⓨ	Ⓝ
40	친구의 말을 잘 받아들인다.	Ⓨ	Ⓝ
41	일을 하고 나면 큰일을 한 것 같이 자랑스럽다.	Ⓨ	Ⓝ
42	글쓰기나 편지쓰기를 잘한다.	Ⓨ	Ⓝ
43	좋은 일을 했을 때 남에게 자랑하여 인정받고 싶다.	Ⓨ	Ⓝ
44	남의 도움을 받지 않고 스스로 해결한다.	Ⓨ	Ⓝ
45	물건을 보면 탐구하는 마음이 생긴다.	Ⓨ	Ⓝ
46	꾸지람을 들을 때 거짓말을 잘한다.	Ⓨ	Ⓝ
47	내 일이 아닌데 나보고 하라고 하면 화가 난다.	Ⓨ	Ⓝ
48	부모님의 요구가 나보다는 부모님을 위한 것이 많다.	Ⓨ	Ⓝ
49	불쌍한 사람을 보면 도와주고 싶다.	Ⓨ	Ⓝ
50	귀찮은 규칙도 정해지면 따라야 한다.	Ⓨ	Ⓝ
51	상점보다는 거리에서 파는 물건을 많이 산다.	Ⓨ	Ⓝ
52	아버지는 잘못했을 때 용서해 주지 않는 편이다.	Ⓨ	Ⓝ
53	몸에 맞는 옷보다는 넉넉한 옷이 좋다.	Ⓨ	Ⓝ
54	무섭게 보이는 사람은 대하기가 어렵다.	Ⓨ	Ⓝ
55	여러 사람 앞에서는 말을 하고 싶어도 마음대로 되지 않는다.	Ⓨ	Ⓝ
56	처음 대하는 사람과 친해지기가 어렵다.	Ⓨ	Ⓝ
57	인사를 잘한다고 칭찬을 많이 듣는다.	Ⓨ	Ⓝ
58	친구들의 싸움을 잘 처리해 준다.	Ⓨ	Ⓝ
59	무엇을 해도 다른 사람보다 내가 빠른 편이다.	Ⓨ	Ⓝ
60	소질이 많지 않고 적은 편이다.	Ⓨ	Ⓝ
61	흥분을 잘하고 울기를 잘한다.	Ⓨ	Ⓝ
62	다른 사람과 의논할 때 나의 의견을 먼저 발표한다.	Ⓨ	Ⓝ
63	여러 사람 앞에서 노래나 내 자랑을 잘한다.	Ⓨ	Ⓝ
64	다른 사람들이 나를 따르는 편이다.	Ⓨ	Ⓝ

65	나에게 불행한 일이 생기지 않을까 늘 불안하다.	Ⓨ	Ⓝ
66	범죄나 좋지 않은 사건에 늘 관심이 간다.	Ⓨ	Ⓝ
67	집을 떠나고 싶은 생각이 많이 든다.	Ⓨ	Ⓝ
68	조그만 자극에도 잘 놀란다.	Ⓨ	Ⓝ
69	불쾌한 일이 생기면 머리에 오래 남는다.	Ⓨ	Ⓝ
70	나의 계획은 대체로 실패로 끝나는 확률이 높다.	Ⓨ	Ⓝ
71	세상 사람들이 모두 나를 속이는 것 같다.	Ⓨ	Ⓝ
72	친구를 사귀고 싶은 마음이 전혀 없다.	Ⓨ	Ⓝ
73	남들에게는 숨겨야 할 것을 나는 가지고 있다.	Ⓨ	Ⓝ
74	아버지 직업에 변동이 많았다.	Ⓨ	Ⓝ
75	모임에서 대표로 선출된 일이 많다.	Ⓨ	Ⓝ
76	여러 사람 앞에서 사회를 잘 본다.	Ⓨ	Ⓝ
77	혼자 있으면 불안하고 여러 명이 있으면 안정된다.	Ⓨ	Ⓝ
78	기억력이 감퇴되고 있음을 현저히 느낀다.	Ⓨ	Ⓝ
79	정신집중이 잘 안 되고 산만해진다.	Ⓨ	Ⓝ
80	언젠가는 모든 사람들에게 존경받는 인물이 될 것이라고 생각한다.	Ⓨ	Ⓝ
81	일을 해 놓고 불안하여 자주 확인한다.	Ⓨ	Ⓝ
82	나에게 중병이 걸려 있는 것 같이 생각된다.	Ⓨ	Ⓝ
83	용서받을 수 없는 큰 죄를 지었다.	Ⓨ	Ⓝ
84	끝없이 여행을 하고 싶다.	Ⓨ	Ⓝ
85	주위에 물건이 흩어져 있으면 산만해서 일을 할 수가 없다.	Ⓨ	Ⓝ
86	음악을 들으면서 공부나 일을 하면 잘 된다.	Ⓨ	Ⓝ
87	초대받았을 때 중요하지 않다고 생각되면 참석하지 않는다.	Ⓨ	Ⓝ
88	책을 읽을 때 중요하다고 생각되는 부분을 먼저 읽는다.	Ⓨ	Ⓝ
89	사람들과 대화하기를 좋아한다.	Ⓨ	Ⓝ
90	과학이 발달할수록 인간은 행복해진다고 생각한다.	Ⓨ	Ⓝ
91	갖고 싶은 물건이 있으면 가져야 마음이 안정된다.	Ⓨ	Ⓝ
92	무슨 일을 하려면 사전에 계획을 잘 세워야 한다.	Ⓨ	Ⓝ
93	잃어버린 물건이 있을 때 크게 걱정한다.	Ⓨ	Ⓝ
94	단체 운동을 할 때 공격보다는 수비를 하는 편이 많다.	Ⓨ	Ⓝ
95	식사나 음식을 남보다 빠르게 먹는다.	Ⓨ	Ⓝ
96	매사에 여유 있게 준비를 하여 손해를 본다.	Ⓨ	Ⓝ
97	강의나 대화를 들어도 이해가 안 되는 경우가 많다.	Ⓨ	Ⓝ
98	나는 상대방의 말을 잘 듣는 편이다.	Ⓨ	Ⓝ
99	명랑한 노래보다는 슬픈 노래를 좋아한다.	Ⓨ	Ⓝ
100	일(공부)을 하려면 잡념이 생겨서 포기할 때가 많다.	Ⓨ	Ⓝ

본 문항군형 모의테스트는 총 10개의 문항군으로 구성되어 있으나, 실제 시험은 40~50개의 문항군이 출제된다.

[응답 I] 다음 4개의 문항 각각에 대해 ① 전혀 아니다, ② 그렇지 않다, ③ 보통이다, ④ 그렇다, ⑤ 매우 그렇다 중에서 본인에게 해당된다고 생각하는 것을 선택하여 표기하시오.

[응답 II] 다음 4개의 문항 중 자신의 모습과 가장 멀다고 생각하는 것 1개와 가장 가깝다고 생각하는 것 1개를 선택하여 표기하시오.

1		응답 I					응답 II	
		전혀 아니다 ◀ 보통이다 ▶ 매우 그렇다					멀다	가깝다
A	문제를 보면 그 이상의 무엇이 있다는 생각을 하게 된다.	①	②	③	④	⑤	○	○
B	남들이 하지 않은 일에 도전하기를 좋아한다.	①	②	③	④	⑤	○	○
C	조직이 운영되기 위해 때로는 구성원의 희생이 필요하다.	①	②	③	④	⑤	○	○
D	나는 융통성이 있는 사람이다.	①	②	③	④	⑤	○	○

2		응답 I					응답 II	
		전혀 아니다 ◀ 보통이다 ▶ 매우 그렇다					멀다	가깝다
A	일의 목적과 방향은 언제든 변화할 수 있다고 생각한다.	①	②	③	④	⑤	○	○
B	기발한 아이디어를 내는 사람과 일하고 싶다.	①	②	③	④	⑤	○	○
C	마감 기한에 임박해야 일이 잘 된다.	①	②	③	④	⑤	○	○
D	매뉴얼에 따라 일하는 것이 편하다.	①	②	③	④	⑤	○	○

3		응답 I					응답 II	
		전혀 아니다 ◀ 보통이다 ▶ 매우 그렇다					멀다	가깝다
A	여러 사람 앞에서 내 생각을 당당하게 말할 수 있다.	①	②	③	④	⑤	○	○
B	새로운 사람보다는 오래 알고 지낸 사람을 만나는 것이 좋다.	①	②	③	④	⑤	○	○
C	어떤 일을 할 때 협동하기보다는 혼자서 빨리 처리하는 것을 선호한다.	①	②	③	④	⑤	○	○
D	주변 사람들이 나에 대해 오해하는 경우가 많다.	①	②	③	④	⑤	○	○

4		응답 I					응답 II	
		전혀 아니다 ◀	보통이다	▶ 매우 그렇다			멀다	가깝다
A	생각보다 행동이 앞서는 경우가 많다.	①	②	③	④	⑤	○	○
B	일정을 맞추는 것보다는 더 좋은 결과물을 내는 것이 중요하다.	①	②	③	④	⑤	○	○
C	충분히 상황을 지켜본 뒤 결정을 내리는 편이다.	①	②	③	④	⑤	○	○
D	남들은 잘 알지 못하는 사소한 부분에도 신경을 쓴다.	①	②	③	④	⑤	○	○

5		응답 I					응답 II	
		전혀 아니다 ◀	보통이다	▶ 매우 그렇다			멀다	가깝다
A	대중가요보다는 클래식을 좋아한다.	①	②	③	④	⑤	○	○
B	물건을 살 때 디자인보다 실용성을 중시한다.	①	②	③	④	⑤	○	○
C	나와 정반대되는 생각을 가진 사람을 설득할 수 있다.	①	②	③	④	⑤	○	○
D	주변을 항상 깔끔하게 정리한다.	①	②	③	④	⑤	○	○

6		응답 I					응답 II	
		전혀 아니다 ◀	보통이다	▶ 매우 그렇다			멀다	가깝다
A	타인의 부탁을 잘 거절하지 못한다.	①	②	③	④	⑤	○	○
B	합리적인 사람으로 평가받고 싶다.	①	②	③	④	⑤	○	○
C	부당한 대우를 받는 사람을 모른 체할 수 없다.	①	②	③	④	⑤	○	○
D	남이 나에 대해 어떻게 생각하는지 궁금하다.	①	②	③	④	⑤	○	○

7		응답 I					응답 II	
		전혀 아니다 ◀	보통이다	▶ 매우 그렇다			멀다	가깝다
A	과제가 생기면 제때제때 하지 않고 몰아서 하는 편이다.	①	②	③	④	⑤	○	○
B	일보다는 사생활에 비중을 더 둔다.	①	②	③	④	⑤	○	○
C	의리보다는 신용이 더 중요하다고 생각한다.	①	②	③	④	⑤	○	○
D	목표를 달성하기 위해서 싫어하는 사람과도 손잡을 수 있다.	①	②	③	④	⑤	○	○

8		응답 I					응답 II	
		전혀 아니다 ◀	보통이다	▶	매우 그렇다		멀다	가깝다
A	개혁은 신중하게 해야 한다고 생각한다.	①	②	③	④	⑤	○	○
B	남을 이끌기보다는 따르기를 좋아한다.	①	②	③	④	⑤	○	○
C	적당한 것보다는 선이 분명한 것을 선호한다.	①	②	③	④	⑤	○	○
D	주위 배경이 좋아야 성공할 수 있다고 생각한다.	①	②	③	④	⑤	○	○

9		응답 I					응답 II	
		전혀 아니다 ◀	보통이다	▶	매우 그렇다		멀다	가깝다
A	책이나 영화를 볼 때 감정 이입을 잘하는 편이다.	①	②	③	④	⑤	○	○
B	새로운 사람과 친해지는 데 많은 시간이 걸린다.	①	②	③	④	⑤	○	○
C	믿음이 가지 않는 상대의 말은 참고하지 않는다.	①	②	③	④	⑤	○	○
D	낯선 환경에도 쉽게 적응할 수 있다.	①	②	③	④	⑤	○	○

10		응답 I					응답 II	
		전혀 아니다 ◀	보통이다	▶	매우 그렇다		멀다	가깝다
A	한번 정해진 것은 바꾸어서는 안 된다.	①	②	③	④	⑤	○	○
B	과거의 체험은 중요한 기준이 못 된다.	①	②	③	④	⑤	○	○
C	계획을 세우는 데 공을 들이는 편이다.	①	②	③	④	⑤	○	○
D	위기에 직면했을 때 이성적으로 판단할 수 있다.	①	②	③	④	⑤	○	○

PART 4

면접

면접전형 알아보기

지역별 면접 출제 문제

■ 면접전형 알아보기

면접전형이란?

지역농협 6급 면접은 서류전형과 필기시험을 보완하여, 농협이 추구하는 인재상과의 부합 여부 및 지원자의 잠재적 역량과 열정 등을 평가하는 단계이다.

면접전형 구성 및 특징

지역농협 6급 면접은 블라인드 집단 면접으로 진행된다.

1차 면접(인성 면접)	기본 인성, 지원 동기, 시사 상식 등 공통 질문과 개별 질문에 대한 답변 내용을 평가한다.
2차 면접(주장 면접)	농협, 경제/경영 상식, 시사 상식 등 제시된 특정 주제에 대한 지원자의 답변 내용을 평가한다.

면접전형 대비 전략

1 자신을 분명하게 드러낼 수 있는 자기소개를 준비한다.

약 1분의 짧은 시간 내에 자신을 분명하게 드러낼 수 있는 자기소개를 미리 준비한다. 자신의 개별 신상과 관련된 내용을 나열하기보다는 자신을 표현할 수 있는 키워드를 준비하거나 농협의 인재상 및 비전과 관련지어 자신의 입사 후 포부를 포함하여 마무리하는 식의 자기소개를 준비하는 것이 좋다.

2 지역농협 면접 기출 질문에 답변하는 연습을 한다.

인성, 가치관, 직무 관련 질문들은 매해 면접에서 반복적으로 나오는 경향이 있으므로 지역농협 면접 기출 질문을 찾아보고, 이에 대해 답변하는 연습을 해야 한다.

3 농협의 최근 사업 방향 및 농협 관련 시사 이슈를 파악한다.

면접 전에 농협의 최근 사업부 변화나 농협과 관련된 사회적 이슈에 대해 미리 찾아보고, 이와 관련된 기본적인 내용을 틈틈이 숙지해두어야 한다.

4 최신 사회적 이슈나 농업 관련 이슈에 대한 자신의 의견을 정리한다.

2차 면접에서는 최신 사회적 이슈 또는 농업 관련 이슈에 대한 자신의 주장을 이야기하거나 찬성 또는 반대 의견을 이야기해야 한다. 이에 대비하기 위해 최근에 사회적으로 크게 논란이 되었던 문제나 농업 관련 문제에 대한 자신의 견해를 정리해보고, 찬성과 반대의 관점을 모두 정리해두는 것이 좋다.

5 경제/경영 분야의 상식에 대한 기본 개념을 학습한다.

경제/경영 분야의 상식에 대한 기본적인 개념을 물어보는 경우가 있으므로 기본적인 경제/경영 분야의 개념을 학습해두어야 한다.

6 두괄식으로 답변하는 연습을 한다.

자신의 의견을 명확하게 전달하기 위해 결론부터 먼저 말하고, 그 이후에 결론을 뒷받침하는 근거를 말하는 연습을 해야 한다.

① 서울 면접 출제 문제

1차 면접

· 자기소개를 해보시오.
· 자기계발 활동으로 무엇을 하고 있는가?
· 생활의 신조는 무엇인가?
· 결혼관은 무엇인가?
· 갑자기 10억 정도의 일확천금이 생기게 된다면 어떻게 할 것인가?
· 살면서 가장 후회되는 것은?
· 가장 감명 깊게 읽은 책은 무엇인가?
· 어떤 각오로 농협에서 일할 것인가?
· 농협에서 어떤 일을 하고 싶고, 어떻게 성장할 것인가?
· 희망하는 연봉은 어느 정도인가?
· 농협에 대해 어떻게 생각하는가?
· 농협의 단점은 무엇이라고 생각하는가?
· 축협 한우프라자에 방문해 본 적이 있는가?
· 농협의 향후 발전 방향은 어떨 것으로 생각하는가?
· 농협과 삼성그룹에 동시에 합격하게 된다면, 어디에 입사할 것인가?
· 주말에 농촌 봉사활동을 할 수도 있는데 할 수 있겠는가?
· 본인이 농협에서 근무하고 있는데 본인의 어머니가 가진 천만 원의 여유자금을 금리 7%인 타 은행에 예치하려고 한다면, 어떻게 해서 어머니가 농협으로 천만 원을 예치할 수 있도록 할 것인가?
· 조직 생활이란 무엇이라고 생각하는가?
· 상사와 갈등이 있다면 어떻게 해결할 것인가?
· 하나로마트에서 수입산 바나나를 판매하는 것에 대해 어떻게 생각하는가?
· 사회 환원과 봉사의 차이에 대해 설명해보시오.
· 지급유예(모라토리엄)에 대해 설명해보시오.
· 구상권에 대해 설명해보시오.
· SSM에 대해 설명해보시오.
· 그린오션에 대해 설명해보시오.
· 버핏세에 대해 설명해보시오.
· 은행세에 대해 설명해보시오.
· 더블딥에 대해 설명해보시오.
· 고향세에 대해 설명해보시오.
· 기준금리인상에 대해 설명해보시오.
· DTI에 대해 설명해보시오.
· 블루오션에 대해 설명해보시오.
· 노이즈마케팅에 대해 설명해보시오.
· 기업을 선택하는 기준은 무엇인가?
· 국립공원 케이블카 설치에 대해 어떻게 생각하는가?
· 농촌에 기여하고 싶은 부분은 무엇인가?

2차 면접

· 자립형 사립고 폐지에 대한 찬성 또는 반대 의견을 말하시오.
· 기초선거구 정당 공천제 폐지에 대한 찬성 또는 반대 의견을 말하시오.
· 밀양 송전탑 건설에 대한 찬성 또는 반대 의견을 말하시오.

PART 4 면접

면접전형
알아보기

지역별
면접 출제 문제

해커스 지역농협 6급 NCS 인적성 및 직무능력평가 통합 기본서

2차 면접	· 대형마트 주말 의무 휴업(영업 규제)에 대한 찬성 또는 반대 의견을 말하시오. · 농협의 수입 농산물 판매에 대한 찬성 또는 반대 의견을 말하시오. · 한중 FTA에 대한 찬성 또는 반대 의견을 말하시오. · 대학기부금 입학제에 대한 찬성 또는 반대 의견을 말하시오. · 정리해고에 대한 찬성 또는 반대 의견을 말하시오. · 오디션 프로그램에 대한 찬성 또는 반대 의견을 말하시오. · 농촌경제 활성화를 위한 지역농협의 역할에 대해 설명해보시오. · 지역농협의 지역 특색에 맞는 맞춤형 마케팅 방안에 대해 말하시오. · 폭염으로 인한 피해를 줄이기 위한 방안에 대해 설명하시오.

② 인천 면접 출제 문제

1차 면접	· 자기소개를 해보시오. · 지원동기는 무엇인가? · 자신이 생각하는 성실함이란 무엇인가? · 존경하는 인물은 누구이며, 그 사람으로 인해 어떤 영향을 받았는가? · 자신의 장점(특기)은 무엇인가? · 자기계발 활동으로 무엇을 하고 있는가? · 체력(건강)관리는 어떻게 하는가? · 동아리 활동을 해 본 적이 있는가? 맡았던 직책과 어려웠던 점은 무엇이었는가? · 결혼한 후 배우자와 가사분담을 어떻게 할 것인가? · 봉사활동 경험이 있다면 느꼈던 점은 무엇인가? · 도전적이거나 창의적으로 무엇을 이루어낸 성과가 있는가? · 농업과 관련된 경험이 있는가? · 조직 생활에서 중요한 것은 무엇이라고 생각하는가? · 상사가 부당한 것을 요구할 때 해결 방안은 무엇인가? · 어떤 각오로 농협에서 일할 것인가? · 농협의 최근 이슈는 무엇인가? · 농협이 다른 기업과 비교해 더 성장할 수 있는 방향은 무엇인가? · 농협은행 지점에 방문해 본 적이 있는가? 직원들의 친절도는 타 은행에 비해 어떠한가? 개선할 점은 없는가? · 농협의 성장 가능성과 잠재력은 무엇이라고 생각하는가? · 한국 경제의 문제점은 무엇이라고 생각하는가? · 햇살론에 대해 어떻게 생각하는가? · FTA에 대해 어떻게 생각하는가? · 성과연봉제에 대해 설명해보시오. · 쌀 직불금에 대해 설명해보시오. · 스미싱에 대해 설명해보시오. · G20에 대해 설명해보시오. · 옐로우칩에 대해 설명해보시오. · 바나나 현상에 대해 설명해보시오. · 립스틱 효과에 대해 설명해보시오. · 무어의 법칙에 대해 설명해보시오.
2차 면접	· 특정 지역을 선택한 후, 그 지역에서 나오는 특산품과 관광객을 유치하기 위한 전략을 말하시오. · 초·중·고교생의 9시 등교제에 대한 찬성 또는 반대 의견을 말하시오. · 농협의 수입 농산물 판매에 대한 찬성 또는 반대 의견을 말하시오. · 농촌의 고령화를 해소하기 위해 청년층의 농촌 유입을 유도할 수 있는 방안에 대해 말하시오.

③ 경기 면접 출제 문제

1차 면접	· 자신이 농협에 적합한 이유가 무엇인가? · 지원동기는 무엇인가? · 스스로 무언가를 한 경험이 있는가? · 원하지 않는 부서로 배정되면 어떻게 할 것인가? · 남을 위해 무엇을 한 경험이 있는가? · 자신이 가장 박식하다고 여기는 분야는 무엇인가? · 일을 제외하고 개인적으로 이루고 싶은 일은 무엇인가? · 존경하는 역사적 인물은 누구인가? · 입사를 위해 준비한 것은 무엇인가? · 거짓말을 한 경험이 있는가? 거짓말을 했던 이유는 무엇인가? 다시 그 상황에서 선택할 수 있다면 어떻게 할 것인가? · 존경하는 인물은 누구이며, 그 사람으로 인해 어떤 영향을 받았는가? · 살면서 가장 올바른 의사결정은 무엇이었는가? · 조직을 위해 헌신했던 경험이 있는가? · 조직 내 첨예한 갈등이 생겼을 때는 언제이며, 그 상황을 어떻게 해결했는가? · 오늘 옆 지원자와 얘기를 한 적이 있는가? 있다면 옆 지원자가 사교적이라고 생각하는가? · 자기계발 활동으로 무엇을 하고 있는가? · 봉사활동 경험이 있다면 느꼈던 점은 무엇인가? · 자신이 손해를 보게 되더라도 정직하게 행동했던 경험이 있는가? · 성공의 기준은 무엇인가? · 희망하는 연봉은 어느 정도인가? · 바람직한 직장 분위기 조성을 위해 필요한 것은 무엇인가? · 상사가 진행하는 일이 본인의 생각과 다르다면 어떻게 할 것인가? · 농협이 하는 사업에 대해 자신이 알고 있는 것을 말해보시오. · 농협이 하는 사업에 대해 어떻게 생각하는가? · 농협인으로서 갖춰야 할 품성(덕목)은 무엇이라고 생각하는가? · 농협에 노동조합이 필요하다고 생각하는가? · 농산물의 가격은 어떻게 책정되어야 한다고 생각하는가? · 하나로마트에서 수입 농산물을 판매하는 것에 대해 어떻게 생각하는가? · 잡셰어링에 대해 설명해보시오. · 인구절벽에 대해 설명해보시오. · 공동화 현상에 대해 설명해보시오. · 식물공장에 대해 설명해보시오. · 레몬마켓에 대해 설명해보시오. · 6차산업에 대해 설명해보시오. · 치킨게임에 대해 설명해보시오. · 임금피크제에 대해 설명해보시오. · 농지의 기능에 대해 설명해보시오. · 워킹푸어에 대해 설명해보시오. · 미국의 양적 완화 정책에 대해 설명해보시오. · SSM에 대해 설명해보시오. · 저관여제품에 대해 설명해보시오. · 딤섬본드에 대해 설명해보시오. · 한국의 기준금리에 대해 설명해보시오. · 갈라파고스 이론에 대해 설명해보시오. · 크라우드 펀딩에 대해 설명해보시오. · 바이오시밀러에 대해 설명해보시오.

1차 면접	· 농협의 역사와 나아갈 방향에 대해 설명해보시오. · 우리나라 농업의 현안과 시사점을 설명해보시오. · 규칙적인 생활을 지키기 위해 무엇을 하고 있는가? · 주도적으로 목표를 달성했던 경험이 있는가? · 바이럴마케팅에 대해 어떻게 생각하는가? · 코로나19 이후 감소한 농업소득을 향상시키기 위한 방안에 대해 말하시오. · 약속을 지키려고 했던 경험이 있는가? · 탄력근무제의 장단점에 대해 설명해보시오. · 오픈뱅킹이 무엇인지 설명하고, 활용예시를 말하시오. · MBTI가 일으키는 단점은 무엇이라고 생각하는가?
2차 면접	· 핀테크 산업의 전망에 대한 본인의 의견을 말하시오. · 농촌 창업 육성 방안에 대한 본인의 의견을 설명해보시오. · 농협 특화 금융상품에 대해 설명해보시오. · 금리인상에 대한 본인의 의견을 말하시오. · 스마트팜의 해외 사례를 국내에 적용할 방안에 대해 말하시오. · GMO 식품에 대한 자신의 견해와 GMO 식품으로 인한 피해를 최소화할 방안에 대해 말하시오. · 핀테크로 인해 변화된 환경과 그에 대한 금융권(은행)의 대응 방안을 말하시오. · 대형마트 주말 의무 휴업(영업 규제)에 대한 찬성 또는 반대 의견을 말하시오. · 정리해고에 대한 찬성 또는 반대 의견을 말하시오. · 인원 감축과 임금삭감 중 하나를 선택해야 한다면, 어떤 것을 선택할 것인지 말해보시오. · 학교 체벌 금지에 대한 찬성 또는 반대 의견을 말하시오. · 협동조합의 의의와 농협의 발전 방향에 대해 설명해보시오. · 코로나19의 영향으로 경제가 침체되고 있는 와중에 주식 시장이 호황인 이유를 설명해보시오. · 무점포 비대면 거래에 대한 지역농협의 대처 방안에 대해 설명해보시오. · 사회적 이슈를 수용할 때 객관성을 지키는 방법을 설명해보시오. · 가계대출 증가로 인해 농협이 선제적으로 해야하는 것에 대해 말하시오. · 취약계층을 위한 농협의 역할에 대해 본인의 의견을 말하시오.

④ 강원 면접 출제 문제

1차 면접	· 자신의 장점(특기)은 무엇인가? · 지원동기는 무엇인가? · 취득한 자격증을 말해보시오. · 생활신조는 무엇인가? · 봉사활동 경험이 있다면 느꼈던 점은 무엇인가? · 갑자기 10억 정도의 일확천금이 생기게 된다면 어떻게 할 것인가? · 개인이 아닌 팀으로 일해본 경험과 그 과정에서 얻은 것은 무엇인지 설명해보시오. · 농협을 다섯 글자로 표현해보고, 그 이유를 설명해보시오. · '농협'으로 2행시를 지어보시오. · 지역농협은 어떤 기관이라고 생각하는가? · 지역농협이 개선해야 할 점은 무엇이라고 생각하는가? · 농협은행이 아닌 지역농협에 지원한 이유는 무엇인가? · 경제파트와 신용파트가 분리가 되면 경제파트는 어떻게 이익을 내야 할 것인가? · 농협의 인재상에 대해 말해보시오. · 농협에 입사하면 어떤 업무를 하고 싶은가?

1차 면접	· 농협의 장단점은 무엇이라고 생각하는가?
	· 농협에 입사하기 위해 준비한 것은 무엇인가?
	· 고객이 막무가내로 화를 낼 경우 어떻게 대응할 것인가?
	· FTA에 대해 설명해보시오.
	· DTI에 대해 설명해보시오.
	· 하이브리드 채권에 대해 설명해보시오.
	· 군청과 농협의 차이에 대해 설명해보시오.
	· 순이자마진에 대해 설명해보시오.
	· 피치마켓에 대해 설명해보시오.
	· 좀비기업에 대해 설명해보시오.
	· 자본잠식에 대해 설명해보시오.
	· 블랙스완에 대해 설명해보시오.
	· 협동조합에 대해 설명해보시오.
	· 지금까지 가족, 친구, 친척, 지인에게 받은 칭찬 중 최고의 칭찬은 무엇인가?
	· 편견으로 인해 타인과 생긴 갈등을 어떻게 풀 것인가?
	· 본인 삶의 가치관이 무엇인가?
2차 면접	· 지하철 여성 전용칸에 대한 찬성 또는 반대 의견을 말하시오.
	· 지상파 중간광고 도입에 대한 찬성 또는 반대 의견을 말하시오.
	· 베이비박스에 대한 찬성 또는 반대 의견을 말하시오.
	· 기부금 세제 혜택에 대한 찬성 또는 반대 의견을 말하시오.
	· 대형마트 주말 의무 휴업(영업 규제)에 대한 찬성 또는 반대 의견을 말하시오.
	· 한중 FTA에 대한 찬성 또는 반대 의견을 말하시오.
	· 개인회생제도에 대한 찬성 또는 반대 의견을 말하시오.
	· 무상급식/보육에 대한 찬성 또는 반대 의견을 말하시오.

⑤ 대전 면접 출제 문제

1차 면접	· 자기소개를 해보시오.
	· 지원동기는 무엇인가?
	· 자신의 장단점은 무엇인가?
	· 자신의 장점(특기)은 무엇인가?
	· 결혼한 후 배우자와 가사분담을 어떻게 할 것인가?
	· 봉사활동 경험이 있다면 느꼈던 점은 무엇인가?
	· 농협이 하는 사업에 대해 자신이 알고 있는 것을 말해보시오.
	· 농협의 장단점은 무엇이라고 생각하는가?
	· 농협이 수행해야 할 사회적 책임은 무엇이라고 생각하는가?
	· 농협에 입사하면 어떤 업무를 하고 싶은가?
	· FTA에 대해 설명해보시오.
	· PF에 대해 설명해보시오.
	· 립스틱 효과에 대해 설명해보시오.
	· 노블레스 오블리주에 대해 설명해보시오.
	· 버핏세에 대해 설명해보시오.
	· 사이드카에 대해 설명해보시오.
2차 면접	· 제주 해군기지 설립에 대한 찬성 또는 반대 의견을 말하시오.

⑥ 충북 면접 출제 문제

1차 면접	· 자기소개를 해보시오. · 자신의 장점(특기)은 무엇인가? · 지원동기는 무엇인가? · 최근에 인상 깊게 읽은 책은 무엇인가? · 인생의 멘토는 누구인가? · 결혼한 후 배우자와 가사분담을 어떻게 할 것인가? · 인간관계에서의 중요한 점은 무엇이라고 생각하는가? · 바람직한 직장 분위기 조성을 위해 필요한 것은 무엇인가? · 희망 연봉과 그 이유에 대해 말해보시오. · 농협에 입사하면 어떤 업무를 하고 싶은가? · 외곽 지역으로 발령을 받게 된다면 어떻게 할 것인가? · 상사가 불합리한 일을 시킬 때 어떻게 하겠는가? · 상사와 갈등이 있다면 어떻게 해결할 것인가? · 농협에서 근무할 경우 농협은 주5일제를 전면적으로 실시하지 않고 있으므로 주말에 근무할 수도 있는데 이에 대해 어떻게 생각하는가? · 농협은행 지점에 방문해 본 적이 있는가? 있다면 어느 지점이었나? · 여러 업무 중 자신이 싫어하는 업무에 배정되었을 때 어떻게 할 것인가? · 고객이 막무가내로 화를 낼 경우 어떻게 대응할 것인가? · 배춧값 폭락으로 한 농민이 농협에 배추를 가져와 판매해달라고 할 경우 어떻게 대응할 것인가? · 인구절벽에 대해 설명해보시오. · 핀테크에 대해 설명해보시오. · FTA에 대해 어떻게 생각하는가? · 쌀 한 가마니의 가격은 얼마인가? · 양적 팽창에 대해 설명해보시오. · MOT에 대해 설명해보시오. · 커플링 효과에 대해 설명해보시오. · 노블레스 오블리주에 대해 설명해보시오. · PF에 대해 설명해보시오. · GCF에 대해 설명해보시오. · 워킹푸어에 대해 설명해보시오. · 쌀 직불금에 대해 설명해보시오. · 출구전략에 대해 설명해보시오. · 지금까지 본인의 견해를 지지받은 경험을 말해보시오. · 본인의 주장이 좋은 평가를 받았던 경험을 말해보시오.
2차 면접	· 지역축제와 농협은 어떤 관련이 있는지 설명하고, 지역축제 활성화를 위해 농협이 해야 할 일에 대해 말하시오. · 스쿨존 내 호텔 건립 허용에 대한 찬성 또는 반대 의견을 말하시오. · 범죄 수사 시 휴대전화 감청에 대한 찬성 또는 반대 의견을 말하시오. · 원자력 발전소 설립에 대한 찬성 또는 반대 의견을 말하시오.

⑦ 충남 면접 출제 문제

1차 면접

- 친해지기 어려운 사람은 어떤 사람인가?
- 의견이 서로 다를 때 어떤 방식으로 조율하는가?
- 농협인으로서 가져야 하는 자세는 무엇인가?
- 한류문화에 대한 본인의 의견을 말해보시오.
- 삼권분립에 대해 설명해보시오.
- 자신이 친구에게 영향력을 끼친 경험을 말해보시오.
- 많이 알려진 사람 중에 자신과 성격이 유사한 사람을 소개해보시오.
- 직장의 의미는 무엇이라고 생각하는가?
- 동아리 활동 경험에 대해 말해보시오.
- 자신의 장점을 말하고, 그것을 농협 업무에 어떻게 접목할 수 있는지 말해보시오.
- 자기계발 활동으로 무엇을 하고 있는가?
- 가장 존경하는 사람에 대해 말해보시오.
- 힘들었던 경험이 있는가? 있다면 어떤 일이었으며 어떻게 극복하였는가?
- 살아오면서 부모님을 제외하고 본인에게 도움을 준 사람은 누구인가?
- 최근 본 뉴스에서 가장 인상 깊었던 것은 무엇이었는가?
- 조직 생활에서 중요한 것은 무엇이라고 생각하는가?
- 농협에 입사하기 위해 어떤 노력을 했는가?
- 농협에 입사 후에 어떤 계획을 갖고 있는가?
- 어떤 각오로 농협에서 일할 것인가?
- 농협에 입사하여 어떤 업무를 맡고 싶은가?
- 자신의 역량 중에 어떤 역량이 입사 후에 고객들에게 어필할 수 있을 것인가?
- 회사 생활을 하면서 실수를 한다면 어떻게 할 것인가?
- 팀원 중 업무 능력이 낮은 사람이 있다면 어떻게 할 것인가?
- 자신을 상품화하여 고객에게 판매한다면 어떤 상품으로 어떻게 판매할 것인가?
- 아침에 시험장에 왔을 때 농협의 느낌은 어땠는가?
- 지역농협이 타 시중은행과 다른 점이 무엇인가?
- 농협, 농촌, 농업과 관련된 경험이 있는가?
- 농협이 하는 사업에 대해 자신이 알고 있는 것을 말해보시오.
- 농협인으로서 갖춰야 할 품성(덕목)은 무엇이라고 생각하는가?
- 세대 갈등을 경험한 적이 있는가? 있다면 어떻게 극복하였는지 설명해보시오.
- 혼자 할 때보다 팀으로 일함으로써 시너지를 발휘한 경험이 있는가?
- 직장생활을 하면서 착한 거짓말이 필요할 때가 있다고 생각하는가?
- 체리피커에 대해 설명해보시오.
- 디마케팅에 대해 설명해보시오.
- 사물인터넷에 대해 설명해보시오.
- 자유학기제에 대해 설명해보시오.
- 추심에 대해 설명해보시오.
- 헤지펀드에 대해 설명해보시오.
- 파레토 법칙에 대해 설명해보시오.
- 이중곡가제에 대해 설명해보시오.
- 하우스푸어에 대해 설명해보시오.
- 8:2의 법칙에 대해 설명해보시오.
- 90:9:1의 법칙에 대해 설명해보시오.
- ODM에 대해 설명해보시오.
- TPP에 대해 설명해보시오.
- 애그플레이션에 대해 설명해보시오.

1차 면접	· 분수효과에 대해 설명해보시오. · 구제역의 정의와 해결 방안에 대해 설명해보시오. · 쌀 직불금에 대해 설명해보시오. · 수직농장에 대해 설명해보시오. · 녹비작물에 대해 설명해보시오. · 역전세난에 대해 설명해보시오. · 본인 삶의 가치관이 무엇인가? · 농협에 대해 알고 있는 것을 말하고, 그에 대해 본인이 할 수 있는 노력은 무엇인가? · 코로나19가 농협과 농업에 미치는 영향과 그에 대한 본인의 의견을 설명하시오. · 본인의 인생에서 가장 중요한 사건을 말해보시오. · 평소에 즐겨 보는 유튜브 채널은 무엇인가?
2차 면접	· 은행 PB 상품 구축 방안에 대한 본인의 견해를 말하시오. · 탄소중립 시대에 대한 본인의 견해를 말하시오. · 4차 산업혁명 시대에서 농협이 발전할 수 있는 방안에 대한 본인의 견해를 말하시오. · 농협이 청소년 금융 교실을 운영하고 있을 때, 어떠한 전략으로 추진할 것인지 말하시오. · 다양한 농협 홍보 채널 중에서 자신이라면 어떤 채널을 이용할 것인지 말하시오. · (현재 농식품의 트렌드가 제시되고) 농식품을 트렌드에 맞게 어떻게 홍보할 것인지 말하시오. · (크라우드 펀딩의 개념이 제시되고) 크라우드 펀딩의 장점과 농업에 어떻게 크라우드 펀딩을 활용할 수 있는지와 크라우드 펀딩을 이용하여 어떻게 투자를 끌어낼 수 있는지를 말하시오. · 귀농 인구가 감소하는 이유와 귀농 인구를 증가시킬 방안을 말하시오. · 추석 이후로 농가들의 실적이 나빠지고 있는데, 홈쇼핑에서 어떤 제품을 팔면 좋을지 말하시오. · 도농 교류의 일환으로 특성화 도시 조성 및 여러 가지 사업을 펼치고 있지만 정작 관광객들은 해외로 나가는데 이에 대한 대처 방안을 말하시오. · 지상파 광고 총량제에 대한 찬성 또는 반대 의견을 말하시오. · 흉악범의 신상 공개에 대한 찬성 또는 반대 의견을 말하시오. · 대체휴일제의 도입에 대한 찬성 또는 반대 의견을 말하시오. · 선행학습 금지법에 대한 찬성 또는 반대 의견을 말하시오. · 무상급식/보육에 대한 찬성 또는 반대 의견을 말하시오. · 제4 이동통신사의 허가에 대한 찬성 또는 반대 의견을 말하시오. · 살충제 달걀 파동과 관련하여 농협이 양계농가에 도움을 줄 수 있는 방법에 대해 말하시오. · 농협은 AI, 구제역 등 가축방역 앱을 운영하고 있다. 다른 창의적인 앱에 대한 아이디어를 말하시오. · 아프리카돼지열병으로 인한 돼지고기 가격 변동 추이를 예상하고, 이러한 질병 발생 시 농협이 해야 할 일에 대해 말하시오.

⑧ 광주 면접 출제 문제

1차 면접	· 지원동기는 무엇인가? · 자신의 장점(특기)은 무엇인가? · 농협에 지원한 이유는 무엇인가? · 다른 사람의 의견을 수용한 경험은 무엇인가? · 코로나19가 끝나면 가장 하고 싶은 일은 무엇인가? · 가장 존경하는 사람은 누구인가? · 10년 후 자신의 모습은? · 인간관계에서의 중요한 점은 무엇이라고 생각하는가? · 봉사활동 경험이 있다면 느꼈던 점은 무엇인가? · 성공은 무엇이라고 생각하는가? · 결혼한 후 배우자와 가사분담을 어떻게 할 것인가? · '농협'이라고 하면 생각나는 것을 말해보시오. · 상사가 불합리한 일을 시킬 때 어떻게 하겠는가? · 농협에 입사하면 어떤 업무를 하고 싶은가? · 상사가 진행하는 일이 본인의 생각과 다르다면 어떻게 할 것인가? · FTA에 대해 설명해보시오. · 임금피크제에 대해 설명해보시오. · DTI에 대해 설명해보시오. · 옐로칩에 대해 설명해보시오. · 콜금리에 대해 설명해보시오.
2차 면접	· 대출금 확대에 따른 농협의 대처 방안에 대한 본인의 견해를 말하시오.

⑨ 전북 면접 출제 문제

1차 면접	· 지원동기는 무엇인가? · 교양을 쌓은 경험에 대해 말해보시오. · 신뢰를 얻었던 경험에 대해 말해보시오. · 행복의 기준은 무엇인가? · 성공의 기준은 무엇인가? · 무언가를 열심히 했던 기억이 있는가? · 가장 존경하는 사람은 누구인가? · 인간관계에서의 중요한 점은 무엇이라고 생각하는가? · 결혼한 후 배우자와 가사분담을 어떻게 할 것인가? · 농협에 대해 어떻게 생각하는가? · 농협의 장단점은 무엇인가? · 어떤 각오로 농협에서 일할 것인가? · 농협에 입사하면 어떤 업무를 하고 싶은가? · 상사가 불합리한 일을 시킬 때 어떻게 하겠는가? · 입사하게 되면 상사, 동료, 후배집단이 생기게 된다. 집단들의 우선순위와 그 이유를 말해보시오. · 농협의 유니폼에 대해 어떻게 생각하는가? · 농협을 찾은 고객에게 어떻게 인사하겠는가? · 농협이 개선해야 할 점은 무엇이라고 생각하는가? · 농협이 더 발전하려면 어떻게 해야 한다고 생각하는가? · FTA에 대해 설명해보시오.

	· 바나나 현상에 대해 설명해보시오. · 후원금과 뇌물의 차이에 대해 설명해보시오. · 립스틱 효과에 대해 설명해보시오. · 유리천장에 대해 설명해보시오. · 경제민주화에 대해 설명해보시오. · 쌀 직불금에 대해 설명해보시오. · 핀테크에 대해 설명해보시오. · 4차산업혁명에 대해 설명해보시오. · 수직농장에 대해 설명해보시오.
1차 면접	

2차 면접	· 농촌 활성화 방안에 대한 본인의 견해를 말하시오. · 국내 농산물이 나아가야 할 방안에 대한 본인의 견해를 말하시오. · 청년 농업인 유입 방안에 대한 본인의 견해를 말하시오. · 금융 마케팅 방안에 대한 본인의 견해를 말하시오. · 밀양 송전탑 건설에 대한 찬성 또는 반대 의견을 말하시오. · 여성의 군 복무 의무제에 대한 찬성 또는 반대 의견을 말하시오. · 원자력 발전소 설립에 대한 찬성 또는 반대 의견을 말하시오. · 설악산 국립공원 케이블카 설치에 대한 본인의 견해를 말하시오. · TV 프로그램 중간에 삽입되는 중간광고에 대한 본인의 견해를 말하시오.

⑩ 전남 면접 출제 문제

1차 면접	· 자신의 장점은 무엇인가? · 자신을 어느 정도 신뢰하는가? · 자신의 직업관은 무엇인가? · 상대방에게 신뢰를 받은 경험은 무엇인가? · 입사 후 하고 싶은 일은 무엇인가? · 세계화 시대에서 농업은 어떻게 될 것으로 생각하는가? · 어려운 사람을 도운 경험이 있는가? · 디지털 시대로 변하는 상황에 맞추어 농협은 어떻게 변해야 하는가? · 농협이 하는 사업 중 가장 긍정적으로 평가하는 것은 무엇인가? · 자신이 끈기를 가지고 끝까지 노력했던 경험은 무엇인가? · 사람들과 친해지기 위한 자신만의 방법은 무엇인가? · 함께 일하기 싫은 사람은 어떤 사람인가? · 자신만의 향후 목표는 무엇인가? · 혼자 여행을 다녀온 경험에 대해 말하시오. · 10년 후 자신의 모습은? · 자신의 가치를 돈으로 환산한다면 얼마인가? · 가장 감명 깊게 본 책이 있다면 무엇인가? · 봉사활동 경험이 있다면 느꼈던 점은 무엇인가? · 성공의 기준은 무엇인가? · 가장 존경하는 사람은 누구인가? · 자신의 가치를 높이기 위해 노력했던 경험과 그 성과는 무엇이었는가? · 공무원의 공금횡령에 대해 어떻게 생각하는가? · 가장 최근에 본 뉴스에서 인상 깊었던 뉴스와 이에 대한 자기 생각을 말하시오. · 직장동료와 갈등이 있다면 어떻게 해결할 것인가? · 주5일제에 대해 어떻게 생각하는가?

1차 면접	· 농협에 입사하기 위해 어떤 노력을 했는가? · '농협' 하면 떠오르는 것은 무엇인가? · 농협 하나로마트를 운영하면서 주변 상권과의 마찰이 예상될 때, 어떻게 해결해 나갈 것인가? · 농협인으로서 갖춰야 할 품성(덕목)은 무엇이라고 생각하는가? · 여러 업무 중 자신이 싫어하는 업무에 배정되었을 때 어떻게 할 것인가? · 외곽 지역으로 발령을 받게 된다면 어떻게 할 것인가? · 첫 월급을 받으면 어떻게 쓰겠는가? · 고객이 방문하여 불편사항을 토로하면 어떻게 할 것인가? · 업무를 처리하다 실수를 했을 때 어떻게 대처할 것인가? · 팜스테이에 대해 설명해보시오. · 쌀 직불금에 대해 설명해보시오. · 6차산업에 대해 설명해보시오. · 잡세어링에 대해 설명해보시오. · 알뜰 주유소에 대해 설명해보시오. · 후원금과 뇌물의 차이에 대해 설명해보시오. · 출구전략에 대해 설명해보시오. · 순이자마진에 대해 설명해보시오. · 세이프가드에 대해 설명해보시오. · 미소금융에 대해 설명해보시오. · 승자의 저주에 대해 설명해보시오. · 양적 완화에 대해 설명해보시오. · 모라토리엄에 대해 설명해보시오. · 한우 이력제에 대해 설명해보시오. · 녹비작물에 대해 설명해보시오. · 역전세난에 대해 설명해보시오. · 자발적 실업에 대한 자기 생각을 말하시오. · 언제부터 농협에 입사하고 싶었는가? · 과거에 갈등이 있었던 친구와 오랜만에 만났을 때, 어떻게 다시 신뢰를 회복할 것인가? · 이상 기후에 농협이 해야할 일은 무엇이라고 생각하는가?
2차 면접	· 대출 증가로 인한 농협의 대응 방안에 대해 본인의 견해를 말하시오. · 저금리 시대에서의 농협의 대응 방안에 대해 본인의 견해를 말하시오. · 비대면 물류 및 금융에 대해 본인의 견해를 말하시오. · 농산물 마케팅 방안에 대해 본인의 견해를 말하시오. · 청년 농업인 유입 방안에 대한 본인의 견해를 말하시오. · 1인 가구 증가에 따른 부작용에 대한 대응 방안을 말하시오. · 1인 방송에 대한 본인의 견해를 말하시오. · 로컬푸드 홍보 방안에 대해 말하시오. · 공무원 연금 개혁안에 대한 찬성 또는 반대 의견을 말하시오. · 초·중·고교생의 9시 등교제에 대한 찬성 또는 반대 의견을 말하시오. · 기초선거구 정당 공천제 폐지에 대한 찬성 또는 반대 의견을 말하시오. · 대형마트 주말 의무 휴업(영업 규제)에 대한 찬성 또는 반대 의견을 말하시오. · 상속법 개정안에 대한 찬성 또는 반대 의견을 말하시오. · 사내 유보금 과세에 대한 찬성 또는 반대 의견을 말하시오. · 무상급식/보육에 대한 찬성 또는 반대 의견을 말하시오. · 선거연령 하향에 대한 본인의 견해를 말하시오. · 아프리카돼지열병으로 인한 파급효과와 대처방안에 대해 말하시오. · 기후 위기로 인한 농가 소득 증대 방안을 말하시오.

⑪ 대구 면접 출제 문제

1차 면접
- 지원동기는 무엇인가?
- 자신의 장점(특기)은 무엇인가?
- 가장 존경하는 사람은 누구인가?
- 인간관계에서의 중요한 점은 무엇이라고 생각하는가?
- 성공이란 무엇이라고 생각하는가?
- 농협에 입사하면 어떤 업무를 하고 싶은가?
- 은행세에 대해 설명해보시오.
- SSM에 대해 설명해보시오.
- DTI에 대해 설명해보시오.
- 사이드카에 대해 설명해보시오.
- 사회적 기업에 대해 설명해보시오.
- 임금피크제에 대해 설명해보시오.
- 출구전략에 대해 설명해보시오.
- 밴드왜건 효과에 대해 설명해보시오.
- 바나나 현상에 대해 설명해보시오.

⑫ 경북 면접 출제 문제

1차 면접
- 자신의 강점은 무엇인가?
- 친구들이 말하는 자신의 장점은 무엇인가?
- 가장 존경하는 사람은 누구인가?
- 성공의 기준은 무엇인가?
- 희망하는 연봉은 어느 정도인가?
- 첫 월급을 받으면 어떻게 쓰겠는가?
- 남들이 꺼리는 일을 나서서 도맡아 처리한 경험이 있는가?
- 봉사활동 경험이 있다면 느꼈던 점은 무엇인가?
- 조직을 위해 헌신한 경험이 있는가?
- 농협에 지원하기로 결심한 계기는 무엇인가?
- '농협'이라고 하면 생각나는 것을 말해보시오.
- 농협의 핵심가치에 대해 말해보시오.
- 농협의 인재상에 대해 말해보시오.
- 농협의 장점은 무엇이라고 생각하는가?
- 농협이 더 발전하려면 어떻게 해야 한다고 생각하는가?
- 힘든 일을 하게 될 수도 있는데 할 수 있겠는가?
- 자신이 성과를 잘 낼 수 없는 업무가 계속해서 주어질 경우 어떻게 할 것인가?
- 껄끄러운 상사와 일해본 경험이 있는가?
- 나이 많은 동료와 함께 일해본 경험이 있는가?
- 상사와 갈등이 있다면 어떻게 해결할 것인가?
- 농협에 대해서 주변에서 비판하는 내용이 있다면 무엇인가?
- 어떤 각오로 농협에서 일할 것인가?
- 최저 임금 인상에 대해 어떻게 생각하는가?
- NLL에 대해 어떻게 생각하는가?
- 레몬마켓에 대해 설명해보시오.
- 구황작물에 대해 설명해보시오.
- 선지급에 대해 설명해보시오.

PART 4 면접

면접전형
알아보기

지역별
면접 출제 문제

해커스 지역농협 6급 NCS 인적성 및 직무능력평가 통합 기본서

1차 면접	· 임금피크제에 대해 설명해보시오. · 햇살론에 대해 설명해보시오. · 예대마진율에 대해 설명해보시오. · 노상권 청구에 대해 설명해보시오. · 후원금과 뇌물의 차이에 대해 설명해보시오. · 순환출자에 대해 설명해보시오. · 경제민주화에 대해 설명해보시오. · 쌀 직불금에 대해 설명해보시오. · 스태그플레이션에 대해 설명해보시오.
2차 면접	· 양심적 병역거부에 대한 찬성 또는 반대 의견을 말하시오. · 운동선수의 군 면제에 대한 찬성 또는 반대 의견을 말하시오. · 대형마트 주말 의무 휴업(영업 규제)에 대한 찬성 또는 반대 의견을 말하시오. · 제주 해군기지 설립에 대한 찬성 또는 반대 의견을 말하시오. · 합법적 낙태 허용에 대한 찬성 또는 반대 의견을 말하시오. · 성폭행범의 신상공개에 대한 찬성 또는 반대 의견을 말하시오. · 고졸 채용확대에 대한 찬성 또는 반대 의견을 말하시오. · 교내 휴대폰 사용에 대한 본인의 견해를 말하시오.

⑬ 부산 면접 출제 문제

1차 면접	· 자기소개를 해보시오. · 가장 존경하는 인물은 누구인가? · 직업관은 무엇인가? · 자신의 장단점은 무엇인가? · 자신이 원하는 배우자의 조건은? · 자신이 좋아하는 사람의 유형과 싫어하는 사람의 유형은 무엇인가? · 농협에 입사하기 위해 어떤 노력을 했는가? · 상사와 갈등이 있다면 어떻게 해결할 것인가? · 농협이 하는 사업에 대해 자신이 알고 있는 것을 말해보시오. · 농협인으로서 갖춰야 할 품성(덕목)은 무엇이라고 생각하는가? · 고객이 막무가내로 화를 낼 경우 어떻게 대응할 것인가? · SSM에 대해 설명해보시오. · DTI에 대해 설명해보시오. · 경제민주화에 대해 설명해보시오. · NIM에 대해 설명해보시오. · 구상권에 대해 설명해보시오. · GMO에 대해 설명해보시오. · 다우지수에 대해 설명해보시오. · 헤지펀드에 대해 설명해보시오. · 더블딥에 대해 설명해보시오.
2차 면접	· 결혼이나 취업을 위해 성형을 하는 것에 대한 찬성 또는 반대 의견을 말하시오.

⑭ 울산 면접 출제 문제

1차 면접	· 성격의 장단점은 무엇인가?
	· 특기는 무엇인가?
	· 가장 존경하는 사람은 누구인가?
	· 자기계발 활동으로 무엇을 하고 있는가?
	· 봉사활동 경험이 있다면 느꼈던 점은 무엇인가?
	· 직업관은 무엇인가?
	· 농협의 장단점은 무엇이라고 생각하는가?
	· 농협이 하는 사업에 대해 아는 것을 모두 말해보시오.
	· 어떤 각오로 농협에서 일할 것인가?
	· 농협인으로서 갖춰야 할 품성(덕목)은 무엇이라고 생각하는가?
	· 상사와 갈등이 있다면 어떻게 해결할 것인가?
	· 농협에 입사하면 어떤 업무를 하고 싶은가?
	· 콜금리에 대해 설명해보시오.
	· 더블딥에 대해 설명해보시오.
	· 모기지론에 대해 설명해보시오.
	· 헤지펀드에 대해 설명해보시오.
	· SSM에 대해 설명해보시오.
	· FTA에 대해 설명해보시오.
	· GMO에 대해 설명해보시오.

⑮ 경남 면접 출제 문제

1차 면접	· 자기소개를 해보시오.
	· 자신의 장점은 무엇인가?
	· 인생에서 꾸준히 노력해본 것이 무엇인가?
	· 지원한 지역을 지원한 이유가 무엇인가?
	· 농촌 지역을 여행한 경험을 말해보시오.
	· 농협에서 아쉬운 점과 보충해야 할 점을 말해보시오.
	· 대인관계에서 가장 중요한 것은 무엇이며 그것을 어떻게 길렀는가?
	· 자신의 인생에 가장 큰 영향을 미친 사건과 그 이유는 무엇인가?
	· 타인을 위해 가장 크게 희생해본 경험은 무엇인가?
	· 전공은 무엇이고, 어떤 자격증을 취득했는가?
	· 학창시절에 가장 집중적으로 준비한 것은?
	· 가장 감명 깊게 본 영화 혹은 책이 있다면 무엇인가?
	· 혼자 할 때보다 팀으로 일함으로써 시너지를 발휘한 경험이 있는가?
	· 첫 월급을 받으면 어떻게 쓰겠는가?
	· 자신보다 나이가 많은 사람을 설득해본 경험이 있는가?
	· 회사 생활을 하면서 실수를 한다면 어떻게 할 것인가?
	· 농협이 하는 사업에 대해 자신이 알고 있는 것을 말해보시오.
	· 농협의 장단점은 무엇이라고 생각하는가?
	· 농협의 인재상에 대해 말해보시오.
	· 농협이 수행해야 할 사회적 책임은 무엇이라고 생각하는가?
	· 농협에 입사하면 어떤 업무를 하고 싶은가?

1차 면접	· 농협에서 10년 후 자신이 무엇을 하고 있을 것이라고 생각하는가? · 힘든 일을 하게 될 수도 있는데 할 수 있겠는가? · 축사에서 악취가 많이 나는 문제가 발생할 경우, 어떻게 해결할 것인가? · 고객이 터무니없는 요구를 할 때 어떻게 대응할 것인가? · 스미싱에 대해 설명해보시오. · 바이럴 마케팅에 대해 설명해보시오. · 브렉시트에 대해 설명해보시오. · 출구전략에 대해 설명해보시오. · 구제역에 대해 설명해보시오. · FTA에 대해 설명해보시오. · 자신의 지역에서 나는 특산물 중 한 가지를 고르고, 그 특산물의 판매량을 어떻게 늘릴 것인지에 대해 설명해보시오. · 이상기후 현상에 대해 설명해보시오. · 핀테크에 대해 설명해보시오.
2차 면접	· 탄소중립 실천 방안에 대한 본인의 견해를 말하시오. · 6차산업 활성화를 위해 농협과 정부가 나아갈 길에 대해 말하시오. · 폭염에 대비하기 위해 농협이 해야 할 일에 대해 말하시오. · 쌀 소비량 부진의 주된 이유와 해결 방안을 말하시오. · 농촌 고령화의 이유와 해결 방안을 말하시오. · 농업마케팅 방안과 발전 방향을 말하시오. · 농산물 판매를 촉진하는 방안을 말하시오. · 농민 월급제에 대한 찬성 또는 반대 의견을 말하시오. · 주민등록번호 폐지에 대한 찬성 또는 반대 의견을 말하시오. · 비만세 부과에 대한 찬성 또는 반대 의견을 말하시오. · 어린이집 CCTV 설치 의무화에 대한 찬성 또는 반대 의견을 말하시오. · 대학생들의 무분별한 스펙 쌓기 문제에 대한 찬성 또는 반대 의견을 말하시오.

1차 면접	· 지원동기는 무엇인가? · 자신의 장점은 무엇이고, 그것을 농협 업무에 어떻게 접목할 수 있는지 말해보시오. · 농협은행이 아닌 지역농협에 지원한 이유는 무엇인가? · 농협의 사회공헌과 가치창출에 대해 말해보시오. · 자신의 5년 후 모습에 대해 말해보시오. · 농협인으로서 갖춰야 할 자질은 무엇이고, 그 근거가 되는 사례는 무엇인지 말해보시오. · 요즘 즐겨보는 드라마가 있다면 무엇인가? · 외곽 지역으로 발령을 받게 된다면 어떻게 할 것인가? · 체력(건강)관리는 어떻게 하는가? · 자신만의 고객관리 전략은 무엇인가? · 기저효과에 대해 설명해보시오. · 더블딥에 대해 설명해보시오. · 광해군과 인조반정에 대해 설명해보시오. · 풍년과 기근에 대해 설명해보시오. · 출구전략에 대해 설명해보시오. · 커플링전략에 대해 설명해보시오. · DTI에 대해 설명해보시오. · 애그플레이션에 대해 설명해보시오. · 헤지펀드에 대해 설명해보시오. · 바나나 현상에 대해 설명해보시오. · RCEP에 대해 설명해보시오. · 구글세에 대해 설명해보시오.
2차 면접	· 원자력 발전소 설립에 대한 찬성 또는 반대 의견을 말하시오. · 초·중·고교생의 9시 등교제에 대한 찬성 또는 반대 의견을 말하시오. · 단통법에 대한 찬성 또는 반대 의견을 말하시오. · 반값 등록금제 시행에 대한 찬성 또는 반대 의견을 말하시오. · 여성의 군 복무 의무제에 대한 찬성 또는 반대 의견을 말하시오. · 결혼이나 취업을 위해 성형을 하는 것에 대한 찬성 또는 반대 의견을 말하시오. · 인원 감축과 임금삭감 중 하나를 선택해야 한다면, 어떤 것을 선택할 것인지 말해보시오. · 6차산업의 활성화 방안에 대해 말하시오. · 자연재해에 관한 농협의 대처방안에 대해 말하시오.

해커스 **지역농협 6급** NCS 인적성 및 직무능력평가 통합 기본서

부록

지역농협 상식 압축 정리

회독용 OMR 답안지

지역농협 상식 압축 정리

지역농협과 관련된 기본적인 상식과 추진 사업 등을 알아두면 서류전형의 자기소개서 작성과 면접전형 준비 시에 활용할 수 있다. 또한, 지역농협과 관련된 상식은 NCS 직무능력평가 시험에서 문제에 제시된 지문이나 자료의 소재로 출제되기도 하므로 관심을 가지고 학습해두면 문제 풀이에 도움이 된다.

농토피아 (農Topia)	· 농업이 대우받고 농촌이 희망이며 농업인이 존경받는, 농협이 추구하는 농업·농촌의 미래상 · 구체적인 방향성 ① 대우받는 농업 　– 농업인이 안심하고 생산에만 전념할 수 있는 유통체계 구축 　– 국민들에게 고품질의 안전한 농축산물 공급 　– 농업인과 소비자 모두 만족하는 합리적인 가격으로 농축산물 공급 ② 희망이 있는 농촌 　– 스마트팜 등 혁신 기술에 기반한 비즈니스 기회가 제공되는 농촌 　– ICT 기술 등을 통해 살기 좋은 정주(定住) 여건을 갖춘 농촌 　– 일터, 삶터, 쉼터로서 도농 간의 교류가 활성화되는 농촌 ③ 존경받는 농업인 　– 혁신을 통해 경쟁력 있는 농업을 이끌어가는 농업인 　– 식량의 안정적 공급, 생태·환경보전, 전통문화 계승 등 농업의 공익적 가치 창출로 국민들로부터 인정받는 농업인
한국의 농업·농촌운동	· 새농민운동(1965년~현재) 　– 주체 의식을 확립하여 스스로 농촌사랑의 선구자 역할을 하는 농민 육성 　– '자립, 과학, 협동하는 농민'을 신조로 함 · 신토불이운동(1989년) 　– 국산 농산물 애용 운동 전개 　– 쌀 시장 개방 반대 범국민 서명 운동 전개 · 농도불이운동(1996~2020년) 　– 농촌과 도시는 서로 돕는 하나 　– 농산물 직거래 사업 추진 · 농촌사랑운동(2003년~현재) 　– 농업·농촌 문제의 범국민적 해결 방안 모색 　– 1사 1촌 자매결연 체결 · 식(食)사랑 농(農)사랑운동(2011~2015년) 　– 국산 농산물을 기반으로 하는 올바른 식문화 확산 추구 · 또 하나의 마을 만들기(2016년~현재) 　– 명예 이장을 위촉하는 등 도농 교류 활성화 　– 농업의 공익적 가치 확산 　– 깨끗하고 아름다운 농촌 마을 가꾸기 진행 · 국민과 함께하는 도농상생(都農相生) 활성화(2020년~현재) 　– 다양한 농촌 봉사활동 전개

협동조합	· 협동조합 기본법 제2조 제1항에 따라 재화 또는 용역의 구매·생산·판매·제공 등을 협동으로 영위함으로써 조합원의 권익을 향상하고 지역 사회에 공헌하고자 하는 사업 조직 · 공동의 목적을 가진 5인 이상이 모여 조직한 사업체로, 금융 및 보험을 제외하고는 사업의 종류에 제한이 없음 · 출자 규모와 관계없이 1인 1표제로 평등한 의결권을 가지며, 조합원은 출자 자산에 한정한 유한 책임을 가짐 · 가입과 탈퇴가 자유롭고, 전체 배당액의 100분의 50 이상을 협동조합 사업 이용 실적에 따라 배당함 · 우리나라의 경우 농협, 수협, 새마을금고, 신협, 아이쿱생협 등이 국제협동조합연맹(ICA)의 회원으로 참여하고 있음 · 농협은 설립 2년 만인 1963년에 국제협동조합연맹(ICA)에 준회원으로 참여하다가 1973년에 정회원 자격을 얻었으며, 1998년부터 국제협동조합농업기구(ICAO) 의장기관으로 활동하며 개발도상국에 농협 운동을 장려하고 지원 활동을 수행함 · 국제협동조합연맹(ICA)은 2016년에 한국 농협을 세계 4위, 농업 부문 1위 협동조합으로 발표함

2050 농식품
탄소중립 추진 전략
	· 농식품부는 국가적 차원의 탄소중립 목표 달성을 위한 '2050 농식품 탄소중립 추진 전략'을 마련함
	· 추진 전략
	① 저탄소 농업구조 전환
	  – DNA(Data, Network, AI) 기반 정밀 농업 확산
	  – 환경친화적 농업 확산
	  – 토양 관리 강화 및 저장능력 향상
	② 온실가스 배출원 감축
	  – 경종(작물 재배) 부문: 체계적인 논물 관리와 과학적 시비처방을 통해 메탄 및 아산화질소 배출량 감축
	  – 축산 부문: 저메탄사료 보급 확대, ICT 기술 활용 등을 통해 온실가스 배출량 감축 및 축산생산성 향상
	  – 유통·소비 부문: 푸드 마일리지을 통해 유통과정에서 발생하는 온실가스 최소화 및 식생활 교육 강화를 통해 소비 단계에서 버려지는 음식물 쓰레기 감축
	③ 농업·농촌 에너지 효율화 및 전환
	  – 에너지 효율화: 에너지 절감 시설 보급 확대 및 재생에너지 전환 촉진 등
	  – 에너지 전환: 농업 생산 외 농촌 지역의 탄소중립 추진 등
	④ 온실가스 감축 기반 구축
	  – 농업 현장의 온실가스 감축 촉진을 위해 기술개발 및 온실가스 통계 정비
	  – 농가 온실가스 감축활동 촉진을 위해 저탄소 활동에 대한 지원 확대

6차 산업	· 우리나라에서 공식적으로 사용되는 명칭은 '농촌융·복합산업'이며, 1차 산업인 농·임·수산업과 2차 산업인 제조·가공업, 3차 산업인 유통·서비스업을 융합(1차×2차×3차)하여 농촌에 높은 부가가치와 일자리를 발생시키는 산업 · 농촌 인구의 감소와 고령화의 심화, 수입 농산물의 유입으로 인한 우리나라 농산물의 경쟁력 약화 등의 문제를 해결하기 위해 농업 외의 산업에서 소득을 창출하여 농업·농촌을 유지할 수 있도록 하는 방안의 일환으로 시행됨

공익직불제	· 농업·농촌의 공익기능을 증진하기 위해 농업인에게 보조금을 지급하는 제도로, 기본형공익직접지불제도와 선택형공익직접지불제도로 구성됨 · 기본형공익직접지불제도는 소규모 농가를 대상으로 지급하는 소규모농가직접지불금과 그 밖의 농가에 농지 면적에 따라 지급하는 면적직접지불금으로 구분됨 · 선택형공익직접지불제도는 친환경농업직접지불제도, 친환경안전축산물직접지불제도, 경관보전직접지불제도 등으로 구분됨
농가 주부 모임	· 농촌에서 영농에 종사하는 여성농업인의 지위 향상 및 권익 신장뿐만 아니라 농촌의 복지 증진과 지역사회 발전에 기여하며, 농촌 생활에 활력을 불어넣고 선진 영농 활동의 동기를 부여하기 위해 설립한 여성농업인 단체 · 여성농업인의 경영 능력 향상을 위한 교육, 영농 폐기물 ZERO 운동, 소외계층을 위한 밑반찬 나눔, 다문화가정의 안정적인 농촌 생활 정착을 위한 사업 등 농협과 다양한 협력 사업을 진행함
농민신문사	· 국내외 농업 환경을 가장 신속하고 정확하게 보도하는 농업정론지로, 농촌·농업이 나아갈 방향성과 도농상생(都農相生)의 길을 제시하는 역할을 맡고 있음 · 월간지로 <전원생활>, <어린이동산>, <디지털농업>, <월간축산>을 발간하고 있음
농업인 법률 구조 사업	· 농협과 대한법률구조공단이 공동으로 농업인의 법률적 피해에 대한 구조와 예방 활동을 전개하여 농업인의 경제적·사회적 지위 향상을 도모하는 농업인 무료 법률 복지 사업 · 기준 중위소득 150% 이하인 농업인 및 별도의 소득이 없는 농업인의 배우자, 미성년 직계비속, 주민등록상 동일 세대를 구성하는 직계존속 및 성년의 직계비속을 대상자로 함
농업인 월급제	· 농업인에게 수확기 예상 소득의 약 30~60%를 매월 일정액의 월급으로 나누어 미리 지급하여 농가의 소득 안정을 추진하는 제도 · 농업 소득이 수확기에 치우치기 때문에 농업인들이 수확기 전에 정기적으로 지출해야 하는 생활비나 자녀 교육비 등을 충당하기 위해 대출을 받았고, 이로 인해 많은 어려움을 겪음에 따라 농가의 이자 부담을 줄이고 경영 안정을 도모하려는 목적으로 시행됨 · 농협이 농업인에게 월급을 지급하고, 지방자치단체가 농협에 대출 이자와 대행 수수료를 지급함
농업인 행복콜센터	· 도움이 필요한 고령·독거노인 등 약 12만 명의 돌봄 대상자에게 주기적으로 상담 전화를 하여 노인들의 말벗이 되고 불편 사항을 파악하는 센터
농촌사랑운동	· 농촌을 활력 있게 가꾸고 국민 건강을 지켜 농업인과 도시민 모두의 삶의 질 향상을 추구하는 도농상생(都農相生) 운동 · 정부, 기업, 국민이 함께하는 사랑 나눔의 대국민 실천 운동
농촌사회공헌 인증제도	· 농촌 마을과의 자매결연 등을 통해 농촌 지역에 사회 공헌 활동을 활발하게 전개하고 있는 기업·단체를 농림축산식품부와 사단법인 농촌사랑범국민운동본부가 공동으로 인증하는 제도
농촌현장지원단	· 긴급 지원이 필요한 대상자를 선정하여 노후화된 주거 환경을 개선하거나 생필품을 지원하는 등의 맞춤형 노인 복지를 지원하는 단체
농협대학교	· 1962년에 농업·농촌·농협 발전에 필요한 인재를 육성하기 위해 설립된 유통 및 금융 전공 교과목 중심의 3년제 대학

농협 농촌인력중개센터	· 농촌에 유·무상 인력을 종합 중개하여 일자리 참여자에게는 맞춤형 일자리를 제공하고 농업인에게는 필요한 일손을 공급하는 중개센터 · 참여 대상 　– 일자리 참여자: 농작업이 가능한 사람 누구나 참여 가능 　– 자원봉사자: 대학생, 기업체 등 농촌 봉사활동을 희망하는 개인 또는 단체 　– 농가: 일손이 필요한 농업인(조합원이 아니어도 참여 가능함) · 참여 신청 　– 농협 시·군지부, 지역농협 방문 또는 전화 신청(단, 첫 이용 시에는 반드시 방문 신청)
농협식품연구원	· 전국 4개 지역에 식품분석센터를 운영하며 우수한 농식품을 연구·개발하고 국산 농산물의 안전을 관리하는 식품 연구 기관 · 식품 안전사고 방지 및 농산물 소비 촉진, 농식품 품질 향상을 추구하며, 국산 농산물을 활용한 고부가가치 상품과 최신 소비 트렌드를 반영한 신상품을 개발함 · 농협 판매장 출하 농산물에 대한 잔류 농약 검사를 시행하고, 원산지 검사, 중금속 분석 등의 품질 규격 검사, 농산물우수관리인증(GAP), 농협 하나로마트 협력사에 대한 식품 안전 점검 및 평가를 진행함
사회적 농업	· 농촌 자원을 활용하는 활동을 통해 장애인, 다문화가정, 고령자 등 사회적 약자 중 충분한 경제 활동을 하지 못하여 어려움을 겪는 사람들에게 돌봄·교육·고용을 포함한 사회 서비스를 제공하는 농업 활동 · 사회적 약자가 농업에 참여할 수 있도록 하고 궁극적으로 본인의 역량을 키워 자립할 수 있게 도움을 줌
새농민상	· 우리나라 농업·농촌을 주도할 선도 농업인을 육성하기 위한 목적으로 1966년부터 자립·과학·협동의 새농민 운동 정신을 훌륭하게 실천하는 농업인을 선정하여 시상하는 상 · 새농민 회원은 선진 영농 기술을 농가에 보급하고 귀농인과 영농 후계자에게 멘토 역할을 하는 등 각종 사회공헌 활동에 앞장서고 있음
외국인 근로자 고용 허가 제도	· '외국인 근로자의 고용 등에 관한 법률'에 따라 기업체가 외국인 근로자를 고용할 수 있게 하는 제도 · 사업주인 농가는 고용 허가 절차를 직접 수행하거나 농협에 대행 신청할 수 있음 · 농협은 정부가 지정한 고용 허가제 대행 기관으로, 농가가 손쉽게 외국인 근로자를 고용할 수 있게 업무를 대행하고 외국인 근로자에 대한 취업 교육을 시행함 · 베트남, 태국, 캄보디아, 네팔, 미얀마 등 고용 허가제 MOU 체결 국가 중 농업 국가와 농사 선호도가 높은 국가를 우선 도입함 · 작물재배업 및 축산업과 농산물 선별·건초 및 처리장 운영업 등 농업 관련 서비스업을 대상으로 함
주부 농산물 직거래 구매단	· 도시 소비자인 주부가 농촌을 방문하여 농산물을 직접 수확하고 시식한 후에 구매하도록 하는 체험형 농산물 구매단 · 주부는 체험을 통해 농산물의 가치를 느끼면서 싱싱한 농산물을 바로 구매할 수 있고, 농업인은 농산물 직거래로 판매 소득을 올릴 수 있음 · 농협은 직거래 구매단 회원가입 방식과 체험 구매 형태를 다양화하여 소비자와 생산자 간의 거리를 단축시켜 '얼굴 있는 농산물 유통 확산'에 이바지하고 있음

팜스테이 (Farm stay)	· 농가에서 숙식하면서 농사·생활·문화 등을 체험하고 마을 축제에 참여하는 등 농촌·문화· 관광이 결합된 농촌 체험 관광 상품 · 농협에서 주5일제에 따른 여가 수요의 증가와 도시민들의 안전한 먹거리 및 가족 단위 체 험 관광에 대한 관심에 부응하여 추진됨 · 농업인들에게는 농외소득 창출의 기회를, 도시민들에게는 농업·농촌에 대한 이해도를 높일 수 있는 기회를 제공하여 도농상생(都農相生)의 장을 마련함
NH-OIL 농협 주유소 사업	· 농협에 대한 고객의 높은 신뢰와 경쟁력 있는 가격을 기반으로 농업인의 영농비 절감과 소 비자 물가 안정을 도모하는 석유 판매 브랜드
농기계 은행 사업	· 농협에서 농기계를 구입하여 직접 혹은 책임운영자인 농업인을 통해 농작업을 대행하는 사 업 · 2008년부터 시행하여 농가 영농비 경감에 기여하였으며, 안정적인 영농 활동을 지원함
농산물 공판장	· 농협이 국내 농산물의 대량 판매와 공정 거래를 선도하여 농업인에게는 수취 가격 제고 및 판로 확대 기회를 제공하고, 소비자에게는 안전 농산물을 공급하기 위해 운영하고 있는 공 판장 · 농협은 경제지주 12개소, 조합 67개소로 총 79개의 농산물 공판장을 운영하며 경매, 정가 수의 매매 등 다양한 거래 방식으로 매출 실적을 높이며 판매농협의 구현에 기여하고 있음
농산물 산지 유통 센터 (APC)	· 농산물 상품화를 통해 시장교섭력을 높이고 공동 출하, 공동 선별, 공동 계산으로 물류 효율 화를 통해 유통 비용을 절감하고 농가 수취 가격을 제고하는 등의 부가가치를 창출하는 농 산물 유통의 전초 기지
농산물우수관리 인증제도(GAP)	· 안전 관리 체계를 구축하여 소비자에게 안전한 농산물을 공급하기 위해 생산부터 판매 단 계까지 농약, 중금속, 병원성 미생물 등 농식품 위해 요소를 종합적으로 관리하는 제도 · 농산물의 안전성을 확보하고 이를 소비자가 쉽게 확인할 수 있도록 하여 신뢰도를 높이고 국제 시장에서 우리 농산물의 경쟁력을 강화하며, 저(低)투입 지속 가능한 농업을 통해 농 업 환경을 보호하기 위한 목적으로 도입됨 · 농산물우수관리인증제도는 국립농산물품질관리원이 지정한 전문인증기관이 인정하는 체 계로, 우리나라는 2006년부터 본격적으로 시행함 · 농협중앙회는 2006년 3월 7일 GAP 인증기관 제1호로 지정됨
농산물이력 추적관리제도	· 농산물의 생산부터 판매까지 각 단계의 정보를 기록 및 관리하여 농산물의 안전성 등에 문 제가 생길 경우 해당 농산물을 추적하여 원인을 규명하고 필요한 조치를 취할 수 있도록 관리 하는 제도 · 표시의 신뢰성을 확보함으로써 공정한 거래와 위험 관리에 기여하고, 품질·안전·재고 관리 를 효율화하기 위한 목적으로 도입됨
농협 하나로마트	· 농협 직영 매장으로, 농업인이 생산한 농축산물 판매 확대를 위해 농축산물 취급 비율을 높 여 나가고 있음 · 수입 농산물을 취급하지 않는 것을 원칙으로 국산 농산물 판매에 주력함 · 농가와 소비자를 연결하는 농식품 유통의 핵심 주체로, 다양한 소비자의 기호에 부합하는 농식품 생산과 유통 비용 절감을 통해 새로운 부가가치 창출에 매진하여 지역경제 활성화 를 위해 노력하고 있음

미곡종합처리장 (RPC)	· 벼의 수확부터 선별 및 계량, 품질 검사, 건조, 저장, 도정, 판매 등의 쌀 생산의 모든 과정을 개별 농가 단위가 아닌 대단위 자동화 과정으로 공동 처리하는 시설 · 쌀 생산 농가의 노동력 부족을 해소하고 수확 후의 노력 비용과 미곡 손실 방지 등 생산비 절감을 통하여 쌀 산업의 경쟁력을 높이기 위해 운영함
쌀 자동시장격리제	· 초과 공급이 예상되는 쌀을 수확기 전에 자동으로 시장 격리함으로써 쌀 수급을 조절하여 쌀 시장의 불안감을 해소하고 쌀값을 안정적으로 유지하는 제도 · 공익직불제가 도입되고 쌀값이 떨어지면 정부에서 보조금을 지급하던 변동직불제가 폐지 되면서 쌀 수급 안정 대책을 위한 대안으로 도입됨
스마트 팜	· 사물인터넷, 빅데이터, 인공지능과 같은 정보 통신 기술(ICT)을 비닐하우스, 유리온실, 과수원, 축사 등에 접목하여 원격·자동으로 작물과 가축의 생육 환경을 적정하게 유지 및 관리할 수 있는 지능화된 농장 · 작물 생육 정보와 환경 정보에 대한 데이터를 바탕으로 최적의 생육 환경을 조성하여 노동력, 에너지, 양분 등을 이전보다 적게 투입하면서도 농산물의 생산성과 품질 향상이 가능함 · 스마트 팜이 보편적으로 확산될 경우 노동, 에너지 등의 투입 요소를 최적화하여 사용할 수 있게 되어 우리나라 농업의 경쟁력을 제고하고 농업을 미래성장산업으로 이끌 수 있음 · 스마트 팜의 도입으로 단순히 노동력의 절감 차원을 넘어서 농작업의 시간적·공간적 구속으로부터 벗어나 농업인의 여유 시간이 늘어나고 삶의 질도 향상되어 우수 신규 인력의 농촌 유입 가능성도 높아지는 효과를 창출할 수 있을 것으로 기대됨
친환경 농산물 인증제도	· 친환경 농산물을 전문 인증 기관이 엄격한 기준으로 선별 및 검사하고 정부가 그 안전성을 인증하는 제도 · 친환경 농산물은 유기합성 농약과 화학비료, 사료첨가제 등의 화학 자재를 일절 사용하지 않거나 최소량을 사용하여 생산한 농축산물을 일컬음 · 친환경 농산물의 인증 종류 　– 유기농산물: 유기합성농약과 화학비료를 전혀 사용하지 않고 재배한 농산물 　– 무농약농산물: 유기합성농약을 전혀 사용하지 않고, 화학비료는 권장 시비량의 1/3 이내로 사용하여 재배한 농산물
가축 분뇨 자원화 센터	· 가축 분뇨를 유기물이 풍부한 비료로 자원화하여 농경지에 환원하는 친환경 농업 기반 조성 센터 · 경종 농가는 고품질 농산물을 생산하고 축산 농가는 분뇨 문제를 해결할 수 있어 지속 가능한 농축산업 발전에 공헌하고 있음
공동방제단	· 전국 축협을 중심으로 찾아가는 방역 서비스를 시행하고 있는 540개의 공동방제단 · 평소에는 방역이 취약한 소규모 축산 농가를 순회 방문하며 철저하게 소독함으로써 전염병 확산을 차단하고 방제 관련 교육을 시행하며, 긴급 상황이 발생하면 기동방역팀을 운영하여 빈틈없는 방역 체계를 갖추고 있음
축산물 공판장	· 축산 농가의 판로를 확대하고 선제적인 수급 안정 체계의 구축을 위해 위생적이고 품질 높은 축산물을 생산·판매하는 공판장

축산물위해요소 중점관리제도 (HACCP)	· 소비자에게 위생적이고 안전한 축산물을 공급할 수 있는 기본적인 제도로, 작업 공정의 위생을 사전 예방적인 관점에서 체계적이고 과학적으로 관리하는 기법 · 기존 위생 관리 체계와는 다르게 위해 요소를 예방하고 전 제품의 안전성을 확보하는 것을 목적으로 함 · 최종 제품은 물론이고 중요 관리 포인트마다 위생을 철저하게 관리하고, 원인 분석 결과에 따라 위해 요소를 처리하고 조치를 취함
친환경 농산물 직거래 지원사업	· 친환경농축산물 유통 활성화를 위해 유통·가공업체에 생산자와의 친환경농산물 직거래 구입자금 융자를 지원하는 사업 · 신청방법 − 지원신청서를 작성하여 해당지역 농협중앙회 시군지부(농정지원단) 또는 aT 관할 지역본부에 제출

NHarvestX	· 애그·푸드테크 분야의 청년 창업 활성화를 위해 농협에서 시행한 스타트업 육성 프로그램
	· 고용노동부에서 시행하는 '청년친화형 기업ESG 지원사업'에 선정된 사업으로, 애그테크 분야의 청년 스타트업 육성을 지원함
	· 지원 대상
	  − 나이: 만 18세 이상 34세 미만 청년(단, 군필자의 경우 의무 복무 기간만큼 최대 만 39세까지 청년 기간 연장)
	  − 자격: 애그·푸드테크 분야 예비 창업가 또는 개인 사업자(단, 연매출 1억 5천만 원 미만, 창업 7년 미만)
	· 제공 사항
	  − 5개월 동안 월 100만 원의 활동비 지급
	  − 비즈니스 진단
	  − 농식품 특화 및 글로벌 진출 교육 제공
	  − 1대1 맞춤형 멘토링 제공
	  − 투자자 라운드 테이블 마련
	  − 데모데이를 통한 상급 지급(총 8천만 원) 및 투자연계 기회 제공

청년농부
사관학교
	· 미래 농업의 성장동력인 예비 청년 농업인 육성을 위해 진행하는 현장 중심의 교육 과정
	· 지원 대상
	  − 39세 이하의 청년
	· 교육 과정 및 기간
	  − 농업기초교육과 스마트팜 이론·실습, 농장현장인턴 실습, 비즈니스플랜 등 3개 모듈에 대해 6개월 동안 700여 시간의 커리큘럼으로 진행
	· 교육 혜택
	  − 정부 인정 귀농교육시간 반영
	  − 기숙사 및 식사 제공
	  − 농업용 기계(드론, 지게차, 굴삭기 등) 국가 자격증 취득 지원
	  − 용접, 농기계 실습 교육 지원
	  − 졸업생 영농정착 지원
	  − 교육 수료 시 기념품 증정 및 우수 교육생 장학금 지원

농축협 RPA	· Robotic Process Automation의 약자로, 인간이 수행하는 업무를 로봇이 수행하는 등의 자동화 처리 기술을 의미함 · 지난 2022년 농협중앙회에서 전국 1,117개 농축협을 대상으로 RPA 포털을 오픈하였고, 이를 초석으로 농협의 사업과 업무 전반에 디지털 기술을 확대할 예정
농축협 데이터 분석시스템 고도화 프로젝트	· 농협 상호금융에서 시행한 것으로, 분석용 고객 데이터 관리체계를 구축하고, 시스템 및 인프라를 개선하는 등 전국 농축협이 데이터 분석 결과를 쉽게 확인하고 직접 분석하는 환경을 만들고자 하는 프로젝트 · 프로젝트 성과 　– 신용사업 규제·규정 화면을 개발함에 따라 유동성 비율, 편중리스크, 예대비율, 대손충당금적립률, 연체율 등의 주요 지표를 한눈에 파악할 수 있게 됨과 동시에 농축협 경영관리에 대한 지원 기능이 강화됨
디지털 금융 교육	· 고령층 등 디지털 소외계층을 위한 디지털 금융 전담 교육 과정을 개발해 농축협 조합원과 고령 고객 및 농어민을 대상으로 일대일 멘토링과 현장교육을 진행하는 과정 · 교육 내용 　– 디지털 관련 용어 이해 　– 시니어뱅크 사용법 　– 보이스피싱 사례와 피해 예방 방안 관련 교육
AICC 투자	· 2025년 가동을 목표로 범 금융그룹 차원의 1000억 원 규모의 인공지능 관련 투자를 진행해 AICC(AI Contact Center) 구축에 힘쓸 예정
스마트농업 현장활용 경진대회	· 농업 생산성 향상 및 농업현장의 스마트 혁신 도모를 위해 개최하는 경진대회 · 참가 부문 　– 스마트팜 작물재배 및 가축사양 　– 스마트팜 자유 공모 · 참가 대상(단, 만 18세 이상, 만 40세 미만의 농업인이면서 2ha 이하의 경작지 보유한 중소농이어야 함) 　– 스마트팜 작물재배 및 가축사양: 시설원예·노지·축산 분야의 스마트팜 도입·운영하는 중소·청년농업인 　– 스마트팜 자유공모: 스마트팜을 운영 중이거나 경험이 있는 중소·청년농업인
국내 젖소 유전자원 수출	· 농협 경제지주에서는 농촌진흥청의 코피아(KOPIA)와 연계해 젖소 유전자원을 수출했으며, 2022년에는 중앙아시아 최초로 키르기스스탄에 국내에서 생산한 인공수정용 젖소 정액 약 2,000개(0.5ml/개)를 수출함 · 해당 젖소의 정액으로는 현지 암소 약 1,000마리를 동시에 인공수정할 수 있는 분량으로, 키르기스스탄의 농가 생산성 증대에 긍정적인 영향을 미칠 것으로 보임

NH 육튜브	· 농협경제지주 축산경제의 공식 유튜브 채널로, MZ세대의 축산물의 가치와 중요성을 알리기 위한 콘텐츠를 제공함 · 주요 콘텐츠 　– 챌린저: 전국의 축산 관련 현장을 방문하여 체험하는 활동 　– 육학다식: 일상에서 접할 수 있는 축산물 관련 정보 제공 　– 숏쿡: 재밌는 더빙으로 짧은 레시피를 제공하는 쿡방 　– 틈새시장: 이벤트성 흥미 콘텐츠 　– 축경생활: 축산업계 직장인들 브이로그 　– 드랍 더 미트: 축산물에 관한 실생활 꿀팁 　– 고기한 리뷰: 고기 리뷰
유통혁신 4대 혁신전략	· 유통 대변화에 따른 성과 창출을 위해 농협에서 수립한 전략 및 실행과제 · 4대 혁신전략별 주요 실행과제 　– 스마트한 생산·유통 환경 조성: 스마트팜 일관지원체계, 디지털 영농지원 확대, 산지유통시설(APC·RPC·가공공장) 스마트화, 스마트 축산시스템 사업화 　– 도매사업 중심 유통체계 혁신: 농협형 체인본부 구축, 농산물 통합구매 확대, 도매 대외판매채널 확대, 축산 미트센터 역할 강화 　– 도소매사업 온라인 중심 전환: 온라인농산물거래소 활성화, 산지 온라인사업 육성, 농협몰 기능 강화, e하나로 당일배송망 구축 　– 협동조합 정체성 확립: ESG지속가능경영, 농협김치 통합법인 육성, 농업·농촌「RE100」 달성 기여, 인삼농협 가공공장 통합 추진, 가공 농업 기반 식품사업 활성화, 한우·양돈 생산성 향상
싱싱이음	· 농협이 직접 운영 및 관리하는 회원제 신선농산물 전문몰 · 농협공판장에서 경매된 식자재를 사업장까지 무료로 배송받을 수 있으며, 당일 오후 11시까지 주문할 경우 다음 날 오전 6~9시에 배송받을 수 있음
농협에코 아그로	· 농협경제지주와 지역농협이 출자한 친환경농자재 제조·우통 전문기업으로, 농협경제지주 자회사인 농협아그로, 농협흙사랑, 상림 3사가 합병하여 기존 대비 기술력 및 전문성을 강화한 통합 법인 · 핵심 추진전략 및 중점과제 　– 전국 단위 영업망 구축과 품목 다양화 　– 조직·인력 통합 　– 친환경농자재 연구 역량 강화
NH하나로목장	· 한우 개체 정보, 한우 시세, 가축시장일정, 커뮤니티 등 한우 관련 모든 서비스를 한 번에 확인 가능한 ICT 기반의 스마트 목장관리 플랫폼

회독용 OMR 답안지

답안지 활용 방법

1. 회독 차수에 따라 본 답안지에 문제 풀이를 진행하시기 바랍니다.
2. 채점 시 O, X, △로 구분하여 채점하시기 바랍니다.
   (O: 맞은 문제, X: 틀린 문제, △: 풀지 못했거나 찍었는데 맞은 문제)

회독 차수:　　　　　진행 날짜:

실전모의고사 1회

1	① ② ③ ④	11	① ② ③ ④	21	① ② ③ ④	31	① ② ③ ④	41	① ② ③ ④	51	① ② ③ ④
2	① ② ③ ④	12	① ② ③ ④	22	① ② ③ ④	32	① ② ③ ④	42	① ② ③ ④	52	① ② ③ ④
3	① ② ③ ④	13	① ② ③ ④	23	① ② ③ ④	33	① ② ③ ④	43	① ② ③ ④	53	① ② ③ ④
4	① ② ③ ④	14	① ② ③ ④	24	① ② ③ ④	34	① ② ③ ④	44	① ② ③ ④	54	① ② ③ ④
5	① ② ③ ④	15	① ② ③ ④	25	① ② ③ ④	35	① ② ③ ④	45	① ② ③ ④	55	① ② ③ ④
6	① ② ③ ④	16	① ② ③ ④	26	① ② ③ ④	36	① ② ③ ④	46	① ② ③ ④	56	① ② ③ ④
7	① ② ③ ④	17	① ② ③ ④	27	① ② ③ ④	37	① ② ③ ④	47	① ② ③ ④	57	① ② ③ ④
8	① ② ③ ④	18	① ② ③ ④	28	① ② ③ ④	38	① ② ③ ④	48	① ② ③ ④	58	① ② ③ ④
9	① ② ③ ④	19	① ② ③ ④	29	① ② ③ ④	39	① ② ③ ④	49	① ② ③ ④	59	① ② ③ ④
10	① ② ③ ④	20	① ② ③ ④	30	① ② ③ ④	40	① ② ③ ④	50	① ② ③ ④	60	① ② ③ ④

맞힌 개수 / 전체 개수 : _____ / 60　　　　　O: _____개,　X: _____개,　△: _____개

실전모의고사 2회

1	① ② ③ ④	11	① ② ③ ④	21	① ② ③ ④	31	① ② ③ ④	41	① ② ③ ④	51	① ② ③ ④
2	① ② ③ ④	12	① ② ③ ④	22	① ② ③ ④	32	① ② ③ ④	42	① ② ③ ④	52	① ② ③ ④
3	① ② ③ ④	13	① ② ③ ④	23	① ② ③ ④	33	① ② ③ ④	43	① ② ③ ④	53	① ② ③ ④
4	① ② ③ ④	14	① ② ③ ④	24	① ② ③ ④	34	① ② ③ ④	44	① ② ③ ④	54	① ② ③ ④
5	① ② ③ ④	15	① ② ③ ④	25	① ② ③ ④	35	① ② ③ ④	45	① ② ③ ④	55	① ② ③ ④
6	① ② ③ ④	16	① ② ③ ④	26	① ② ③ ④	36	① ② ③ ④	46	① ② ③ ④	56	① ② ③ ④
7	① ② ③ ④	17	① ② ③ ④	27	① ② ③ ④	37	① ② ③ ④	47	① ② ③ ④	57	① ② ③ ④
8	① ② ③ ④	18	① ② ③ ④	28	① ② ③ ④	38	① ② ③ ④	48	① ② ③ ④	58	① ② ③ ④
9	① ② ③ ④	19	① ② ③ ④	29	① ② ③ ④	39	① ② ③ ④	49	① ② ③ ④	59	① ② ③ ④
10	① ② ③ ④	20	① ② ③ ④	30	① ② ③ ④	40	① ② ③ ④	50	① ② ③ ④	60	① ② ③ ④

맞힌 개수 / 전체 개수 : _____ / 60　　　　　O: _____개,　X: _____개,　△: _____개

실전모의고사 3회

1	① ② ③ ④	11	① ② ③ ④	21	① ② ③ ④	31	① ② ③ ④	41	① ② ③ ④	51	① ② ③ ④
2	① ② ③ ④	12	① ② ③ ④	22	① ② ③ ④	32	① ② ③ ④	42	① ② ③ ④	52	① ② ③ ④
3	① ② ③ ④	13	① ② ③ ④	23	① ② ③ ④	33	① ② ③ ④	43	① ② ③ ④	53	① ② ③ ④
4	① ② ③ ④	14	① ② ③ ④	24	① ② ③ ④	34	① ② ③ ④	44	① ② ③ ④	54	① ② ③ ④
5	① ② ③ ④	15	① ② ③ ④	25	① ② ③ ④	35	① ② ③ ④	45	① ② ③ ④	55	① ② ③ ④
6	① ② ③ ④	16	① ② ③ ④	26	① ② ③ ④	36	① ② ③ ④	46	① ② ③ ④	56	① ② ③ ④
7	① ② ③ ④	17	① ② ③ ④	27	① ② ③ ④	37	① ② ③ ④	47	① ② ③ ④	57	① ② ③ ④
8	① ② ③ ④	18	① ② ③ ④	28	① ② ③ ④	38	① ② ③ ④	48	① ② ③ ④	58	① ② ③ ④
9	① ② ③ ④	19	① ② ③ ④	29	① ② ③ ④	39	① ② ③ ④	49	① ② ③ ④	59	① ② ③ ④
10	① ② ③ ④	20	① ② ③ ④	30	① ② ③ ④	40	① ② ③ ④	50	① ② ③ ④	60	① ② ③ ④

맞힌 개수 / 전체 개수 : _____ / 60　　　　　O: _____개,　X: _____개,　△: _____개

회독용 OMR 답안지

답안지 활용 방법

1. 회독 차수에 따라 본 답안지에 문제 풀이를 진행하시기 바랍니다.
2. 채점 시 O, X, △로 구분하여 채점하시기 바랍니다.
   (O: 맞은 문제, X: 틀린 문제, △: 풀지 못했거나 찍었는데 맞은 문제)

회독 차수: 진행 날짜:

실전모의고사 4회

1	① ② ③ ④	11	① ② ③ ④	21	① ② ③ ④	31	① ② ③ ④	41	① ② ③ ④	51	① ② ③ ④
2	① ② ③ ④	12	① ② ③ ④	22	① ② ③ ④	32	① ② ③ ④	42	① ② ③ ④	52	① ② ③ ④
3	① ② ③ ④	13	① ② ③ ④	23	① ② ③ ④	33	① ② ③ ④	43	① ② ③ ④	53	① ② ③ ④
4	① ② ③ ④	14	① ② ③ ④	24	① ② ③ ④	34	① ② ③ ④	44	① ② ③ ④	54	① ② ③ ④
5	① ② ③ ④	15	① ② ③ ④	25	① ② ③ ④	35	① ② ③ ④	45	① ② ③ ④	55	① ② ③ ④
6	① ② ③ ④	16	① ② ③ ④	26	① ② ③ ④	36	① ② ③ ④	46	① ② ③ ④	56	① ② ③ ④
7	① ② ③ ④	17	① ② ③ ④	27	① ② ③ ④	37	① ② ③ ④	47	① ② ③ ④	57	① ② ③ ④
8	① ② ③ ④	18	① ② ③ ④	28	① ② ③ ④	38	① ② ③ ④	48	① ② ③ ④	58	① ② ③ ④
9	① ② ③ ④	19	① ② ③ ④	29	① ② ③ ④	39	① ② ③ ④	49	① ② ③ ④	59	① ② ③ ④
10	① ② ③ ④	20	① ② ③ ④	30	① ② ③ ④	40	① ② ③ ④	50	① ② ③ ④	60	① ② ③ ④

맞힌 개수 / 전체 개수 : _____ / 60   O: _____개,   X: _____개,   △: _____개

실전모의고사 5회

1	① ② ③ ④ ⑤	16	① ② ③ ④ ⑤	31	① ② ③ ④ ⑤	46	① ② ③ ④ ⑤	61	① ② ③ ④ ⑤
2	① ② ③ ④ ⑤	17	① ② ③ ④ ⑤	32	① ② ③ ④ ⑤	47	① ② ③ ④ ⑤	62	① ② ③ ④ ⑤
3	① ② ③ ④ ⑤	18	① ② ③ ④ ⑤	33	① ② ③ ④ ⑤	48	① ② ③ ④ ⑤	63	① ② ③ ④ ⑤
4	① ② ③ ④ ⑤	19	① ② ③ ④ ⑤	34	① ② ③ ④ ⑤	49	① ② ③ ④ ⑤	64	① ② ③ ④ ⑤
5	① ② ③ ④ ⑤	20	① ② ③ ④ ⑤	35	① ② ③ ④ ⑤	50	① ② ③ ④ ⑤	65	① ② ③ ④ ⑤
6	① ② ③ ④ ⑤	21	① ② ③ ④ ⑤	36	① ② ③ ④ ⑤	51	① ② ③ ④ ⑤	66	① ② ③ ④ ⑤
7	① ② ③ ④ ⑤	22	① ② ③ ④ ⑤	37	① ② ③ ④ ⑤	52	① ② ③ ④ ⑤	67	① ② ③ ④ ⑤
8	① ② ③ ④ ⑤	23	① ② ③ ④ ⑤	38	① ② ③ ④ ⑤	53	① ② ③ ④ ⑤	68	① ② ③ ④ ⑤
9	① ② ③ ④ ⑤	24	① ② ③ ④ ⑤	39	① ② ③ ④ ⑤	54	① ② ③ ④ ⑤	69	① ② ③ ④ ⑤
10	① ② ③ ④ ⑤	25	① ② ③ ④ ⑤	40	① ② ③ ④ ⑤	55	① ② ③ ④ ⑤	70	① ② ③ ④ ⑤
11	① ② ③ ④ ⑤	26	① ② ③ ④ ⑤	41	① ② ③ ④ ⑤	56	① ② ③ ④ ⑤		
12	① ② ③ ④ ⑤	27	① ② ③ ④ ⑤	42	① ② ③ ④ ⑤	57	① ② ③ ④ ⑤		
13	① ② ③ ④ ⑤	28	① ② ③ ④ ⑤	43	① ② ③ ④ ⑤	58	① ② ③ ④ ⑤		
14	① ② ③ ④ ⑤	29	① ② ③ ④ ⑤	44	① ② ③ ④ ⑤	59	① ② ③ ④ ⑤		
15	① ② ③ ④ ⑤	30	① ② ③ ④ ⑤	45	① ② ③ ④ ⑤	60	① ② ③ ④ ⑤		

맞힌 개수 / 전체 개수 : _____ / 70   O: _____개,   X: _____개,   △: _____개

실전모의고사 6회

1	① ② ③ ④ ⑤	16	① ② ③ ④ ⑤	31	① ② ③ ④ ⑤	46	① ② ③ ④ ⑤	61	① ② ③ ④ ⑤
2	① ② ③ ④ ⑤	17	① ② ③ ④ ⑤	32	① ② ③ ④ ⑤	47	① ② ③ ④ ⑤	62	① ② ③ ④ ⑤
3	① ② ③ ④ ⑤	18	① ② ③ ④ ⑤	33	① ② ③ ④ ⑤	48	① ② ③ ④ ⑤	63	① ② ③ ④ ⑤
4	① ② ③ ④ ⑤	19	① ② ③ ④ ⑤	34	① ② ③ ④ ⑤	49	① ② ③ ④ ⑤	64	① ② ③ ④ ⑤
5	① ② ③ ④ ⑤	20	① ② ③ ④ ⑤	35	① ② ③ ④ ⑤	50	① ② ③ ④ ⑤	65	① ② ③ ④ ⑤
6	① ② ③ ④ ⑤	21	① ② ③ ④ ⑤	36	① ② ③ ④ ⑤	51	① ② ③ ④ ⑤	66	① ② ③ ④ ⑤
7	① ② ③ ④ ⑤	22	① ② ③ ④ ⑤	37	① ② ③ ④ ⑤	52	① ② ③ ④ ⑤	67	① ② ③ ④ ⑤
8	① ② ③ ④ ⑤	23	① ② ③ ④ ⑤	38	① ② ③ ④ ⑤	53	① ② ③ ④ ⑤	68	① ② ③ ④ ⑤
9	① ② ③ ④ ⑤	24	① ② ③ ④ ⑤	39	① ② ③ ④ ⑤	54	① ② ③ ④ ⑤	69	① ② ③ ④ ⑤
10	① ② ③ ④ ⑤	25	① ② ③ ④ ⑤	40	① ② ③ ④ ⑤	55	① ② ③ ④ ⑤	70	① ② ③ ④ ⑤
11	① ② ③ ④ ⑤	26	① ② ③ ④ ⑤	41	① ② ③ ④ ⑤	56	① ② ③ ④ ⑤		
12	① ② ③ ④ ⑤	27	① ② ③ ④ ⑤	42	① ② ③ ④ ⑤	57	① ② ③ ④ ⑤		
13	① ② ③ ④ ⑤	28	① ② ③ ④ ⑤	43	① ② ③ ④ ⑤	58	① ② ③ ④ ⑤		
14	① ② ③ ④ ⑤	29	① ② ③ ④ ⑤	44	① ② ③ ④ ⑤	59	① ② ③ ④ ⑤		
15	① ② ③ ④ ⑤	30	① ② ③ ④ ⑤	45	① ② ③ ④ ⑤	60	① ② ③ ④ ⑤		

맞힌 개수 / 전체 개수 : _____ / 70   O: _____개,   X: _____개,   △: _____개

회독용 OMR 답안지

답안지 활용 방법

1. 회독 차수에 따라 본 답안지에 문제 풀이를 진행하시기 바랍니다.
2. 채점 시 O, X, △로 구분하여 채점하시기 바랍니다.
   (O: 맞은 문제, X: 틀린 문제, △: 풀지 못했거나 찍었는데 맞은 문제)

회독 차수:　　　　　진행 날짜:

실전모의고사 1회

1	① ② ③ ④	11	① ② ③ ④	21	① ② ③ ④	31	① ② ③ ④	41	① ② ③ ④	51	① ② ③ ④
2	① ② ③ ④	12	① ② ③ ④	22	① ② ③ ④	32	① ② ③ ④	42	① ② ③ ④	52	① ② ③ ④
3	① ② ③ ④	13	① ② ③ ④	23	① ② ③ ④	33	① ② ③ ④	43	① ② ③ ④	53	① ② ③ ④
4	① ② ③ ④	14	① ② ③ ④	24	① ② ③ ④	34	① ② ③ ④	44	① ② ③ ④	54	① ② ③ ④
5	① ② ③ ④	15	① ② ③ ④	25	① ② ③ ④	35	① ② ③ ④	45	① ② ③ ④	55	① ② ③ ④
6	① ② ③ ④	16	① ② ③ ④	26	① ② ③ ④	36	① ② ③ ④	46	① ② ③ ④	56	① ② ③ ④
7	① ② ③ ④	17	① ② ③ ④	27	① ② ③ ④	37	① ② ③ ④	47	① ② ③ ④	57	① ② ③ ④
8	① ② ③ ④	18	① ② ③ ④	28	① ② ③ ④	38	① ② ③ ④	48	① ② ③ ④	58	① ② ③ ④
9	① ② ③ ④	19	① ② ③ ④	29	① ② ③ ④	39	① ② ③ ④	49	① ② ③ ④	59	① ② ③ ④
10	① ② ③ ④	20	① ② ③ ④	30	① ② ③ ④	40	① ② ③ ④	50	① ② ③ ④	60	① ② ③ ④

맞힌 개수 / 전체 개수 : ＿＿＿＿ / 60　　　　O: ＿＿＿＿개,　X: ＿＿＿＿개,　△: ＿＿＿＿개

실전모의고사 2회

1	① ② ③ ④	11	① ② ③ ④	21	① ② ③ ④	31	① ② ③ ④	41	① ② ③ ④	51	① ② ③ ④
2	① ② ③ ④	12	① ② ③ ④	22	① ② ③ ④	32	① ② ③ ④	42	① ② ③ ④	52	① ② ③ ④
3	① ② ③ ④	13	① ② ③ ④	23	① ② ③ ④	33	① ② ③ ④	43	① ② ③ ④	53	① ② ③ ④
4	① ② ③ ④	14	① ② ③ ④	24	① ② ③ ④	34	① ② ③ ④	44	① ② ③ ④	54	① ② ③ ④
5	① ② ③ ④	15	① ② ③ ④	25	① ② ③ ④	35	① ② ③ ④	45	① ② ③ ④	55	① ② ③ ④
6	① ② ③ ④	16	① ② ③ ④	26	① ② ③ ④	36	① ② ③ ④	46	① ② ③ ④	56	① ② ③ ④
7	① ② ③ ④	17	① ② ③ ④	27	① ② ③ ④	37	① ② ③ ④	47	① ② ③ ④	57	① ② ③ ④
8	① ② ③ ④	18	① ② ③ ④	28	① ② ③ ④	38	① ② ③ ④	48	① ② ③ ④	58	① ② ③ ④
9	① ② ③ ④	19	① ② ③ ④	29	① ② ③ ④	39	① ② ③ ④	49	① ② ③ ④	59	① ② ③ ④
10	① ② ③ ④	20	① ② ③ ④	30	① ② ③ ④	40	① ② ③ ④	50	① ② ③ ④	60	① ② ③ ④

맞힌 개수 / 전체 개수 : ＿＿＿＿ / 60　　　　O: ＿＿＿＿개,　X: ＿＿＿＿개,　△: ＿＿＿＿개

실전모의고사 3회

1	① ② ③ ④	11	① ② ③ ④	21	① ② ③ ④	31	① ② ③ ④	41	① ② ③ ④	51	① ② ③ ④
2	① ② ③ ④	12	① ② ③ ④	22	① ② ③ ④	32	① ② ③ ④	42	① ② ③ ④	52	① ② ③ ④
3	① ② ③ ④	13	① ② ③ ④	23	① ② ③ ④	33	① ② ③ ④	43	① ② ③ ④	53	① ② ③ ④
4	① ② ③ ④	14	① ② ③ ④	24	① ② ③ ④	34	① ② ③ ④	44	① ② ③ ④	54	① ② ③ ④
5	① ② ③ ④	15	① ② ③ ④	25	① ② ③ ④	35	① ② ③ ④	45	① ② ③ ④	55	① ② ③ ④
6	① ② ③ ④	16	① ② ③ ④	26	① ② ③ ④	36	① ② ③ ④	46	① ② ③ ④	56	① ② ③ ④
7	① ② ③ ④	17	① ② ③ ④	27	① ② ③ ④	37	① ② ③ ④	47	① ② ③ ④	57	① ② ③ ④
8	① ② ③ ④	18	① ② ③ ④	28	① ② ③ ④	38	① ② ③ ④	48	① ② ③ ④	58	① ② ③ ④
9	① ② ③ ④	19	① ② ③ ④	29	① ② ③ ④	39	① ② ③ ④	49	① ② ③ ④	59	① ② ③ ④
10	① ② ③ ④	20	① ② ③ ④	30	① ② ③ ④	40	① ② ③ ④	50	① ② ③ ④	60	① ② ③ ④

맞힌 개수 / 전체 개수 : ＿＿＿＿ / 60　　　　O: ＿＿＿＿개,　X: ＿＿＿＿개,　△: ＿＿＿＿개

회독용 OMR 답안지

회독 차수:　　　　　　진행 날짜:

실전모의고사 4회

1 ① ② ③ ④	11 ① ② ③ ④	21 ① ② ③ ④	31 ① ② ③ ④	41 ① ② ③ ④	51 ① ② ③ ④
2 ① ② ③ ④	12 ① ② ③ ④	22 ① ② ③ ④	32 ① ② ③ ④	42 ① ② ③ ④	52 ① ② ③ ④
3 ① ② ③ ④	13 ① ② ③ ④	23 ① ② ③ ④	33 ① ② ③ ④	43 ① ② ③ ④	53 ① ② ③ ④
4 ① ② ③ ④	14 ① ② ③ ④	24 ① ② ③ ④	34 ① ② ③ ④	44 ① ② ③ ④	54 ① ② ③ ④
5 ① ② ③ ④	15 ① ② ③ ④	25 ① ② ③ ④	35 ① ② ③ ④	45 ① ② ③ ④	55 ① ② ③ ④
6 ① ② ③ ④	16 ① ② ③ ④	26 ① ② ③ ④	36 ① ② ③ ④	46 ① ② ③ ④	56 ① ② ③ ④
7 ① ② ③ ④	17 ① ② ③ ④	27 ① ② ③ ④	37 ① ② ③ ④	47 ① ② ③ ④	57 ① ② ③ ④
8 ① ② ③ ④	18 ① ② ③ ④	28 ① ② ③ ④	38 ① ② ③ ④	48 ① ② ③ ④	58 ① ② ③ ④
9 ① ② ③ ④	19 ① ② ③ ④	29 ① ② ③ ④	39 ① ② ③ ④	49 ① ② ③ ④	59 ① ② ③ ④
10 ① ② ③ ④	20 ① ② ③ ④	30 ① ② ③ ④	40 ① ② ③ ④	50 ① ② ③ ④	60 ① ② ③ ④

맞힌 개수 / 전체 개수 : _____ / 60　　　　O: _____개,　X: _____개,　△: _____개

실전모의고사 5회

1 ① ② ③ ④ ⑤	16 ① ② ③ ④ ⑤	31 ① ② ③ ④ ⑤	46 ① ② ③ ④ ⑤	61 ① ② ③ ④ ⑤
2 ① ② ③ ④ ⑤	17 ① ② ③ ④ ⑤	32 ① ② ③ ④ ⑤	47 ① ② ③ ④ ⑤	62 ① ② ③ ④ ⑤
3 ① ② ③ ④ ⑤	18 ① ② ③ ④ ⑤	33 ① ② ③ ④ ⑤	48 ① ② ③ ④ ⑤	63 ① ② ③ ④ ⑤
4 ① ② ③ ④ ⑤	19 ① ② ③ ④ ⑤	34 ① ② ③ ④ ⑤	49 ① ② ③ ④ ⑤	64 ① ② ③ ④ ⑤
5 ① ② ③ ④ ⑤	20 ① ② ③ ④ ⑤	35 ① ② ③ ④ ⑤	50 ① ② ③ ④ ⑤	65 ① ② ③ ④ ⑤
6 ① ② ③ ④ ⑤	21 ① ② ③ ④ ⑤	36 ① ② ③ ④ ⑤	51 ① ② ③ ④ ⑤	66 ① ② ③ ④ ⑤
7 ① ② ③ ④ ⑤	22 ① ② ③ ④ ⑤	37 ① ② ③ ④ ⑤	52 ① ② ③ ④ ⑤	67 ① ② ③ ④ ⑤
8 ① ② ③ ④ ⑤	23 ① ② ③ ④ ⑤	38 ① ② ③ ④ ⑤	53 ① ② ③ ④ ⑤	68 ① ② ③ ④ ⑤
9 ① ② ③ ④ ⑤	24 ① ② ③ ④ ⑤	39 ① ② ③ ④ ⑤	54 ① ② ③ ④ ⑤	69 ① ② ③ ④ ⑤
10 ① ② ③ ④ ⑤	25 ① ② ③ ④ ⑤	40 ① ② ③ ④ ⑤	55 ① ② ③ ④ ⑤	70 ① ② ③ ④ ⑤
11 ① ② ③ ④ ⑤	26 ① ② ③ ④ ⑤	41 ① ② ③ ④ ⑤	56 ① ② ③ ④ ⑤	
12 ① ② ③ ④ ⑤	27 ① ② ③ ④ ⑤	42 ① ② ③ ④ ⑤	57 ① ② ③ ④ ⑤	
13 ① ② ③ ④ ⑤	28 ① ② ③ ④ ⑤	43 ① ② ③ ④ ⑤	58 ① ② ③ ④ ⑤	
14 ① ② ③ ④ ⑤	29 ① ② ③ ④ ⑤	44 ① ② ③ ④ ⑤	59 ① ② ③ ④ ⑤	
15 ① ② ③ ④ ⑤	30 ① ② ③ ④ ⑤	45 ① ② ③ ④ ⑤	60 ① ② ③ ④ ⑤	

맞힌 개수 / 전체 개수 : _____ / 70　　　　O: _____개,　X: _____개,　△: _____개

실전모의고사 6회

1 ① ② ③ ④ ⑤	16 ① ② ③ ④ ⑤	31 ① ② ③ ④ ⑤	46 ① ② ③ ④ ⑤	61 ① ② ③ ④ ⑤
2 ① ② ③ ④ ⑤	17 ① ② ③ ④ ⑤	32 ① ② ③ ④ ⑤	47 ① ② ③ ④ ⑤	62 ① ② ③ ④ ⑤
3 ① ② ③ ④ ⑤	18 ① ② ③ ④ ⑤	33 ① ② ③ ④ ⑤	48 ① ② ③ ④ ⑤	63 ① ② ③ ④ ⑤
4 ① ② ③ ④ ⑤	19 ① ② ③ ④ ⑤	34 ① ② ③ ④ ⑤	49 ① ② ③ ④ ⑤	64 ① ② ③ ④ ⑤
5 ① ② ③ ④ ⑤	20 ① ② ③ ④ ⑤	35 ① ② ③ ④ ⑤	50 ① ② ③ ④ ⑤	65 ① ② ③ ④ ⑤
6 ① ② ③ ④ ⑤	21 ① ② ③ ④ ⑤	36 ① ② ③ ④ ⑤	51 ① ② ③ ④ ⑤	66 ① ② ③ ④ ⑤
7 ① ② ③ ④ ⑤	22 ① ② ③ ④ ⑤	37 ① ② ③ ④ ⑤	52 ① ② ③ ④ ⑤	67 ① ② ③ ④ ⑤
8 ① ② ③ ④ ⑤	23 ① ② ③ ④ ⑤	38 ① ② ③ ④ ⑤	53 ① ② ③ ④ ⑤	68 ① ② ③ ④ ⑤
9 ① ② ③ ④ ⑤	24 ① ② ③ ④ ⑤	39 ① ② ③ ④ ⑤	54 ① ② ③ ④ ⑤	69 ① ② ③ ④ ⑤
10 ① ② ③ ④ ⑤	25 ① ② ③ ④ ⑤	40 ① ② ③ ④ ⑤	55 ① ② ③ ④ ⑤	70 ① ② ③ ④ ⑤
11 ① ② ③ ④ ⑤	26 ① ② ③ ④ ⑤	41 ① ② ③ ④ ⑤	56 ① ② ③ ④ ⑤	
12 ① ② ③ ④ ⑤	27 ① ② ③ ④ ⑤	42 ① ② ③ ④ ⑤	57 ① ② ③ ④ ⑤	
13 ① ② ③ ④ ⑤	28 ① ② ③ ④ ⑤	43 ① ② ③ ④ ⑤	58 ① ② ③ ④ ⑤	
14 ① ② ③ ④ ⑤	29 ① ② ③ ④ ⑤	44 ① ② ③ ④ ⑤	59 ① ② ③ ④ ⑤	
15 ① ② ③ ④ ⑤	30 ① ② ③ ④ ⑤	45 ① ② ③ ④ ⑤	60 ① ② ③ ④ ⑤	

맞힌 개수 / 전체 개수 : _____ / 70　　　　O: _____개,　X: _____개,　△: _____개

회독용 OMR 답안지

답안지 활용 방법

1. 회독 차수에 따라 본 답안지에 문제 풀이를 진행하시기 바랍니다.
2. 채점 시 O, X, △로 구분하여 채점하시기 바랍니다.
   (O: 맞은 문제, X: 틀린 문제, △: 풀지 못했거나 찍었는데 맞은 문제)

회독 차수:　　　　　　진행 날짜:

실전모의고사 1회

1	① ② ③ ④	11	① ② ③ ④	21	① ② ③ ④	31	① ② ③ ④	41	① ② ③ ④	51	① ② ③ ④
2	① ② ③ ④	12	① ② ③ ④	22	① ② ③ ④	32	① ② ③ ④	42	① ② ③ ④	52	① ② ③ ④
3	① ② ③ ④	13	① ② ③ ④	23	① ② ③ ④	33	① ② ③ ④	43	① ② ③ ④	53	① ② ③ ④
4	① ② ③ ④	14	① ② ③ ④	24	① ② ③ ④	34	① ② ③ ④	44	① ② ③ ④	54	① ② ③ ④
5	① ② ③ ④	15	① ② ③ ④	25	① ② ③ ④	35	① ② ③ ④	45	① ② ③ ④	55	① ② ③ ④
6	① ② ③ ④	16	① ② ③ ④	26	① ② ③ ④	36	① ② ③ ④	46	① ② ③ ④	56	① ② ③ ④
7	① ② ③ ④	17	① ② ③ ④	27	① ② ③ ④	37	① ② ③ ④	47	① ② ③ ④	57	① ② ③ ④
8	① ② ③ ④	18	① ② ③ ④	28	① ② ③ ④	38	① ② ③ ④	48	① ② ③ ④	58	① ② ③ ④
9	① ② ③ ④	19	① ② ③ ④	29	① ② ③ ④	39	① ② ③ ④	49	① ② ③ ④	59	① ② ③ ④
10	① ② ③ ④	20	① ② ③ ④	30	① ② ③ ④	40	① ② ③ ④	50	① ② ③ ④	60	① ② ③ ④

맞힌 개수 / 전체 개수 : _____ / 60　　　　O: _____개,　X: _____개,　△: _____개

실전모의고사 2회

1	① ② ③ ④	11	① ② ③ ④	21	① ② ③ ④	31	① ② ③ ④	41	① ② ③ ④	51	① ② ③ ④
2	① ② ③ ④	12	① ② ③ ④	22	① ② ③ ④	32	① ② ③ ④	42	① ② ③ ④	52	① ② ③ ④
3	① ② ③ ④	13	① ② ③ ④	23	① ② ③ ④	33	① ② ③ ④	43	① ② ③ ④	53	① ② ③ ④
4	① ② ③ ④	14	① ② ③ ④	24	① ② ③ ④	34	① ② ③ ④	44	① ② ③ ④	54	① ② ③ ④
5	① ② ③ ④	15	① ② ③ ④	25	① ② ③ ④	35	① ② ③ ④	45	① ② ③ ④	55	① ② ③ ④
6	① ② ③ ④	16	① ② ③ ④	26	① ② ③ ④	36	① ② ③ ④	46	① ② ③ ④	56	① ② ③ ④
7	① ② ③ ④	17	① ② ③ ④	27	① ② ③ ④	37	① ② ③ ④	47	① ② ③ ④	57	① ② ③ ④
8	① ② ③ ④	18	① ② ③ ④	28	① ② ③ ④	38	① ② ③ ④	48	① ② ③ ④	58	① ② ③ ④
9	① ② ③ ④	19	① ② ③ ④	29	① ② ③ ④	39	① ② ③ ④	49	① ② ③ ④	59	① ② ③ ④
10	① ② ③ ④	20	① ② ③ ④	30	① ② ③ ④	40	① ② ③ ④	50	① ② ③ ④	60	① ② ③ ④

맞힌 개수 / 전체 개수 : _____ / 60　　　　O: _____개,　X: _____개,　△: _____개

실전모의고사 3회

1	① ② ③ ④	11	① ② ③ ④	21	① ② ③ ④	31	① ② ③ ④	41	① ② ③ ④	51	① ② ③ ④
2	① ② ③ ④	12	① ② ③ ④	22	① ② ③ ④	32	① ② ③ ④	42	① ② ③ ④	52	① ② ③ ④
3	① ② ③ ④	13	① ② ③ ④	23	① ② ③ ④	33	① ② ③ ④	43	① ② ③ ④	53	① ② ③ ④
4	① ② ③ ④	14	① ② ③ ④	24	① ② ③ ④	34	① ② ③ ④	44	① ② ③ ④	54	① ② ③ ④
5	① ② ③ ④	15	① ② ③ ④	25	① ② ③ ④	35	① ② ③ ④	45	① ② ③ ④	55	① ② ③ ④
6	① ② ③ ④	16	① ② ③ ④	26	① ② ③ ④	36	① ② ③ ④	46	① ② ③ ④	56	① ② ③ ④
7	① ② ③ ④	17	① ② ③ ④	27	① ② ③ ④	37	① ② ③ ④	47	① ② ③ ④	57	① ② ③ ④
8	① ② ③ ④	18	① ② ③ ④	28	① ② ③ ④	38	① ② ③ ④	48	① ② ③ ④	58	① ② ③ ④
9	① ② ③ ④	19	① ② ③ ④	29	① ② ③ ④	39	① ② ③ ④	49	① ② ③ ④	59	① ② ③ ④
10	① ② ③ ④	20	① ② ③ ④	30	① ② ③ ④	40	① ② ③ ④	50	① ② ③ ④	60	① ② ③ ④

맞힌 개수 / 전체 개수 : _____ / 60　　　　O: _____개,　X: _____개,　△: _____개

자르는 선

회독용 OMR 답안지

답안지 활용 방법

1. 회독 차수에 따라 본 답안지에 문제 풀이를 진행하시기 바랍니다.
2. 채점 시 O, X, △로 구분하여 채점하시기 바랍니다.
   (O: 맞은 문제, X: 틀린 문제, △: 풀지 못했거나 찍었는데 맞은 문제)

회독 차수: 진행 날짜:

실전모의고사 4회

(문항 1~60, 각 ① ② ③ ④)

맞힌 개수 / 전체 개수 : _____ / 60

O: _____개, X: _____개, △: _____개

실전모의고사 5회

(문항 1~70, 각 ① ② ③ ④ ⑤)

맞힌 개수 / 전체 개수 : _____ / 70

O: _____개, X: _____개, △: _____개

실전모의고사 6회

(문항 1~70, 각 ① ② ③ ④ ⑤)

맞힌 개수 / 전체 개수 : _____ / 70

O: _____개, X: _____개, △: _____개

해커스
지역농협 6급
NCS 인적성 및 직무능력평가
통합 기본서

개정 11판 2쇄 발행 2024년 8월 19일
개정 11판 1쇄 발행 2024년 3월 8일

지은이	해커스 NCS 취업교육연구소
펴낸곳	(주)챔프스터디
펴낸이	챔프스터디 출판팀

주소	서울특별시 서초구 강남대로61길 23 (주)챔프스터디
고객센터	02-537-5000
교재 관련 문의	publishing@hackers.com
	해커스잡 사이트(ejob.Hackers.com) 교재 Q&A 게시판
학원 강의 및 동영상강의	ejob.Hackers.com

ISBN	978-89-6965-478-6 (13320)
Serial Number	11-02-01

취업교육 1위,
해커스잡(ejob.Hackers.com)

해커스잡

- 수리까지 확실히 대비할 수 있는 NCS 수리능력 추가 연습 문제
- 내 점수와 석차를 확인하는 **무료 바로 채점 및 성적 분석 서비스**
- 지역농협 취업 전문가의 **농협 취업 대비 특강**
- 공기업 전문 스타강사의 **본 교재 인강**(교재 내 할인쿠폰 수록)

"1분 레벨테스트"로
바로 확인하는 내 토익 레벨! ▶

▌토익 교재 시리즈

유형+문제

~450점 왕기초	450~550점 입문	550~650점 기본	650~750점 중급	750~900점 이상 정규

현재 점수에 맞는 교재를 선택하세요! ⇦⇨ : 교재별 학습 가능 점수대

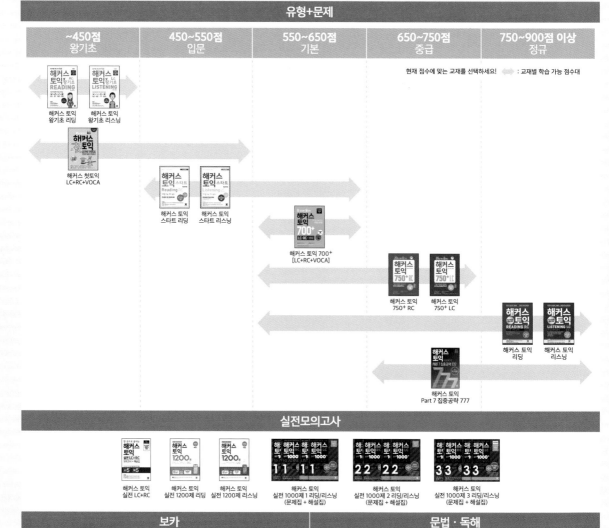

해커스 토익 왕기초 리딩

해커스 토익 왕기초 리스닝

해커스 첫토익 LC+RC+VOCA

해커스 토익 스타트 리딩

해커스 토익 스타트 리스닝

해커스 토익 700+ [LC+RC+VOCA]

해커스 토익 750+ RC

해커스 토익 750+ LC

해커스 토익 리딩

해커스 토익 리스닝

해커스 토익 Part 7 집중공략 777

실전모의고사

해커스 토익 실전 LC+RC

해커스 토익 실전 1200제 리딩

해커스 토익 실전 1200제 리스닝

해커스 토익 실전 1000제 1 리딩/리스닝 (문제집 + 해설집)

해커스 토익 실전 1000제 2 리딩/리스닝 (문제집 + 해설집)

해커스 토익 실전 1000제 3 리딩/리스닝 (문제집 + 해설집)

보카

해커스 토익 기출 보카

문법 · 독해

그래머 게이트웨이 베이직

그래머 게이트웨이 베이직 Light Version

그래머 게이트웨이 인터미디엇

해커스 그래머 스타트

해커스 구문독해 100

▌토익스피킹 교재 시리즈

해커스 토익스피킹 스타트

만능 템플릿과 위기탈출 표현으로 해커스 토익스피킹 5일 완성

해커스 토익스피킹

해커스 토익스피킹 실전모의고사 15회

▌오픽 교재 시리즈

해커스 오픽 스타트 [Intermediate 공략]

서베이부터 실전까지 해커스 오픽 매뉴얼

해커스 오픽 [Advanced 공략]

해커스
지역농협 6급
NCS 인적성 및
직무능력평가
통합 기본서

최신판

약점 보완 해설집

해커스잡

해커스
지역농협 6급
NCS 인적성 및 직무능력평가
통합 기본서

약점 보완 해설집

해커스

제1장 의사소통능력

기출동형문제

정답

유형 1 의사소통기술

p.100

01	02								
③	④								

유형 2 어휘력

p.101

01	02	03	04	05	06	07	08	09	10
②	①	④	③	④	⑤	③	⑤	②	③
11	12	13	14	15	16	17	18	19	20
④	③	⑤	⑤	③	①	③	③	②	④
21	22	23	24						
③	①	③	②						

유형 3 문서작성기술

p.108

01	02	03	04	05					
④	⑤	⑤	④	①					

유형 4 독해력

p.112

01	02	03	04	05	06	07	08	09	10
④	②	③	①	③	⑤	②	③	④	②
11	12								
②	②								

유형 5 기초외국어

p.124

01	02	03	04	05					
③	④	②	①	②					

취약 유형 분석표

유형별로 맞힌 개수와 정답률을 적고 나서 취약한 유형이 무엇인지 파악해보세요.
정답률이 60% 미만인 취약한 유형은 틀린 문제를 다시 풀어보면서 확실히 극복하세요.

유형	의사소통기술	어휘력	문서작성기술	독해력	기초외국어	TOTAL
맞힌 개수	/2	/24	/5	/12	/5	/48
정답률	%	%	%	%	%	%

※ 정답률(%) = (맞힌 개수/전체 개수) × 100

취약 유형별 학습 전략

본인의 취약한 유형은 다음 취약 유형별 학습 전략을 확인한 후, 관련 필수 이론을 복습하고 틀린 문제 및 풀지 못했거나 찍었는데 맞은 문제를 다시 풀어보면서 확실히 극복하세요.

의사소통기술	의사소통기술 취약형은 의사표현능력, 경청능력 등 의사소통능력에 대한 이해가 부족한 경우에 해당합니다. 따라서 한국산업인력공단에서 제공하는 워크북 자료를 다시 한번 학습해야 합니다. 이때, 모든 내용을 무작정 학습하기보다는 본인이 특히 취약한 부분을 중심으로 숙지하는 것이 좋습니다. ▶ 의사소통기술 필수 이론 복습하기: 본책 기초이론 p.32
어휘력	어휘력 취약형은 어휘의 의미에 대한 정확한 이해가 부족하거나 문맥에 맞는 어휘를 선택하는 능력이 부족한 경우에 해당합니다. 따라서 시험에 출제된 적이 있는 어휘 및 어휘 관계를 중심으로 복습해야 합니다. 이때, 유의어 및 반의어, 다의어, 한자어는 의미상 서로 관련이 있는 어휘들을 묶어서 학습하고, 의미 또는 형태가 유사해 혼동하기 쉬운 어휘는 예문을 통해 정확한 표기와 의미를 학습하는 것이 좋습니다. ▶ 어휘력 필수 이론 복습하기: 본책 기초이론 p.36
문서작성기술	문서작성기술 취약형은 어문 규범과 어법에 대한 이해가 부족하거나 문서의 문제점을 판단하고 바르게 고치는 능력이 부족한 경우에 해당합니다. 따라서 한글 맞춤법, 표준어 규정 등 어법을 확실하게 숙지해야 합니다. 이때, 모든 내용을 무작정 암기하기보다는 일상에서 자주 틀리는 어법을 중점적으로 다시 확인하고, 예문을 통해 어법을 확실히 이해하는 것이 좋습니다. ▶ 문서작성기술 필수 이론 복습하기: 본책 기초이론 p.62
독해력	독해력 취약형은 문서의 중심 내용과 세부 내용을 빠르고 정확하게 가려내는 능력이 부족한 경우에 해당합니다. 따라서 문서를 읽을 때 핵심어를 중심으로 내용을 파악하고, 전체 흐름과 세부 흐름으로 나누어 내용을 도식화하는 연습이 필요합니다. 한편 보도자료, 신문기사, 공문서 등 실제 업무에서 사용되는 문서가 출제되는 경우가 많으므로 좀 더 다양한 문서를 접하고 분석하는 것이 좋습니다. ▶ 독해력 필수 이론 복습하기: 본책 기초이론 p.71
기초외국어	기초외국어 취약형은 기초적인 영어 회화와 영어 단어 등에 대한 학습이 부족한 경우에 해당합니다. 따라서 기초 어휘와 상황에 따른 회화 표현 등을 숙지하는 것이 좋습니다. 이때, 단순히 어휘와 회화 표현을 암기하기 보다는 실제 시험에서 어떤 형태로 출제되는지를 확인하고 문맥을 통해 정답을 파악하는 연습을 하는 것이 좋습니다. ▶ 기초외국어 필수 이론 복습하기: 본책 기초이론 p.74

해설

유형 1 의사소통기술
p.100

01
정답 ③

경청의 방해요인에 따르면 상대방의 말을 듣고 곧 자신이 다음에 할 말을 생각하는 것에 집중하면 자기 생각에 빠져 상대방의 말을 제대로 듣지 못하고 적절하게 반응할 수 없는 결과를 낳게 되므로 경청의 방해요인에 대해 적절하지 않은 설명을 한 사원은 '병 사원'이다.

[오답 체크]

①, ②, ④, ⑤ 모두 경청의 방해요인에 대한 설명으로 옳은 내용이다.

02
정답 ④

전달성과 보존성이 좋은 것은 문서적인 의사소통의 장점에 해당하므로 언어적인 의사소통이 전달성과 보존성이 좋다는 장점이 있다는 부분을 수정해야 한다.

유형 2 어휘력
p.101

01
정답 ②

제시된 단어는 판단이나 행동 따위가 사리에 어긋나지 아니하고 알맞다는 의미이므로 어떤 기준, 조건, 용도, 도리 따위에 꼭 알맞다는 의미의 ②가 적절하다.

[오답 체크]

① 온전하다: 본바탕 그대로 고스란하다
③ 완연하다: 흠이 없이 완전하다
④ 원만하다: 일의 진행이 순조롭다
⑤ 대등하다: 서로 견주어 높고 낮음이나 낫고 못함이 없이 비슷하다

02
정답 ①

밑줄 친 단어는 어떤 일을 하도록 남을 부추기거나 심하게 마음을 흔들어 놓는다는 의미로 쓰였으므로 남을 부추겨 어떤 일이나 행동에 나서도록 한다는 의미의 ①이 적절하다.

[오답 체크]

② 반동: 어떤 작용에 대하여 그 반대로 작용함
③ 소동: 사람들이 놀라거나 흥분하여 시끄럽게 법석거리고 떠들어 대는 일
④ 변동: 바뀌어 달라짐
⑤ 협동: 서로 마음과 힘을 하나로 합함

03
정답 ④

밑줄 친 단어는 어떤 조직, 단체, 기관의 가장 중요한 자리의 인물이라는 의미로 쓰였으므로 조직에서 제일 아랫자리에 해당하는 부분이라는 의미의 ④가 적절하다.

[오답 체크]

① 정상: 한 나라의 최고 수뇌
② 고문: 어떤 분야에 대하여 전문적인 지식과 풍부한 경험을 가지고 자문에 응하여 의견을 제시하고 조언을 하는 직책
③ 당수: 정당의 우두머리
⑤ 장관: 국무를 나누어 맡아 처리하는 행정 각 부의 우두머리

04
정답 ③

밑줄 친 단어는 안건을 합당한 것으로 최종 결정하였다는 의미로 쓰였으므로 의논한 안건을 받아들이지 아니하기로 결정한다는 의미의 ③이 적절하다.

[오답 체크]

① 표결(表決): 회의에서 어떤 안건에 대하여 가부 의사를 표시하여 결정함
② 의결(議決): 의논하여 결정함 또는 그런 결정
④ 선결(先決): 다른 문제보다 먼저 해결하거나 결정함
⑤ 체결(締結): 계약이나 조약 따위를 공식적으로 맺음

05
정답 ④

밑줄 친 단어는 아픈 어머니를 돌본 그녀의 효성이 착하고 장하다는 의미로 쓰였으므로 ④가 가장 적절하다.

[오답 체크]

①은 극진하다, ②는 각별하다, ③은 온전하다, ⑤는 친절하다의 의미이다.

06
정답 ⑤

밑줄 친 단어는 다음 기말고사에서 평균 점수를 10점 올리기로 다짐했다는 의미로 쓰였으므로 어떤 마음이나 감정을 품는다는 의미의 ⑤가 적절하다.

[오답 체크]

① 구기 경기에서, 점수를 잃다
② 겁, 충격 따위를 느끼게 되다
③ 어떤 등급을 차지하거나 점수를 따다
④ 일정한 나이에 이르거나 나이를 더하다

07 정답 ③

밑줄 친 단어는 커피에 설탕을 탔다는 의미로 쓰였으므로 다른 것에 섞거나 탄다는 의미의 ③이 적절하다.

오답 체크
① 기계 따위가 작동하도록 조작하다
② 은행에 입금하다
④ 아궁이 따위에 불을 지피다
⑤ 무늬나 글자 따위를 그리거나 박거나 하여 일정한 공간 속에 들어가게 하다

08 정답 ⑤

밑줄 친 단어는 시간이 부족해서 풀지 못한 문제는 빈칸으로 남기고 지나갔다는 의미로 쓰였으므로 시간적 여유나 공간적 간격 따위를 준다는 의미의 ⑤가 적절하다.

오답 체크
① 어떤 상황이나 상태 속에 놓다
② 직책이나 조직, 기구 따위를 설치하다
③ 사람을 데리고 쓰다
④ 생각 따위를 가지다

09 정답 ②

밑줄 친 부분은 동별당이란 여자 손님들이 묵거나 담소를 나누던 곳이라는 의미로 쓰였으므로 여자 손님을 이르는 말인 ②가 적절하다.

오답 체크
① 속객(俗客): 속세에서 온 손님
③ 가객(佳客): 반갑고 귀한 손님
④ 이용객(利用客): 어떤 시설 따위를 이용하는 손님
⑤ 문안객(問安客): 문안하러 온 손님

10 정답 ③

밑줄 친 부분은 3.1운동이 맨 처음 생겨난 대규모 독립운동이라는 의미로 쓰였으므로 사물이 처음으로 생김 또는 근원이라는 의미의 ③이 적절하다.

오답 체크
① 기조(基調): 사상, 작품, 학설 따위에 일관해서 흐르는 기본적인 경향이나 방향
② 염원(念願): 마음에 간절히 생각하고 기원함 또는 그런 것
④ 동향(動向): 사람들의 사고, 사상, 활동이나 일의 형세 따위가 움직여 가는 방향
⑤ 계통(系統): 일정한 체계에 따라 서로 관련되어 있는 부분들의 통일적 조직

11 정답 ④

ⓔ은 개인의 행복은 업무 성과와 관련이 있다는 의미로 쓰였으므로 서로 아무런 관련이 없다는 의미의 ④는 적절하지 않다.

오답 체크
① 개입하다: 자신과 직접적인 관계가 없는 일에 끼어들다
② 가급적: 할 수 있는 대로
③ 이끌다: 사람, 단체, 사물, 현상 따위를 인도하여 어떤 방향으로 나가게 하다
⑤ 지참하다: 무엇을 가지고서 모임 따위에 참여하다

12 정답 ③

밑줄 친 부분은 일을 망쳐버린다는 의미로 쓰였으므로 물건이나 의견 따위를 받아들이지 아니하고 물리친다는 의미의 ③은 적절하지 않다.

오답 체크
① 재를 뿌리다: 일, 분위기 따위를 망치거나 훼방을 놓다
② 훼방을 놓다: 남의 일을 방해하다
④ 헤살을 놓다: 일을 짓궂게 훼방하다
⑤ 찬물을 끼얹다: 잘되어 가고 있는 일에 뛰어들어 분위기를 흐리거나 공연히 트집을 잡아 헤살을 놓다

13 정답 ⑤

빈칸이 있는 문장에서 온갖 생각이 떠올랐다고 하였으므로 마음속에 품고 있는 여러 가지 생각이라는 의미의 ⑤가 적절하다.

오답 체크
① 집념: 한 가지 일에 매달려 마음을 쏟음
② 묵념: 묵묵히 생각에 잠김
③ 신념: 굳게 믿는 마음
④ 통념: 일반적으로 널리 통하는 개념

14 정답 ⑤

빈칸이 있는 문장에서 그의 무례한 행동을 이해하기 어려웠다고 하였으므로 너그러운 마음으로 남의 말이나 행동을 받아들인다는 의미의 ⑤가 적절하다.

오답 체크
① 수락: 요구를 받아들임
② 사절: 사양하여 받지 아니함
③ 거절: 상대편의 요구, 제안, 선물, 부탁 따위를 받아들이지 않고 물리침
④ 사양: 겸손하여 받지 아니하거나 응하지 아니함

15 정답 ③

⊙ 빈칸 앞의 단어인 해산물과 함께 쓸 수 있으며 풀, 나무, 광석 따위를 찾아 베거나 캐거나 하여 얻어 낸다는 의미의 '채취'가 적절하다.

ⓛ 빈칸이 있는 문장에서 농업과 함께 물질을 하는 경우가 많고, 농사일 중에도 물때가 되면 작업을 시작한다고 하였으므로 주된 직업 외에 다른 일을 겸하여 한다는 의미의 '겸업'이 적절하다.

ⓒ 빈칸이 있는 문장에서 바다에 들어가 목표로 하는 수심에 이르면 물질을 하기 시작한다고 하였으므로 목적한 곳이나 수준에 다다른다는 의미의 '도달'이 적절하다.

ⓓ 빈칸이 있는 문장에서 제주 해녀 문화가 유네스코 인류무형문화유산으로 기록되었다고 하였으므로 일정한 사항을 장부나 대장에 올린다는 의미의 '등재'가 적절하다.

오답 체크

- 채굴(採掘): 땅을 파고 땅속에 묻혀 있는 광물 따위를 캐냄
- 전업(專業): 한 가지 일이나 직업에 전념하여 일함 또는 그 일이나 직업
- 도래(到來): 어떤 시기나 기회가 닥쳐옴
- 등단(登壇): 어떤 사회적 분야에 처음으로 등장함

16 정답 ①

빈칸 앞의 단어인 과장 광고, 이분법적인 태도와 함께 쓸 수 있으며 더 높은 단계로 오르기 위하여 어떠한 것을 하지 아니한다는 의미의 ①이 적절하다.

오답 체크

② 방지(防止): 어떤 일이나 현상이 일어나지 못하게 막음
③ 처분(處分): 처리하여 치움
④ 중지(中止): 하던 일을 중도에서 그만둠
⑤ 제재(制裁): 일정한 규칙이나 관습의 위반에 대하여 제한하거나 금지함 또는 그런 조치

17 정답 ③

제시된 단어 평화와 화목은 모두 평온하고 화목함을 뜻하므로 유의관계이다.

따라서 아주 적거나 사소한 것을 비유적으로 이르는 말인 '털끝'과 유의관계의 단어인 '일호'가 적절하다.

오답 체크

① 한풀: 기세나 기운이 어느 정도로
② 털실: 짐승의 털이나 인조털로 만든 실
④ 어림: 대강 짐작으로 헤아림 또는 그런 셈이나 짐작
⑤ 천지(天地): 대단히 많음

18 정답 ③

제시된 단어 입학과 졸업은 각각 학생이 되어 공부하기 위해 학교를 들어감과 학생이 규정에 따라 소정의 교과 과정을 마침을 뜻하므로 반대관계이다.

따라서 다른 나라로부터 상품이나 기술 따위를 국내로 사들인다는 의미의 '수입'과 반대관계인 단어는 국내의 상품이나 기술을 외국으로 팔아 내보낸다는 의미의 '수출'이 적절하다.

19 정답 ②

제시된 내용에서 연상할 수 있는 단어는 다음과 같다.

절기	입추, **동지**, 경칩, 소한, 대서
겨울	동지, 소한
팥죽	동지
책력	동지

따라서 공통으로 연상할 수 있는 단어로 적절한 것은 ②이다.

 알아보기

경칩(驚蟄): 24절기 중 3번째 절기로, 겨울잠을 자던 벌레, 개구리 따위가 깨어 꿈틀거리기 시작하는 시기를 말하며 태양의 황경이 345도에 도달했을 때인 양력 3월 5일경을 의미함

소한(小寒): 24절기 중 23번째 절기로, 작은 추위라는 뜻을 지니며 태양의 황경이 285도에 도달했을 때인 양력 1월 6일 또는 7일경을 의미함

대서(大暑): 24절기 중 12번째 절기로, 일 년 중 가장 무더운 시기를 말하며 태양의 황경이 120도에 도달했을 때인 양력 7월 24일경을 의미함

20
정답 ④

제시된 내용에서 연상할 수 있는 단어는 다음과 같다.

화려하다	쥐불놀이, 관등놀이, 횃불싸움, **불꽃놀이**, 달집태우기
터지다	**불꽃놀이**
하늘로 쏘다	**불꽃놀이**
불빛이 나다	쥐불놀이, 관등놀이, 횃불싸움, **불꽃놀이**

따라서 공통으로 연상할 수 있는 단어로 적절한 것은 ④이다.

 더 알아보기

관등놀이: 초파일에 하는 민속놀이의 하나로, 등대를 세우고 여러 가지 등을 달아 밤에 불을 켜고, 음식을 해 먹으며 물장구를 치고 놀기도 하고, 서울에서는 패를 지어 남산이나 북악산에 올라 구경을 함
횃불싸움: 음력 정월 대보름날에 하는 민속놀이의 하나로, 마을 청소년들이 패를 갈라 진을 치고 있다가 달이 떠오른 후 농악대의 풍악에 맞춰 횃불을 밝혀 들고 편싸움을 하여 승부를 겨룸
달집태우기: 음력 정월 대보름날 달이 떠오를 때에 달집에 불을 지르고 노는 풍속으로, 달집이 훨훨 타야만 마을이 태평하고 풍년이 든다고 함

21
정답 ③

제시된 의미에 해당하는 한자성어는 '등화가친(燈火可親)'이다.

오답 체크

① 등하불명(燈下不明): 등잔 밑이 어둡다는 뜻으로, 가까이에 있는 물건이나 사람을 잘 찾지 못함을 이르는 말
② 수불석권(手不釋卷): 손에서 책을 놓지 아니하고 늘 글을 읽음
④ 독서삼여(讀書三餘): 책을 읽기에 적당한 세 가지 한가한 때
⑤ 월광독서(月光讀書): 달빛으로 책을 읽는다는 뜻으로, 집이 가난하여 고학함을 비유적으로 이르는 말

22
정답 ①

제시된 의미에 해당하는 한자성어는 '괄목상대(刮目相對)'이다.

오답 체크

② 청출어람(靑出於藍): 쪽에서 뽑아낸 푸른 물감이 쪽보다 더 푸르다는 뜻으로, 제자나 후배가 스승이나 선배보다 나음을 비유적으로 이르는 말
③ 목불식정(目不識丁): 아주 간단한 글자인 '丁'자를 보고도 그것이 '고무래'인 줄을 알지 못한다는 뜻으로, 아주 까막눈임을 이르는 말
④ 다재다능(多才多能): 재주와 능력이 여러 가지로 많음
⑤ 박학다식(博學多識): 학식이 넓고 아는 것이 많음

23
정답 ③

제시된 의미에 해당하는 한자성어는 '탁상공론(卓上空論)'이다.

오답 체크

① 여무가론(餘無可論): 이미 본 것에 기초하여 대강이 결정되어 나머지는 논의할 필요가 없음
② 일장춘몽(一場春夢): 한바탕의 봄꿈이라는 뜻으로, 헛된 영화나 덧없는 일을 비유적으로 이르는 말
④ 당이별론(當以別論): 상례에 따르지 않고, 특별히 의논해야 마땅함
⑤ 황당무계(荒唐無稽): 말이나 행동 따위가 참되지 않고 터무니없음

24
정답 ②

고르거나 가지런하지 않고 차별이 있다는 의미의 차등을 한자로 표기하면 '差等(다를 차, 무리 등)'이다.

오답 체크

① 蹉跌(미끄러질 차, 거꾸러질 질): 하던 일이 계획이나 의도에서 벗어나 틀어지는 일
③ 借讀(빌릴 차, 읽을 독): 남의 책 따위를 빌려서 읽음
④ 借用(빌릴 차, 쓸 용): 돈이나 물건 따위를 빌려서 씀
⑤ 差異(다를 차, 다를 이): 서로 같지 아니하고 다름 또는 그런 정도나 상태

유형 3 문서작성기술

p.108

01
정답 ④

뗄레야 (X) → 떼려야 (O)
- 표준어 규정 제17항에 따르면 비슷한 발음의 몇 형태가 쓰일 경우, 그 의미에 아무런 차이가 없고, 그중 하나가 더 널리 쓰이면, 그 한 형태만을 표준어로 삼는다. 따라서 '떼려야'라고 써야 한다.

02
정답 ⑤

문서작성의 원칙에 따라 문서의 주요한 내용을 먼저 작성해야 하므로 가장 적절하지 않다.

03
정답 ⑤

ⓜ의 앞에서 호찌민이 베트남 전쟁이 끝나는 것을 보지 못하고 죽었지만 그의 노력이 헛되지 않았다는 내용을 말하고 있다.
따라서 전쟁이 끝났다는 의미의 '종전'이 들어가야 하므로 ⓜ을 '개전'으로 수정하는 것은 가장 적절하지 않다.

04
정답 ④

ⓔ이 있는 문장에서 제주 및 도서·산간 지역에서 배송 요청 시 운임을 추가 지불해야 한다는 내용을 말하고 있다.
따라서 세금이나 부담금 따위를 매기어 부담하게 한다는 의미의 '부과(賦課)'는 수정이 필요한 부분으로 가장 적절하지 않다.

오답 체크
① ㉠이 있는 문장에서 고객님께 신선하고 건강한 유기농 제품만을 전해드린다고 하였으므로 ㉠은 지시, 명령, 물품 따위를 다른 사람이나 기관에 전하여 이르게 한다는 의미의 '전달(傳達)'로 수정해야 한다.
 - 전수(傳授): 기술이나 지식 따위를 전하여 줌
② 한글 맞춤법 제42항에 따라 의존 명사는 띄어 쓰므로 ㉡은 '2~4일 내'로 수정해야 한다.
 - 내(內): 일정한 범위의 안이라는 의미의 의존 명사
③ '되다'와 '-어지다'는 모두 피동을 만드는 표현으로 함께 쓰이는 경우 이중 피동 표현이 되므로 ㉢은 '포함된'으로 수정해야 한다.
⑤ ⓔ이 있는 문장에서 출고 전 주문 취소를 원하는 고객은 11시 전까지 가능하며 11시가 지난 취소 접수 건의 택배 왕복비 및 선박 운송료는 고객 부담이라고 하였으므로 ⓔ은 이것에 뒤이어 오는 때나 자리라는 의미의 '이다음'으로 수정해야 한다.

05
정답 ①

빈칸 앞에서는 선진국에서는 이미 대기업이 농업에 진출하고 있다는 내용을 말하고 있고, 빈칸 뒤에서는 일본과 네덜란드의 기업들이 농업에 진출한 사례를 말하고 있다.
따라서 ㉠에는 앞의 내용과 뒤의 내용이 인과관계를 이룰 때 사용하는 접속사인 '따라서'가 아니라 앞의 내용에 대한 예시를 들 때 사용하는 접속어인 '예컨대' 또는 '예를 들어'를 넣어야 하므로 가장 적절하지 않다.

오답 체크
② 우리나라 농업계가 무엇에 대해 반대하고 있는 것인지 불분명하므로 ㉡은 '대기업의 농업진출에 대한'을 추가하여 문장의 의미를 명확히 해야 한다.
③ '– 대'는 그 값 또는 수를 넘어선 대강의 범위라는 의미의 접미사이므로 앞의 단어와 붙여 써야 한다.
④ 관형사 '그'는 뒤의 단어와 띄어 쓰는 것이 원칙이지만, 뒷말과 결합하여 하나의 단어로 굳어질 경우 붙여 써야 하므로 '그만큼'으로 붙여 써야 한다.
⑤ '염두'는 '생각의 시초', '마음속'을 의미하는 명사로 '– 하다'가 붙을 수 없으므로 '염두에 두고'로 고쳐 써야 한다.

유형 4 독해력

p.112

01
정답 ④

프랑스가 미국에 선물한 자유의 여신상이 두 나라 사이의 역사적인 동맹을 확인하려는 프랑스의 의도가 표현된 것이라고 하였으므로 에펠탑이 미국과의 동맹 관계를 공고히 하려는 프랑스의 정치적 의도로 제작된 것은 아님을 알 수 있다.

오답 체크
① 에펠탑을 설계한 구스타브 에펠이 자유의 여신상 내부 철골 구조물을 설계했다고 하였으므로 적절한 내용이다.
② 에펠탑의 제작 목표는 런던 만국박람회에서 호평을 받은 영국의 수정궁을 넘어서는 것에 있었다고 하였으므로 적절한 내용이다.
③ 에펠탑은 1930년에 뉴욕 크라이슬러 빌딩이 완성되기 전까지 세계에서 가장 높은 건축물이었다고 하였으므로 적절한 내용이다.
⑤ 1889년 파리 만국박람회에서 에펠탑이 대중에게 공개되었을 때 모파상을 포함한 소수를 제외하고는 에펠탑 건설에 반대했던 사람들도 에펠탑의 모습에 찬사를 보냈다고 하였으므로 적절한 내용이다.

[02 - 03]
02
정답 ②

이 글은 불황기일수록 전공 불일치 비율에 따라 임금 손실이 발생하는 문제점이 대두되고 있기 때문에 노동시장을 유연화시키고 기업 차원에서 직무 교육 등을 통해 전공 불일치 문제를 완화하려는 노력이 필요하다는 내용이므로 이 글에 나타난 필자의 의견으로 가장 적절한 것은 ②이다.

03

정답 ③

전공 불일치 비율을 낮추기 위해서는 직종 간 이동이 보다 자유로울 수 있도록 노동시장을 유연화시켜야 한다고 하였으므로 한 직장에서 오래 근무할 수 있는 근무 환경을 조성하면 전공 불일치 비율이 낮아지는 것은 아님을 알 수 있다.

오답 체크

① 전공과 일치하지 않는 취업은 대졸 취업자의 임금을 낮추는 결과로 이어진다고 하였으므로 적절한 내용이다.
② 우리나라 근로자 중 대학 전공과 무관한 분야에 취업하는 전공 불일치 비율은 OECD 29개 국가 중에서 두 번째로 높다고 하였으므로 적절한 내용이다.
④ 전공과 일치하지 않는 분야로 취업한 사람의 임금은 단시간으로 해결되지 않아 지속적인 임금 손실이 발생한다고 하였으므로 적절한 내용이다.
⑤ 불황기에 근로자가 자신의 전공과 무관하거나 관련이 낮은 업종으로 취업하는 경우 전공과 관련된 경력을 쌓기가 쉽지 않아 경제 상황이 호전되더라도 전공을 활용할 수 있는 일자리로 이직하기 어렵다고 하였으므로 적절한 내용이다.

04

정답 ①

이 칼럼은 기업의 필요에 따라 계약직 혹은 임시직으로 사람을 고용하는 현상인 긱 이코노미가 최근 다양한 분야로 영역을 넓혀가고 있지만, 긱 이코노미의 확산이 가져올 효과가 긍정적일지 부정적일지에 대해서는 의견이 분분하다는 내용이므로 이 칼럼의 중심 내용으로 가장 적절한 것은 ①이다.

[05 - 06]

05

정답 ③

이 글은 경제학자 프랑수아 케네가 경제학계에 미친 영향에 비해 유명하지 않다는 점을 언급하고, 그 이유는 케네가 제조업과 상업이 창출할 부가가치를 알아보지 못하는 등 미래 예측에 실패했기 때문임을 설명하는 글이다.
따라서 '(나) 대중에게 잘 알려지지 않은 프랑스 경제학자 프랑수아 케네 → (라) 많은 경제학자에게 영향을 미친 케네의 〈경제표〉 → (가) 〈경제표〉에서 농업만이 생산적인 활동이라고 평가하는 오류를 범한 케네 → (다) 케네의 사례를 통해 알 수 있는 정확한 미래 예측의 중요성' 순으로 연결되어야 한다.

06

정답 ⑤

(가) 문단에서 케네는 농업만이 생산적인 활동이며 유일하게 부가가치를 창출하는 계급이 농민이라고 여겼고, 상업은 이미 생산한 가치를 분배하는 것으로 여겼다고 하였으므로 케네는 생산한 가치를 분배하는 역할은 농업만이 할 수 있는 활동이라고 주장한 것은 아님을 알 수 있다.

오답 체크

① (라) 문단에서 순환 계통의 의학을 전공했던 케네는 신체의 혈액순환 시스템이 국가의 경제 흐름과 비슷하다는 점에 착안하여 〈경제표〉라는 거시경제 시스템을 발표했다고 하였으므로 적절한 내용이다.
② (나) 문단에서 18세기 중반에 케네는 프랑스 궁정 주치의로 일했다고 하였으므로 적절한 내용이다.
③ (라) 문단에서 케네가 발표한 〈경제표〉는 이후 애덤 스미스, 마르크스 등 저명한 인사들에게도 영향을 미쳐 경제학 발전의 토대가 되었다고 하였으므로 적절한 내용이다.
④ (가) 문단에서 산업사회가 도래하면서 중농주의자였던 케네의 학설은 설 자리를 잃었다고 하였으므로 적절한 내용이다.

07

정답 ②

이 글은 스스로 아는 것과 모르는 것을 구분하는 메타인지 능력의 중요성을 강조하고, 학생들을 대상으로 진행된 실험에서 성적이 좋은 학생들이 그렇지 않은 학생들에 비해 메타인지 능력이 좋다는 사실이 밝혀졌다는 내용이므로 이 글에 나타난 필자의 의견으로 가장 적절한 것은 ②이다.

08

정답 ③

이 글은 서양의 화장 문화를 시대별로 설명하고, 동양의 화장 문화에 포함되는 중국의 화장 문화를 소개하는 내용의 글이다.
따라서 '(라) 고대 이집트에서 치료와 주술 기능을 했던 화장 → (나) 고대 이집트에서 미적 도구의 기능을 하게 된 화장 → (마) 하얀 얼굴을 지향한 고대 그리스 화장 → (다) 서양 화장 문화의 쇠퇴와 부흥 → (가) 동양 화장 문화의 대표적 사례로서의 중국의 화장 문화' 순으로 연결되어야 한다.

[09 - 10]

09

정답 ④

노르웨이에서 4월 말부터 7월 말까지 태양이 지평선 아래로 내려가지 않는 현상인 백야를 경험할 수 있다고 하였으므로 5월의 노르웨이는 밤에도 해가 지지 않음을 알 수 있다.

오답 체크

① 노르웨이는 멕시코 만류의 영향으로 비슷한 위도에 있는 알래스카, 그린란드, 북시베리아에 비해서 기후가 따뜻한 것으로 알려져 있다고 하였으므로 적절하지 않은 내용이다.
② 극야 현상은 고위도 지역이나 극점 지역에서 발생하는 것이라고 하였으므로 적절하지 않은 내용이다.
③ 노르웨이는 유럽 스칸디나비아반도의 서쪽을 차지하는 국가라고 하였으므로 적절하지 않은 내용이다.
⑤ 해수면이 상승함에 따라 바닷물이 들어와 골짜기를 채우면서 좁고 긴 만의 피오르가 만들어진다고 하였으므로 적절하지 않은 내용이다.

10   정답 ②

피오르가 수력 발전에 최적의 입지 여건을 가지고 있다는 사실을 포착한 노르웨이가 외국의 기술을 도입해 수력 발전소를 세웠다고 하였으므로 노르웨이가 자체 기술력만으로 피오르를 활용한 수력 발전소를 설립한 것은 아님을 알 수 있다.

오답 체크

① 노르웨이는 본토 외에도 북극해에 위치한 스발바르 제도와 얀마위엔 섬, 남대서양에 위치한 부베 섬을 영유하고 있다고 하였으므로 적절한 내용이다.
③ 노르웨이에는 4월 말에서 7월 말까지 해가 지지 않는 백야 현상이 일어나며, 겨울철에는 해가 뜨지 않는 극야 현상이 발생한다고 하였으므로 적절한 내용이다.
④ 바이킹이 유럽 전역에서 정복 활동을 펼치던 시기에 해안을 따라 남쪽에서 북쪽으로 항해하는 길을 노르웨이라고 불렀다고 하였으므로 적절한 내용이다.
⑤ 피오르에 건설된 수력 발전소를 통해 저렴하게 에너지를 공급받을 수 있게 된 노르웨이는 이를 바탕으로 조선업과 제지업, 선박업을 성공시켰다고 하였으므로 적절한 내용이다.

11   정답 ②

'4. 자동 재충전 여부 확인 방법'에 따르면 자동 재충전 여부는 주민센터에 전화 또는 방문 문의, 고객센터에 전화 문의 등을 통해 확인할 수 있다고 하였으므로 고객센터에 직접 방문하면 재충전 여부를 확인할 수 있다는 답변은 가장 적절하지 않은 내용이다.

오답 체크

① '3. 자동 재충전 대상자 – 2)'에 따르면 카드 유효 기간이 20X2. 1. 28.(금) 이전인 카드 보유자가 자동 재충전 제외 대상이라고 하였으므로 적절한 내용이다.
③ '2. 자동 재충전 안내 – 2)'에 따르면 자동 재충전 금액은 1인당 10만 원이라고 하였으므로 적절한 내용이다.
④ '5. 참고 사항 – 1)'에 따르면 자동 재충전 완료 시 문자 메시지로 알림을 받을 수 있어 문화카드 모바일 앱에서 전화번호가 정확하게 등록되어 있는지 확인이 필요하다고 하였으므로 적절한 내용이다.
⑤ '3. 자동 재충전 대상자 – 2)'에 따르면 20X1년도 기준 문화카드 지원금을 한 번도 사용하지 않은 사람은 자동 재충전 제외 대상자라고 하였으므로 적절한 내용이다.

12   정답 ②

'2. 상세 내용 – 기타'에 따르면 영업종료로 인한 인사이동 등 상세한 안내를 원할 경우 고객이 직접 해당 지점에 문의하도록 안내하라고 하였으므로 특정 직원의 인사이동에 대하여 문의한 고객에게 관련 내용을 상세히 설명한 답변은 가장 적절하지 않은 내용이다.

오답 체크

① '2. 상세 내용 – 계좌 해지 관련'에 따르면 만기일이 남은 계좌를 해약하는 경우에도 약정 이율이 적용된다고 하였으므로 적절한 내용이다.
③ '2. 상세 내용 – 계좌 이관 관련'에 따르면 경기 XX지점에 방문하여 신청서를 작성하면 고객이 원하는 당사 타 지점으로 계좌 이관이 가능하다고 하였으므로 적절한 내용이다.
④ '2. 상세 내용 – 영업 종료 일자'에 따르면 경기 XX지점의 영업종료 일자는 2022년 12월 31일 오후 6시라고 하였으므로 적절한 내용이다.
⑤ '2. 상세 내용 – 계좌 이관 관련'에 따르면 영업종료 시점까지 계좌 이관과 관련하여 의사표시가 없는 고객의 계좌는 경기 ○○지점으로 일괄 이전된다고 하였으므로 적절한 내용이다.

유형 5 기초외국어   p.124

01   정답 ③

B가 '현금으로 지불하시겠어요, 아니면 수표로 하시겠어요'라고 물은 후, 빈칸 다음에 '불행히도 저희는 현금이나 수표만 받습니다'라고 하였으므로 '사실 저는 신용카드로 지불하고 싶어요'라는 대답이 적절하다.

오답 체크

① 저는 그것들을 선물용으로 사기를 원해요.
② 다른 사이즈를 사는 것이 더 좋겠네요.
④ 저는 나중에 우리 형을 방문하고 싶어요.
⑤ 저는 가능한 한 일찍 떠나는 게 좋겠어요.

02   정답 ④

첫 번째 문장 '우리의 일 처리 방식을 ____'이라는 문맥에서 ____ on to our way of doing things의 빈칸에 '이해하다'라는 의미를 지닌 catch on to의 catch가 들어가는 것이 적절하다. 두 번째 문장 'Jon은 많은 내용을 ____했다'라는 문맥에서는 Jon had to ____ up on a lot of work의 빈칸에 '따라잡다'라는 의미를 지닌 catch up on의 catch가 들어가는 것이 적절하다.

03   정답 ②

A가 '이사하는 것을 도와줘서 고마워'라고 감사를 나타내고 있으므로 '전혀 어려운 일도 아닌데요 뭐'가 B의 대답으로 적절하다.

① 나는 오늘 도움이 많이 필요했어요.
③ 불편을 드려서 죄송해요.
④ 제안해 주셔서 감사해요.
⑤ 잔업이 필요해요.

04   정답 ①

지문 전반에서 초안 작성이 에세이를 쓰는 데 있어서 유용하다고 설명하고 있으므로 글의 제목으로는 '초안 쓰기의 장점'이 적절하다.

05   정답 ②

지문 전반에서 한 음식 평론가의 불평으로 우연히 포테이토 칩이 만들어졌음을 알려 주고 있으므로 필자의 의견으로는 '포테이토 칩은 우연히 만들어진 것이다.'가 적절하다.

제2장 수리능력

기출동형문제

정답

유형 1 기초연산

p.154

01	02	03	04	05	06	07	08	09	10
②	②	④	③	①	②	③	④	④	②

11	12	13	14	15					
①	③	④	②	③					

유형 2 수/문자추리

p.158

01	02	03	04	05	06	07	08	09	10
③	②	④	②	③	③	③	④	①	③

유형 3 도표분석

p.161

01	02	03	04	05	06	07	08	09	10
④	③	①	⑤	④	⑤	⑤	④	②	③

11	12	13	14	15	16	17	18	19	20
③	②	⑤	⑤	②	④	⑤	①	③	⑤

취약 유형 분석표

유형별로 맞힌 개수와 정답률을 적고 나서 취약한 유형이 무엇인지 파악해보세요.
정답률이 60% 미만인 취약한 유형은 틀린 문제를 다시 풀어보면서 확실히 극복하세요.

유형	기초연산	수/문자추리	도표분석	TOTAL
맞힌 개수	/15	/10	/20	/45
정답률	%	%	%	%

※ 정답률(%) = (맞힌 개수/전체 개수) × 100

취약 유형별 학습 전략

본인의 취약한 유형은 다음 취약 유형별 학습 전략을 확인한 후, 관련 필수 이론을 복습하고 틀린 문제 및 풀지 못했거나 찍었는데 맞은 문제를 다시 풀어보면서 확실히 극복하세요.

기초연산	기초연산 취약형은 방정식, 확률, 통계 등 문제 풀이에 사용되는 기초적인 수학 이론 및 공식에 대한 지식이 부족하거나 이론 및 공식은 알고 있지만 이를 문제 풀이에 적용하는 능력이 부족한 경우에 해당합니다. 따라서 기초연산 유형의 문제에서 빠르고 정확하게 정답을 찾기 위해서는 문제 풀이에 사용되는 이론 및 공식에 대한 숙지가 확실히 이루어져야 합니다. 또한, 가급적 다양한 문제를 풀면서 학습한 이론 및 공식을 실제 문제 풀이에 적용하는 연습을 반복하는 것이 좋습니다. ▶ 기초연산 필수 이론 복습하기: 본책 기초이론 p.130
수/문자추리	수/문자추리 취약형은 수열에 대한 지식이 부족하거나 제시된 숫자 또는 문자 간의 관계를 파악하는 능력이 다소 부족한 경우에 해당합니다. 따라서 수/문자추리 기본 규칙을 복습하고, 다양한 문제를 풀어보며 규칙을 찾는 연습을 하는 것이 좋습니다. ▶ 수/문자추리 필수 이론 복습하기: 본책 기초이론 p.138
도표분석	도표분석 취약형은 제시된 자료를 정확히 분석하는 능력이 부족하거나 자료를 분석하여 이를 문제 풀이에 적용하는 능력이 부족한 경우에 해당합니다. 따라서 다양한 형태의 자료가 제시되는 만큼 제한 시간 내에 해당 자료를 정확히 분석할 수 있도록 도표의 종류 및 용도를 정확히 이해하고, 도표분석 시의 유의사항을 숙지하여, 문제를 정확하게 푸는 연습을 반복해야 합니다. ▶ 도표분석 필수 이론 복습하기: 본책 기초이론 p.140

취약 유형 극복

교재 내의 틀린 문제 및 풀지 못했거나 찍었는데 맞은 문제를 다시 풀고 난 후, 해커스잡 사이트(ejob.Hackers.com)에서 제공하는 'NCS 수리능력 추가 연습 문제'를 풀어보세요.

해커스잡 사이트(ejob.Hackers.com)에 접속 후 로그인 ➡ 사이트 메인 중앙 [교재정보 - 교재 무료자료] 클릭
➡ 교재명 확인 후 'NCS 수리능력 추가 연습 문제' 다운로드 버튼 클릭

유형 1 기초연산

p.154

01

정답 ②

원리금 균등상환 시 매회 상환하는 금액을 x라고 하면 대출 금액 $\times (1+$이자율$)^{기간} = \frac{x\{(1+이자율)^{기간}-1\}}{(1+이자율)-1}$임을 적용하여 구한다.

갑은 월이율 2%의 금리로 150만 원을 이달 초에 원리금균등 상환 방식으로 대출받아 이달부터 매월 말에 일정한 금액씩 7개월에 걸쳐 상환한다. 이에 따라 150만 원에 이자를 고려한 7개월 뒤 가격은 총 $150 \times (1+0.02)^7 = 150 \times 1.15 = 172.5$만 원이고, 172.5만 원을 7개월에 걸쳐 일정한 금액으로 상환하므로 매달 상환하는 금액을 x라고 하면

$172.5 = \frac{x\{(1+0.02)^7-1\}}{(1+0.02)-1} \rightarrow 172.5 = \frac{x\{(1.02)^7-1\}}{1.02-1} \rightarrow 172.5 = \frac{x(1.15-1)}{0.02}$

$\rightarrow 172.5 \times 0.02 = 0.15x \rightarrow x = 23$

따라서 매달 상환해야 하는 금액은 23만 원이다.

02

정답 ②

○○지점에 근무하는 A의 보수월액은 비과세를 제외한 300$-10=290$만 원이다. 이때 근로자와 사업주가 납부하는 건강보험료는 보수월액의 6.12%이므로 납부금액은 $2,900,000 \times 0.0612 = 177,480$원이며, 근로자가 이 중 50%를 부담하므로 A는 $177,480/2 = 88,740$원을 납부한다. 또한, 장기요양보험료는 건강보험료의 6.55%이므로 $177,480 \times 0.0655 ≒ 11,620$원이고, 근로자가 이 중 50%를 부담하므로 A는 $11,620/2 ≒ 5,810$원을 납부한다.

따라서 장기요양보험료를 포함하여 A가 매달 납부하는 건강보험료는 $88,740 + 5,810 ≒ 94,550$원이다.

03

정답 ④

정가 이익률$=\left(\frac{이익}{정가}\right) \times 100$, 정가$=$원가$+$이익임을 적용하여 구한다.

작년에 A 제품의 정가를 260만 원으로 책정하여 판매하였더니 A 제품 1개당 얻은 정가 이익률이 30%이므로 A 제품 1개당 얻은 이익은 $260 \times \frac{30}{100} = 78$만 원이고, A 제품 1개당 원가는 $260 - 78 = 182$만 원이다. 이때 올해 A 제품의 원가가 28만 원 상승하였으므로 올해 A 제품 1개당 원가는 $182 + 28 = 210$만 원이고, 올해 A 제품에 대한 정가 이익률을 30%로 유지하기 위한 이익을 x라고 하면 올해 A 제품의 정가는 $210 + x$이다.

$\frac{x}{210+x} \times 100 = 30 \rightarrow 100x = 30(210+x) \rightarrow 100x = 6,300 + 30x$

$\rightarrow 70x = 6,300 \rightarrow x = 90$

이에 따라 올해 A 제품의 정가는 $210 + 90 = 300$만 원이다.

따라서 A 제품의 작년 정가와 올해 정가의 금액 차는 $300 - 260 = 40$만 원이다.

04

정답 ③

C의 현재 근속연수를 x라고 하면 A의 현재 근속연수는 C의 현재 근속연수의 5배이므로 A의 현재 근속연수는 $5x$이고, B의 5년 뒤 근속연수는 C의 5년 뒤 근속연수의 2배이므로 B의 5년 뒤 근속연수는 $2(x+5)$이며, B의 현재 근속연수는 $2x + 10 - 5 = 2x + 5$이다.

이때 A, B, C의 현재 근속연수의 합은 45년이므로 $5x + 2x + 5 + x = 45 \rightarrow 8x = 40 \rightarrow x = 5$

따라서 C의 현재 근속연수는 5년이다.

05

정답 ①

1일당 작업량$=\frac{작업량}{기간}$임을 적용하여 구한다.

틀니 1개를 제작하는 데 작업량을 1이라고 하면 민아의 1일당 작업량은 $\frac{1}{10}$이고, 유미의 1일당 작업량은 $\frac{1}{15}$이며, 민아와 유미가 함께 작업하는 1일당 작업량은 $\frac{1}{10} + \frac{1}{15} = \frac{5}{30} = \frac{1}{6}$이다.

이때 유미가 혼자서 틀니를 제작하기 시작한 뒤 5일 후 남은 작업량은 $1 - \left(\frac{1}{15} \times 5\right) = \frac{10}{15} = \frac{2}{3}$이다.

따라서 민아와 유미가 함께 틀니를 제작한 기간은 $\frac{2}{3} \div \frac{1}{6} = \frac{2}{3} \times \frac{6}{1} = 4$일이다.

06

정답 ②

$-3x + y = -10 \rightarrow y = 3x - 10$ ··· ㉠
$3(x-3) + 2(y-2) = -18 \rightarrow 3x - 9 + 2y - 4 = -18$
$\rightarrow 3x + 2y = -5$ ··· ㉡

㉡에 ㉠을 대입하면

$3x + 2(3x - 10) = -5 \rightarrow 9x = 15 \rightarrow x = \frac{5}{3}$

따라서 미지수 x의 값은 $\frac{5}{3}$이다.

07

정답 ③

x는 a의 제곱근이며, a는 400 이상 600 미만인 수이므로 x의 범위는 $\sqrt{400} = 20$ 이상이고, $\sqrt{600} ≒ 24.5$ 미만이다. 또한, x는 정수이므로 $20 \leq x < 24.5$ 범위 내의 $x = 20$ 또는 21 또는 22 또는 23 또는 24이고, a는 $20^2 = 400$ 또는 $21^2 = 441$ 또는 $22^2 = 484$ 또는 $23^2 = 529$ 또는 $24^2 = 576$이다. 이때 일의 자리 숫자와 백의 자리 숫자가 같으므로 $a = 484$이다.

따라서 미지수 x의 값은 22이다.

08

서로 다른 n개에서 순서를 고려하지 않고 r개를 택하는 경우의 수는 $_nC_r = \frac{n!}{r!(n-r)!}$임을 적용하여 구한다.

세 사람이 서로 다른 놀이기구 5개 중 4개를 선택하는 방법의 수는 $_5C_4 = _5C_1 = \frac{5!}{1!(5-1)!} = 5$가지이고, 선택한 4개의 놀이기구 탑승권을 2장, 1장, 1장으로 나누어 갖는 경우의 수는 $_4C_2 \times _2C_2 \times _1C_1 \times \frac{1}{2} = 6$가지이다.

따라서 세 사람이 놀이기구 탑승권을 나누어 가질 수 있는 방법은 총 $5 \times 6 \times 3! = 180$가지이다.

09

기수가 가위바위보를 이긴 횟수를 x라고 하면 기수가 가위바위보를 진 횟수는 $10-x$이다.

가위바위보를 10회 한 결과, 계단 중간지점으로부터 기수의 위치는 $x-(10-x) = 2x-10$이고, 미연이의 위치는 $(10-x)-x = 10-2x$이다.

이때 기수가 미연이보다 4칸 위에 있으므로
$2x-10 = (10-2x)+4 \rightarrow 4x = 24 \rightarrow x = 6$
따라서 기수가 이긴 횟수는 6회이다.

10

딸기 한 박스의 판매가를 x라고 하면

딸기 네 박스를 살 때, 1+1 행사를 진행하는 A 마트에서 사면 딸기 두 박스의 판매가인 $2x$를 지불하고, 30% 할인행사를 진행하는 B 마트에서 사면 $4x \times 0.7 = 2.8x$를 지불한다.

이때 A 마트에서 사는 것이 B 마트에서 사는 것보다 7,120원 더 저렴하므로
$2x = 2.8x - 7,120 \rightarrow 0.8x = 7,120 \rightarrow x = 8,900$

딸기 다섯 박스를 살 때, A 마트에서 사면 $3x$를 지불하고, B 마트에서 사면 $5x \times 0.7 = 3.5x$를 지불하므로 A 마트가 B 마트보다 $3.5x - 3x = 0.5x$ 더 저렴하다.

따라서 재현이가 딸기 다섯 박스를 A 마트에서 사면 B 마트에서 사는 것보다 $0.5 \times 8,900 = 4,450$원 절약할 수 있다.

11

세 명의 농민이 함께 휴식을 가진 후 다시 일을 시작하는 시간은 최소공배수를 이용하여 구한다.

세 명의 농민은 20분, 35분, 45분마다 5분 동안 휴식을 가지므로 25분, 40분, 50분의 최소공배수를 구하기 위해 각 수를 소인수분해하면 $25 = 5^2$, $40 = 2^3 \times 5$, $50 = 2 \times 5^2$으로 최소공배수는 $2^3 \times 5^2 = 200$이므로 세 명의 농민은 200분마다 함께 휴식을 가진 후 다시 일을 시작한다. 이에 따라 세 명의 농민이 함께 휴식을 가진 후 다시 일을 시작하는 시각은 10시 20분, 13시 40분, 17시이다.

따라서 세 명의 농민이 함께 마지막 휴식을 가진 후 다시 일을 시작하는 시각은 17시이다.

12

빵과 우유를 30개 초과 단체 주문 시 초과분에 대해 빵은 20%, 우유는 15%의 할인을 받아 30개는 정가의 가격을 지불하고 20개는 할인된 가격을 지불한다. 이에 따라 빵 30개의 가격은 $1,500 \times 30 = 45,000$원이고, 초과분 20개의 가격은 $1,500 \times (1-0.2) \times 20 = 24,000$원이며, 우유 30개의 가격은 $1,000 \times 30 = 30,000$원이고, 초과분 20개의 가격은 $1,000 \times (1-0.15) \times 20 = 17,000$원이므로 간식을 구매하는 데 지불한 총 비용은 $45,000 + 24,000 + 30,000 + 17,000 = 116,000$원이다.

13

서로 다른 n개에서 중복을 허락하지 않고 r개를 택하여 한 줄로 배열하는 경우의 수는 $_nP_r$임을 적용하여 구한다.

김 주임과 이 대리, 박 사원이 9개의 사내 동호회 중 서로 다른 사내 동호회에 가입하는 경우의 수는 서로 다른 9개에서 중복을 허락하지 않고 3개를 택하여 한 줄로 배열하는 경우의 수와 같다.

따라서 김 주임과 이 대리, 박 사원이 사내 동호회에 가입할 수 있는 경우의 수는 $_9P_3 = \frac{9!}{(9-3)!} = 9 \times 8 \times 7 = 504$가지이다.

14

평가 항목별 중요도를 고려하지 않은 평균 점수는 산술평균으로 구한다.

산술평균은 변량의 총합을 변량의 개수로 나눈 값이므로

A 업체는 $\frac{80+70+90}{3} = 80$점, B 업체는 $\frac{60+80+70}{3} = 70$점,

C 업체는 $\frac{70+90+65}{3} = 75$점이다.

평가 항목별 중요도를 고려하는 평균 점수는 가중평균으로 구한다.

가중평균은 중요도나 영향도에 해당하는 각각의 가중치를 곱하여 가중치의 총합으로 나눈 값이므로

A 업체는 $\frac{(80 \times 30)+(70 \times 50)+(90 \times 20)}{30+50+20} = 77$점,

B 업체는 $\frac{(60 \times 30)+(80 \times 50)+(70 \times 20)}{30+50+20} = 72$점,

C 업체는 $\frac{(70 \times 30)+(90 \times 50)+(65 \times 20)}{30+50+20} = 79$점이다.

따라서 계약 업체를 순서대로 나열한 것은 A 업체, C 업체이다.

15

최빈값은 변량 중에서 가장 많이 나오는 값으로 이 자료에서는 2번 나온 20°C이고, 평균값은 변량의 총합을 변량의 개수로 나눈 값으로 이 자료에서는 1월부터 12월까지 최고 기온의 총합을 12로 나눈 값이므로 평균값은
$\frac{2+5+13+20+27+30+31+34+28+20+12+6}{12} = 19$°C이다.

중앙값은 변량을 최솟값부터 최댓값까지 크기순으로 배열했을 때 정중앙에 위치하는 값으로 이 자료에서는 12개의 값을 크기순으로 배열했을 때 6번째와 7번째에 위치한 값의 평균값인 $\frac{20+20}{2}=20℃$이다.

따라서 최빈값인 a는 20, 평균값인 b는 19, 중앙값인 c는 20이므로 a+b+c의 값은 20+19+20=59이다.

유형 2 수/문자추리   p.158

01   정답 ③

제시된 각 숫자 간의 값이 $+2^2$, $+3^2$, $+4^2$, …와 같이 완전제곱수가 더해지는 규칙이 적용되므로 빈칸에 들어갈 알맞은 숫자는 '61'이다.

02   정답 ②

제시된 각 숫자 간의 값이 +14로 반복되므로 빈칸에 들어갈 알맞은 숫자는 '36'이다.

03   정답 ④

세 번째 항부터 제시된 각 숫자는 앞의 두 숫자의 합이라는 규칙이 적용되므로 빈칸에 들어갈 알맞은 숫자는 '4'이다.

04   정답 ②

제시된 각 숫자 간의 값이 ÷2로 반복되므로 빈칸에 들어갈 알맞은 숫자는 '224'이다.

05   정답 ③

분자에 제시된 각 숫자 간의 값이 +4로 반복되고, 분모에 제시된 각 숫자 간의 값이 −2로 반복되므로 빈칸에 들어갈 알맞은 숫자는 '$\frac{19}{11}$'이다.

06   정답 ③

제시된 각 문자를 알파벳 순서에 따라 숫자로 변경한다.
D L F M H N J O (L)
4 12 6 13 8 14 10 15 (12)
홀수항에 제시된 각 숫자 간의 값이 +2로 반복되고, 짝수항에 제시된 각 숫자 간의 값은 +1로 반복되므로 홀수항인 빈칸에 들어갈 알맞은 문자는 숫자 12에 해당하는 'L'이다.

07   정답 ③

제시된 각 문자를 알파벳 순서에 따라 숫자로 변경한다.
C I D E O J (K)
3 9 4 5 15 10 (11)
제시된 각 숫자 간의 값이 ×3, −5, +1로 반복되므로 빈칸에 들어갈 알맞은 문자는 숫자 11에 해당하는 'K'이다.

08   정답 ④

제시된 각 문자를 한글 자음 순서에 따라 숫자로 변경한다.
ㄷ ㅂ ㅌ ㅊ ㅂ (ㅌ)
3 6 12 24 48 96
각 숫자 간의 값이 ×2로 반복되므로 빈칸에 들어갈 알맞은 문자는 숫자 96에 해당하는 'ㅌ'이다.

> ⏱ 빠른 문제 풀이 Tip
> 같은 한글 자음은 숫자 14 간격으로 나타남을 적용하여 구한다. ㄷ(3), ㅂ(6), ㅌ(12), ㅊ(24)에서 각 숫자는 2배씩 커지므로 빈칸에 들어갈 숫자는 96임을 유추할 수 있다. 96/14≒6.9임에 따라 96−(14×6)=12로 빈칸에 들어갈 문자는 숫자 12에 해당하는 'ㅌ'임을 알 수 있다.

09   정답 ①

- ◐: 첫 번째, 세 번째 문자(숫자)의 자리를 서로 바꾸고, 두 번째, 네 번째 문자(숫자)의 자리를 서로 바꾼다.
  ex. abcd → cdab
- ◎: 문자와 숫자 순서에 따라 첫 번째, 세 번째 문자(숫자)를 이전 세 번째 순서에 오는 문자(숫자)로, 두 번째, 네 번째 문자(숫자)를 바로 다음 순서에 오는 문자(숫자)로 변경한다.
  ex. abcd → xcze (a−3, b+1, c−3, d+1)

따라서 빈칸에 들어갈 알맞은 것은 51JB → ◐ → JB51 → ◎ → GC22 이다.

10   정답 ③

- ♧: 문자(숫자)의 전체 자리를 역순으로 바꾼다.
  ex. abcd → dcba
- ◀: 문자와 숫자 순서에 따라 첫 번째 문자(숫자)를 바로 이전 순서에 오는 문자(숫자)로, 두 번째, 네 번째 문자(숫자)를 다음 두 번째 순서에 오는 문자(숫자)로, 세 번째 문자(숫자)를 이전 세 번째 순서에 오는 문자(숫자)로 변경한다.
  ex. abcd → zdzf (a−1, b+2, c−3, d+2)

따라서 빈칸에 들어갈 알맞은 것은 L63J → ♧ → J36L → ◀ → I53N 이다.

01　　　　　　　　　　　　　정답 ④

2018년 전라북도와 전라남도 농가소득의 합인 45,090 + 39,476 = 84,566천 원은 같은 해 경상북도와 경상남도 농가소득의 합인 40,921 + 37,521 = 78,442천 원보다 84,566 − 78,442 = 6,124천 원 많음에 따라 6,000천 원 이상 많으므로 옳은 설명이다.

오답 체크

① 2015년 이후 충청북도의 농가소득은 2018년까지 전년 대비 매년 증가하였지만, 2019년에 전년 대비 감소하였으므로 옳지 않은 설명이다.
② 제시된 지역 중 농가소득이 다섯 번째로 많은 지역은 2016년과 2018년에 모두 경상북도로 동일하므로 옳지 않은 설명이다.
③ 2019년 충청남도 농가소득의 전년 대비 증가율인 {(44,019 − 43,510) / 43,510} × 100 ≒ 1.2%는 같은 해 제주특별자치도 농가소득의 전년 대비 증가율인 {(48,963 − 48,630) / 48,630} × 100 ≒ 0.7%보다 크므로 옳지 않은 설명이다.
⑤ 제시된 기간 중 강원도의 농가소득이 39,673천 원으로 가장 많은 2015년에 경기도의 농가소득은 전년 대비 41,025 − 38,822 = 2,203천 원 증가하였으므로 옳지 않은 설명이다.

🕐 빠른 문제 풀이 Tip

③ 2019년 충청남도와 제주특별자치도 농가소득의 전년 대비 증가량과 2018년 농가소득을 각각 비교한다.
2019년 충청남도 농가소득은 전년 대비 44,019 − 43,510 = 509천 원 증가하였고, 2019년 제주특별자치도 농가소득은 전년 대비 48,963 − 48,630 = 333천 원 증가하여 충청남도 농가소득이 같은 해 제주특별자치도 농가소득보다 전년 대비 더 많이 증가한 반면, 2018년 충청남도 농가소득은 43,510천 원으로 같은 해 제주특별자치도 농가소득인 48,630천 원보다 적으므로 2019년 충청남도 농가소득의 전년 대비 증가율은 같은 해 제주특별자치도 농가소득의 전년 대비 증가율보다 큼을 알 수 있다.

02　　　　　　　　　　　　　정답 ③

전국의 바이오사업장 수가 처음으로 1,000개 이상인 2019년에 전국의 전년 대비 연구인력 증가량은 15,333 − 14,532 = 801명이므로 옳은 설명이다.

오답 체크

① 2017년부터 2020년까지 전국의 전년 대비 연구개발비는 지속적으로 증가하였으므로 전년 대비 연구개발비 증가량의 연평균은 2020년 연구개발비에서 2016년 연구개발비를 뺀 금액을 4로 나누어준 것과 같다. 이에 따라 2017년부터 2020년까지 전년 대비 연구개발비 증가량의 평균은 (2,019 − 1,412) / 4 ≒ 152십억 원으로 130십억 원 이상이므로 옳지 않은 설명이다.
② 전국의 바이오사업장 1개당 연구인력의 수는 2020년에 16,873 / 1,027 ≒ 16.4명이고, 2016년에 13,151 / 980 ≒ 13.4명으로 2020년이 2016년보다 크므로 옳지 않은 설명이다.

④ 2018년과 2020년에 바이오사업장 수가 가장 많은 상위 3개 지역은 경기, 서울, 충북으로 서로 동일하지만, 2019년에 바이오사업장 수가 가장 많은 상위 3개 지역은 경기, 서울, 대전이므로 옳지 않은 설명이다.
⑤ 2020년 바이오사업장 수가 10개 이상 50개 미만인 지역의 수는 부산, 인천, 대구, 강원, 충남, 전북, 전남, 경북, 경남으로 총 9개이므로 옳지 않은 설명이다.

03　　　　　　　　　　　　　정답 ①

㉠ 2019년 기능사 필기 합격 인원과 기능사 실기 합격 인원의 차이는 459,255 − 399,156 = 60,099명이므로 옳지 않은 설명이다.
㉡ 2018년 기사 실기 응시 인원은 같은 해 기술사 실기 응시 인원의 210,000 / 3,173 ≒ 66배이므로 옳지 않은 설명이다.

오답 체크

㉢ 2019년 필기 합격 인원은 모든 종목에서 전년 대비 증가하였으므로 옳은 설명이다.
㉣ 2018년 기능장 필기 합격률은 (9,903 / 21,651) × 100 ≒ 46%이므로 옳은 설명이다.

🕐 빠른 문제 풀이 Tip

㉣ 정확한 계산을 요구하지 않는 비중을 묻는 선택지는 반올림한 값으로 대략적으로 계산한다.
2018년 기능장 필기 응시 인원을 백의 자리에서 반올림하면 22,000명이고, 기능장 필기 합격률이 40% 이상이기 위해서는 기능장 필기 합격 인원이 22,000 × 0.4 = 8,800명 이상이어야 한다. 이때 2018년 기능장 필기 합격 인원인 9,903명은 8,800명보다 월등히 많으므로 2018년 기능장 필기 합격률은 40% 이상임을 알 수 있다.

04　　　　　　　　　　　　　정답 ⑤

2019년 누에사육 규모별 농가 수의 총합은 177 + 86 + 103 + 88 + 48 + 43 + 28 + 13 = 586호이므로 옳지 않은 설명이다.

오답 체크

① 2016년 이후 누에사육 규모별 농가 수의 전년 대비 증감 추이는 6~11상자 미만 규모와 51~100상자 미만 규모 모두 2016년에 감소, 2017년에 증가, 2018년과 2019년에 감소임에 따라 서로 동일하므로 옳은 설명이다.
② 2018년 21~31상자 미만 규모의 농가 수는 3년 전 대비 {(71 − 54) / 71} × 100 ≒ 24% 감소함에 따라 20% 이상 감소하였으므로 옳은 설명이다.
③ 제시된 기간 중 16~21상자 미만 규모의 농가 수가 93호로 가장 많은 2015년에 16~21상자 미만 규모의 농가 수는 같은 해 6상자 미만 규모의 농가 수보다 280 − 93 = 187호 더 적으므로 옳은 설명이다.
④ 2017년부터 2019년까지 31~51상자 미만 규모의 평균 농가 수는 (55 + 55 + 43) / 3 = 51호이므로 옳은 설명이다.

05   정답 ④

3분기에 공적 보조금 합계는 직전 분기 대비 감소하였으므로 옳지 않은 설명이다.

오답 체크

① 1분기에 이전 소득은 1,443+270=1,713천 원이므로 옳은 설명이다.
② 4분기에 친인척으로부터의 보조금은 직전 분기 대비 221-105 =116천 원 감소하였으므로 옳은 설명이다.
③ 3분기에 연금이 이전 소득에서 차지하는 비중은 {866/(1,479 +227)} × 100 ≒ 51%이므로 옳은 설명이다.
⑤ 제시된 기간 동안 분기별 출타 가족으로부터의 보조금 평균은 (11+7+6+8)/4=8천 원이므로 옳은 설명이다.

06   정답 ⑤

성별로 응답자 수가 같다면, 전체 응답자 중 국류 구입 경험자의 비율은 남성 응답자와 여성 응답자의 평균과 같으므로 (63.1+70.5)/2=66.8%이므로 옳은 설명이다.

오답 체크

① 만두/피자류의 구입 경험에서 남성의 비율이 여성의 비율보다 높으므로 옳지 않은 설명이다.
② 40대와 50대, 60대 이상에서 구입 경험이 가장 많은 즉석조리 식품 종류는 만두/피자류이므로 옳지 않은 설명이다.
③ 국류, 찌개/탕류, 죽/스프류, 양념류에서는 30대가 구입을 경험하였다는 비율이 가장 높으므로 옳지 않은 설명이다.
④ 만두/피자류는 30대가 구입을 경험하였다는 비율이 60대 이상 구입을 경험하였다는 비율보다 96.1-88.5=7.6%p 높으므로 옳지 않은 설명이다.

07   정답 ⑤

전국의 신혼부부는 1,322,406쌍이고, 맞벌이 비중은 44.95% 임에 따라 전국의 맞벌이 신혼부부는 1,322,406 × 0.4495 ≒ 594,421쌍이므로 옳지 않은 설명이다.

오답 체크

① 신혼부부가 가장 많은 지역은 경기도이고, 가장 적은 지역은 세종특별자치시이므로 옳은 설명이다.
② 광주광역시의 신혼부부는 35,659쌍이고, 평균 출산 자녀는 0.84명임에 따라 광주광역시의 신혼부부가 출산한 자녀 수는 35,659 × 0.84 ≒ 29,954명이므로 옳은 설명이다.
③ 맞벌이 비중이 가장 높은 지역은 서울특별시이고, 가장 낮은 지역은 울산광역시로 각각 주택 소유 비중이 가장 낮은 지역과 가장 높은 지역과 같으므로 옳은 설명이다.
④ 평균 출산 자녀가 전국보다 낮은 지역은 서울특별시, 인천광역시, 경기도 3개 지역이므로 옳은 설명이다.

08   정답 ④

'가족노동력 고령화 또는 감소' 항목의 1순위에 3, 2순위에 2, 3순위에 1의 가중치를 부여한 백분율 값은 {(198 × 3+69 × 2+42 × 1)/(353 × 3+326 × 2+267 × 1)} × 100 ≒ 39.1% 이다.

 알아보기

가중치: 서로 다른 비중의 여러 항목에 대한 하나의 평균값을 산출할 때, 각 항목에 부여되는 중요도

09   정답 ②

단수=생산량/재배면적임을 적용하여 구한다.
유지작물의 단수는 (1,268 × 1,000)/(1,440 × 10) ≒ 88.06kg/10a,
기호작물의 단수는 (16 × 1,000)/(1 × 10)=1,600kg/10a,
약용작물의 단수는 (1,999 × 1,000)/(719 × 10) ≒ 278.03kg/10a,
기타특작의 단수는 (65 × 1,000)/(2 × 10)=3,250kg/10a,
버섯류의 단수는 (48,575 × 1,000)/(102 × 10) ≒ 47,622.55kg/ 10a이다.
따라서 단수의 크기가 큰 순서대로 나열하면 '버섯류 - 기타특작 - 기호작물 - 약용작물 - 유지작물'이다.

10   정답 ③

2019년 영농 전체의 자영농업 노동시간은 819+1,697+ 1,557+1,064+2,413+884+2,191+1,826=12,451시간이므로 2019년 영농 전체의 자영농업 노동시간에서 화훼의 자영농업 노동시간이 차지하는 비중은 (2,413/12,451) × 100 ≒ 19% 이다.

빠른 문제 풀이 Tip

십의 자리에서 반올림한 값의 단위를 변환하여 대략적으로 계산한다.
2019년 영농형태별 자영농업 노동시간을 십의 자리에서 반올림하여 단위를 변환하면 논벼가 8백 시간, 과수가 17백 시간, 채소가 16백 시간, 특용작물이 11백 시간, 화훼가 24백 시간, 일반 밭작물이 9백 시간, 축산이 22백 시간, 기타가 18백 시간이므로 2019년 영농 전체의 자영농업 노동시간은 8+17+16+11+24+ 9+22+18=125백 시간이다. 이에 따라 2019년 영농 전체의 자영농업 노동시간에서 화훼의 자영농업 노동시간이 차지하는 비중은 (24/125) × 100 ≒ 19%임을 알 수 있다.

11 　　　　　　　　　　　　　　　　　정답 ③

2020년 어업 전체의 어업경영자금 소요액은 7,110십억 원이
고, 2016년 어업 전체의 어업경영자금 소요액은 6,509십억
원이므로 2020년 어업 전체의 어업경영자금 소요액의 4년
전 대비 증가율은 {(7,110−6,509)/6,509} × 100 ≒ 9%이다.

12 　　　　　　　　　　　　　　　　　정답 ②

A: 평균 일반교과 사교육비 총액은 2.1+8.5+8.3+2.5=21.4
　　만 원이다.
B: 서울의 1인당 월평균 체육 사교육비=서울의 1인당 월평
　　균 예체능 사교육비 총액−서울의 1인당 월평균 음악 사
　　교육비−서울의 1인당 월평균 미술 사교육비−서울의 1인
　　당 월평균 취미 사교육비이므로 10.0−3.4−1.8−0.9=3.9
　　만 원이다.
C: 대도시 외의 1인당 월평균 수학 사교육비=대도시 외의
　　1인당 월평균 일반교과 사교육비 총액−대도시 외의 1인당
　　월평균 국어 사교육비−대도시 외의 1인당 월평균 영어 사
　　교육비−대도시 외의 1인당 월평균 기타 사교육비이므로
　　18.9−1.8−7.7−2.1=7.3만 원이다.
D: 읍면지역 사교육비 총액=12.9+5.0+0.2=18.1만 원이다.
따라서 A는 21.4, B는 3.9, C는 7.3, D는 18.1이고, A−B+C−D
를 계산한 결괏값은 21.4−3.9+7.3−18.1=6.7이다.

13 　　　　　　　　　　　　　　　　　정답 ⑤

제시된 자료에 따르면 무역수지는 2월에 가장 작고 3월에 가
장 크며, 2월에 전월 대비 감소하고 3월에 전월 대비 급격히
증가하여 3월 이후에는 꾸준히 6,000백만 달러 이상이므로
옳은 그래프는 ⑤이다.

오답 체크

① 상품수지는 5월에 가장 크지만 이 그래프에서는 4월에 가장
　　높게 나타나므로 옳지 않은 그래프이다.
② 1월 본원소득수지는 6월보다 크지만 이 그래프에서는 1월 본원
　　소득수지가 6월보다 낮게 나타나므로 옳지 않은 그래프이다.
③ 4월 경상수지는 1,768백만 달러이지만 이 그래프에서는 2,000
　　백만 달러보다 높게 나타나므로 옳지 않은 그래프이다.
④ 2월 이전소득수지는 3월보다 크지만 이 그래프에서는 3월보다
　　낮게 나타나므로 옳지 않은 그래프이다.

14 　　　　　　　　　　　　　　　　　정답 ⑤

제시된 자료에 따르면 토목 등록 수는 2015년에 76개, 2016
년에 70개, 2017년에 79개, 2018년에 81개, 2019년에 82개이
므로 옳은 그래프는 ⑤이다.

오답 체크

① 2015년 토건 등록 수는 274개이지만 이 그래프에서는 250개
　　보다 낮게 나타나므로 옳지 않은 그래프이다.
② 2015년 조경 등록 수는 183개이지만 이 그래프에서는 180개
　　보다 낮게 나타나므로 옳지 않은 그래프이다.
③ 2018년 업종별 등록 수 합계에서 건축 등록 수가 차지하는
　　비중은 (1,391/1,964) × 100 ≒ 71%, 토건 등록 수가 차지하는
　　비중은 (251/1,964) × 100 ≒ 13%이지만 이 그래프에서는 건축
　　등록 수가 차지하는 비중은 64%, 토건 등록 수가 차지하는 비
　　중은 20%로 나타나므로 옳지 않은 그래프이다.
④ 2016년 산업 설비 등록 수의 전년 대비 증감량은 72−78=−6개
　　이지만 이 그래프에서는 0개보다 높게 나타나므로 옳지 않은
　　그래프이다.

[15-17]

15 　　　　　　　　　　　　　　　　　정답 ②

㉠ 2019년 경작 이용 면적이 두 번째로 큰 지역은 전북이고,
　　경지이용률이 두 번째로 높은 지역은 전남으로 서로 다르
　　므로 옳지 않은 설명이다.
㉢ 2019년 경작 가능 면적이 50천 ha 이상인 지역은 경기, 강
　　원, 충북, 충남, 전북, 전남, 경북, 경남, 제주로 총 9개 지역
　　이고, 경지이용률이 50% 이상인 지역은 인천, 광주, 세종,
　　경기, 충남, 전북, 전남, 경남으로 총 8개 지역이므로 옳지
　　않은 설명이다.

오답 체크

㉡ 2020년 경지이용률이 60% 이상인 지역은 인천, 광주, 충남, 전
　　북, 전남이며, 5개 지역의 평균 경작 이용 면적은 (11.9+6.1+
　　144.2+142.2+197.0)/5=100.28천 ha로 100천 ha 이상이므
　　로 옳은 설명이다.
㉣ 2020년 경북의 경작 이용률은 전년 대비 46.5−46.3=0.2%p
　　감소하였으므로 옳은 설명이다.

⏱ 빠른 문제 풀이 Tip

㉡ 각 항목의 경작 이용 면적의 합과 선택지에 제시된 평균 ×
　　변량의 수를 비교한다.
　　경지이용률이 60% 이상인 지역은 인천, 광주, 충남, 전북,
　　전남으로 5개 지역이고, 5개 지역의 경작 이용 면적의 합은
　　11.9+6.1+144.2+142.2+197.0=501.4천 ha이다. 이때 선택
　　지에 제시된 평균인 100천 ha와 변량의 수인 5를 곱한 값
　　은 100×5=500천 ha로 5개 지역의 평균 경작 이용 면적
　　은 100천 ha 이상임을 알 수 있다.

16 정답 ④

경지이용률＝(경작 이용 면적／경작 가능 면적)×100임을 적용하여 구한다.

2020년 경작 가능 면적이 10천 ha 미만인 지역들은 서울, 부산, 대구, 광주, 대전, 울산, 세종이며, 이 지역들의 전체 경작 가능 면적은 0.3＋5.2＋7.1＋8.8＋3.6＋9.6＋7.3＝41.9천 ha이고, 전체 경작 이용 면적은 0.1＋2.6＋3.5＋6.1＋1.2＋4.4＋4.3＝22.2천 ha이다.

따라서 2020년 경작 가능 면적이 10천 ha 미만인 지역들의 전체 경작 가능 면적과 전체 경작 이용 면적에 따른 경지이용률은 (22.2／41.9)×100 ≒ 53%이다.

17 정답 ⑤

2020년 경남의 경작 가능 면적은 136.7천 ha이지만 이 그래프에서는 150.0천 ha보다 높게 나타나므로 옳지 않은 그래프는 ⑤이다.

오답 체크

① 2019년 수도권 경지이용률은 서울이 33.3%, 인천이 62.4%, 경기가 57.5%이므로 옳은 그래프이다.

② 2020년 호남지방 경작 가능 면적의 전년 대비 감소량은 광주가 8.9－8.8＝0.1천 ha, 전북이 191.7－189.4＝2.3천 ha, 전남이 277.9－275.4＝2.5천 ha이므로 옳은 그래프이다.

③ 2019년 광역시별 경작 이용 면적은 부산이 2.6천 ha, 대구가 3.3천 ha, 인천이 11.6천 ha, 광주가 6.1천 ha, 대전이 1.3천 ha, 울산이 4.4천 ha이므로 옳은 그래프이다.

④ 2020년 영남지방 경지이용률은 부산이 50.0%, 대구가 49.3%, 울산이 45.8%, 경북이 46.3%, 경남이 57.7%이므로 옳은 그래프이다.

[18-20]

18 정답 ①

㉠ 2020년 전체 정부기관 일자리 수의 4년 전 대비 증가율은 {(212.7－186.2)／186.2}×100 ≒ 14%로 15% 미만이므로 옳은 설명이다.

㉡ 2018년 남성 정부기관 일자리 수의 전년 대비 증가량은 99.4－99.2＝0.2만 개이므로 옳은 설명이다.

오답 체크

㉢ 2020년 정부기관 일자리 수는 연령대가 높을수록 비공무원의 일자리 수는 많아지지만, 공무원의 일자리 수는 50대와 60세 이상에서 바로 전 연령대 대비 일자리 수가 적어지므로 옳지 않은 설명이다.

㉣ 제시된 기간 동안 여성 정부기관 일자리 수가 처음으로 95만 개 이상인 해는 2019년이고, 전체 비공무원 일자리 수가 가장 많았던 해는 2020년으로 동일하지 않으므로 옳지 않은 설명이다.

19 정답 ③

2016년부터 2020년까지 여성 정부기관 일자리 수의 연도별 평균은 (87.7＋89.9＋90.0＋96.2＋104.6)／5＝93.68만 개이다.

20 정답 ⑤

2019년 50대 비공무원 일자리 수는 15.9만 개이지만 이 그래프에서는 16만 개보다 높게 나타나므로 옳지 않은 그래프는 ⑤이다.

오답 체크

① 30세 미만 전체 정부기관 일자리 수는 2016년에 26.8만 개, 2017년에 27.2만 개, 2018년에 27.8만 개, 2019년에 29.9만 개, 2020년에 32.6만 개이므로 옳은 그래프이다.

② 2016년 전체 정부기관 일자리 수 비중은 공무원이 (128.0／186.2)×100 ≒ 68.7%이고, 비공무원이 (58.2／186.2)×100 ≒ 31.3%이므로 옳은 그래프이다.

③ 2018년 연령대별 공무원 일자리 수는 30세 미만이 21.4만 개, 30대가 38.5만 개, 40대가 40.2만 개, 50대가 30.2만 개, 60세 이상이 1.5만 개이므로 옳은 그래프이다.

④ 연도별 성별 정부기관 일자리 수의 차는 2016년에 98.5－87.7＝10.8만 개, 2017년에 99.2－89.9＝9.3만 개, 2018년에 99.4－90.0＝9.4만 개, 2019년에 103.4－96.2＝7.2만 개, 2020년에 108.1－104.6＝3.5만 개이므로 옳은 그래프이다.

제3장 문제해결능력

기출동형문제

정답

유형 1 사고력

p.202

01	02	03	04	05	06	07	08	09	10
⑤	⑤	⑤	③	③	④	③	④	②	④
11	12	13	14	15	16	17	18	19	20
③	②	⑤	⑤	④	②	②	②	②	③
21	22	23	24	25					
①	①	④	④	②					

유형 2 문제처리

p.216

01	02	03	04	05	06	07	08	09	10
④	④	⑤	③	③	③	②	③	④	⑤

취약 유형 분석표

유형별로 맞힌 개수와 정답률을 적고 나서 취약한 유형이 무엇인지 파악해 보세요.
정답률이 60% 미만인 취약한 유형은 틀린 문제를 다시 풀어보면서 확실히 극복하세요.

유형	사고력	문제처리	TOTAL
맞힌 개수	/25	/10	/35
정답률	%	%	%

※ 정답률(%) = (맞힌 개수/전체 개수) × 100

취약 유형별 학습 전략

본인의 취약한 유형은 다음 취약 유형별 학습 전략을 확인한 후, 관련 필수 이론을 복습하고 틀린 문제 및 풀지 못했거나 찍었는데 맞은 문제를 다시 풀어보면서 확실히 극복하세요.

사고력	사고력 취약형은 기본적인 명제 이론에 대한 지식이 부족하거나 주어진 명제와 조건을 종합하여 문제를 해결하는 능력이 부족한 경우에 해당합니다. 따라서 명제, 추론 등 기본적인 논리 이론을 복습하고, 놓치는 조건이나 경우의 수가 발생하지 않도록 제시된 명제와 조건을 간결하게 정리하거나 표로 정리하여 정확하게 문제를 푸는 연습을 해야 합니다. ▶ 사고력 필수 이론 복습하기: 본책 기초이론 p.184
문제처리	문제처리 취약형은 제시된 문제 상황을 이해하는 능력이 부족하거나 필요한 정보를 선별하여 종합하는 능력이 부족한 경우에 해당합니다. 따라서 제시된 상황을 정확하게 이해하고 필요한 정보만 빠르게 선별하는 연습을 하는 것이 중요합니다. 또한, 기초이론에서 문제의 유형과 문제해결의 절차에 대해 정확히 숙지하고, 다양한 형태의 문제를 풀어보며 상황에 따라 문제를 해결하는 능력을 키우는 것이 좋습니다. ▶ 문제처리 필수 이론 복습하기: 본책 기초이론 p.190

유형 1 사고력 p.202

01 정답 ⑤

세 번째 명제와 두 번째 명제를 차례로 결합한 결론은 다음과 같다.
- 세 번째 명제: 고슴도치를 키우는 사람은 햄스터를 키운다.
- 두 번째 명제: 햄스터를 키우는 사람은 고양이를 키우지 않는다.
- 결론: 고슴도치를 키우는 사람은 고양이를 키우지 않는다.

따라서 고슴도치를 키우는 사람은 고양이를 키우지 않으므로 항상 옳은 설명이다.

오답 체크

① 병아리를 키우는 사람은 고양이를 키우고, 고양이를 키우는 사람은 햄스터를 키우지 않으며, 햄스터를 키우지 않는 사람은 고슴도치를 키우지 않으므로 항상 옳지 않은 설명이다.
② 개를 키우지 않는 사람이 항상 햄스터를 키우는지는 알 수 없으므로 항상 옳은 설명은 아니다.
③ 고양이를 키우는 사람이 항상 개를 키우지 않는지는 알 수 없으므로 항상 옳은 설명은 아니다.
④ 햄스터를 키우는 사람은 고양이를 키우지 않고, 고양이를 키우지 않는 사람은 병아리를 키우지 않으므로 항상 옳지 않은 설명이다.

02 정답 ⑤

네 번째 명제와 세 번째 명제를 차례로 결합한 결론은 다음과 같다.
- 네 번째 명제: 떡볶이를 좋아하지 않는 사람은 국밥을 좋아한다.
- 세 번째 명제: 국밥을 좋아하는 사람은 볶음밥을 좋아하지 않는다.
- 결론: 떡볶이를 좋아하지 않는 사람은 볶음밥을 좋아하지 않는다.

따라서 떡볶이를 좋아하지 않는 사람은 볶음밥을 좋아하지 않으므로 항상 옳지 않은 설명이다.

오답 체크

① 순대를 좋아하는 사람이 항상 볶음밥을 좋아하는지는 알 수 없으므로 항상 옳지 않은 설명은 아니다.
② 김치를 좋아하지 않는 사람이 항상 순대를 좋아하지 않는지는 알 수 없으므로 항상 옳지 않은 설명은 아니다.
③ 국밥을 좋아하는 사람은 볶음밥을 좋아하지 않고, 볶음밥을 좋아하지 않는 사람은 김치를 좋아하지 않으므로 항상 옳은 설명이다.
④ 볶음밥을 좋아하는 사람은 국밥을 좋아하지 않고, 국밥을 좋아하지 않는 사람은 떡볶이를 좋아하므로 항상 옳은 설명이다.

03 정답 ⑤

세 번째 명제, 첫 번째 명제, 두 번째 명제의 '대우'를 차례로 결합한 결론은 다음과 같다.
- 세 번째 명제: D 선생님이 근무하거나 E 선생님이 근무하면 A 선생님도 근무한다.
- 첫 번째 명제: A 선생님이 근무하면 B 선생님이 근무하거나 C 선생님이 근무한다.
- 두 번째 명제(대우): D 선생님이 근무하면 B 선생님은 근무하지 않는다.
- 결론: D 선생님이 근무하면 B 선생님은 근무하지 않고 C 선생님은 근무한다.

따라서 D 선생님이 근무하면 B 선생님은 근무하지 않고 C 선생님은 근무하므로 항상 옳지 않은 설명이다.

04 정답 ③

네 번째 명제의 '대우'와 첫 번째 명제를 차례로 결합한 결론은 다음과 같다.
- 네 번째 명제(대우): 수입보험료 규모가 감소하지 않거나 보험 상품 해지율이 상승하지 않으면 국제 유가는 상승하지 않는다.
- 첫 번째 명제: 국제 유가가 상승하지 않으면 경제성장률과 국민소득은 상승하고, 경상수지 흑자는 늘어난다.
- 결론: 보험 상품 해지율이 상승하지 않으면 국민소득은 상승한다.

따라서 보험 상품 해지율이 상승하지 않으면 국민소득은 상승하므로 항상 옳은 설명이다.

05 정답 ③

세 번째 명제와 첫 번째 명제의 '대우'를 차례로 결합한 결론은 다음과 같다.
- 세 번째 명제: 크로스핏을 좋아하는 사람은 등산을 좋아하지 않는다.
- 첫 번째 명제(대우): 등산을 좋아하지 않는 사람은 조깅을 좋아하지 않는다.
- 결론: 크로스핏을 좋아하는 사람은 조깅을 좋아하지 않는다.

따라서 크로스핏을 좋아하는 사람은 조깅을 좋아하지 않으므로 항상 옳은 설명이다.

오답 체크

① 등산을 좋아하지 않는 사람이 배드민턴을 좋아하는지는 알 수 없으므로 항상 옳은 설명은 아니다.
② 조깅을 좋아하는 사람이 테니스를 좋아하는지는 알 수 없으므로 항상 옳은 설명은 아니다.
④ 테니스를 좋아하지 않는 사람이 등산을 좋아하지 않는지는 알 수 없으므로 항상 옳은 설명은 아니다.
⑤ 배드민턴을 좋아하는 사람은 테니스를 좋아하고, 테니스를 좋아하는 사람은 크로스핏을 좋아하지 않으므로 항상 옳지 않은 설명이다.

첫 번째 명제의 '대우', 네 번째 명제, 세 번째 명제, 두 번째 명제의 '대우'를 차례로 결합한 결론은 다음과 같다.

- 첫 번째 명제(대우): 오리고기를 즐겨 먹는 사람은 소고기를 즐겨 먹지 않는다.
- 네 번째 명제: 소고기를 즐겨 먹지 않는 사람은 닭고기를 즐겨 먹는다.
- 세 번째 명제: 닭고기를 즐겨 먹는 사람은 양고기를 즐겨 먹지 않는다.
- 두 번째 명제(대우): 양고기를 즐겨 먹지 않는 사람은 돼지고기를 즐겨 먹는다.
- 결론: 오리고기를 즐겨 먹는 사람은 돼지고기를 즐겨 먹는다.

따라서 오리고기를 즐겨 먹는 사람은 돼지고기를 즐겨 먹으므로 항상 옳은 설명이다.

[오답 체크]

① 소고기를 즐겨 먹지 않는 사람은 닭고기를 즐겨 먹고, 닭고기를 즐겨 먹는 사람은 양고기를 즐겨 먹지 않으므로 항상 옳지 않은 설명이다.
② 돼지고기를 즐겨 먹지 않는 사람은 양고기를 즐겨 먹고, 양고기를 즐겨 먹는 사람은 닭고기를 즐겨 먹지 않으며, 닭고기를 즐겨 먹지 않는 사람은 소고기를 즐겨 먹으므로 항상 옳지 않은 설명이다.
③ 양고기를 즐겨 먹는 사람은 닭고기를 즐겨 먹지 않고, 닭고기를 즐겨 먹지 않는 사람은 소고기를 즐겨 먹으며, 소고기를 즐겨 먹는 사람은 오리고기를 즐겨 먹지 않으므로 항상 옳지 않은 설명이다.
⑤ 닭고기를 즐겨 먹는 사람은 양고기를 즐겨 먹지 않고, 양고기를 즐겨 먹지 않는 사람은 돼지고기를 즐겨 먹으므로 항상 옳지 않은 설명이다.

㉠ 세 번째 명제와 네 번째 명제의 '대우'를 차례로 결합한 결론은 다음과 같다.
- 세 번째 명제: 초콜릿을 싫어하는 사람은 젤리도 싫어한다.
- 네 번째 명제(대우): 빵을 싫어하거나 젤리를 싫어하는 사람은 사탕도 싫어한다.
- 결론: 초콜릿을 싫어하는 사람은 사탕도 싫어한다.

㉢ 첫 번째 명제의 '대우'와 두 번째 명제를 차례로 결합한 결론은 다음과 같다.
- 첫 번째 명제(대우): 빵을 싫어하지 않는 사람은 비스킷도 싫어하지 않는다.
- 두 번째 명제: 비스킷을 싫어하지 않는 사람은 젤리도 싫어하지 않는다.
- 결론: 빵을 싫어하지 않는 사람은 젤리도 싫어하지 않는다.

㉢ 영업관리팀 사원은 모두 등산 동호회에서 활동하고, 어떤 영업관리팀 사원은 음악 동호회에서 활동하므로 어떤 영업관리팀 사원은 등산 동호회와 음악 동호회에서 모두 활동한다. 이때 축구 동호회와 음악 동호회에 중복으로 가입한 사원은 없으므로 등산 동호회와 음악 동호회에서 모두 활동하는 영업관리팀 사원은 축구 동호회에서 활동하지 않는다. 이에 따라 등산 동호회에서 활동하는 어떤 사원도 축구 동호회에서 활동하지 않으므로 항상 옳지 않은 설명이다.
㉣ 어떤 영업관리팀 사원은 음악 동호회에서 활동하고, 음악 동호회에서 활동하는 사원은 모두 야구 동호회에서 활동하므로 어떤 영업관리팀 사원은 음악 동호회와 야구 동호회에서 모두 활동한다. 이때 영업관리팀 사원은 모두 등산 동호회에서 활동하여 음악 동호회, 야구 동호회, 등산 동호회에서 모두 활동하는 영업관리팀 사원이 존재하므로 항상 옳지 않은 설명이다.

S 물산을 매수한 모든 고객은 S 전자도 매수했고, S 물산을 매수한 어떤 고객은 S 전기도 매수했으므로 S 물산과 S 전자, S 전기를 모두 매수한 고객이 반드시 존재하게 된다.
따라서 S 전자를 매수한 어떤 고객은 S 전기도 매수했으므로 항상 옳은 설명이다.

비가 오는 어떤 날에는 히터를 켜므로 비가 올 때 히터를 켜는 날이 반드시 존재한다. 또한, 비가 오거나 히터를 켜는 날에는 우산을 자동차에 두지 않으므로 비가 오는 날에는 우산을 자동차에 두지 않고, 히터를 켜는 날에도 우산을 자동차에 두지 않는다. 이때 우산을 베란다에 두는 날에는 히터를 켜지 않으므로 히터를 켜는 날에는 우산을 베란다에 두지 않는다. 따라서 비가 오고 히터를 켜는 날에는 우산을 자동차와 베란다에 두지 않으므로 항상 옳은 설명이다.

제시된 조건에 따르면 김 팀장은 4번 좌석에 앉지 않고, 김 팀장과 이 대리는 바로 옆에 이웃하여 앉으므로 김 팀장은 2, 3번 좌석 중 하나의 좌석에 앉고, 이 대리는 2, 3, 4번 좌석 중 하나의 좌석에 앉는다. 또한, 박 사원은 2번 좌석에 앉지 않으므로 1, 3, 4번 좌석 중 하나의 좌석에 앉아야 하지만, 박 사원이 3번 좌석에 앉는 경우 김 팀장과 이 대리는 바로 옆에 이웃하여 앉는다는 조건에 모순되므로 박 사원은 1, 4번 좌석 중 하나의 좌석에 앉는다. 박 사원이 앉는 좌석에 따라 가능한 경우는 다음과 같다.

[경우 1] 박 사원이 1번 좌석에 앉는 경우

택시 기사		박 사원
김 팀장 또는 이 대리 또는 빈 좌석	김 팀장 또는 이 대리	이 대리 또는 빈 좌석

[경우 2] 박 사원이 4번 좌석에 앉는 경우

택시 기사		빈 좌석
김 팀장 또는 이 대리	김 팀장 또는 이 대리	박 사원

따라서 2번 좌석에 아무도 앉지 않으면 박 사원은 1번 좌석에 앉으므로 항상 옳지 않은 설명이다.

오답 체크

① 김 팀장이 3번 좌석에 앉으면 이 대리는 2번 또는 4번 좌석에 앉으므로 항상 옳지 않은 설명은 아니다.
② 박 사원이 1번 좌석에 앉으면 3번 좌석에는 김 팀장 또는 이 대리가 앉으므로 항상 옳지 않은 설명은 아니다.
④ 이 대리는 1번 좌석에 앉지 않으므로 항상 옳은 설명이다.
⑤ 박 사원은 3번 좌석에 앉지 않으므로 항상 옳은 설명이다.

12 _____ 정답 ②

제시된 조건에 따르면 김밥, 통조림을 먹은 C 그룹과 크로켓, 햄버거를 먹은 E 그룹은 식중독에 걸리지 않았으므로 위 4가지 식품은 식중독을 유발한 것으로 의심되는 식품이 아니다. 이에 따라 A 그룹은 떡볶이, 김밥을 먹고 식중독에 걸렸으므로 떡볶이가 식중독을 유발한 것으로 의심되는 식품이고, B 그룹은 크로켓, 컵라면을 먹고 식중독에 걸렸으므로 컵라면이 식중독을 유발한 것으로 의심되는 식품이다. 또한, D 그룹은 만두, 컵라면을 먹고 식중독에 걸렸고, 컵라면은 식중독을 유발한 것으로 의심되는 식품이므로 만두가 식중독을 유발한 것으로 의심되는 식품인지는 알 수 없다.
따라서 식중독을 유발한 것으로 의심되는 식품은 떡볶이, 컵라면으로 최소 2개이다.

13 _____ 정답 ⑤

제시된 조건에 따르면 5명 중 1명만 진실을 말하고 있고, 나머지 4명은 모두 거짓을 말하고 있다. 먼저 승구는 진실을 말하고 있다는 혜옥이의 말이 진실인 경우 승구도 진실을 말해야 하지만 이는 1명만 진실을 말한다는 조건에 모순되므로 혜옥이의 말은 거짓이고, 보담이 또는 태수가 이벤트에 당첨됐다는 승구의 말도 거짓이므로 보담이와 태수는 모두 이벤트에 당첨되지 않았다. 이에 따라 보담이는 이벤트에 당첨되지 않았다는 나리의 말은 진실이므로 나리와 혜옥이는 모두 거짓을 말하고 있다는 태수의 말은 거짓이다. 이때 1명만 진실을 말한다는 조건에 따라 나리 또는 승구가 이벤트에 당첨됐다는 보담이의 말도 거짓이므로 나리와 승구는 이벤트에 당첨되지 않았다.
따라서 이벤트에 당첨된 사람은 '혜옥'이다.

14 _____ 정답 ⑤

제시된 조건에 따르면 기는 7일 동안 6명 중 가장 마지막 날에 연차를 사용할 예정이므로 6일 또는 7일에 연차를 사용하게 되며, 기를 제외한 신입사원은 7일에 연차를 사용할 수 없다. 이에 따라 일별로 연차를 사용하려고 하는 신입사원은 다음과 같다.

1일	2일	3일	4일	5일	6일	7일
을, 정, 무	갑, 을, 정	을	갑	병, 무	갑, 병, 정, 무, 기	기

기가 6일에 연차를 사용하면 병은 5일에 연차를 사용하게 되고, 이에 따라 무가 1일, 정이 2일에 연차를 사용하게 되므로 신입사원 모두의 연차 일정을 확실히 알 수 있다.

1일	2일	3일	4일	5일	6일	7일
무	정	을	갑	병	기	

따라서 기가 6일에 연차를 사용하려고 한다는 조건이 추가로 필요하다.

15 _____ 정답 ④

제시된 조건에 따르면 주임의 자리는 창가 쪽에 배치되어 팀장과는 다른 행의 자리에 앉으므로 팀장은 창가 반대쪽에 앉는다. 이때 팀장의 앞자리와 옆자리에 신입이 앉고, 여자 신입의 앞자리에 아무도 앉지 않으므로 남자 신입이 팀장의 앞자리에, 여자 신입이 팀장의 옆자리에 앉게 된다. 이에 따라 대리는 항상 주임의 앞자리에 앉으며, 팀장과 여자 신입이 서로 옆자리에 앉으므로 대리와 주임은 중앙 자리에 앉을 수 없다. 따라서 주임이 앉을 수 있는 자리는 총 두 자리이므로 항상 옳지 않은 설명이다.

오답 체크

① 여자 신입은 팀장의 왼쪽 옆자리 또는 오른쪽 옆자리에 앉으므로 항상 옳지 않은 설명은 아니다.
② 남자 신입이 중앙 자리에 앉을 때 남자 신입의 옆자리는 빈자리이거나 주임이 앉으므로 항상 옳지 않은 설명은 아니다.
③ 주임은 창가 쪽에 앉고 대리는 주임의 앞자리에 앉으므로 항상 옳은 설명이다.
⑤ 여자 신입과 대리는 창가 반대쪽 자리에 앉으므로 항상 옳은 설명이다.

16

정답 ②

제시된 조건에 따르면 재준이는 거짓을 말하고 있다는 유진이의 진술과 자신은 해시브라운을 먹지 않았다는 재준이의 진술이 모순되므로 유진이와 재준이 중 한 명의 진술이 거짓임을 알 수 있다. 먼저 유진이의 진술이 진실인 경우, 유진이는 쿠키를 먹었고, 재준이의 진술은 거짓이므로 재준이는 해시브라운을 먹었다. 이에 따라 유진이와 재준이는 모두 해시브라운을 먹었다는 지혜의 진술은 거짓이므로 지혜는 해시브라운을 먹었다. 이때 지혜는 쿠키를 먹지 않았다는 상현이의 진술은 진실이 되어 상현이는 쿠키를 먹었고, 지혜와 유진이 중 적어도 한 명은 쿠키를 먹었다는 민철이의 진술도 진실이 되어 민철이는 쿠키를 먹었으므로 쿠키를 먹은 사람이 2명이라는 조건에 모순된다. 이에 따라 유진이의 진술은 거짓이므로 유진이는 해시브라운을 먹었고, 재준이의 진술은 진실이므로 재준이는 쿠키를 먹었다. 이에 따라 유진이와 재준이는 모두 해시브라운을 먹었다는 지혜의 진술은 거짓이므로 지혜는 해시브라운을 먹었다. 또한, 지혜는 쿠키를 먹지 않았다는 상현이의 진술은 진실이므로 상현이는 쿠키를 먹었고, 지혜와 유진이 중 적어도 한 명은 쿠키를 먹었다는 민철이의 진술은 거짓이므로 민철이는 해시브라운을 먹었다.

따라서 쿠키를 먹은 사람은 '상현, 재준'이다.

17

정답 ②

제시된 조건에 따르면 D는 선발대로 선출되지 않았다는 A의 진술과 자신은 선발대로 선출되었다는 D의 진술이 모순되므로 A와 D 중 1명의 진술이 거짓임을 알 수 있다. 먼저 A의 진술이 거짓인 경우 D는 선발대로 선출되었고, 1명의 진술만 거짓이라는 조건에 따라 A를 제외한 나머지 진술은 진실이므로 A는 선발대로 선출되었다는 C의 진술에 따라 A는 선발대로 선출되고, B와 C 중 한 명만 선발대로 선출되었다는 E의 진술에 따라 B와 C 중 한 명만 선발대로 선출되어야 하지만, 이는 2명이 선발대로 선출되었다는 조건에 모순된다. 이에 따라 A의 진술은 진실이고, D의 진술은 거짓이므로 D는 선발대로 선출되지 않았고, A는 선발대로 선출되었다는 C의 진술에 따라 A는 선발대로 선출되었다. C와 E 중 한 명만 선발대로 선출되었다는 B의 진술과 B와 C 중 한 명만 선발대로 선출되었다는 E의 진술에 따라 C가 선발대로 선출되고, E는 선발대로 선출되지 않으며, B도 선발대로 선출되지 않는다.

따라서 선발대로 선출된 2명은 'A, C'이다.

18

정답 ②

7월 1일이 일요일이므로 2일은 월요일이고, 7월 셋째 주 월요일은 16일, 넷째 주 월요일은 23일이다. 김 사원은 화요일인 7월 17일과 24일에 해외영업팀 주간회의에 참석해야 하고, 목요일인 19일과 26일에 중국 거래 매출 보고를 해야 하므로 17일, 19일, 24일, 26일에는 출장을 갈 수 없다. 또한, 7월 넷째 주 수요일인 7월 25일에 신입사원 면접에 참석해야 하고, 이틀 전인 23일에 관련 서류를 검토해야 하므로 23일, 25일에는 출장을 갈 수 없다. 7월 넷째 주 금요일인 27일에는 영업 부서 미팅에 참석해야 하므로 출장을 갈 수 없다.

따라서 제시된 날짜 중 김 사원이 출장을 갈 수 있는 날짜는 7월 20일이다.

19

정답 ②

제시된 [본부 사무실 배치 현황]에 따라 [층별 배치도]의 사무실을 큰 사무실과 작은 사무실로 분류한다. 외환사업본부는 경영기획본부보다 사무실 크기가 더 작으므로 외환사업본부는 작은 사무실, 경영기획본부는 큰 사무실이며, 여신총괄본부 사무실은 영업본부 사무실보다 화장실이 더 가까우므로 여신총괄본부는 작은 사무실, 영업본부는 큰 사무실이다. 또한, 상품전략본부와 영업본부의 사무실 크기는 같으므로 상품전략본부는 큰 사무실이고, 이에 따라 IT본부는 작은 사무실이다. 이때 여신총괄본부는 상품전략본부보다 한 층 더 높은 층에 위치하므로 3층 또는 4층에 위치한다. 여신총괄본부 사무실이 위치한 층에 따라 가능한 경우는 다음과 같다.

[경우 1] 여신총괄본부 사무실이 3층에 위치한 경우

구분	큰 사무실	작은 사무실
4층	영업본부	외환사업본부
3층	경영기획본부	여신총괄본부
2층	상품전략본부	IT본부

[경우 2] 여신총괄본부 사무실이 4층에 위치한 경우

구분	큰 사무실	작은 사무실
4층	영업본부	여신총괄본부
3층	상품전략본부	외환사업본부
2층	경영기획본부	IT본부

ⓐ 경영기획본부는 외환사업본부와 서로 다른 층에 위치하므로 항상 옳은 설명이다.
ⓒ 영업본부는 4층 큰 사무실, IT본부는 2층 작은 사무실에 위치하므로 항상 옳은 설명이다.

오답 체크

ⓑ 여신총괄본부는 작은 사무실에 위치하여 엘리베이터에서 내려 복도를 바라보고 있을 때 왼쪽에 위치하므로 항상 옳지 않은 설명이다.
ⓓ 상품전략본부 사무실이 2층, 외환사업본부 사무실이 4층에 위치한 경우에는 서로 마주 보고 있지 않으므로 항상 옳은 설명은 아니다.
ⓔ IT본부 사무실은 2층에 위치하므로 항상 옳지 않은 설명이다.

20

지역본부별 딸기를 제외한 나머지 과일의 판매 실적을 계산하면 다음과 같다.

A	B	C	D	E
1,150 백만 원	660 백만 원	1,150 백만 원	900 백만 원	1,200 백만 원

㉠ 딸기를 제외하고 순위를 결정하면 나머지 과일의 총 판매 실적이 가장 큰 E가 1위가 되므로 항상 옳은 설명이다.

㉢ B는 딸기를 제외한 나머지 과일의 판매 실적이 가장 작으며, 딸기의 판매 실적이 E, A, D, C, B 순으로 크면 B의 총 판매 실적도 가장 작아 순위도 가장 낮으므로 항상 옳은 설명이다.

㉣ C의 딸기 판매 실적이 100백만 원, E는 50백만 원이면, C의 총 판매 실적은 1,150+100=1,250백만 원, E의 총 판매 실적은 1,200+50=1,250백만 원으로 같다. 또한, C와 E의 수박과 자몽 판매 실적의 합도 450백만 원으로 같고, C와 E는 각각 체리와 딸기의 판매 실적이 1억 원 미만으로 순위가 결정되지 않으므로 각 지역본부의 판매 실적이 가장 큰 과일의 판매 실적으로 순위를 결정해야 한다. C는 키위의 판매 실적이 650백만 원으로 가장 크고, E는 체리의 판매 실적이 400백만 원으로 가장 커 C가 E보다 순위가 높으므로 항상 옳은 설명이다.

오답 체크

㉡ 딸기를 제외한 나머지 과일의 총 판매 실적은 A와 C가 1,150백만 원으로 같으므로 A와 C의 딸기 판매 실적이 같다면 수박과 자몽 판매 실적의 합으로 순위를 결정해야 한다. 수박과 자몽 판매 실적의 합은 A가 C보다 크므로 항상 옳지 않은 설명이다.

㉤ 딸기를 제외한 나머지 과일의 총 판매 실적은 B가 가장 작지만, 딸기의 판매 실적을 모르므로 과일 판매의 최하위 순위가 B인지는 판단할 수 없어 항상 옳은 설명은 아니다.

21

스테이플러는 'ㄷ'자 모양으로 생긴 철사 침을 사용하여 서류 따위를 철하는 도구로, 스테이플러를 이용하여 서류를 정리한 것은 물건이 기존의 용도와 동일하게 사용된 사례이므로 기존의 틀을 바꾼 사례에 해당하지 않는다.

오답 체크

② 헤어드라이어는 젖은 머리를 말리는 기구로, 헤어드라이어의 온풍을 이용하여 어깨 결림을 완화한 사례는 기존의 틀을 바꾼 사례에 해당한다.

③ 칫솔은 이를 닦는 데 쓰는 솔로, 칫솔을 이용하여 빗의 이물질을 제거한 사례는 기존의 틀을 바꾼 사례에 해당한다.

④ 물컵은 음료를 따라서 마시는 데 쓰는 플라스틱이나 유리 따위로 만든 컵으로, 물컵을 연필꽂이로 이용한 사례는 기존의 틀을 바꾼 사례에 해당한다.

⑤ 스카치테이프는 종이를 붙이는 데 사용하는 접착용 셀로판테이프로, 스카치테이프를 이용하여 사건 현장에서 지문을 채취한 사례는 기존의 틀을 바꾼 사례에 해당한다.

22

제시된 내용은 '창의적 사고'에 대한 설명이다.

오답 체크

② 논리적 사고: 논리적 형식과 절차에 따라 진행되는 사고

③ 분석적 사고: 자료나 정보 간의 논리적 관계를 분석하고, 폐쇄된 사고 체계 속에서 이루어지는 사고

④ 비판적 사고: 어떤 문제를 합리적·논리적으로 분석하고 평가하는 사고

⑤ 수렴적 사고: 사전에 주어진 정보를 비교·분석·선택하여 가장 적합한 해결책을 찾아내는 사고

23

참석한 사람들의 자유로운 의견을 수용할 수 있는 방법으로 어떤 생각에서 다른 생각을 계속해서 떠올리는 연쇄반응을 통해 주제에 대한 의견을 계속해서 열거해 나가는 방식이므로 '브레인스토밍'에 대한 설명이다.

오답 체크

①, ② 주제와 본질적으로 닮은 것을 힌트로 하여 새로운 아이디어를 얻는 방법으로 비교발상법에 해당한다.

③, ⑤ 각종 힌트를 강제적으로 연결 지어 발상하는 방법으로 강제연상법에 해당한다.

24

자신이 만든 계획이나 주장을 주위 사람에게 이해시켜 실현하기 위해 필요한 능력은 논리적 사고에 적합하므로 옳지 않은 내용이다.

오답 체크

① 비판적 사고는 어떤 주제나 주장 등에 대해서 적극적으로 분석하고 종합하여 평가하는 능동적인 사고로, 분석하고 종합하여 보고서를 작성하는 교육을 하는 것은 옳은 내용이다.

② 비판적 사고를 개발하기 위해서는 어떤 현상에 대해 문제의식을 가져야 하므로 신입사원이 최근에 겪었던 문제의 원인과 해결안, 효과 등을 상기하여 마인드맵을 작성하는 교육을 하는 것은 옳은 내용이다.

③ 다른 관점을 존중하고 고정관념을 버리는 것은 비판적 사고를 개발하는 데 도움이 되므로 토론 교육을 진행하는 것은 옳은 내용이다.

⑤ 체계적이고 객관적으로 주장이나 문제를 분석해야 바람직한 비판적 사고를 할 수 있으므로 논리적 일관성을 유지하고 감정적 요소와 주관적 요소를 배제하는 교육을 진행하는 것은 옳은 내용이다.

25

윤 대리는 현재 상황을 개선하거나 업무의 효율을 높이기 위해 해결해야 하는 문제를 인식하고 있으므로 이는 탐색형 문제에 해당한다. 따라서 현재로서는 문제가 되지 않지만 개선을 통해 현재 업무의 효율을 향상시킨다는 내용의 '업무 프로세스 개선을 통한 영업 이익 증대'가 탐색형 문제와 관련 있다.

유형 2 문제처리

p.216

01 정답 ④

학교의 단체 인솔자 무료 입장은 최초 20인 이상 1인이 가능하여 초등학생 15인과 함께 방문한 인솔자 D 씨는 무료입장이 가능하지 않으므로 옳지 않은 내용이다.

오답 체크

① 1월 1일부터 2월 28일까지 겨울 특별 할인 요금이 적용되어 2월 10일에 입장권을 매표한 만 40세의 A 씨는 일반 입장으로 겨울 특별 할인 요금인 13,000원을 지불하므로 옳은 내용이다.

② 5월 8일 18시에 입장권을 매표한 만 70세의 B 씨는 우대 요금이 적용되어 입장 요금으로 13,000원을 지불하므로 옳은 내용이다.

③ 일반 입장객 20인 이상 시 단체할인으로 총 결제금액의 10%가 할인되어 7월 30일 14시에 일반 입장으로 30명의 입장권을 매표한 C 씨는 입장 요금으로 16,000×30×0.9=432,000원을 지불하므로 옳은 내용이다.

⑤ 4~11월에 18:31 이후 매표 시 특별우대 요금이 적용되어 10월 18일 19시에 입장권을 매표한 만 30세의 E 씨는 입장 요금으로 10,000원을 지불하므로 옳은 내용이다.

02 정답 ④

'2. 신청 안내'에 따르면 자기 부담을 제외한 지원받은 교육비용은 1,000-100=900만 원이고, '4. 교육 내용'에 따르면 출석 미달 시 지원받은 교육 비용의 20%를 추가로 부담해야 함에 따라 전체 교육 일정에 70%만 참여하였다면 추가로 부담해야 하는 비용은 900×0.2=180만 원이므로 옳지 않은 설명이다.

오답 체크

① '4. 교육 내용'에 따르면 교육 일정 내 기능사 자격 미취득자는 프로젝트 이수가 불가하고, '1. 사업 개요'에 따르면 프로젝트를 이수한 청년 농업인을 대상으로 사후 케어링 시스템을 제공하므로 옳은 내용이다.

② '2. 신청 안내'에 따르면 서류 접수 시 E-mail로 접수하면 즉시 접수가 가능하므로 옳은 내용이다.

③ '2. 신청 안내'에 따르면 교육 기간은 총 220일이고, '4. 교육 내용'에 따르면 전체 교육 일정의 80% 미만 출석자는 출석 미달이 되어 프로젝트 이수를 위해서는 전체 교육 일정에 220×0.8=176일 이상 출석해야 하므로 옳은 내용이다.

⑤ '2. 신청 안내'에 따르면 모집 인원은 5명이고, 서류 심사 합격자는 모집 인원의 5배수인 5×5=25명이므로 옳은 내용이다.

03 정답 ⑤

윤희는 일반교양 4개 영역에서 한 과목씩 수강하여 8학점을 이수했고, 핵심교양 6~8영역에서 영역별로 한 과목씩 수강하면 6학점을 이수하여 전문교양 과목의 이수학점은 총 14학점이 된다.

따라서 전문교양 과목의 필수 이수학점인 20학점에서 6학점이 부족하므로 옳지 않은 내용이다.

오답 체크

① 윤희의 대학물리실험(I) 성적은 F로 학점 인정을 받지 못했으므로 옳은 내용이다.

② 윤희가 대학교양에서 필수로 이수해야 하는 과학 과목은 총 2+1+2+1+2=8학점이므로 옳은 내용이다.

③ 윤희는 공학인증 과정에서 비인증 과정으로 변경하여 총 140학점 이상을 이수해야 하므로 옳은 내용이다.

④ 졸업 요건이 TOEIC 750점 이상이므로 윤희는 750-720=30점 이상의 점수 향상이 필요하고 성적 증명서를 반드시 제출해야 하므로 옳은 내용이다.

04 . 정답 ③

[A~D 팀 단체 게임 점수표]에 따르면 최종 점수는 스피드 퀴즈 점수, 몸으로 말해요 점수, 짝 피구 점수, 이어달리기 점수를 모두 합산한 점수이고, 몸으로 말해요 게임까지 진행한 점수는 A 팀은 10+30=40점, B 팀은 20+10=30점, C 팀은 5+15=20점, D 팀은 15+20=35점이다.

몸으로 말해요 게임까지 진행한 점수가 3등인 B 팀이 짝 피구와 이어달리기를 모두 1등 할 경우, B 팀의 최종 점수는 30+25+40=95점이고, 몸으로 말해요 게임까지 진행한 점수가 1등인 A 팀이 짝 피구와 이어달리기 모두 2등 할 경우 최종 점수는 40+20+30=90점임에 따라 B 팀의 최종 순위는 항상 1등이므로 옳은 내용이다.

오답 체크

① 스피드 퀴즈는 1등이 20점, 몸으로 말해요는 1등이 30점임에 따라 스피드 퀴즈의 1등은 B 팀, 몸으로 말해요의 1등은 A 팀이므로 옳지 않은 내용이다.

② 몸으로 말해요 게임까지 진행한 점수가 4등인 C 팀이 짝 피구와 이어달리기를 모두 3등 할 경우, C 팀의 최종 점수는 20+15+25=60점이고, 몸으로 말해요 게임까지 진행한 점수가 3등인 B 팀이 짝 피구와 이어달리기 모두 4등 할 경우 최종 점수는 30+10+20=60점이며, 최종 점수가 동일한 팀들은 이어달리기 순위를 기준으로 최종 순위를 산정하여 C 팀의 최종 순위는 3등일 수도 있으므로 옳지 않은 내용이다.

④ 몸으로 말해요 게임까지 진행한 결과 C 팀과 A 팀의 점수 차이는 40-20=20점으로 A 팀이 높고, 짝 피구의 점수 배점 차이와 이어달리기의 점수 배점 차이는 각각 최소 5점임에 따라 점수 차이는 C 팀이 A 팀보다 최소 5+5=10점 더 높아 최종 순위는 C 팀이 A 팀보다 낮을 수도 있으므로 옳지 않은 내용이다.

⑤ D 팀이 짝 피구와 이어달리기 모두 1등일 때, 받을 수 있는 최종 점수가 가장 높음에 따라 D 팀이 받을 수 있는 가장 높은 최종 점수는 35+25+40=100점이므로 옳지 않은 내용이다.

05
정답 ③

[음주 운전 시 운전면허 행정 처분]에 따르면 정지 또는 취소의 행정 처분을 받았던 운전자가 단순 음주로 적발된 경우 혈중알코올농도 0.03% 이상이라면 운전면허는 취소되고 결격 기간은 2년이므로 옳은 내용이다.

오답 체크
① 음주 운전으로 처음 적발된 단순 음주 운전자가 음주 측정을 거부한 경우 운전자의 혈중알코올농도에 상관없이 운전면허가 취소되고 결격 기간은 1년이므로 옳지 않은 내용이다.
② 음주 운전으로 처음 적발된 대물 사고 운전자의 혈중알코올농도가 0.08%인 경우 운전면허가 취소되고 결격 기간은 2년이므로 옳지 않은 내용이다.
④ 음주 운전으로 처음 적발된 두 운전자의 혈중알코올농도가 각각 0.19%와 0.2%이고, 두 운전자 모두 대물 사고를 낸 경우 두 운전자가 받는 행정 처분은 모두 운전면허가 취소되고 결격 기간은 2년으로 동일하므로 옳지 않은 내용이다.
⑤ 음주 운전으로 처음 적발된 혈중알코올농도가 0.15% 이상인 운전자가 사망 사고를 낸 경우 운전면허가 취소되고 결격 기간은 5년이므로 옳지 않은 내용이다.

06
정답 ③

A 가족이 도착한 오후 3시에 바로 입장하려면 주간권을 사야 하고, 중학생은 청소년 요금, 만 65세 이상 경로자와 초등학교 3학년은 어린이 요금으로 이용할 수 있다. 주간권은 어른 자유이용권이 42,000원, 어른 입장권이 26,000원, 청소년 자유이용권이 35,000원, 어린이 자유이용권이 31,000원, 어린이 입장권이 19,000원이다.
따라서 매표소에 지급한 금액은 $42,000 + 26,000 + 35,000 + 31,000 + 19,000 = 153,000$원이다.

07
정답 ②

가에서 출발하여 거리가 가장 짧은 경로로 이동해야 하므로, 가로부터 떨어진 거리가 4km로 가장 짧은 라를 먼저 들른 후, 라로부터 떨어진 거리가 3km로 가장 짧은 나로 이동한다. 그 다음 나에서 2km 떨어진 마로 이동하면 남은 지점은 다 뿐이고 모든 지점은 한 번씩만 들러야 하므로 마지막으로 4km 떨어진 다로 이동한다.
따라서 최단 경로(가 → 라 → 나 → 마 → 다)로 이동할 때의 거리는 $4 + 3 + 2 + 4 = 13$km이다.

08
정답 ③

ⓒ SCEPTIC의 각 항목은 Social(사회), Competition(경쟁), Economic(경제), Politic(정치), Technology(기술), Information(정보), Client(고객)이므로 옳지 않은 내용이다.
ⓔ 내부 환경 분석은 경쟁자와 비교하여 나의 강점 요인과 약점 요인을 분석하므로 옳지 않은 내용이다.
따라서 분석 방법에 대한 내용으로 옳지 않은 것은 ⓒ, ⓔ 이다.

[09 - 10]

09
정답 ④

학생 할인과 마찬가지로 경로 할인도 S, A 등급 좌석에만 적용할 수 있다. 지수는 R 등급 좌석을 예매할 계획이어서 경로 할인은 받을 수 없으므로 옳지 않은 내용이다.

10
정답 ⑤

태곤은 티켓 수령 시 주민등록증을 소지해야 하는 경로 할인을 받았으며, 하나는 학생 할인을 받지 못하고, 티켓 3매 중 2매만 복지 할인을 받았음을 알 수 있다. 다섯 명이 각자 예매 및 수령한 티켓의 좌석 등급과 매수, 할인 종류에 따라 지불한 비용은 다음과 같다.

구분	좌석 등급	매수	할인 종류	비용
다영	A 등급	3매	할인 없음	$80,000 \times 3 = 240,000$원
태곤	S 등급	3매	경로 할인	$(108,000 \times 0.7) \times 3 = 226,800$원
나윤	A 등급	4매	4인 할인	$(80,000 \times 0.9) \times 4 = 288,000$원
아인	R 등급	2매	카드 할인	$(120,000 \times 0.95) \times 2 = 228,000$원
하나	S 등급	3매	복지 할인 (2매)	$108,000 + (108,000 \times 0.5) \times 2 = 216,000$원

따라서 가장 적은 비용으로 뮤지컬을 관람한 사람은 '하나' 이다.

기출동형문제

정답

유형 1 **자원계산**

p.240

01	02	03	04	05					
④	①	④	③	⑤					

유형 2 **자원분석**

p.244

01	02	03	04	05	06	07	08	09	10
④	④	③	③	②	②	④	②	①	④

취약 유형 분석표

유형별로 맞힌 개수와 정답률을 적고 나서 취약한 유형이 무엇인지 파악해 보세요.
정답률이 60% 미만인 취약한 유형은 틀린 문제를 다시 풀어보면서 확실히 극복하세요.

유형	자원계산	자원분석	TOTAL
맞힌 개수	/5	/10	/15
정답률	%	%	%

※ 정답률(%) = (맞힌 개수/전체 개수) × 100

본인의 취약한 유형은 다음 취약 유형별 학습 전략을 확인한 후, 관련 필수 이론을 복습하고 틀린 문제 및 풀지 못했거나 찍었는데 맞은 문제를 다시 풀어보면서 확실히 극복하세요.

자원계산	자원계산 취약형은 제시된 상황을 이해하는 능력이 부족하거나 제시된 조건을 종합하여 정확하게 계산하는 능력이 부족한 경우에 해당합니다. 따라서 문제에서 요구하는 바를 정확히 파악하고 자료에서 필요한 정보만 선별하여 확인하는 것이 중요합니다. 또한, 풀이 단계를 여러 번 거치는 형태로 출제되므로 계산 과정에서 실수하지 않도록 다양한 문제를 풀어보며 정확히 계산하는 연습을 해야 합니다.
자원분석	자원분석 취약형은 시간·예산·물적자원·인적자원의 특징에 대한 이해가 부족하거나 제시된 상황을 종합하여 결과를 도출하는 능력이 부족한 경우에 해당합니다. 따라서 시간·예산·물적자원·인적자원의 특징을 정확히 파악하고 자원관리 방법을 복습하는 것이 좋습니다. 또한, 제시되는 자료의 양이 많은 만큼 자료를 꼼꼼히 확인하여 문제에 필요한 조건을 빠트리지 않도록 주의해야 합니다. ▶ 자원분석 필수 이론 복습하기: 본책 기초이론 p.230

유형 1 자원계산
p.240

01
정답 ④

[A~D 기업 주식 정보]에 따르면 건희가 투자액의 한도 내에서 가장 높은 배당금을 받을 수 있도록 주식을 매수하기 위해서는 배당률이 높은 기업에 투자해야 한다. 이에 따라 건희가 투자할 기업의 우선순위는 A 기업 → C 기업 → B 기업 → D 기업 순이다. 우선순위가 가장 높은 A 기업의 주식은 투자금액인 300,000원 한도 내에서 최대 3주까지 매수가 가능하고, A 기업을 3주 매수하는 경우 투자금액이 300,000−(75,800×3)=72,600원 남게 되어 추가로 매수할 수 있는 주식이 없으며 배당금은 4,050×3=12,150원을 받을 수 있다. 이때 A 기업의 주식을 3주 매수하는 경우 남는 투자금액이 많으므로 A 기업의 주식을 1주 적게 매수하고 남는 투자금액으로 배당금을 높일 수 있는 경우를 확인한다. A 기업의 주식을 2주 매수하는 경우 투자금액이 300,000−(75,800×2)=148,400원 남게 되므로 남은 투자금액으로 B 기업 2주 혹은 C 기업 1주 혹은 D 기업 2주를 추가로 매수할 수 있다. B 기업을 2주 매수할 때 받을 수 있는 배당금은 3,200×2=6,400원, C 기업 1주를 매수할 때 받을 수 있는 배당금은 4,000원, D 기업 2주를 매수할 때 받을 수 있는 배당금은 2,200×2=4,400원이므로 B 기업을 2주 매수할 때 받을 수 있는 배당금이 가장 높다. 이에 따라 A 기업 주식 2주와 B 기업 주식 2주를 매수하는 경우 투자금액이 300,000−(75,800×2)−(73,000×2)=2,400원이 남고, 배당금은 (4,050×2)+(3,200×2)=14,500원을 받을 수 있다. A 기업의 주식을 3주 매수하는 것보다 A 기업의 주식 2주와 B 기업 주식 2주를 매수할 때 배당금이 더 높으므로 건희는 A 기업의 주식 2주와 B 기업 주식 2주를 매수한다.

따라서 건희가 받을 배당금은 14,500원이다.

02
정답 ①

자산관리팀은 상반기에 각 팀에서 신청한 물품의 수량에서 재고 수량만큼을 제외하고 물품을 구입할 예정이다. 자산관리팀이 구입할 물품은 A4 용지가 30+36+24+24+18−12=120박스, A3 용지가 6+8+7+5+4−2=28박스, 삼원색 잉크가 7+6+7+5+5−2=28개, 노란색 잉크가 4+6+5+5+3−3=20개이고, 구입할 물품의 비용은 A4 용지가 11,000×120=1,320,000원, A3 용지가 40,000×28=1,120,000원, 삼원색 잉크가 13,000×28=364,000원, 노란색 잉크가 12,800×20=256,000원이다.

따라서 자산관리팀이 구입할 용지와 프린터 잉크의 총비용은 1,320,000+1,120,000+364,000+256,000=3,060,000원이다.

03
정답 ④

[직무교육 프로그램 이수 지침]에 따르면 마케팅팀 팀장인 A 씨는 리더십 과정과 마케팅 과정을 반드시 이수해야 하고, 추가로 1개의 프로그램을 더 이수해야 한다. 교육비가 가장 저렴한 직무교육 프로그램을 이수하는 1안은 '2. 변화를 주도하는 리더십', '10. 시대를 대표하는 마케팅 성공 사례', '4. 상대를 사로잡는 직장인의 보이스 트레이닝'을 이수하는 방법이지만 총 교육 시간이 5+10+3=18시간으로 16시간을 초과한다. 이에 따라 선택한 교육에서 교육 시간이 2시간 이상 줄어들면서 교육비 차이가 가장 적은 '1. 동기부여를 극대화하는 리더십'을 선택하는 것으로 리더십 교육 프로그램을 변경하면 교육비는 75,000+110,000+40,000=225,000원이고, 이때의 교육 시간은 3+10+3=16시간이다.

교육 시간이 가장 짧은 직무교육 프로그램을 이수하는 2안은 '1. 동기부여를 극대화하는 리더십', '9. 경쟁우위를 갖는 마케팅 기술', '12. 조직의 성과를 높이는 업무 방식'을 이수하는 방법으로 총 교육 시간은 3+6+2=11시간이고, 이때의 교육비는 75,000+155,000+55,000=285,000원이다.

따라서 프로그램 이수 비용은 1안이 225,000원, 2안이 285,000원이다.

[04 - 05]

04
정답 ③

연비는 리터당 이동거리임을 적용하여 구하면, 박 주임이 출장을 갈 때 차량을 운행하는 이동 거리는 100+50=150km이다.

따라서 박 주임이 출장을 가는 데 필요한 연료량은 150/12=12.5L이다.

05
정답 ⑤

시간=거리/속력임을 적용하여 구하면, 포장도로 제한 속도는 100km/h이고, 이동 거리는 50km이므로 박 주임은 포장도로는 50km를 100km/h로 운행하였다. 또한, 비포장도로 제한 속도는 60km/h이고, 눈이 올 경우 제한 속도의 50%로 감속 운행해야 하므로 박 주임은 비포장도로 이동 거리 100km 중 70km를 이동할 때는 60km/h로 운행하였고, 나머지 30km를 이동할 때 30km/h로 운행하였다.

따라서 박 주임이 출장을 가는 데 걸린 시간은 (50/100)+(70/60)+(30/30)=30분+1시간 10분+1시간=2시간 40분이다.

01   정답 ④

제시된 자료에 따르면 차량별 차량 대여비와 유류비의 합은 다음과 같다.

구분	1일 대여요금	유류비	차량 대여비 +유류비
A 차량	60,000원	(150/10.0) × 1,750 =26,250원	60,000+26,250 =86,250원
B 차량	64,000원	(150/12.0) × 1,750 =21,875원	64,000+21,875 =85,875원
C 차량	65,000원	(150/12.5) × 1,750 =21,000원	65,000+21,000 =86,000원
D 차량	65,000원	(150/12.0) × 1,550 =19,375원	65,000+19,375 =84,375원
E 차량	68,000원	(150/12.5) × 1,550 =18,600원	68,000+18,600 =86,600원

따라서 대여요금과 유류비 총합이 가장 저렴한 차량은 'D 차량'이다.

02   정답 ④

인사총무부 수요일 업무 일정에 따르면 인사총무부 조직원 모두가 회의에 참석할 수 있는 가장 적절한 회의 시간은 16:00~17:00이다.

오답 체크

① B 계장의 공장 방문 업무가 예정되어 있으므로 적절하지 않다.
② Y 과장의 예산 편성 업무, S 사원의 창고 정리 업무가 예정되어 있으므로 적절하지 않다.
③ L 사원의 시장 조사 업무가 예정되어 있으므로 적절하지 않다.
⑤ K 부장의 보고서 검토 업무, B 계장의 업체 회의 업무가 예정되어 있으므로 적절하지 않다.

03   정답 ③

김 대리는 이용 가능 시간이 최소 6시간, 최대 수용 인원이 85명 이상, 외부 음식 반입이 허용되는 세미나실을 찾고 있으므로 B, C, D 세미나실이 적합하다. B, C, D 세미나실 중 총 이용 요금이 가장 저렴한 세미나실은 225,000원인 C, D 세미나실이고, 비용이 같다면 이용 시간이 더 긴 세미나실을 찾는다.

따라서 김 대리가 추천받은 세미나실은 'C 세미나실'이다.

04   정답 ③

P 씨는 노트북의 무게가 적게 나가는 것을 가장 중요시하므로 '다' 또는 '마'를 구매해야 하고, 이때 사용시간이 긴 노트북을 선호하므로 이 중 '다'를 구매해야 한다.

따라서 P 씨의 상황을 고려했을 때 가장 적합한 모델은 '다'이다.

05   정답 ②

P 씨의 동기는 사용시간이 10시간 이상 되는 제품이 필요하므로 '가', '나', '다' 중 1개를 구매해야 한다. 이들 중 크기 대비 가격을 비교하면 가장 큰 '나'와 '다'를 비교했을 때 '나'는 '다'에 비해 가격이 저렴하다.

따라서 P 씨가 동기에게 추천하기에 가장 적합한 모델은 '나'이다.

06   정답 ②

A: 인적자원에서 나타나는 성과가 인적자원의 욕구와 동기, 태도와 행동 그리고 만족감 여하에 따라 결정된다는 것은 조직차원에서의 인적자원관리의 특성 중 '능동성'에 대한 내용이다.
D: 인적자원의 행동동기와 만족감은 경영관리에 의해 조건화되므로 이를 잘 관리하여야 기업의 성과를 높일 수 있다는 것은 조직차원에서의 인적자원관리의 특성 중 '능동성'에 대한 내용이다.

따라서 조직차원에서의 인적자원관리의 특성 중 서로 동일한 특성에 대해 이야기하는 사람은 'A, D'이다.

오답 체크

B: 인적자원이 자연적인 성장과 성숙은 물론 오랜 기간에 걸쳐서 개발될 수 있는 많은 잠재능력과 자질을 보유하고 있다는 것은 조직차원에서의 인적자원관리의 특성 중 '개발가능성'에 대한 내용이다.
C: 조직의 성과는 인적자원을 효과적이고 능률적으로 활용하는 데 달려있다는 것은 조직차원에서의 인적자원관리의 특성 중 '전략적 자원'에 대한 내용이다.

07   정답 ④

업무를 수행할 때에는 긴급성과 중요도에 따라 우선순위를 결정해야 한다. 신입사원에게 궁금한 사항을 정리하게 하고, 같은 시간에 자신의 업무를 처리하는 것이 시간 내에 신입사원을 교육하는 업무와 자신의 업무를 모두 완료하기 위해 가장 적절한 방안이다.

08

A는 중요하면서도 급한 일로 기간이 정해진 프로젝트나 회의 등이 포함되므로 (나)가 이에 해당하고, C는 급할 수는 있으나 중요하지 않은 일로 잠깐의 급한 업무나 불필요한 보고 등이 포함되므로 (가)가 이에 해당한다. B는 중요하지만 급하지 않은 일로 중장기적인 계획이나 삶의 가치관 및 비전 확립 등이 포함되므로 (다)가 이에 해당하고, D는 중요한 일을 회피하기 위한 활동으로 소일거리나 인터넷 게임 등이 포함되므로 (라)가 이에 해당한다.

따라서 '(나) - (가) - (다) - (라)' 순서로 업무를 처리해야 한다.

09

인력을 배치할 때는 개인의 능력과 흥미뿐만 아니라, 전체와 개체가 균형을 이룰 수 있도록 고려하는 것이 인력 배치 원칙 중 균형주의에 해당한다.

따라서 인적자원관리에 대해 바르게 이해하지 못한 사원은 'A'이다.

오답 체크

② 각 부서에 필요한 인적자원을 조사하여 필요한 인적자원과 맞는 사원들을 배치하는 것은 인적자원관리 원칙 중 적재적소 배치의 원칙에 해당하므로 적절한 내용이다.

③ 개인에게 능력을 발휘할 수 있는 기회를 부여하되, 성과를 평가하고 평가된 능력과 실적에 상응하는 보상을 하는 것은 인력 배치의 원칙 중 능력주의에 해당하므로 적절한 내용이다.

④ 팀원의 적성이나 능력도 중요하지만, 부서마다 부족한 인원이 정해져 있다는 점을 고려하는 것은 인력 배치 유형 중 양적 배치에 해당하므로 적절한 내용이다.

⑤ 직장 내에서 구성원들이 소외감을 갖지 않도록 배려하고, 서로 유대감을 가지고 협동, 단결하는 체제를 이루도록 하는 것은 인적자원관리 원칙 중 단결의 원칙에 해당하므로 적절한 내용이다.

10

제시된 [교육 내용 정리]에 따르면 명함은 회사와 직무가 연상되도록 만들어 PR 도구로 사용해야 한다. 이에 따라 오피스 가구 담당 영업사원인 귀하는 직무가 연상되도록 의자나 책상 모양이 입체로 나타나는 3D 명함을 제작하면 PR 도구로 사용할 수 있으므로 교육 후에 귀하가 취할 행동으로 가장 적절한 것은 ④이다.

오답 체크

① 명함에 사내 업무용 연락처가 아닌 고객용 연락처를 기재하여 고객과 빠르고 정확한 소통이 가능하도록 해야 하므로 적절하지 않다.

② 고객 미팅 시에 특이사항은 고객의 명함에 간략히 기록하여 후속 교류를 위한 도구로 사용해야 하므로 적절하지 않다.

③ 고객의 명함은 본인만의 기준으로 분류하여 보관하며 목적에 따라 이용할 수 있도록 해야 하므로 적절하지 않다.

⑤ 명함은 항상 넉넉하게 휴대하여 가망고객에게 제공해야 하므로 적절하지 않다.

제5장 조직이해능력

기출동형문제

정답

유형 1 **조직체제**

p.296

01	02	03	04	05	06	07	08	09	10
③	②	②	④	③	②	④	④	⑤	①
11	**12**	**13**	**14**	**15**					
⑤	③	①	③	①					

유형 2 **경영이해**

p.302

01	02	03	04	05	06	07	08	09	10
⑤	②	①	②	④	⑤	①	⑤	⑤	②

유형 3 **비즈니스매너**

p.308

01	02	03	04	05					
④	②	③	④	⑤					

취약 유형 분석표

유형별로 맞힌 개수와 정답률을 적고 나서 취약한 유형이 무엇인지 파악해 보세요.
정답률이 60% 미만인 취약한 유형은 틀린 문제를 다시 풀어보면서 확실히 극복하세요.

유형	조직체제	경영이해	비즈니스매너	TOTAL
맞힌 개수	/15	/10	/5	/30
정답률	%	%	%	%

※ 정답률(%) = (맞힌 개수/전체 개수) × 100

취약 유형별 학습 전략

본인의 취약한 유형은 다음 취약 유형별 학습 전략을 확인한 후, 관련 필수 이론을 복습하고 틀린 문제 및 풀지 못했거나 찍었는데 맞은 문제를 다시 풀어보면서 확실히 극복하세요.

조직체제	조직체제 취약형은 조직이라는 개념에 대한 정확한 이해가 부족하거나 농협에 대한 지식이 부족한 경우에 해당합니다. 따라서 한국산업인력공단에서 제공하는 워크북 자료를 다시 한번 학습해야 합니다. 이때, 모든 내용을 무작정 학습하기보다는 본인이 취약하거나 생소하게 여겨지는 내용을 중심으로 학습하는 것이 좋습니다. 또한, 농협의 미션과 비전, 조직체계 등 농협 조직과 관련한 지식을 다시 한번 꼼꼼히 학습해야 합니다. ▶ 조직체제 필수 이론 복습하기: 본책 기초이론 p.254
경영이해	경영이해 취약형은 경영 및 경영 과정에 대한 정확한 이해가 부족한 경우에 해당합니다. 따라서 한국산업인력공단에서 제공하는 워크북 자료를 다시 한번 학습해야 합니다. 이때, 모든 내용을 무작정 학습하기보다는 경영자의 역할, 경영의 과정 등 기본적인 이론을 중심으로 학습하는 것이 좋습니다. 또한, 경영 과정에서 필요한 시사상식이 출제될 가능성이 있으므로 시험에 출제된 적이 있는 개념 및 이론을 확실히 학습해야 합니다. ▶ 경영이해 필수 이론 복습하기: 본책 기초이론 p.266
비즈니스매너	비즈니스매너 취약형은 직장 생활에 필요한 예절과 국제 상식에 대한 지식이 부족한 경우에 해당합니다. 출제 범위가 넓은 편이지만, 직장에서 갖추어야 할 기본적인 매너를 학습하고 여기에 문화권별 특징과 같은 특이사항을 추가 학습하는 방식으로 학습하면 효율적으로 학습할 수 있습니다. 또한, 국제 상식은 단기간에 학습하기 어려우므로 평소에 뉴스를 꾸준히 챙겨보는 것이 도움이 됩니다. ▶ 비즈니스매너 필수 이론 복습하기: 본책 기초이론 p.276

정답·해설

해커스 지역농협 6급 NCS 인적성 및 직무능력평가 통합 기본서

유형 1 **조직체제**   p.296

01   정답 ③

제시된 지문은 '팜 스테이'에 대한 설명이다.

오답 체크

① 도농 교류: 도시와 농촌의 지방 자치 단체 간 자매결연을 하는 것
② 스마트 팜: 정보통신기술을 농업 전반에 접목하여 작물의 생육 환경을 관리하고 생산 효율성을 높일 수 있는 농장
④ 농촌사랑운동: 농업·농촌 문제의 범국민적 해결 방안을 모색하여 농업인과 도시민의 삶의 질 향상을 위한 한국의 농업·농촌운동
⑤ 식사랑농사랑운동: 현대인의 식습관 개선과 농산물 소비 촉진을 목적으로 하는 한국의 농업·농촌운동

02   정답 ②

현재 NH농협 홈페이지에서 판매하고 있지 않으나 농촌과 도시의 아름다운 동행을 테마로 하여 상품판매금액에 비례해 아름다운 동행기금을 조성하고 이를 통해 농업인 고객에게 추가 우대 금리를 지원하는 농협의 상품은 '행복이음패키지'이다.

오답 체크

① 다같이동행예금: 가입만으로도 공익가치 실현에 동참하는 상품으로 상품 판매액의 일부가 농업과 지역사회 공헌에 활용되는 다같이동행기금에 적립되는 상품
③ 함께하는농부적금: 영농 새내기의 목돈 만들기를 지원하는 고금리 적금상품
④ 지역사랑나눔적금: 지역사회 발전을 위하여 예금 판매액의 일부를 기금으로 조성 및 운영하는 적립식 상품
⑤ 농어가목돈마련저축: 높은 이자와 세금 면제로 농업인의 생활 안정과 재산 형성에 유리한 예금

03   정답 ②

행복의 파트너는 프로다운 서비스 정신을 바탕으로 농업인과 고객을 가족처럼 여기고 최상의 행복 가치를 위해 최선을 다하는 농협의 인재상에 해당하므로 농협의 핵심가치에 해당하지 않는다.

04   정답 ④

새로운 100년을 향한 위대한 농협으로 도약한다는 것은 농협의 비전에 해당한다.

05   정답 ③

농협의 그래픽 모티브인 NH Wave가 상징하는 의미에 해당하는 것은 ㉠, ㉢, ㉤으로 총 3개이다.

NH Wave

NH Wave는 인간과 자연을 위한 새로운 물결, 상생, 화합, 변화 및 조화, 혁신 그리고 새로운 바람을 상징한다.

06   정답 ②

노사 관리 및 평가 관리, 상벌 관리와 퇴직 관리, 교육 체계 수립 및 관리는 인사부에서 하는 업무이고, 국내외 출장 업무 협조, 사무실 임차 및 관리는 총무부에서 하는 업무이므로 귀하가 근무 중인 부서는 '인사총무부'가 가장 적절하다.

07   정답 ④

농협의 경제 부문은 크게 농업경제사업과 축산경제사업으로 나눌 수 있으며, 여기에는 농업인이 영농활동에 안정적으로 전념할 수 있도록 생산·유통·가공·소비에 이르기까지 다양한 경제사업을 지원하는 일이 포함된다.
따라서 경제 부문에 속하는 일은 ⓐ, ⓓ, ⓕ, ⓙ, ⓝ, ⓞ로 총 6개이다.

오답 체크

ⓑ, ⓔ, ⓗ, ⓘ, ⓚ, ⓜ은 교육지원 부문, ⓒ, ⓕ, ⓖ는 금융 부문에 속하는 일이다.

08   정답 ④

농업협동조합법에 따른 지역농협의 목적은 조합원의 농업 생산성을 높이고 조합원이 생산한 농산물의 판로 확대 및 유통 원활화를 도모하며, 조합원이 필요로 하는 기술, 자금 및 정보 등을 제공하여 조합원의 경제적·사회적·문화적 지위를 향상시키는 것이다.
따라서 조합원의 공동이익을 증진하고 건전한 발전을 계획하는 것은 지역농협의 목적으로 적절하지 않다.

09   정답 ⑤

조합원 가입 신청자가 가입 신청서를 제출하면 이를 이사회에 부의하여 조합원으로서의 자격 유무를 심사한다. 이후 이사회의 가입 승낙에 따라 조합원 가입 신청자에게 가입 승낙 통지서가 발송되며, 이를 확인한 가입 신청자가 최초 출자금을 납입함으로써 조합원 가입이 완료된다.
따라서 지역농협의 조합원 가입 절차대로 나열하면 'ⓒ - ⓛ - ⓔ - ㉠'이 된다.

10
정답 ①

농협은 예금보험공사가 아닌 중앙회에서 별도로 예금자보호기금을 적립하므로 가장 적절하지 않다.

11
정답 ⑤

각 빈칸에 들어갈 용어는 ⊙은 집단문화, ⓒ은 개발문화, ⓒ은 계층문화, ⓔ은 합리문화이다.
조직구성원 간의 경쟁을 유도하기 때문에 때로는 지나친 성과를 강조하게 되어 조직에 대한 조직구성원들의 방어적인 태도와 개인주의적인 성향이 나타나기도 하는 것은 '합리문화'이므로 적절하다.

오답 체크
① 조직의 성장과 발전에 관심이 높으며, 조직구성원의 업무수행에 있어 자율성과 재량권을 핵심요소로 여기는 것은 개발문화이므로 적절하지 않다.
② 조직구성원 간의 협동, 공유가치, 참여 등을 중요시하며, 개인의 능력 개발에 대한 관심이 높고 조직구성원에 대한 인간적 배려와 가족적인 분위기를 만들어 내는 것은 집단문화이므로 적절하지 않다.
③ 관계지향적이고 조직구성원 간의 인간애 또는 인간미를 중시하며, 조직내부의 통합과 유연한 인간관계를 강조하는 것은 집단문화이므로 적절하지 않다.
④ 조직의 목표를 명확하게 설정하여 합리적이고 효율적으로 업무를 수행하는 것을 중시하는 것은 합리문화이므로 적절하지 않다.

12
정답 ③

기계적 조직의 특징에 해당하는 것은 ⓒ, ⓔ이다.

오답 체크
⊙, ⓒ은 유기적 조직의 특징에 해당한다.

13
정답 ①

조직이 나아갈 방향성을 제시하는 것은 조직목표의 기능에 해당하므로 가장 적절하지 않다.

14
정답 ③

업무 수행의 방해요인 중 업무 시간을 지체시키는 경우도 있으나 새로운 시각에서 문제를 바라보게 하고 다른 업무에 대한 이해를 증진시켜 주는 것은 '갈등'에 대한 내용이고, 새로운 기술, 인간관계, 경력개발 등에 대한 부담으로 발생하여 개인과 조직 모두에게 부정적인 결과를 가져오기도 하지만 적정수준은 사람을 자극하여 개인의 능력을 개선하고 최적의 성과를 내는 데 도움을 주는 것은 '스트레스'에 대한 내용이다.
따라서 각 빈칸에 들어갈 단어를 차례대로 나열한 것은 '갈등 – 스트레스'이다.

15
정답 ①

고 사원이 속한 부서가 하는 사무실 임차 및 관리, 법률자문과 소송관리 업무는 주로 '총무부'에서 담당하는 업무이다.

유형 2 경영이해
p.302

01
정답 ⑤

종업원지주제도는 경영참가제도 중 조직의 자본에 참가하는 유형에 해당하므로 조직의 경영에 참가하는 유형에 해당한다는 것은 가장 적절하지 않은 설명이다.

오답 체크
① 산업 민주주의의 발달과 함께 근로자 또는 노동조합을 경영의 파트너로 인정하는 협력적 노사관계가 중시됨에 따라 이들을 조직의 경영의사결정 과정에 참여시키는 경영참가제도가 논의되었다.
② 경영참가제도의 가장 큰 목적은 경영의 민주성을 제고하는 것이다.
③ 경영참가제도를 통해 노사 간 대화의 장을 마련하고 상호 신뢰를 증진시킬 수 있다.
④ 경영과정에 참여한 근로자 또는 노동조합이 새로운 아이디어를 제시하거나 현장에 적합한 개선방안을 마련함으로써 경영의 효율성을 높일 수 있다.

02
정답 ②

SWOT은 최적의 대안을 수립하기 위해 조직의 내·외부 환경을 분석하는 '환경분석' 단계에 자주 활용되는 기법이다.
• SWOT 분석: 기업 내부의 강점(Strength)과 약점(Weakness), 기업을 둘러싼 외부의 기회(Opportunity)와 위협(Threat)이라는 4가지 요소를 규정하여 분석하고 이를 토대로 기업의 경영전략을 수립하는 기법

03
정답 ①

제시된 사례는 숫자를 이용하여 브랜드와 상품의 인지도를 높이는 '뉴메릭 마케팅'과 관련 있다.

오답 체크
② 앰부시 마케팅: 스포츠 경기에서 대회의 공식 스폰서가 아닌데도 불구하고 특정 선수나 팀의 스폰서가 되거나 이들을 후원하는 내용의 광고문구를 통해 대중들에게 대회의 공식 스폰서인 것처럼 인식되도록 하여 제품을 홍보하는 전략
③ 디마케팅: 기업이 자사 제품에 대한 고객들의 수요를 의도적으로 줄이는 전략
④ 니치 마케팅: 빈틈을 찾아 공략하듯이 시장을 소비자들의 특성에 따라 세분화하고 그 시장에 존재하는 소비자를 대상으로 한 전략을 짜는 마케팅 기법
⑤ 노이즈 마케팅: 고의로 자신들의 상품을 구설에 오르게 하여 소비자들의 이목을 집중시키고 판매를 늘리는 마케팅 전략

04 정답 ②

㉠ 독보적인 CRM 시스템이라는 강점을 활용하여 성장하고 있는 남성 고객시장이라는 기회를 활용하는 전략은 SO(강점-기회)전략에 해당한다.

㉣ 의류 분야에 편중된 매출 비중이라는 약점을 극복하며 경기 불황으로 인한 명품 소비 감소라는 위협을 최소화하는 전략은 WT(약점-위협)전략에 해당한다.

[오답 체크]

㉡ 시장의 위험을 회피하기 위해 강점을 활용하는 ST(강점-위협)전략에 해당한다.

㉢ 약점을 보완하며 시장의 기회를 활용하는 WO(약점-기회)전략에 해당한다.

05 정답 ④

제시된 마이클 포터의 산업 구조 분석 모형은 기존 경쟁자 간의 경쟁 정도, 잠재적 진입자의 위협, 대체재의 위협, 공급자들의 교섭력, 구매자들의 교섭력이라는 5가지 요인에 의해 해당 산업의 경쟁력과 수익성이 결정된다는 것을 설명하는 모형으로, ㉠에는 구매자, ㉡에는 대체재가 들어간다.

따라서 대체재로 교체하는 비용이 높을 경우 구매자가 대체재로 옮겨갈 가능성이 감소하여 대체재의 위험은 낮아지고 수익률이 높아지게 되므로 가장 적절하지 않다.

06 정답 ⑤

경영의 구성요소 중 하나인 경영전략은 변화하는 환경에 적응하기 위한 경영활동을 체계화한 것을 의미하므로 가장 적절하지 않다.

07 정답 ①

제시된 내용은 '방카슈랑스(Bancassurance)'에 대한 설명이다.

[오답 체크]

② 내로우뱅크(Narrowbank): 대출 등 자금중개 기능 없이 지급·결제와 같이 제한적인 은행 기능만 담당하는 금융기관

③ 마트슈랑스(Martsurance): 백화점과 대형마트 안에 보험설계사가 상주하는 부스를 설치하고 보험상품을 판매하는 영업 형태

④ 어슈어뱅크(Assurebank): 방카슈랑스에 상대되는 개념으로, 보험회사가 은행을 자회사로 설립하여 은행의 업무를 담당하면서 은행 상품을 판매하는 영업 형태

⑤ 포타슈랑스(Potasurance): 포털사이트와 보험회사가 협력하여 인터넷 정보검색 및 커뮤니티 서비스를 제공하는 포털사이트에서 보험상품을 판매하는 영업 형태

08 정답 ⑤

제시된 지문은 주식시장에서 주가가 크게 급등 또는 급락하는 경우에 주식매매 거래를 일시적으로 중단하는 주식거래 중단제도를 설명하고 있으므로 빈칸에 들어갈 용어는 '서킷 브레이커'이다.

[오답 체크]

① 사이드 카(Sidecar): 선물 가격이 전일 종합주가지수 대비 5% 이상 변동되는 사태가 1분 이상 지속될 경우 매매 호가의 효력이 5분 동안 정지되는 제도

② 숏 커버링(Short covering): 주식시장에서 주가가 하락할 것을 예상하여 매도했던 주식을 다시 매수하는 것

③ 어닝 쇼크(Earning shock): 시장의 예상치보다 기업이 발표한 영업 실적이 훨씬 저조하여 주가에 영향을 미치는 현상

④ 윈도 드레싱(Window dressing): 증권시장에서 기관 투자가들이 결산기에 맞춰 투자 수익률을 올리기 위해 주식을 집중적으로 매매하는 행위

09 정답 ⑤

㉠은 GNI(Gross National Income), ㉡은 GDP(Gross Domestic Product), ㉢은 GNP(Gross National Product)에 대한 설명이다.

10 정답 ②

한국의 기준금리가 인하되면 자금 투자로 인해 얻을 수 있는 이자 수익률이 줄어들어 외국인 투자자금이 유출될 가능성이 높아지므로 가장 적절하지 않다.

유형 3 비즈니스매너 p.308

01 정답 ④

"수고하셨습니다." 또는 "수고하셨어요."라는 표현은 연배가 비슷한 동료나 아래 직원에게만 사용할 수 있는 인사말이기 때문에 직장 상사에게는 사용하지 않아야 하므로 업무가 끝났을 때 상사에게 "수고하셨습니다."라는 인사말을 건네야 한다는 것은 가장 적절하지 않은 설명이다.

02 정답 ②

소개를 할 때 미혼자를 기혼자에게 먼저 소개하는 것이 맞는 순서이므로 지적 사항으로 가장 적절하지 않다.

03 정답 ③

러시아에서는 짝수의 꽃이 장례식에 사용되어 꽃을 선물할 때는 홀수로 준비해야 하므로 가장 적절하지 않다.

04

정답 ④

명함을 받으면 중요한 정보를 확인하고 잘 보이는 곳에 명함을 두고 대화를 나누는 것이 맞는 예절이므로 대화 전에 명함을 바로 넣어두어야 한다고 말한 '이 사원'이 가장 적절하지 않은 대답을 한 사람이다.

05

정답 ⑤

라틴아메리카, 동부 유럽, 아랍 지역은 시간 약속을 형식적으로 생각하며 상대방이 당연히 기다려줄 것으로 생각하므로 인내심을 가지고 기다려야 한다. 따라서 김 사원이 지난주 다녀온 출장지는 아랍 지역 국가인 '사우디아라비아'가 가장 적절하다.

NCS 실전모의고사

실전모의고사 1회

정답

p.314

01	③	문제해결능력	16	②	의사소통능력	31	②	수리능력	46	④	문제해결능력
02	③	수리능력	17	②	의사소통능력	32	④	의사소통능력	47	③	자원관리능력
03	②	수리능력	18	③	문제해결능력	33	④	자원관리능력	48	②	자원관리능력
04	④	의사소통능력	19	①	문제해결능력	34	④	의사소통능력	49	①	문제해결능력
05	④	문제해결능력	20	④	자원관리능력	35	①	자원관리능력	50	③	문제해결능력
06	④	문제해결능력	21	③	자원관리능력	36	②	자원관리능력	51	①	조직이해능력
07	③	자원관리능력	22	①	의사소통능력	37	④	수리능력	52	④	문제해결능력
08	④	수리능력	23	④	의사소통능력	38	③	수리능력	53	③	자원관리능력
09	①	의사소통능력	24	②	수리능력	39	④	의사소통능력	54	②	자원관리능력
10	②	의사소통능력	25	②	수리능력	40	④	수리능력	55	③	수리능력
11	②	조직이해능력	26	③	의사소통능력	41	④	자원관리능력	56	④	자원관리능력
12	④	자원관리능력	27	③	문제해결능력	42	④	수리능력	57	②	자원관리능력
13	④	자원관리능력	28	④	조직이해능력	43	③	문제해결능력	58	③	조직이해능력
14	④	수리능력	29	②	조직이해능력	44	④	문제해결능력	59	③	문제해결능력
15	③	수리능력	30	①	의사소통능력	45	③	수리능력	60	③	문제해결능력

취약 영역 분석표

영역별로 맞힌 개수와 정답률을 적고 나서 취약한 영역이 무엇인지 파악해 보세요.
정답률이 60% 미만인 취약한 영역은 틀린 문제를 다시 풀어보면서 확실히 극복하세요.

영역	의사소통능력	수리능력	문제해결능력	자원관리능력	조직이해능력	TOTAL
맞힌 개수	/12	/14	/14	/15	/5	/60
정답률	%	%	%	%	%	%

※ 정답률(%) = (맞힌 개수/전체 개수) × 100

01 문제해결능력 　　　　　　　정답 ③

ⓒ 긍정적인 사람과 친하게 지낼 경우 어느새 긍정적이고 명 랑한 성격을 갖게 된다고 하였으므로 긍정적인 사람과 친 하게 지낼 경우 명랑한 성격을 갖게 된다. 따라서 명랑한 성격을 갖고 있지 않은 사람은 긍정적인 사람과 친하게 지내지 않은 것이다.

ⓔ 수학을 잘하는 남학생과 함께 지내면 수학능력이 높아진 다는 것을 의미한다고 하였으므로 수학능력이 높지 않은 사람은 수학을 잘하는 남학생과 함께 지내지 않은 것이다.

오답 체크

ⓐ 누나(언니)가 있는 아이는 언어능력이 높다고 하였으며, 해당 문장의 '이'에 해당하므로 알 수 없는 내용이다.

02 수리능력 　　　　　　　정답 ③

도수분포표에서 평균$=\dfrac{(계급값 \times 도수)의 총합}{도수의 총합}$ 임을 적용하여 구한다.

$\dfrac{(60\times10+70\times8+80\times7+90\times3+100\times2)}{30}=\dfrac{2,190}{30}=73$점이다.

03 수리능력 　　　　　　　정답 ②

판매가=원가$\times$(1+수익률)$\times$(1-할인율)임을 적용하여 구한다. 원가가 5,000원인 우산에 30%의 수익을 붙여 정가를 정하였 으므로 정가는 5,000$\times$(1+0.3)=6,500원이다. 이때 판매가 부 진하여 정가에서 20%를 할인하여 판매하였으므로 우산이 판 매된 가격은 6,500$\times$(1-0.2)=5,200원이다.

04 의사소통능력 　　　　　　　정답 ④

5문단에서 이번 사과·배·단감·떫은감 농작물재해보험은 농 가의 과도한 열매솎기가 이루어지지 않도록 열매솎기 전에 발생한 재해에 대한 보상 수준을 현행 80%에서 50%로 하향 조정하였다고 하였으므로 보상 수령을 목적으로 한 농가의 불필요한 열매솎기 행위 예방을 위해 농작물재해보험의 보 상 수준을 50~80% 사이로 조정한 것은 아님을 알 수 있다.

오답 체크

① 2문단에서 농작물재해보험의 보험가입기간은 파종기 등 재배 시기에 맞추어 운영된다고 하였으므로 적절한 내용이다.

② [신규품목 판매기간 및 사업지역]에 따르면 판매기간 및 사업 지역은 상품개발 과정에서 변경될 수 있다고 하였으므로 적절 한 내용이다.

③ 6문단에서 일 최고기온이 33℃ 이상인 상태가 2일 이상 지속 될 것으로 예상될 때 폭염주의보를 발령하며, 과거 폭염특보 발령만으로 일소피해를 인정하는 것에서 폭염특보 발령 및 실 제 관측온도가 33℃ 이상인 상태로 2일 이상 지속된 경우로 일소피해 인정 조건을 명확히 했다고 하였으므로 적절한 내용 이다.

[05-06]

N사의 본사는 해외 법인 지사 5곳 중 4곳 이상이 참석 가능 한 일시에 1시간 30분 동안 회의를 진행하고, 회의 장소는 회의에 참석하는 각 지사의 회의 장소 선호도 점수 합이 가 장 큰 곳으로 정하므로 날짜별 회의 가능 시간 및 회의 장소 는 다음과 같다.

날짜	회의 가능 시간	참석 가능 지사	회의 장소
9/21	회의 불가능	-	-
9/22	13:00~14:30	A, C, D, E	시드니
9/23	16:00~17:30	A, B, D, E	시드니
9/23	17:00~18:30	A, B, C, D	밴쿠버
9/24	회의 불가능	-	-
9/25	14:00~16:00	B, C, D, E	밴쿠버
9/25	15:00~16:30	A, B, C, E	뉴욕

05 문제해결능력 　　　　　　　정답 ④

N사의 본사와 해외 법인 지사가 9/25 14:30~16:00 1시간 30 분 동안 회의를 한다면 회의 장소는 B, C, D, E 지사의 회의 장소 선호도 점수 합이 가장 큰 밴쿠버이다.

오답 체크

① 9/22 13:00~14:30 회의를 한다면 회의 장소는 시드니이다.

② 9/23에는 16:00 또는 17:00에 회의를 시작할 수 있다.

③ 9/23 17:00~18:30 회의를 한다면 회의 장소는 밴쿠버이다.

06 문제해결능력 　　　　　　　정답 ④

9/25에 A 지사가 참석 가능하도록 회의 시간과 회의 장소 를 정하면 회의 시작 일시는 서울 현지 시각 기준으로 9/25 15:00이고, 회의 장소는 뉴욕이다. 이때 비행기 착륙 후 회의 장소까지 1시간이 소요되고, 갑은 회의 시작 2시간 전까지 회 의 장소에 도착해야 하므로 갑은 서울 현지 시각으로 9/25 12:00 이전에 뉴욕에 도착해야 한다. 서울 현지 시각 기준으 로 항공편별 도착 일시는 다음과 같다.

항공편명	출발 일시	소요 시간	도착 일시
KE0081	9/25 01:00	14시간 20분	9/25 15:20
KE0085	9/24 21:10	14시간 30분	9/25 11:40
UA7293	9/24 21:30	14시간 15분	9/25 11:45

이때 갑은 서울에서 최대한 회의 시간에 맞춰 회의 장소에 도착하도록 항공편을 예매했으므로 회의 시간과 가장 가까 운 항공편을 예매했다.

따라서 예매한 항공편명은 UA7293이다.

07 자원관리능력 정답 ③

면접 전형에 응시한 지원자의 절반이 최종 합격하므로 지원자 6명 중 최종 점수가 높은 순으로 3명이 합격한다.
[면접 점수 산출 방법]과 [지원자별 면접 점수]를 토대로 도출한 면접 점수와 최종 점수는 다음과 같다.

지원자	면접 점수	가산점	최종 점수
A	(83+91+87)/3=87점	3점	87+3=90점
B	(79+88+82)/3=83점	6점	83+6=89점
C	(92+86+86)/3=88점	4점	88+4=92점
D	(68+78+91)/3=79점	8점	79+8=87점
E	(76+82+88)/3=82점	6점	82+6=88점
F	(88+85+82)/3=85점	4점	85+4=89점

최종 점수가 높은 순서대로 최종 합격이 결정되므로 최종 점수가 92점인 C와 90점인 A가 최종 합격하고, 최종 점수가 89점으로 동일한 B와 F 중 면접 점수가 85점으로 더 높은 F가 합격한다.
따라서 최종 합격하는 지원자는 'A, C, F'이다.

08 수리능력 정답 ④

세 자연수는 차례로 5배씩 커지므로
b=5a, c=25a
이때 세 자연수의 평균은 50보다 크고 82보다 작으므로
$50 < \frac{31a}{3} < 82 \rightarrow 150 < 31a < 246$
$\rightarrow 4.83 \cdots < a < 7.93 \cdots$
$\rightarrow a=5, 6, 7$
이때 a는 짝수이므로
a=6 , b=30, c=150
따라서 세 자연수의 합은 6+30+150=186이다.

09 의사소통능력 정답 ①

'매월 열리는 행사가 _____ 모른다'라는 문맥에서는 it might _____ into a monthly event의 빈칸에 '되다, 변하다'라는 의미를 지닌 turn into의 'turn'이, '그들의 여행이 매우 힘들게 _____ 수도 있다'라는 문맥에서는 their trip could _____ out to be very difficult의 빈칸에 '되다, 밝혀지다'라는 의미를 지닌 turn out의 'turn'이 들어가는 것이 적절하다.

오답 체크
② settle : 정리하다
③ figure : 계산하다
④ spell : 바르게 쓰다

더 알아보기
• 사무실 파티는 무척 성공적이어서, 매월 열리는 행사가 될지도 모른다.
• 만약 그들이 하이킹 도중 길을 잃으면, 그들의 여행이 매우 힘들게 될 수도 있다.

10 의사소통능력 정답 ②

밑줄 친 단어는 의지할 만한 대상의 보호나 혜택이라는 의미로 쓰였으므로 위험이나 곤란 따위가 미치지 아니하도록 잘 보살펴 돌본다는 의미의 '보호(保護)'가 적절하다.

오답 체크
① 음지(陰地): 볕이 잘 들지 아니하는 그늘진 곳
③ 구속(拘束): 행동이나 의사의 자유를 제한하거나 속박함
④ 관할(管轄): 일정한 권한을 가지고 통제하거나 지배함

11 조직이해능력 정답 ②

빈칸에 들어갈 용어로 가장 적절한 것은 '푸드뱅크'이다.

오답 체크
① 푸드마켓: 기부식품 및 생활용품을 편의점 형태의 매장에 진열하여 이용자가 직접 방문하여 원하는 물품을 선택할 수 있는 곳
③ 농식품바우처: 저소득 취약계층의 식품 접근성 강화와 국내산 신선 농산물의 지속 가능한 소비체계 구축, 식생활 개선을 위해 채소, 육류, 과일 등 농식품을 구매할 수 있는 이용권을 제공하는 사업
④ 푸드마일리지: 식재료가 생산, 운송, 유통 과정을 거쳐 소비자에게 가기까지 소요된 총 거리를 계량화한 것으로 계산법은 거리(km)×무게(t)임

[12 - 13]

12 자원관리능력 정답 ④

김 사원은 주중 4일을 운영하던 유치원이 주중 3일만 운영하는 것으로 변경됨에 따라 작은아들을 주중에 돌봐야 하는 상황이다. 주중 이틀을 아내와 하루씩 번갈아 가며 작은아들을 돌봐야 하므로 김 사원은 주중 최대 4일을 근무해야 한다. 따라서 김 사원이 적용하고자 하는 유연근무제는 총 근무 시간을 유지하면서 보다 짧은 기간 동안 근무하는 '집약근무형'이다.

13 자원관리능력 정답 ④

○○은행의 [유연근무제 적용 근무 현황]에 따르면 여신, 외환, 감사 부서는 80% 이상이 유연근무제를 적용하고 있는 반면 수신 부서는 10명 모두 유연근무제를 적용하고 있지 않다. 따라서 ○○은행의 본부장은 인력 관리 차원에서 유연근무제를 활용하는 부서가 한정되어 있다는 문제점을 보완하는 것이 가장 적절하다.

[14 - 15]

14 수리능력 　　　　　　　　　　 정답 ④

주산물과 부산물 평가액의 합이 가장 큰 해는 2019년이고, 2019년 주산물의 1kg당 평가액은 14,395/8,946 ≒ 1.61천 원, 부산물의 1kg당 평가액은 471/7,014 ≒ 0.07천 원이다. 따라서 주산물의 1kg당 평가액과 부산물의 1kg당 평가액의 합은 1.61+0.07 ≒ 1.68천 원이다.

15 수리능력 　　　　　　　　　　 정답 ③

밭의 자작지면적이 가장 좁은 2019년에 밭의 경지면적의 전년 대비 증가율은 {(3,162-2,874)/2,874}×100 ≒ 10.02%이므로 옳지 않은 설명이다.

오답 체크

① 2016년 논과 밭의 자작지면적의 합은 5,532+1,633=7,165m²로 2016년 논과 밭의 차용지면적의 합인 6,933+2,460=9,393m²보다 작으므로 옳은 설명이다.
② 2017년 이후 주산물 수량과 부산물 수량의 전년 대비 증감 추이는 감소, 증가, 감소로 동일하므로 옳은 설명이다.
④ 2017년 차용지면적에서 밭이 차지하는 비중은 (2,708/10,511)×100 ≒ 25.8%이므로 옳은 설명이다.

16 의사소통능력 　　　　　　　　　 정답 ②

이 글은 고령 운전자에 의한 교통사고 예방 방안으로 고령자의 운전면허 반납 등 적극적인 제한이 필요하다는 의견이 제기되고 있지만 고령자의 운전을 제한하는 것보다 고령 운전자의 교통사고 자체를 줄일 수 있는 실질적이고 궁극적인 계책이 필요하다는 내용이므로 이 글의 제목으로 가장 적절한 것은 ②이다.

오답 체크

① 돌발 상황 발생 시 고령 운전자의 반응 속도가 비고령자보다 2배 느리다고 하였지만, 글 전체를 포괄할 수 없으므로 적절하지 않은 내용이다.
③ 교통사고 발생 건수 증가에 따른 인센티브제와 벌점제 확대의 필요성에 대해서는 다루고 있지 않으므로 적절하지 않은 내용이다.
④ 도로 표지판 확대가 고령 운전자에 의한 교통사고 발생률 감소에 미치는 효과에 대해서는 다루고 있지 않으므로 적절하지 않은 내용이다.

17 의사소통능력 　　　　　　　　　 정답 ②

㉠ 빈칸이 있는 문장 뒤에서 전 세계 쌀 생산량의 90%를 차지하는 인디카 품종이 접시용 요리에 적합하지만 밥을 지으면 찰기가 모자라서 우리나라 사람들의 기호에는 잘 맞지 않는다고 하였으므로 '인디카'가 적절하다.
㉡ 빈칸이 있는 문장 앞에서 인디카와 다르게 자포니카로 밥을 지으면 기름지고 차져서 밥맛이 좋다고 하였으므로 '자포니카'가 적절하다.
따라서 ㉠에는 '인디카', ㉡에는 '자포니카'가 들어가야 한다.

[18 - 19]

18 문제해결능력 　　　　　　　　　 정답 ③

'1. 접수 안내'에 따르면 기존 회원 등록기간은 매월 19일~25일이지만 이는 전월 이용 회원 중 동일 프로그램 이용 회원만 해당함에 따라 B 씨가 기존에 헬스 프로그램을 수강 중이더라도 수영 프로그램은 신규 회원 등록기간인 매월 26일~매월 말일에만 신청할 수 있으므로 옳지 않은 내용이다.

오답 체크

① '3. 연기 신청 안내'에 따르면 연기 신청 이후에는 해당 프로그램의 환불이 불가하여 에어로빅 프로그램을 1개월 연기 신청한 경우 에어로빅 프로그램에 대한 금액을 환불받을 수 없으므로 옳은 내용이다.
② '4. 환불 안내'에 따르면 프로그램 폐강 시 전액 환불됨에 따라 필라테스 프로그램을 신청했으나 기준 인원 미달로 프로그램이 폐강되었으면 전액 환불이 가능하므로 옳은 내용이다.
④ '2. 이용 안내'에 따르면 두 개 이상의 프로그램을 신청하는 경우, 총액의 10%가 추가로 할인되므로 옳은 내용이다.

19 문제해결능력 　　　　　　　　　 정답 ①

'2. 이용 안내'에 따르면 프로그램 개강일은 매월 1일이므로 [프로그램 환불 신청서]에 따라 5월 8일에 환불 신청한 현주는 프로그램 개강일 이후에 환불을 요청하였다. 현주는 수영 프로그램과 필라테스 프로그램을 각각 3개월씩 신청하였고, '4. 환불 안내'에 따르면 프로그램 개강일 이후 환불을 요청한 경우 (결제한 총금액의 10%)+(경과일수×1일 이용료) 금액을 차감 후 환불받는다. 경과일수는 개강일부터 1일이며, 환불 신청 일자까지 계산하므로 현주는 결제한 총금액의 10%와 8일 경과일수의 이용료를 차감한 금액을 환불 받는다. 이때 두 개 이상의 프로그램을 신청하는 경우, 총액의 10%가 추가로 할인되므로 현주가 결제한 총금액은 {(82,000×3)+(110,000×3)}×(1-0.1)=518,400원이고, 1일 이용료는 (1개월 등록 가격 기준)/30이므로 수영 프로그램의 1일 이용료는 96,000/30=3,200원, 필라테스 프로그램의 1일 이용료는 141,000/30=4,700원이다.
따라서 차감되는 금액은 (518,400×0.1)+{(3,200+4,700)×8}=115,040원이므로 현주가 환불 받을 수 있는 금액은 518,400-115,040=403,360원이다.

[20 - 21]

20 자원관리능력 　　　　　　　　　 정답 ④

A 고객은 연회장을 3시간 동안 이용할 예정이며 인원은 150명이므로 V 홀, W 홀, Y 홀이 적합하다. 호텔의 총 관리 인력은 50명이고 10월 둘째 주 목요일에는 오전 11시부터 오후 2시까지 Y 홀이 예약되어 있어 해당 시간대의 여유 관리 인력은 10명이다. 10월 셋째 주 목요일에는 낮 12시부터 오후 5시까지 X 홀이 예약되어 있어 오전 11시부터 낮 12시까지 여유 관리 인력은 50명이고, 낮 12시부터 오후 2시까지 여유 관리 인력은 20명이다.

이때 V 홀과 W 홀의 관리 인력은 20명이고 Y 홀의 관리 인력은 40명이므로 10월 둘째 주 목요일 오전 11시부터 오후 2시까지 예약 가능한 연회장은 없고, 셋째 주 목요일 오전 11시부터 오후 2시까지 예약 가능한 연회장은 V 홀과 W 홀이다. 따라서 귀하가 A 고객에게 예약을 추천할 일자는 10월 셋째 주 목요일인 '10월 19일'이고, 연회장은 이용 요금이 더 저렴한 'W 홀'이다.

21 자원관리능력 정답 ③

10월 18일 오후 1시부터 오후 4시까지 W 홀이 예약되어 있어 해당 시간대의 여유 관리 인력이 30명이고, X 홀의 관리 인력이 30명이므로 10월 18일 오후 1시부터 오후 6시까지 X 홀을 예약할 수 있다.
따라서 귀하가 B 고객에게 추천할 수 있는 날짜 및 시작 시각은 '10월 18일 오후 1시'이다.

오답 체크

① X 홀의 이용 시간은 5시간이고 모든 연회장은 오후 10시까지 운영하므로 오후 7시에는 X 홀을 예약할 수 없다.
② 10월 17일 오후 1시부터 오후 4시까지 Y 홀이 예약되어 있어 해당 시간대의 여유 관리 인력은 10명이므로 오후 2시부터 오후 7시까지 X 홀을 예약할 수 없다.
④ 10월 19일 오후 7시부터 오후 10시까지 Y 홀이 예약되어 있어 해당 시간대의 여유 관리 인력은 10명이므로 오후 5시부터 오후 10시까지 X 홀을 예약할 수 없다.

22 의사소통능력 정답 ①

'달리기 선수가 결승선에 가까워졌을 때 _____ 를 올렸다'라는 문맥에서 The runner picked up his _____ 의 빈칸에 '(달리기·움직임의)속도'라는 의미의 pace가 들어가는 것이 적절하다.

오답 체크

② past : 과거, 지난날
③ part : 부분
④ pact : 협정, 조약

23 의사소통능력 정답 ④

제시된 단어 출발과 도착은 각각 목적지를 향하여 나아감과 목적한 곳에 다다름을 뜻하므로 반대관계이다.
따라서 어떤 일이나 행동의 처음 단계를 이루거나 그렇게 한다는 의미의 '시작'과 반대관계의 단어는 완전히 끝마친다는 의미의 '완료'가 적절하다.

오답 체크

① 시초(始初): 맨 처음
② 유예(猶豫): 망설여 일을 결행하지 아니함
③ 준비(準備): 미리 마련하여 갖춤

[24-25]

24 도표분석 정답 ②

㉠ 면석=인구수/인구밀도임을 적용하여 구하면 2015년 남한의 면적은 (51,015×1,000)/508.6≒100,305km²로 100,000km² 이상이므로 옳은 설명이다.
㉢ 제시된 기간 중 남한 인구밀도가 가장 큰 해와 북한 인구밀도가 가장 큰 해는 2020년으로 같으므로 옳은 설명이다.

오답 체크

㉡ 2011년 대비 2020년 남북한 인구수의 증가율은 {(77,204−74,245)/74,245}×100≒4%로 5% 미만이므로 옳지 않은 설명이다.
㉣ 2019년 남북한 인구수에서 북한 인구수가 차지하는 비중은 (25,250/77,015)×100≒33%로 35% 미만이므로 옳지 않은 설명이다.

25 수리능력 정답 ②

제시된 기간 동안 남한과 북한의 인구수 차이는 다음과 같다.

구분	남한과 북한의 인구수 차이
2011년	49,937−24,308=25,629명
2012년	50,200−24,427=25,773명
2013년	50,429−24,545=25,884명
2014년	50,747−24,662=26,085명
2015년	51,015−24,779=26,236명
2016년	51,218−24,897=26,321명
2017년	51,362−25,014=26,348명
2018년	51,585−25,132=26,453명
2019년	51,765−25,250=26,515명
2020년	51,836−25,368=26,468명

따라서 제시된 기간 중 남한과 북한의 인구수 차이가 가장 적은 2011년의 남한과 북한 인구수 차이는 25,629명이다.

26 의사소통능력 정답 ③

6문단에서 복수의 사업자가 공유주방에 영업 신고를 하여 35억 1000만 원 이상의 초기 창업비용을 절감했고, 사업자당 평균 비용절감액은 약 2,800만 원이라고 했으므로 공유주방에 영업 신고를 한 사업자가 인당 평균 3천만 원 이상의 초기 창업비용을 절감한 것은 아님을 알 수 있다.

오답 체크

① 2문단에서 과기부는 ICT 규제 샌드박스 지정기업의 성과를 발표하며, 모바일 전자고지 서비스의 추가 확대를 위해 금융기관, 보험사 등과 협의 중이라고 하였으므로 적절한 내용이다.
② 5문단에서 고요한 모빌리티 플랫폼은 규제 샌드박스 통과를 계기로 신규 투자를 유치하는 등 투자업계의 관심을 받고 있다고 하였으므로 적절한 내용이다.
④ 3문단에서 가사서비스 플랫폼은 그간 노동관계법 사각지대의 가사근로자를 직접 고용하고 있으며, 가사근로자를 매달 신규 채용해 향후 서비스가 본격적으로 시작되면 일자리 창출 효과가 더 커질 것이라고 하였으므로 적절한 내용이다.

27 문제해결능력 정답 ③

첫 번째 문장의 '대우'는 "B가 가수가 아니라면 A가 가수이다."이므로 A가 가수이려면 B가 가수가 아니어야 한다. 두 번째 문장에서 C는 가수이므로 필요한 전제는 "C가 가수라면 B는 가수가 아니다."이다.

[28 - 29]

28 조직이해능력 정답 ④

제시된 결재 규정에 따르면 100만 원 이하의 사외 교육비의 결재를 받을 때 필요한 서류는 기안서와 지출결의서이며, 모두 팀장 전결에 해당한다.

따라서 최고결재권자로부터 전결 권한을 위임받은 팀장의 결재란에 '전결', 최종결재란에 '팀장'을 표시하고, 결재가 불필요한 직책자인 파트장의 결재란에 상향대각선을 표시한 기안서가 가장 적절하다.

29 조직이해능력 정답 ②

제시된 결재 규정에 따르면 금액과 상관없이 거래처 경조사비의 결재를 받을 때 필요한 서류는 접대비지출품의서와 지출결의서이며, 접대비지출품의서는 파트장 전결, 지출결의서는 대표이사 결재에 해당한다.

따라서 최고결재권자로부터 전결 권한을 위임받은 파트장의 결재란에 '전결', 최종결재란에 '파트장'을 표시한 접대비지출품의서가 가장 적절하다.

[30 - 31]

30 의사소통능력 정답 ①

'○○가고 싶은 대한민국 적금'은 다른 금융회사 입출식 계좌에서도 자동이체 등록이 가능하지만, 자동이체 신청은 해당 입출식 계좌의 금융회사에서 신청해야 한다고 하였으므로 해당 상품을 가입하며 자동이체를 신청할 경우 계좌의 금융회사와 무관하게 N은행에서도 가능한 것은 아님을 알 수 있다.

[오답 체크]

② 우대금리의 위치인증 방법에서 위치를 인증한 권역 수에 따라 우대금리를 차등 적용하지만, 1일 1개 권역까지만 인증 가능하므로 적절한 설명이다.

③ 해당 상품은 판매시작일로부터 20XX년 1월 31일까지 판매하지만, 10만 좌 한도로 판매하며 한도 소진 시 판매가 조기 종료되므로 적절한 설명이다.

④ 해당 상품에 가입한 B 씨가 가입 후 중도해지 시까지 경과한 기간은 8개월로 9개월 미만이고, 중도해지 기준금리는 가입일 당시 고시된 정기적금 기본금리인 0.7%이며, 중도해지금리는 중도해지 기준금리 × 60%로 연 0.7 × 0.6 = 0.42%이므로 적절한 설명이다.

31 수리능력 정답 ②

수진이는 ○○가고 싶은 대한민국 적금 1년짜리를 20XX년 1월 1일에 가입하고, 매월 1일 30만 원씩 납입하였다. 또한, 수진이는 같은 해 강원도, 부산, 대전, 대구로 일주일씩 여행을 갔으며 수진이의 본가는 서울이므로 '① 서울/경기/인천', '② 강원', '③ 충남/대전/세종', '⑤ 대구/경북', '⑧ 부산/울산/경남' 총 5개 권역에서 위치를 인증할 수 있고, 적용받을 수 있는 우대금리는 1.0%p이다. 수진이가 적용받는 금리는 연 0.7 + 1.0 = 1.7%이며 세제혜택으로 비과세 종합저축 가입 가능하므로 비과세 혜택을 받을 수 있다. 이에 따라 수진이가 매달 입금했던 30만 원에 대해 만기일에 수령할 수 있는 이자는

1개월 차에 $300,000 \times 0.017 \times \frac{12}{12} = 5,100$원,

2개월 차에 $300,000 \times 0.017 \times \frac{11}{12} = 4,675$원,

3개월 차에 $300,000 \times 0.017 \times \frac{10}{12} = 4,250$원이므로

n개월 차에는 $300,000 \times 0.017 \times \frac{13-n}{12}$이다.

따라서 만기일에 수진이가 수령할 수 있는 최대 금액은 1년 동안 납입한 원금과 1년 동안의 이자를 합한 금액인

$300,000 \times 12 + 300,000 \times 0.017 \times$
$\frac{(12+11+10+9+8+7+6+5+4+3+2+1)}{12} = 3,600,000 + 300,000$
$\times 0.017 \times \frac{78}{12} = 3,600,000 + 33,150 = 3,633,150$원이다.

32 의사소통능력 정답 ④

'2. 일시 중단 업무 및 이용 가능 업무 - 일시 중단 업무'에 따르면 체크카드 및 현금카드는 전산시스템 점검 기간 중 첫날을 제외한 2일 동안만 이용이 불가하므로 6월 6일에 체크카드 이용이 불가하다는 답변은 가장 적절하지 않다.

33 자원관리능력 정답 ④

[프로젝트 계획]에 따르면 기대 성과율 = 기대 성과 금액 / 소요 예산이므로 사업별 소요 예산 및 기대 성과 금액에 따라 사업별 기대 성과율과 소요 예산, 기대 성과 금액을 정리하면 다음과 같다.

구분	소요 예산	기대 성과 금액	기대 성과율
농촌 기계화	50억 원	90억 원	1.8
농업용수 개발	35억 원	70억 원	2
농지 정리	25억 원	45억 원	1.8
신 토지 매입	40억 원	70억 원	1.75
농지 배수 개선	20억 원	30억 원	1.5
농업인 이자 지원	15억 원	15억 원	1
농촌 콘텐츠 개발	30억 원	30억 원	1

기대 성과율을 고려하여 기대 성과율이 높은 순으로 프로젝트를 우선 진행하되, 사업 집행 예산 내에서 기대 성과 금액이 최대가 되도록 프로젝트를 계획하므로 기대 성과율이 가장 높은 농업용수 개발 프로젝트와 기대 성과율이 두 번째로 높은 농촌 기계화 프로젝트, 농지 정리 프로젝트, 그 다음으로 높은 신 토지 매입 프로젝트 등의 순으로 진행해야 하지만 기대 성과율이 가장 높은 프로젝트와 두 번째로 높은 프로젝트를 모두 진행할 경우 소요되는 예산은 35+50+25=110억 원으로 사업 집행 예산을 초과하므로 기대 성과율이 두 번째로 높은 농촌 기계화 프로젝트와 농지 정리 프로젝트 중 하나만 진행할 수 있다. 농촌 기계화 프로젝트를 진행할 경우 소요되는 예산은 35+50=85억 원으로 사업 집행 예산 내에서 추가적으로 소요 예산이 15억 원인 농업인 이자 지원 프로젝트를 진행할 수 있고, 총 기대 성과 금액은 70+90+15=175억 원이 된다. 농지 정리 프로젝트를 진행할 경우 소요되는 예산은 35+25=60억 원으로 사업 집행 예산 내에서 기대 성과율이 그 다음으로 높은 신 토지 매입 프로젝트를 진행할 수 있으므로 총 기대 성과 금액은 70+45+70=185억 원이 된다. 이때 기대 성과 금액이 최대가 되도록 프로젝트를 계획한다고 하였으므로 내년에 T 지사에서 진행할 프로젝트는 농업용수 개발, 농지 정리, 신 토지 매입이다.

따라서 T 지사가 내년에 얻을 수 있는 기대 성과 금액은 '185억 원'이다.

34 의사소통능력 정답 ④

한글 맞춤법 제5항에 따라 한 단어 안에서 뚜렷한 까닭 없이 나는 된소리는 다음 음절의 첫소리를 된소리로 적되 'ㄱ, ㅂ' 받침 뒤에서 나는 된소리는 같은 음절이나 비슷한 음절이 겹쳐 나는 경우가 아니면 된소리로 적지 아니한다.

따라서 '싹둑'을 '싹뚝'으로 대체하는 것은 가장 적절하지 않다.

① 형용사는 어미 '-는'을 붙여 활용하지 않으므로 형용사인 '걸맞다'는 '걸맞은'으로 수정해야 한다.
② '잇달다'의 준말은 '잇단'이므로 '잇달은'을 '잇단'으로 바꿔 써야 한다.
③ 시간의 흐름을 의미하는 의존 명사 '만'은 띄어 쓰는 것이 적절하므로 '10여 년만에'를 '10여 년 만에'로 띄어 써야 한다.

35 자원관리능력 정답 ①

회사에는 오후 1시 30분까지 출근해야 하고, 병원에서 회사까지의 이동 시간은 1시간이므로 오후 12시 30분까지 A~E 검진이 모두 완료되어야 한다. 이때 D 검진은 오전 10시 30분에 예약되어 있으므로 D 검진의 예약 시간을 기준으로 소요되는 시간을 계산한다. 'A - B - C - D - E' 순으로 검진 받을 경우, D 검진을 받기 전까지의 검진 시간과 이동 및 대기 시간은 25+10+20+25+20+15=115분이고, D 검진부터 검진이 완료되기까지의 검진 시간과 이동 및 대기 시간은 50+20+30=100분이므로 오후 12시 10분에 건강검진이 완료된다.

따라서 검진 순서로 가능한 것은 'A - B - C - D - E'이다.

② 'C - A - B - E - D' 순으로 검진 받을 경우, D 검진을 받기 전까지 20+30+25+10+20+15+30+20=170분 소요되므로 D 검진 예약 시간인 10시 30분까지 검진을 마칠 수 없다.
③ D 검진이 예약된 10시 30분부터 A~E 검진을 모두 받을 경우, 이동 및 대기 시간을 제외한 검진 시간만 25+20+20+50+30=145분 소요되므로 12시 30분까지 검진을 마칠 수 없다.
④ D 검진이 예약된 10시 30분부터 'D - C - A - B' 순으로 검진 받을 경우, 50+15+20+30+25+10+20=170분 소요되므로 12시 30분까지 검진을 마칠 수 없다.

36 자원관리능력 정답 ②

박 주임의 직급은 주임이므로 출장 일자별로 주임~과장 직급의 출장 수당과 편도 교통비를 지급 기준으로 산출된 왕복 교통비의 합을 출장비로 지급받는다. 또한, 개인차량 이용 시 왕복 교통비는 편도 교통비를 지급 기준으로 산출된 왕복 교통비의 80%가 지급되고, 출장 지역이 제주 지역일 경우, 편도 교통비는 수도권 외 기준 편도 교통비 금액의 150%가 지급된다. 5월 13일에 다녀온 출장 지역은 서울특별시이고, 출장 기간은 당일 4시간이며 개인차량을 이용하였으므로 출장비는 (60,000×0.5)+(35,000×2×0.8)=86,000원이 지급된다. 5월 22일에 다녀온 출장 지역은 전라남도이고, 출장 기간은 1박 2일이며 개인차량을 이용하였으므로 출장비는 (85,000×2)+(65,000×2×0.8)=274,000원이 지급된다. 또한, 5월 25일에 다녀온 출장 지역은 강원도이고, 출장 기간은 2박 3일이므로 출장비는 (85,000×3)+(65,000×2)=385,000원이 지급된다. 5월 29일에 다녀온 출장 지역은 제주도이고, 출장 기간은 2박 3일이므로 출장비는 (85,000×3)+(65,000×1.5×2)=450,000원이 지급된다.

따라서 박 주임이 지급받을 5월 출장비의 총액은 86,000+274,000+385,000+450,000=1,195,000원이다.

37 수리능력 정답 ④

두 열차가 운행을 시작하여 최초로 만나는 시각은 운행시간의 최소공배수임을 적용하여 구한다.

50을 소인수분해하면 $50=2 \times 5^2$이고, 40을 소인수분해하면 $40=2^3 \times 5$이다.

최소공배수는 적어도 한 숫자에 포함된 인수의 곱이므로 두 수의 최소공배수는 $2^3 \times 5^2=200$이고, 공배수는 200, 400, 600, …이다.

따라서 두 열차가 세 번째로 만날 때의 시각은 600분=10시간 후인 오후 6시이다.

38 수리능력　　　　　　　　　　정답 ③

전체 일의 양을 1이라고 하면 가영이가 1시간 동안 혼자 할 수 있는 일의 양은 $\frac{1}{6}$, 나영이가 1시간 동안 혼자 할 수 있는 일의 양은 $\frac{1}{9}$, 다영이가 1시간 동안 혼자 할 수 있는 일의 양은 $\frac{1}{18}$이다.

이때 가영이와 다영이가 3시간 동안 함께 한 일의 양은 $\left(\frac{1}{6}+\frac{1}{18}\right) \times 3 = \frac{2}{3}$이므로 남은 일의 양은 $1-\frac{2}{3}=\frac{1}{3}$이다.

나영이와 다영이가 함께 일하는 데 걸린 시간을 x라고 하면 $\left(\frac{1}{9}+\frac{1}{18}\right) \times x = \frac{1}{3} \rightarrow x = 2$

따라서 나영이와 다영이가 함께 남은 빅데이터를 정리하는 데 걸린 시간은 2시간이다.

[39 - 40]

39 의사소통능력　　　　　　　　정답 ④

'나. (1) 월정기추가납입보험료 ⊙'에서 계약자는 월정기추가납입보험료의 납입, 변경 및 중지를 언제든지 신청할 수 있으며, 해당 내용은 신청일 이후 도래하는 익월에 월정기추가납입보험료를 납입하기로 약속한 날부터 적용된다고 하였으므로 해당 내용은 신청일의 해당 월부터 적용되는 것은 아님을 알 수 있다.

오답 체크

① '나. 추가납입보험료'에서 추가납입보험료는 월정기추가납입보험료와 수시추가납입보험료로 구분된다고 하였으므로 적절한 내용이다.
② '나. 추가납입보험료 (3)'에서 계약자가 추가납입 할 수 있는 추가납입보험료의 총액은 보험료 납입 기간 동안 납입하기로 약정한 기본보험료 총액의 200% 이내에서 시중금리 등에 따라 매년 회사에서 정하는 한도이며, 계약자적립금의 중도인출이 있을 경우에는 인출금액의 누계를 더한 금액을 포함한다고 하였으므로 적절한 내용이다.
③ '나. (1) 월정기추가납입보험료 ⓒ'에서 추가납입보험료의 납입한도를 초과하는 경우 월정기추가납입보험료는 자동으로 납입이 중단되고, '나. (1) 월정기추가납입보험료 ②'에서 납입 시점에 월정기추가납입보험료가 납입되지 않을 경우 회사는 차회 이후의 월정기추가납입보험료를 납부할 때 미납입된 월정기추가납입보험료를 청구하지 않는다고 하였으므로 적절한 내용이다.

40 수리능력　　　　　　　　　　정답 ④

1회에 납입 가능한 추가납입보험료 한도=해당 월까지의 납입할 기본보험료(선납포함) × 200% - 이미 납입한 추가납입보험료의 합계임을 적용하여 구한다.

A의 기본보험료는 52만 원이고 선납한 보험료는 없으며, A가 보험에 가입 후 보험료를 납입한 기간이 2019년 3월 24일부터 2020년 6월 24일까지 총 16개월이다. 이때 추가납입한 보험료는 600만 원이므로 1회에 납입 가능한 추가납입보험료 한도는 (52 × 16) × 2 - 600 = 1,064만 원이다.

따라서 해당 시점에서 A가 1회에 납입 가능한 추가납입보험료의 한도는 1,064만 원이다.

41 자원관리능력　　　　　　　　정답 ④

김 대리의 20X1년 월 급여액은 20X0년보다 15% 인상되어 2,875,000원이 되었으므로 20X0년 월 급여액은 2,875,000 / 1.15 = 2,500,000원이다. 또한, 20X0년 성과 평가 점수는 (74 × 0.7) + (63 × 0.3) = 70.7점으로 C등급이고, 20X0년에 직위는 사원이었으므로 5급 성과급 지급률 45%가 적용되어 20X0년에 지급받은 성과급은 2,500,000 × 0.45 = 1,125,000원이다. 20X1년 성과 평가 점수는 (82 × 0.7) + (77 × 0.3) = 80.5점으로 B등급이고, 20X1년에 직위는 대리이므로 4급 성과급 지급률 85%가 적용되어 20X1년에 지급받은 성과급은 2,875,000 × 0.85 = 2,443,750원이다.

따라서 20X0년과 20X1년에 지급받은 성과급의 차이는 2,443,750 - 1,125,000 = 1,318,750원이다.

42 수리능력　　　　　　　　　　정답 ④

구분별 건축물 수 = 전국 건축물 수 × (구분별 건축물 비중 / 100)임을 적용하여 구한다.

2016년 상업용 건축물 수는 7,055 × 0.173 = 1,220,515천 동이다. 또한, 6층 이상 건축물의 비중은 6~20층 건축물 비중과 21층 이상 건축물 비중의 합인 2.3 + 0.6 = 2.9%이므로 2016년 6층 이상 건축물 수는 7,055 × 0.029 = 204.595천 동이다. 따라서 2016년 상업용 건축물 수와 6층 이상 건축물 수의 합은 1,220,515 + 204,595 = 1,425,110동이다.

43 문제해결능력　　　　　　　　정답 ③

제시된 조건에 따르면 갑~무는 서로 다른 사무용품을 신청하였고, 사무용품을 신청한 요일도 모두 다르다. 을은 수요일에 견출지를 신청하였고, 금요일에 사무용품을 신청한 사람은 지우개를 신청하였다. 이때 정은 갑과 병보다 늦게 사무용품을 신청하였고, 플래그를 신청하였으므로 갑 또는 병이 월요일 또는 화요일에 사무용품을 신청하였고, 정은 목요일에 플래그를 신청하였다. 이에 따라 무가 금요일에 지우개를 신청하였고, 월요일에 사무용품을 신청한 사람은 볼펜을 신청하였으므로 화요일에 사무용품을 신청한 사람은 샤프를 신청하였음을 알 수 있다.

구분	월요일	화요일	수요일	목요일	금요일
신청자	갑 또는 병	갑 또는 병	을	정	무
사무용품	볼펜	샤프	견출지	플래그	지우개

따라서 무가 신청한 사무용품은 지우개이므로 항상 옳지 않은 설명이다.

오답 체크

① 갑은 월요일 또는 화요일에 사무용품을 신청하였으므로 항상 옳지 않은 설명은 아니다.
② 병이 신청한 사무용품은 볼펜 또는 샤프이므로 항상 옳지 않은 설명은 아니다.
④ 정은 목요일, 무는 금요일에 사무용품을 신청하였으므로 항상 옳은 설명이다.

44 문제해결능력　　　　　　　정답 ④

제35조 1항 4호에 의해 전월 리볼빙 이월 잔액이 130만 원이고, 리볼빙 수수료율이 5.9%, 이용경과일수는 60일이며, 해당연도가 윤년이라면 리볼빙 수수료는 1,300,000 × 0.059 × 60/366 ≒ 12,600원이므로 옳지 않은 설명이다.

오답 체크

① 제35조 2항에 의해 A가 결제일에 최소결제금액 미만으로 결제하였다면 A는 연체 상태로 처리됨을 알 수 있으므로 옳은 설명이다.
② 제35조 1항 3호에 의해 A의 약정결제비율이 30%이면 A의 리볼빙 약정청구원금은 (1,300,000 + 700,000) × 0.3 = 600,000원이므로 옳은 설명이다.
③ 제35조 1항 2호에 의해 A의 최소결제비율이 10%이면 A의 리볼빙 최소청구원금은 (1,300,000 + 700,000) × 0.1 = 200,000원이므로 옳은 설명이다.

45 수리능력　　　　　　　정답 ③

2016년 자산 총액의 2014년 대비 증감률은 {(70,486 + 117,000) / 1,196,514} × 100 ≒ 15.7%이므로 옳지 않은 설명이다.

오답 체크

① 자산 총액의 전년 대비 증감률이 가장 높은 2012년에 거래자 수는 전년 대비 16,939 − 15,989 = 950천 명 증가했으므로 옳은 설명이다.
② 제시된 기간 동안 거래자 수의 전년 대비 증감률은 항상 양수로 거래자 수는 매년 증가했고, 지점 수의 전년 대비 증감률은 항상 음수로 지점 수는 매년 감소했으므로 옳은 설명이다.
④ 2010년 거래자 수는 15,989/(1 + 0.001) ≒ 15,973천 명이고, 2010년 지점 수는 1,448/(1 − 0.021) ≒ 1,479개소이므로 옳은 설명이다.

46 문제해결능력　　　　　　　정답 ④

제시된 조건에 따르면 B와 C는 창가 자리에 앉아 있고, C의 바로 앞자리에 앉아 있는 사원은 을, D의 바로 뒷자리에 앉아 있는 사원은 B이므로 을과 D도 창가 자리에 앉아 있다. 또한, 을이 B보다 오른쪽 자리에 앉아 있으므로 을과 C는 오른쪽 창가 자리에 앉아 있으며 B와 D는 왼쪽 창가 자리에 앉아 있음을 알 수 있다. 이때 D는 여자 사원 바로 옆자리에 앉아 있으므로 A는 D의 바로 옆자리인 통로 왼쪽 앞자리에 앉게 되고, 병의 바로 앞자리에 앉아 있는 사원은 정이므로 통로 오른쪽 앞자리에 앉아 있는 사원은 정, 통로 오른쪽 뒷자리에 앉아 있는 사원은 병이다.

	D	A	통로	정	을	
왼쪽 창	B	갑		병	C	오른쪽 창
			뒤			

따라서 C 사원 바로 옆자리에 앉은 사원은 '병'이다.

47 자원관리능력　　　　　　　정답 ③

연수원별 사용 불가한 객실 수를 제외한 정원 수를 계산하면, A 연수원은 VIP형 4실이 사용 불가하므로 {(10 − 4) × 3} + (15 × 8) = 138명, B 연수원은 일반형 2실이 사용 불가하므로 (19 × 2) + {(26 − 2) × 4} = 134명, C 연수원은 VIP형 1실, 일반형 2실이 사용 불가하므로 {(15 − 1) × 2} + {(20 − 2) × 6} = 136명, D 연수원은 일반형 3실이 사용 불가하므로 (12 × 3) + {(24 − 3) × 5} = 141명, E 연수원은 VIP형 3실, 일반형 1실이 사용 불가하므로 {(14 − 3) × 2} + {(30 − 1) × 4} = 138명이 숙박할 수 있다. 이때 ◇◇회사의 직원 수는 총 83 + 56 = 139명으로 전 직원이 숙박 가능한 연수원은 D 연수원이다.

따라서 이 대리가 예약할 연수원의 사용 불가한 객실 수를 포함한 총 객실 수는 12 + 24 = 36실이다.

48 자원관리능력　　　　　　　정답 ②

제시된 정보에 따르면 A 사에서는 자사 제품 설명회를 위해 회사 근처 세미나실을 5일간 대관할 예정이며, 세미나실 대관에 배정된 예산은 350만 원이다. 이에 따라 1일간 대관료가 350/5 = 70만 원을 초과하는 라 세미나실은 제외하고 고려한다. 이에 따라 귀하는 배정된 예산 내에서 선택 가능한 가, 나, 다 세미나실 중 회사에서의 이동 시간이 가장 짧은 세미나실을 대관해야 한다.

따라서 귀하가 대관할 세미나실은 '나' 세미나실이다.

[49 - 50]

49 문제해결능력　　　　　　　정답 ①

[○○공사 출장비 지원 규정]에 따르면 출장비는 숙박비, 교통비, 식비, 일비 총 네 가지 비용을 합산하여 지급하고 직급별로 차등 지급하므로 조 대리가 지원받을 수 있는 최대 출장비는 숙박비 1박당 60,000원, 교통비 1km당 120원, 식비 1끼당 15,000원, 일비 1일당 30,000원이다.

이때 조 대리의 승용차 연비는 12km/L, 리터당 기름값은 1,350원/L이므로 교통비로 1km당 $\frac{1,350원/L}{12km/L} = 112.5$원을 지출하였고, 이는 교통비 지원 금액인 1km당 120원보다 적으므로 사용한 교통비 전액을 지원받을 수 있다.

이에 따라 출장 1일 차에 지원받을 수 있는 출장비는 50,000 + 12,375 + 15,000 + 20,000 = 97,375원, 출장 2일 차에 지원받을 수 있는 출장비는 60,000 + 9,000 + (8,000 + 12,000 + 15,000) + 30,000 = 134,000원, 출장 3일 차에 지원받을 수 있는 출장비는 16,875 + (10,000 + 10,000) + 30,000 = 66,875원이다.

따라서 조 대리가 지원받을 수 있는 출장비는 97,375 + 134,000 + 66,875 = 298,250원이다.

50 문제해결능력   정답 ③

[○○공사 출장비 지원 규정]에 따르면 박 차장이 지원받을 수 있는 최대 출장비는 숙박비 1박당 100,000원, 교통비 1km당 120원, 식비 1끼당 15,000원, 일비 1일당 70,000원이다.

출장 1일 차에 박 차장이 대전역에서 내린 뒤 회사까지 걸어서 대전 지사에 도착하는 시간은 KTX를 이용하면 09:40, ITX를 이용하면 10:45이므로 박 차장은 회의 시간인 10:00에 늦지 않는 KTX를 이용했다. 마찬가지로 출장 2일 차에 박 차장이 서울역에서 내린 뒤 회사까지 걸어서 서울 본사에 도착하는 시간은 KTX를 이용하면 11:35, ITX를 이용하면 11:10이므로 박 차장은 회의 시간인 11:30에 늦지 않는 ITX를 이용했다. 이때, 출장 1일 차와 2일 차의 열차 주행 거리는 동일한 170km이므로 지원 규정에 따른 목적지까지의 지원 교통비는 출장 1일 차와 2일 차 모두 120 × 170 = 20,400원이고, 대중교통 이용 시 대중교통 이용 요금과 주행거리에 따른 지원 금액 중 적은 금액을 기준으로 출장비가 지급되므로 교통비는 출장 1일 차에 KTX 이용 요금인 23,700원보다 적은 20,400원, 출장 2일 차에 지원 교통비인 20,400원보다 적은 ITX 이용 요금 16,000원을 지원받을 수 있다.

이에 따라 출장 1일 차에 지원받을 수 있는 출장비는 70,000 + 20,400 + (11,000 + 15,000) + 70,000 = 186,400원, 출장 2일 차에 지원받을 수 있는 출장비는 16,000 + 8,000 = 24,000원이다.

따라서 박 차장이 지원받을 수 있는 출장비는 186,400 + 24,000 = 210,400원이다.

51 조직이해능력   정답 ①

제시된 글에서 A 사는 조직 내 가족적인 분위기와 구성원 간의 배려, 협동, 신뢰를 중시하며, 의사결정 참여도를 높이고 구성원의 개별 능력을 증진시키기 위해 다양한 노력을 하고 있으므로 A 사의 조직 문화 유형은 조직 내 가족적인 인간관계와 배려를 중시하고 조직 구성원의 협동, 신뢰, 의사결정 참여, 인재개발 등에 가치를 두는 '관계 지향 문화'에 해당한다.

 알아보기

퀸의 경쟁가치모형

- 관계 지향 문화: 조직 내 가족적인 인간관계와 배려를 중시하며, 조직 구성원의 협동, 신뢰, 사기, 의사결정 참여, 인재개발 등에 가치를 둠
- 혁신 지향 문화: 조직의 유연성과 변화를 중시하며, 외부환경에 대한 능동적 대응을 강조하고 조직의 성장과 발전을 위해 조직 구성원의 창의성, 도전정신, 업무 자율성 등에 가치를 둠
- 위계 지향 문화: 조직 내 질서 유지와 통합을 중시하며, 명령과 규칙, 집권적 통제, 명확한 책임소재 등을 강조하는 관료제의 규범에 가치를 둠
- 과업 지향 문화: 조직 목표 달성 및 생산성을 중시하며, 경쟁 지향적인 생산 중심 문화로서 목표 달성, 계획, 능률, 성과 보상, 외부관계자와의 거래 등에 가치를 둠

52 문제해결능력   정답 ④

[A 회사 급여 지급 규정]에 따르면 급여는 기본급, 직위 수당, 초과근무 수당, 식대, 교통비, 보육 수당을 모두 합산하여 매월 10일에 지급하므로 갑, 을, 병, 정, 무 5명의 급여는 다음과 같다.

구분	기본급	직위 수당	식대	교통비	보육 수당	급여
갑	300 만 원	30 만 원	10 만 원	–	–	300 + 30 + 10 = 340만 원
을	270 만 원	20 만 원	10 만 원	10 만 원	40 만 원	270 + 20 + 10 + 10 + 40 = 350만 원
병	330 만 원	40 만 원	10 만 원	–	20 만 원	330 + 40 + 10 + 20 = 400만 원
정	380 만 원	50 만 원	10 만 원	10 만 원	20 만 원	380 + 50 + 10 + 10 + 20 = 470만 원
무	380 만 원	50 만 원	10 만 원	15 만 원	–	380 + 50 + 10 + 15 = 455만 원

따라서 급여가 가장 많은 정과 급여가 가장 적은 갑의 급여 차이는 470 - 340 = 130만 원이다.

53 자원관리능력   정답 ③

[처분할 가전제품 목록]에 따르면 혜경이는 250L 냉장고, 스탠드형 선풍기, 식기건조기, 러닝머신, 대형 오디오, 전기밥통, 컴퓨터 본체, 컴퓨터 모니터, 탈수기, 34인치 텔레비전 각 1개(대)를 처분하고자 한다. [○○시 대형 생활 폐기물 수수료]에 따르면 대형 생활 폐기물 수수료는 200L 이상 냉장고가 4,000원, 스탠드형 선풍기가 3,000원, 식기건조기가 3,000원, 러닝머신이 5,000원, 대형 오디오가 5,000원, 전기밥통이 2,000원, 컴퓨터 본체가 3,000원, 컴퓨터 모니터가 2,000원, 탈수기가 2,000원, 29인치 이상 텔레비전이 5,000원이다. 따라서 혜경이가 ○○시에 납부할 수수료는 4,000 + 3,000 + 3,000 + 5,000 + 5,000 + 2,000 + 3,000 + 2,000 + 2,000 + 5,000 = 34,000원이다.

54 자원관리능력   정답 ②

제시된 자료에 따르면 1일 업무 시작 전 재고 조사 결과, A4용지의 재고량은 6 × 500 = 3,000매이다. 1일 업무 시작 이후부터 예상 사용량에 따라 용지를 사용하면 10일 업무가 종료되었을 때의 A4용지 재고량은 3,000 - (380 + 430 + 250 + 350 + 510 + 300 + 540 + 230) = 10매이다. 이에 따라 13일부터 A4용지가 부족하므로 바로 전 근무일인 10일까지 A4용지 배송이 완료되어야 한다. 오전에 주문하면 당일 배송이 시작되어 2일 후에 배송이 완료되고, 오후에 주문하면 다음 날 배송이 시작되어 주문일로부터 3일 후에 배송이 완료되므로 배송기간에 포함되지 않는 주말을 제외하고 2일 전인 8일 오전에 주문해야 한다.

이때 매주 수요일은 ◇◇제지의 재고 점검 업무로 오후 주문만 가능하므로 7일 오후에 A4용지를 주문해야 한다.

따라서 A4용지를 주문해야 하는 날짜 및 시간대는 '7일 오후'이다.

55 수리능력   정답 ③

제시된 자료에 따르면 A 제품의 연도별 누적 판매량은 2012년이 556만 개, 2013년이 556+231=787만 개, 2014년이 787+529=1,316만 개, 2015년이 1,316+607=1,923만 개, 2016년이 1,923+1,296=3,219만 개이다.

따라서 A 제품의 연도별 누적 판매량으로 옳은 그래프는 ③이다.

[56-57]

56 자원관리능력   정답 ④

2019년 1월부터 2019년 6월까지의 평균 베어링 수출액이 2,000만 달러 이하여야 하므로 2019년 1월부터 2019년 6월까지 매월 수입액이 2,000만 달러 이하인 중동, 유럽, 중남미, 아프리카와 평균 베어링 수출액이 (21,571,822+18,716,040+18,648,369+17,459,699+18,953,535+17,096,843)/6≒18,741,051달러인 북미가 이에 해당한다. 이때 매월 수입액이 2,000만 달러 이상인 아시아는 제외된다. 또한, 2019년 1월부터 2019년 6월까지 매월 베어링 수입액이 500만 달러 이상이어야 하므로 매월 수입액이 500만 달러 미만인 중동, 중남미, 아프리카를 제외한 유럽과 북미가 이에 해당한다. 선정 기준에 해당하는 대륙이 2개 이상일 경우 2019년 6월 베어링 수출액의 전월 대비 감소율의 크기가 큰 대륙으로 선정하며, 2019년 6월 베어링 수출액의 전월 대비 감소율은 유럽이 {(14,852,712−13,419,121)/14,852,712}×100≒9.65%이고 북미가 {(18,953,535−17,096,843)/18,953,535}×100≒9.80%이다.

따라서 A 부장이 새로운 시장으로 선정할 대륙은 '북미'이다.

57 자원관리능력   정답 ②

새로운 시장으로 선정된 대륙은 북미이며, 북미의 2020년 4월 베어링 수입액은 2019년 4월 베어링 수입액 대비 20% 상승하였고 2020년 4월에 S 기업이 북미에 수출한 베어링 수출액이 북미의 베어링 수입액의 10%를 차지하였으며 북미의 2019년 4월 베어링 수입액은 8,219,623달러이므로 S 기업이 2020년 4월 북미에 수출한 베어링 수출액은 8,219,623×1.2×0.1≒986,355달러이다.

58 조직이해능력   정답 ③

직무 관리는 NCS 분류 체계상 인사 직무의 능력 단위에 해당하므로 가장 적절하지 않다.

 알아보기

경영기획 직무와 인사 직무의 능력 단위
- 경영기획: 사업환경 분석, 경영방침 수립, 경영계획 수립, 신규사업 기획, 사업별 투자 관리, 예산 관리, 경영실적 분석, 경영 리스크 관리, 이해관계자 관리
- 인사: 인사 기획, 직무 관리, 인력 채용, 인력 이동 관리, 인사 평가, 핵심 인재 관리, 교육 훈련 운영, 임금 관리, 급여 지급, 복리 후생 관리, 조직 문화 관리, 인사 아웃소싱, 퇴직 업무 지원, 전직 지원

59 문제해결능력   정답 ③

'6. 사업 절차'에 따르면 축산물품질평가원이 전산실적 확인 후 S/W 업체에 직접 지원금을 지급하므로 옳지 않은 내용이다.

오답 체크

① '5. 지원 내용'에 따르면 지원금은 유통업체 1개소당 50만 원, 사업예산은 320백만 원이므로 지원 가능한 유통업체 수는 32,000/50=640개소이므로 옳은 내용이다.
② '3. 신청 자격'에 따르면 닭·오리·계란 유통 이력정보의 전산 신고를 원하는 유통업체만 해당 전산연계 지원 사업에 지원할 수 있으므로 옳은 내용이다.
④ '4. 신청 방법'에 따르면 전산연계 지원 사업은 지원 신청서를 전용 이메일 창구로 제출해야 하므로 옳은 내용이다.

제시된 [K 회사 출장 여비 지급 기준]에 따라 윤 대리의 8월 출장 여비를 계산한다.

부산광역시 출장 건의 경우, 1박 2일간 출장을 갔으므로 일비로 2×2=4만 원, 식비로 2×2=4만 원을 지급받을 수 있다. 또한, 친지 집에서 숙박했으므로 숙박비로 2만 원, 근무지에서 출장지로 갈 때 기차를, 출장지에서 근무지로 갈 때 버스를 이용했으므로 왕복 교통비로 최대 3+2=5만 원을 지급받을 수 있다. 이에 따라 부산광역시 출장 건으로 지급받을 수 있는 여비는 최대 4+4+2+5=15만 원이다.

서울특별시 출장 건의 경우, 2박 3일간 출장을 갔으므로 일비로 2×3=6만 원, 식비로 2×3=6만 원을 지급받을 수 있다. 또한, 서울특별시 호텔에서 숙박했으므로 숙박비로 최대 7×2=14만 원, 근무지에서 출장지로 갈 때와 출장지에서 근무지로 갈 때 모두 기차를 이용했으므로 왕복 교통비로 최대 3+3=6만 원을 지급받을 수 있다. 이에 따라 서울특별시 출장 건으로 지급받을 수 있는 여비는 최대 6+6+14+6=32만 원이다.

영주시 출장 건의 경우, 1박 2일간 출장을 갔으므로 일비로 1×2=2만 원, 식비로 2×2=4만 원을 지급받을 수 있다. 또한, 영주시 호텔에서 숙박했으므로 숙박비로 최대 5만 원을 지급받을 수 있고, 근무지에서 출장지로 갈 때와 출장지에서 근무지로 갈 때 모두 공용차량을 이용했으므로 왕복 교통비는 지급받을 수 없다. 이에 따라 영주시 출장 건으로 지급받을 수 있는 여비는 최대 2+4+5=11만 원이다.

따라서 윤 대리가 지급받을 수 있는 최대 여비는 15+32+11=58만 원이다.

정답

p.366

01	④	의사소통능력	16	①	조직이해능력	31	④	조직이해능력	46	④	의사소통능력
02	④	수리능력	17	①	문제해결능력	32	④	자원관리능력	47	④	수리능력
03	④	의사소통능력	18	④	문제해결능력	33	④	자원관리능력	48	①	수리능력
04	④	문제해결능력	19	④	의사소통능력	34	④	의사소통능력	49	④	문제해결능력
05	①	수리능력	20	④	수리능력	35	③	수리능력	50	③	자원관리능력
06	②	수리능력	21	③	문제해결능력	36	③	의사소통능력	51	④	자원관리능력
07	③	수리능력	22	④	수리능력	37	④	수리능력	52	③	수리능력
08	①	자원관리능력	23	③	문제해결능력	38	②	자원관리능력	53	②	수리능력
09	①	자원관리능력	24	④	문제해결능력	39	②	자원관리능력	54	③	조직이해능력
10	③	의사소통능력	25	④	자원관리능력	40	④	문제해결능력	55	④	자원관리능력
11	①	의사소통능력	26	④	자원관리능력	41	③	문제해결능력	56	②	조직이해능력
12	④	의사소통능력	27	③	수리능력	42	①	의사소통능력	57	④	문제해결능력
13	③	문제해결능력	28	②	문제해결능력	43	④	수리능력	58	④	수리능력
14	③	자원관리능력	29	③	문제해결능력	44	③	문제해결능력	59	②	조직이해능력
15	①	자원관리능력	30	②	조직이해능력	45	②	문제해결능력	60	②	문제해결능력

취약 영역 분석표

영역별로 맞힌 개수와 정답률을 적고 나서 취약한 영역이 무엇인지 파악해 보세요.
정답률이 60% 미만인 취약한 영역은 틀린 문제를 다시 풀어보면서 확실히 극복하세요.

영역	의사소통능력	수리능력	문제해결능력	자원관리능력	조직이해능력	TOTAL
맞힌 개수	/10	/15	/16	/13	/6	/60
정답률	%	%	%	%	%	%

※ 정답률(%) = (맞힌 개수/전체 개수) × 100

[01 - 02]

01 의사소통능력 　　　　　　　　　정답 ④

2문단에서 신규 공급 단지들의 분양 가격이 시세보다 저렴하게 결정되면서 청약 당첨으로 시세 차익을 기대하는 수요자가 증가했다고 하였으므로 신규 공급 단지의 분양 가격은 기존 시세보다 낮게 책정되었음을 알 수 있다.

오답 체크

① 2문단에서 20여 차례에 걸친 정부의 부동산 규제에도 불구하고 집값이 계속해서 올랐다고 하였으므로 적절하지 않은 내용이다.

② 3문단에서 부동산 업계 관계자는 청약 경쟁이 치열해지는 와중에도 그만큼 가치가 높다고 평가되는 지역은 꾸준히 청약통장 신규 가입자가 증가하고 있다고 하였으므로 적절하지 않은 내용이다.

③ 1문단에서 주택청약 종합저축은 2015년에 청약저축과 청약예금, 청약부금의 기능을 하나로 묶어 놓은 것으로 현재 유일하게 신규 가입을 할 수 있다고 하였으므로 적절하지 않은 내용이다.

02 수리능력 　　　　　　　　　　　정답 ④

20XX년 1월 대비 7월 주택청약 종합저축통장 가입 수의 증가량은 서울이 6,050,167−5,913,388=136,779좌, 인천이 1,457,330−1,374,692=82,638좌, 대전이 844,838−819,880=24,958좌, 광주가 764,166−745,804=18,362좌, 대구가 1,220,423−1,189,550=30,873좌, 울산이 477,534−455,274=22,260좌, 부산이 1,716,368−1,654,362=62,006좌로 증가량이 가장 큰 지역은 서울이고, 두 번째로 큰 지역은 인천이다.

따라서 서울과 인천의 20XX년 1월 대비 7월 주택청약 종합저축통장 가입 수의 증가량의 합은 136,779+82,638=219,417좌이다.

03 의사소통능력 　　　　　　　　　정답 ④

이 보도자료는 농림축산식품부가 지속 가능한 식생활을 확산시키기 위해 제3차 식생활 교육 기본계획을 바탕으로 학생, 군 장병, 직장인 등 여러 계층에게 식생활 교육을 시행한다는 내용이므로 이 보도자료의 제목으로 가장 적절한 것은 ④이다.

04 문제해결능력 　　　　　　　　　정답 ④

'제38조의5 제2항'에 따르면 공사가 부보금융회사와 경영정상화계획의 이행을 위한 약정에는 재무건전성, 수익성, 자산건전성 기준에 대한 목표수준을 이행하기 위한 구체적인 실천계획을 포함해야 하므로 옳은 내용이다.

오답 체크

① '제38조의5 제3항'에 따르면 공사가 약정을 체결한 경우 전자문서 등을 통하여 이를 공개해야 하지만, 부보금융회사의 경영에 중대한 영향을 줄 수 있는 사항으로서 대통령령으로 정하는 사항은 제외할 수 있으므로 옳지 않은 내용이다.

② '제38조의5 제2항'에 따르면 공사가 자금지원을 할 때에는 대통령령으로 정하는 바에 따라 해당 부보금융회사와 경영정상화계획의 이행을 위한 서면약정을 체결해야 하므로 옳지 않은 내용이다.

③ '제38조의5 제4항'에 따르면 공사는 약정에 따른 이행실적을 분기별로 점검하여 위원회에 보고하여야 하므로 옳지 않은 내용이다.

05 수리능력 　　　　　　　　　　　정답 ①

전체 일의 양을 1, 갑이 하루 동안 한 일의 양을 x, 을이 하루 동안 한 일의 양을 y, 병이 하루 동안 한 일의 양을 z라고 하면

$(x+y) \times 6 = 1 \rightarrow x+y = \frac{1}{6} \cdots$ ⓐ

$(z+y) \times 10 = 1 \rightarrow z+y = \frac{1}{10} \cdots$ ⓑ

$(x+y+z) \times 5 = 1 \rightarrow x+y+z = \frac{1}{5} \cdots$ ⓒ

ⓒ−ⓐ에서 $z = \frac{1}{5} - \frac{1}{6} = \frac{1}{30}$,

ⓒ−ⓑ에서 $x = \frac{1}{5} - \frac{1}{10} = \frac{1}{10}$

이에 따라 갑과 병이 하루 동안 함께 한 일의 양은 $\frac{1}{10} + \frac{1}{30} = \frac{2}{15}$ 이고, 일을 마치는 데 걸린 기간은 $\frac{15}{2} = 7.5$일이다.

따라서 갑과 병이 함께 일하면 일을 마치는 데 최소 8일이 걸린다.

06 수리능력 　　　　　　　　　　　정답 ②

수익률$=\frac{수익}{원가} \times 100$임을 적용하여 구한다.

원가=판매가−수익이므로

자동차 다섯 대의 원가는 $(3,500 \times 5) - 5,000 = 12,500$만 원이므로 자동차 한 대당 수익률은 $\frac{5,000}{12,500} \times 100 = 40\%$이다.

07 수리능력 　　　　　　　　　　　정답 ③

ⓑ 20X3년 12월 수입보험료는 20X2년 12월 대비 {(3,289−3,114)/3,114} × 100 ≒ 5.6% 증가하였으므로 옳지 않은 설명이다.

ⓒ 20X3년 하반기의 평균 수입보험료 손해율은 (95.5+101.2+101.0+101.9+100.6+99.0)/6 ≒ 99.9%이므로 옳지 않은 설명이다.

오답 체크

ⓐ 20X3년 8월부터 20X3년 12월까지 농협손해보험의 수입보험료는 전월 대비 꾸준히 증가했으므로 옳은 설명이다.

ⓓ 20X3년 하반기 동안 수입보험료 손해율은 10월에 101.9%로 가장 높으므로 옳은 설명이다.

08 자원관리능력 정답 ①

흑백 출력은 1매당 20원, 컬러 출력은 1매당 80원이고, 출판물별 샘플 출력 매수가 총 200매 이상인 경우 해당 출판물 출력 비용의 10%가 할인되므로 각 출판물별 출력 비용은 다음과 같다.

구분	흑백 매수	컬러 매수	출력 매수	출력 비용
가 출판물	0매	150매	150매	150 × 80 = 12,000원
나 출판물	100매	50매	150매	(100 × 20) + (50 × 80) = 6,000원
다 출판물	250매	0매	250매	250 × 20 × 0.9 = 4,500원
라 출판물	0매	200매	200매	200 × 80 × 0.9 = 14,400원
마 출판물	50매	100매	150매	(50 × 20) + (100 × 80) = 9,000원

따라서 지불해야 하는 총 금액은 12,000 + 6,000 + 4,500 + 14,400 + 9,000 = 45,900원이다.

09 자원관리능력 정답 ①

K 씨는 판매점의 영업 이익을 개선하기 위해 마우스 종류별 가격 정보와 지난 달 판매 수량을 확인하여 지난 달의 판매 이윤이 가장 적은 상품의 판매를 중단하고자 하므로 마우스 종류별 지난 달의 판매 이윤은 다음과 같다.

구분	가 마우스	나 마우스	다 마우스	라 마우스
납품 가격	2.5만 원	3만 원	5.2만 원	1.8만 원
판매 가격	4만 원	5만 원	7만 원	3만 원
개당 판매 이윤	4 − 2.5 = 1.5만 원	5 − 3 = 2만 원	7 − 5.2 = 1.8만 원	3 − 1.8 = 1.2만 원
지난 달 판매 수량	22개	19개	20개	30개
지난 달 판매 이윤	1.5 × 22 = 33만 원	2 × 19 = 38만 원	1.8 × 20 = 36만 원	1.2 × 30 = 36만 원

따라서 K 씨가 판매를 중단할 상품은 '가 마우스'이다.

10 의사소통능력 정답 ③

밑줄 친 부분은 분별하여 알아본다는 의미로 쓰였으므로 사물의 본질, 원인 따위를 깊이 연구하여 밝힌다는 의미의 ③은 적절하지 않다.

오답 체크
① 분간(分揀): 어떤 대상이나 사물을 다른 것과 구별하여 냄
② 인식(認識): 사물을 분별하고 판단하여 앎
④ 가름: 쪼개거나 나누어 따로따로 되게 하는 일

11 의사소통능력 정답 ①

제시된 단어 어지간하다는 수준이 보통에 가깝거나 그보다 약간 더 하다는 의미의 단어이다.
따라서 이렇다 할 단점이나 흠잡을 만한 것이 없다는 의미의 '무난하다'가 적절하다.

오답 체크
② 담담하다: 차분하고 평온하다
③ 엉성하다: 꽉 짜이지 아니하여 어울리는 맛이 없고 빈틈이 있다
④ 만만찮다: 보통이 아니어서 손쉽게 다룰 수 없다

12 의사소통능력 정답 ④

촛점 (X) → 초점 (O)
• 한글 맞춤법 제30항 제3호에 따라 두 음절로 된 한자어 중 앞말이 모음으로 끝나는 경우 뒷말의 첫소리가 된소리로 나는 6개의 단어(곳간, 셋방, 숫자, 찻간, 툇간, 횟수)만 앞말의 받침에 'ㅅ'을 받쳐 적고 이 6개 이외의 한자어는 사이시옷을 붙이지 않는다.
따라서 '초점'이라고 써야 한다.

13 문제해결능력 정답 ③

'2. 주차장 이용 요금'에서 2시간 이내로 이용할 경우 무료라고 하였으며, 임씨가 2시간 주차권을 2매 구입했다면 4시간을 더 이용할 수 있어 주차장 이용 가능 시간은 최대 6시간이므로 가장 적절하지 않다.

오답 체크
① '4. 무인 정산기 이용 방법'에서 5호관 지하 2층 4호기 엘리베이터 전실에 있는 사전 정산기 이용 시 요금 정산 후 15분간의 출차 여유 시간을 부여한다고 하였으므로 적절하다.
② '3. 주차장 이용 할인권'에서 H 타워 상가 및 업무 시설 방문 고객에 한하여 주차장 이용 할인권을 판매한다고 하였으므로 적절하다.
④ '1. 주차장 운영 시간'에서 평일 운영 시간인 오후 11시 이후 입출차가 제한된다고 하였으므로 적절하다.

[14 - 15]
14 자원관리능력 정답 ③

K 은행 신입 행원들의 근무 평가 평균 점수는 (75 + 75 + 60 + 78 + 76 + 86) / 6 = 75점이다.
따라서 K 은행 신입 행원들의 근무 평가 평균 점수의 등급은 'B 등급'이다.

15 자원관리능력   정답 ①

각 신입 행원의 부서별 필수 역량에 해당하는 항목의 평가 점수의 합은 다음과 같다.

구분	수신부	여신부	외환부
갑	15+5+10=30점	5+5+10=20점	5+5+5=15점
을	5+3+5=13점	3+5+12=20점	10+10+10=30점
병	10+5+2=17점	5+10+5=20점	10+10+3=23점
정	15+5+9=29점	5+10+10=25점	10+10+5=25점
무	12+3+2=17점	3+5+10=18점	9+10+10=29점
기	15+5+10=30점	5+5+11=21점	10+10+10=30점

이에 따라 수신부 '을'은 평가 점수가 가장 높은 '외환부'로 부서를 이동하게 된다.

오답 체크

② 여신부 병은 평가 점수가 가장 높은 외환부로 부서를 이동하게 된다.
③ 여신부 정은 평가 점수가 가장 높은 수신부로 부서를 이동하게 된다.
④ 외환부 무는 자신의 부서의 평가 점수가 가장 높아 부서를 이동하지 않는다.

16 조직이해능력   정답 ①

신문 기사에 나타난 L 기업의 마케팅 기법은 '앰부시마케팅'이다.

오답 체크

② 게릴라마케팅: 시공간에 구애받지 않고 대중이 모인 장소에 나타나 제품을 홍보하는 마케팅 기법
③ 원투원마케팅: 개별 고객에게 초점을 맞춰 차별화된 서비스를 제공하고 장기적인 관계를 구축하여 고객의 이탈을 막고 높은 수익을 창출하는 마케팅 기법
④ 스텔스마케팅: 소비자가 눈치채지 못하도록 생활 속에 파고들어 구매 욕구를 자극하고 제품을 홍보하는 마케팅 기법

17 문제해결능력   정답 ①

첫 번째 명제의 '대우'와 두 번째 명제의 '대우'를 차례로 결합한 결론은 다음과 같다.

• 첫 번째 명제(대우): 도보로 출근하는 사람은 버스를 선호하지 않는다.
• 두 번째 명제(대우): 버스를 선호하지 않는 사람은 지하철을 타지 않는다.
• 결론: 도보로 출근하는 사람은 지하철을 타지 않는다.

따라서 도보로 출근하는 사람은 지하철을 타지 않으므로 항상 옳은 설명이다.

오답 체크

② 지하철을 타지 않는 사람이 버스를 선호하지 않는지는 알 수 없으므로 항상 옳은 설명은 아니다.
③ 버스를 선호하지 않는 사람은 지하철을 타지 않고, 지하철을 타지 않는 사람은 자가용으로 출근하므로 항상 옳지 않은 설명이다.
④ 도보로 출근하는 사람은 버스를 선호하지 않고, 버스를 선호하지 않는 사람은 지하철을 타지 않으므로 항상 옳지 않은 설명이다.

18 문제해결능력   정답 ④

제시된 [부서 배정 결과]에서 성별에 관한 내용을 먼저 확인한다. 제시된 〈참인 내용〉에 따르면 C는 여자이고, C와 D의 성별이 같으므로 D도 여자이다. 이때 B와 성별이 같은 사람은 없으므로 B는 남자이고, A는 여자임을 알 수 있다.
다음으로 4명의 신입사원의 부서를 정리하면, 제시된 〈참인 내용〉에 따라 B가 배정받은 부서는 금융투자부와 같은 자산운용본부에 속한 금융자금운용부이고, C는 회원지원본부에 배정받지 않았으므로 C가 배정받은 부서는 IT전략부가 아니다. 이때 〈거짓인 내용〉에 따라 A와 C는 모두 금융·자산 리스크관리에 속한 부서에 배정받지 않았으므로 A와 C는 경영기획에 속한 부서에 배정받아 A가 IT전략부, C가 미래혁신부에 배정받고, 나머지 D가 금융리스크관리부에 배정받았음을 알 수 있다.

A	B	C	D
여자	남자	여자	여자
IT전략부	금융자금운용부	미래혁신부	금융리스크관리부

따라서 신입사원 A, B, C, D의 성별과 부서가 바르게 짝지어진 ④가 정답이다.

19 의사소통능력   정답 ④

이 글은 콜럼버스가 신대륙 발견을 통해 세계사에 한 획을 그은 인물로 긍정적인 평가를 받아왔으나, 제국주의적 성향을 띠었다는 점과 신대륙을 발견한 최초의 인물이 아닐 수도 있다는 점을 고려하여 다시 평가되어야 한다는 내용이므로 이 글의 중심 내용으로 가장 적절한 것은 ④이다.

20 수리능력   정답 ④

2013년 무농약 친환경 농산물 재배 농가 수당 무농약 곡류 및 채소류 생산량은 $(223+199)/90 ≒ 4.7$톤/호로 2013년 유기농 친환경 농산물 재배 농가 수당 유기농 곡류 및 채소류 생산량인 $(49+41)/16 ≒ 5.6$톤/호보다 적으므로 옳지 않은 설명이다.

① 2013년 인증 종류별 친환경 농산물 생산량이 많을수록 생산량 구성비도 크며, 무농약 친환경 농산물 생산량이 $223+60+199+27+170+14=693$천 톤으로 유기농, 저농약보다 많아 생산량 구성비도 가장 크므로 옳은 설명이다.

② 2013년 저농약 친환경 농산물 재배 농가 수 1호당 생산량은 $(7+260+103+1)/23=371/23≒16.1$톤으로 무농약 친환경 농산물 재배 농가 수당 생산량인 $(223+60+199+27+170+14)/90=693/90≒7.7$톤보다 1호당 $16.1-7.7≒8.4$톤 더 많으므로 옳은 설명이다.

③ 2012년까지 친환경 농산물 전체 재배 농가 수는 전년 대비 감소하였고, 유기농 친환경 농산물 재배 농가 수는 전년 대비 증가하여 친환경 농산물 전체 재배 농가 수에서 유기농 친환경 농산물 재배 농가 수가 차지하는 비중은 2012년까지 매년 전년 대비 증가하였으며, 친환경 농산물 전체 재배 농가 수에서 유기농 친환경 농산물 재배 농가 수가 차지하는 비중은 2012년에 $(17/143)×100≒11.9\%$, 2013년에 $(16/129)×100≒12.4\%$로 2013년에도 전년 대비 증가하였으므로 옳은 설명이다.

[21-22]

21 문제해결능력   정답 ③

ⓒ '제10조 4항'에 따르면 수익자 B는 연납조건으로 연초에 가입했던 보험이 10년 뒤 연말에 만기가 되어 적립 부분 순보험료인 70,000원을 보험료 납입일로부터 공시이율 1.4%로 연 단위 복리로 적립한 금액인

$$\frac{70,000(1.014)(1.014^{10}-1)}{1.014-1}=\frac{70,000×0.1521}{0.014}=760,500$$

원을 만기환급금으로 지급받으므로 옳은 내용이다.

ⓔ '제10조 2항'에 따르면 계약자 및 보험수익자의 청구에 의하여 만기환급금을 지급하는 경우 청구일로부터 3영업일 이내에 지급하면 되므로 C가 만기환급금 청구일인 9월 14일로부터 이틀 뒤인 9월 16일에 만기환급금을 지급받은 것은 옳은 내용이다.

ⓐ '용어 풀이'에 따르면 최저보증이율 설명에 의해 공시이율이 0.6%이고 최저보증이율이 0.5%라면 공시이율이 최저보증이율보다 높아 적립금은 공시이율에 따라 적립되므로 옳지 않은 내용이다.

ⓑ '제10조 3항'에 따르면 계약자인 A는 만기환급금 지급시기 7일 이전이 아닌 5일 전에 사유와 지급금액에 관해 설명을 들었으므로 옳지 않은 내용이다.

ⓜ '제10조 5항의 1호'에 따르면 보장성 공시이율은 매월 마지막 날 정해짐을 알 수 있으므로 10월 1일에 보장성 공시이율이 정해진 것은 옳지 않은 내용이다.

22 수리능력   정답 ④

제시된 조건에 따르면 갑은 매년 적립 부분 순보험료가 50,000원이고, 보험 계약 기간이 5년이며, 매달 보장성 공시이율이 1.2%이므로 $\frac{50,000(1.012)(1.012^5-1)}{1.012-1}≒$ $\frac{50,000×0.06072}{0.012}≒253,000$원을 기본 만기환급금으로 받게 되고, 갑은 보험금의 지급시기 도래 7일 이전에 지급할 사유와 금액을 듣지 못했으므로 추가로 적립 부분 순보험료에 공시이율 × 60%인 이자율을 적용하여 $50,000×(0.012×0.6)=50,000×0.0072=360$원의 이자를 더 받게 된다.

따라서 갑은 $253,000+360≒253,360$원의 만기환급금을 받게 된다.

23 문제해결능력   정답 ③

제시된 조건에 따르면 재산 금액이 큰 사람일수록 A 은행에서 받은 대출 금액이 작으므로 재산 금액이 가장 작은 사람이 대출 금액은 가장 크다. 김 사원의 재산 금액보다 재산 금액이 작은 사람은 두 명이므로 김 사원의 재산 금액은 다섯 명 중 세 번째로 크고, 이 사원의 재산 금액은 다섯 명 중 가장 작지도 않고, 가장 크지도 않으므로 두 번째 또는 네 번째로 크다. 이때 정 사원의 대출 금액은 배 사원의 대출 금액보다 크므로 정 사원의 재산 금액은 배 사원의 재산 금액보다 작고, 김 사원의 재산 금액은 박 사원의 재산 금액보다 작으므로 정 사원의 재산 금액이 가장 작음을 알 수 있다.

따라서 다섯 명 중 A 은행에서 받은 대출 금액이 가장 큰 사람은 '정 사원'이다.

24 문제해결능력   정답 ④

제시된 조건에 따르면 라 사원이 방문할 대학교는 가 사원이 방문할 대학교보다 왼쪽에 위치하므로 가 사원은 A 대학교에 방문하지 않는다. 또한, 가 사원이 방문할 대학교는 다 사원이 방문할 대학교보다 왼쪽에 위치하지만, 나 사원이 방문할 대학교보다는 오른쪽에 위치하므로 다 사원은 C 대학교, 가 사원은 B 대학교 또는 D 대학교, 나와 라 사원은 각각 A 대학교 또는 E 대학교에 방문하게 된다. 이때 마 사원이 방문할 대학교는 맨 아래쪽에 위치하므로 마 사원은 B 대학교, 가 사원은 D 대학교를 방문하게 됨을 알 수 있다.

따라서 가 사원이 방문할 대학교는 'D 대학교'이다.

25 자원관리능력   정답 ④

제시된 자료에 따르면 Y 사에서는 매달 5,000장의 흑백 인쇄와 2,000장의 컬러 인쇄를 사용한다. 복합기 구매 가격이 1,800,000원이며 구매 가격에는 최초 11,000장의 흑백 인쇄와 8,000장의 컬러 인쇄가 기본으로 포함되어 있으므로 구매 후 4달 동안 컬러 인쇄 경비를 추가할 필요가 없고, $(5,000×4)-11,000=9,000$장의 흑백 인쇄 경비만 추가된다.

이에 따라 공용 복합기 구매 시 4달 동안 소요되는 비용은 '1,800,000+(9,000×10)=1,890,000원'이고, 구매 후 5번째 달부터 매달 5,000장의 흑백 인쇄와 2,000장의 컬러 인쇄 경비만 추가되므로 구매 후 5번째 달부터 매달 소요되는 비용은 (5,000×10)+(2,000×100)=250,000원이다. 복합기 대여 시에는 매달 월 150,000원의 대여료에 1,000장의 흑백 인쇄, 1,000장의 컬러 인쇄 경비가 추가되어야 하므로 대여 시 매달 소요되는 비용은 150,000+(1,000×20)+(1,000×150)=320,000원이고, 4달 동안 대여할 때 소요되는 비용은 320,000×4=1,280,000원이다.

이에 따라 5달 이후 공용 복합기를 구매 및 대여한 개월 수를 x라고 하면, 공용 복합기를 구매할 때의 비용이 대여할 때의 비용보다 적어져야 하므로

1,280,000+320,000x > 1,890,000+250,000x
→ 70,000x > 610,000 → x > 8.7

5달 이후 공용 복합기를 구매할 때의 비용이 대여할 때의 비용보다 적어지는 데 필요한 개월 수는 8.7개월보다 많아야 하므로 9개월이 필요하다.

따라서 공용 복합기 구매 시 소요되는 누적 비용이 대여 시 소요되는 누적 비용보다 처음으로 적어지는 달은 4+9=13달 후이다.

26 자원관리능력 　　　　　　　　　　정답 ④

[제품 1개의 부품 구성]에 따르면 나 제품을 1개 생산하는 데 필요한 부품은 1번 부품이 3개, 2번 부품이 1개, 3번 부품이 4개이고, [부품별 단가]에 따르면 부품별 개당 단가는 1번 부품이 15,000원, 2번 부품이 38,000원, 3번 부품이 21,000원이므로 나 제품 1개를 생산하는 데 필요한 부품의 금액은 (15,000×3)+(38,000×1)+(21,000×4)=167,000원이다. 이에 따라 나 제품을 200개 생산하는 데 필요한 부품의 총금액은 167,000×200=33,400,000원이다.

따라서 나 제품을 200개 생산하고자 할 때 필요한 부품의 총금액은 '3,340만 원'이다.

27 수리능력 　　　　　　　　　　　　정답 ③

예산에서 이사비용 0.3천만 원을 제외하면 서울 지역에서 이사 갈 수 있는 전세 가격은 37.3-0.3=37.0천만 원, 경기 지역은 31.3-0.3=31.0천만 원이다. 이에 따라 아파트 매매 가격 대비 전세 가격의 비율은 서울 지역이 (37.0 / 50.0)×100=74.0%, 경기 지역이 (31.0 / 40.0)×100≒77.5% 이하여야 한다. 2017년 4월의 아파트 매매 가격 대비 전세 가격 비율의 추이는 전월과 동일하여 서울 지역은 최대 0.1%p 증가하거나 변동이 없을 것으로 예측되므로 이사 조건을 만족하는 지역은 '광진구'이며, 경기 지역은 최대 0.2%p 증가하거나 변동이 없을 것으로 예측되므로 이사 조건을 만족하는 지역은 '성남시'이다.

28 문제해결능력 　　　　　　　　　　정답 ②

'1. 개요'에 따르면 농민 기본소득은 10월부터 12월까지 매월 5만 원씩 총 15만 원이 지급되며, '6. 기타 사항'에 따르면 사용 기한은 지급일로부터 3개월임에 따라 10월에 지급받은 5만 원은 1월까지 사용할 수 있어 2월에 사용할 수 있는 최대 농민 기본소득은 15-5=10만 원이므로 옳은 내용이다.

오답 체크

① '3. 신청기간'에 따르면 여주에 주소를 둔 농민이 농민 기본소득을 신청할 수 있는 기간은 7월 20일부터 9월 6일까지이므로 옳지 않은 내용이다.
③ '4. 대상'에 따르면 1개 시군에 연속 3년 또는 1개 시군에 비연속 10년 동안 주소를 두고 거주하면서 농지를 두고 1년 이상 농업생산에 종사한 농민은 농민 기본소득을 신청할 수 있음에 따라 각 시군에 2년씩만 거주한 농민은 농민 기본소득을 신청할 수 없으므로 옳지 않은 내용이다.
④ '6. 기타 사항'에 따르면 농업 분야에 고용되어 근로소득을 받는 농업노동자는 지급 대상에서 제외하므로 옳지 않은 내용이다.

29 문제해결능력 　　　　　　　　　　정답 ③

'우대금리'에 따르면 해당 상품 가입월부터 만기 전월까지 기간 중 3개월 이상 ○○은행에서 급여이체 시 우대금리 0.15%p를 적용 받으며 비연속적으로 3개월 이상인 경우도 포함하므로 옳은 내용이다.

오답 체크

① '가입기간에 따른 기본금리'에 따르면 가입기간이 20개월일 경우 1.10%, 36개월일 경우 1.25%로 차이는 1.25-1.10=0.15%p 이므로 옳지 않은 내용이다.
② '우대금리'에 따르면 우대금리는 우대조건 만족 시 가입일의 기본금리에 가산하여 만기 해지 시 적용되므로 옳지 않은 설명이다.
④ '우대금리'에 따르면 가입월부터 만기 전월까지 현금서비스를 제외한 ○○은행 개인신용/체크카드(교육) 월평균 20만 원 이상 이용 시 우대금리를 적용받을 수 있으므로 옳지 않은 내용이다.

[30-31]

30 조직이해능력 　　　　　　　　　　정답 ②

제시된 글을 통해 사내 강사 교육비에 대한 기안서는 본부장이 최고결재권자, 지출결의서는 대표이사가 최고결재권자임을 확인할 수 있다.

따라서 기안서의 경우 사내 결재 규정에 따라 최고결재권자인 본부장을 비롯한 이하 직책자의 서명이 표시되고 결재가 불필요한 직책자인 대표이사의 결재란은 상향대각선으로 표시된 ②가 가장 올바르다.

31 조직이해능력   정답 ④

제시된 글을 통해 해외 출장비에 대한 출장계획서는 본부장이 최고결재권자, 출장비신청서는 대표이사가 최고결재권자이나, 대표이사의 출장으로 본부장 대결사항이 되었음을 확인할 수 있다.

따라서 출장비신청서의 경우 최고결재권자인 대표이사의 결재를 대결하는 본부장을 비롯한 이하 직책자의 서명을 표시하고, 대결자인 대표이사의 서명란에는 "전결"을, 대결자인 본부장의 서명란에는 "대결"을 표시한 ④가 가장 올바르다.

32 자원관리능력   정답 ④

제시된 [최 사원의 업무 리스트 및 점수]에 따라 8개 업무 점수를 각각 계산하면 a 업무는 5+8=13점, b 업무는 1+2=3점, c 업무는 7+10=17점, d 업무는 10+3=13점, e 업무는 2+7=9점, f 업무는 9+9=18점, g 업무는 4+1=5점, h 업무는 6+9=15점이다. 이에 따라 업무의 우선순위를 정하면 15점 이상인 c, f, h 업무는 긴급하면서 중요한 업무에 해당하고, 6점 이상 15점 미만인 a, d, e 업무 중 a, e 업무는 긴급하지 않지만 중요한 업무, d 업무는 긴급하지만 중요하지 않은 업무에 해당하며, 6점 미만인 b, g 업무는 긴급하지도 중요하지도 않은 업무에 해당한다.

따라서 최 사원은 월요일에 c, f, h 업무를, 화요일에 a, d, e 업무를, 수요일에 b, g 업무를 진행해야 한다.

33 자원관리능력   정답 ④

계획에 따른 수행 단계는 계획에 맞게 업무를 수행해야 하는 단계이다. 계획에 얽매일 필요는 없지만 최대한 계획대로 수행하는 것이 바람직하며, 불가피하게 수정이 필요한 경우에는 전체 계획에 미칠 수 있는 영향을 고려해야 한다.

따라서 빈칸에 들어갈 내용으로 가장 적절하지 않은 것은 ④이다.

34 의사소통능력   정답 ④

ⓐ 2문단에서 우리 민족은 오래전부터 태양을 하늘로 섬기고 자신을 하늘의 자손이라고 생각하여 태양의 광명을 뜻하는 흰빛을 신성시한 데에서 흰옷에 대한 선호가 비롯되었다고 하였으므로 적절한 내용이다.
ⓑ 4문단에서 과거에는 옷 한 벌을 염색하는 데 네 식구가 한 달간 일용할 양식에 달하는 비용이 소요되었다는 점에서 흰옷은 경제적이고 실용적이라는 이유로 자연히 사랑받았다고 하였으므로 적절한 내용이다.

[오답 체크]

ⓒ 5문단에서 한민족은 흰옷을 즐겨 입었으며 일제는 비경제적인 흰옷 대신 검은 옷을 입도록 장려하였으나 대중들이 이를 무시하자 흰옷에 대한 탄압이 심화되었고, 그 결과 흰옷이 항일의 상징이 되었다고 하였으므로 적절하지 않은 내용이다.

35 수리능력   정답 ③

제시된 자료에 따르면 2014년 과실별 생산면적은 사과가 307백 ha, 배가 131백 ha, 복숭아가 155백 ha, 포도가 163백 ha, 감귤이 213백 ha, 감이 280백 ha, 자두가 57백 ha이므로 옳은 그래프는 ③이다.

[오답 체크]

① 2017년 감의 생산면적은 247백 ha이지만, 이 그래프에서는 240백 ha보다 낮게 나타나므로 옳지 않은 그래프이다.
② 2016년 복숭아의 생산면적은 199백 ha이지만, 이 그래프에서는 190백 ha보다 낮게 나타나므로 옳지 않은 그래프이다.
④ 2018년 포도의 생산면적은 128백 ha이지만, 이 그래프에서는 130백 ha보다 높게 나타나므로 옳지 않은 그래프이다.

36 의사소통능력   정답 ③

'_____ 의료 검진을 받았다'라는 문맥에서 received a _____ medical exam의 빈칸에 '종합적인'이라는 의미의 comprehensive가 들어가는 것이 적절하다.

[오답 체크]

① convulsive: 경련성인
② compulsive: 강박적인
④ compressed: 압축된

37 수리능력   정답 ④

표준편차는 분산의 제곱근 값이고, 분산은 각 변량과 평균의 차이의 제곱합을 변량의 개수로 나눈 값임을 적용하여 구한다.

학생 4명 아이큐의 평균은 $\frac{125+130+115+110}{4}=120$이고,

분산은 $\frac{(125-120)^2+(130-120)^2+(115-120)^2+(110-120)^2}{4}=62.5$이다.

따라서 학생 4명 아이큐의 표준편차는 $\sqrt{62.5}$이다.

[38 - 39]

38 자원관리능력   정답 ②

제시된 자료에 따르면 ○○건설회사의 자산관리팀은 안전장비 관리 및 구매 비용을 줄이기 위해 관리 프로세스를 변경하려고 한다. 이에 따라 장비를 추가로 구매하려고 할 때, 가장 먼저 진행해야 할 업무는 안전장비의 재고를 파악하고 종류별로 물품을 분류하여 변경된 안전장비 관리 프로세스에 따를 수 있도록 준비하는 것이므로 가장 적절한 내용이다.

39 자원관리능력   정답 ②

제시된 [바코드 분류]에 따르면 안전화는 용도별 코드, 종류별 코드, 보관 통로별 코드, 장비 코드 순으로 바코드를 구성해야 한다.

따라서 980번째 안전화에는 바코드 'A-200-1-980'을 출력하여 부착해야 하므로 가장 적절하지 않은 내용이다.

40 문제해결능력 정답 ④

주차장을 5시간 동안 이용할 때, 기차역과 기차역 인근 주차장의 요금은 다음과 같다. A 역 주차장을 이용할 때, 주차 요금은 최초 1시간 무료, 추가 1시간당 5,000원이므로 4시간 요금이 적용되고, A 역 이용고객은 10% 할인되므로 총 주차 요금은 (5,000 × 4) × 0.9 = 18,000원이다. A 역 인근 백화점 주차장을 이용할 때, 주차 요금은 1시간당 5,000원이고, A 역 이용고객은 1시간 주차 무료이므로 4시간 요금이 적용되어 총 주차 요금은 5,000 × 4 = 20,000원이다. B 역 주차장을 이용할 때, 주차 요금은 최초 2시간 10,000원, 추가 30분당 2,000원이고, B 역 이용고객은 3시간 이상 주차 시 4,000원 할인되므로 총 주차 요금은 10,000 + (2,000 × 6) − 4,000 = 18,000원이다. B 역 인근 공영 주차장을 이용할 때, 주차 요금은 최초 1시간 5,500원, 추가 1시간당 2,200원이므로 총 주차 요금은 5,500 + (2,200 × 4) = 14,300원이다.

따라서 제휴사업팀이 주차하기에 적합한 주차장은 주차 요금이 가장 저렴한 'B 역 인근 공영 주차장'이다.

41 문제해결능력 정답 ③

이용 가능 시간만을 고려하면 세미나 첫째 날에는 오전/오후 일정을 같은 곳에서 진행 가능한 북부농업교육장과 남부농업기술센터 두 군데가 이용 가능하므로 옳지 않은 내용이다.

오답 체크

① 수용 가능 인원을 고려하면 수용 가능 인원이 45명인 남부농업기술센터는 적합하지 않으므로 옳은 내용이다.
② 팀장님의 지시에 따라 둘째 주나 셋째 주 평일 이틀 동안 진행하는 것으로 결정되어 1, 2, 3일과 주말은 제외하고 고려해야 하므로 옳은 내용이다.
④ 모든 지시 사항을 고려하면 인원은 50명 이상이면서 첫째 날에는 오전/오후 일정이 같은 곳에서 진행 가능한 북부농업교육장에서 세미나를 진행하고, 둘째 날에는 오전 일정이 가능한 북부농업교육장 또는 동부농업기술센터에서 진행해야 하지만, 14일에는 북부농업교육장에서 세미나를 진행할 수 없으므로 옳은 내용이다.

42 의사소통능력 정답 ①

'1) 임시 우회 운행 일시' 항목을 통해 통근 버스가 20△△년 10월 6일에 오전 7시 30분부터 오후 5시 30분까지 임시 우회 운행한다는 문서의 정보 및 현안을 파악하고 있으므로 3단계에 맞춰 문서를 이해한 것으로 가장 적절하다.

오답 체크

②는 2단계, ③은 5단계, ④는 4단계에 맞춰 문서를 이해한 것이다.

43 수리능력 정답 ④

로봇이 작업을 시작하여 시작 지점에서 최초로 만나는 시간은 A 로봇과 B 로봇 작동 시간의 최소공배수임을 적용하여 구한다.

6을 소인수분해하면 6 = 2 × 3이고, 15를 소인수분해하면 15 = 3 × 5이다.

최소공배수는 적어도 한 숫자에 포함된 인수들의 모든 곱이므로 2 × 3 × 5 = 30이고 두 로봇이 최초로 만나는 시간은 30분 후이다.

따라서 시작 지점에서 두 번째로 만나게 되는 시간은 30 × 2 = 60분 후이다.

44 문제해결능력 정답 ③

다음 글에서 설명하고 있는 논리적 사고 개발 방법은 '피라미드 구조화 방법'이다.

45 문제해결능력 정답 ②

두 번째 명제와 세 번째 명제의 '대우', 첫 번째 명제의 '대우'를 차례로 결합한 결론은 다음과 같다.

• 두 번째 명제: 곤충을 무서워하면 음료수를 즐겨 마시지 않는다.
• 세 번째 명제(대우): 음료수를 즐겨 마시지 않으면 단 음식을 좋아하지 않는다.
• 첫 번째 명제(대우): 단 음식을 좋아하지 않으면 어린이가 아니다.
• 결론: 곤충을 무서워하면 어린이가 아니다.

따라서 곤충을 무서워하면 어린이가 아니므로 항상 옳은 설명이다.

오답 체크

① 음료수를 즐겨 마시지 않으면 곤충을 무서워하는지는 알 수 없으므로 항상 옳은 설명은 아니다.
③ 단 음식을 좋아하면 음료수를 즐겨 마시고, 음료수를 즐겨 마시면 곤충을 무서워하지 않으므로 항상 옳지 않은 설명이다.
④ 음료수를 즐겨 마시면 어린이인지는 알 수 없으므로 항상 옳은 설명은 아니다.

46 의사소통능력   정답 ④

6문단에서 농식품부는 지방자치단체, 농협, 생산자단체 등을 통해 축산농가에 축산농장 자가진단 안내서가 배포될 수 있도록 하고, 축산종사자 교육 과정에 축산농장 자가진단 안내서를 포함하여 축산농가들이 관련 내용을 숙지하도록 할 계획이라고 하였으므로 농식품부에서 지방자치단체, 농협, 생산자단체를 통해 축산농장 자가진단 안내서를 모든 축산농가에 배포 완료한 상황은 아님을 알 수 있다.

오답 체크

① 3문단에서 축산법령 자가점검표에는 축산법, 가축전염병 예방법, 가축분뇨의 관리 및 이용에 관한 법률, 악취방지법, 가축 및 축산물 이력 관리에 관한 법률, 축산물 위생관리법 등 6개 법령에서 규정하는 사항이 체계화되어 있다고 하였으므로 적절한 내용이다.
② 5문단에서 전기배선 관리, 누전차단기 작동 상태, 소화설비 설치 여부 등으로 구성된 축사 전기 화재 안전 자가점검표를 통해 축산농가 스스로 축사 내의 전기안전 상황을 점검할 수 있게 된다고 하였으므로 적절한 내용이다.
③ 3문단에서 농식품부는 관계부처 및 지방자치단체, 전문가·축산단체의 의견 수렴을 통해 축산법령 자가점검표, 축산환경 소독 자가점검표, 전기화재 안전 자가점검표로 이루어진 축산농장 자가진단 안내서를 마련하였다고 하였으므로 적절한 내용이다.

47 수리능력   정답 ④

제시된 지역의 오리 가축사육 농가 수의 평균은 (32+106+58+75+43+280+148+178)/8=115가구이므로 옳은 설명이다.

오답 체크

① 경상북도의 전체 가축사육 농가 수는 14,691+397+467+530+1,884+2,717+148=20,834가구로 전라북도의 전체 가축사육 농가 수인 6,644+133+175+221+799+1,132+43=9,147가구의 20,834/9,147≒2.28배로 2배 이상이므로 옳지 않은 설명이다.
② 전체 가축사육 농가 수는 충청북도가 4,570+199+229+30+532+1,157+58=6,775가구, 충청남도가 7,632+323+471+648+751+1,693+75=11,593가구로 두 지역 농가 수의 차이는 11,593-6,775=4,818가구이므로 옳지 않은 설명이다.
③ 제시된 지역 중 강원도의 가축 종류별 가축사육 농가 수 순위와 동일한 지역은 없으므로 옳지 않은 설명이다.

⏱ **빠른 문제 풀이 Tip**

① 비교하고자 하는 두 지역의 각 항목을 비교하여 계산한다. 경상북도 가축사육 농가 수는 전라북도 가축사육 농가 수에 비해 모든 가축의 농가 수가 2배 이상이므로 전체 가축사육 농가 수도 2배 이상임을 알 수 있다.

48 수리능력   정답 ①

2016년 제조업 전체 설비 투자액에서 300명 이상 1,000명 미만의 종업원이 근무하는 제조업 전체 설비 투자액이 차지하는 비중은 (81,884/747,228)×100≒11%이므로 옳은 설명이다.

오답 체크

② 제시된 기간 동안 종이 제품 제조업의 설비 투자액은 매년 감소하고 있으므로 옳지 않은 설명이다.
③ 2014년 섬유 제품 제조업의 설비 투자액은 523+993+2,523+134=4,173억 원이므로 옳지 않은 설명이다.
④ 2014년 1,000명 이상 5,000명 미만의 종업원이 근무하는 담배 제조업의 설비 투자액은 1,575-(8+465+0)=1,102억 원이므로 옳지 않은 설명이다.

49 문제해결능력   정답 ④

제시된 조건에 따르면 김주희 신청자는 시설이 설치된 $250m^2$ 농지에서 원예작물을 재배하고, 꿀벌 13군을 사육하므로 '시설이 설치된 $280m^2$ 이상의 농지에서 원예작물을 재배하는 자'와 '꿀벌 15군 이상 사육하는 자' 조건을 모두 충족하지 못한다.
따라서 가입 조건을 충족하지 못하는 신청자는 '김주희' 신청자이다.

오답 체크

① 양승민 신청자는 1년 중 75일 이상인 82일 농업에 종사하므로 가입 조건을 충족한다.
② 유대식 신청자는 개 25마리 이상인 30마리를 사육하므로 가입 조건을 충족한다.
③ 임수영 신청자는 $500m^2$ 이상인 $650m^2$ 농지에서 채소·과수를 재배하고, 닭 120마리 이상인 125마리를 사육하므로 가입 조건을 충족한다.

50 자원관리능력   정답 ③

△△사의 태양광 모듈은 5평당 1개씩 설치가 가능하며, 200평 밭 전체에 태양광 모듈을 설치하므로 P 씨의 밭에는 태양광 모듈 200/5=40개가 설치된다. 이에 따라 태양광 모듈 설치 비용은 80,000×40=3,200,000원=320만 원이며, 한 달 전기 판매 수익은 25,000×40=1,000,000원=100만 원이다. 이때 전기 판매 수익은 한 달 단위로 정산됨에 따라 태양광 모듈을 설치하고 3개월 후 발생한 전기 판매 수익은 300만 원이므로 전기 판매 수익이 설치 비용보다 많지 않고, 태양광 모듈 설치하고 4개월 후 발생한 전기 판매 수익은 400만 원이므로 전기 판매 수익이 설치 비용보다 많아진다.
따라서 태양광 모듈을 설치한 후 발생한 전기 판매 수익이 설치 비용보다 많아지는 때는 '4개월 후'이다.

51 자원관리능력   정답 ④

제시된 지문은 '노하우 부족'에 대한 설명이다.

오답 체크

① 비계획적 행동: 계획 없이 충동적이고 즉흥적으로 행동하는 경우로, 목표치가 없기 때문에 얼마나 낭비하는지도 파악하지 못하는 경우에 해당하는 요인
② 편리성 추구: 자신의 편리함을 최우선으로 추구하는 경우에 해당하는 요인
③ 자원에 대한 인식 부재: 자신이 중요한 자원을 가지고 있다는 인식이 없는 경우에 해당하는 요인

52 수리능력   정답 ③

29는 소수임에 따라 $a(a-b)=29$인 두 자연수는 1과 29가 유일하므로 $a=1$, $(a-b)=29$이거나 $a=29$, $(a-b)=1$이다. 먼저 $a=1$, $(a-b)=29$이면, $b=-28$이므로 a와 b가 모두 자연수라는 조건에 모순된다. 다음으로 $a=29$, $(a-b)=1$이면, $b=28$이므로 a와 b는 모두 자연수라는 조건에 성립한다.
따라서 $a^2-b^2=29^2-28^2=841-784=57$이다.

53 수리능력   정답 ②

분산은 각 변량과 평균의 차이의 제곱합을 변량의 개수로 나눈 값임을 적용하여 구한다.
가맹점 A의 상반기 매출액의 분산은
$\frac{(2-3)^2+(3-3)^2+(5-3)^2+(1-3)^2+(4-3)^2+(3-3)^2}{6}=\frac{5}{3}$이고,
가맹점 B의 상반기 매출액의 분산은
$\frac{(4-2)^2+(2-2)^2+(2-2)^2+(1-2)^2+(2-2)^2+(1-2)^2}{6}=1$이다.
따라서 두 가맹점의 상반기 매출액에 대한 분산의 차이는
$\frac{5}{3}-1=\frac{2}{3}$이다.

54 조직이해능력   정답 ③

조직활동의 결과로서 조직의 성과와 구성원들의 조직 만족이 결정되므로 조직활동 결과로 '매출'은 가장 적절하지 않다.

55 자원관리능력   정답 ④

제시된 조건에 따르면 문 주임은 오후 4시 회의에 참석하기 위해 회사에 늦어도 오후 3시 30분까지 도착해야 한다. 또한, 공항에서 회사까지 1시간이 걸리므로 공항에는 오후 2시 30분까지 도착해야 하며 뉴욕이 한국보다 14시간 느리므로 뉴욕 시각으로 늦어도 오전 12시 30분까지 공항에 도착해야 한다.
따라서 문 주임이 예매해야 하는 항공권은 뉴욕 시각으로 00:20에 도착하는 VW302이다.

오답 체크

① QH325 항공권을 예매하면 뉴욕 시각으로 05:40, 한국 시각으로 19:40에 공항에 도착한다.
② KM574 항공권을 예매하면 뉴욕 시각으로 01:45, 한국 시각으로 15:45에 공항에 도착한다.
③ JX807 항공권을 예매하면 뉴욕 시각으로 02:45, 한국 시각으로 16:45에 공항에 도착한다.

56 조직이해능력   정답 ②

농토피아의 구체적인 방향성은 대우받는 농업, 희망이 있는 농촌, 존경받는 농업인이다.
따라서 A에는 '대우받는 농업', B에는 '존경받는 농업인'이 들어가야 한다.

57 문제해결능력   정답 ④

'1. 임금의 기준'에 따르면 임금은 시급과 제수당의 합이며 시급은 8,720원이다. 이때 갑의 8월 근무 시간은 총 $(14 \times 4)+3=59$시간이므로 총 시급은 $8,720 \times 59=514,480$원이다. 제수당은 통신비, 간식·교통비, 출장비의 합이며, 통신비는 월 20,000원을 전액 지급하고, 간식·교통비는 지원 금액을 한도로 실비 지급하며, 출장비는 출장 발생일에 근무 시간에 따라 지원 금액 전액을 지급하므로 갑의 8월 근무 내역에 따른 제수당은 다음과 같다.

구분	통신비	간식·교통비	출장비
1주 차		5,000+4,000 =9,000원	-
2주 차		-	-
3주 차	20,000원	5,000+3,000+ 5,000=13,000원	10,000+10,000 =20,000원
4주 차		5,000+5,000+ 5,000=15,000원	5,000+10,000+ 5,000=20,000원
5주 차		-	10,000원
합계		37,000원	50,000원

간식·교통비는 월 50,000원 이내, 출장비는 월 100,000원 이내이므로 위의 금액을 모두 지급받을 수 있다.
따라서 갑의 8월 임금은 $514,480+20,000+37,000+50,000 =621,480$원이다.

58 수리능력   정답 ④

전체 외국인 근로자 수에서 서비스업 외국인 근로자 수가 차지하는 비중은 2017년에 (100 / 50,837) × 100 ≒ 0.20%, 2018년에 (90 / 53,855) × 100 ≒ 0.17%로 2017년이 더 크므로 옳은 설명이다.

오답 체크

① 2014년 전체 외국인 근로자 수는 전년 대비 58,511 − 51,556 = 6,955명 감소했으므로 옳지 않은 설명이다.
② 2016년 농축산업 외국인 근로자 수는 전년 대비 {(7,018 − 5,949) / 5,949} × 100 ≒ 18% 증가했으므로 옳지 않은 설명이다.
③ 2015년과 2018년에 어업 외국인 근로자 수는 전년 대비 증가하였지만, 건설업 외국인 근로자 수는 전년 대비 감소하였으므로 옳지 않은 설명이다.

⏱ 빠른 문제 풀이 Tip

④ 분자의 크기와 분모의 크기를 비교한다.
서비스업 외국인 근로자 수는 2017년이 2018년보다 많고, 전체 외국인 근로자 수는 2017년이 2018년보다 적으므로 전체 외국인 근로자 수에서 서비스업 외국인 근로자 수가 차지하는 비중은 2017년이 2018년보다 큼을 알 수 있다.

59 조직이해능력   정답 ②

관료제는 수직적으로는 계층화되고 수평적으로는 기능상 분업 체제를 이루는 피라미드형 조직 구조로, 업무가 전문화·세분화되어 업무에 대한 책임과 권한이 명확하므로 적절하지 않은 내용이다.

오답 체크

①, ③, ④ 관료제의 단점이므로 적절한 내용이다.

60 문제해결능력   정답 ②

ⓒ 신용카드의 공제는 소득공제에 해당함에 따라 B가 신용카드를 100만 원 사용했을 때, 공제율이 15%라면 신용카드로 소득공제를 받는 금액이 100 × 0.15 = 15만 원이므로 옳지 않은 설명이다.

오답 체크

㉠ 근로소득이 6천만 원인 A의 세율이 10%일 때, 50만 원의 소득공제를 받으면 A의 결정세액은 (6,000 − 50) × 0.1 = 595만 원이고, 50만 원의 세액공제를 받으면 A의 결정세액은 (6,000 × 0.1) − 50 = 550만 원이므로 옳은 설명이다.
ⓒ 1년 동안 C가 낸 세금이 200만 원일 때, 그해 결정세액이 160만 원이라면 200 − 160 = 40만 원을 돌려받으므로 옳은 설명이다.

정답

p.416

01	④	의사소통능력	16	④	의사소통능력	31	③	수리능력	46	③	문제해결능력
02	④	의사소통능력	17	④	의사소통능력	32	②	수리능력	47	③	문제해결능력
03	②	의사소통능력	18	④	의사소통능력	33	③	수리능력	48	②	문제해결능력
04	③	의사소통능력	19	②	의사소통능력	34	③	수리능력	49	②	문제해결능력
05	③	의사소통능력	20	③	의사소통능력	35	②	수리능력	50	②	문제해결능력
06	③	의사소통능력	21	①	의사소통능력	36	②	수리능력	51	②	자원관리능력
07	③	의사소통능력	22	②	의사소통능력	37	③	수리능력	52	④	자원관리능력
08	②	의사소통능력	23	④	수리능력	38	④	수리능력	53	③	자원관리능력
09	①	의사소통능력	24	①	수리능력	39	④	수리능력	54	③	자원관리능력
10	③	의사소통능력	25	②	수리능력	40	②	수리능력	55	④	자원관리능력
11	④	의사소통능력	26	①	수리능력	41	③	문제해결능력	56	②	조직이해능력
12	②	의사소통능력	27	③	수리능력	42	②	문제해결능력	57	④	조직이해능력
13	④	의사소통능력	28	④	수리능력	43	③	문제해결능력	58	④	조직이해능력
14	②	의사소통능력	29	①	수리능력	44	②	문제해결능력	59	②	조직이해능력
15	①	의사소통능력	30	④	수리능력	45	③	문제해결능력	60	③	조직이해능력

취약 영역 분석표

영역별로 맞힌 개수와 정답률을 적고 나서 취약한 영역이 무엇인지 파악해 보세요.
정답률이 60% 미만인 취약한 영역은 틀린 문제를 다시 풀어보면서 확실히 극복하세요.

영역	의사소통능력	수리능력	문제해결능력	자원관리능력	조직이해능력	TOTAL
맞힌 개수	/22	/18	/10	/5	/5	/60
정답률	%	%	%	%	%	%

※ 정답률(%) = (맞힌 개수/전체 개수) × 100

01 의사소통능력 정답 ④

빈칸 바로 앞의 단어인 본접수와 함께 쓸 수 있으며 행동이나 일 따위를 시작한다는 의미의 ④가 적절하다.

오답 체크

① 심사(審査): 자세하게 조사하여 등급이나 당락 따위를 결정함
② 게시(揭示): 여러 사람에게 알리기 위하여 내붙이거나 내걸어 두루 보게 함
③ 개최(開催): 모임이나 회의 따위를 주최하여 엶

02 의사소통능력 정답 ④

빈칸이 있는 문장에서 목소리가 일치하는지 옳고 그름을 판단했다고 하였으므로 옳고 그름이나 좋고 나쁨을 판단하여 구별한다는 의미의 ④가 적절하다.

오답 체크

① 분별(分別): 서로 다른 일이나 사물을 구별하여 가름
② 구별(區別): 성질이나 종류에 따라 갈라놓음
③ 각별(各別): 어떤 일에 대한 마음가짐이나 자세 따위가 유달리 특별함

03 의사소통능력 정답 ②

제시된 단어는 일정한 기준이나 원칙 없이 하고 싶은 대로 한다는 의미이므로 권력이나 위력(威力)으로 남의 자유의사를 억눌러 원하지 않는 일을 억지로 시킨다는 의미의 ②가 적절하다.

오답 체크

① 이타(利他): 자기의 이익보다는 다른 이의 이익을 더 꾀함
③ 의도(意圖): 무엇을 하고자 하는 생각이나 계획
④ 자의(恣意): 제멋대로 하는 생각

04 의사소통능력 정답 ③

제시된 단어 극기(克己)는 자기의 감정이나 욕심, 충동 따위를 이성적 의지로 눌러 이긴다는 의미의 단어이다.
따라서 감정이나 욕망, 충동적 행동 따위를 내리눌러서 그치게 한다는 의미의 '억제(抑制)'가 적절하다.

오답 체크

① 수양(修養): 몸과 마음을 갈고닦아 품성이나 지식, 도덕 따위를 높은 경지로 끌어올림
② 방치(放置): 내버려 둠
④ 초탈(超脫): 세속적인 것이나 일반적인 한계를 벗어남

05 의사소통능력 정답 ③

제시된 단어 이자와 금리는 모두 남에게 돈을 빌려 쓴 대가로 치르는 일정한 비율의 돈을 뜻하므로 유의관계이다.
따라서 요구나 필요에 따라 물품 따위를 제공한다는 의미의 '공급'과 유의관계의 단어인 '조달'이 적절하다.

오답 체크

① 수급(需給): 수요와 공급을 아울러 이르는 말

06 의사소통능력 정답 ③

가지런이 (×) → 가지런히 (○)

• 한글 맞춤법 제51항에 따라 부사의 끝 음절이 분명히 '이'로만 나는 것은 '−이'로 적고, '히'로만 나거나 '이'나 '히'로 나는 것은 '−히'로 적는다. 따라서 가지런히의 표준 발음은 [가지런히]이므로 "가지런히"라고 써야 한다.

07 의사소통능력 정답 ③

제시된 단어 설다는 열매, 밥, 술 따위가 제대로 익지 아니하다는 의미의 단어이다.
따라서 열매나 씨가 여문다는 의미의 '익다'가 적절하다.

오답 체크

① 식다: 더운 기가 없어지다
② 굽다: 불에 익히다
④ 찌다: 뜨거운 김으로 익히거나 데우다

08 의사소통능력 정답 ②

밑줄 친 단어는 과일을 고르고 가지런하게 깎았다는 의미로 쓰였으므로 ②가 적절하다.

오답 체크

①은 비뚤어지다, ③은 독특하다, ④는 밋밋하다의 의미이다.

09 의사소통능력 정답 ①

제시된 내용에서 연상할 수 있는 단어는 다음과 같다.

신라 시대	향가, 한시
운문	향가, 시조, 경기체가, 한시
정형시	향가, 시조, 경기체가, 한시
차자 표기	향가

따라서 공통으로 연상할 수 있는 단어로 적절한 것은 ①이다.

차자 표기: 향찰·이두·구결 등 한글이 없던 시절 한자의 음과 훈을 빌려 우리말을 기록하던 표기법

시조: 고려 중기에 발생하여 조선 시대에 가장 융성하였으며 현대시조로 전승된 정형시

경기체가: 속악가사의 형식에 따라 형성된 사대부들의 노래로, 고려 후기에 발생하여 조선 전기까지 향유된 교술 시가

한시: 중국의 전통 시가 양식에 따라 한자로 창작되어 정확한 전래 시기는 불분명하지만 신라부터 조선 후기까지 향유된 정형시

10 의사소통능력   정답 ③

제시된 의미에 해당하는 한자성어는 '수수방관(袖手傍觀)'이다.

오답 체크

① 목불인견(目不忍見): 눈앞에 벌어진 상황 따위를 눈 뜨고는 차마 볼 수 없음
② 방약무인(傍若無人): 곁에 사람이 없는 것처럼 아무 거리낌 없이 함부로 말하고 행동하는 태도가 있음
④ 무불간섭(無不干涉): 함부로 참견하고 간섭하지 않는 일이 없음

11 의사소통능력   정답 ④

이 글은 아동학대의 문제점을 제시한 뒤 아동학대에 대한 법적 장치 마련과 함께 사회적 인식의 개선이 이루어져야 함을 강조하는 글이다.

따라서 '(다) 아동학대의 1차적 피해: 아동의 신체 손상 → (나) 아동학대의 2차적 피해: 학대의 대물림 현상 유발 → (가) 아동학대 예방을 위한 법적 장치 → (라) 아동학대에 대한 잘못된 사회적 인식 개선의 필요성' 순으로 연결되어야 한다.

12 의사소통능력   정답 ②

이 글은 벨크로의 발명 일화를 통해 생체모방기술을 설명한 뒤 생체모방기술의 장점과 전망을 이야기하는 글이다.

따라서 '(나) 벨크로 발명의 계기가 된 사건 → (마) 그 사건을 통해 벨크로를 발명한 스위스의 엔지니어 메스트랄 → (가) 생체모방기술의 대표적 사례인 벨크로 발명 → (라) 생체모방기술의 정의 → (다) 생체모방기술의 장점 및 전망' 순으로 연결되어야 한다.

13 의사소통능력   정답 ④

빈칸 앞에서는 아이들이 어른들의 행동을 모방한다는 내용을 말하고 있고, 그 결과로 빈칸 뒤에서는 부모가 아이에게 모범이 되는 행동을 해야 한다는 내용을 말하고 있으므로 앞의 내용이 뒤의 내용의 근거가 될 때 사용하는 접속어 ④가 적절하다.

14 의사소통능력   정답 ②

'- 로써'는 어떤 일의 수단이나 도구를 나타내는 격 조사이고, '- 로서'는 지위나 신분 또는 자격을 나타내는 격 조사이다. 따라서 안전수칙을 준수하여 부주의한 행동에 의한 사고가 발생하지 않게 해야 한다는 의미로 사용된 '준수함으로써'는 수정이 필요한 부분으로 가장 적절하지 않다.

오답 체크

① 동사 '잘되다'의 반의어일 경우에는 '안되다'로 붙여 쓰지만, 동사 '되다'를 부사 '안'으로 부정하는 경우에는 띄어 써야 하므로 ㉠은 '안 된다'로 수정해야 한다.
③ '방해되어지지'는 피동의 의미를 가지는 '되다'와 '- 어지다'를 중복하여 사용한 것이므로 ㉢은 '방해되지'로 수정해야 한다.
④ 작업자들이 주의할 수 있도록 안전 표지판을 설치한다고 하였으므로 ㉣은 여러 사람에게 알리기 위하여 내붙이거나 내걸어 두루 보게 한다는 의미의 '게시(揭示)'로 수정해야 한다.
 • 계시(啓示): 깨우쳐 보여 줌

15 의사소통능력   정답 ①

정도의 뜻을 더하는 접미사 '가량'은 앞의 단어와 붙여 써야 하므로 '30~40%가량'은 수정이 필요한 부분으로 가장 적절하지 않다.

오답 체크

② ㉡의 앞에서는 시험관 아기 시술이 로버트 에드워즈 박사의 노력으로 발전했다는 내용을 말하고 있고, ㉡의 뒤에서는 로버트 에드워즈 박사의 대학 시절 관심 분야에 대한 내용을 말하고 있다. 따라서 우리나라 최초의 시험관 아기에 관한 내용인 ㉡은 삭제해야 한다.
③ 연구에 집중했다는 의미로 쓰였으므로 ㉢은 어떤 일에 온 정신을 다 기울여 열중한다는 의미의 '몰두(沒頭)'로 수정해야 한다.
 • 탐독(耽讀): 어떤 글이나 책 따위를 열중하여 읽음
④ 행동이나 일을 시작한다는 의미의 '개시하다'는 '시작하다'와 의미가 중복되므로 ㉣은 '개시했다' 또는 '시작했다'로 수정해야 한다.

[16 - 17]

16 의사소통능력   정답 ④

이 글은 기원전 4세기경 중국 기록에서 등장한 최초의 나침반 '사남'부터 오늘날 이용되는 전뤼나침반까지 나침반의 발명과 발달 역사를 설명하는 내용이므로 이 글의 제목으로 가장 적절한 것은 ④이다.

17 의사소통능력   정답 ④

3문단에서 지구 자기장에 의해 자침의 방향이 바뀌는 자기나침반이 가리키는 지구 자기장의 북극이 자북이라고 하였으므로 지구 자기장을 이용한 나침반이 가리키는 북쪽이 자북과 편차가 있는 것은 아님을 알 수 있다.

① 3문단에서 위도가 높아질수록 자전축과 자기축의 편차가 커져 자기나침반으로는 정확한 방위나 위치를 측정하기 어려웠기 때문에 이 점을 개선한 것이 전륜나침반이라고 하였으므로 적절한 내용이다.
② 2문단에서 13세기 중국 송에서 만들어진 나침반이 아랍으로 전파되고 다시 아랍에서 유럽으로 전파되었다는 평가가 있다고 하였으므로 적절한 내용이다.
③ 1문단에서 아주 오래전 나침반이 없을 때는 낮에는 해, 밤에는 별자리를 관측하여 방위를 알아냈다고 하였으므로 적절한 내용이다.

18 의사소통능력   정답 ④

글 전체에서 가설을 설정하고 이를 구체적인 현상에 적용하는 방식은 확인할 수 없으므로 가장 적절하지 않다.

① 2문단에서 앙부일구를 정의하면서 '앙부'로 해시계의 생김새와 '일구'로 해시계의 쓰임새까지 함께 설명하고 있으므로 적절하다.
② 1문단에서 〈삼국사기〉에 고구려와 백제에 해시계를 관리하는 관료가 있었다는 기록을 제시하며 삼국 시대에도 해시계가 사용됐다고 설명하고 있으므로 적절하다.
③ 3문단에서 앙부일구가 시곗바늘 역할을 하는 영침과 바닥에 해당하는 시반면으로 구성된다고 하였으며, 영침의 특징과 시반면의 특징을 설명하고 있으므로 적절하다.

[19-20]
19 의사소통능력   정답 ②

이 글은 우리나라 전체 가정에서 다문화 가정이 차지하는 비중이 계속해서 증가하고 있지만, 여전히 언어 및 문화 차이, 사회적 차별 등 다양한 고충을 겪고 있어 이에 대한 국가 차원의 지원과 사회적 인식의 개선이 필요하다는 내용이므로 이 글의 중심 내용으로 가장 적절한 것은 ②이다.

20 의사소통능력   정답 ③

1문단에서 한국의 다문화 가정은 국제결혼 가정, 외국인 근로자 가정, 기타 이주민 가정으로 구분할 수 있으며 외국인 근로자가 본국에서 결혼한 후 한국으로 이주한 경우는 외국인 근로자 가정에 해당한다고 하였으므로 자국에서 결혼하여 낳은 자녀를 데리고 한국으로 이민을 온 미국인은 다문화 가정이라고 볼 수 없는 것은 아님을 알 수 있다.

① 2문단에서 초고령화 사회로 부족해진 노동력을 보충하기 위해 외국인 노동자 유입이 늘어남에 따라 국제결혼이 증가하면서 다문화 가정이 함께 증가하는 것으로 분석된다고 하였으므로 적절한 내용이다.
② 2문단에서 사회적 차별로 인해 다문화 가정의 자녀가 학교에 잘 적응하지 못하여 또래보다 발달이 늦어지는 문제가 발생하는 경우가 있다고 하였으므로 적절한 내용이다.
④ 1문단에서 한국의 다문화 가정은 우리와 다른 민족 또는 다른 문화적 배경을 가진 사람이 포함된 가족을 총칭하는 용어라고 하였으므로 적절한 내용이다.

21 의사소통능력   정답 ①

상황에 따른 적절한 의사표현 방법에 따르면 잘못을 지적할 때는 지금의 잘못에 대해서만 지적해야 하므로 과거의 잘못까지 언급해야 한다고 말한 'A 사원'이 강의의 내용을 가장 잘못 이해하고 있다.

②, ③, ④는 모두 직장에서의 올바른 의사소통 방법과 관련 있다.

22 의사소통능력   정답 ②

조지 케일리가 양력, 중력, 추력, 항력 등의 개념을 통해 오늘날 고정익 항공기의 기초가 되는 혁신적인 원리를 고안해냈다고 하였으므로 과학적인 고찰을 통해 조지 케일리가 현대 항공공학의 이론적 터전을 확립하였음을 알 수 있다.

① 사람이 처음으로 하늘을 날았다는 공식적인 기록은 1783년 몽골피에 형제의 열기구 비행이라고 하였으므로 적절하지 않은 내용이다.
③, ④ 1903년에 라이트 형제가 인류 최초의 동력 비행에 성공하였다고 하였으므로 적절하지 않은 내용이다.

23 수리능력   정답 ④

유지와 수정이의 말은 모두 A 꼭짓점에서 시작하므로 첫 번째 시도에서 말이 B 꼭짓점에 도착하기 위해서는 정오각형의 A 꼭짓점에서 출발하여 꼭짓점을 4개, 9개, 14개, …와 같이 +5씩 변화하며 이동해야 한다. 이때 자기 차례가 되면 주사위 2개를 동시에 던지고, 반시계 방향의 바로 다음 꼭짓점으로 주사위 2개를 동시에 던져 나온 수의 합만큼 말이 이동하므로 한 번에 이동하는 최대 꼭짓점의 개수는 $6+6=12$개이다.
이에 따라 수정이가 자기 차례가 되어 게임을 했을 때, 첫 번째 시도에서 말이 B 꼭짓점에 도착하는 경우는 주사위 2개를 동시에 던져 나온 수의 합이 4와 9일 때이다.
[경우 1] 주사위 2개를 동시에 던져 나온 수의 합이 4인 경우
(1, 3), (2, 2), (3, 1)
[경우 2] 주사위 2개를 동시에 던져 나온 수의 합이 9인 경우
(3, 6), (4, 5), (5, 4), (6, 3)
따라서 첫 번째 시도에서 말이 B 꼭짓점에 도착하는 경우의 수는 $3+4=7$가지이다.

24 수리능력   정답 ①

$-10 \leq 5x < 29 \rightarrow -2 \leq x < \frac{29}{5}$ ... ㉠

$-4 < 3x \leq 21 \rightarrow -\frac{4}{3} < x \leq 7$ ... ㉡

㉠과 ㉡을 연립하면 $-\frac{4}{3} < x < \frac{29}{5}$

따라서 미지수 x의 값으로 옳지 않은 것은 -2이다.

25 수리능력　　　　　　　　　　　정답 ②

3층에 근무하는 전체 인원은 60명이므로 3층에 근무하는 남자 인원을 x라고 하면, 3층에서 근무하는 여자 인원은 $60-x$이다.

3층에 근무하는 남자 인원의 $\frac{1}{4}$과 여자 인원의 $\frac{1}{6}$이 안경을 착용하고, 3층에 근무하는 전체 인원 중 12명이 안경을 착용하므로

$\frac{1}{4}x + \frac{1}{6}(60-x) = 12 \rightarrow \frac{1}{4}x + 10 - \frac{1}{6}x = 12 \rightarrow \frac{1}{12}x = 2$

$\rightarrow x = 24$

이에 따라 3층에 근무하는 남자 인원은 24명이고, 남자 인원의 $\frac{1}{4}$이 안경을 착용한다.

따라서 3층에 근무하는 안경을 착용한 남자 인원은 $24 \times \frac{1}{4} = 6$명이다.

26 수리능력　　　　　　　　　　　정답 ①

어떤 사건 A가 일어날 확률을 p, 어떤 사건 B가 일어날 확률을 q라고 하면 두 사건 A, B가 서로 영향을 주지 않을 때, 두 사건 A, B가 동시에 일어날 확률은 p × q임을 적용하여 구한다.

농산물 품질관리사 자격증에 응시하여 치우가 합격할 확률은 30%이고, 현수가 합격할 확률은 20%이며, 농산물 품질관리사 자격증 시험 응시자의 합격 여부는 다른 응시자의 합격 여부에 영향을 주지 않는다.

따라서 치우와 현수가 올해 한 번 치러진 농산물 품질관리사 자격증 시험에 동시에 합격할 확률은 $(0.3 \times 0.2) \times 100 = 6\%$이다.

27 수리능력　　　　　　　　　　　정답 ③

서로 다른 n개에서 순서를 고려하지 않고 r개를 택하는 경우의 수 $_{n}C_{r} = \frac{n!}{r!(n-r)!}$임을 적용하여 구한다.

꺼낸 3개의 라면 가격의 합이 2,000원인 경우는 1,000원짜리 컵라면 1개와 500원짜리 봉지라면 2개를 꺼낼 때이므로 경우의 수는 $_{2}C_{1} \times _{3}C_{2} = \frac{2!}{1!1!} \times \frac{3!}{2!1!} = 6$가지이다.

따라서 꺼낸 라면들의 가격의 합이 2,000원인 경우의 수는 6가지이다.

28 수리능력　　　　　　　　　　　정답 ④

$\frac{x}{x-y} + \frac{y}{x+y} - 1$

$= \frac{x^2 + xy + xy - y^2 - x^2 + y^2}{x^2 - y^2}$

$= \frac{2xy}{x^2 - y^2} = \frac{2\sqrt{3}\sqrt{2}}{3-2} = 2\sqrt{6}$

따라서 $\frac{x}{x-y} + \frac{y}{x+y} - 1$을 계산하면 $2\sqrt{6}$이다.

29 수리능력　　　　　　　　　　　정답 ①

아래 쪽의 분모부터 차례대로 계산한 후, 분모와 분자에 분모와 같은 식을 곱하여 분모를 유리화한다.

$\dfrac{2}{3 - \dfrac{2}{1 + \dfrac{1}{\sqrt{5}}}} = \dfrac{2}{3 - \dfrac{2}{\frac{\sqrt{5}+1}{\sqrt{5}}}} = \dfrac{2}{3 - \dfrac{2\sqrt{5}}{\sqrt{5}+1}} = \dfrac{2}{\frac{\sqrt{5}+3}{\sqrt{5}+1}} = \dfrac{2\sqrt{5}+2}{\sqrt{5}+3}$

$= \dfrac{(2+2\sqrt{5})(3-\sqrt{5})}{(3+\sqrt{5})(3-\sqrt{5})} = \dfrac{6-2\sqrt{5}+6\sqrt{5}-10}{9-5} = \dfrac{4\sqrt{5}-4}{4} = \sqrt{5}-1$

30 수리능력　　　　　　　　　　　정답 ④

1시간이 지날 때마다 가로의 길이 변화는 $2^1, 2^2, 2^3 \cdots$이므로 x시간 후의 가로의 길이는 2^x이고, 2시간이 지날 때마다 세로의 길이 변화는 $2^1, 2^2, 2^3 \cdots$이므로 x시간 후의 세로의 길이는 $2^{\frac{x}{2}}$이다.

따라서 10시간이 지난 후 만들어진 직사각형의 넓이는 $2^{10} \times 2^5 = 2^{15}$이다.

31 수리능력　　　　　　　　　　　정답 ③

직육면체의 부피=밑면의 넓이×높이임을 적용하여 구한다.
제시된 입체도형의 부피는 3개의 직육면체 각각의 부피 합과 같다.

$\{(4 \times 1.5) \times 2\} + \{(4 \times 2.5) \times 3.5\} + \{(5 \times 2.5) \times 2\}$
$= 12 + 35 + 25 = 72$

따라서 입체도형의 부피는 72이다.

32 수리능력　　　　　　　　　　　정답 ②

갑의 종합소득 과세표준은 1억 4,000만 원으로 8,800만 원 초과 1억 5,000만 원 이하에 해당하여 종합소득 산출세액은 $1,590 + (14,000 - 8,800) \times 0.35 = 3,410$ 원이고, 을의 종합소득 과세표준은 1억 6,000만 원으로 1억 5,000만 원 초과 3억 원 이하에 해당하여 종합소득 산출세액은 $3,760 + (16,000 - 15,000) \times 0.38 = 4,140$ 만 원이다.

따라서 갑과 을의 종합소득 산출세액 차이는 $4,140 - 3,410 = 730$만 원이다.

33 수리능력　　　　　　　　　　　정답 ③

B 사원은 가입기간이 1년인 단리식 A 정기예금상품에 월이자지급식으로 가입하고 300만 원을 예치하였으며, 6개월 경과 후 상품을 해지했으므로 중도해지이율은 $1.4 \times 0.3 \times \frac{6}{12} = 0.21\%$이고, 이자는 $3,000,000 \times 0.0021 = 6,300$원이다. 이때 이자 과세 15.4%를 부담하므로 최종적으로 지급받는 이자는 $6,300 \times (1 - 0.154) = 5,330$원이다.

따라서 B 사원이 환급받는 총금액은 $3,000,000 + 5,330 = 3,005,330$원이다.

34 수리능력　　　　　　　　　　　　　　　정답 ③

제시된 각 숫자 간의 값이 +2, −4, +8, …과 같이 ×(−2)씩 변화하므로 빈칸에 들어갈 알맞은 숫자는 '83'이다.

35 수리능력　　　　　　　　　　　　　　　정답 ②

제시된 각 문자를 알파벳 순서에 따라 숫자로 변경한다.

I	H	L	E	O	(B)	R
9	8	12	5	15	(2)	18

홀수항에 제시된 각 숫자 간의 값이 +3으로 반복되고, 짝수항에 제시된 각 숫자 간의 값이 −3으로 반복되므로 짝수항인 빈칸에 들어갈 알맞은 문자는 숫자 2에 해당하는 'B'이다.

36 수리능력　　　　　　　　　　　　　　　정답 ②

제시된 각 문자를 알파벳 순서에 따라 숫자로 변경한다.

B	R	Z	D	(F)	G
2	18	26	30	(32)	33

각 숫자 간의 값이 +16, +8, +4, …와 같이 ÷2씩 변화하므로 빈칸에 들어갈 알맞은 문자는 숫자 32에 해당하는 'F'이다.

37 수리능력　　　　　　　　　　　　　　　정답 ③

ⓒ 수출금액지수가 2년 연속 감소한 2016년의 수입금액지수는 95.21이므로 옳지 않은 설명이다.
ⓒ 수출금액지수와 수입금액지수의 전년 대비 증감률이 모두 양수인 해는 2011년, 2014년, 2017년이므로 옳지 않은 설명이다.

오답 체크

ⓐ 2014년 수입금액지수가 124.55로 가장 높으므로 옳은 설명이다.
ⓔ 수입금액지수의 전년 대비 증가율이 15% 이상인 2011년과 2017년의 수입금액지수 차는 123.96 − 113.31 = 10.65이므로 옳은 설명이다.

38 수리능력　　　　　　　　　　　　　　　정답 ④

2015년 이후 총 화훼 판매액은 2016년까지 전년 대비 감소하다가 2017년에 전년 대비 증가했으며, 2015년 이후 이와 같은 증감 추이를 보이는 화훼 품목은 절화류와 관상수류이다.

39 수리능력　　　　　　　　　　　　　　　정답 ④

수업시간에 휴대전화를 이용하는 남자와 여자의 비율 차이는 '꼭 필요한 경우에는 한다'가 21.9 − 19.5 = 2.4%p, '확인만 하는 편이다'가 24.1 − 19.9 = 4.2%p임에 따라 '꼭 필요한 경우에는 한다' 유형의 비율 차이가 가장 작으므로 옳지 않은 설명이다.

오답 체크

① 만 9세~만 12세의 청소년 중 휴대전화를 보유한 청소년의 수가 243명으로 보유하지 않은 청소년의 수인 424명보다 적으므로 옳은 설명이다.
② 잠재적위험 사용자군에 속한 청소년 중 휴대전화를 '수업시간에는 꺼 놓는다'고 응답한 비율은 40.6%이고, 일반 사용자군에 속한 청소년 중 휴대전화를 '꼭 필요한 경우에는 한다'고 응답한 비율의 2배는 19.8 × 2 = 39.6%이므로 옳은 설명이다.
③ 서울 지역의 청소년들은 수업시간에 휴대전화를 '거리낌 없이 항상 한다'고 응답한 비율이 16.2%로 가장 낮으므로 옳은 설명이다.

40 수리능력　　　　　　　　　　　　　　　정답 ②

2016년 개간 사업의 면적은 34,827ha로 경지정리 사업의 면적인 8,733ha보다 크므로 옳지 않은 설명이다.

오답 체크

① 2016년 배수 개선 사업의 사업비는 2014년 대비 17,848 − 17,524 = 324천만 원 증가하였으므로 옳은 설명이다.
③ 2014년 이후 배수 개선 사업 지구 수의 전년 대비 증감 추이는 증가, 감소, 증가이고, 2014년 이후 경지정리 사업 지구 수의 전년 대비 증감 추이는 감소, 증가, 감소이므로 옳은 설명이다.
④ 2014년 경지정리 사업에 지구 1개당 평균 6,005/30 ≒ 200.2천만 원의 사업비가 투입되었으므로 옳은 설명이다.

41 문제해결능력　　　　　　　　　　　　　정답 ③

제시된 조건에 따르면 갑, 을, 병, 정은 A~C 과목 중 최소 1개 과목의 강의를 수강하였고, 을은 B 과목의 강의만 수강하였다. 이때 을과 병은 같은 과목의 강의를 수강하지 않았으므로 병은 A, C 과목 중 1개 또는 2개 과목의 강의를 수강하였다. 또한, 갑은 병보다 많은 과목 수의 강의를 수강하였고, 갑은 가장 많은 과목 수의 강의를 수강한 사람이 아니므로 병은 1개 과목의 강의를, 갑은 2개 과목의 강의를, 남은 정이 A, B, C 3개 과목의 강의를 모두 수강하였다. 이때 A 과목의 강의는 2명, B 과목의 강의는 2명, C 과목의 강의는 3명이 수강하였으므로 갑은 A, C 과목의 강의를, 병은 C 과목의 강의를 수강하였음을 알 수 있다.
따라서 병은 C 과목의 강의만 수강하였으므로 항상 옳은 설명이다.

오답 체크

① 정은 A, B, C 과목의 강의를 모두 수강하였으므로 항상 옳지 않은 설명이다.
② 갑은 A, C 과목의 강의를, 을은 B 과목의 강의를 수강하였으므로 항상 옳지 않은 설명이다.
④ 갑은 A, C 과목의 강의를, 병은 C 과목의 강의를 수강하였으므로 항상 옳지 않은 설명이다.

42 문제해결능력 　　　　　　　　정답 ②

제시된 조건에 따르면 B는 202호에 거주하고, C는 402호에 거주하며, A와 F는 같은 층에 거주하므로 A와 F는 1층 또는 3층에 거주한다. 이때 E는 D 바로 아래층 같은 호에 거주하므로 D와 E가 거주할 수 있는 호실은 각각 (401호와 301호), (301호와 201호), (201호와 101호)이고, F는 D보다 아래층에 거주하므로 A와 F가 3층에 거주할 경우 D는 401호에 거주해야 하지만, 이는 E가 D 바로 아래층 같은 호에 거주한다는 조건에 모순되므로 A와 F는 1층에 거주한다. 또한, H는 G보다 높은 층에 거주하므로 D와 E가 각각 401호와 301호에 거주하는 경우 H는 302호에 거주하고, D와 E가 각각 301호와 201호에 거주하는 경우 H는 401호에 거주한다. H가 거주하는 호실에 따라 가능한 경우는 다음과 같다.

[경우 1] H가 302호에 거주하는 경우

D	C
E	H
G	B
A 또는 F	A 또는 F

[경우 2] H가 401호에 거주하는 경우

H	C
D	G
E	B
A 또는 F	A 또는 F

따라서 D가 4층에 거주하면 H는 3층에 거주하고, D가 3층에 거주하면 H는 4층에 거주하므로 항상 옳지 않은 설명이다.

오답 체크
① H는 302호 또는 401호에 거주하므로 항상 옳지 않은 설명은 아니다.
③ G는 2층 또는 3층에 거주하고, B는 2층에 거주하므로 항상 옳지 않은 설명은 아니다.
④ A는 1층에 거주하고, E는 2층 또는 3층에 거주하므로 항상 옳지 않은 설명은 아니다.

43 문제해결능력 　　　　　　　　정답 ③

제시된 조건에 따르면 A~E가 받은 인사고과 점수는 각각 88점, 84점, 80점, 78점, 73점 중 하나로 모두의 인사고과 점수가 서로 다르며, 인사고과 점수가 가장 높은 2명을 승진 대상자로 결정하였다. 이때 B와 C의 인사고과 점수 차이는 6점임에 따라 B와 C의 인사고과 점수는 84점 또는 78점이고, C의 인사고과 점수는 78점이 아니므로 B의 인사고과 점수는 78점으로 4등, C의 인사고과 점수는 84점으로 2등이다. 또한, 인사고과 점수가 높은 순서에 따라 B와 E의 순위는 이웃하지 않으므로 E의 순위는 1등이며, 인사고과 점수는 88점이다. 이에 따라 D의 인사고과 점수는 A의 인사고과 점수보다 높으므로 D의 인사고과 점수는 80점으로 3등, A의 인사고과 점수는 73점으로 5등이다.
따라서 승진 대상자에 해당하는 사원은 'C, E'이다.

44 문제해결능력 　　　　　　　　정답 ②

'가' 교실에서 수학 수업을 하고 '라' 교실에서 국어 수업을 하면 '나' 또는 '다' 교실에서 영어 수업을 하게 된다. 이때 영어 수업을 '나' 교실에서 하게 되면 '다' 교실이 비어 있게 되는데, 이는 '다' 교실이 비어 있으면 국어 수업은 '가' 교실에서 해야 한다는 조건에 모순된다. 또한, 영어 수업을 '다' 교실에서 하게 되면 '나' 교실이 비게 되는데, 이는 '가' 교실에서 수학 수업을 하고 '나' 교실이 비어 있으면 '다' 교실에서는 국어 수업을 해야 한다는 조건에 모순된다.
따라서 '가' 교실과 '라' 교실에서는 각각 수학 수업과 국어 수업을 할 수 없으므로 항상 옳지 않은 설명이다.

오답 체크
① '나' 교실에서 영어 수업을 한다면 '다' 교실에서 수학 수업을 하고, '라' 교실에서 국어 수업을 할 수 있으므로 항상 옳은 설명이다.
③ '가' 교실에서 영어 수업을 할 때, 국어와 수학 수업은 어떤 교실에서 하는지 정확히 알 수 없으므로 항상 옳은 설명이다.
④ '다' 교실이 비어 있으면 국어 수업은 '가' 교실에서 해야 하며 '가' 교실에서 국어 수업을 한다면 영어, 수학 수업은 순서대로 교실을 사용하게 되어 수학 수업은 반드시 '라' 교실에서 해야 하므로 항상 옳은 설명이다.

45 문제해결능력 　　　　　　　　정답 ③

두 번째 명제의 '대우', 첫 번째 명제, 네 번째 명제를 차례로 결합한 결론은 다음과 같다.
• 두 번째 명제(대우): 자아를 존중하는 마음은 감사하는 마음이다.
• 첫 번째 명제: 감사하는 마음은 겸손한 마음이다.
• 네 번째 명제: 겸손한 마음은 자신을 낮추지 않는 마음이다.
• 결론: 자아를 존중하는 마음은 자신을 낮추지 않는 마음이다.
따라서 자아를 존중하는 마음은 자신을 낮추지 않는 마음이므로 항상 옳은 설명이다.

46 문제해결능력 　　　　　　　　정답 ③

세 번째 명제, 두 번째 명제, 다섯 번째 명제의 '대우', 첫 번째 명제를 차례로 결합한 결론은 다음과 같다.
• 세 번째 명제: 나는 산을 좋아하지 않는다.
• 두 번째 명제: 나는 바다를 좋아하거나 산을 좋아한다.
• 다섯 번째 명제(대우): 바다를 좋아하는 사람은 물도 좋아한다.
• 첫 번째 명제: 물을 좋아하는 사람은 수영을 좋아한다.
• 결론: 나는 바다를 좋아하고, 물도 좋아하고, 수영도 좋아한다.
따라서 항상 옳은 설명은 ⊙, ⓒ, ㉣이다.

47 문제해결능력   정답 ③

다섯 번째 명제의 '대우'와 세 번째 명제의 '대우'와 여섯 번째 명제의 '대우'를 차례로 결합한 결론은 다음과 같다.

- 다섯 번째 명제(대우): 기획 2팀이 횟집에서 회식을 하면 기획 1팀은 고깃집에서 회식을 하지 않는다.
- 세 번째 명제(대우): 기획 1팀이 고깃집에서 회식을 하지 않으면 기획 3팀은 패밀리 레스토랑에서 회식을 한다.
- 여섯 번째 명제(대우): 기획 3팀이 패밀리 레스토랑에서 회식을 하면 기획 2팀은 수요일에 회식을 하지 않는다.
- 결론: 기획 2팀이 횟집에서 회식을 하면 기획 2팀은 수요일에 회식을 하지 않는다.

따라서 기획 2팀이 횟집에서 회식을 하면 기획 2팀은 수요일에 회식을 하지 않으므로 항상 옳은 설명이다.

48 문제해결능력   정답 ②

고객의 요청 사항에 따르면 적게는 10만 원, 많게는 200만 원 선에서 매달 가능한 금액만큼 납입하는 자유적립식 적금 상품을 추천해 달라고 하였으므로 자유적립식인 B, C, D 상품 중 하나를 추천해야 한다. 이때 만기 후 6개월까지는 이자율이 최소 일반정기예금 기본이율의 25% 이상이 되어야 하므로 만기 후 3개월을 초과한 시점부터 이자율이 일반정기예금 기본이율의 20%인 D 상품은 적절하지 않다. 이에 따라 계약 기간은 2년이고 이자율은 높을수록 좋다고 하였으므로 계약 기간이 24개월일 때 B와 C 상품의 이자율을 비교하면, B 상품의 이자율이 1.7%로 C 상품의 이자율인 1.5%보다 높다.

따라서 최 대리가 고객에게 추천할 적금 상품은 'B'이다.

49 문제해결능력   정답 ②

제시된 [작업 실행 규칙]에 따르면 F 작업을 가장 먼저 시작하고, A 작업은 F 작업을 완료한 이후에 바로 시작한다. 또한, C 작업과 D 작업은 A 작업을 모두 완료한 이후 동시에 바로 시작하며, E 작업은 D 작업을 완료한 이후에 바로 시작한다. 이때 B 작업은 C 작업과 E 작업을 모두 완료한 이후에 바로 시작하지만 2개 이상의 선행 작업이 있을 때, 소요기간이 짧은 작업이 완료되더라도 소요기간이 긴 작업이 완료될 때까지 다음 작업을 시작할 수 없으므로 선행 작업을 고려한 작업별 순서 및 기간은 다음과 같다.

F(6일) → A(7일) ⟨ D(3일) → E(5일) ⟩ B(4일)
                  C(9일)

따라서 모든 작업을 완료하는 데 걸리는 총 기간은 6+7+9+4=26일이다.

50 문제해결능력   정답 ②

Initializing은 맥킨지 문제 분석의 4단계에 해당하지 않는다.

더 알아보기

맥킨지 문제 분석의 4단계

구분	설명
Framing	문제의 범위를 파악하고 문제를 쉽게 다룰 수 있는 작은 단위로 나누어 초기 가설을 도출해 내는 단계
Designing	초기 가설이 옳은지, 옳지 않은지를 증명하기 위해 필요한 분석을 규정하는 단계
Gathering	분석에 필요한 데이터를 모으는 단계
Interpreting	데이터를 바탕으로 초기 가설의 유효성을 판단하고 결과를 해석하여 앞으로의 행동을 결정하는 단계

51 자원관리능력   정답 ②

B는 자원관리의 과정 2단계인 이용 가능한 자원 수집에 대해 이야기하고 있다. 이용 가능한 자원 수집 단계는 실제로 필요한 자원을 확보하는 단계로, 필요한 자원의 종류와 양을 먼저 파악하더라도 추후 예기치 못한 일이 발생할 수 있으므로 자원을 계획한 양보다 여유 있게 확보할 필요가 있다.

따라서 자원관리에 대해 바르게 이해하지 못한 사람은 'B'이다.

52 자원관리능력   정답 ④

시간 관리를 할 때 중요한 것은 일의 우선순위를 결정하는 것이며 일의 우선순위를 판단하기 위해서는 긴급한 업무와 긴급하지 않은 업무, 중요한 업무와 중요하지 않은 업무로 분류해야 한다. 최 대리는 예정된 업무와 쪽지를 통해 요청받은 업무가 있으므로 이를 모두 확인하여 업무의 우선순위를 결정해야 한다.

따라서 최 대리가 먼저 해야 할 행동으로 가장 적절한 것은 쪽지를 모두 확인하여 긴급한 업무와 긴급하지 않은 업무로 분류하는 것이다.

[53 - 54]

53 자원관리능력   정답 ③

사무실에 해당하는 비품은 관리번호 B-1, B-2, B-3, B-4, B-5, B-6에 해당하는 비품이다. 이때 기존 재활용 비품의 경우 취득가격이 발생하지 않으므로 B-2와 B-5를 제외한다.

따라서 H 사에서 202X년에 사무실에서 필요한 비품 취득을 위해 지출한 총비용은 (4 × 360,000) + (6 × 200,000) + (2 × 400,000) + (3 × 900,000) = 6,140,000원이다.

54 자원관리능력   정답 ③

김 대리의 피드백에 따라 누락된 비품을 비품관리대장에 반영하면, 해당 비품은 작업실에서 신청한 것이며 규격 (800 × 400 × 2,100)mm의 신규 책장 1개가 지급되었으므로 관리번호 D-2에 해당하는 항목의 수량이 2에서 3으로 수정되어야 한다.

따라서 김 대리의 피드백에 따라 비품관리대장을 올바르게 수정한 것으로 가장 적절한 것은 ③이다.

55 자원관리능력   정답 ④

제시된 [신입사원 배치 규정]에 따르면 1인당 주간 초과 근무시간이 16시간 이상인 팀에는 기존 인원수만큼 신입사원을 배치하므로 구조팀과 IT팀에는 각각 기존 인원수만큼인 6명, 8명의 신입사원이 배치된다. 그 외 센서팀, 디자인팀, 재무팀, 마케팅팀에는 팀별 채용 요청 인원수만큼 신입사원을 배치한다.

따라서 신입사원이 가장 많이 배치되는 팀은 IT팀이므로 가장 적절한 설명이다.

오답 체크

① 센서팀에는 전기를 전공한 양시완 씨와 백민주 씨가 배치되어 연태현 씨와 송종호 씨는 IT팀에 배치되므로 적절하지 않은 설명이다.
② 재무팀의 채용 요청 인원수는 0명으로 신입사원을 배치할 수 없으므로 적절하지 않은 설명이다.
③ 컴퓨터를 전공한 윤혜민 씨와 황현민 씨는 IT팀에 배치되고, 센서팀에는 양시완 씨와 백민주 씨가 배치되어 전자를 전공한 송종호 씨도 IT팀에 배치되므로 적절하지 않은 설명이다.

56 조직이해능력   정답 ②

제시된 조직도를 잘못 이해한 사람은 '유진'과 '민지'이다.
• 유진: 제시된 조직도에서 감사실은 최고경영자인 대표이사를 비롯한 대표이사 산하 조직들과 완벽히 분리되어 있으므로 대표이사 직속 기관으로 볼 수 없다.
• 민지: 조직도만으로 각 팀의 팀원 수까지는 알 수 없으므로 제시된 팀의 개수가 적다고 하여 팀원 수도 적을 것이라고 판단하는 것은 적절하지 않다.

57 조직이해능력   정답 ④

농협의 핵심가치는 '농업인과 소비자가 함께 웃는 유통 대변화', '미래 성장동력을 창출하는 디지털 혁신', '경쟁력 있는 농업, 잘사는 농업인', '지역과 함께 만드는 살고 싶은 농촌', '정체성이 살아 있는 든든한 농협'이므로 ④는 적절하지 않다.

58 조직이해능력   정답 ④

농촌사랑운동을 통해 도시와 농촌의 상생을 도모하고 교육지원사업을 통해 사회적 책임을 이행하는 것은 나눔경영에 대한 설명이므로 가장 적절하지 않은 반응을 보인 직원은 'D 사원'이다.

59 조직이해능력   정답 ②

집중화 전략은 기업의 경쟁 우위에 따라 원가 우위 집중 전략과 집중 차별화 전략으로 나뉘므로 적절한 설명이다.

오답 체크

① 다른 기업과 구별되는 제품이나 서비스를 제공하여 고객이 가치 있고 독특하다고 인식하도록 하는 전략은 차별화 전략이므로 적절하지 않은 설명이다.
③ 특정 산업이나 고객에 한정하여 경쟁조직들이 주목하고 있지 않은 시장을 집중적으로 공략하는 전략은 집중화 전략이므로 적절하지 않은 설명이다.
④ 원가 우위 전략은 대량 생산을 통해 경쟁사보다 단위 원가를 낮추거나 새로운 기술을 개발하여 해당 산업에서 유리한 위치를 점하는 전략이므로 적절하지 않은 설명이다.

60 조직이해능력   정답 ③

분석 결과에 대응하는 전략으로 적절한 것은 ⊙, ⓒ, ⓒ이다.
⊙ 가격 대비 고품질의 기내 서비스를 제공한다는 강점을 활용하여 가성비를 중시하는 소비문화 확산이라는 시장의 기회를 활용하는 SO(강점 - 기회)전략에 해당한다.
ⓒ 동남아 지역에 신규 노선을 취항하려고 노력하는 것은 국제 운항 노선이 부족하다는 약점을 보완하며 동남아 지역 국민들의 해외 관광 수요 증가라는 시장의 기회를 활용하는 WO(약점 - 기회)전략에 해당한다.
ⓒ 타사 대비 차별화된 서비스를 제공하는 것은 저가항공사 중 기내 서비스가 좋다는 강점을 활용하여 새로운 저가항공업체의 등장 및 기존 저가항공사 간의 가격 경쟁 심화라는 위협을 회피하는 ST(강점 - 위협)전략에 해당한다.

오답 체크

ⓔ 국내 저가항공사 중 가장 높은 국내선 분담률과 영업이익률이라는 강점을 활용하여 국내 정세 불안으로 인한 해외 투자자들의 이탈 확대라는 위협을 회피하는 ST(강점-위협)전략에 해당한다.

정답

p.452

01	③	의사소통능력	16	④	의사소통능력	31	④	수리능력	46	②	문제해결능력
02	②	의사소통능력	17	②	의사소통능력	32	②	수리능력	47	①	문제해결능력
03	④	의사소통능력	18	③	의사소통능력	33	③	수리능력	48	②	문제해결능력
04	④	의사소통능력	19	①	의사소통능력	34	②	수리능력	49	②	문제해결능력
05	①	의사소통능력	20	③	의사소통능력	35	②	수리능력	50	③	문제해결능력
06	④	의사소통능력	21	②	수리능력	36	④	수리능력	51	③	자원관리능력
07	①	의사소통능력	22	④	수리능력	37	④	수리능력	52	④	자원관리능력
08	②	의사소통능력	23	①	수리능력	38	③	수리능력	53	③	자원관리능력
09	①	의사소통능력	24	②	수리능력	39	④	수리능력	54	①	자원관리능력
10	④	의사소통능력	25	④	수리능력	40	③	수리능력	55	④	조직이해능력
11	①	의사소통능력	26	③	수리능력	41	①	문제해결능력	56	④	조직이해능력
12	①	의사소통능력	27	②	수리능력	42	②	문제해결능력	57	④	조직이해능력
13	④	의사소통능력	28	③	수리능력	43	④	문제해결능력	58	②	조직이해능력
14	②	의사소통능력	29	②	수리능력	44	④	문제해결능력	59	④	조직이해능력
15	④	의사소통능력	30	④	수리능력	45	③	문제해결능력	60	②	조직이해능력

취약 영역 분석표

영역별로 맞힌 개수와 정답률을 적고 나서 취약한 영역이 무엇인지 파악해 보세요.
정답률이 60% 미만인 취약한 영역은 틀린 문제를 다시 풀어보면서 확실히 극복하세요.

영역	의사소통능력	수리능력	문제해결능력	자원관리능력	조직이해능력	TOTAL
맞힌 개수	/20	/20	/10	/4	/6	/60
정답률	%	%	%	%	%	%

※ 정답률(%) = (맞힌 개수/전체 개수) × 100

해설

01 의사소통능력 정답 ③

제시된 단어 해이(解弛)는 긴장이나 규율 따위가 풀려 마음이 느슨하다는 의미의 단어이다.
따라서 몹시 엄하다는 의미의 '엄중(嚴重)'이 적절하다.

> **오답 체크**
> ① 이완(弛緩): 바짝 조였던 정신이 풀려 늦추어짐
> ② 해엄(解嚴): 경계나 단속을 품
> ④ 분해(分解): 여러 부분이 결합되어 이루어진 것을 그 낱낱으로 나눔

02 의사소통능력 정답 ②

제시된 단어 창안(創案)은 어떤 방안, 물건 따위를 처음으로 생각하여 낸다는 의미의 단어이다.
따라서 예로부터 해 오던 방식이나 수법을 좇아 그대로 행한다는 의미의 '답습(踏襲)'이 적절하다.

> **오답 체크**
> ① 구안(具案): 초안 따위를 작성함
> ③ 계획(計劃): 앞으로 할 일의 절차, 방법, 규모 따위를 미리 헤아려 작정함
> ④ 궁리(窮理): 사물의 이치를 깊이 연구함

03 의사소통능력 정답 ④

밑줄 친 단어는 매우 싼 값이라는 의미로 쓰였으므로 시세에 비하여 헐한 값이라는 의미의 ④가 적절하다.

> **오답 체크**
> ① 원가(原價): 상품의 제조, 판매, 배급 따위에 든 재화와 용역을 단위에 따라 계산한 가격
> ② 평가(平價): 싸지도 않고 비싸지도 않은 보통의 값
> ③ 공가(工價): 물건을 만들거나 어떤 일을 하는 데 드는 품삯

04 의사소통능력 정답 ④

밑줄 친 단어는 대체로 헤아려 생각하건대라는 의미로 쓰였으므로 대체로 보아서는 의미의 ④가 적절하다.

> **오답 체크**
> ① 으레: 두말할 것 없이 당연히
> ② 자못: 생각보다 매우
> ③ 비단: 부정하는 말 앞에서 '다만', '오직'의 뜻으로 쓰이는 말

05 의사소통능력 정답 ①

밑줄 친 단어는 오답을 정답으로 수정했다는 의미로 쓰였으므로 잘못되거나 틀린 것을 바로잡는다는 의미의 ①이 적절하다.

> **오답 체크**
> ② 본디의 것을 손질하여 다른 것이 되게 하다
> ③ 병 따위를 낫게 하다
> ④ 고장이 나거나 못 쓰게 된 물건을 손질하여 제대로 되게 하다

06 의사소통능력 정답 ④

밑줄 친 부분은 그가 반드시 시험에 합격한다는 의미로 쓰였으므로 조금도 어긋나는 일이 없다는 의미의 ④가 적절하다.

> **오답 체크**
> ① 실없이: 말이나 하는 짓이 실답지 못하게
> ② 변함없이: 달라지지 않고 항상 같이
> ③ 너나없이: 너나 나나 가릴 것 없이 다 마찬가지로

07 의사소통능력 정답 ①

빈칸 바로 앞의 단어인 권리와 함께 쓸 수 있으며 남 앞에서 내세울 만큼 모습이나 태도가 떳떳하다는 의미의 '당당'이 적절하다.

> **오답 체크**
> ② 마땅: 행동이나 대상 따위가 일정한 조건에 어울리게 알맞음
> ③ 타당: 일의 이치로 보아 옳음
> ④ 지당: 이치에 맞고 지극히 당연함

08 의사소통능력 정답 ②

빈칸이 있는 문장 앞에서는 타국의 김치 종주국 주장이 나날이 강해지고 있다고 하였으며, 빈칸이 있는 문장에서는 한국이 김치 종주국의 지위를 확고하게 수호할 수 있는 대안이 필요하다고 하였으므로 앞의 내용과 뒤의 내용이 인과관계를 이룰 때 사용하는 접속어 ②가 가장 적절하다.

09 의사소통능력 정답 ①

> ○ 빈칸이 있는 문장에서 빈번한 개인정보 유출 사고와 공공기관에 대한 해킹 시도가 보안 시스템의 허술함을 보여준다고 하였으므로 사실을 직접 증명할 수 있는 증거가 되지는 않지만, 주변의 상황을 밝힘으로써 간접적으로 증명에 도움을 준다는 의미의 '방증(傍證)'이 적절하다.
> ○ 빈칸이 있는 문장에서 사이버 테러를 사소한 일로 여긴다고 하였으므로 너무 쉽게 여기는 태도나 경향이 있다는 의미의 '안이(安易)'가 적절하다.

10 의사소통능력 정답 ④

짓물었다 (X) → 짓물렀다 (O)
- 표준어 규정 제17항에 따르면 비슷한 발음의 몇 형태가 쓰일 경우, 그 의미에 아무런 차이가 없고, 그중 하나가 더 널리 쓰이면, 그 한 형태만을 표준어로 삼는다. 따라서 '짓물렀다'라고 써야 한다.

11 의사소통능력 정답 ①

①은 맞춤법에 맞는 문장이다.

오답 체크

② 곱배기 (X) → 곱빼기 (O)
- 한글 맞춤법 제54항에 따라 다른 형태소 뒤에서 '빼기'로 발음되는 접미사는 '빼기'로 적는다. 따라서 '곱빼기'라고 써야 한다.
③ 돋구었다 (X) → 돋우었다 (O)
- 한글 맞춤법 제22항에 따라 용언의 어간에 접미사 '–우–'가 붙어서 이루어진 말들은 그 어간을 밝히어 적는다. 따라서 '돋우었다'라고 써야 한다.
④ 틈틈히 (X) → 틈틈이 (O)
- 한글 맞춤법 제20항에 따라 명사 뒤에 '–이'가 붙어서 된 말은 그 명사의 원형을 밝히어 적는다. 따라서 '틈틈이'라고 써야 한다.

12 의사소통능력 정답 ①

법 대로 (X) → 법대로(O)
- 한글 맞춤법 제41항에 따라 조사는 그 앞말에 붙여 쓴다.

13 의사소통능력 정답 ④

제시된 지문은 뮤지컬계가 흥행을 위해 무분별하게 아이돌을 캐스팅했다가 오히려 역효과만 낳게 되었다는 내용의 글이다.
따라서 작은 것을 탐하다가 큰 것을 잃는다는 의미의 '소탐대실(小貪大失)'이 적절하다.

14 의사소통능력 정답 ②

링겔만 효과는 집단에 참여하는 사람 수가 늘수록 1인당 공헌도가 떨어지는 현상이라고 하였으므로 참여 인원이 늘어날수록 집단 전체의 힘이 약해지는 것은 아님을 알 수 있다.

15 의사소통능력 정답 ④

신문기사는 코리아살티페스 진주엔시스가 세계 최초로 발견된 중생대 백악기 뜀걸음형 포유류의 화석이며, 중생대에 다양한 종의 척추동물이 한반도에 존재했음을 보여주는 자료가 되므로 가치가 높다는 점을 강조하고 있다.
따라서 코리아살티페스 진주엔시스가 중생대 백악기에 뜀걸음형 포유류가 살았다는 사실을 최초로 보여준다는 내용의 ④가 가장 적절하다.

16 의사소통능력 정답 ④

영농정착지원사업 지원자 중 비농업계 졸업생들의 비중이 72.9%로 농업계 졸업생들보다 훨씬 많았다고 하였으므로 지원자 대부분이 농업계 학교 졸업생이었던 것은 아님을 알 수 있다.

[17 - 18]

17 의사소통능력 정답 ②

1문단에서 농협몰 페이지 주문 상품은 신선도를 유지하기 위해 토요일, 공휴일, 공휴일 전일에는 택배 발송을 하지 않는다고 하였지만 고객의 문의 내용에서 월요일이 공휴일이라고 하였으므로 월요일에 상품이 발송될 예정이라는 답변은 가장 적절하지 않은 내용이다.

오답 체크

① 1문단에서 농협몰 페이지에 표시된 내용과 다른 상품이 배송된 경우 같은 상품에 한하여 30일 이내에 교환하거나 취소할 수 있다고 하였으므로 적절한 내용이다.
③ 1문단에서 농협몰 페이지에서 주문한 상품의 교환 및 반품은 상품을 받은 날로부터 7일 이내에 가능하며, 과일·채소·양곡·냉장·냉동식품 등 신선식품은 시간이 지나면 재판매할 수 없어 고객의 단순 변심에 의한 교환 및 반품이 불가능하다고 하였으므로 적절한 내용이다.
④ 1문단에서 농협몰 페이지 주문 상품은 배송일을 따로 지정할 수 없지만, e-하나로마트 페이지와 식자재 페이지의 주문 상품은 별도의 배송일과 배송 시간을 지정 가능하다고 하였으므로 적절한 내용이다.

18 의사소통능력 정답 ③

1문단에서 농협몰 내 식자재 페이지에서는 하나로마트 사업자 회원을 위해 대용량 식자재를 온라인으로 판매한다고 하였으므로 농협몰 내 식자재 페이지가 대용량 식자재 구매를 희망하는 모든 소비자를 대상으로 운영되는 것은 아님을 알 수 있다.

오답 체크

① 2문단에서 수도권이나 거점도시에만 당일배송하는 대형 유통업체와 달리 농협의 하나로마트는 중소도시와 농어촌 지역에도 존재하기 때문에 배송권역을 전국으로 확대할 수 있다는 점에서 차별성을 갖는다고 하였으므로 적절한 내용이다.
② 2문단에서 농협은 배송 시간을 앞당기기 위해 기존 오프라인 매장의 일부 공간을 활용하여 디지털풀필먼트센터를 구축할 계획이며, 이는 상품 보관 및 제품 선별·포장·배송까지의 전 과정을 디지털화한 시스템이라고 하였으므로 적절한 내용이다.
④ 2문단에서 농협은 농축산물의 취급 규모가 타 유통업체보다 현저하게 커서 신선식품 시장에서만큼은 타 온라인 배송업체보다 높은 경쟁력을 얻을 것이라는 전망도 제기된다고 하였으므로 적절한 내용이다.

19 의사소통능력 　　　　　　　　　　　　　　정답 ①

이 보도자료는 드론에 대한 국내 농업계의 관심이 고조되고
있으며, 이러한 현상에 맞춰 ○○시에서 농업용 드론의 활성
화를 위해 〈농업용 드론 연구총회〉를 개최한다는 내용이므로
이 보도자료의 제목으로 가장 적절한 것은 ①이다.

20 의사소통능력 　　　　　　　　　　　　　　정답 ③

2문단에서 △△대학교 김◇◇ 교수가 〈농업용 드론 연구총회〉
의 모든 강연과 토론을 진행하는 것으로 결정되어 있으므로
보도자료 배포 후 〈농업용 드론 연구총회〉 프로그램의 진행
자를 섭외해야 하는 것은 아님을 알 수 있다.

21 수리능력 　　　　　　　　　　　　　　　　정답 ②

$a < b$이면 $a+c < b+c$, $a-c < b-c$이고, $a < b$, $c > 0$이면
$ac < bc$, $\dfrac{a}{c} < \dfrac{b}{c}$임을 적용하여 구한다.

$-5+13 < \sqrt{3x-5}-13+13 \le -3+13$
$\to 8^2 < (\sqrt{3x-5})^2 \le 10^2$
$\to 64+5 < 3x-5+5 \le 100+5$
$\to 69 < 3x \le 105 \to 23 < x \le 35$
따라서 자연수 x 중 5의 배수는 25, 30, 35로 3개이다.

22 수리능력 　　　　　　　　　　　　　　　　정답 ④

$-3a < 0$, $2a > 0$, $3b < 0$이므로
$\sqrt{(-3a)^2}+\sqrt{(2a)^2}-\sqrt{(3b)^2}$
$=-(-3a)+2a-(-3b)$
$=3a+2a+3b$
$=5a+3b$

23 수리능력 　　　　　　　　　　　　　　　　정답 ①

값이 주어진 식을 간단히 한 후 제시된 식에 대입하여 구
한다.

$(\sqrt{x})^{-4} \times \left(\dfrac{3}{\sqrt[3]{y}}\right)^{-6} = \left(x^{\frac{1}{2}}\right)^{-4} \times 3^{-6} \times \left(y^{-\frac{1}{3}}\right)^{-6}$
$= x^{-2} \times 3^{-6} \times y^2 = 3^{-6} \times \left(\dfrac{y}{x}\right)^2 = \dfrac{1}{9}$
$\to \left(\dfrac{y}{x}\right)^2 = 3^4 \to \dfrac{y}{x} = 3^2 = 9$

$\dfrac{1}{x^2}\sqrt{x^3 y} + \dfrac{y}{x}\sqrt{\dfrac{x}{y}} = \sqrt{\dfrac{1}{x^4} \times x^3 y} + \sqrt{\dfrac{y^2}{x^2} \times \dfrac{x}{y}}$
$= \sqrt{\dfrac{y}{x}} + \sqrt{\dfrac{y}{x}} = 2\sqrt{\dfrac{y}{x}} = 2\sqrt{9} = 6$

따라서 $\dfrac{1}{x^2}\sqrt{x^3 y} + \dfrac{y}{x}\sqrt{\dfrac{x}{y}}$를 계산하면 6이다.

24 수리능력 　　　　　　　　　　　　　　　　정답 ②

$1-ax \ge 5x+7 \to -ax-5x \ge 6 \to -(a+5)x \ge 6$

이때 부등식의 해가 $x \le -\dfrac{3}{4}$이므로 $-(a+5) < 0$이다.

이에 따라 $-(a+5)x \ge 6 \to x \le -\dfrac{6}{a+5}$

따라서 $-\dfrac{6}{a+5} = -\dfrac{3}{4}$이므로 $3(a+5)=24 \to a=3$이다.

25 수리능력 　　　　　　　　　　　　　　　　정답 ④

$3*2 = 2^3 \times 3^2 \times 3^2 = 8 \times 9 \times 9 = 648$
따라서 $3*2$를 계산하면 648이다.

26 수리능력 　　　　　　　　　　　　　　　　정답 ③

제시된 각 문자를 알파벳 순서에 따라 숫자로 변경한다.

A	A	B	C	E	H	(M)	U	H
1	1	2	3	5	8	(13)	21	34

세 번째 항부터 각 숫자는 앞의 두 숫자의 합이라는 규칙
이 적용되므로 빈칸에 들어갈 알맞은 문자는 숫자 13에 해
당하는 'M'이다.

27 수리능력 　　　　　　　　　　　　　　　　정답 ②

제시된 각 문자를 알파벳 순서에 따라 숫자로 변경한다.

D	E	B	F	G	D	H	I	(F)
4	5	2	6	7	4	8	9	(6)

각 숫자 간의 값이 +1, -3, +4로 반복되므로 빈칸에 들어갈
알맞은 문자는 숫자 6에 해당하는 'F'이다.

28 수리능력 　　　　　　　　　　　　　　　　정답 ③

제시된 각 숫자 간의 값이 +3, +6, +12, …와 같이 ×2씩 변
화하므로 빈칸에 들어갈 알맞은 숫자는 '374'이다.

29 수리능력 　　　　　　　　　　　　　　　　정답 ②

거리＝속력 × 시간임을 적용하여 구한다.
건우가 걸은 시간을 x시간, 지민이가 걸은 시간을 y시간이
라고 하면
건우와 지민이가 만났을 때 두 사람이 걸은 거리는 동일하고,
건우와 지민이의 속력 비는 3:10이며, 건우는 지민이보다 20
분 늦게 출발하였으므로
$3x = y$　　　… ⓐ
$x = y - \dfrac{1}{3}$　　　… ⓑ
ⓐ를 ⓑ에 대입하여 풀면
$2x = \dfrac{1}{3} \to x = \dfrac{1}{6}$
따라서 건우가 출발한 시점으로부터 건우와 지민이가 처음
만날 때까지 걸리는 시간은 $\dfrac{1}{6} \times 60 = 10$분이다.

⏱ 빠른 문제 풀이 Tip

건우와 지민이의 속력은 각각 일정하고, 속력의 비는 3:1이므로 건우와 지민이가 동일한 거리를 걷는 데 걸리는 시간의 비는 1:3이다. 이때, 건우가 지민이보다 20분 늦게 출발함에 따라 건우가 이동한 시간을 x분이라고 하면, 지민이가 이동한 시간은 $x+20$분이므로

$x:x+20=1:3 \rightarrow 3x=x+20 \rightarrow x=10$

---

30 수리능력   정답 ④

현진이와 석주가 함께 미용실에 가는 주기는 현진이와 석주가 각각 미용실에 가는 주기의 최소공배수임을 적용하여 구한다.

미용실에 가는 주기는 현진이가 45일, 석주가 30일이므로 두 사람이 함께 미용실에 가는 바로 다음 날은 $45=3^2 \times 5$와 $30=2 \times 3 \times 5$의 최소공배수인 $2 \times 3^2 \times 5=90$일 후이다. 이때 일주일은 7일이므로 지난주 일요일로부터 90일 이후는 $(12 \times 7)+6$일임에 따라 두 사람이 함께 미용실에 가는 바로 다음 요일은 지난주 일요일로부터 6일 후의 요일과 동일하다.

따라서 두 사람이 함께 미용실에 가는 바로 다음 요일은 '토요일'이다.

---

31 수리능력   정답 ④

작년 남자 사원 수를 x, 작년 여자 사원 수를 y라고 하면 현재 남자 사원 수는 작년 남자 사원 수보다 4% 감소하여 $0.96x$이고, 현재 여자 사원 수는 작년 여자 사원 수보다 5% 증가하여 $1.05y$이므로

$x+y=1,000 \rightarrow 1.05x+1.05y=1,050$ … ⓐ

$0.96x+1.05y=1,014$ … ⓑ

ⓐ-ⓑ에서 $0.09x=36 \rightarrow x=400$, $y=600$

따라서 작년 남자 사원 수는 400명, 작년 여자 사원 수는 600명이므로 현재 여자 사원 수는 $1.05 \times 600=630$명이다.

---

32 수리능력   정답 ②

시간당 작업량$=\frac{\text{작업량}}{\text{시간}}$임을 적용하여 구한다.

사각 물탱크를 가득 채우는 데 필요한 물의 양을 1이라고 하면 호스 1개를 사용했을 때 1분 동안 물탱크에 채워지는 물의 양은 빨간색 호스가 $\frac{1}{12}$, 파란색 호스가 $\frac{1}{8}$, 노란색 호스가 $\frac{1}{24}$이므로 3가지 색상의 호스를 모두 동시에 사용했을 때 1분 동안 물탱크에 채워지는 물의 양은 $\frac{1}{12}+\frac{1}{8}+\frac{1}{24}=\frac{6}{24}=\frac{1}{4}$이다.

비어 있는 사각 물탱크를 가득 채우는 데 걸린 시간을 x라고 하면

$\frac{1}{4} \times x=1 \rightarrow x=4$

따라서 물탱크를 가득 채우는 데 걸린 시간은 4분이다.

---

33 수리능력   정답 ③

도수분포표에서의 평균$=\frac{(\text{계급값} \times \text{도수})\text{의 총합}}{\text{도수의 총합}}$임을 적용하여 구한다.

이때 계급값은 각 계급의 중앙값으로 근속 연수가 낮은 계급부터 순서대로 각 근속 연수의 계급값은 1, 3, 5, 7, 9이므로 A 동 사무실 직원들의 평균 근속 연수는

$\frac{(1 \times 13)+(3 \times 9)+(5 \times 16)+(7 \times 8)+(9 \times 4)}{50}=\frac{212}{50}=4.24$년이다.

---

34 수리능력   정답 ②

대출 연 이자율을 x%라고 하면

1개월 동안 발생한 이자는 $120 \times \frac{x}{100} \times \frac{1}{12}=0.1x$만 원이고, 만기일에 납입해야 할 금액은 대출원금과 1개월 동안 발생한 이자이므로 $(120+0.1x)$만 원이다. 이때 만기일에 납입해야 할 금액을 만기일로부터 1개월 뒤에 납입하여 미납금에 대해 $(x+1)$%의 연체이자 $60,200$원$=6.02$만 원이 발생했으므로

$(120+0.1x) \times \frac{x+1}{100}=6.02 \rightarrow x^2+1,201x-4,820=0$

$\rightarrow (x-4)(x+1,205)=0 \rightarrow x=4$

따라서 A 씨가 대출받은 상품의 대출 연 이자율은 4%이다.

---

35 수리능력   정답 ②

B 씨는 10년 후 만기일시상환을 조건으로 2억 원을 대출하였으므로 대출 기간은 $10 \times 365=3,650$일이다. 대출 후 20개월째 되는 날에 5천만 원을 중도상환하였을 때 중도상환수수료율과 대출 잔여일수는 각각 1.0%와 $3,650-(30 \times 20)=3,050$일이므로 중도상환수수료는 $5,000 \times 0.01 \times \frac{3,050}{3,650} ≒ 42$만 원이고, 대출 후 35개월째 되는 날에 5천만 원을 중도상환하였을 때 중도상환수수료율과 대출 잔여일수는 각각 0.5%와 $3,650-(30 \times 35)=2,600$일이므로 중도상환수수료는 $5,000 \times 0.005 \times \frac{2,600}{3,650} ≒ 18$만 원이며, 대출 후 5년째 되는 날에는 중도상환수수료가 면제된다.

따라서 B 씨가 대출금을 모두 상환할 때까지 지불한 총 중도상환수수료는 $42+18 ≒ 60$만 원이다.

36 수리능력 　　　　　　　　　　정답 ④

2019년 경기도의 온실 면적은 서울특별시의 온실 면적의 6,420 / 112 ≒ 57.3배임에 따라 60배 미만이므로 옳지 않은 설명이다.

오답 체크

① 연도별 온실 면적이 넓은 순서에 따른 1~3위 지역은 2018년과 2019년에 모두 경상남도, 경상북도, 충청남도 순으로 동일하므로 옳은 설명이다.
② 2017년 이후 강원도의 온실 면적은 매년 전년 대비 증가하였으므로 옳은 설명이다.
③ 2016~2019년 연도별 온실 면적의 평균은 울산광역시가 (237 + 252 + 249 + 232) / 4 = 242.5ha, 제주특별자치도가 (217 + 239 + 228 + 228) / 4 = 228ha로 울산광역시가 제주특별자치도보다 242.5 − 228 = 14.5ha 더 넓으므로 옳은 설명이다.

⏱️ 빠른 문제 풀이 Tip

③ 연도별 울산광역시의 온실 면적과 제주특별자치도 온실 면적의 차이를 먼저 계산한다.
울산광역시의 온실 면적과 제주특별자치도 온실 면적의 차이는 2016년에 237 − 217 = 20ha, 2017년에 252 − 239 = 13ha, 2018년에 249 − 228 = 21ha, 2019년에 232 − 228 = 4ha이며, 울산광역시의 온실 면적이 제주특별자치도의 온실 면적보다 매년 더 넓으므로 2016~2019년 연도별 온실 면적의 평균은 울산광역시가 제주특별자치도보다 (20 + 13 + 21 + 4) / 4 = 14.5ha 더 넓음을 알 수 있다.

37 수리능력 　　　　　　　　　　정답 ④

지속 가능성과 성장 가능성을 이유로 전기가스 · 건설업을 선택한 창업자 비중의 합은 14.8 + 11.3 = 26.1%로 30%를 초과하지 않으므로 옳지 않은 설명이다.

오답 체크

① 오락 · 문화 · 운동업을 선택한 창업자 367명 중 성장 가능성을 고려하여 업종을 선택한 창업자 수는 367 × (8.2 / 100) ≒ 30명이므로 옳은 설명이다.
② 운수 · 통신업 창업자 중 경영노하우 부족에 어려움을 겪었다고 응답한 사람과 시장정보 획득에 어려움을 겪었다고 응답한 사람의 차이는 1,025 × {(4.1 − 3.5) / 100} ≒ 6명이므로 옳은 설명이다.
③ 소매업 창업자 수는 전기가스 · 건설업 창업자 수의 1,778 / 218 ≒ 8.2배이므로 옳은 설명이다.

38 수리능력 　　　　　　　　　　정답 ③

2017년 도매업 매출액의 전년 대비 감소율은 {(25,300 − 20,200) / 25,300} × 100 ≒ 20.2%이므로 옳은 설명이다.

오답 체크

① 2019년 공간정보 관련 사업체의 전체 매출액은 12,800 + 25,300 + 53,000 + 99,600 + 164 = 190,864억 원이므로 옳지 않은 설명이다.
② 2016년 이후 협회 및 단체 매출액은 매년 전년 대비 증가하였고, 이와 동일한 증감 추이를 보이는 업종은 기술 서비스업으로 총 1개이므로 옳지 않은 설명이다.
④ 2018년 출판 및 정보서비스업의 매출액은 같은 해 제조업 매출액의 45,200 / 12,400 ≒ 3.6배임에 따라 3.5배 이상이므로 옳지 않은 설명이다.

39 수리능력 　　　　　　　　　　정답 ④

충청남도의 맥류 면적 1ha당 맥류 생산량은 214 / 101 ≒ 2.1톤이므로 옳은 설명이다.

오답 체크

① 제시된 지역 중 미곡 생산 면적이 가장 넓은 지역은 156,230ha인 전라남도이므로 옳지 않은 설명이다.
② 제시된 지역 중 두류 생산량이 300톤 이하인 지역은 서울특별시, 부산광역시, 대구광역시, 광주광역시, 대전광역시, 울산광역시, 세종특별자치시로 총 7곳이므로 옳지 않은 설명이다.
③ 제시된 식량작물 중 생산량의 합계가 두 번째로 많은 식량작물은 생산량의 합계가 99,157톤인 서류이므로 옳지 않은 설명이다.

40 수리능력 　　　　　　　　　　정답 ③

제시된 기간 동안 파티클보드의 생산량이 파티클보드의 국내공급량보다 많은 해는 2015년, 2017년, 2018년으로 총 3개 연도이므로 옳은 설명이다.

오답 체크

① 제시된 기간 중 중밀도섬유판의 국내공급량이 가장 적은 해는 2019년이고, 파티클보드의 국내공급량이 가장 적은 해는 2018년이므로 옳지 않은 설명이다.
② 2017년 중밀도섬유판의 국내공급량은 1,724,579m³이고, 같은 해 합판과 파티클보드의 국내공급량 합은 414,723 + 839,584 = 1,254,307m³로 1,724,579 − 1,254,307 = 470,272m³ 더 많으므로 옳지 않은 설명이다.
④ 2015년 합판의 생산량은 전년 대비 증가하였으므로 옳지 않은 설명이다.

41 문제해결능력 정답 ①

㉠ 지구온난화로 인해 열대과일인 아보카도의 생산량이 점점 감소하고 있다고 하였으므로 지구온난화가 지속되면 어떤 열대과일은 사라질 위기에 놓일 수 있다는 것은 항상 옳은 설명이다.

오답 체크

㉡ 대기 중의 이산화탄소 농도가 높아질수록 바닷물의 산성도가 낮아지는 결과를 초래한다고 하였으므로 바닷물의 산성도가 낮아지지 않으면 대기 중의 이산화탄소 농도는 높아지지 않는다. 이에 따라 바닷물의 산성도가 높아지면 대기 중의 이산화탄소 농도가 낮아지는지는 알 수 없다.

㉢ 각종 연체 동물과 산호초의 몸의 일부가 탄산칼슘으로 구성되어 있다고 하였으나 모든 바다 생물의 몸의 일부가 탄산칼슘으로 구성되어 있는지는 알 수 없다.

㉣ 열대과일 중 하나인 아보카도가 지구온난화로 인해 크기가 작아지고 있다고 했으므로 모든 열대과일이 지구온난화로 인해 크기가 작아지는지는 알 수 없다.

42 문제해결능력 정답 ②

네 번째 명제, 첫 번째 명제의 '대우', 세 번째 명제의 '대우', 두 번째 명제를 차례로 결합한 결론은 다음과 같다.

• 네 번째 명제: 승마를 잘하는 사람은 독서도 잘한다.
• 첫 번째 명제(대우): 승마를 잘하거나 독서를 잘하는 사람은 수영도 잘한다.
• 세 번째 명제(대우): 수영을 잘하는 사람은 토론도 잘한다.
• 두 번째 명제: 토론을 잘하는 사람은 피아노 연주도 잘한다.
• 결론: 승마를 잘하는 사람은 독서와 수영을 잘하며, 수영을 잘하는 사람은 토론과 피아노 연주도 잘한다.

따라서 항상 옳은 것은 '㉠, ㉣'이다.

43 문제해결능력 정답 ④

업무 속도가 빠른 사람은 업무 중 실수가 있고, 업무 중 실수가 있는 사람은 매일 아침 업무 계획을 세우지 않으므로 업무 속도가 빠른 사람은 매일 아침 업무 계획을 세우지 않는다. 또한, 업무 중 실수가 있는 사람은 담당 업무가 많지 않으므로 업무 속도가 빠른 사람은 담당 업무가 많지 않다.

따라서 업무 속도가 빠른 사람은 매일 아침 업무 계획을 세우지 않고 담당 업무가 많지 않으므로 항상 참인 설명이다.

오답 체크

① 매일 아침 업무 계획을 세우는 사람과 추가 근무를 하지 않는 사람 사이의 관계를 파악할 수 없어 매일 아침 업무 계획을 세우는 사람이 추가 근무를 할 수도 있으므로 항상 참인 설명은 아니다.

② 추가 근무를 하지 않는 사람과 업무 중 실수가 있는 사람 사이의 관계를 파악할 수 없어 추가 근무를 하지 않는 사람은 업무 중 실수가 없을 수도 있으므로 항상 참인 설명은 아니다.

③ 매일 아침 업무 계획을 세우는 사람은 업무 중 실수가 없고 업무 중 실수가 없는 사람은 업무 속도가 빠르지 않아, 매일 아침 업무 계획을 세우는 사람은 업무 속도가 빠르지 않으므로 항상 참인 설명이다.

44 문제해결능력 정답 ④

두 번째 명제와 네 번째 명제의 '대우'를 차례로 결합한 결론은 다음과 같다.

• 두 번째 명제: 대기정화기술을 보유하고 있는 업체는 환경 평가점수가 높다.
• 네 번째 명제(대우): 환경 평가점수가 높은 업체는 환경오염 예방을 실천한다.
• 결론: 대기정화기술을 보유하고 있는 업체는 환경오염 예방을 실천한다.

따라서 대기정화기술을 보유하고 있으면서 환경오염 예방을 실천하는 업체가 적어도 하나 존재하므로 '환경오염 예방을 실천하는 어떤 업체는 대기정화기술을 보유하고 있다.'는 항상 옳은 결론이다.

45 문제해결능력 정답 ③

제시된 조건에 따르면 M 고객은 다섯 번째로 펀드에 가입하였고, N 고객은 홀수 번째로 펀드에 가입하였으며 J 고객보다 먼저, L 고객보다는 늦게 가입하였으므로 N 고객은 세 번째로 가입하였다. 이때 L 고객은 두 번째로 펀드에 가입하지 않았으므로 첫 번째로 가입하였고, N 고객보다 늦게 펀드에 가입한 J 고객은 네 번째 또는 여섯 번째로 가입하였다. 또한, K 고객은 O 고객보다 먼저 펀드에 가입하였으므로 두 번째로 가입하였다. O 고객이 펀드에 가입한 순서에 따라 가능한 경우는 다음과 같다.

[경우 1] O 고객이 네 번째로 가입한 경우

1	2	3	4	5	6
L	K	N	O	M	J

[경우 2] O 고객이 여섯 번째로 가입한 경우

1	2	3	4	5	6
L	K	N	J	M	O

펀드 가입 순서를 확정 지으려면 위의 두 가지 경우 중 하나의 경우만 남아야 하므로 M 고객이 J 고객보다 늦게 펀드에 가입하였다는 조건이 가장 적절하다.

오답 체크

① K 고객이 J 고객보다 먼저 펀드에 가입하였을 때, 두 가지 경우가 존재한다.

② K 고객과 N 고객이 연달아 펀드에 가입하였을 때, 두 가지 경우가 존재한다.

④ N 고객이 세 번째로 펀드에 가입하였을 때, 두 가지 경우가 존재한다.

46 문제해결능력   정답 ②

제시된 조건에 따르면 '가'가 도둑이면 '다'와 '라' 중 한 명도 도둑이다. 그러나 이는 네 명 중 도둑인 사람은 한 명이라는 조건에 모순되므로 '가'는 도둑이 될 수 없다. 또한, '가'가 도둑이 아니면 '다'도 도둑이 아니라는 조건에 따라 '다'도 도둑이 될 수 없다. 이때 또 다른 조건에서 '나'가 도둑이 아니면 '가'와 '다' 중 한 명은 도둑이 되지만 '가'와 '다'는 모두 도둑이 될 수 없으므로 '나'가 도둑이 아닌 경우는 성립할 수 없다. 따라서 '나'가 도둑이다.

47 문제해결능력   정답 ①

제시된 〈참인 내용〉에 따르면 가 직원이 판매한 상품의 3개월 수익률은 5% 이상이므로 가 직원은 갑 또는 을에게 상품을 판매하였고, 라 직원이 판매한 상품의 1개월 수익률은 마이너스를 기록했으므로 라 직원은 갑 또는 정에게 상품을 판매하였다. 제시된 〈거짓인 내용〉에 따르면 라 직원이 판매한 상품은 혼합형이 아니므로 라 직원은 정이 아닌 갑에게 상품을 판매하였고, 가 직원은 을에게 상품을 판매하였다. 또한, 제시된 〈거짓인 내용〉에 따르면 나 직원이 판매한 상품은 순자산이 가장 높지 않으므로 나 직원은 병이 아닌 정에게 상품을 판매하였고, 다 직원은 병에게 상품을 판매하였음을 알 수 있다. 따라서 가는 을, 나는 정, 다는 병, 라는 갑에게 상품을 판매하였다.

48 문제해결능력   정답 ②

제시된 조건에 따르면 2층 2열은 비우고 같은 종류의 통장은 같은 열에 정리하므로 적금 통장은 1열 또는 3열에 정리할 수 있다. 이때 모든 적금 통장은 예금 통장보다 왼쪽에 정리하므로 적금 통장은 1열에 정리하고, 연금 통장은 주택 청약 통장 바로 오른쪽에 정리하므로 분홍색 주택 청약 통장은 1층 2열에, 보라색 연금 통장은 1층 3열에 정리하고, 검은색 예금 통장은 2층 3열에 정리한다. 이에 따라 같은 색의 통장은 같은 층에 정리하므로 검은색 적금 통장은 2층 1열에, 흰색 적금 통장은 1층 1열에 정리한다.

구분	1열	2열	3열
2층	검은색 적금 통장		검은색 예금 통장
1층	흰색 적금 통장	분홍색 주택 청약 통장	보라색 연금 통장

따라서 흰색 적금 통장은 1층 1열에 정리하므로 항상 옳지 않은 설명이다.

오답 체크
① 분홍색 주택 청약 통장을 정리한 칸의 바로 위 칸인 2층 2열은 비어 있으므로 항상 옳은 설명이다.
③ 검은색 예금 통장은 2층 3열에, 보라색 연금 통장은 1층 3열에 정리하므로 항상 옳은 설명이다.
④ 다섯 개의 통장을 정리하는 방법은 1가지이므로 항상 옳은 설명이다.

49 문제해결능력   정답 ②

제시된 내용은 '복합 질문의 오류'에 대한 설명이다.

오답 체크
① 과대 해석의 오류: 문맥을 무시하고 과도하게 문구에만 집착할 경우 빠지게 되는 논리적 오류
③ 연역법의 오류: 'A=B, B=C, so A=C'와 같은 삼단 논법에서 발생하는 논리적 오류
④ 허수아비 공격의 오류: 논리가 빈약한 경우 엉뚱한 다른 문제를 공격해 이익을 취하는 오류

50 문제해결능력   정답 ③

창의적 사고는 당면한 문제를 해결하기 위해 개인이 가지고 있는 경험과 지식을 가치 있는 새로운 아이디어로 결합함으로써 참신한 아이디어를 산출하는 능력을 의미하며, 창의적 사고를 개발하는 방법으로는 자유연상법, 강제연상법, 비교발상법 등이 있다. 이 중 B는 비교발상법의 Synectics법, C는 강제연상법, E는 자유연상법의 브레인스토밍을 활용하여 창의적 사고를 기르기 위해 노력하고 있다.
따라서 창의적 사고를 기르기 위해 올바른 노력을 하고 있는 사람은 'B, C, E'이다.

오답 체크
• A: 논리적 사고를 기르기 위한 노력이며, 논리적 사고를 위한 태도로 생각하는 습관, 상대 논리의 구조화, 구체적인 생각, 타인에 대한 이해, 설득이 있다.
• D: 비판적 사고를 기르기 위한 노력이며, 비판적 사고를 위한 태도로 지적 호기심, 객관성, 개방성, 융통성, 지적 회의성, 지적 정직성, 체계성, 지속성, 결단성, 다른 관점에 대한 존중 등이 있다.

51 자원관리능력   정답 ③

K 고객 정보에 따른 고객 등급 평가 기준별 점수는 다음과 같다.

구분	K 고객 정보	점수
거래기간	32년	32 × 8=256점 (최고 200점)
급여이체	250만 원	350점
신용카드 (체크카드 포함)	300만 원	(300 / 10) × 15=450점
수신 (입출식 예금)	800만 원	(800 / 10) × 8=640점
여신 (가계대출)	6,000만 원	(6,000 / 10) × 4 =2,400점
보험 (저축성 보험료)	1,000만 원	(1,000 / 10) × 3=300점

이에 따라 K 고객의 ○○은행 고객 등급 평가 기준에 따른 기준점수는 200+350+450+640+2,400+300=4,340점이고, 금융자산은 본인 기준으로 수신 3개월 평균 잔액, 보험 및 방카슈랑스 보험료 누계액의 합산 금액이므로 800+1,000=1,800만 원이다.
따라서 K 고객의 등급은 '블루'이다.

52 자원관리능력
정답 ②

토요일에 서울에서 강릉으로 가는 승차권의 기본 운임은 20,000원이고, 적용 가능한 할인은 주말 할인 15%와 VIP 할인 10%이므로 결제 금액은 20,000 × 0.85 × 0.9 = 15,300원이다. 또한, 일요일에 강릉에서 서울로 돌아오는 승차권을 1개월~출발 1일 전에 취소했으므로 환불 위약금은 400원이고, 월요일에 강릉에서 서울로 돌아오는 승차권의 기본 운임은 20,000원이며, VIP 할인 10%만 적용 가능하므로 결제 금액은 20,000 × 0.9 = 18,000원이다.

따라서 이번 출장에서 승차권을 위해 지출한 총 금액은 15,300 + 400 + 18,000 = 33,700원이다.

[53 - 54]

53 자원관리능력
정답 ③

제시된 조건에 따르면 송년회 장소는 문 사원의 사무실에서 5km 이내에 위치해야 하므로 계약 가능한 장소는 문 사원의 사무실에서 각각 5km, 3km, 1km 떨어진 A, B, D이다. 이때 업무상 200명의 임직원이 참석하지 못하여 300명만 참석하며, 공석이 생기지 않도록 계약해야 하므로 'D'가 가장 적절하다.

54 자원관리능력
정답 ①

제시된 조건에 따르면 워크숍을 2박 3일 동안 진행하므로 계약 가능한 장소는 사용가능기간이 각각 3일, 5일인 C와 F이다. 이때 문 사원이 재직하고 있는 회사의 임직원은 총 500명이며, 그중 팀장 이상 직책의 임직원은 500 × 0.05 = 25명이므로 팀장 이상 직책의 과장은 25명 이하이다. 또한, 워크숍 장소는 사무실과 가까워야 하므로 사무실과 비교적 가까운 'C'가 가장 적절하다.

55 조직이해능력
정답 ④

농협의 인재상과 그에 대한 설명이 바르게 짝지어진 것은 ⓒ, ⓒ, ⓔ이다.

56 조직이해능력
정답 ④

농협 심벌마크의 [V]꼴 아랫부분은 '농'자의 'ㅇ'이 아닌 '업'자의 'ㅇ'을 변형한 것으로 원만과 돈을 의미하며 협동 단결을 상징하므로 가장 적절하지 않은 설명이다.

57 조직이해능력
정답 ④

[정 사원이 작성한 결재 양식]은 부장 전결의 결재 양식이다. [결재 규정]에 따르면 10만 원 이상 20만 원 미만의 택배 이용비에 대한 지출결의서는 팀장 전결사항에 해당하므로 정 사원이 작성한 결재 양식을 사용할 수 없다.

58 조직이해능력
정답 ②

기회 요소인 4차 산업혁명 기술을 접목한 스마트 농업의 확산을 활용하기 위해 강점 요소인 정부 및 지자체와의 밀접한 협력 체계를 사용하는 SO(강점 – 기회)전략에 해당하므로 적절하지 않다.

오답 체크

① 기회 요소인 친환경 식자재에 대한 수요 증가 및 확대된 온라인 식자재 유통 시장을 활용하기 위해 강점 요소인 신선하고 품질 좋은 친환경 지역 농산물 유통 체계를 사용하는 SO(강점 – 기회)전략에 해당하므로 적절하다.
③ 위협 요소인 농업 인구 감소 및 지역농협의 실질적인 고객층을 이루는 농가의 고령화 가속화를 회피하기 위해 강점 요소인 정부 및 지자체와의 밀접한 협력 체계를 사용하는 ST(강점 – 위협)전략에 해당하므로 적절하다.
④ 위협 요소인 기후 변화로 인한 농산물 생산량 및 가격 변동 심화를 회피하고 조합원 내 유통경영 전문가 부족으로 인한 저조한 경영 성과라는 약점을 최소화하는 WT(약점 – 위협)전략에 해당하므로 적절하다.

59 조직이해능력
정답 ④

제시된 지문은 자산운용과 관련된 여러 가지 서비스를 한데 묶어 투자자의 성향에 맞게 제공하고, 투자자가 맡긴 자산에 대해 구성·운용·자문까지 통합적으로 관리해주는 서비스인 '랩어카운트'에 대한 설명이다.

오답 체크

① ELS(Equity Linked Securities): 주가나 개별주식을 기초자산으로 하여 일정한 조건을 충족하면 정해진 수익률에 따라 지급하는 금융상품
② 퀀트펀드: 금융공학적 기법을 바탕으로 계량적 투자모델에 의해 주식과 채권의 비중을 조절하는 펀드
③ REITs(Real Estate Investment Trusts): 펀드매니저들이 기관투자자와 일반인의 자금을 모아 부동산에 전문적으로 투자하는 뮤추얼펀드 형태의 투자신탁

60 조직이해능력
정답 ②

명함은 받자마자 바로 넣지 말고, 상대의 명함을 확인하여 읽기 어려운 한자나 외국어가 있을 경우 바로 물어봐서 나중에 실수하지 않도록 해야 한다. 또한, 대화를 나누는 동안에는 탁자 위와 같이 잘 보이는 곳에 명함을 두는 것이 예의이므로 가장 적절하지 않은 설명이다.

취업강의 1위, 해커스잡

ejob.Hackers.com

정답

p.488

01	③	의사소통능력	21	①	의사소통능력	41	③	수리능력	61	⑤	자원관리능력
02	③	의사소통능력	22	①	의사소통능력	42	④	수리능력	62	②	자원관리능력
03	④	의사소통능력	23	②	의사소통능력	43	⑤	수리능력	63	③	자원관리능력
04	⑤	의사소통능력	24	②	의사소통능력	44	④	수리능력	64	③	자원관리능력
05	②	의사소통능력	25	①	의사소통능력	45	①	수리능력	65	②	자원관리능력
06	③	의사소통능력	26	⑤	수리능력	46	④	수리능력	66	③	조직이해능력
07	②	의사소통능력	27	⑤	수리능력	47	②	수리능력	67	③	조직이해능력
08	④	의사소통능력	28	⑤	수리능력	48	⑤	수리능력	68	④	조직이해능력
09	①	의사소통능력	29	⑤	수리능력	49	③	수리능력	69	②	조직이해능력
10	③	의사소통능력	30	②	수리능력	50	④	수리능력	70	③	조직이해능력
11	①	의사소통능력	31	①	수리능력	51	④	문제해결능력			
12	⑤	의사소통능력	32	⑤	수리능력	52	③	문제해결능력			
13	①	의사소통능력	33	⑤	수리능력	53	③	문제해결능력			
14	③	의사소통능력	34	③	수리능력	54	②	문제해결능력			
15	④	의사소통능력	35	①	수리능력	55	③	문제해결능력			
16	③	의사소통능력	36	③	수리능력	56	⑤	문제해결능력			
17	③	의사소통능력	37	⑤	수리능력	57	③	문제해결능력			
18	④	의사소통능력	38	③	수리능력	58	⑤	문제해결능력			
19	③	의사소통능력	39	②	수리능력	59	④	문제해결능력			
20	②	의사소통능력	40	③	수리능력	60	③	문제해결능력			

취약 영역 분석표

영역별로 맞힌 개수와 정답률을 적고 나서 취약한 영역이 무엇인지 파악해 보세요.
정답률이 60% 미만인 취약한 영역은 틀린 문제를 다시 풀어보면서 확실히 극복하세요.

영역	의사소통능력	수리능력	문제해결능력	자원관리능력	조직이해능력	TOTAL
맞힌 개수	/25	/25	/10	/5	/5	/70
정답률	%	%	%	%	%	%

※ 정답률(%) = (맞힌 개수/전체 개수) × 100

01 의사소통능력   정답 ③

제시된 단어는 겉모습이나 언행이 치밀하지 못하여 순진하고 어리석은 데가 있다는 의미이므로 눈치가 빠르고 똑똑하다는 의미의 ③이 적절하다.

오답 체크

① 어질다: 마음이 너그럽고 착하며 슬기롭고 덕행이 높다
② 우매하다: 어리석고 사리에 어둡다
④ 어리다: 생각이 모자라거나 경험이 적거나 수준이 낮다
⑤ 인자하다: 마음이 어질고 자애롭다

02 의사소통능력   정답 ③

제시된 단어는 허황하여 전혀 근거가 없다는 의미이므로 헛되고 황당하여 미덥지 못하다는 의미의 ③이 적절하다.

오답 체크

① 역력하다: 자취나 기미, 기억 따위가 환히 알 수 있게 또렷하다
② 허무하다: 무가치하고 무의미하게 느껴져 매우 허전하고 쓸쓸하다
④ 황망하다: 마음이 몹시 급하여 당황하고 허둥지둥하는 면이 있다
⑤ 무상하다: 모든 것이 덧없다

03 의사소통능력   정답 ④

밑줄 친 단어는 우리나라가 식민지배를 당한 경험이 있다는 의미로 쓰였으므로 다른 사람이나 대상이 가하는 행동, 심리적인 작용 따위를 당하거나 입는다는 의미의 ④가 적절하다.

오답 체크

① 다른 사람이 주거나 보내오는 물건 따위를 가지다
② 빛, 볕, 열이나 바람 따위의 기운이 닿다
③ 사람을 맞아들이다
⑤ 화장품 따위가 곱게 잘 발리다

04 의사소통능력   정답 ⑤

'여러 종류의 작물을 심기 위해 밭을 구획하였다.'에서 '구획하다'는 토지 따위를 경계를 지어 가름을 의미한다.

• 점유하다: 물건이나 영역, 지위 따위를 차지하다
  예 우리 회사는 국내 가전제품 시장의 20% 이상을 점유하고 있다.

05 의사소통능력   정답 ②

ⓒ은 ASMR이 심리적 안정을 유도한다는 의미로 쓰였으므로 주의나 흥미를 일으켜 꾀어낸다는 의미의 '유인하는'은 적절하지 않다.

오답 체크

① 진출하다: 어떤 방면으로 활동 범위나 세력을 넓혀 나아가다
③ 기초하다: 근거를 두다
④ 이롭다: 이익이 있다
⑤ 드러내다: 겉으로 나타내거나 눈에 띄게 하다

06 의사소통능력   정답 ③

ⓒ은 언 발에 오줌 누기라는 뜻으로, 잠시 동안만 효력이 있을 뿐 그 효력은 바로 사라진다는 의미로 쓰였으므로 어려운 상태를 벗어나기 위해 어쩔 수 없이 꾸며 내는 계책이라는 의미의 '고육지계(苦肉之計)'는 적절하지 않다.

오답 체크

① 먹을거리: 먹을 수 있거나 먹을 만한 음식 또는 식품
② 시정하다: 잘못된 것을 바로잡다
④ 자립하다: 남에게 예속되거나 의지하지 아니하고 스스로 서다
⑤ 나누다: 즐거움이나 고통, 고생 따위를 함께하다

07 의사소통능력   정답 ②

빈칸이 있는 문장에서 고개를 뒤로 기울인다고 하였으므로 뒤로 기울게 한다는 의미의 ②가 적절하다.

오답 체크

① 제치다: 거치적거리지 않게 처리하다
③ 제키다: 살갗이 조금 다쳐서 벗어지다
④ 재끼다: 일을 솜씨 있게 쉽게 처리하거나 빨리 해버림을 나타내는 말
⑤ 젖치다: '젖히다'의 잘못된 표기

08 의사소통능력   정답 ④

제시된 의미에 해당하는 한자성어는 '동심동덕(同心同德)'이다.

오답 체크

① 이인동심(二人同心): 절친한 친구 사이
② 이심전심(以心傳心): 마음과 마음으로 서로 뜻이 통함
③ 동고동락(同苦同樂): 괴로움도 즐거움도 함께함
⑤ 겸양지덕(謙讓之德): 겸손한 태도로 남에게 양보하거나 사양하는 아름다운 마음씨나 행동

09 의사소통능력   정답 ①

화살이 과녁에 꽂혔다는 내용이므로 쏘거나 던지거나 한 물체가 어떤 물체에 닿게 한다는 의미의 '맞혔다'가 적절하다.

오답 체크

② 예방주사를 접종시킨다는 내용이므로 침, 주사 따위로 치료를 받게 한다는 의미의 '맞히러'가 적절하다.

③ 친구와 영어 시험의 답을 비교해 보았다는 내용이므로 둘 이상의 일정한 대상들을 나란히 놓고 비교하여 살핀다는 의미의 '맞춰'가 적절하다.

④ 그가 만나기로 한 약속을 지키지 않았다는 내용이므로 어떤 좋지 아니한 일을 당하게 한다는 의미의 '맞혔다'가 적절하다.

⑤ 빨래에 비를 닿게 했다는 내용이므로 자연 현상에 따라 내리는 눈, 비 따위의 닿음을 받게 한다는 의미의 '맞히고'가 적절하다.

10 의사소통능력   정답 ③

사동사 '밝히다'에 피동 표현 '–어지다'가 결합한 사동사의 피동 표현이므로 ③은 어법상 가장 적절한 문장이다.

오답 체크

① 피동사 '불리다'에 피동 표현 '–어지다'가 결합한 이중 피동 표현이므로 '불릴'이라고 써야 한다.

② 피동사 '잊히다'에 피동 표현 '–어지다'가 결합한 이중 피동 표현이므로 '잊힌'이라고 써야 한다.

④ 피동사 '열리다'에 피동 표현 '–어지다'가 결합한 이중 피동 표현이므로 '열린'이라고 써야 한다.

⑤ 피동사 '보이다'에 피동 표현 '–어지다'가 결합한 이중 피동 표현이므로 '보이자'라고 써야 한다.

11 의사소통능력   정답 ①

어법이 바르고 자연스러운 표현을 쓴 사람은 'A 사원'이다.

오답 체크

② '채'는 이미 있는 상태 그대로 있다는 의미이므로 그럴듯하게 꾸미는 거짓 태도나 모양을 의미하는 '체'로 수정해야 한다.

③ X 대리가 Y 사원을 좋아하는 정도가 내가 Y 사원을 좋아하는 정도보다 큰 것인지, X 대리가 나를 좋아하는 정도보다 X 대리가 Y 사원을 좋아하는 정도가 큰 것인지 의미가 불분명하므로 중의적 표현이다.

④ 부사 '차마'와 서술어 '말할 수 있을 겁니다'는 서로 호응이 어색한 표현이다.

⑤ '6월달'이라는 표현은 같은 뜻인 월과 달이라는 동어를 반복해서 쓴 표현이므로 '6월'로 수정해야 한다.

12 의사소통능력   정답 ⑤

소비자들도 보는 설명서를 작성할 때는 가급적 명령문보다 평서문으로 쓰는 것이 좋으므로 가장 적절하지 않다.

13 의사소통능력   정답 ①

이 보도자료는 올봄에 양파·마늘의 생육과 수량을 떨어뜨리는 주된 원인인 곰팡이병과 세균병의 확산이 우려되기 때문에 예찰 및 방제를 통한 병해충 예방이 필요하다는 내용이므로 이 보도자료의 제목으로 가장 적절한 것은 ①이다.

14 의사소통능력   정답 ③

유엔이 2030년까지 빈곤·기아 종식, 기후변화 대응 등 지속가능발전목표(SDGs)를 달성하고자 전 세계 푸드시스템 개선 방안을 논의하는 정상회의를 9월에 개최할 계획이라고 하였으므로 유엔이 전 세계 푸드시스템을 개선하여 2030년까지 빈곤·기아 종식 등의 지속가능발전목표를 이루고자 함을 알 수 있다.

오답 체크

① 우리나라는 국내 논의를 이끌 의장으로 한국농촌경제연구원 김○○ 원장을 지정하여 유엔에 통보하였다고 하였으므로 적절하지 않은 내용이다.

② 지속가능한 푸드시스템 구축을 위한 국내 논의에서 농림축산식품부가 국내 논의 진행 계획을, 농어업·농어촌 특별위원회가 국가식량계획을 각각 소개한다고 하였으므로 적절하지 않은 내용이다.

④ 우리나라는 지속가능한 푸드시스템 구축을 위한 국내 논의와 그간 추진되어 온 먹거리 전략 논의와의 연계성을 높이기 위해 지난 2년간의 의견 수렴을 바탕으로 최근 농어업·농어촌 특별위원회가 마련한 국가식량계획을 논의의 기초로 삼는다고 하였으므로 적절하지 않은 내용이다.

⑤ 한국농촌경제연구원이 농림수산식품교육문화정보원과 함께 수행한 우리나라 국민들의 푸드시스템 인식조사 결과를 발표한다고 하였으므로 적절하지 않은 내용이다.

15 의사소통능력   정답 ④

이 신문기사는 프렌치 패러독스를 일으키는 레드와인의 성분인 레스베라트롤이 심장병 예방 효과는 물론 뇌 노화 지연에도 효과가 있다는 점이 연구를 통해 밝혀졌다는 내용이므로 이 신문기사의 중심 내용과 가장 일치하는 주장은 ④이다.

16 의사소통능력   정답 ③

항성 트라피스트-1 주위를 돌고 있는 7개의 행성이 트라피스트-1과 가까운 순서대로 트라피스트-1b, c, d, e, f, g, h로 불리며, 그중 트라피스트-1e, f, g에 생명체가 존재할 가능성이 높다고 하였으므로 트라피스트-1과 가장 가까운 행성인 트라피스트-1b, c, d에 생명체가 존재할 가능성이 높은 것은 아님을 알 수 있다.

오답 체크

① 트라피스트-1의 크기는 태양의 8%이고, 7개 행성이 주위를 돌고 있다고 하였으므로 적절한 반응이다.

② 기존에 트라피스트-1의 주위를 돌고 있는 3개의 행성을 발견하였고, 이어서 추가로 4개의 행성을 발견했다고 하였으므로 적절한 반응이다.

④ 트라피스트-1의 크기는 목성과 비슷하지만, 질량은 목성의 80배라고 하였으므로 적절한 반응이다.

⑤ 트라피스트-1의 온도가 낮아 7개의 행성이 가깝게 궤도를 돌아도 온대 지역을 형성할 수 있다고 하였으므로 적절한 반응이다.

17 의사소통능력 　　　　　　　　정답 ③

이 글은 초고령화 사회로의 진입을 대비하여 고령층의 주거 안정과 고정 소득을 보장받을 수 있는 주택연금제도를 활성화하여야 한다는 내용이므로 이 글에 나타난 필자의 의견으로 가장 적절한 것은 ③이다.

[18-19]

18 의사소통능력 　　　　　　　　정답 ④

이 글은 우리나라가 과거의 시혜적 복지에서 벗어나 국가의 성장을 이끄는 생산적 복지를 구현해나가야 한다고 주장하는 내용이므로 이 글의 제목으로 가장 적절한 것은 ④이다.

19 의사소통능력 　　　　　　　　정답 ③

2문단에서 성장으로 이어지는 복지를 성공적으로 구현한 스웨덴의 경우 조세부담률이 높은 만큼 복지 혜택을 제공한다고 하였으므로 복지정책을 수립하기 전에 복지 확대에 따르는 조세부담을 감소시키는 방안이 먼저 고려되어야 하는 것은 아님을 알 수 있다.

오답 체크

① 2문단에서 조세부담을 피하고 싶은 국민에 맞추어 정책을 세우면 국가는 재정 적자에 시달리게 된다고 하였으므로 적절한 내용이다.
② 1문단에서 이전까지는 복지와 성장을 서로 상충하는 것으로 보는 이분법적 관점으로 접근했다고 하였으므로 적절한 내용이다.
④ 2문단에서 스웨덴은 복지를 통해 일자리를 창출하고, 창출된 일자리에서 다시 세금을 거두는 복지의 선순환 구조를 확립했다고 하였으므로 적절한 내용이다.
⑤ 2문단에서 복지에 관한 가장 큰 문제는 더 큰 복지 혜택은 바라지만 이에 따른 조세부담을 피하고 싶은 국민들의 이기심이라고 하였으므로 적절한 내용이다.

20 의사소통능력 　　　　　　　　정답 ②

'5. 종합소견'에서 당초 S 사가 예측했던 것과 달리 미국 소비자들의 중소 커피 브랜드에 대한 선호도가 높았으며, 신규 커피 브랜드에 대해서도 거부감이 없는 것으로 나타났다고 하였으므로 미국의 시장성이 기대 이하였던 것은 아님을 알 수 있다.

[21-22]

21 의사소통능력 　　　　　　　　정답 ①

U 인턴의 카테고리에 따라 질문을 분류하면 다음과 같다.

금융상품	질문 6, 질문 14, 질문 16, 질문 17, 질문 18, 질문 22
인터넷 뱅킹	질문 1, 질문 2, 질문 3, 질문 12, 질문 13, 질문 19, 질문 20
스마트 뱅킹	질문 4, 질문 8, 질문 9, 질문 26
자동화기기	질문 10, 질문 21, 질문 23, 질문 24, 질문 25
외환	질문 5, 질문 7, 질문 11, 질문 15

따라서 인터넷 뱅킹과 관련한 질문 19는 ㉠에 들어갈 질문으로 적절하지 않다.

22 의사소통능력 　　　　　　　　정답 ①

질문 14는 펀드의 종류에 대한 질문이다.
따라서 질문 14를 [금융상품] - [대출]로 분류하는 것은 적절하지 않다.

23 의사소통능력 　　　　　　　　정답 ②

'왜'라는 질문은 보통 진술을 가장한 부정적, 추궁적, 강압적 표현이므로 가급적 삼가는 것이 적절하다.

24 의사소통능력 　　　　　　　　정답 ②

특정한 일에 관한 현황이나 그 진행 상황 또는 연구 및 검토 결과 등을 보고하고자 할 때 작성하는 문서는 '보고서'이며, '기획서'는 적극적으로 아이디어를 내고 기획하여 하나의 프로젝트를 문서형태로 만든 것으로 상대방에게 기획 내용을 전달하여 기획을 시행하도록 설득하고자 할 때 작성하는 문서이므로 적절하지 않다.

25 의사소통능력 　　　　　　　　정답 ①

날씨가 더워짐에 따라 쿨비즈 제도가 시행된다는 문서의 작성 배경 및 주제에 대해 언급하고 있으므로 A는 '2단계'에 맞춰 문서를 이해하고 있다.

26 수리능력 　　　　　　　　정답 ⑤

상여금의 한도를 x만 원이라고 하면
A 등급 직원이 받은 상여금은 $\frac{1}{2}x+100$만 원이고, B 등급 직원이 받은 상여금은 $\frac{1}{2}(x-\frac{1}{2}x-100)+100$만 원이다. 이때 C 등급 직원이 받은 상여금은 100만 원이므로
$x=\frac{1}{2}x+100+\frac{1}{2}(x-\frac{1}{2}x-100)+100+100 \rightarrow x=\frac{3}{4}x+250$
$\rightarrow x=1,000$
따라서 상여금 한도는 1,000만 원이다.

27 수리능력 정답 ⑤

도넛을 제작하기 위해 만든 반죽 중 베이킹 단계 전에 검수할 때 30%가 판매가 불가능하여 남은 70%만 판매가 가능하다. 이 중 포장 단계 후에 최종 검수할 때 15%가 판매가 불가능하여 남은 85%만 판매가 가능하다.

따라서 만든 반죽 중 $(0.7 \times 0.85) \times 100 = 59.5\%$만 도넛으로 판매할 수 있다.

28 수리능력 정답 ⑤

A와 B는 각각 20분, 25분마다 5분간의 휴식 시간을 가지므로 A와 B가 각자 다시 공부를 시작하는 시간 간격인 25분, 30분의 최소공배수를 구해야 한다. 각 수를 소인수분해하면 $25 = 5^2$, $30 = 2 \times 3 \times 5$로 최소공배수는 $2 \times 3 \times 5^2 = 150$이므로 A와 B는 150분마다 동시에 공부를 시작한다. 이에 따라 13시부터 19시까지 A와 B가 동시에 공부를 시작하는 시각은 15시 30분, 18시이다.

따라서 A와 B가 마지막으로 동시에 공부를 시작하는 시각은 18시이다.

29 수리능력 정답 ⑤

작년 식품 박람회에 참석한 남자 인원을 x, 여자 인원을 y라고 하면

올해 식품 박람회에 참석한 남자 인원은 작년 대비 10% 증가하였으므로 $1.1x$이고, 여자 인원은 작년 대비 20% 감소하였으므로 $0.8y$이다. 이때, 올해 식품 박람회에 참석한 총인원은 540명이고, 작년 식품 박람회에 참석한 총인원은 올해보다 60명 더 많은 $540 + 60 = 600$명이므로

$x + y = 600 \rightarrow x = 600 - y$ ⋯ ⓐ

$1.1x + 0.8y = 540$ ⋯ ⓑ

ⓐ를 ⓑ에 대입하여 풀면

$1.1(600 - y) + 0.8y = 540 \rightarrow 0.3y = 120 \rightarrow y = 400$

따라서 작년 식품 박람회에 참석한 여자 인원은 400명이다.

30 수리능력 정답 ②

시간당 작업량 $= \frac{작업량}{시간}$임을 적용하여 구한다.

7시간 동안 기름 1,876mL를 채우는 호스와 1시간 30분 동안 기름 375mL를 채우는 호스는 각각 1시간에 $\frac{1,876}{7} = 268$mL, $\frac{375}{1.5} = 250$mL의 기름을 채운다. 두 호스를 동시에 이용해서 3시간 45분 동안 채운 기름의 양은 $(268 + 250) \times 3.75 = 1,942.5$mL이다.

따라서 처음 2L 기름통 안에 들어 있던 기름의 양은 $2,000 - 1,942.5 = 57.5$mL이다.

31 수리능력 정답 ①

Q 씨는 매달 100,000원의 이동전화요금이 발생하지만, 매달 가족 결합 혜택으로 이동전화요금의 10%를 할인받으며, 할인받은 금액에 추가로 통신사 멤버십 VIP 할인 혜택으로 10%를 할인받는다. 이에 따라 Q 씨가 이번 달에 납부한 이동전화요금은 $100,000 \times 0.9 \times 0.9 = 81,000$원이다. 또한, 다음 달부터 멤버십 등급별 이동전화요금 할인율이 모두 현재 할인율의 50%만큼 상향 조정되어 Q 씨는 $10 \times 1.5 = 15\%$를 할인받으므로 Q 씨가 다음 달에 납부하는 이동전화요금은 $100,000 \times 0.9 \times 0.85 = 76,500$원이다.

따라서 Q 씨가 다음 달에 납부하는 이동전화요금은 이번 달보다 $81,000 - 76,500 = 4,500$원 더 적다.

32 수리능력 정답 ⑤

과일의 정가는 원가에 30%를 가산하여 책정되므로 수박 한 개와 복숭아 한 개를 판매했을 때 얻는 이익은 각각 $x \times 0.3 = 0.3x$원, $2,500 \times 0.3 = 750$원이다. 이때 수박을 120개, 복숭아를 150개 판매하여 얻은 총이익이 328,500원이므로

$(0.3x \times 120) + (750 \times 150) = 328,500$

$\rightarrow 36x = 216,000 \rightarrow x = 6,000$

따라서 수박 한 개의 원가는 6,000원이다.

33 수리능력 정답 ⑤

중앙값은 변량을 최솟값부터 최댓값까지 크기 순으로 배열했을 때 정중앙에 위치하는 값이다. 자료 전체를 대표할 수 있는 중앙값은 20개의 값을 크기 순으로 배열했을 때, 10번째에 위치하는 78점과 11번째에 위치하는 80점의 평균값인 $\frac{78 + 80}{2} = 79$점이므로 옳지 않은 설명이다.

오답 체크

① 변량의 개수는 제시된 성적의 개수인 20개이므로 옳은 설명이다.

②, ④ 최빈값은 변량 중에서 가장 많이 나오는 값으로 자료에서 1개 이상 존재할 수 있으며, 이 자료에서는 63점, 85점으로 2개이므로 옳은 설명이다.

③ 가중치를 고려하지 않은 평균값은 산술평균이며, 산술평균은 변량의 총합을 변량의 개수로 나눈 값으로 변량의 총합은 78 + 95 + 85 + 63 + 73 + 94 + 69 + 56 + 85 + 89 + 63 + 85 + 92 + 77 + 63 + 80 + 74 + 78 + 91 + 88 = 1,578점이다. 따라서 평균값은 $\frac{1,578}{20} = 78.9$점이므로 옳은 설명이다.

34 수리능력 　　　　　　　　　　　정답 ③

♡: 문자와 숫자 순서에 따라 첫 번째 문자(숫자)를 바로 다음 순서에 오는 문자(숫자)로, 두 번째, 네 번째 문자(숫자)를 바로 이전 순서에 오는 문자(숫자)로 변경한다.

ex. abcd → bacc (a+1, b−1, c, d−1)

■: 첫 번째, 세 번째 문자(숫자)의 자리를 서로 바꾸고, 두 번째, 네 번째 문자(숫자)의 자리를 서로 바꾼다.

ex. abcd → cdab

따라서 빈칸에 들어갈 알맞은 것은 S7O4 → ■ → O4S7 이다.

35 수리능력 　　　　　　　　　　　정답 ①

◇: 문자와 숫자 순서에 따라 첫 번째, 세 번째 문자(숫자)를 바로 이전 순서에 오는 문자(숫자)로, 두 번째, 네 번째 문자(숫자)를 다음 두 번째 순서에 오는 문자(숫자)로 변경한다.

ex. abcd → zdbf (a−1, b+2, c−1, d+2)

★: 첫 번째, 두 번째 문자(숫자)의 자리를 서로 바꾸고, 세 번째, 네 번째 문자(숫자)의 자리를 서로 바꾼다.

ex. abcd → badc

따라서 빈칸에 들어갈 알맞은 것은 W7B3 → ◇ → V9A5 → ★ → 9V5A 이다.

36 수리능력 　　　　　　　　　　　정답 ③

♧: 첫 번째 문자(숫자)를 두 번째 자리로, 두 번째 문자(숫자)를 세 번째 자리로, 세 번째 문자(숫자)를 네 번째 자리로, 네 번째 문자(숫자)를 첫 번째 자리로 이동시킨다.

ex. abcd → dabc

◑: 문자와 숫자 순서에 따라 첫 번째 문자(숫자)를 다음 두 번째 순서에 오는 문자(숫자)로, 두 번째, 세 번째 문자(숫자)를 바로 이전 순서에 오는 문자(숫자)로, 네 번째 문자(숫자)를 바로 다음 순서에 오는 문자(숫자)로 변경한다.

ex. abcd → cabe (a+2, b−1, c−1, d+1)

따라서 빈칸에 들어갈 알맞은 것은 38FJ → ♧ → J38F → ◑ → L27G 이다.

37 수리능력 　　　　　　　　　　　정답 ⑤

제시된 각 숫자 간의 값이 +3, +4, +5, …와 같이 +1씩 변화하므로 빈칸에 들어갈 알맞은 숫자는 '37'이다.

38 수리능력 　　　　　　　　　　　정답 ③

A B C

세 개씩 한 군으로 묶인 제시된 각 숫자는 A를 B로 나누었을 때의 나머지가 C(A=B×x+C)라는 규칙이 적용되므로 빈칸에 들어갈 알맞은 숫자는 '3'이다.

39 수리능력 　　　　　　　　　　　정답 ②

분자에 제시된 각 숫자는 (1), (2, 2), (3, 3, 3), …으로 변화하고, 분모에 제시된 각 숫자는 (1), (1, 2), (1, 2, 3), …으로 변화하므로 빈칸에 들어갈 알맞은 숫자는 '$\frac{4}{3}$'이다.

40 수리능력 　　　　　　　　　　　정답 ③

제시된 각 숫자 간의 값이 ÷2, ×3으로 반복되므로 빈칸에 들어갈 알맞은 숫자는 '18'이다.

41 수리능력 　　　　　　　　　　　정답 ③

주가 등락률=$\frac{비교일\ 주가-기준일\ 주가}{기준일\ 주가}$×100임을 적용하여 구한다.

A 기업의 8월 1일 주가가 7월 30일 주가 대비 얼마나 변동했는지 구하는 것이므로 8월 1일 주가는 비교일 주가에 해당하고 7월 30일 주가는 기준일 주가에 해당한다.

A 기업의 7월 30일 주가를 x라고 하면

A 기업의 8월 1일 주가는 x×(1−0.2)×(1+0.25)=x이므로 7월 30일 주가 대비 8월 1일 주가 등락률은 $\frac{x-x}{x}$×100=0%이다.

따라서 A 기업의 7월 30일 주가 대비 8월 1일 주가 등락률은 0%이다.

42 수리능력 　　　　　　　　　　　정답 ④

대형 농용트랙터 보유 대수가 중형 농용트랙터 보유 대수보다 많은 지역은 없으므로 옳은 설명이다.

오답 체크

① 소형 농용트랙터 보유 대수가 다섯 번째로 많은 지역은 전라남도이므로 옳지 않은 설명이다.

② 제주특별자치도의 중형 농용트랙터 보유 대수는 소형 농용트랙터 보유 대수보다 2,457−981=1,476대 더 많으므로 옳지 않은 설명이다.

③ 전국의 대형 농용트랙터 보유 대수에서 경상북도의 대형 농용트랙터 보유 대수가 차지하는 비중은 (8,098/70,293)×100 ≒ 11.5%이므로 옳지 않은 설명이다.

⑤ 경기도의 농용트랙터 총 보유 대수는 12,840+16,585+7,771=37,196대이므로 옳지 않은 설명이다.

43 수리능력　　　　　　　정답 ⑤

닭 도축실적의 누계가 처음으로 900,000,000두 이상인 10월의 당월 닭 도축실적은 85,454,099두로 당월 닭 도축실적이 84,244,457두인 9월과 당월 닭 도축 실적이 80,594,468두인 11월보다 많으므로 옳지 않은 설명이다.

오답 체크

① 2020년 6월까지 양 도축실적의 누계는 91,947 − 20,303 = 71,644두이므로 옳은 설명이다.
② 제시된 기간 동안 당월 오리 도축실적은 6,600,056두인 7월에 가장 많으므로 옳은 설명이다.
③ 2020년 12월 당월 돼지 도축실적은 같은 달 당월 소 도축실적의 1,685,802 / 76,226 ≒ 22배로 20배 이상이므로 옳은 설명이다.
④ 제시된 기간 동안 당월 말 도축실적이 144두로 가장 많은 11월에 말 도축실적의 누계는 1,027두로 1,100두 이하이므로 옳은 설명이다.

44 수리능력　　　　　　　정답 ④

제시된 지역 중 2019년 전입자 수가 많은 지역별 순위는 서울특별시, 인천광역시, 부산광역시, 대구광역시, 광주광역시, 대전광역시, 울산광역시 순이고, 전출자 수가 많은 지역별 순위는 서울특별시, 부산광역시, 인천광역시, 대구광역시, 대전광역시, 광주광역시, 울산광역시 순이므로 옳지 않은 설명이다.

오답 체크

① 2017년 이후 대구광역시의 순 이동자 수는 항상 음수로 인구가 유출되고 있고, 그 수는 매년 전년 대비 증가하고 있으므로 옳은 설명이다.
② 2018년 인천광역시의 전출자 수는 433,639 − (−67) = 433,639 + 67 = 433,706명이므로 옳은 설명이다.
③ 제시된 지역 중 2016년부터 2019년까지 매년 전입자 수가 가장 많은 지역은 서울특별시이고, 가장 적은 지역은 울산광역시이므로 옳은 설명이다.
⑤ 제시된 지역 중 2017년 유출되는 인구수가 가장 많은 지역은 서울특별시로 98,486명이고, 가장 적은 지역은 인천광역시로 1,670명이며, 유출되는 인구수가 가장 많은 지역과 가장 적은 지역의 차이는 98,486 − 1,670 = 96,816명이므로 옳은 설명이다.

45 수리능력　　　　　　　정답 ①

업무상 질병 유병률 = (업무상 질병자 수 / 농업인 수) × 100임을 적용하여 구한다.

- A: 2016년 남성의 업무상 질병 유병률은 (44 / 1,005) × 100 ≒ 4.4%이다.
- B: 2016년 여성의 업무상 질병자 수는 2014년 대비 12천 명 감소했으므로 66 − 12 = 54천 명이고, 이에 따라 2016년 여성의 업무상 질병 유병률은 (54 / 938) × 100 ≒ 5.8%이다.

따라서 A는 4.4, B는 5.8이다.

46 수리능력　　　　　　　정답 ④

하루 평균 가축분뇨 발생량이 가장 많은 해는 2016년이고, 가축사육 두수가 가장 많은 해는 2017년이므로 옳지 않은 설명이다.

오답 체크

① 2011년부터 2017년까지 하루 평균 가축분뇨 처리량 중 자원화 처리량이 매년 가장 많으므로 옳은 설명이다.
② 하루 평균 가축분뇨 정화 처리량과 위탁 처리량의 전년 대비 증감 추이가 동일한 해는 2012년과 2014년이므로 옳은 설명이다.
③ 가축사육 농가 1호당 평균 가축사육 두수는 2011년에 215,499 / 223,988 ≒ 0.96천 두이고, 2013년에 235,144 / 212,794 ≒ 1.11천 두이므로 옳은 설명이다.
⑤ 2015년부터 2017년까지 하루 평균 가축분뇨 발생량의 평균은 (172,870 + 177,393 + 176,435) / 3 = 175,566m³이므로 옳은 설명이다.

[47 - 48]
47 수리능력　　　　　　　정답 ②

ⓒ 2019년 유치원의 전체 면적은 2년 전 대비 2,433,273 − 1,139,204 = 1,294,069m² 감소하였으므로 옳은 설명이다.
ⓔ 제시된 기간 중 대학교의 전체 면적이 135,368,978m²로 가장 넓은 2018년에 대학교의 전체 면적은 전년 대비 135,368,978 − 135,187,494 = 181,484m² 증가하였으므로 옳은 설명이다.

오답 체크

ⓐ 2016년 이후 중학교 시설 수의 전년 대비 증감 추이는 2016년에 감소, 2017년과 2018년에 증가, 2019년에 감소이고, 중학교 전체 면적의 전년 대비 증감 추이는 2016년과 2017년에 감소, 2018년에 증가, 2019년에 감소로 서로 다르므로 옳지 않은 설명이다.
ⓓ 2017년 초등학교의 시설 수 6,584개는 중학교와 고등학교 시설 수의 합인 2,863 + 2,382 = 5,245개보다 6,584 − 5,245 = 1,339개 더 많으므로 옳지 않은 설명이다.

48 수리능력　　　　　　　정답 ⑤

2019년 특수학교의 전체 면적은 2,455,549m²이고, 특수학교의 시설 수는 116개이다.
따라서 2019년 특수학교의 전체 면적에서 특수학교 시설 1개당 평균 면적은 2,455,549 / 116 ≒ 21,169m²이다.

49 수리능력   정답 ③

ⓒ 제시된 기간 중 배구 경기당 평균 관중 수가 2,535명으로 가장 많은 2019년에 배구 경기당 평균 관중 수는 여자 농구 경기당 평균 관중 수의 2,535 / 1,090 ≒ 2.3배로 2배 이상이므로 옳은 설명이다.

ⓔ 2014년부터 2018년까지 축구 경기당 평균 관중 수는 꾸준히 전년 대비 감소하였으므로 옳은 설명이다.

오답 체크

ⓐ 축구 경기 수가 453경기로 가장 많은 2015년에 야구 경기 수는 736경기로 737경기인 2018년보다 적으므로 옳지 않은 설명이다.

ⓑ 2015년 야구 경기 수의 전년 대비 증가율은 {(736 − 591) / 591} × 100 ≒ 24.5%로 30% 미만이므로 옳지 않은 설명이다.

50 수리능력   정답 ④

총 관중 수 = 경기 수 × 경기당 평균 관중 수임을 적용하여 구한다.

2018년 남자 농구 경기 수는 293경기이고, 경기당 평균 관중 수는 2,896명이므로 총 관중 수는 293 × 2,896 = 848,528명이고, 같은 해 여자 농구 경기 수는 112경기이고, 경기당 평균 관중 수는 1,103명이므로 총 관중 수는 112 × 1,103 = 123,536명이다.

따라서 2018년 남자 농구 총 관중 수와 여자 농구 총 관중 수의 합은 848,528 + 123,536 = 972,064명이다.

51 문제해결능력   정답 ④

세 번째 명제의 '대우'와 첫 번째 명제를 차례로 결합한 결론은 다음과 같다.
- 세 번째 명제(대우): 거봉을 좋아하지 않는 사람은 열대 과일을 좋아한다.
- 첫 번째 명제: 열대 과일을 좋아하는 사람은 망고를 좋아한다.
- 결론: 거봉을 좋아하지 않는 사람은 망고를 좋아한다.

따라서 거봉을 좋아하지 않는 사람은 망고를 좋아하므로 항상 옳은 설명이다.

오답 체크

① 열대 과일을 좋아하는 사람이 포도를 좋아하는지는 알 수 없으므로 항상 옳은 설명은 아니다.

② 수박을 좋아하지 않는 사람이 열대 과일을 좋아하지 않는지는 알 수 없으므로 항상 옳은 설명은 아니다.

③ 포도를 좋아하는 사람이 수박을 좋아하지 않는지는 알 수 없으므로 항상 옳은 설명은 아니다.

⑤ 망고를 좋아하지 않는 사람은 열대 과일을 좋아하지 않고, 열대 과일을 좋아하지 않는 사람은 거봉을 좋아하므로 항상 옳지 않은 설명이다.

52 문제해결능력   정답 ③

첫 번째 명제의 '대우'와 세 번째 명제를 차례로 결합한 결론은 다음과 같다.
- 첫 번째 명제(대우): 인구 과밀 지역이 아닌 곳은 교통이 혼잡하지 않은 곳이다.
- 세 번째 명제: 교통이 혼잡하지 않은 곳은 직장인이 선호하는 지역이다.
- 결론: 인구 과밀 지역이 아닌 곳은 직장인이 선호하는 지역이다.

따라서 인구 과밀 지역이 아닌 곳은 직장인이 선호하는 지역이므로 항상 옳은 설명이다.

53 문제해결능력   정답 ③

면책 특권은 국회 안에서 한 말과 투표한 행위에 대해 국회의원에게 책임을 묻지 않는 특권으로 국회의원이 국회 안에서 발언한 내용을 국회 밖으로 발표하는 행위는 면책 특권이 인정되지 않으므로 거짓인 내용이다.

오답 체크

① 회기 중에 법을 위반한 국회의원은 체포를 하지 않는 공소 제기나 불구속 수사는 가능하므로 참인 내용이다.

② 회기 전에 국회의원이 체포 또는 구금된 경우에는 현행범이 아닌 한 국회의 요구가 있으면 회기 중에 석방하여야 하므로 거짓인 내용이다.

④ 국회가 폐회 중인 경우에는 국회의 동의 없이 국회의원을 체포 또는 구금할 수 있으므로 거짓인 내용이다.

⑤ 국회의원은 본회의나 위원회에서 의제가 되어 있는 의안에 대해 찬성 없이 그 내용상의 의문점에 대해 의견을 물을 수 있는 질의권을 갖고 있으므로 거짓인 내용이다.

54 문제해결능력   정답 ②

제시된 조건에 따르면 5명 중 3명의 진술은 진실이고, 2명의 진술은 거짓이다. 먼저 E의 진술이 진실이라는 C의 진술이 진실인 경우 E의 진술도 진실이고 E의 진술에 따라 C가 사과를 따간 범인이므로 B와 C 중 한 명이 사과를 따간 범인이라는 A의 진술과 D는 사과를 따간 범인이 아니라는 B의 진술은 진실이 되어 3명의 진술이 진실이라는 조건에 모순된다. 이에 따라 C의 진술은 거짓이고, E의 진술도 거짓이며, C는 사과를 따간 범인이 아니다. 이때 3명의 진술이 진실이라는 조건에 따라 A, B, D의 진술은 진실이고, B와 C 중 한 명이 사과를 따간 범인이라는 A의 진술에 따라 사과를 따간 범인은 B가 된다. B가 사과를 따간 범인인 경우 D는 사과를 따간 범인이 아니라는 B의 진술과, B와 E 중 한 명이 사과를 따간 범인이라는 D의 진술이 진실이므로 조건을 만족한다.

따라서 사과 농장에서 사과를 매번 따간 범인은 'B'이다.

55 문제해결능력 정답 ③

202X년 정기회의 운영자는 202X년 1월에 입사한 △△부서의 신입사원 중에서 선정하였고, 정기회의 운영자로 선정된 사원은 1년에 한 번만 회의를 진행하여 필요한 정기회의 운영자 수는 8명이므로 신입사원 8명 모두 정기회의 운영자로 선정된다. 1분기 정기회의 운영자를 관리팀과 영업팀 사원으로 선정할 때, 영업팀 사원을 회의록 작성자로 선정하면 같은 분기 사회자는 홍보팀 사원으로 선정해야 하므로 1분기 정기회의는 영업팀 사원이 사회자이고 관리팀 사원이 회의록 작성자이다. 또한, 4분기 정기회의 사회자는 기획팀 사원으로 선정하므로 영업팀 사원을 2분기 또는 3분기 정기회의 회의록 작성자로 선정할 수 있다. 이때 개발팀 사원을 사회자로 선정하면 바로 다음 분기 사회자는 홍보팀 사원으로 선정하므로 3분기 정기회의 회의록 작성자는 영업팀 사원이다. 이에 따라 분기별 정기회의 운영자의 소속팀은 다음과 같다.

구분	1분기	2분기	3분기	4분기
사회자	영업팀	개발팀	홍보팀	기획팀
회의록 작성자	관리팀	기획팀	영업팀	홍보팀

따라서 202X년 2분기 정기회의 회의록 작성자의 소속팀은 '기획팀'이다.

56 문제해결능력 정답 ⑤

5명 중 1명만 거짓을 말하고 있으므로 상반된 진술을 하는 B와 D 둘 중 한 사람이 거짓을 말하고 있다. B의 진술이 거짓이라고 가정하면 C 또는 D가 보안 문서를 유출하였지만, 이는 C의 진술인 A 또는 E가 보안 문서를 유출하였다는 것에 모순되므로 B의 진술은 진실이다. 이에 따라 D의 진술이 거짓이며, 진실을 말하고 있는 A와 C의 진술에 따라 A 또는 E가 보안 문서를 유출하였으나 A는 보안 문서를 유출하지 않았으므로 보안 문서를 유출한 범인은 E가 된다.
따라서 보안 문서를 외부로 유출한 범인은 'E'이다.

[57-58]

제시된 조건 중 ⓒ, @을 통해 리모델링 전 기획실과 비서실의 위치가 각각 홀수 층, 짝수 층인 것을 확인할 수 있으며, 이를 기준으로 나머지 사무실의 위치를 찾는다. ⓒ → @ → ⓐ → ⓑ → ⓒ의 순서로 조건을 확인하면, 홀수 층에는 기획실, 총무실, 인사실이 위치하고, 짝수 층에는 비서실, 관리실, 심사실이 위치함을 알 수 있다. 이때 조건 ⓒ에 따라 비서실은 4층에 위치할 수 없으므로 비서실의 위치에 따라 가능한 경우는 총 두 가지이다.

구분	1층	2층	3층	4층	5층	6층
경우 1	총무실	비서실	기획실	관리실	인사실	심사실
경우 2	기획실	관리실	인사실	심사실	총무실	비서실

두 가지 경우에 따라 각각 (나) → (다) → (가)의 순서로 사무실 재배치 계획을 적용하면 리모델링 후 사무실 위치는 아래와 같다.

구분	1층	2층	3층	4층	5층	6층
경우 1	관리실	기획실 또는 인사실	비서실	총무실	심사실	기획실 또는 인사실
경우 2	심사실	인사실 또는 총무실	비서실	기획실	관리실	인사실 또는 총무실

57 문제해결능력 정답 ③

경우 1, 2 모두 리모델링 전 인사실과 비서실 사이에는 두 개의 사무실이 위치하므로 항상 옳은 설명이다.

오답 체크

① 리모델링 후 2층에는 기획실 또는 인사실 또는 총무실이 위치하므로 항상 옳은 설명은 아니다.
② 리모델링 전 6층에는 비서실 또는 심사실이 위치하므로 항상 옳은 설명은 아니다.
④ 리모델링 전 3층에는 기획실 또는 인사실이 위치하므로 항상 옳은 설명은 아니다.
⑤ 리모델링 후 1층에는 관리실 또는 심사실이 위치하므로 항상 옳은 설명은 아니다.

58 문제해결능력 정답 ⑤

리모델링 후 맨 위층에 인사실이 위치하는 경우 총무실은 2층 또는 4층에 위치하므로 알 수 없다.

59 문제해결능력   정답 ④

타일의 세로 길이는 모두 50mm이므로 탕비실 벽면에는 타일을 $\frac{200}{5}=40$줄 붙일 수 있다. 또한, 규격이 큰 타일의 가로 길이는 240mm이므로 1줄에 $\frac{120}{24}=5$개를 붙일 수 있고, 규격이 큰 타일을 4개 붙이는 경우에는 규격이 작은 타일은 2개 붙일 수 있다. 이에 따라 탕비실 벽면에 타일을 연달아 2줄 붙일 때 필요한 타일의 개수는 규격 240mm×50mm짜리가 9개, 규격 120mm×50mm짜리가 2개이다. 이때 벽면 가장 위쪽과 아래쪽의 각 2줄씩, 총 4줄만 레드 타일을 사용하고 36줄은 화이트 타일을 사용하므로 레드 타일은 규격 240mm×50mm짜리가 18개, 규격 120mm×50mm짜리가 4개 필요하고, 화이트 타일은 규격 240mm×50mm짜리가 162개, 규격 120mm×50mm짜리가 36개 필요하다.
따라서 필요한 타일을 구매하려면 18×16,000+4×9,000+162×13,000+36×7,000=2,682,000원이 필요하다.

60 문제해결능력   정답 ③

제시된 조건에서 우선순위에 따라 순서대로 입지 조건에 적합한 지역을 선정한다.
첫 번째 입지 조건에 따라 지반이 단단한 지역을 고르면 A, B, C, E 지역이고, 이들 중 두 번째 입지 조건에 따라 물이 있는 바다와 가까운 지역을 고르면 A, C, E 지역이다. 세 번째 입지 조건에 따라 도심으로부터 멀리 떨어진 지역을 고르면 A, C 지역이고, 네 번째 입지 조건에서 A와 C 두 지역 중 지형이 송전에 더 유리한 곳은 C 지역임을 알 수 있다.
따라서 원자력 발전소의 건설지로 선정될 가능성이 가장 높은 지역은 'C 지역'이다.

61 자원관리능력   정답 ⑤

현재 T 음식점에서는 한 주에 60시간을 일할 인력이 필요하지만, 한 주에 15시간 이상 일할 경우 주휴수당인 추가 인건비가 발생하게 된다. 이에 따라 B 씨는 주휴수당이 발생하지 않도록 시간을 나누어 인력을 고용할 수 있다. 4명 이하로 고용할 경우 이들이 같은 시간만큼 일하면 한 명당 한 주에 15시간 이상 일하게 되므로 주휴수당이 발생하지만, 5명을 고용할 경우 한 명당 한 주에 12시간 일하게 되므로 주휴수당이 발생하지 않는다.
따라서 최소 '5명'을 고용하여야 인건비가 가장 저렴하다.

[62 - 63]

62 자원관리능력   정답 ②

D 농업인은 자신이 부담해야 하는 차후수리비를 우선적으로 고려한다고 하였으므로 A 지역농협의 직원은 차후수리비가 가장 적은 농업기계를 D 농업인에게 제안해야 한다. A 지역농협에서 보유하고 있는 농업기계 중 차후수리비가 가장 적은 농업기계는 비료살포기지만 대여가능수량이 0대이므로 그 다음으로 차후수리비가 적은 '경운기'를 D 농업인에게 제안해야 한다.

63 자원관리능력   정답 ③

제시된 5개의 평가 항목에서 임대 수입에 직접적으로 영향을 미치는 대여가격과 활용도 항목을 고려한다. 이때 평가 항목별 가중치는 동일하므로 농업기계별 대여가격과 활용도의 평가 점수를 합하면 트랙터는 4+3=7점, 이앙기는 3+4=7점, 경운기는 5+1=6점, 굴삭기는 4+5=9점, 파쇄기는 2+5=7점, 예취기는 1+5=6점, 비료살포기는 3+2=5점, 로타베이터는 2+3=5점, SS기는 1+3=4점이다.
따라서 P 직원이 가장 높게 평가한 농업기계는 '굴삭기'이다.

[64 - 65]

64 자원관리능력   정답 ③

△△온라인몰에서 상품을 구매할 경우 오프라인 매장 판매 가격의 20% 할인된 가격으로 구입할 수 있고, 네임펜의 가격은 색 구분 없이 동일하므로 목록에 적힌 사무용품의 구입 가격은 {(800×10)+(2,500×2)+(2,900×5)+3,000}×0.8=24,400원이다. 이때 구입 가격이 30,000원 미만이므로 배송비 3,000원이 추가된다.
따라서 온라인몰에서 결제한 금액은 24,400+3,000=27,400원이다.

65 자원관리능력   정답 ②

오프라인 매장의 판매 가격은 제시된 자료의 판매 가격과 같고, 구입 가격의 10%만큼 포인트 적립이 가능하므로 적립한 포인트는 (750+700+2,900+3,000+2,500)×0.1=985포인트이다.

66 조직이해능력　　　　　　　　　정답 ③

생산성 저하 문제를 해결하기 위하여 개편되는 조직이고, 부서별로 담당하는 제품을 구분하여 책임지고 생산하는 구조를 확립하는 조직이라고 하였으므로 '사업부제 조직'으로 분류하는 것이 가장 적절하다.

67 조직이해능력　　　　　　　　　정답 ③

타인의 공정한 직무수행을 저해하는 행위를 한 임직원은 행동강령위반 신고 대상에 해당하지만, 타인의 공정한 직무수행을 격려하는 행위를 한 임직원은 행동강령위반 신고 대상에 해당하지 않는다.

오답 체크

① 업무와 관련하여 금품, 향응 등을 요구하거나 제공받은 경우 행동강령위반 신고 대상에 해당한다.
② 직위를 이용하여 부당한 이득을 얻거나 손실을 끼친 경우 행동강령위반 신고 대상에 해당한다.
④ 기타 농협 임직원 윤리강령 및 행동강령을 위반하여 부당한 이득을 취한 경우 행동강령위반 신고 대상에 해당한다.
⑤ 임직원이 본의 아니게 금지된 금품 등을 수수하였으나 돌려줄 방법이 없는 경우 행동강령위반 자진 신고 대상에 해당한다.

68 조직이해능력　　　　　　　　　정답 ④

지역 단위 농협은 지역의 거주자를 조합원으로 모아 만든 상호금융조직이므로 '신용협동기구'에 해당한다.

더 알아보기

금융기관의 유형

중앙은행	한국은행		-
은행 (1금융권)	일반은행		- 시중은행(KB국민은행, KEB하나은행, 우리은행 등) - 지방은행(JB전북은행, BNK부산은행, 제주은행 등) - 외국은행 국내지점(HSBC은행, 뱅크오브아메리카 등)
	특수은행		- KDB산업은행, IBK기업은행, 한국수출입은행, 농업협동조합중앙회, 수산업협동조합중앙회
비은행 금융기관 (2금융권)	상호저축 은행		- 대신저축은행, NH저축은행, SBI저축은행 등
	신용협동 기구		- 상호금융조직(지역 농협, 지역 축협, 수협 등) - 신용협동조합 - MG새마을금고
	우체국예금		-

69 조직이해능력　　　　　　　　　정답 ②

온라인 구매 사이트를 개설하는 것은 면세점 판매에 집중된 구조라는 약점을 보완하여 온라인을 통해 화장품을 구입하는 소비자 증가라는 시장의 기회를 활용하는 WO(약점 – 기회)전략에 해당한다.

오답 체크

① 시장의 기회를 활용하기 위해 강점을 적극 활용하는 SO(강점 – 기회)전략에 해당한다.
③ 시장의 위협을 회피하기 위해 강점을 활용하는 ST(강점 – 위협)전략에 해당한다.
④ 시장의 기회를 활용하기 위해 강점을 적극 활용하는 SO(강점 – 기회)전략에 해당한다.
⑤ 시장의 위협을 회피하고 약점을 최소화하는 WT(약점 – 위협)전략에 해당한다.

70 조직이해능력　　　　　　　　　정답 ③

인도의 통화는 파운드가 아닌 루피이므로 가장 적절하지 않다.

정답

p.530

01	②	의사소통능력	21	⑤	의사소통능력	41	④	수리능력	61	②	자원관리능력
02	⑤	의사소통능력	22	④	의사소통능력	42	④	수리능력	62	③	자원관리능력
03	①	의사소통능력	23	③	의사소통능력	43	⑤	수리능력	63	④	자원관리능력
04	②	의사소통능력	24	②	의사소통능력	44	①	수리능력	64	⑤	자원관리능력
05	①	의사소통능력	25	⑤	의사소통능력	45	③	수리능력	65	③	자원관리능력
06	③	의사소통능력	26	④	수리능력	46	①	수리능력	66	④	조직이해능력
07	④	의사소통능력	27	⑤	수리능력	47	④	수리능력	67	②	조직이해능력
08	①	의사소통능력	28	①	수리능력	48	④	수리능력	68	①	조직이해능력
09	⑤	의사소통능력	29	④	수리능력	49	④	수리능력	69	③	조직이해능력
10	④	의사소통능력	30	④	수리능력	50	①	수리능력	70	⑤	조직이해능력
11	②	의사소통능력	31	③	수리능력	51	④	문제해결능력			
12	①	의사소통능력	32	②	수리능력	52	④	문제해결능력			
13	②	의사소통능력	33	③	수리능력	53	④	문제해결능력			
14	①	의사소통능력	34	②	수리능력	54	④	문제해결능력			
15	①	의사소통능력	35	③	수리능력	55	③	문제해결능력			
16	②	의사소통능력	36	④	수리능력	56	③	문제해결능력			
17	③	의사소통능력	37	⑤	수리능력	57	②	문제해결능력			
18	④	의사소통능력	38	③	수리능력	58	③	문제해결능력			
19	①	의사소통능력	39	②	수리능력	59	③	문제해결능력			
20	②	의사소통능력	40	④	수리능력	60	①	문제해결능력			

취약 영역 분석표

영역별로 맞힌 개수와 정답률을 적고 나서 취약한 영역이 무엇인지 파악해 보세요.
정답률이 60% 미만인 취약한 영역은 틀린 문제를 다시 풀어보면서 확실히 극복하세요.

영역	의사소통능력	수리능력	문제해결능력	자원관리능력	조직이해능력	TOTAL
맞힌 개수	/25	/25	/10	/5	/5	/70
정답률	%	%	%	%	%	%

※ 정답률(%) = (맞힌 개수/전체 개수) × 100

01 의사소통능력 정답 ②

주희: '얼굴 부딪히기 기법'은 상대방에게 요청하고자 하는 도움의 크기가 100이라면 처음에는 그보다 더 큰 200을 요청하여 상대방의 거절을 유도한 뒤 처음보다 더 작은 도움을 요청하여 상대방이 미안한 마음을 보상하기 위해 요청을 수락하도록 하는 방법이므로 '얼굴 부딪히기 기법'이 처음부터 100을 요청하여 상대의 거절을 이끌어낸 뒤 점차 요구하는 바를 줄여 요청사항의 일부라도 들어주게끔 유도하는 것은 적절하지 않다.

02 의사소통능력 정답 ⑤

상대방의 요구를 들어주는 것이 불가능하다고 여겨질 때는 모호한 태도보다 단호하게 거절하는 것이 좋으며, 요구를 거절하는 것에 대한 사과를 한 다음 응해줄 수 없는 이유를 설명하는 것이 바람직하므로 가장 적절한 것은 ⑤이다.

03 의사소통능력 정답 ①

밑줄 친 단어는 깊이 들지 않은 잠이라는 의미로 쓰였으므로 깊이 들지 못하고 자주 깨면서 자는 잠이라는 의미의 ①이 적절하다.

오답 체크
② 나비잠: 갓난아이가 두 팔을 머리 위로 벌리고 자는 잠
③ 새우잠: 새우처럼 등을 구부리고 자는 잠
④ 개잠: 아침에 깨었다가 또다시 자는 잠
⑤ 말뚝잠: 꼿꼿이 앉은 채로 자는 잠

04 의사소통능력 정답 ②

밑줄 친 단어는 아주 잘 대접한다는 의미로 쓰였으므로 업신여겨 하찮게 대한다는 의미의 ②가 적절하다.

오답 체크
① 처우(處遇): 조처하여 대우함
③ 환대(歡待): 반갑게 맞아 정성껏 후하게 대접함
④ 대응(對應): 어떤 일이나 사태에 맞추어 태도나 행동을 취함
⑤ 우대(優待): 특별히 잘 대우함

05 의사소통능력 정답 ①

밑줄 친 단어는 어떤 일에 직접 나서서 관여하지 않고 곁에서 보기만 한다는 의미로 쓰였으므로 참견하지 아니하고 앉아서 보기만 한다는 의미의 ①이 적절하다.

오답 체크
② 책망(責望): 잘못을 꾸짖거나 나무라며 못마땅하게 여김
③ 용인(容認): 용납하여 인정함
④ 경시(輕視): 대수롭지 않게 보거나 업신여김
⑤ 관여(關與): 어떤 일에 관계하여 참여함

06 의사소통능력 정답 ③

밑줄 친 단어는 상품 홍보를 적극적으로 시작했다는 의미로 쓰였으므로 어떠한 일을 적극적으로 또는 직업적으로 시작한다는 의미의 ③이 적절하다.

오답 체크
① 어디를 가기 위하여 있던 곳을 나오거나 떠나다
② 어떠한 일을 가로막거나 간섭하다
④ 구하던 사람, 물건 따위가 나타나다
⑤ 앞이나 밖으로 나와 서다

07 의사소통능력 정답 ④

밑줄 친 단어는 바르지 않은 자세로 앉는 것이 습관이 되었다는 의미로 쓰였으므로 몸에 배어 버릇이 된다는 의미의 ④가 적절하다.

오답 체크
① 근육이나 뼈마디가 뻣뻣하게 되다
② 표정이나 태도 따위가 부드럽지 못하고 딱딱하여지다
③ 무른 물건이 단단하게 되다
⑤ 돈이나 쌀 따위가 헤프게 없어지지 아니하고 자기의 것으로 계속 남게 되다

08 의사소통능력 정답 ①

밑줄 친 단어는 순진한 얼굴로 짓궂은 장난을 친다는 의미로 쓰였으므로 ①이 가장 적절하다.

오답 체크
②는 요망하다, ③은 산만하다, ④는 잔망스럽다, ⑤는 활발하다의 의미이다.

09 의사소통능력 정답 ⑤

밑줄 친 부분은 술잔을 여러 번 반복해서 주고받았다는 의미로 쓰였으므로 잇따라 여러 번 되풀이하여라는 의미의 ⑤가 적절하다.

오답 체크

① 연일: 여러 날을 계속하여
② 도로: 향하던 쪽에서 되돌아서
③ 거저: 아무런 노력이나 대가 없이
④ 바투: 두 대상이나 물체의 사이가 썩 가깝게

10 의사소통능력 정답 ④

@은 젖거나 서려 있는 모습이 가지런하고 차분하다는 의미로 쓰였으므로 보기에 가운데가 좀 오목하게 쏙 들어가 있다는 의미의 '옴팡지다'는 적절하지 않다.

오답 체크

① 독촉하다: 일이나 행동을 빨리 하도록 재촉하다
② 들입다: 세차게 마구
③ 가늘다: 물체의 지름이 보통의 경우에 미치지 못하고 짧다
⑤ 푹하다: 겨울 날씨가 퍽 따뜻하다

11 의사소통능력 정답 ②

제시된 단어 대담과 대화는 모두 마주 대하고 말함을 뜻하므로 유의관계이다.
따라서 어떤 목적 아래 여러 사람이 모이는 일이라는 의미의 '모임'과 유의관계의 단어인 '회합'이 적절하다.

오답 체크

① 모집(募集): 사람이나 작품, 물품 따위를 일정한 조건 아래 널리 알려 뽑아 모음
③ 선임(先任): 어떤 임무나 직무 따위를 맡음
④ 회원(會員): 어떤 회를 구성하는 사람들
⑤ 협력(協力): 힘을 합하여 서로 도움

12 의사소통능력 정답 ①

제시된 단어 뚜렷하다와 선명하다는 모두 엉클어지거나 흐리지 않고 아주 분명함을 뜻하므로 유의관계이다.
따라서 맨 처음으로 물건을 판다는 의미의 '마수걸이하다'와 유의관계의 단어인 '개시하다'가 적절하다.

오답 체크

② 사수하다: 죽음을 무릅쓰고 지키다
③ 내기하다: 금품을 거는 등 일정한 약속 아래에서 승부를 다투다
④ 장사하다: 이익을 얻으려고 물건을 사서 팔다
⑤ 매수하다: 물건을 사들이다

13 의사소통능력 정답 ②

제시된 문장에서 식탁이 여러 음식들로 푸짐하게 차려져 있었다고 하였으므로 매우 많아서 넉넉하다는 의미의 ②가 적절하다.

오답 체크

① 성글다: 물건의 사이가 뜨다
③ 소박하다: 꾸밈이나 거짓이 없고 수수하다
④ 다분하다: 그 비율이 어느 정도 많다
⑤ 조촐하다: 아담하고 깨끗하다

14 의사소통능력 정답 ①

빈칸이 있는 문장에서 은행 거래를 하려면 반드시 신분증이 있어야 한다고 하였으므로 무엇을 가지고서 모임 따위에 참여한다는 의미의 ①이 적절하다.

오답 체크

② 환급(還給): 도로 돌려줌
③ 패용(佩用): 몸에 차거나 달고 다니면서 씀
④ 보관(保管): 물건을 맡아서 간직하고 관리함
⑤ 간수(看守): 보살피고 지킴

15 의사소통능력 정답 ①

빈칸 앞에서는 미세한 황사 입자가 코나 입으로 쉽게 들어와 질병을 유발한다는 내용을 말하고 있고, 이 내용을 심화하여 빈칸 뒤에서는 이런 황사에는 인체에 해로운 중금속이 섞여 있다는 내용을 말하고 있으므로 앞의 내용과 비슷한 내용을 추가할 때 사용하는 접속어 ①이 적절하다.

16 의사소통능력 정답 ②

②는 맞춤법에 맞는 문장이다.

오답 체크

① 먹고 싶어하는 (X) → 먹고 싶어 하는 (O)
- 한글 맞춤법 제47항에 따라 '-아/어 하다'가 구에 결합하는 경우 띄어 쓴다. 따라서 '먹고 싶어 하는'으로 써야 한다.
③ 쫓아내버렸다 (X) → 쫓아내 버렸다 (O)
- 한글 맞춤법 제47항에 따라 앞 단어가 합성 용언인 경우에는 보조 용언을 앞말에 붙여 쓰지 않는다. 따라서 '쫓아내 버렸다'라고 써야 한다.
④ 있나보다 (X) → 있나 보다 (O)
- 한글 맞춤법 제47항에 따라 보조 용언 앞에 '-(으)ㄹ까', '-지' 등의 종결 어미가 있는 경우에는 보조 용언을 그 앞말에 붙여 쓸 수 없다. 따라서 '있나 보다'라고 써야 한다.
⑤ 읽어볼만하다 (X) → 읽어 볼만 하다/읽어볼 만하다 (O)
- 한글 맞춤법 제47항에 따라 보조 용언이 거듭 나타나는 경우는 앞의 보조 용언만을 붙여 쓸 수 있다. 따라서 '읽어 볼만 하다/읽어볼 만하다'라고 써야 한다.

17 의사소통능력 정답 ③

③은 맞춤법에 맞는 문장이다.

오답 체크

① 깨끗히 (X) → 깨끗이 (O)
- 한글 맞춤법 제51항에 따라 부사의 끝음절이 분명히 '이'로만 나는 것은 '-이'로 적어야 한다. 따라서 '깨끗이'라고 써야 한다.
② 꼼꼼이 (X) → 꼼꼼히 (O)
- 한글 맞춤법 제51항에 따라 부사의 끝음절이 '이'나 '히'로 나는 것은 '-히'로 적는다. 따라서 '꼼꼼히'라고 써야 한다.
④ 곰곰히 (X) → 곰곰이 (O)
- 한글 맞춤법 제25항에 따라 부사에 '-이'가 붙어서 뜻을 더하는 경우에는 그 부사의 원형을 밝히어 적는다. 따라서 '곰곰이'라고 써야 한다.
⑤ 대수로히 (X) → 대수로이 (O)
- 한글 맞춤법 제51항에 따라 부사의 끝음절이 분명히 '이'로만 나는 것은 '-이'로 적어야 한다. 따라서 '대수로이'라고 써야 한다.

18 의사소통능력 정답 ④

보고서 작성 방법에 따르면 업무 진행 과정에서 쓰는 보고서는 진행 과정에 대한 핵심 내용을 구체적으로 제시해야 하므로 업무 진행 과정에서 작성하는 보고서에서 진행 과정과 관련된 내용을 생략하라는 조언은 가장 적절하지 않다.

19 의사소통능력 정답 ①

'모든' 또는 '전체'를 의미하는 관형사 '전'은 뒤에 오는 명사와 띄어 써야 하므로 ⊙을 '전세계'로 붙여 쓰는 것은 적절하지 않다.

오답 체크

② ⓒ의 앞에서는 기후 변화에 따른 식량 안보가 위협받는 상황 속에 여러 나라에서 탄소 중립을 선언하며 탄소 배출을 조절하겠다고 나섰다는 내용을 말하고 있고, ⓒ의 뒤에서는 탄소 중립과 식량 안보 해결 방안으로 흙의 중요성이 재조명되고 있다는 내용을 말하고 있으므로 앞의 내용이 뒤의 내용의 원인이거나 앞의 내용이 발전하여 뒤의 내용이 전개될 때 쓰는 접속어인 '그리하여'가 들어가야 한다.
③ ⓒ이 있는 문장에서 식물의 뿌리 또는 흙 속의 유기물을 통해 약 2조 4천억 톤에 달하는 탄소가 땅에 저장된다고 하였으므로 빨아서 거두어들인다는 의미의 '흡수(吸收)'로 바꿔 쓰는 것이 적절하다.
- 배출(排出) : 안에서 밖으로 밀어냄
④ 한글 맞춤법 제41항에 따라 조사는 그 앞말에 붙여 써야 하므로 ⓒ을 '탄소량마저'로 수정하는 것이 적절하다.
⑤ '함량'은 물질이 어떤 성분을 포함하고 있는 분량이라는 뜻으로 '포함'의 의미가 중복되므로 ⓒ을 '포함된 탄소량'으로 고쳐 쓰는 것이 적절하다.

20 의사소통능력 정답 ②

이 글은 군용 레인코트인 트렌치코트의 발명 배경을 제시하고, 트렌치코트의 인기가 상승하게 된 과정을 설명하는 내용의 글이다.
따라서 '(나) 개버딘의 개발 → (마) 개버딘을 소재로 한 트렌치코트의 발명 → (가) 군용품으로서의 트렌치코트 → (다) 전쟁이 끝난 후 일반인들의 관심을 얻기 시작한 트렌치코트 → (라) 일반인 사이에서 인기가 높아진 트렌치코트' 순으로 연결되어야 한다.

[21~22]

21 의사소통능력 정답 ⑤

이 자료는 기술료의 정의를 제시한 후 기술료를 지급하는 방식을 크게 두 가지로 분류하여 설명하는 글이므로 이 자료의 제목으로 가장 적절한 것은 ⑤이다.

22 의사소통능력 정답 ④

기술료의 지급 방식은 기술을 이전하는 기업과 기술을 이전받는 기업 간의 자유로운 합의에 따라 결정된다고 하였으므로 기술 이전 계약을 체결하는 기업들의 재량에 따라 기술료 지급 방식이 정해지게 됨을 알 수 있다.

23 의사소통능력   정답 ③

3문단에서 민속악은 악보가 있어도 악보를 따르기보다 즉흥적으로 연주하는 경우가 많았다고 하였으므로 민속악이 악보에 따라 정해진 박자와 음정으로 정확하게 연주하는 경우가 많은 것은 아님을 알 수 있다.

오답 체크

① 1문단에서 고려 시대부터 조선 시대 이후까지 오래도록 연주된 정악이 우리 민족의 정서를 기반으로 만들어졌다고 하였으므로 적절하다.
② 2문단에서 가곡, 시조 등과 같은 양반가의 정악은 대부분 풍류를 즐기기 위해 연주되었다고 하였으므로 적절하다.
④ 1문단에서 국악은 정악과 민속악으로 분류되며, 음악의 향유 계층, 연주되는 악기의 종류, 음악의 속도, 표현 방법 등에 따라 차이점이 드러난다고 하였으므로 적절하다.
⑤ 3문단에서 민속악은 일할 때 부르기 위한 음악, 즐겁게 부르기 위한 음악 등 여러 목적에 따라 광범위하게 만들어졌으며, 백성들에 의해 만들어지고 향유된 음악은 모두 민속악에 포함된다고 하였으므로 적절하다.

24 의사소통능력   정답 ②

글 전체에서 정악과 민속악을 정의, 대조, 예시 등의 방법을 통해 설명하고 있다.

25 의사소통능력   정답 ⑤

'1. 대출 조건 – 2)'에 따르면 재해대책경영자금은 재해 사건별 농가당 100~5천만 원 이내에서 대출할 수 있고 대출일로부터 1년 이내 상환하는 것이 원칙이지만 법인의 경우 1억 원 이내에서 대출 가능하며 상환일을 1년 연장할 수 있다고 하였으므로 법인의 과수화상병에 대한 재해대책경영자금을 최소 100만 원에서 5천만 원 이내로 대출할 수 있다는 답변은 가장 적절하지 않은 내용이다.

오답 체크

① '2. 대출 대상자'에 따르면 농업경영자금의 대출 대상자는 경종농가와 특작농가라고 하였으므로 적절한 내용이다.
② '1. 대출 조건 – 3)'에 따르면 농업인 거주지 또는 거소지 관할 농협의 본·지소에서 대출을 신청할 수 있다고 하였으므로 적절한 내용이다.
③ '2. 대출 대상자'에 따르면 재해연기자금은 재배피해 농가에 대해 1년 또는 2년 동안 상환을 연기하거나 이자를 감면해준다고 하였으므로 적절한 내용이다.
④ '3. 대출 절차 – 2)'에 따르면 대출 사무소는 영농회에서 제출한 영농회별 대출 신청서를 바탕으로 임대농을 비롯한 신용불량 거래자, 연체 채권 보유자, 비농업인, 한도 초과 대상자 등 대출 부적격자 여부를 심의한다고 하였으므로 적절한 내용이다.

26 수리능력   정답 ④

복리 예금 상품 만기 시 받는 원리금은 원금 × (1+이자율)^{기간}임을 적용하여 구한다.
건희는 만기가 6개월인 월복리 예금 상품에 550,000원을 거치하였으며, 연 이자율은 3.6%, 이자는 월 단위로 적용되므로 월 이자율은 3.6/12=0.3%이다. 이에 따라 건희가 6개월 뒤 만기 해지 시 돌려받을 원리금은 총 550,000 × (1+0.003)^6 ≒ 550,000 × 1.02 ≒ 561,000원이다.
따라서 건희가 6개월 뒤 만기 해지 시 돌려받을 총 원리금 중 이자는 561,000 − 550,000 = 11,000원이다.

27 수리능력   정답 ⑤

단리 예금 상품 만기 시 받는 원리금은 원금 × {1+(이자율 × 기간)}임을 적용하여 구한다.
효준이는 연 이율 5%인 1년 만기 거치식 예금 상품에 가입하면서 4,500,000원을 입금하였으므로 1년 뒤 효준이가 돌려받은 원리금은 4,500,000 × {1+(0.05 × 1)}=4,725,000원이다. 이 중 3,200,000원을 사용하였으므로 4,725,000 − 3,200,000 = 1,525,000원이 남는다.
따라서 잔액은 1,525,000원이다.

28 수리능력   정답 ①

대명이는 원화 535,000원을 지불하여 엔화를 구매하므로 현금 살 때의 환율이 적용되어 대명이가 일본 여행 경비로 환전한 엔화는 (535,000/1,070) × 100=50,000엔이다. 이때, 환전한 엔화의 70%를 일본 여행에서 사용하였으므로 귀국하여 남은 엔화는 50,000 × (1−0.7)=15,000엔이고, 귀국 후 남은 엔화를 모두 지불하여 다시 원화를 구매하므로 현금 팔 때의 환율이 적용된다.
따라서 대명이가 귀국 후 다시 환전한 원화는 (15,000 × 1,030)/100=154,500원이다.

29 수리능력   정답 ④

제시된 식 A ≥ B = C > D에서 B와 C의 크기는 같으며, C의 크기는 D보다 크므로 B의 크기는 D보다 크다.
따라서 항상 옳은 것은 D < B이다.

30 수리능력 　　　　　　　　　　　　　　정답 ④

서로 다른 n개에서 중복을 허용하여 r개를 택하는 순열의 수는 $_n\Pi_r = n^r$임을 적용하여 구한다.
5개의 숫자와 3개의 특수문자로 구성할 수 있는 네 자리의 비밀번호 개수는 서로 다른 8개의 문자에서 중복을 허용하여 4개의 문자를 택하여 한 줄로 배열하는 것과 같다.
따라서 K 대리의 폴더 비밀번호로 가능한 문자배열은 $8^4 =$ 4,096가지이다.

31 수리능력 　　　　　　　　　　　　　　정답 ③

L 기업의 직원은 연구직이 40명이고, 그중 30%가 여자이므로 연구직의 여자 직원은 $40 \times 0.3 = 12$명, 남자 직원은 $40 - 12 = 28$명이다. 이때 전체 남자 직원의 60%가 생산직임에 따라 연구직 남자 직원 28명은 전체 남자 직원의 40%이므로 생산직 남자 직원을 x라고 하면
$28 : x = 40 : 60 \rightarrow 40x = 1,680 \rightarrow x = 42$
이에 따라 생산직 여자 직원은 $60 - 42 = 18$명이다.
따라서 연구직 남자 직원과 생산직 여자 직원의 합은 $28 + 18 = 46$명이다.

32 수리능력 　　　　　　　　　　　　　　정답 ②

카탈로그 기본 제작 부수 5부에 대해 51,000원, 5부를 초과하는 수량에 대해서는 5부 단위로 13,000원의 비용이 부과된다. 유 사원이 제작 의뢰할 카탈로그는 300부이므로 기본 부수 5부를 제외하고 295부, 즉, $\frac{295}{5} = 59$단위에 대한 비용이 추가로 부과된다.
따라서 유 사원이 A 업체에 지불해야 하는 금액은 $51,000 + (13,000 \times 59) = 818,000$원이다.

33 수리능력 　　　　　　　　　　　　　　정답 ③

시간당 작업량 $= \frac{\text{작업량}}{\text{시간}}$ 임을 적용하여 구한다.
온탕 전체 물의 양을 1이라고 하면 1분 동안 온탕에 채우는 물의 양은 A 호스가 $\frac{1}{14}$, B 호스가 $\frac{1}{10}$, C 호스가 $\frac{1}{35}$이다.
세 종류의 호스로 1분 동안 온탕에 채우는 물의 양은 $\frac{1}{14} + \frac{1}{10} + \frac{1}{35} = \frac{14}{70} = \frac{1}{5}$이다.
온탕에 물을 가득 채우는 데 걸리는 시간을 x라고 하면
$\frac{1}{5} \times x = 1 \rightarrow x = 5$
따라서 온탕에 물을 가득 채우는 데 걸리는 시간은 5분이다.

34 수리능력 　　　　　　　　　　　　　　정답 ②

평균은 변량의 총합을 변량의 개수로 나눈 값임을 적용하여 구한다.
E의 NCS 점수를 x, B의 전공 점수를 y라고 하면
합격자 전체의 NCS 평균 점수는 72점이므로
$\frac{67 + 75 + 73 + 69 + x}{5} = 72 \rightarrow x = 76$
합격자 전체의 전공 평균 점수는 81점이므로
$\frac{83 + y + 76 + 84 + 80}{5} = 81 \rightarrow y = 82$
이에 따라 E의 NCS 점수는 76점이고, B의 전공 점수는 82점이므로 필기시험 합격자 중 NCS 점수가 가장 높은 E의 NCS 점수인 m은 76점, 전공 점수가 가장 높은 D의 전공 점수인 n은 84점이다.
따라서 $m + n = 76 + 84 = 160$점이다.

35 수리능력 　　　　　　　　　　　　　　정답 ③

평균은 변량의 총합을 변량의 개수로 나눈 값으로 이 자료에서는 1월부터 12월까지 발급한 카드 수의 총합을 12로 나눈 값이므로 평균은 $\frac{9 + 8 + 6 + 7 + 6 + 5 + 8 + 10 + 9 + 6 + 6 + 4}{12} = \frac{84}{12} =$ 7개이다. 분산은 각 변량과 평균의 차이를 제곱하여 합한 값을 변량의 개수로 나눈 값으로 이 자료에서는 1월부터 12월까지 매월 발급한 카드 수와 평균인 7의 차이를 제곱하여 합한 값을 12로 나눈 값이므로 분산은 $\{(9-7)^2 + (8-7)^2 + (6-7)^2 + (7-7)^2 + (6-7)^2 + (5-7)^2 + (8-7)^2 + (10-7)^2 + (9-7)^2 + (6-7)^2 + (6-7)^2 + (4-7)^2\} \div 12 = \frac{36}{12} = 3$이다.
따라서 평균인 a는 7, 분산인 b는 3이므로 a+b의 값은 $7 + 3 = 10.0$이다.

36 수리능력 정답 ④

제시된 각 숫자 간의 값이 ÷6, ×5, ÷4, …로 변화하므로 빈칸에 들어갈 알맞은 숫자는 '225'이다.

37 수리능력 정답 ⑤

제시된 각 숫자 간의 값이 ×6으로 반복되므로 빈칸에 들어갈 알맞은 숫자는 '$\frac{13}{6}$'이다.

38 수리능력 정답 ③

제시된 각 숫자 간의 값이 −6, ×3으로 반복되므로 빈칸에 들어갈 알맞은 숫자는 '165'이다.

39 수리능력 정답 ②

두 번째 숫자가 $\frac{2}{3} = \frac{6}{9}$일 때, 분자에 제시된 각 숫자 간의 값이 +3으로 반복되고, 분모에 제시된 각 숫자 간의 값이 +4로 반복되므로 빈칸에 들어갈 알맞은 숫자는 '$\frac{15}{21} = \frac{5}{7}$'이다.

40 수리능력 정답 ④

제시된 각 숫자 간의 값이 +2, +3, +5, +8, …과 같이 +1, +2, +3, …씩 변화하므로 빈칸에 들어갈 알맞은 숫자는 '75'이다.

41 수리능력 정답 ④

제시된 각 문자를 알파벳 순서에 따라 숫자로 변경한다.

F	A	H	B	(J)	C	L	D	N
6	1	8	2	(10)	3	12	4	14

홀수항에 제시된 각 숫자 간의 값이 +2로 반복되고, 짝수항에 제시된 각 숫자 간의 값은 +1로 반복되므로 홀수항인 빈칸에 들어갈 알맞은 문자는 숫자 10에 해당하는 'J'이다.

42 수리능력 정답 ④

제시된 각 문자를 한글 자음 순서에 따라 숫자로 변경한다.

ㄷ	ㅂ	ㄹ	ㅇ	ㅂ	(ㅌ)	ㅊ	ㅎ	ㄹ
3	6	4	8	6	12	10	20	18

각 숫자 간의 값이 ×2, −2로 반복되므로 빈칸에 들어갈 알맞은 문자는 숫자 12에 해당하는 'ㅌ'이다.

43 수리능력 정답 ⑤

● : 문자와 숫자 순서에 따라 첫 번째 문자(숫자)를 다음 두 번째 순서에 오는 문자(숫자)로, 두 번째 문자(숫자)를 바로 이전 순서에 오는 문자(숫자)로, 세 번째, 네 번째 문자(숫자)를 바로 다음 순서에 오는 문자(숫자)로 변경한다.
ex. abcd → cade (a+2, b−1, c+1, d+1)

◈ : 첫 번째, 두 번째 문자(숫자)의 자리를 서로 바꾸고, 세 번째, 네 번째 문자(숫자)의 자리를 서로 바꾼다.
ex. abcd → badc

따라서 빈칸에 들어갈 알맞은 것은 3Q8W → ◈ → Q3W8 이다.

44 수리능력 정답 ①

♣ : 첫 번째, 네 번째 문자(숫자)의 자리를 서로 바꾸고, 두 번째, 세 번째 문자(숫자)의 자리를 서로 바꾼다.
ex. abcd → dcba

△ : 문자와 숫자 순서에 따라 첫 번째 문자(숫자)를 이전 두 번째 순서에 오는 문자(숫자)로, 두 번째, 네 번째 문자(숫자)를 바로 다음 순서에 오는 문자(숫자)로, 세 번째 문자(숫자)를 다음 두 번째 순서에 오는 문자(숫자)로 변경한다.
ex. abcd → ycee (a−2, b+1, c+2, d+1)

따라서 빈칸에 들어갈 알맞은 것은 FX85 → ♣ → 58XF → △ → 39ZG 이다.

45 수리능력 정답 ③

2018년 논벼 농가 수는 3년 전 대비 453,896 − 386,739 = 67,157가구 감소하였으므로 옳지 않은 설명이다.

오답 체크

① 제시된 기간 동안 기타작물을 제외하고 매년 농가 수가 가장 많은 영농형태와 가장 적은 영농형태는 각각 논벼와 축산이므로 옳은 설명이다.
② 제시된 기간 중 축산 농가 수가 처음으로 54,000가구를 넘은 2017년에 식량작물 농가 수는 전년 대비 증가하였으므로 옳은 설명이다.
④ 제시된 기간 동안 과수 농가 수의 평균은 (171,836 + 181,973 + 178,885 + 173,085) / 4 = 176,444.75가구이므로 옳은 설명이다.
⑤ 2016년 채소·산나물 농가 수는 같은 해 식량작물 농가 수의 265,116 / 76,460 ≒ 3.5배이므로 옳은 설명이다.

46 수리능력 정답 ①

2019년 온라인 쇼핑 해외 직접 판매액은 아동·유아용품이 사무·문구의 19,109 / 5,898 ≒ 3.2배임에 따라 3배 이상이므로 옳지 않은 설명이다.

오답 체크

② 2018년 이후 컴퓨터 및 주변기기 온라인 쇼핑 해외 직접 판매액의 전년 대비 증감 추이는 2018년에 증가, 2019년에 감소이고, 이와 정반대의 증감 추이를 보이는 상품군은 2018년에 감소, 2019년에 증가인 사무·문구, 스포츠·레저용품, 생활용품 및 자동차용품으로 총 3개이므로 옳은 설명이다.

③ 2019년 온라인 쇼핑 해외 직접 판매액의 전년 대비 감소율은 가전·전자·통신기기가 {(99,226 − 93,777) / 99,226} × 100 ≒ 5.5%, 음·식료품이 {(46,052 − 39,711) / 46,052} × 100 ≒ 13.8% 임에 따라 가전·전자·통신기기가 음·식료품보다 작으므로 옳은 설명이다.

④ 2017년부터 2019년까지 온라인 쇼핑 해외 직접 판매액이 가장 많은 상품군은 매년 화장품으로 동일하므로 옳은 설명이다.

⑤ 2018년 소프트웨어의 온라인 쇼핑 해외 직접 판매액은 전년 대비 1,344 − 614 = 730백만 원 증가하였으므로 옳은 설명이다.

⏱ **빠른 문제 풀이 Tip**

③ 분수에서 분자의 크기와 분모의 크기를 비교한다. 분수는 분자가 작고 분모가 클수록 값이 작아진다. 2019년 온라인 쇼핑 해외 직접 판매액의 전년 대비 감소율을 분수로 나타내면 가전·전자·통신기기가 (5,449 / 99,226) × 100 이고, 음·식료품이 (6,341 / 46,052) × 100이다. 이때, 두 분수의 분자를 비교하면 가전·전자·통신기기가 음·식료품보다 작고, 두 분수의 분모를 비교하면 가전·전자·통신기기가 음·식료품보다 크므로 감소율은 가전·전자·통신기기가 음·식료품보다 더 작은 것을 알 수 있다.

47 수리능력 정답 ④

ⓒ 2017년 황사 발생횟수가 8회로 예측된다면 황사 발생횟수가 2017년보다 적은 해는 2011년, 2012년, 2013년, 2016년이므로 옳은 설명이다.

ⓒ 2010년 이후 황사 발생횟수가 전년 대비 증가한 해는 2010년, 2014년, 2015년이지만 황사 지속일수가 전년 대비 증가한 해는 2010년, 2013년, 2014년, 2015년이므로 옳은 설명이다.

ⓔ 2008년부터 2016년까지 황사 지속일수의 평균이 15일이라면 2008년 황사 지속일수는 (15 × 9) − (18 + 25 + 15 + 6 + 7 + 17 + 22 + 16) = 9일이므로 옳은 설명이다.

오답 체크

⊙ 황사 발생횟수가 네 번째로 높은 2009년에 황사 지속일수는 18일이므로 옳지 않은 설명이다.

ⓜ 2008년에 황사 발생횟수가 6회였다면 2009년 황사 발생횟수의 전년 대비 증가율은 {(10 − 6) / 6} × 100 ≒ 67%이므로 옳지 않은 설명이다.

[48 - 50]

48 수리능력 정답 ④

⊙ 4분기에 남자의 직전 분기 대비 취업자 수는 증가하였으나, 여자의 직전 분기 대비 취업자 수는 감소하여 직전 분기 대비 취업자 수의 증감 추이는 동일하지 않으므로 옳은 설명이다.

ⓒ 2분기 전국의 직전 분기 대비 취업자 수의 증감량은 27,467 − 26,369 = 1,098천 명이고, 제시된 전국 지역은 17개임에 따라 2분기에 전국의 직전 분기 대비 취업자 수 증감량의 지역별 평균은 1,098 / 17 ≒ 64.6천 명으로 70천 명 미만이므로 옳은 설명이다.

ⓒ 제시된 기간 동안 취업자 수가 적은 상위 3개 지역의 순위는 1위가 세종, 2위가 제주, 3위가 울산으로 매 분기 동일하므로 옳은 설명이다.

오답 체크

ⓔ 1분기 서울과 경기의 취업자 수의 합은 4,960 + 6,850 = 11,810천 명으로 12,000천 명 미만이므로 옳지 않은 설명이다.

49 수리능력 정답 ④

2021년 3분기 전체 취업자 수에서 충남의 취업자 수가 차지하는 비중은 (1,231 / 27,645) × 100 ≒ 4.5%이다.

50 수리능력 정답 ①

2020년 4분기 취업자 수 = 2021년 1분기 취업자 수 − 직전 분기 대비 증감량임을 적용하여 구하면 6대 광역시의 취업자 수는 다음과 같다.

구분	2020년 4분기 취업자 수
부산	1,618 − (−31) = 1,649천 명
대구	1,184 − (−22) = 1,206천 명
인천	1,531 − (−25) = 1,556천 명
광주	736 − (−12) = 748천 명
대전	759 − (−29) = 788천 명
울산	549 − (−10) = 559천 명

따라서 2020년 4분기 6개 광역시의 취업자 수 그래프로 옳은 그래프는 ①이다.

51 문제해결능력 정답 ④

다섯 번째 명제와 첫 번째 명제의 '대우', 네 번째 명제의 '대우'를 차례로 결합한 결론은 다음과 같다.
- 다섯 번째 명제: 청주로 휴양을 가면 공주로 휴양을 가지 않는다.
- 첫 번째 명제(대우): 공주로 휴양을 가지 않으면 진주로 휴양을 가지 않는다.
- 네 번째 명제(대우): 진주로 휴양을 가지 않으면 경주로 휴양을 가지 않는다.
- 결론: 청주로 휴양을 가면 경주로 휴양을 가지 않는다.

따라서 청주로 휴양을 가면 경주로 휴양을 가지 않으므로 항상 옳은 설명이다.

오답 체크

① 진주로 휴양을 가면 공주로 휴양을 가고, 공주로 휴양을 가면 청주로 휴양을 가지 않으며, 청주로 휴양을 가지 않으면 나주로 휴양을 가므로 항상 옳지 않은 설명이다.
② 공주로 휴양을 가지 않으면 진주로 휴양을 가지 않고, 진주로 휴양을 가지 않으면 경주로 휴양을 가지 않으므로 항상 옳지 않은 설명이다.
③ 파주로 휴양을 가지 않으면 진주로 휴양을 가지 않는지는 알 수 없으므로 항상 옳은 설명은 아니다.
⑤ 나주로 휴양을 가지 않으면 청주로 휴양을 가고, 청주로 휴양을 가면 공주로 휴양을 가지 않으므로 항상 옳지 않은 설명이다.

52 문제해결능력 정답 ④

첫 번째 명제의 '대우'와 세 번째 명제의 '대우'를 차례로 결합한 결론은 다음과 같다.
- 첫 번째 명제(대우): 조를 먹는 사람은 쌀을 먹지 않는다.
- 세 번째 명제(대우): 쌀을 먹지 않는 사람은 보리를 먹지 않는다.
- 결론: 조를 먹는 사람은 보리를 먹지 않는다.

따라서 조를 먹는 사람은 보리를 먹지 않으므로 항상 옳은 설명이다.

53 문제해결능력 정답 ④

세 번째 명제의 '대우'와 첫 번째 명제의 '대우', 두 번째 명제를 차례로 결합한 결론은 다음과 같다.
- 세 번째 명제(대우): 이기적이지 않거나 시민의식이 높은 사람은 규칙을 지킨다.
- 첫 번째 명제(대우): 규칙을 지키는 사람은 교양이 있고 용기가 부족하지 않다.
- 두 번째 명제: 용기가 부족하지 않은 사람은 비판적이다.
- 결론: 이기적이지 않은 사람은 비판적이다.

따라서 이기적이지 않은 사람은 비판적이므로 항상 옳은 설명이다.

54 문제해결능력 정답 ④

제시된 조건에 따르면 E는 월요일과 수요일에 휴가를 사용하고, B가 휴가를 사용하는 요일 중 하루는 금요일이다. 또한, C와 D는 모두 월요일과 화요일에 휴가를 사용하지 않고, B는 C와 같은 요일에 휴가를 사용하지 않으므로 C는 수요일과 목요일에 휴가를 사용한다. 이때 휴가를 연속한 요일에 사용한 사람은 A와 C뿐이므로 D는 수요일과 금요일에 휴가를 사용한다. 또한, A는 2일 중 1일은 E와 같은 요일에 휴가를 사용하고, 나머지 1일은 B와 같은 요일에 휴가를 사용하였으며, B와 E를 제외한 다른 사람과는 같은 요일에 휴가를 사용하지 않았으므로 C와 D가 E와 같은 요일에 휴가를 사용한 수요일을 제외한 월요일에 휴가를 사용하며, 월요일과 연속한 화요일에 휴가를 사용하고, B도 화요일에 휴가를 사용한다. 이에 따라 월요일에는 A와 E, 화요일에는 A와 B, 수요일에는 C, D, E, 목요일에는 C, 금요일에는 B와 D가 휴가를 사용한다.

따라서 휴가를 사용하는 사람이 가장 적은 요일은 '목요일'이다.

55 문제해결능력 정답 ③

제시된 조건에 따르면 C는 D와 직급이 같고, A와 F의 직급은 대리이므로 C와 D의 직급은 사원이다. C는 D와 서로 마주 보고 있고, 대리는 사원 오른쪽 바로 옆자리에 앉지 않으므로 A와 F는 각각 C 또는 D 왼쪽 바로 옆자리에 앉는다. 이때 과장은 C 오른쪽 바로 옆자리에 앉고, E는 D 바로 옆자리에 앉으므로 B의 직급은 과장으로 C 오른쪽 바로 옆자리에 앉고, E의 직급은 부장으로 D 오른쪽 바로 옆자리에 앉는다.

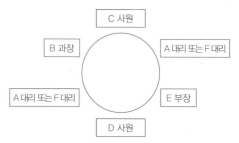

따라서 B는 C 오른쪽 바로 옆자리에 앉으므로 항상 옳은 설명이다.

오답 체크

① F가 D 왼쪽 바로 옆자리에 앉을 수도 있으므로 항상 옳은 설명은 아니다.
② E의 직급은 부장이므로 항상 옳지 않은 설명이다.
④ A와 F는 서로 마주 보고 앉으므로 항상 옳지 않은 설명이다.
⑤ C는 F 오른쪽 바로 옆자리에 앉을 수도 있으므로 항상 옳은 설명은 아니다.

56 문제해결능력   정답 ③

제시된 〈거짓인 내용〉에 따르면 직원 A와 B는 직급이 서로 같으며, 〈참인 내용〉에 따르면 직원 A, B, C의 직급은 각각 5급 또는 6급이고 직원 C가 A보다 직급이 낮으므로 직원 A, B, C의 직급은 각각 5급, 5급, 6급이다. 제시된 〈참인 내용〉에 따르면 직원 A, B, C 중 제주에서 근무하는 사람이 있고, 제시된 〈거짓인 내용〉에 따르면 직원 B와 C의 근무 지역은 광주와 제주가 아니므로 A의 근무 지역이 제주이다. 또한, 제시된 〈거짓인 내용〉에 따르면 A, B, C 중 직급이 가장 낮은 직원은 대전에서 근무하므로 직원 C의 근무 지역이 대전, B의 근무 지역이 경기이다.

따라서 직원 A, B, C의 직급은 순서대로 5급, 5급, 6급이고 근무 지역은 순서대로 제주, 경기, 대전이므로 A, B, C의 직급과 근무 지역을 바르게 연결한 것은 ③이다.

57 문제해결능력   정답 ②

빈칸에 들어갈 문제해결 절차는 '해결안 개발' 단계로, 이슈와 데이터 분석을 통해서 얻은 결과를 바탕으로 최종 원인을 확인하는 것은 '원인 분석' 단계이므로 옳지 않은 설명이다.

오답 체크

① 열거된 근본 원인을 어떠한 시각과 방법으로 제거할 것인지 명확히 하는 것은 해결안 개발 단계 중 해결안을 도출하는 과정이므로 옳은 설명이다.
③ 전체적인 관점에서 보아 해결 방향과 방법이 같은 것을 그룹핑하는 것은 해결안 개발 단계 중 해결안을 도출하는 과정이므로 옳은 설명이다.
④ 문제, 원인, 방법을 고려해서 해결안을 평가하고 가장 효과적인 해결안을 선택하는 것은 해결안 개발 단계 중 해결안 평가 및 최적안을 선정하는 과정이므로 옳은 설명이다.
⑤ 해결안의 채택 여부를 결정하는 것은 해결안 개발 단계 중 해결안 평가 및 최적안을 선정하는 과정이므로 옳은 설명이다.

58 문제해결능력   정답 ③

[임시비밀번호 생성 규칙]에 따르면 임시비밀번호는 영문자 대문자, 영문자 소문자, 숫자, 특수문자 중 3종류를 조합하여 10자리 이상으로 구성되거나 4종류를 조합하여 8자리 이상으로 구성되며, 임시비밀번호에 동일한 문자 또는 숫자는 3회 이상, 개인정보로 추측할 수 있는 생년월일, ID, 전화번호와 3자리 이상 연속적인 숫자는 포함되지 않는다.

따라서 세림이가 발급받을 수 있는 임시비밀번호는 '72#94aCt' 이다.

오답 체크

① 영문자 대문자, 영문자 소문자, 숫자, 특수문자 중 3종류를 조합하여 구성할 경우 10자리 이상으로 구성되므로 옳지 않은 내용이다.
② 개인정보로 추측할 수 있는 ID에 포함된 문자 또는 숫자 중 연이어 배치된 4자 이상은 임시비밀번호에 포함되지 않으므로 옳지 않은 내용이다.
④ 동일한 숫자는 3회 이상 임시비밀번호에 포함되지 않으므로 옳지 않은 내용이다.
⑤ 3자리 이상 연속된 숫자는 동시에 임시비밀번호에 포함되지 않으므로 옳지 않은 내용이다.

[59 - 60]

59 문제해결능력   정답 ③

다음 달 부산 본부의 예상 직원 수는 365 - 11 + 17 - 3 = 368명이며, 마스크는 지역 본부별 다음 달 예상 직원이 인당 하루에 한 개씩 다음 한 달 동안 사용할 분량을 배부해야 한다. 따라서 부산 본부에 배부해야 하는 마스크는 총 368 × 30 = 11,040개이므로 옳지 않은 내용이다.

오답 체크

① 다음 달 경기 본부의 예상 직원 수는 421 - 24 + 13 - 6 = 404명으로 경기 본부에 배부해야 하는 마스크의 분량은 총 404 × 30 = 12,120개이므로 옳은 내용이다.
② 다음 달 광주 본부의 예상 직원 수는 317 - 6 + 4 - 8 = 307명, 울산 본부의 예상 직원 수는 296 - 8 + 3 - 2 = 289명으로 광주 본부의 전 직원이 하루에 제공받을 마스크는 울산 본부의 전 직원이 하루에 제공받을 마스크보다 307 - 289 = 18개 더 많으므로 옳은 내용이다.
④ 마스크 생산 업체 중 가격 점수가 가장 낮은 업체는 D 업체, 내구성 점수가 가장 낮은 업체는 C 업체, 착용감 점수가 가장 낮은 업체는 A 업체로 모두 다르므로 옳은 내용이다.
⑤ 다음 달 대전 본부의 예상 직원 수는 279 - 7 + 2 - 4 = 270명, 대구 본부의 예상 직원 수는 342 - 4 + 12 - 11 = 339명으로 대전 본부의 전 직원이 하루에 제공받을 마스크는 대구 본부의 전 직원이 하루에 제공받을 마스크보다 339 - 270 = 69개 더 적으므로 옳은 내용이다.

60 문제해결능력   정답 ①

임 사원은 총점이 가장 높은 업체를 선정하여 마스크를 주문하므로 마스크 생산 업체별 총점은 다음과 같다.

구분	총점
A 업체	(4 × 0.3) + (5 × 0.5) + (3 × 0.2) = 1.2 + 2.5 + 0.6 = 4.3
B 업체	(3 × 0.3) + (4 × 0.5) + (5 × 0.2) = 0.9 + 2.0 + 1.0 = 3.9
C 업체	(5 × 0.3) + (3 × 0.5) + (5 × 0.2) = 1.5 + 1.5 + 1.0 = 4.0
D 업체	(2 × 0.3) + (5 × 0.5) + (4 × 0.2) = 0.6 + 2.5 + 0.8 = 3.9
E 업체	(4 × 0.3) + (4 × 0.5) + (4 × 0.2) = 1.2 + 2.0 + 0.8 = 4.0

따라서 임 사원이 마스크를 주문할 업체는 'A 업체'이다.

61 자원관리능력 　정답 ②

제시된 조건에 따르면 귀하는 기획팀 팀원 11명과 영업팀 팀원 18명의 입장권을 일괄 구매하고, 기획팀과 영업팀에 근무 중인 사원은 모두 성인이며 장애를 가진 사원은 장애 3급 1명이므로 성인 28명과 장애인 1명의 요금인 $(9,000 \times 28) + 5,000 = 257,000$원을 지불해야 한다. 이때 20인 이상의 단체의 경우 관람료 총액의 20%가 할인되므로 총 29명의 입장권을 구매하는 귀하는 총액의 20%를 할인받는다.

따라서 귀하가 지불해야 하는 금액은 $257,000 \times 0.8 = 205,600$원이다.

62 자원관리능력 　정답 ③

제시된 자료에 따르면 ◇◇지역 24시간 마트에서 오전과 오후 파트에는 각각 2명 이상의 인원이, 야간 파트에는 1명 이상의 인원이 필요하다. 기존 직원 근무 배치표에 고용된 파트타임 직원을 배치하면 다음과 같다.

구분		일	월	화	수	목	금	토
오전	07:00~11:00	◆A	◆A	◆◆	◆A	◆◆	◆A	◆◆
	11:00~15:00	◆	◆C	◆◆C	◆	◆◆C	◆C	◆◆
오후 15:00~23:00		◆	◆◆B	◆	◆B	◆	◆B	◆◆
야간 23:00~07:00		◆D		◆D	◆	◆D	◆	D

이에 따라 파트타임 직원이 추가로 필요한 파트는 일요일 오전과 오후 파트, 월요일 야간 파트, 화요일 오후 파트, 수요일 오전 파트, 목요일 오후 파트이므로 인력이 추가로 필요하지 않은 파트는 수요일 오후 파트이다.

따라서 인력이 완전히 충원된 파트는 '수요일 오후' 파트이다.

63 자원관리능력 　정답 ④

제시된 조건에 따르면 축제 기간 동안 방문하는 총 예상 방문자 수가 1만 명 이상인 지역은 A 지역, B 지역, D 지역, E 지역이고, 이 중 농산물과 관련된 축제는 A 지역, B 지역, D 지역이다. 세 지역의 총비용은 A 지역이 $(330,000 \times 3) + (65 \times 17,000) = 2,095,000$원, B 지역이 $(240,000 \times 3) + (75 \times 18,000) = 2,070,000$원, D 지역이 $(280,000 \times 3) + (70 \times 17,500) = 2,065,000$원으로 총비용이 가장 적은 축제 지역은 D 지역이다.

따라서 H 회사가 참가할 축제 지역은 'D 지역'이다.

64 자원관리능력 　정답 ⑤

박상민 사원은 데드라인이 빠른 업무부터 진행하므로 점심시간 직후에 인사팀에 연차신청서를 제출한 후 영업부 사원들에게 전시회 물품이 준비되었는지를 확인하고 기상무 팀장에게 오후 2시까지 연락을 해야 한다. 그 후, 오후 3시까지 디자인 업체로부터 회사 로고 스티커 시안을 전달받아 검토해야 하고, 디자인 업체의 영업이 끝나는 오후 7시보다 2시간 빠른 오후 5시까지 수정 사항을 전달해야 한다. 또한, 다음날 진행되는 영업부 전체 회의에 필요한 커피와 샌드위치 배달 주문을 오후 4시까지 해야 한다.

따라서 박상민 사원의 업무 순서는 'ⓔ 연차신청서 제출 - ⓛ 전시회 물품 확인 - ⓒ 스티커 시안 검토 - ⓐ 커피와 샌드위치 주문 - ⓜ 스티커 시안 수정 사항 전달'이다.

65 자원관리능력 　정답 ③

이 주임이 백 과장의 피드백에 따라 업무 마감 기한, 업무 세부 내용의 수, 업무 요청 일자 순으로 고려하여 수립한 업무 진행 순서는 'A 제품 판매 지수 관련 자료 제출 - 기획 세미나 참석 - 1/4분기 업무 보고 - 워크숍 예산 수립 - 경쟁사 물품 조사 - 신제품 전략 기획'이다. 이때, 4월 5일에 식목일 행사 후 물품을 정리하는 업무를 추가로 진행해야 하므로 '식목일 행사 물품 정리' 업무를 가장 먼저 진행하게 된다.

따라서 이 주임이 다섯 번째로 진행해야 하는 업무로 가장 적절한 것은 '워크숍 예산 수립'이다.

66 조직이해능력 　정답 ④

'자립, 과학, 협동하는 농민'을 신조로 하는 농업·농촌운동은 '새농민운동'이므로 적절하지 않다.

67 조직이해능력 　정답 ②

조직의 목표들은 조직의 구조, 전략, 문화 등 조직체제를 구성하는 다양한 요소들과 상호관계를 맺으므로 적절하다.

[오답 체크]
① 조직의 실제 목표와 공식적 목표는 다를 수 있으므로 적절하지 않다.
③ 조직의 목표는 환경이나 조직 내의 다양한 원인에 의해 변동되거나 없어지고, 새로운 목표로 대치되기도 하므로 적절하지 않다.
④ 조직은 다수의 조직목표를 추구할 수 있으므로 적절하지 않다.
⑤ 조직의 목표들은 위계적 상호관계로, 서로 상하관계에 있으면서 영향을 주고받으므로 적절하지 않다.

68 조직이해능력   정답 ①

김 과장이 속한 부서에서 국내 출장과 관련된 업무와 차량 관리 업무를 담당한다고 하였으므로 김 과장이 속한 부서는 '총무부'임을 알 수 있다.

69 조직이해능력   정답 ③

후광 효과는 어떤 대상을 평가할 때에 그 대상의 어느 한 측면의 특질이 다른 특질들에도 영향을 미치는 현상을 말한다. 따라서 타인의 외모에서 좋은 인상을 받았을 경우 외모 외의 지능이나 성격 등도 좋게 평가하는 것은 후광 효과에 해당하는 사례로 적절하다.

오답 체크

① 자신의 가치관, 신념, 판단 따위와 부합하는 정보에만 주목하고 그 외의 정보는 무시하는 사고방식인 확증 편향에 해당하는 사례이므로 적절하지 않다.
② 초기 정보에 사고가 얽매여 그 사고의 틀에서 벗어나지 못하는 앵커링 효과에 해당하는 사례이므로 적절하지 않다.
④ 사회의 상위계층에 해당하는 소비자들을 대상으로 한 마케팅에 성공하면 그 효과가 전체 소비자들에게 빠르고 자연스럽게 확산되는 현상인 폭포 효과에 해당하는 사례이므로 적절하지 않다.
⑤ 초기 조건의 사소한 변화가 전체에 막대한 영향을 미칠 수 있는 나비 효과에 해당하는 사례이므로 적절하지 않다.

70 조직이해능력   정답 ⑤

빈칸에 들어갈 용어는 '옵션'이다.
옵션에서 매입자가 선택권을 갖는 대신에 매도자에게 지불하는 금액인 옵션의 매매 가격을 프리미엄이라고 하므로 적절하지 않다.

오답 체크

① 옵션은 불확실한 미래의 자산 가격 변동에 따라 자산 매입자가 손해를 보거나 투자 기회를 잃어버리는 위험을 막는 수단으로 활용되므로 적절하다.
② 옵션은 권리이기 때문에 반드시 사거나 팔아야 할 의무가 없어서 미래의 특정 시점에 정해진 가격으로 매매해야 하는 선물과는 다른 개념이므로 적절하다.
③ 옵션은 주식, 채권 등의 금융상품과 결합하거나 옵션끼리 결합하여 다양한 형태의 수익 구조를 갖는 투자 수단 마련에 사용되므로 적절하다.
④ 옵션은 적은 투자로 많은 이익을 얻을 수 있다는 점으로 인해 투기 거래의 수단으로 빈번하게 이용되므로 적절하다.